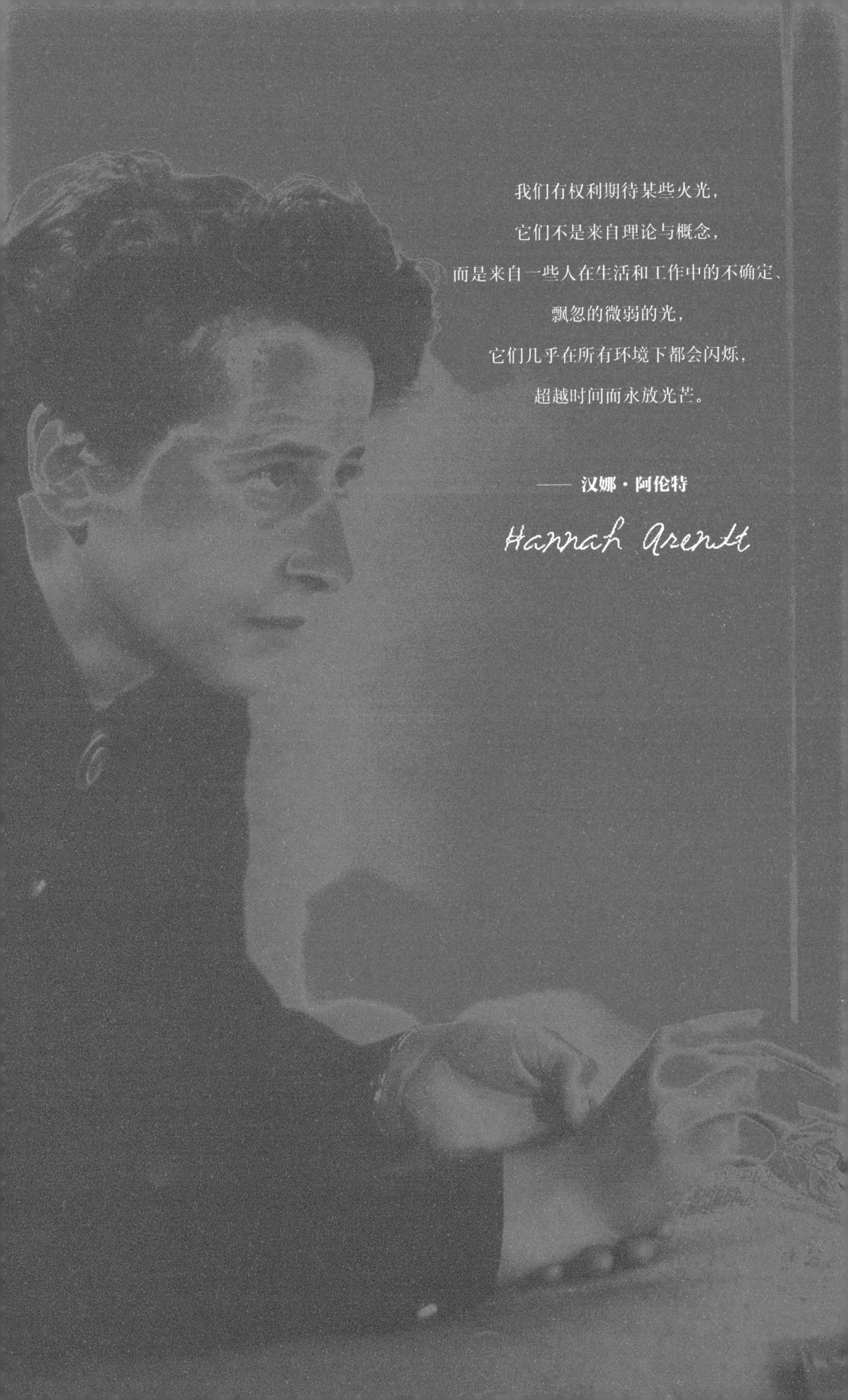

我们有权利期待某些火光，

它们不是来自理论与概念，

而是来自一些人在生活和工作中的不确定、

飘忽的微弱的光，

它们几乎在所有环境下都会闪烁，

超越时间而永放光芒。

—— **汉娜·阿伦特**

Hannah Arendt

Hannah Arendt: For Love of the World, Second Edition
By Elisabeth Young-Bruehl

HANNAH ARENDT

For Love of the World

爱/这个/世界

汉娜·阿伦特传

Elisabeth Young-Bruehl

［美］伊丽莎白·扬-布鲁尔／著

陈伟 张新刚／译

上海人民出版社

中译本序言

陈　伟

西方政治思想史上之杰出女性大家，独汉娜·阿伦特一人。她的人格与思想，皆有着十分独特的魅力。阿伦特 1906 年出生，1975 年去世，属于 20 世纪的人物。从她去世至今，已经过去四十余年。她的著作，虽紧扣时代脉搏，多直接取材于现实，却并不因时过境迁而被人淡忘。如今，阿伦特在中国，还呈现出颇为热门之象；阅读阿伦特，蔚然成风。而研究阿伦特，无论在西方还是在中国学界，迄今仍不显得“过时”。

阿伦特曾说，历史叙述的要义，不是构建某种理论图式，不是揭示某种必然法则，而是要学会讲故事。每个人、每个团体、每个民族、每个国家，都有自己的故事。这个故事，是独一无二的。有的故事是喜剧，有的故事是悲剧，有的故事是正剧；有的精彩，有的平淡，有的离奇；有的令人愉悦，有的令人伤感，有的叫人压抑。阿伦特自己的故事是什么？被她的文字打动后，我们特别想知道，她那充满激情的文字背后站着何等样人？

阿伦特到达美国之前，有过很长一段时间的漂泊生涯。她是犹太人，这个由不得自己选择的出身，在纳粹德国却是一种“罪过”。如彼时德国其他犹太人一样，阿伦特作为犹太人，面临着种族主义的迫害，并因此而流亡。流亡他国期间，她不过做零工度日，还要着手自己的学术研究。其对现实政治主动或被动的介入，亦从未中止。阿伦特著作中常见的“无根”、“无助”、“漂泊”、“无家可归”、“疏离”、“恐怖”、“绝望”、“重负”、“孤独”、“爱”，对我们来说只是一些词语，对阿伦特而言，则是真实的生活，是具体的人生经验。好在阿伦特有一批不错的师长、朋友，环绕周围，时时给她襄助，还有其丈夫布吕赫，与她生死与共。他们的存在，给严峻生活境况中的阿伦特以慰藉，以希望。阿伦特曾言，在20世纪生活，如同下雨天出门没带伞，只有在大雨中行走，任雨点打在自己的脸上、身上。然而，日子再苦，也还要过。人们只有期盼雨过天晴，期盼苦尽甘来。然而，这种期盼，绝非消极等待。世界愚陋不堪，我们仍须保持对“世界的爱”。不是遁入私域独善其身，也不是玩世不恭地在与魔鬼共舞中游戏人生，而是人人觉悟，向“生”而生，共同参与世界的建设，俾使自由得以落实，天性得以保存，让我们在世间如在家中。这，便是最大的政治。

阿伦特在德国接受教育，博士毕业后不久，其学术生涯刚刚起步，就赶上了纳粹运动，同样属于“被时代耽误的一代人”。她的主要学术成就，是在美国完成的，彼时她已经是一位中年妇女。阿伦特的著作中，可以察觉出一种顽强的精神，因为她要面对的是20世纪最极端的“恶”，要处理的是最令人绝望的政治经验，而她自己又是恶劣政治经验的亲历者、残酷统治的受害者。即使她后来大部分时间生活在美国，不再有生命危险，她仍然守望着公共世界，对各种危机、弊政不遗余力地进行剖析、批判。伊丽莎白·扬—布鲁尔的《爱这个世界：汉娜·阿伦特传》，正是围绕阿伦特与“世界”的互动、交流展开。“爱”与“世界”，皆为本书的关键词，原本也是阿伦特政治思想中的关键词。阿伦特作为孩子进入这个世界，作为老人离开这个世界。但她的思想学术成就，并不因其去世而化为尘埃，它已成世界之一部分，构成了“后来者”生活的背景与参照。世界记住了她！

阿伦特的故事甚为丰富。她与污点哲人海德格尔的师生恋情，藕断丝连，纠缠不清。此事最早正是由该书曝出。海德格尔至死不就他当初与纳粹的合作认错，阿伦特却毫不计较。阿伦特对海德格尔思想的批判，也要等海德格尔耳聋眼花、行将就木时才开始。因为她不想让海德格尔看到她的批判。初恋难忘，刻骨铭心，竟至于此！阿伦特与她的博士论文导师卡尔·雅斯贝尔斯则交流甚好。阿伦特去瑞士巴塞尔看望年老的老师雅斯贝尔斯及其夫人，就如女儿回娘家一样。其情其景，轻松自如，正是阿伦特所说的"如在家中"的感觉。而阿伦特丈夫布吕赫，与阿伦特的母亲关系紧张。当玛萨·阿伦特搬到亲戚家别居时，布吕赫夫妇竟然甚为愉快，有获得解放的感觉。工人出身、自学成才、醉心于密谋革命的布吕赫，与巴黎音乐专业学习毕业的阿伦特母亲，其品味与"礼貌"，过于悬殊，难以共处，可以想见。阿伦特却与布吕赫恩爱一生，足见阿伦特的风格，不是中产式的。

事实上，阿伦特对"中产"、"小资"的厌恶，不仅体现在她的生活中，在其著作中，亦有体现。阿伦特十分重视的，是政治的"人民性"、学术的"人民性"。本书所用的"her people"，固然指她所属的民族（犹太民族），但更为重要的，它是指她的"人民"（相对于精英、暴民而言，当然，也不同于大众）。彼时，犹太复国主义领袖，常在没有民意支持、脱离人民的情况下，试图以外交手段或党派利益交换解决犹太人问题。而有的犹太人社团领袖，竟配合纳粹，将自己的"人民"圈出送入灭绝营。知识精英在20世纪30年代的大规模变节，与暴民联手，促成极权主义，亦令阿伦特不屑。唯有在人民自发革命中，阿伦特看到了希望。在此意义上，笔者不妨赠其一荣誉称号：人民政治学家。

阿伦特在战后曾写下大量时政评论，她关于"小石城事件"、"艾希曼审判"、"五角大楼文件"皆有宏论，也因之常陷于公共论争之中。然而，阿伦特从事的主要还是一项思想事业。她主要是一个思想家，一个卓越的政治思想家或曰政治理论家。她面对采访者，还特别指出，不要把她和哲学界的人相提并论。她有意与哲学家保持距离，原因在于她认为西方哲学自古希腊巴门尼德始，即带有对政治深深的傲慢与偏见。阿伦特既不致力于阐发一套新体系，也并不单单靠断片式的名言警句去启迪人，她的著述，更不能总结概括为僵化的教条。她的思想事业，一直在进行中。她去世时打字机上未打完的《心灵生活》书稿中的一页就是一个象征，她的思想事业，与生命同步。阿伦特曾说，她所做的，是想要读懂这个世界。

我们了解了阿伦特著述的风格，也就明白了阅读阿伦特时的注意事项。批驳阿伦特的观点，或者把阿伦特的观点当成真理，都会造成对阿伦特政治思想实质性的误读与背离，从而失去从阿伦特那里汲取灵感的机会。想当然地去推测阿伦特的意图，信口开河，由此陷入无谓的争论，亦不可取。例如，人们觉得阿伦特一定是极其敌视马克思的，其实没有那么简单。阿伦特的丈夫是德国共产党员，阿伦特对德国共产党甚为同情；她的《人的境况》，是研究马克思的项目成果；对于马克思，她是把他的思想与极权主义意识形态区分开来看的。她认为马克思站在西方政治哲学传统的终点上，属于19世纪，固然问题甚多，其说与20世纪极权主义意识形态毕竟不同。当然，在雅斯贝尔斯的提醒下，阿伦特后来更多地倾向于否定马克思，亦是事实。再如，关于纳粹战犯艾希曼审判报道引发的争议，阿伦特曾说，她原本可以不用“恶的平庸性”(the banality of evil)这个说法。国内不少中译将这个术语译为“平庸的恶”，实属错译，由此自然也产生了一些错误联想。阿伦特在用这个术语时，讲的不是普通人作了大恶，把纳粹屠杀的责任推到受害者身上，而是恶本身并非来源于某种极端的堕落状态或扭曲心理。她认为，艾希曼的例子，揭示了一种恶的新来源。在艾希曼的例子中，恶，源于“无思”(thoughtlessness)。此种恶和作恶者是平庸还是杰出无关，与受害者是否敢于反抗、勇于牺牲无关。“平庸性”在此描述的是恶的性质。

阿伦特从不自言“走出洞穴”或发现了永恒法则，她情愿声称自己的思想是管窥蠡测。她的不少观点，即使在西方，也是备受质疑。她对苏联社会主义有其特定的论述方式，其偏颇之处，相信读者会有所鉴别。阿伦特曾言，人是一个条件性(局限性)的存在，对于阿伦特而言，此理同样成立。相信读者在阅读时，自能进行批判性思考，做出自己的判断。

2017年1月20日

目　录

第二版序言

2003年秋天，我给新英格兰学院的师生讲了一个我最喜欢的汉娜·阿伦特的故事。1969年，阿伦特到纽约社会研究新学院执教后不久，包括我在内的一群学生正在抗议“越南战争”，我们去她那儿就是否应该与当地的工会一起策划反战示威征求建议。阿伦特认真听取了我们正反两方的意见，然后用浓厚的德国语调简洁地说：“好啊，这意味着你们可以使用他们的油印机。”当我讲完伟大政治理论家的这个故事，听众中一位老教师（我的同龄人）笑了起来，而学生们则热切而迷惑地看着。一个“新来者”——阿伦特常常那样称呼学生——后来找到我，对我的演讲表示感谢，因为她从中获得了启发。“我怀着敬畏之心阅读了阿伦特，”她又诚挚地问，“什么是油印机？”[油印机已被淘汰，年轻学生不知其为何物，故有此问。译者注]

汉娜·阿伦特1975年辞世，七年后的1982年，她的传记第一次出版，自那以后，新一代读者已经成长起来。这新的一代现在是用移动电话和电子邮件来组织反战示威了，他们学习政治性思考和行动的世界与阿伦特生活的世界完全不同，虽然前者源于后者。如果我现在来写这本传记，我会在新的语境下写作，尽力将这些“新来者”也涵盖在内，对他们来说，构成阿伦特政治思考整体的20世纪中叶的那些事件已经是陈旧的历史，对这些读者来说，苏联解体之后的世界是唯一需要去理解和通彻了解的世界。

有时，我会想修订《爱这个世界：汉娜・阿伦特传》，以让其适应当下，适应更为年轻的读者。[1]但是我又常决定保持原样，因为它如阿伦特亲身经历一样，再现了汉娜・阿伦特在那个世界的生活，并再现了在她生命终点之时，她和那个世界是如何被看待和判断的。我在早先的序言中写道："后代会判断这生活，传记作者只需判断应该讲述的故事。"后世对阿伦特生活的评判已经开始，我想在这里考察一些评判。我也愿意帮助东方的读者，他们可能也有阿伦特对世界的关切，对"世界之爱"，但是他们因为太过年轻而没能直接和她交流——这些读者的年纪和我当时非常有幸在新学院开始我的哲学博士研究生学习时差不多，我在她的指导下完成了研究她老师卡尔・雅斯贝尔斯(Karl Jaspers)的博士论文。

像她的其他学生和她在美国与欧洲成千上万的读者一样，我从她那里了解到关于"越战"的一系列事件及其引起的世界范围的反应，还有对由之引起或激发的诸多政治运动的睿智评论。对于那些把阿伦特当作历史人物而非鲜活的评论家的读者，我愿将这本传记设想为对阿伦特的介绍。这个序言将作为向导来揭示她如何在辞世后三十年间变成了那个历史人物。[2]

让我从对阿伦特去世后出版物的考察开始，我在写这部传记的时候，这些出版物的大部分内容我通过她的遗留资料都看得到。自从 1978 年她未完成的《心灵生活》出版以来，她更大规模的著作集业已出版。这些著作分为三类：通信、未发表的或未收录的文章(德语和英语的)、她的学术日记(Denktagebuch)，后者 2003 年在德国发行，第一版虽然厚达 1 500 页，价格为 120 欧元，但全部售罄。在写作传记的时候，我看过她大部分的文章，但并没能看到她的学术日记。

她的全部文集由 5 卷构成，由我的朋友杰罗姆・科恩(Jerome Kohn)编辑出版，科恩睿智而博学，是阿伦特最后的研究助理，现为其遗著保管人。《"理解"论文集》(*Essays in Understanding*)于 1994 年出版。《责任与判断》内含科恩从阿伦特讲座手稿中精心整理出来的关于道德哲学的长文，该书于2003年由绍肯书局(Shocken Books)出版(阿伦特曾在该出版社做过编辑,把卡夫卡带给美国读者)。第三卷的名字可能为《政治哲学的问题》(*Problem of Political Philosophy*),包含她关于马克思和其他重要讲座足以成书的手稿。阿伦特关于犹太人的著作文集也在筹划之中,还有一卷是从学术日记中遴选出来的短文的集子。

在今后的几年中,还会出版她的书信集,阿伦特全部的通信将得以面世(现在可以在新学院看到国会图书馆阿伦特著作的电子版)。在已发表的通信中,阿伦特和他的导师、父亲般的同时也是朋友的卡尔·雅斯贝尔斯的信件在1985年用德语发表,后来在1992年用英语发表,该书已成为20世纪这一类型著作中的经典。欧美未来的历史学家将会转向这些细致、深入——有惊人预见性的——关于"二战"后美国的共和危机与德国在击败纳粹后的政治复原以及与"过去的主宰"斗争的反思。[3]

《四壁之内》(2000年)收录了阿伦特和海因里希·布吕赫(Heinrich Blücher)长达35年共同生活的通信,布吕赫是她的丈夫,生于柏林,属于工人阶级,自学成才,聪慧而有魅力。这些通信是贯穿一生的亲密、移民、适应、努力奋斗、疾患、失去和吃惊于新世界这整个过程中充满爱意的交流之典范。[4]布吕赫哲学计划的一些内容——他是一位教师而非作家——可以从这些通信中透露出来,特别是他对苏格拉底持久的崇敬(苏格拉底同样是位教师而非作家),他挚爱雅斯贝尔斯的世界主义哲学的视野,在雅斯贝尔斯那里,文明史可追溯到轴心时期(公元前800—前500年)的世界哲学家,可以进行对话。但是,更为重要的是,这些通信生动地描述了阿伦特和布吕赫如何为彼此提供他们家的"四壁",那是可对话的安全的"四壁",在这之中,彼此之间可以信赖对方的忠诚,极度坦白他们的力量和无力,并分享他们的希望。

阿伦特与玛丽·麦卡锡(Mary McCarthy)的友谊则是通过关于政治与文化的评论交流展开的,这些交流通常以睿智、尖刻且愉快的漫谈来进行。《朋友之间》(1995年)是阿伦特通信中最为美国式的集子,这本书是研究美国20世纪文学生活的必读书。阿伦特与非常重要但仍为人知之甚少的小说家赫尔曼·布洛赫(Hermann Broch)和犹太复国主义者领袖科特·布鲁门菲尔德(Kurt Blumenfeld)的通信短期内并不会被翻译为英语,也很难找到德国学术界之外的读者。[5]

在写这本传记时,我读过阿伦特—雅斯贝尔斯的书信,阿伦特—布吕赫的大部分通信(少量战前的信后来被发现),以及阿伦特与麦卡锡通信中阿伦特这边的信件。虽然我阅读了阿伦特遗著和马尔巴赫(Marbach)的德语文献档案中所有能看到的信件,但是布洛赫与布鲁门菲尔德并未被收集其中。这些信件现在都已出版,未来阿伦特的传记作家们就能更全面地描述他们的友谊,但是,我想它们不会再为阿伦特故事增加任何重要的事实了。

读完阿伦特—麦卡锡的通信之后,我现在更好地理解了这一友谊的发展过程及其本质。阿伦特往往有一个最好的女友(beste freundin)。在她年轻的时候,安妮·门德尔松·威尔(Anne Mendelsohn Weil)是她最好的朋友,她十几岁时在哥尼斯堡(Konigsberg)遇到了这个好朋友;尽管阿伦特一回到欧洲就重拾与安妮·威尔的关系,但在阿伦特移民美国之后,神学家保罗·蒂利希(Paul Tillich)的情人希尔德·弗兰克(Hilde Frankel)则是她的知己。弗兰克1950年因癌症去世,之后阿伦特转向玛丽·麦卡锡,这是第一个让她感到亲近的美国女性。虽然麦卡锡比她小六岁,但麦卡锡符合阿伦特对朋友的要求(这些要求在她丈夫那里表现得非常突出):观察和评判世界——既有与他们切近的社会世界,还包括更大的政治世界——的激情,充沛的情感与并非多愁善感的"心";敏锐的智识,绝无虚伪、骄傲或谄媚的观点;为那些失去传统家庭、共同体或宗教归宿的人通过友谊创造一个家园,对此有着相当的忠诚与理解。

阿伦特同时也能将自己年轻时与其他男性的交往向麦卡锡倾诉,这些事情阿伦特是不会在与布吕赫三十五年的婚姻中及自己的书中说出来的。阿伦特对于麦卡锡来说可能是她的密友——差不多是她的犹太母亲,同时肯定是她的老姐妹,阿伦特不必离开书桌也在操心麦卡锡的事。阿伦特能将自己拒绝了的小说写作、名人社交、文学沙龙和政治行动等生活都委托给麦卡锡，麦卡锡则回报给她轻松的生活、文学社和文学视野。在与麦卡锡的通信中，阿伦特自由地表达她的情绪——她的失落或丧气，并显示出她是多么需要被当作女人和朋友来对待，而绝非仅仅是名人或其思想比他人高出一等的人。同时，作为旅行家和作家，麦卡锡的欧洲气息足以让她将阿伦特视为政治上的美国人以及性情上的欧洲世界公民。在布吕赫1970年死后的岁月，那时雅斯贝尔斯也已去世，麦卡锡深知她朋友的哀恸，为她提供了"四壁"。

汉娜·阿伦特和她先前的情人与老师，哲学家马丁·海德格尔（Martin Heidegger），在1925年到1975年间的通信与其他已出版的通信完全不同，[6] 这些通信的德语版在1999年出版，英语版2004年才问世。阿伦特去世后不久，海德格尔于1976年辞世，之后，这些信件便被封存在马尔巴赫文献库中，当我撰写阿伦特和海德格尔的关系时，特别是她年轻时与海德格尔的关系，我不得不依赖对知道这件事情或略知战后两人关系发展的人的访谈。这样一来，我的传记就低估了海德格尔在战后对阿伦特思想发展所发挥的作用，这既包括他们在1950年的重逢及以后，也包括从20世纪60年代后期到他们生命的最后时光，那时阿伦特在撰写《心灵生活》。我的传记当然也未处理他们去世后围绕他们关系所激发的争议，通信集的出版也没有平息这些争议。阿伦特作为一位历史人物，现在与马丁·海德格尔是无法分开了。

与其他通信集不同，出版的海德格尔通信是不完整的。海德格尔大部分的信件都包括在内，但阿伦特写的信则很少。她的信从在马堡（1925—1927）他们的关系开始之时就遗失了，那时海德格尔正在写他的主要著作《存在与时间》，所以我们读不到她是如何形容自己最初的感受的。1950年他们俩重逢，那时海德格尔因其纳粹党党员身份及支持希特勒而担任弗莱堡大学校长的经历，尚被禁止教课。这一重逢时期，海德格尔写了大量的信给阿伦特，但是阿伦特写给他的信中只有很少一部分保留了下来。直到1967年后，真正的通信才得以看到。一直在编辑通信集的编者、一丝不苟的厄休拉·鲁兹（Ursula Ludz）在书中补充了大量的注释，很多次提到阿伦特的著作以及与雅斯贝尔斯、布吕赫谈及海德格尔的通信，但海德格尔从未公开谈论过阿伦特。

将这一通信集与其他通信区别开来的另外一件事情，是在其发表之前的丑闻。这一丑闻是由MIT的教授艾丁格(Elzbieta Ettinger)有意炮制出来的，她曾被允许阅读阿伦特—海德格尔的通信，并引用了阿伦特这边的信件。[7]她的《汉娜·阿伦特/马丁·海德格尔》一书在1995年出版时，阿伦特与海德格尔曾在20世纪20年代有过恋爱关系已为众人所知，这主要是因为我在这本传记中早已将其说出。我的版本，正如我上面所说的，是基于对阿伦特朋友们的访谈以及阿伦特的信件，特别是与她丈夫通信中少数几次对该事的提及，布吕赫从1936年他们在一起的那几个月的最开始，就非常清楚这件事，当阿伦特说她将能够"像对待我那样对你"(1936年8月8日)时，也就意味着她并不想隐瞒什么，并不惧怕评判。她也告诉了雅斯贝尔斯——海德格尔在纳粹上台之前曾是雅斯贝尔斯的朋友，雅斯贝尔斯在回应中接受了这一事情，并且未作任何评判。

艾丁格关于这件事情的描述虽然是基于阿伦特—海德格尔的通信，但却是个幻象。她勾画了一个幼稚无助的犹太女学生和一个富有魅力但无情的天主教教授形象，两人上演了一部充满激情的鲁莽、背叛和盲目忠诚的戏剧。她的汉娜·阿伦特形象是一个永远没有走出恋爱关系的人，是一个受虐狂，只是坚守对"绝对忠诚"的伟大之爱，即便她是一个被抛弃的女人。她向其丈夫隐瞒了她年轻时的私情整整十五年(第42页)，谴责海德格尔对其妻子的所有不忠，并对他的道歉("她尽其所能漂白他纳粹经历"，第78页)和他想要阿伦特成为"善意的使者"("阿伦特接受了这一安排"，第74页)施以诽谤式的诋毁。艾丁格的叙述充斥着"好像"、"你可以设想"和"她肯定感觉到"这类语词，这使得传记作家在自己的故事里设下圈套，并将其描述对象拉入自己的圈套之中。在她的书中，根本找不到好的传记性研究所应有的与叙述对象之间的交流。[8]

无需惊讶的是，这一幻象[在腰封上，阿伦特曾经的朋友、文学评论家阿尔弗雷德·卡津(Alfred Kazin)推荐它为"最有价值"的书]使得阿伦特的敌人们弹冠相庆。她的敌人并不在少数，特别是在她《艾希曼在耶路撒冷》出版后那些年所引发的20世纪最为广泛而复杂的争议之后。那些将阿伦特视为良好判断力典范的人非常忧虑，却无力作出有效的回应，因为可能针对这一幻象的那些信件并不可用。艾丁格从上下文和歪曲的复述中抽取出来的引文，如同下流的谣言一样难以反驳。这样一来，双方的遗著管理者都意识到必须出版这些信件。

将这一系列通信与其他通信集区分开来的第三点是，与雅斯贝尔斯、布吕赫、麦卡锡、布洛赫和布鲁门菲尔德不同，海德格尔并没有阿伦特那种对世俗事务的持续兴趣，这一兴趣是在他们俩关系结束之后才有的，或者说是应对这一关系而发展出来的，她藉此来治愈年轻时对世俗事务的漠不关心。（她的兴趣是在跟随雅斯贝尔斯学习之后开始的，后来阿伦特惊讶地对雅斯贝尔斯说："你的哲学为我思考政治事务做了多么好的准备啊！"[1949年3月11日]）与她的其他通信者不同，海德格尔并不是一个负责和乐于作出判断的人。作为德国人，他是20世纪伟大的哲学家——雅斯贝尔斯是伟大的政治哲学家——但他不是一个模范之人。

在阿伦特与雅斯贝尔斯和布吕赫的通信中，人们可以明显看到，海德格尔的虚假与欺骗，他那分裂的自我，深深地震惊并伤害了阿伦特；虽然阿伦特没有如在《黑暗时代的人们》分析人物那样对海德格尔进行充分的性格考察，但他的性格一次又一次地成为她私人和公开著作的话题。汉娜·阿伦特最终也没有弄懂马丁·海德格尔之谜，到她临终前，她还在《心灵生活》中再次写他，此书是她在阅读了海德格尔著作之后开始写的，并作为海德格尔80岁生日礼物献给了他（包含在通信集中）。9

对阿伦特—海德格尔关系持有争议意见的许多评论家们塑造着两人身后的名声，这些评论家的立场基本分为两种。第一种认为，海德格尔首先是一个加入纳粹党的人，并且从来没有公开否定他身为纳粹党员的决定或行动。从这一角度来看，阿伦特是海德格尔的辩护者，因为她在战后恢复了与海德格尔的关系，并且协助海德格尔著作的英译。第二种立场认为，海德格尔首先是一位伟大的哲学家，他在判断和行动上的疏忽应该被理解为柏拉图(Plato)到叙拉古(Syracuse)去做僭主狄奥尼索斯(Dionysus)导师那样的错误。从这一立场来看,阿伦特对海德格尔哲学的尊重以及她在自己著作中对其哲学的感激就可以理解了;这里的关键问题是,哲学家对于政治行动者是否能提供有益的帮助,或者是否他们的行动通常(或应该)处于另一个世界——沉思的世界而非行动的世界之中。

阿伦特对海德格尔的判断在战后不断发生变化。在1950年前撰写《极权主义的起源》时,她愤怒地将海德格尔视为典型的欧洲粗莽之人,他被"暴徒"吸引,但最终却没能在暴徒政党中获得一席之地,因为那些暴徒对他这种有创造力的个体毫无兴趣。后来,当她与海德格尔恢复联系之后,她试图从心理学的角度把他看成一个人格分裂的人,一半是天才式的,另一半则是虚伪的或懦弱的,并且倚重(最坏的情况)阿谀谄媚者和(最好的情况)智识上差强人意之徒的赏识。她与雅斯贝尔斯曾争论过海德格尔是否能克服内在的分裂;阿伦特决定对其保持耐心,而雅斯贝尔斯则选择断绝与海德格尔的友谊(如他在与海德格尔通信中表达的那样,他在一篇自传文章中记录了这一决定,这一文章最近在德国发表)。[10]

最后,在20世纪60年代,阿伦特系统研究了他的著作并与之交流后,对海德格尔有了不同的理解。她开始强调,海德格尔在30年代后期《尼采》第二卷中写的内容,并不是对其成为纳粹党员、在政治上变节的论述,而是关于"不去意愿的意志"的哲学陈述。她得出结论说,那时他已经放弃要影响纳粹领袖的愚蠢希望,摒弃了意志,还有那个具有意志的人聚到一起采取行动的世界,回到了"思的居所"。带着这一转向,他以阿伦特在《心灵生活》中总结的那一方式书写意志:"在海德格尔的理解中,统治和主导意志是一种原罪,当他试图与短暂参与纳粹行动的过去和解时,他便充满自责和愧疚。"(卷二,第173页)

阿伦特对海德格尔评判的过程并不广为人知,特别是因为《心灵生活》仍然是她著作中最少被阅读和理解的一本书。既包括政治理论家,也包括历史学家,尤其是美国和欧洲的哲学家,他们并没有给予她最后的哲学著作以足够的关注。但是关于阿伦特—海德格尔关系的争论,对于阿伦特成为一位历史人物，则贡献极大：即便在阿伦特倍受尊敬的时候，关于她判断的问题也依然如阴影般笼罩在她身上。

与此相关，另一争论的作用就更加毋庸置疑了。在她生命最后十年里出现的艾希曼争论，迄今仍形塑着她在观念世界中的接受情况。我曾在本传记中详细论述过60年代参与艾希曼争论的那些人的立场，这里不再重复，这些立场现在仍被秉持着。争论的参与者已经改变了，但是这些立场和成见却没有改变；对已有的和任何新的反犹主义的害怕，与如何与之抗击的确定观念一起在艾希曼争论中激化了强迫性重复。这一成见的不幸后果导致《艾希曼在耶路撒冷》最为直接相关的一个维度，即阿伦特对这一审判在国际法上带来的挑战的结论性反思基本被忽略——虽然已经成立了一个国际法庭，将犯有“反人类罪”的人作为犯罪的国家一样的主体来审判。“（耶路撒冷的）法庭遇到了一种在法律书籍中找不到的罪行，一种至少在纽伦堡审判前任何法庭也没有遇到过的罪行，”阿伦特如此写道。[11]

这两场关于阿伦特判断的争论招致了对其关于判断思想的怀疑，而这正是她《心灵生活》第三个，也是没有完成的部分的主题。但是，要想理解阿伦特判断的方式以及她对判断的思考，我们必须退入历史之中，去审视她关于美国写作生活过程的判断如何导致了这些争论。汉娜·阿伦特经常激起强烈的反应和激烈的批评。我想这既是因为她如何思考、如何判断，同样也是因为她实际上说了什么，而这些往往被争论所掩盖。

在《极权主义的起源》中，阿伦特第一次将其最根本的思想表述为一种警报和可怕的警告。她宣称政治——公民们在“世界”中、在被不同形式的政府允许和法律确保的公共空间中言说和行动的意义上——只是在特定的历史条件下才出现；政治，她宣告，可能消失。更进一步，某种类型的政府，有可能出现在政治完全消亡之后，它将带来史无前例的可怕后果。（她从“无国籍者”和十二年帝国幸存下来的经验中知道这一点。）极权主义作为政府形式中全新的一种，并不像僭政那样只是对政治的侵害；它是对政治的消除，这是通过先将一个特定群体然后到任何群体的根本人性的系统消除进行的，它使人作为人成为多余。这是极权主义的“极端之恶”。[12]

阿伦特思想的这一深刻之处激发了后世评论者，但是，那些批评却是以片面、最终有害的方式进行的。她关于纳粹德国和斯大林时期苏联的论断——即尽管它们的演变和意识形态起源有巨大的不同，但是在最根本的政府形式上都是极权主义——预示了后来她的分析被带入“冷战”的两极论争，表现为左派对她的不满和右派对该论断的滥用。

右派接受并歪曲了阿伦特的分析，因为反共产主义可以被推进为反极权主义：不只是反对苏联，而且反对作为意识形态的马克思主义，也是站在反对纳粹德国及其意识形态同样的道德正当的立场之上。阿伦特意识到，1951 年该书出版后不久，美国反共产主义的主力军，之前都曾是共产党员（“前共产党员”），在他们新的忠贞之中，那僵化的心智机能并未改变。其中坚力量是毫无原则的理论家，他们可以毫无负担地改变立场，他们的信条很简单，那就是为了最终的目的，可以不择手段。民主对极权主义的胜利将任何推动民主的手段都正当化了，包括极权主义的手段，像在目标城市中对平民使用大规模杀伤性武器。可以毫不夸张地说，这种禁止独立思考的智识模式是 20 世纪 50 年代以来美国政治生活中最严重的危害：为民主说教的爱国十字军言行由此成为一种习俗，这一习俗甚至很难被发现是对美国宪政传统的扭曲。

左派的共产主义者和社会主义者反对阿伦特对他们两大观念的漠视，首先，法西斯政体是马克思主义革命的对立面；其次，斯大林统治下的苏联是对马克思主义的背叛。左派绝无可能赞同阿伦特的分析，特别是对极权主义要素的分析和反政治（anti-political）过程的分析，正是通过后者，极权主义的诸要素得以形成并可能再次出现。似乎就是从这一点出发，阿伦特没能看到苏联的革命者是拥有社会正义感的理想主义者。

阿伦特在写《极权主义的起源》时对马克思（Karl Marx）是非常尊敬的，她在列宁和斯大林之间作了清晰的区分。但是，与她的左派批评者不同，在 50 年代早期撰写《人的境况》和《论革命》时，她更加深入地考察了马克思主义。阿伦特对马克思批判之旅的结论在这两本书中表露无遗：在

《人的境况》中，阿伦特将马克思描述为关于劳动——而非制作或行动——的理论家；在《论革命》中，她持续不断地批判马克思主义者将对"社会问题"的关注提升至政治行动之上，将法国大革命的原则提升到美国革命的原则之上。但是，在她与卡尔·雅斯贝尔斯的通信中，关于马克思的讨论是她最为深刻的思考，在这些通信中，雅斯贝尔斯促使她重新思考马克思本人。

他们的通信开始于1951年，阿伦特赞扬了雅斯贝尔斯写的一篇关于弗洛伊德(Freud)和马克思的文章，雅斯贝尔斯回信道："你赞同马克思对于正义的激情，认为这一点将他与康德联系在了一起。……而在我看来，马克思的激情从根本上就是不纯粹的，从一开始就是不义的，这一激情从否定性中汲取营养，而毫无人的形象，就如《以西结书》(*Ezekiel*)中令人憎恶的伪先知的化身。"[13]阿伦特在回信中辩护说，马克思不是一个学者或哲学家，而是一位"反抗者和革命者"，马克思真正懂得她所说的(她使用了非常海德格尔式的词语)"商品经济将人和自然去自然化"。雅斯贝尔斯坚持他的立场，并讨论了马克思的"不宽容，实际上的恐怖，这些在他的个性中都能看到。在马克思和列宁(Lenin)之间存在着没被打断的连续性……他可能是一位像路德(Luther)一样的命定人物，他的观念远没有承载这些观念的那个人重要"。在这之后，阿伦特通过进一步阅读，开始同意雅斯贝尔斯的观点："我越是阅读马克思，就越认为你是对的。他对自由或正义都没有兴趣。"她不仅仅同意对马克思观念的批评，特别地，她在《论革命》中写道，"马克思痴迷于社会问题而不愿认真对待国家和政府的问题"，而且还认识到了作为观念承载者的重要性的另外一层含义。

在撰写完《极权主义的起源》一书后的几年中，她写了一篇关于马克思的长文(将会以《政治哲学的问题》出版)，阿伦特对右派——美国的前共产主义者和麦卡锡主义者——的关注开始消退，而成了马克思主义的专门批评者。与只针对像犹太民族一个族群的纳粹式意识形态相比，在世界政治舞台上更需要挑战和质疑的是激发了社会革命的马克思主义者的意识形态。她的这一转向，也反映了她自己感受的变化：在多年的恐惧之后出现了希望。但是她没有忘记使其性格与其观念保持同步。恰恰相反，她开始领会其性格，并随着她的改变而能更好地理解它。她知道自己的书是出于深深的恐惧和更深层的愤怒写出来的，正是这两者剥夺了她在世间感到如在家中的能力。她惊恐地将世界悬在自由与极权主义之间，她开辟了新的道路。她的著作就是预备性的复仇行动，针对的是对欧洲犹太人——她的人民——的屠杀，还有两代欧洲知识分子，左右两派中那么多的背叛者（包括海德格尔）。

雅斯贝尔斯在 1948 年写给阿伦特的一封信中讨论了她论集中营的文章，表达了在阅读文章时能不断感受到的她那非意识形态的、独立的切身感受："充斥你生活的恐怖，并非为了你自身，而是为了人类，这恐怖赋予你异常清晰的感受。你认识到了人们不愿意接受（关于集中营的）这些事实的危险，人们将它们放置一边，不去理解它们，不相信他们生活在这样一个世界上。你认为这一逻辑将贯穿始终。你所揭示的能够真正地让人变成冷血动物。是的，你应该警醒人们，我们只有通过对此的认知才能够防止这样的事情'再次发生'。"

战后，阿伦特的思想日臻成熟。随着世界局势的变动，她对自己性格中如何充满了那些欲望有了更清晰的理解，这些欲望在相对她来说的左派和右派的观点中都有部分的反映。她将深厚的保守主义与激进性结合在一起，将对世界的热心保护与对所有充满创新性的自然和文化事物以及新开端的热爱结合在一起，这些不同的欲望在别人看来似乎相互矛盾。人们通常是只让自己成为纯粹的传统主义者或纯粹的革新主义者，他们在拥有独立思想的人看来就是极端主义者。正如阿伦特曾经说的那样："人们对变革的渴求和对稳定的需要经常是互相制衡的，我们目前的语汇将两派区分开来，进步的和保守的，这就暗示了当前事务所处的一种状态，即这一平衡已经被打破。"[14]从性格学和政治的角度来说，把阿伦特及其著作曲解为具有典型的"冷战"性质，就是这一失衡的表现。

《极权主义的起源》出版之后，阿伦特对极权主义的描述被卷入"冷战"两极的争论，因而读者难以凭此书来询问是否有与希特勒治下的德国与斯大林治下的苏联不同的极权主义变体。阿伦特自己在其1966年序言中讨论了毛泽东时期的中国，并直言这一政体很难加以判断，且处在"变动之中"。

对于不再沉浸于"冷战"的现代读者来说，阿伦特使用她对纳粹和苏联极权主义要素的探究来判断政治发展的实践，被视为一种范例。特别是最近，对世界秩序"后冷战"威胁的滋长，阿伦特确立的极权主义要素在很多国家和地区以新的变种出现；很多当下的读者将这一情况视为挑战——《极权主义的起源》的新版本在2004年出版，这一版本包含以前所有版本的序言。

为了说明《极权主义的起源》一书与当下世界局势的紧密相关性，我先简要重述她认为的极权主义政府的各项本质要素。她论述的第一条是能够解释所有历史并将其政体与政治正当化的意识形态；它设定了优等人民和内部的敌人（通常被视为阴谋集团），后者必须被消灭。阿伦特描述了纳粹主义关于自然的意识形态和斯大林主义中关于历史的意识形态。在当下的世界局势中，这些经典类型不再以其纯粹形式出现，但两者都是两种最有影响的关于道德的意识形态的重要组成部分。其一能在当下美国政治修辞中被观察到，堪称主权民主的意识形态：原教旨主义的民主，按其理解，民主在道德上是良善的，需要向世界说教，并在必要时用武力强加给世界。对这一意识形态的批评者则被视为内部的敌人，是不爱国的。另一种出现在一些穆斯林中，他们秉持道德纯洁性的意识形态。我们现在所看到的不是（如某些评论家所声称的）"文明的冲突"，而是道德性的意识形态的冲突：两种极端道德清教主义的冲突。

阿伦特确立的极权主义第二个核心要素是恐怖，她在纳粹集中营和苏联的劳改营制度中看到了这一要素。最终遍及所有人的全面恐怖，是这些政体的突出特征，传统的阶级结构崩溃了，在狂热的政治运动中，人们形成了政治联盟，这最终使得消灭和转移大量人口成为必需。她还注意到，1945年原子弹以及后来其他类型的核弹的出现，将世界置于了新的全面恐怖的威胁之下，我们现在以多种方式能够体会到这一恐怖，因为不同类型的"大规模杀伤性武器”可以被国家、族群甚至个人所持有。全面恐怖的所有这些表现形式都涉及平民与战斗领域界限的消失，涉及无尽的暴力。作为战场的城市是作为政治空间的城市的反题，我们能够在全世界的爆炸事件中看到这些事情的发生。

阿伦特界定的极权主义第三项要素是对人类自然关系——主要是家庭——的肢解，这一过程是通过用法律管理婚姻（禁止优等人和劣等人的婚姻）和警察强迫人们监视与告发家庭成员来实现的。在极权政体中，与公共领域的解体——政治的解体——相伴随的是亲密的家庭生活所处的私人领域的解体。可怕而危险的讽刺是，当下无处不在的道德纯粹主义意识形态——各种原教旨主义——宣称自己根源于世界最大的宗教传统中，专注于家庭的保存，但是却采取了极权主义的方式，这些方式摧毁了政治进程，而没有后者的保护，亲密的家庭生活是不可能繁盛的。在美国，政教分离对于民主的政治生活至关重要，但是，现在这一状况正受到比任何一个历史时期都严重的侵蚀。

官僚政府是阿伦特确立的极权主义第四项要素。她从 19 世纪帝国政体开始追溯其历史，考察它在德国和苏联被转变为“无人之治”后对个体判断和责任的侵袭。我们在当前全球化过程中发达国家的政治与企业科层合并中能看到这一极权主义的新形式，这也是帝国主义的新面孔。阿伦特还准确指出在极权主义政体中，警察而非军队实际上起着控制作用，此外还有腐败的司法机构，特别是那些本该保护私人和政治空间（自由言论、自由出版、结社权利等）的机构。

极权政府还会宣称它们的绝对主权，并将“大陆帝国主义”（continental imperialism）正当化为人民（Volk，用意识形态的语言来说）之领地。如我们所看到的，这三项统治要素并不要求一个民族的政府官僚；他们可以在国际网络中汇聚合作，比如恐怖主义者。理解这些差异，对于思考“对恐怖主义的战争”（重点放在“战争”上）是否或如何是正确的实际回应至关重要。我们需要思考这样一场战争可能会怎样吸引反极权主义政府使用极权主义的手段。

阿伦特在写完《极权主义的起源》之后，开始回过头来讨论这本巨著中隐含的一些值得深思的问题，这之后的理论著作指向了极权主义分析所揭示出的更深层的问题。在《人的境况》、《过去与未来之间》、《论革命》、《论暴力》和收入《责任与判断》(该书收入了《心灵生活》所有未完成的部分)的文章中，阿伦特的注意力并没有转向极权主义本身，而是转向了在她理解中构成极权主义要素的前提条件，这些条件能够并曾经促成极权主义的形成。

在50年代早期，也就是朝鲜战争和麦卡锡时代，她在美国的经历使她更敏锐地观察到欧洲极权主义的历史特殊性以及对其晚期著作而言至关重要的一个事实，即极权主义的要素并不必然导向极权主义。在收留她的国家中，她在50年代早期看到了某些极权主义要素的出现，但是缺失的两个关键要素阻止了极权主义的形成。首先，麦卡锡主义中没有出现"运动"，没有一个群体、阶级以极大的自我牺牲精神、狂热的整齐划一和反抗国家的激情所构成的强大支持。虽然存在由一个魅力超群的领袖倡导的群体指向的意识形态(反共产主义)，但与希特勒因为害怕国际犹太人而阴谋发动的反犹主义不同，麦卡锡主义没有提供一个统一的版本。(其次，)麦卡锡的成员包括很多犹太人；它不是反犹太的，其支持者也不是来自美国所有阶级。"我所看到的是"，阿伦特在1954年给雅斯贝尔斯的信中总结道："……极权主义的要素从社会、大众社会自身的母体中发育，但没有任何'运动'或清晰的意识形态。"

因曾在欧洲感受到的恐怖，阿伦特对麦卡锡主义过度忧虑了，并且，她低估了美国政治的弹性。美国政治表面上是变动不安的，与摇摆中的意见舆论保持一致，它是易变的，那里有知识分子的左右派意识形态，而无奠基石，欧洲人对此很难理解。她在1955年给雅斯贝尔斯的信中谈及麦卡锡现象似乎已在大众舆论中消失了："这个国家的氛围又回到了从前，基本没有任何改变……这个国家的政治传统又回来了；我们——感谢上帝——错了。"

随着她对美国传统的日益钦佩，阿伦特开始满腔热情地撰写关于美国历史和政治理论的文章。她在一个更深的层面继续着自《极权主义的起源》出版后就开始的治愈之旅，开始经历世界之美好、活力和愉悦，痛苦、恐惧和愤怒则逐渐消失。雅斯贝尔斯对此体会尤深，一次在阿伦特前来拜访之前，他充满期待，并期望她给自己和妻子带来“广阔的世界”；他自己在几年前就已经说过这一点了。[15]“是的”，她回复道，“这次，我会把广阔的世界带给你。只是在最近这几年，我才开始真正爱上这个世界，我现在能够做到这一点了。出于感激，我想把我关于政治理论的书（《人的境况》）命名为‘对世界之爱’（Amor Mundi）。”

正是阿伦特性格中的这条线，即她对世界之爱，支撑了她对“议事会制度”的热情，在她看来，这一政治形式是极权主义的矫正器。她认为议事会制度是真正政治生活的最佳形式，它能容纳行动和理性言论。她研究了美国乡镇集会、市的分区、自愿结社、1871 年巴黎公社和民间社团、1905 年和 1917 年在苏联出现的苏联党外工人议会或苏维埃、1918 年和 1919 年德国革命期间的自发议事会，以及 1956 年革命期间在匈牙利涌现的各种议事会。用阿伦特在《论革命》中的话说，这些是“人民自发的组织机构，不仅是外在于所有革命党的，而且完全是革命党及其领导人意料之外的”。

阿伦特开始思考，美国政治生活最大的危险，就是某种欠思考或者不思考，特别是对保护议事会架构的美国革命起源和宪政传统缺乏历史记忆。她在《论革命》中曾提出，美国政治生活中弥漫着对并不旨在立宪的革命的恐惧，特别是法国和俄国革命。“惧怕革命已成为战后美国外交政策的隐蔽主题，美国竭尽全力想维持现状，结果就是美国的力量和声望被利用与滥用以支持腐朽的政权，而这些政权早已被其公民所鄙夷、憎恨。”

由于缺乏政治传统的历史感，两党制定政策的人都只关注于社会经济目标，而不是政治过程，将自由经济看得比自由还重要。她感到，进步民主党推行中央集权的方式摧毁了地方的积极性，而共和党人只顾支持资本主义而不考虑其后果。她认为，大多数美国人没有认识到，如果不是自然资源丰富，并且相对缺乏阶级结构，自由经济和资本主义只会导向不幸和大众的贫困。美国人也不怀疑，即便在最理想的情况下，资本主义也会带来不幸和普遍贫困的区域——正如美国自身以及世界上很多地方正在发生的那样:“经济增长有一天可能变成诅咒而非善果,它绝无可能引向自由或为自己的存在提供理据。”

阿伦特60年代的读者中很少有人注意她著作中对资本主义的这一批评,而全球化的批评者和一些环境主义者今天肯定对此体悟良深。60年代的读者关注的是阿伦特在“社会问题”和政治之间所作的区分,有些人接受这一区分,有些人则表示拒绝。那些支持的人坚守她对议事会制度历史的描述,注意到她对这一制度的希望,并将之采纳进自己对草根民主或参与式民主的推崇之中。那些反对她想法的人,则从马克思主义的视角,质疑她所认为的沉迷于社会问题是自法国大革命以来所有革命的厄运。她的左翼批评者质问的是,阿伦特在政治与社会之间作出的区分,是否使她实际上成为他们所说的反革命分子。他们质疑,热衷于社会问题,如何在阿伦特的判断中成了典型的社会乌托邦式“狂热”,阿伦特认为,这种关于人民的修辞力量将最终激发狂热者的力量。

实际上,60年代的马克思主义批评者重复了阿伦特所引发的更老一代人的批评,只不过重点不同。他们争论的,不是苏联被认为是极权主义的方式,或者马克思主义革命是否内在含有极权主义成分。他们的核心争论是如何对待社会问题,他们将之视为道德问题,即如果能够带来社会正义,是否连暴力也能在道德上得到辩护。在这些批评者看来,阿伦特在社会问题和政治行动之间所作的区分,似乎是在谴责社会不义的受害者正在过一种为了生计而对政治逆来顺受的生活,而不是给他们战胜资产阶级的机会。这种批评意见也逐渐得到阿伦特支持者的赞同,他们急切地渴望草根组织为社会问题呐喊。

对阿伦特思想的歪曲使得道德与政治关系带来的直接困难一直萦绕不绝,而这一关系是她在反思关于《艾希曼在耶路撒冷》引发的争论和“越战”期间美国公民不服从传统时着手处理的。在思考道德和政治的关系时,她区分了对社会与国家有益和有害之人。这些思考中,她假定道德关乎良知,而良知是个人的事情。在欧洲传统中,良知的典范人物是苏格拉底，他在做某件事的时候关心的是自己是否心安。只有当人们的良知一起行动的时候，道德才变为政治——阿伦特论说道，在这一时刻，它被转换了："在广场上，良知的命运与真理的命运并无什么不同：它变成了众多繁杂意见中的一种。意见的力量并不依赖于良知，而是依赖于持有它的人数的多少——'一致认为某某是邪恶的会让人们相信某某是邪恶的。'"[16]

对60年代晚期公民不服从的讨论，是对阿伦特所赞扬的美国自愿结社——议事会——传统讨论的继续，她希望有朝一日能颁布一则宪法修正案来涵盖结社权。她明确意识到那时的自愿结社——游说团体、压力集团和特殊利益组织——在对抗政治行动。所以说，她判断自愿组织的标准是政治性的，而非道德性的。如果结社的最初契约形式——相互允诺有约必守的道德律令——丧失，那些组织将变得危险。在今天的情境下，如果那些群体和在其他国家中相对应的群体为了实际的目标而取代意识形态或政治的什么允诺，这种危险就会降临。当组织不再能或不再愿意"将殊异之思想汇合为一"[托克维尔(Tocqueville)]，它也就丧失了行动的能力。威胁到当下首要的公民不服从组织的学生运动的……是日益扩展的伴随有意识形态的运动(毛泽东主义的、卡斯特罗主义的、斯大林主义的、马克思—列宁主义的，等等)，这些运动实际上分裂并破坏了结社。[17]

对于那些将结社视为成就道德事业的媒介的人来说，阿伦特似乎是说，并没有正确或错误的事业，只有集结或成为政治性的正确或错误的方式。按照他们对阿伦特意思的歪曲理解，她似乎是非道德的。

对阿伦特立场和意思的这种歪曲，也折射出阿伦特对道学式意识形态或狂热的拒斥，以及拒绝被持有固定标准的道德裁判左右。那些已被外在标准左右的人，不能直接或具体地经验，同时也不能自由地反思经验。独立的思想是机变的——在最基本的意义上是自由的。对于那些缺乏独立性、一切都被预先规定好了的人来说，他们并没有认识到自己思想的贫乏，他们在参与实际的经验中感到震撼，但他们对这些经验已预先准备强加一套语言。在60年代那些批评阿伦特和被阿伦特批评的道德学家中，最流行的预设观点是将暴力正当化，或者将暴力错误地等同于权力，这一点随着人们参与到政治行动和将群体努力制度化而深化。阿伦特感到,他们的著作将年轻人通向世界历史时刻的新奇实在之门关闭了,同时这同一批年轻人又用自己的道德热情创造了这世界的历史时刻。阿伦特曾向雅斯贝尔斯表达她对一位德国 47 文学社成员的惊异,这个人曾到芝加哥拜访过她:"他还这么年轻,但已完全没有能力学习任何事情。他看待一切事情只是看那些能增加他偏见的那部分,不能吸收任何具体的、真实的东西。"(1966 年 5 月 21 日)

在她生命最后五年的政治分析中,阿伦特一遍又一遍地强调处于从左到右政治光谱上的人们离实在是多么遥远,强调作出良好政治判断的能力是多么难以获得。例如,在《政治中的谎言》——她 1971 年对五角大楼文件的反思文章中,她沿用标准的方法,将新奇的部分从熟悉的主题中抽出;在这件事情中,新奇的是,美国政府官员指导战争的时候,获得了并不断地在获得他们自身智库提供的全部信息,他们本能地对战争局势作出精确的判断,但是他们却对其视而不见。她注意到"在事实和决策之间没有任何联系,在智库与公民和军事服役之间也没有任何关系,这或许是五角大楼文件揭示的最重要的,也肯定是被保守得最好的秘密"。她简要总结道:"人们有时会有这样一个印象,即是电脑而非决策制定者在东南亚为所欲为。解决问题之人并不判断;他们在计算。"(当意识形态的承诺指挥智库,腐蚀了作出判断的事实基础的时候,这个问题当然就更加严重。这一问题现在更加恶化,当下"对恐怖主义的战争"刺激美国政府秉持先发制人的战争策略。)

在构思《心灵生活》的思考、意志和判断等章节的时候,阿伦特还在撰写对政治世界局势的评论,即国际上美苏两极对抗,国内是由大的"冷战"背景所激发的解放与革命斗争。她的政治注意力通常固定在"共和的危机"上面,即她在 60 年代晚期和 70 年代早期看到的在美国发生的一系列混乱事件,收留她的这个国家似乎无视甚至摧毁了其共和根基——尽管年轻人努力想恢复这一共和传统。在她辞世后的第一个十年中,这些政治著作和她对美国的深切关注是她所有著作中最有影响力的部分。

对阿伦特晚期政治著作的重视，过去是、现在也是很重要的，这使得她这些著作背后基础性的思维方式相对黯然，而正是关于后者的反思，构成了《心灵生活》一书，该书的哲学主题对那些没有，或者不能，或者拒绝判断的人来说离实在很远。在这部最后的手稿中，阿伦特在道德哲学而非政治理论的场域中工作。但是她对道德哲学有一个特殊的理解，这一理解型塑了她关于判断的思想，然而这一理解到今天也很少被人领会——尽管她已去世多年，2003 年《责任与判断》文集的出版为理解她提供了基础。

西方的道德哲学植根于希腊的 *ethike*（伦理）和犹太—基督教律法，通常会涉及对主观和客观的划分：研究道德习惯、习俗或律法，研究德性（德性一词同样也是希腊的，指铁针在泥板上留下的痕迹）。道德哲学传统会问：什么是善？知善并能行善的人格是怎样的？一些道德哲学家会从自然那里寻找习俗的根据，认为自然指导着人们，有些人则到超验的领域中寻找，认为神为道德律奠基或给出了道德律；有些人说，只要人具有信仰的能力或理智的心灵或感性的心，律法和习俗就会即刻对其显现；还有人会强调道德教育和德性塑造的作用。伊曼纽尔·康德（Immanuel Kant）作为几百年来这些主题各种哲学变种的传人，既不诉诸自然，也不诉诸诸神，而是决定性地引入了指导所有人的普遍理性的自身法则。要想做正确的事情，人们只需要（如康德的“绝对命令”）如此行动，这样表现自己的行动的格言，就是所有人的律令。

但在阿伦特看来，康德的努力还不够激进；它并没有反映出道德哲学的真正核心，她认为这一核心在苏格拉底身上表现得最为清楚，她论述道，当所有的习俗和律法以及康德的律令——整个道德哲学传统——都崩塌时，苏格拉底的思考方式能够指引那些幸存者。“我们——至少我们中比较年长的人——已经见证过 20 世纪 30 年代和 40 年代公私生活领域所有既成道德标准的全面崩塌，不只是（现在通常这么想）在希特勒治下的德国，还有在斯大林治下的苏联。”[18]

阿伦特自己的道德哲学思考的真正激进性，在于她牢牢凝视着这一崩塌的迹象，她并不像大多数见证者当时和大多数人现在所选择的那样去做：呼唤道德复原，恢复道德的“法律和秩序”，呼唤宗教或新本质主义的复归。她并不去问什么是善。相反，她坚持在危机中，真正有思想之人不要去寻找什么规则或法律，而应该说（应如自苏格拉底以来所有真正思考的个体所说的那样）：[19]我必须忠于我自己。我不能做任何我不能忍受、不忍回忆的事情。“道德关乎个人之独异性。对与错的标准，对我该怎么做这一问题的回答，既不取决于我和周围的人共有的习惯和习俗，也不取决于神圣或人类原初的命令，而是取决于我对自己所做的决定。换言之，那些我一旦做了就不再能心安的事情，我是决不能做的。”道德要忠实于你自己之中和为了你自己的、过去和现在都是真实的那些东西。

人可以与自己对话，和自己进行内在的交流。由于世俗事务或一些人们所做之事的激发，人们反思自己的经验，向自己讲述“这一故事，以这种方式来准备它接下来与其他经验的交流”，并以这种方式将它记住。那些没有这种能力的人将会做错事，更进一步，“做错事就是败坏了这种能力”（第94页）。

这一关于道德德性理解的激进表达的意涵是令人惊异的。做了错事的人就损害了思考——进行内心对话，记住过往——的能力，也会损害其道德德性。“对于人来说，思考过去之事意味着往深处扎根，并在根基处安置自身，从而能不被任何事情——时代精神、历史或诱惑——所卷走。”（第95页）没能安置住自己的人就没有道德德性，在阿伦特看来，30年代到50年代的海德格尔就是这样的人。或者，阿伦特会用“道德个性”而非“德性”：“在思考的过程中……我很清楚地将自己型构为一人，只要我能保持住并更新这一型构，那我就还为一。如果这就是我们通常所说的（道德）个性，那它与天赋和理智毫无关系，它只是思考的自动结果。”

阿道夫·艾希曼（Adolf Eichmann）在对其的审判中表现出自己没有能力去独立意愿或思考，虽然他能够机械地引用道德教义——这更显示出道德教义如果离开了独立思考是何等没用；他已将自己的意愿托付转让给了希特勒。当艾希曼在法庭上实事求是同时又是冷酷无情地作证说他只是服从了元首的意志时，他是在说（用阿伦特的话说）他不是一个人，不是一个道德的人:他否认自己负有责任,那些事情与他毫无关系。他发现自己并未犯下任何罪行。阿伦特对他的判断指明了这一点:“赦免的是人,而非罪行,后者是不会被宽恕的;没有任何人能宽恕毫无根据的恶。”

阿伦特的道德哲学并不包含对善的追寻,或者寻找能够界定什么是善的法则或律法。她的道德哲学并不专注于意志的困境——或者是不意愿的意志(海德格尔式),或者是意志的划分[像圣奥古斯丁(St. Augustine)在等待上帝疗治恩泽时指明的那样]。她不得不探究意志,转向她的哲学贡献,即询问思考和判断能如何指引意志——特别是由思考指引的判断如何能在世间提供指导。对她来说,判断并不是遵守律法或寻求律法的心智活动,后者是康德在《判断力批判》中对审美判断力的分析所作出的理解。她认为,只要接受道德领域没有任何律法这一激进假设,康德对审美判断力的分析就可以被转换进道德领域;这一领域有的只是一个标准,即忠于自己和独白式的思考。这样一来,如审美判断一样,道德判断很明显地不是由律法而是由范例指引着。“范例,”康德曾高兴地说,“是判断力的学步车。”

对汉娜·阿伦特来说很幸运的是,她的一生中很多朋友(和通信者)是这种典范型的苏格拉底式的拥有良好判断力的人。她曾在多次公开场合表扬他们,一次她写信给雅斯贝尔斯,称赞他像诺亚(Noah)一样,从纳粹主义的大洪水中幸存下来,从没让自己与自身或朋友们断绝关系——包括像她这样的犹太朋友:“你的生命和哲学为我们提供了范本,从中我们能学到如何彼此交谈。”[20]他哲学的核心概念和判断德性的标准就是交流。雅斯贝尔斯足够开放与谦逊,以使得他的德性如苏格拉底般圆满。在战后的岁月中,当阿伦特恢复与雅斯贝尔斯关系后,她发现雅斯贝尔斯有时会很固执,有时会忍不住说教起来,但却总是能够面对大洪水之后的世界。她和布吕赫表达了自己的惊异:“阅读雅斯贝尔斯的书会让你发现这个人是多么令人吃惊,仅仅才过了九个月,他已经开始理解新的世界了。”(1946年7月10日)

阿伦特一生中基本上没怎么写哲学著作，因为在她看来，献身哲学的人都自囿于寻求法则的冒险的形而上思索，代价则是牺牲掉她所希望能实践的以及在危机时代能被广泛实践的对话交流式思考。哲人们往往会为政治领域制定道德律法，希冀能治愈其可怖的不可预见性——就如海德格尔曾经的那一段应被谴责的短暂时期一样。阿伦特通常追求的是这样一些政治制度和态度，它们允许和鼓励人们从道德范型中学习成为有德之人，能够为思考和与朋友的亲密交流提供必要的保护。因为询问自己——如果做了这件事，我能否心安——这一道德问题会反过来引导他们保护政治领域。

无论是阿伦特晚期的政治评论，还是之前关于极权主义和人的境况的著作都没有——也没有任何人——预见到美国内部的危机以及非常重要的美苏之间变动中的两极对抗会是苏联解体和东欧解放的序曲。在 1989 年后的世界中，阿伦特著作的接受情况，与她生前以及我的这本传记第一次面世时，即她去世的第一个十年大相径庭。

自 1989 年以来，面对民主传统在苏联帝国和其他被长期“冷战”塑造的区域复兴或建立的情况，在特别是“二战”后出生的这代人眼中，阿伦特的政治著作不再被看成是对极权主义建构的世界的分析，而是被当作指引极权主义之后世界建构的分析。这一转移可以在一个时刻看得非常清楚。在刚刚被释放不久，波兰团结党领袖亚当·米奇尼克(Adam Michnik)得到了一个奖项，他随即便把这一奖项捐献给了一个项目：将汉娜·阿伦特的著作翻译为波兰语，以帮助两极中东方一极的人们在华沙公约后过上自己的生活。

对阿伦特著作新一轮的接受是全球性的，而不仅仅是发生在欧洲和美国。整个 90 年代，在美国学术和政策界，整个欧洲——包括在贝尔格莱德举行的一次会议，将前南斯拉夫的学者和活动家聚到一起，以色列、日本、巴西和阿根廷等地举行的众多以阿伦特著作为主题的会议上，人们仔细阅读着她的著作，并焦虑而又充满期待地想知道“现在该怎么办?”。现在，中东阿拉伯国家的政治流亡者正阅读阿伦特的著作。她的生活被拍成纪录片；她和海德格尔的关系甚至成了百老汇戏剧的主题。对她的研究日益增多，每年都有大量的专著和文集出版，此外还有长篇传记以及网络信息资料。这些研究著作中有一些是总揽性的研究，有一些则是针对个别的主题（像《对汉娜·阿伦特的女权主义解释》或《汉娜·阿伦特与教育》）。现在有两个汉娜·阿伦特研究中心，一个在纽约，另外一个在德国，德国还有一个专门研究极权主义的汉娜·阿伦特研究所。汉娜·阿伦特书信集也成为会议与研究的主题。《汉娜·阿伦特剑桥指南》已经出版，卢特莱奇出版社也在出版《二十世纪重要政治哲人》的阿伦特卷，这些也表明了她的声名：20世纪没有哪个政治作家受到像她这样广泛的关注。

2001年，为了纪念《极权主义的起源》出版50周年，在阿伦特最后执教的纽约新学院召开了一次会议。[21]这次会议在9.11世贸大厦遇袭过后仅一个月召开。无论是来自全美的与会者、来自基本上都是欧盟国家的欧洲与会者，还是来自拉丁美洲的与会者，都处于惊愕之中，他们在已经知道这个世界肯定要发生深刻改变的情况下讨论这本巨著。自那以后，很明显，人们对阿伦特政治理论思考最迫切的关注是她对暴力的思考，她将暴力与人们聚集到一起行动和建立一些机制来保障继续行动的可能时所增长的权力区分开来。世界现在处于这样一种状态，即在世界上很多地方，暴力经常被当作政治过程内部本有的一部分，而不是政治行动者在迫不得已时才运用的手段。将暴力与权力混淆的习常看法也使得美国的国家主权正在被抬升为意识形态的效忠，而这是违背宪法精神的。

阿伦特的编辑者杰罗姆·科恩最近正确地指出：

（对阿伦特来说，）美国在政治上作出的最大创举应该就是在共和国内部废止主权，依照这一睿见，在人类事务领域，主权和僭政是一样的。共和国主权的缺失意味着它不是欧洲意义上的国家；其权力的确是从人民而来，是从它所包含的日益增多的多元人民和意见中来；它同时也是一个人民作为平等公民所组建的联邦——协约和信托。托马斯·霍布斯（Thomas Hobbes）的逻辑是以利维坦的主权来克服个体的软弱，而阿伦特的逻辑是以人们的多样性来克服个体的弱点，这一多样性是“通过允诺联系在一起的”，这将极大地增强他们的潜在力量。主权一词从未出现在宪法中，并且该词是与宪法第六条的主权概念相冲突的，在这一条中，对塑造美国人民的表述是最为完善的。只要世界的安定还需要关切，第六条明确规定“根据合众国权力所缔结或将缔结的一切条约，均为全国的最高法律”。[22]

结果，随着伊拉克战争的开始和“对恐怖主义战争”的迫在眉睫，如同“越战”时期发生的那样，政府中的那些人又一次远离事实并缺乏判断力，他们颂扬并制造了国家主权的意识形态——同时还拒绝了多边主义和联盟。

汉娜·阿伦特从《极权主义的起源》到《心灵生活》所提供的富有争议的政治理解如何以及能在多大程度上激发目前这代政治思想家和行动者，我们还要拭目以待。随着美国成为世界上唯一的超级大国和国际恐怖主义的兴起，对政治世界全新的挑战——用阿伦特谨慎的术语说是“空前的”——也随之而来，现在的世界显然比1975年更加紧密地联系在一起，但却进入了一个黑暗可怕的时期。阿伦特在1968年如此描述这种黑暗，在《黑暗时代的人们》一书的序言中，她写道：“如果公共领域的职能是通过为人们——不管人们好坏，不管他们是谁，不管他们做了什么——提供能在其中展示自己言行的空间来照亮人类事务，那么，当这光被官员的言行不一和无形的政府压制，被那些不是揭示而是掩盖事情本相的言论、训告和其他东西灭绝时，黑暗便降临了。打着旧有真理的幌子，一切真理都堕落为没有意义的细琐杂谈。”在这样一个黑暗时代，她说（我在这本传记第一版的序言中引用过）：“我们有权利去期待一些光”，男男女女无论处在什么情形下都会用自己的生命和著作来点燃光亮。汉娜·阿伦特用她的一生点亮了世界，她的光芒仍然从她留下的著作和自她去世后将她的故事与思想不断传给后代的人们那里射出，阿伦特希望，这些新来到世界的人将会是“新的开端”。

伊丽莎白·扬布鲁尔

注释

1. 我不想修订这本传记的另一个原因是，到目前为止除了一个错误外，我还没有发现任何事实性的重要错误。对那个错误所引发的可怕后果，我感到深深的愧疚。在第456页，我写道，阿伦特在1967年和1973年为犹太防卫联盟做出过贡献。这个错误（现在已经改过来了）是我在梳理她一个捐助过和宣布断绝关系的组织名单时犯下的。我在校正的时候没有发现这个错误。事实上，阿伦特是向联合犹太人募捐协会捐助过；她与犹太防卫联盟断绝关系，因为在她和她的自由主义犹太人圈子的人看来，这个组织是一个法西斯式的组织。她绝不会为其捐助。著名的巴勒斯坦文学评论家、活动家和政治评论家爱德华·萨义德引用我的错误来证明阿伦特对巴勒斯坦的困境并不同情（*Critical Inquiry Autumn*, 1985, 47）。我向萨义德去信说明了我的错误是如何产生的，并表示对此负责，但是他的"差异的意识形态"一文已被重印，错误的信息也散播开来了。

2. 这篇序言我采纳了之前的两篇文章："The Exemplary Independence of Hannah Arendt", published in *Subject to Biography*(Cambridge: Harvard University Press, 1998) and a review in the *New York Review of Books*(2004)。

3. *Hannah Arendt and Karl Jaspers Correspondence: 1926—1969*, ed. Lotte Kohler and Hans Saner(New York: Harcourt Brace Jovanovich, 1992).很遗憾，虽然卡尔·雅斯贝尔斯的《大哲学家》已经由Harcourt出版社出版，但到现在为止，雅斯贝尔斯在美国不怎么有名，也很少被阅读，此外还有一个很不错的雅斯贝尔斯文集，*Karl Jaspers: Basic Philosophical Writings*, ed. Edith Ehrlich, Leonard Ehrlich, and George Pepper(Atlantic Highlands, N.),: Humanities Press, 1994。

4. *Within Four Walls: The Correspondence between Hnnah Arendt and Heinrich Blucher, 1936—1968*, ed. Lotte Kohler(New York: Harcourt, 1996).

5. *Between Friends: The Correspondence of Hannah Arendt and Mary McCarthy, 1949—1975*, ed. Carol Brightman(New York: Harcourt, 1995); Hannah Arendt and Hermann Broch, *Briefwechsel 1946 bis 1951*, ed. Paul Michale Lutzler(Frankfurt am Main: Judischer Verlag/Suhrkamp, 1996); Hannah Arendt and Kurt Blumenfeld, "... *In keinem Besitz verwuzelt*": *Die Korrespodenz*, ed. Ingeborg Nordmann and Iris Pilling(Hamburg: Rotbuch, 1995).阿伦特与保罗·蒂利希以及乌维·约翰逊的通信

也以德语出版。

6. Hannah Arendt and Martin Heidegger, *Letters 1925—1975*, ed. Ursula Ludz (New York: Harcourt, 2004).这个译文可用,但有一些难懂的段落和错误。

7. Elzbieta Ettinger, *Hannah Arendt/Martin Heidegger* (New Haven: Yale University Press, 1995).

8. 艾丁格对阿伦特动机的最后评论:"她为海德格尔开脱如果说是出于忠诚、同情或正义感,不如说是出于要挽回自己的自尊与尊严"(第 79 页)。也就是说,她必须让海德格尔成为一个她能够尊敬的人,这样她才能尊敬她自己。

9. 书信集中的翻译不如阿尔伯特·霍夫斯塔特在纽约书评上发表的翻译(1971 年 10 月)。

10. 雅斯贝尔斯和海德格尔的关系参见 *Heidegger and Jaspers*, ed. Alan Olson (Philadelphia: Temple University Press, 1994)。

11. 在《极权主义的起源》2004 年版的序言中,哈佛大学人权政策卡尔中心主任 Smantha Powers 指出了阿伦特著作与人权运动和国际法庭对种族灭绝的日益关注之间的关系。

12. 在《艾希曼在耶路撒冷》之后,阿伦特用"恶的平庸"来指代缺乏思考,而不再用极权主义恶徒的精神病来形容,但是她对作为结果的恶的描述——使人作为人成为多余——并没有变化。

13. *Hannah Arendt-Karl Yaspers—Correspondence, 1926—1969*, ed. L.Kohler and H.Saner(New York: Harcourt Brace Jovanovich, 1992), p.163(7 Jan. 1951);她的回复见第 167 页(1951 年 3 月 4 日);雅斯贝尔斯的继续讨论见第 205 页(1952 年 12 月 29 日);阿伦特的默许见第 216 页(1953 年 5 月 13 日)。参考海因里希·布吕赫给雅斯贝尔斯的信,第 186 页(1952 年 7 月 21 日):"他用自己的洞察力和理智来满足自己对正义的意志,这一意志从一开始既是权力意志也是复仇的欲望。马克思并不用自己的爱恨来作为认知途径,把它们置于冰上,离开它们,让它们彼此相斗,从而通过最大限度的自我批评来达到真理。相反,他成为自己痛恨对象的牺牲品,并跟随着它,打着正义的旗号进入了令人厌恶的视域……对我而言,相对于文人来说,马克思仍然是无可指责的人,一个'可敬的公民',汉娜对他并不否认其高度的尊敬和宽容,我想除非我成了精神病医生,否则我是不能理解这种宽容的。"

14. Arendt, "Civil Disobedience", in *Crisis of the Republic* (New York: Penguin, 1975), p.64.

15. 雅斯贝尔斯1952年7月21日给布吕赫的信:"在我看来,汉娜在近年变了。她暴怒的时候基本上不见。在对她所陌生的事情,她变得更为公正和宽容。她对德国也显示出更大的超然态度。我还不能做到她这样,所以有时在我俩之间存在着合适的张力。"

16. Arendt, "Civil Disobedience", p.56.

17. 同上,第79页。

18. *Responsibility and Judgment*, ed. Jerome Kohn (New York: Shocken, 2003), p.52.

19. 阿伦特说"数个世纪以来,关于道德哲学一致同意的假设是自我的标准"(第102页)是最终标准,虽然她也明确承认哲学家们——包括康德——也感到需要客观准则、法则和律法。

20. Arendt, *Essays in Understanding* (New York: Harcourt, 1994), p.215.

21. 该文收于 *Social Research* 69/2(Summer 2002)。

22. Jerome Kohn and Elisabeth Young-Bruehl, "Hannah Arendt on Action and Violence," 可在线浏览(mtholyoke.edu)。

前　言

许多在“二战”前或“二战”期间来到美国的欧洲难民，常常是频繁地从一个国家迁移到另一个国家，无家可归。当他们讲述关于迫害与遗弃、个人厄运及政治灾难的故事时，他们的美国听众以新奇甚至几乎难以理解的方式，看到了一个支离破碎的世界。正如布莱希特(Brecht)所言，每一位故事讲述者，都是一位不幸消息的传递者。

能找到工作的艺术家和学者很快就做出贡献，这些人往往十分杰出。他们在美国和世界文化中的角色广为人知——他们给数学、物理学、音乐、绘画、社会学、精神分析学，带来了宝贵的财富。但是，当这些难民开始营建新的家园，并修葺他们残破的生活时，反映他们个人境遇的诸色故事仍然值得讲述，这不仅为了他们那一代人，也为了未来世代。

第二次世界大战结束后的十五年以来，关于纳粹德国的历史及其分析，大体都是由移民社会科学家作出的，这些社会科学家在战前便已经崭露头角。但是有一本名为《极权主义的起源》的书，出自一个受哲学训练的女性之手，作者在纽约一个很小的移民圈外鲜为人知，此前也从未写过关于历史或政治理论的鸿篇巨制。对阿伦特著作的批评性反响是巨大的：“它是一部大师之作”，“此人堪与马克思相媲美”。在后来的二十四年里，随着大量论文和著作的发表，从《人的境况》到《心灵生活》，阿伦特获得了国际性的声誉，并在当代理论家中占有不可或缺的重要地位。

作为一名备受争议的思想家，一名与学术流派、政治党派及意识形态路线保持距离的独立思想家，汉娜·阿伦特拥有范围持续扩大的读者。无论是专业人士还是普通读者，都试图从她那里寻找灵感；他们对阿伦特在1968年所编传记的序言中所表达的那种体会颇有同感："即使在黑暗时代，我们仍有权利期待某些火光。它们往往不是来自理论与概念，而是来自一些人在生活和工作中的那些不确定、飘忽并且经常是微弱的光，它们几乎在所有的环境下都会闪烁，超越时间限制而永放光芒。"[1]

这种来自个人作品的光亮将直接进入世界，并在作者身后一直续存着。无论它是大是小，是短暂还是持久，都依赖于世界及其运行方式。后世自有公论。来自一个人的生活——言谈、姿势、友谊——的光亮只有在记忆之中才能够存活。如果它要进入世界，就必须找到一种新的形式，以便能被记录、传承。一个故事必须从许多记忆和故事中产生。

我将讲述汉娜·阿伦特的故事，我从书面材料和那些尚健在的认识她的人那里收集资料。她的欧洲一代以及我们黑暗时代的历史，远不止是她个人故事的背景；她的故事折射着那个时代，她的著作也是为了寻求对那段历史的理解。就本质来说，传记关注的是一个人的生活。但它假定，一个人的生活，尽管只是大历史的一小部分，也应当讲述给未来世代听。后人可以对此一人生进行评价；但作传者只需要判断故事当如何去讲。

直到阿伦特45岁，也就是她从纳粹德国逃离的十八年后，汉娜·阿伦特的名字才为公众所熟悉。惊讶而又困惑，她问她的老师兼朋友卡尔·雅斯贝尔斯："我告诉过您了吗？一个星期前我成了一名'封面女孩'而不得不从各个书报摊上看我自己。"[2] 1951年某日《星期六文学评论》封面上登了一幅照片，《极权主义的起源》一书的作者在羞涩地微笑，从她看到这张照片的那天起，到她首次同意在美国电视上接受采访——条件是摄像机必须放在她背后，阿伦特努力避免以一张广为人知的面孔去生活。个中原由她的朋友奥登(W.H.Auden)作了解释："公共领域中的私人面孔/要比私人领域中的公共面孔/更为明智，更为优秀。”

对“思考空间”的个人保留和强烈保护，在一个赞赏政治行动与公共领域的哲学家那里似乎有些奇怪。但阿伦特认为其中并无矛盾：“就理论和理解而论，”她说，“极为寻常的是，对于之前或周围所发生事件的意义，局外人和旁观者可以比实际行动者和参与者获得更为深刻的理解，事件中的人常常是当局者迷……一个不是‘政治动物’的人，完全有可能对政治进行理解和反思。”[3]此言固然极是，同时，当局外人看到这些行动者时，作为一个“政治动物”所费的工夫也能在局外人心中唤起关于“何为政治”的记忆。汉娜·阿伦特知道，无论是从脾气还是从意愿来说，她都不适合政治行动或公共生活。不过，她并非总是一个旁观者：在其著作获得广泛读者之前的若干年中，她在犹太人政治中表现得颇为活跃。她曾为德国的犹太复国主义组织工作过；也曾是青年阿利亚(Youth Aliyah)——犹太复国主义者的一个组织，主要任务是帮助年轻的难民为在巴勒斯坦生活作准备——巴黎分支机构的行政秘书；她为纽约的德国犹太人报纸(报纸名为《建设》)写政治专栏文章；并参加过犹大·马格内斯(Judah Magnes)1948 年呼吁在巴勒斯坦建立联邦的运动。当她问自己“什么是政治”这一理论问题时，她的答案中不难看出她多年来关于犹太人政治可能会怎样、应当怎样等问题的持续思考。

但是，如果不是遇到并嫁给一个“十分政治的动物”——海因里希·布吕赫，阿伦特对政治行动的理解恐怕绝不会如此之深。《极权主义的起源》一书，正是要归功于那位来自柏林的前斯巴达克分子及共产党员，布吕赫也是她自我教育的学友。科特·布鲁门菲尔德是一位德国犹太复国主义者，毕生关注“犹太人问题”。当阿伦特还是学生时，布鲁门菲尔德曾引导她进入这一领域。布鲁门菲尔德注意到，在阿伦特那本于美国出版的第一本书的整个构思中，海因里希·布吕赫扮演了相当重要的角色。当布鲁门菲尔德收到《极权主义的起源》复印本时，他写信说，这本书给他带来无限的喜悦，让他记起他们三人在纽约时的谈话，那时该书还在写作之中，他认为从布吕赫那里获益良多：“当我在散步时，我的记忆中会从‘那本书所需要感谢的那个人未写出的政治哲学'那里获得许多东西。"[4]

思想的内在对话并不必定要公之于众，正如阿伦特通常所说的那样，但思想确实包含着一种和特定的他人进行交流的冲动。在阿伦特那里，战胜思想孤独的冲动首先在她丈夫那里得以表达。有幸有这样一个交谈的同伴在身边的人们，可以把他们思想中的内在对话表达出来，或修正他们原来的发现，而当同伴不在场时，这种对话仍可继续，它可以在"我与自己"之间进行。阿伦特的沉默寡言，她对私人生活的细心呵护，使他们不凡的婚姻隐藏在公众视野之外。这两个人意志倔强、观点鲜明，他们统治着谈话所造的王国达三十五年之久。其间有宫廷政变和政策辩论，但始终保持着和谐。这种对话只是阶段性地得以公布：阿伦特的《过去和未来之间》正是"二十五年以后，献给海因里希"。正如他们的朋友兰德尔·雅热尔(Randall Jarrell)所言，他们俩的世界是一个"两人王国"。

正如汉斯·约纳斯(Hans Jonas)在阿伦特的葬礼上所言，阿伦特是一个"友谊的天才"。以阿伦特的话言之，使她感动的是"朋友间的爱"(eros der freundschaft)；阿伦特视友谊为生活的中心。她把她的作品归功于朋友们；她以语言描绘朋友们的肖像，编辑他们的纪念文集，送给他们生日的诗篇和书信，引用他们的言语，复述他们的故事。关于表达友谊的语言，她十分娴熟。但这种娴熟是通过好长一段时间才成就的——那些年里，在充满战争、流浪、新的语言和陌生风俗的岁月里，母语和友谊常常是唯一不可改变之事。年少之时，她是被当作普通人来看待的，温和的母亲经常如此逗她："告诉我，小汉娜，谁在这里跑来跑去?"她一生情绪多变、容易激动，以为自己的判断准确，缺少耐心；正如卡尔·雅斯贝尔斯所说的，她显得"固执己见"。她与拥有世界历史视野的人走得很近，将只为自己考虑的人丢弃在一边。但是，对和她建立了密切联系的朋友的忠诚，则是她天性的根本方面，而慷慨则是其外在标志——一种常常是"秘密"的标志，因为她相信左手都不知道右手在做什么，正如她所认为的，理智无从知晓思维在做什么一样。语言是她最基本的给予——和索取——的媒介，但她也给予食品包裹、举办晚会，提供学费助学金、生日鲜花、晚宴，捐赠，以及除了她所害怕和轻视的人之外她的受众都会有的感情——同情。

围绕着这个"两人王国"的许多类型的朋友以及他们的故事，与阿伦特的故事一样具有重要性，因为他们的支持和交谈也影响了阿伦特的著述。朋友中有些人相互见过，有些没有；一些人有着高贵的头衔"诗人"，一些人则随着时间推移而改变了称呼，例如雅斯贝尔斯，由"亲切而又最为可敬的人"，渐渐变成了"亲爱的朋友"。巴黎有位朋友，两人尤其敬佩他，当这位朋友 1940 年自杀后，他们沉痛哀悼他，此人就是文学批评家瓦尔特·本雅明(Walter Benjamin)。战争期间，在纽约，科特·布鲁门菲尔德，他并非第一流的思想家，但他具有良好的判断力，阿伦特对他给予高度的赞誉("你总是抓住了问题的实质")，他也是他们主要的论辩对象。尽管阿伦特经常和神学家保罗·蒂利希交谈，甚至有一次谈话曾直接促使阿伦特回到她的书桌前，从而产生了那篇十分了不起的《有组织的犯罪》一文，但他们各自给予对方的学术同情却颇为有限："我们达成了一个约定：我们都不必读对方的书。"[5] 1946 年，小说家赫尔曼·布洛赫进入他们的"领地"，阿伦特写信给已经离开巴勒斯坦的布鲁门菲尔德说，这是"自从你离开后所发生的最叫人高兴的事"。[6]

阿伦特还是一个学生时，她首次遇到卡尔·雅斯贝尔斯，战争爆发后，他们通过书信重新建立并加强了联系。之后，在 1949 年首次重返欧洲时，她拜访了雅斯贝尔斯。她来到卡尔·雅斯贝尔斯和格特鲁德·雅斯贝尔斯(Gertrud Jaspers)夫妇在巴塞尔的家中，她告诉一位朋友，"就像一个人回到家中一样"。哲学家马丁·海德格尔曾经是她大学时的老师，也成为她的朋友。但他从来没有被这个"两人王国"的圈子接纳，一直保持着"森林里的陌生人"[7]的地位，那是 1924 年他们初次见面后阿伦特在一首诗里对海德格尔的称呼。

海德格尔、本雅明和布洛赫都是"诗性思想家"，他们热爱语言，阿伦特因此称颂他们。他们以各自的方式"摆脱 19 世纪而进入 20 世纪，好比一个人来到一片陌生大陆的海岸一样"(她是如此描述本雅明的)。[8] 布鲁门菲尔德和雅斯贝尔斯两人更为年长，更具父辈风范。他们的人格和对世界的关注，堪称阿伦特的支柱。

战后，布吕赫夫妇的“同伴团体”又吸收了不少美国朋友。使他们走到一起的，与其说是哲学的兴趣，不如说是文学和政治的兴趣，这些朋友有兰德尔·雅热尔、阿尔弗莱德·卡津（Alfred Kazin）、戴特·麦克唐纳（Dwight Macdonald）、菲利普·拉弗（Philip Rahv）、罗伯特·洛维尔（Robert Lowell）、哈罗德·罗森伯格（Harold Rosenberg）、玛丽·麦卡锡。在经年累月中，这些友谊大多时近时疏，但和玛丽·麦卡锡的友谊则越来越深厚。1969年阿伦特写的《论暴力》就献给了她。

美国学术界的朋友们对布吕赫夫妇来说是一个奇迹。“他们的讨论不带有狂热色彩，他们的论证大众都可以理解。”阿伦特在1946年曾如此告诉雅斯贝尔斯。“这里的每个知识分子在原则问题上都坚持自己的意见，作为一位在野的知识分子……他并不崇拜成功之神。”[9]在阿道尔夫·希特勒当权期间，她就产生了对她认识的那些投机知识分子的恐惧，那时“纯粹的个人问题并非你的敌人的所作所为，而是你的朋友们在做什么”。[10]美国的新朋友给了她对“心灵生活”中自由之希望。她最大的快乐之一是称赞一位欧洲朋友“十分美国”。

尽管美国的朋友十分自由，但他们的人格中缺乏深厚的欧洲文化底蕴，而这种欧洲文化则滋养了阿伦特的生活和著作。美国公民资格对阿伦特来说十分珍贵；它使阿伦特摆脱了无国籍状况，成为共和国的一员，这种共和国是她最为推崇的政府形式。但是，就个人而言，阿伦特至为欣慰的是在这样的国家中，她可以拥有“做一个公民的自由而不必付出被同化的代价”。[11]她坚持自己的欧洲背景，尤其是德国语言，从未想把自己的母语改为英语。“我们在日常说话中所用的词”，她用德式英语解释道，“具有它们特定的分量，通过多种联系，它指导我们如何使用语言，使我们从无思无想的胡说中解脱出来，这些联系自动地产生于特定语言所写成的伟大诗歌瑰宝，并且这些联系也只有从那里才会产生。”[12]

在她的思想“同伴”——所有的欧洲人、所有的人以及所有的美国朋友之外，布吕赫夫妇有一个“部落”。这个团体包括：布吕赫在德国共产党的一个分支组织“布兰德尔小组”(Brandler Group)时期的朋友,阿伦特大学时代的朋友,他们在巴黎的熟人以及初到美国所遇到的说德语的朋友。这些人是可以和他们说德语的移民,是可以引用海涅(Heine)回答来自歌德(Goethe)的名言的朋友,他们知道德国的神话故事。这个部落在一起庆祝生日,在布吕赫夫妇新年的西尔威斯特晚会上聚会,相互关心彼此的孩子和工作。部落中的一些人在卡次启尔(Catskills)一起避暑,一些人在一起共享逾越节家宴。他们受过良好教育,但并不是思想的同伴(两个“汉斯”是例外——汉斯·约纳斯和汉斯·摩根索(Hans Morgenthau)),部落的成员们是很好的同伴,他们深深地相互忠诚。

部落的延续性十分关键:“毕竟,朋友还是老的好。这已经成了我们的一个口头禅。”阿伦特说。[13]这个口头禅有很深的渊源,这从她在对奥登(W. H. Auden)的公开告别仪式上所作的仔细区分可以明显看出:“我在他生命的晚年、也是我生命的晚年遇到奥登——在这个年龄,那种形成于年轻时代的融洽、相知的亲密和友情已经不再可得,因为已无足够的生命剩余,已不能期望有更多的时间可以共享,这样,我们成了十分要好的朋友,但不是亲密爱人。”[14]

有两个最老、最为亲密的朋友,这个部落的两位元老,他们并不住在纽约。一位是来自柏林的罗伯特·吉尔伯特(Robert Gilbert),他是布吕赫青年时代的朋友,一位作曲家、诗人,战时在美国度过一段时期后移居到了瑞士。另一位是来自哥尼斯堡的安妮·门德尔松·威尔,她是阿伦特青年时代的朋友,后来成了一名法国公民。阿伦特的第一本书《拉尔·瓦恩哈根:一位犹太女性的生活》,正是献给“安妮,自 1921 年以来的老朋友”。布吕赫从不写作,他没有书献给朋友,但在布吕赫去世后,阿伦特在给“谢尔河畔的罗伯特”的诗集“后记”中写了一段赞誉的话。

每一种类型的朋友以及阿伦特十分感兴趣的历史人物,例如罗莎·卢森堡(Rosa Luxemburg)和拉尔·瓦恩哈根(Rahel Varnhagen),都有一个共同特征:每个人,以他或她自己的方式,都是一位局外人(pariah)。在阿伦特的个人词典中,真正的人是“独立于社会的人”。她的朋友们并非社会弃儿,而是特立独行者(outsider),有时出于选择,有时则由于命运。在最为宽泛的意义上,他们没有被同化。“社会的非从众主义”,她曾经坦率地说,“是知识成就的必要条件。”[15]而且,她或许也还会加上一句,是人的尊严的必要条件。她匆忙地从社会的从众主义弥散的情境中走出来,通常借助于她另一句名言:“此地不是为我母亲的女儿留的。”“对于公共关系,我有一种敏感症”;“这里除了喧闹什么也没有。”汉娜·阿伦特坚持她的独立,她也希望她的朋友如此。多数人没有使她失望,也有一些人不以为然。雅斯贝尔斯有一个在阿伦特看来颇为特殊的观点,尽管对他这位以前的精神病专家来说十分简单:“你说只有独立于社会的人是真正的人,但我认为:他们也有精神疾病。”[16]

她一直欣赏着朋友中思考与生活的独立性,在阿伦特临近生命终点时,对她来说变得更为重要。“我们的谈话现在已经是老人的谈话——你只是有点老,而我十分衰老了。”1966 年雅斯贝尔斯如此告诉她。“它们如以往一样美丽,但或许已经进入一个更为深刻的层次;不像以前那样华而不实……在这些谈话中,既有世界的不凡带来的喜悦,也有面对邪恶的忧虑;这种探索在思想方面尤以为甚;同时也是如此地平静。”[17]是的,在她回复这封信并思考她的 60 岁生日时,她这样告诉雅斯贝尔斯,它标志着“……这是老年的开始,我真的十分满足了。过去我是个孩子,我终于有点感到长大了。现在,那意味着——最后,该走了……”[18]像雅斯贝尔斯,阿伦特在她老年时期需要伟大的哲学家及思想上的同伴。这些同伴成了她的朋友,他们从她早年在伊曼努尔·康德的故乡时就住在附近,这些友谊的故事最接近于她思想本身的隐蔽活动。正是在故事中,阿伦特在友谊方面的天资给她带来了跨越时间的友谊,这些友谊使天才人物的生命更加美丽。

除了在访谈中所做的几次谈话外,阿伦特有意避免谈论自己。关于给不是政治世界中的行动者——政治家、将军或革命家——的任何人作传是否合适,她也有十分明晰的观念,她认为传记是一种特定的历史。她说,传记“对那些主要兴趣在生活故事的人来说不合适,它适合于那些艺术家、作家和总体上说天资使他们能够将世界维持在一个特定高度上的人们,他们的意义主要在于他们的作品，在于他们给世界添加的人造物品，而不是他们在其中扮演的角色”。[19]关于作者、作品或世界，这些差别也体现了阿伦特关于公与私、关于制作与行动的严格区分。通常，个人远离世界的明显距离才能解释历史的语境与时代的气质。“生活在有趣的时代并非是福”，阿伦特喜欢引用的一句古老的中国格言如此说，在我们的一切都太有趣的时代，艺术家和作家的传记经常以主人公的努力以便与世界保持距离——也有些人则泰然处之——作为中心主题。

“我们总是渴望看到被公众记录、展示和讨论的、严格说来属于私人的事务以及没有主体的事务”，阿伦特在她写的伊萨克·迪内森(Isak Dinesen)传记中写道，“这种渴望不怎么合法，但我们的好奇心却准备接纳它。”[20]在给十分熟悉的人写传记时，她遵循着这个警告。她没有以亲昵的方式去写。她的画廊《黑暗时代的人们》中的肖像画，由一种幻影追踪的技术做成：她追溯朋友们在黑暗时代洒出的光亮，描绘了一幅幅脱俗的肖像，她似乎发出了命令，“你们必须像空中的幽灵一样”。尽管她避免漫谈式的“现实主义”，她并不试图塑造榜样以进行教化，也不试图提供普鲁塔克式道德典范中的“人生”；她写的是政治上的范例故事。

在地点、人物和时段上追求出新的描述性传记，对于阿伦特这样的人来说并不合适。我们要展示的是她思想的历史基础，是激发她进行思考的特定经验，是濡养她的友谊与爱，如有可能，还要展示她的思维方式或思想风格。“思想的场所”，就如“思想的自我”一样无法接近，但某种思想的模式可以从公开出版的著作中获得，甚至可以从谈话的语境和书信中得到更多的了解。

在阿伦特那里，对立的思潮碰到一起，这使她的思想丰富而又激越。例如，她在1947年写给科特·布鲁门菲尔德的一封信中说：“我真是高兴啊！因为一个人不能与自己自然的生命力作对。上帝创造的世界对我来说似乎是一个很好的世界。”甚至在她努力写一本关于“残酷之事”——它随极权主义及其“制造死亡的方法”被引入世界——的书时，她也有这样的感觉。但一旦她称自己很“快乐”，她也表现出另一面来：“我十分忧郁，我只能通过理解，通过把这些事情想清楚去面对它。”[21]阿伦特努力持一种她所说的“爱世界(amor mundi)”的态度。“哲学传记”正是阿伦特爱世界的故事所诉诸的，尽管这一提法令人不快地包含着矛盾，因为思想是看不见的，哲学也是非时间性的。

当阿伦特讲故事——用伊萨克·迪内森的话是“命运的轶事”——时，这些故事把人们带到了她那里；她的故事并不是要把她带到人们面前。所有沉默、自我隐蔽的问题及自我认知的范围被搁在一边，阿伦特没有写自传，因为她爱同伴，需要同伴。在垂暮之年，她问一位曾经建议她写回忆录的编辑：“如果我把我的故事写下来，谁会来听我的讲述呢?”以一种特有的风格，正如她自童年时便做的那样，她使自己免于孤单。

但是，和朋友奥登不一样，汉娜·阿伦特没有要朋友们销毁她的信件，也没有试图从她的论文中抹去私人生活的轨迹。她把她故事的素材放在了公共领域，放在图书馆保存，以留给那些想浏览的后人。她对身后的公开性予以让步，她的书中十分细致地反映出的精神生活也留给了后人，这里也暗含了对准备写她生活的作家的告诫：看看私人命运的故事能够对作品和世界这些公开的事物说些什么；看看它们在我们的黑暗时代发出了怎样的光亮。遵循这个告诫，生命的过程不应当从它终结的观点来看：并不是为了表明过程能“解释”终结，或者相反，而是便于当“判断的优先权给他人时”变化和延续性能在那个时刻同时呈现。

阿伦特留给后人的资料中，最早的文档是这样开始的：“汉娜·阿伦特出生于1906年10月14日，一个星期六的晚上，九点一刻。出生花了22个小时，一切正常。这个孩子生下来重3 695克。”[22]用这些句子，玛萨·柯恩·阿伦特(Martha Cohn Arendt)开始记录她的女儿的故事，这一了不起的记录题为《我们的孩子》，它是关于阿伦特的童年主要的文字信息来源。

《我们的孩子》保存在一个文件夹中，与之放一起的还有移居时期的纪念物品：玛萨·阿伦特的德国护照；汉娜·阿伦特的出生证明，法国的居住证，美国的护照；布吕赫夫妇各自第一次婚姻的离婚协议以及他们自己的婚姻文书；还有一本小书，玛萨·阿伦特在里面记录了阿伦特家族成员的名字、生卒日期以及她的柯恩家族和父母亲一辈的成员。这些文件为这本传记提供了编年框架以及家族故事的指南。

阿伦特带着这个具有纪念意义的文件夹度过了她的漂泊岁月，最终又把她在1923年到1926年之间的诗稿加了进去，共21篇。她制作了打印稿，并把它们夹到她于20世纪40年代至50年代初在纽约写的诗歌中。紧挨着诗稿，保存着她唯一的自传片段的手抄本，题目是“影子”，写于她19岁时，那是她上大学的第一年后。这些手稿，这些阿伦特亲笔写成、至为私人的文字，已被意译并在文中予以引用。那些诗歌在文中没有加个人的注释，因为德语原文收在附录2中。

阿伦特以前在欧洲的其他证明材料被放在不同的文件夹中。其中的一个文件夹里有几份宣布阿伦特在海德堡大学完成哲学与文学博士学习的大海报。另一个文件夹里有阿伦特的博士论文《奥古斯丁的“爱”的观念》，它于1929年由斯伯林格·瓦拉格(Springer Verlag)出版社出版。1933年逃离德国时阿伦特就曾带着它，也带着它一起度过了在法国的年月，最后带到美国，论文已经破旧、污损了，但这是她卓越而又简短的德国学术生涯的一个标志。

这些文件夹存放在一个有许多文件柜的储藏库中，现在在国会图书馆里，依据把她的复杂人生分成多个侧面的系统，文件夹上简洁地做了标记：手稿、摘录、评论、录音与录像、出版社、芝加哥、新学院、财务、归还物品，好几个抽屉里还有信件(私人的)。阿伦特把它们存在这里之前，这个资料库中曾经有其他文件。她给了国会图书馆两件礼物、一捆手稿及演讲笔记，还有一捆围绕“艾希曼争论”的材料；给德国马尔巴档案馆的是一捆她与科特·布鲁门菲尔德、卡尔·雅斯贝尔斯、马丁·海德格尔和其他人之间的往来书信，它们是从她的财产中拿出的捐赠品。海因里希·布吕赫的文稿和演讲稿捐给了巴德学院(Bald College)，布吕赫在那里教书近20年。这些资料是阿伦特在美国的故事之基础，见证着她作为一个政治理论家的生涯、她的美国友谊以及她与移民部落成员的关系。我阅读了全部，除了与海德格尔的通信，它们与许多学者有关。

汉娜·阿伦特把她的文件柜放在卧室里，那是一个简朴、没有装饰的地方。在布吕赫家的最后的住处，也就是在德莱弗河畔(Riverside Drive)的住所，工作空间和谈话空间最为重要，一切不属于这些空间的事情都被忽略了。餐厅和图书室是一个房间；每次用餐时，所有的老朋友从四围的书架注视着他们——柏拉图、亚里士多德(Aristotle)、康德、歌德、里尔克(Rilke)。这些书现在大多存放在巴德学院图书馆一个特殊的房间，图书馆位于一个小山下面，布吕赫夫妇的骨灰在山上的墓地里埋着。

起居室和阿伦特的研究室也是一个房间。在面临河畔公园和赫德逊河(Hudson Park)的大窗子旁，是一张工作桌和一个摆放打字机的小桌。紧挨着的是一个书架，上面摆放着她自己的著作，这些书有：《拉尔·瓦恩哈根：一个犹太女性的生活》、《极权主义的起源》、《人的境况》、《过去与未来之间》、《论革命》、《艾希曼在耶路撒冷》、《黑暗时代的人们》、《论暴力》、《共和的危机》，它们大多不仅在美国出版，而且有英国、德国、法国的版本，有一些以荷兰、瑞典、西班牙、葡萄牙、日本等语言出版。这些书以及一纸箱发了黄的复印件和报刊文章，提供了参考书目的基础。

在空旷的起居室中间是沙发和椅子，小茶几从一个角落移出，一张咖啡桌，上面挤着香烟、火柴、烟灰缸以及一排坚果碟子、薄荷碟子和饼干筒——这里是会谈中心。但当客人们来访时，窗子使他们能够穿过房间看到阿伦特的工作桌。在这个桌子上，阿伦特的著作似乎一直都在进行之中，甚至当她坐在房间中央和客人谈话时也是如此。伴她工作的永远的朋友在桌子上：那里有玛萨·柯恩·阿伦特、海因里希、马丁·海德格尔的照片。当阿伦特在起居室和来访的朋友聊天突发心脏病离去时，这些听众正注视着她，她的著作也就在他们前面。她最后一本著作《心灵生活》的第三部分、也是最后一部分的第一页——“判断”还卷在打字机中，除了标题和两段题记外，尚是空白。

汉娜·阿伦特的朋友兼文字编辑玛丽·麦卡锡编辑了《心灵生活》既存的两卷，这两卷于1978年出版。为“判断”那卷所写的主要草稿和笔记材料现在保存于国会图书馆中；在德国档案馆里有一摞小的“思想丛书”，里面都是阿伦特的沉思记录及希腊文、拉丁文、英文、法文、德文的引文——她在美国进行写作时，这些笔记一直保存着。

阿伦特1975年去世，享年69岁，她没有孩子，丈夫也已经先她而去。许多美国朋友和大多数“部落成员”组成了她葬礼上拥挤的哀悼人群，但思想的同伴已经不在——只有海德格尔还活着，家族成员也很少。她的表兄弟恩斯特·福尔斯特(Ernst Fuerst)和他的妻子从以色列来了，他们的一个女儿也从德国来了，阿伦特的异父姊妹艾娃·比尔沃尔德(Eva Beerwald)从英国来了。阿伦特和柯恩一度庞大的家族——汉娜·阿伦特曾有九个阿姨、叔叔及十二个表兄弟姊妹——如今减少为五个表亲和一个结了婚的阿姨，他们天各一方，分散在英国、德国、以色列和印度。

通过面谈和书信，那些活到能去悼念阿伦特的大多数人都对这本传记的再整理做出了贡献。只有几个人能告诉我阿伦特的父亲1913年去世之前的第一手故事；关于她童年和年轻时代的大多数第一手资料是从20年代早期及之后开始的，包括她本人所提供的内容。关于她成年时代的故事很丰富，常常在不同讲述者那里有许多种面貌——记忆就是如此。从对一个故事并无实质不同的多种看法中，我在这本书中“编织”出一个故事，而将那些丛生的枝节略去。在这些情况中，历史学家以及侦探所熟悉的标准在我“编织”的过程中被采用，这些标准包括：内在的延续性与合理性；与形之于文的资料来源、其他故事和文件一致；故事讲述者所处位置及其知识的可靠性。在不多的一些地方，有不能协调的故事存在时，我注出了所有的观点；相同的一致原则也统御着冲突的材料或对我的采访提问的补充回答。(文中引号里但没有出处的材料来自访谈。)

当我塑造并选择这些故事时，我无意成为一个权威或做出权威性的评论。从丰富的阿伦特资料，从所收集到的信息，我只是采取了我的项目——写一本哲学评传——所需要的素材。我并没有试图给这些材料加上预见性的批评的维度。在纪念阿伦特这位朋友时，汉斯·约纳斯说得十分正确：“称她为一个‘伟大的思想家’，并不是因为她的同时代人如此认为，也不预言她的思想将与日月同辉。”[23]我已经说明在批评阿伦特著作方面已经有哪些文字，但当我讨论她的书时，我的主要任务是语境性的；我试图展示她如何触及她的问题、她的话题，她如何写作、修改她的书，以及从一本书到下一本书过程中她的思想脉络。因为写作主要的著作时阿伦特居住在美国，也因为她的影响在那里最大，我所提及的她的著作及其批评者在焦点问题上大体是美国式的，即使每个章节至少都要跨越大西洋一次。

故事的交流是口头的，书信、文件、回忆录以及汉娜·阿伦特的著作以不同的语言走进了这部传记，不得不被翻译过来。在这个过程中大量信息不可避免地丢失。当我在新学院做她的博士生时，在一次谈话中她对我说，她的哲学与诗意的母语——德语、她第一次流浪时期的语言——法语，她的第二个国籍的语言——有德国口音的英语，她的政治先辈的语言——拉丁语和希腊语，全都转化成美语，这只能勉为其难。我曾经翻译了亚里士多德的一句含糊不清的名言；汉娜·阿伦特核对了她的一个标准拉丁译文并将它与我的努力相比较，不一致。她又检查了德文翻译，便怀疑起拉丁译文。最后，她坐回来，对我的翻译做了判定，做了具有她思想风格的评论："呀，我亲爱的，它不那么准确，但或许亚里士多德会认为它更为有趣，而不认为它是错的。"

注释

1. Hannah Arendt, Preface, in *Men in Dark Times*(New York: Harcourt, Brace & World, 1968), p.ix(hereafter cited as *Men in Dark Times*).

2. Arendt to Jaspers, 14 May 1951, Marbach.

3. 阿伦特未发表的接受松宁奖时的演讲，1975 年，国会图书馆。

4. Blumenfeld to Arendt, 18 March 1951, Marbach.

5. Arendt to Alex Morin, University of Chicago Press, 18 April 1958, Library of Congress.

6. Blumenfeld to Arendt, 17 July 1946, Marbach.

7. 阿伦特写于 1924 年的无题诗，Marbach："Kommst Du aus so fernem Land/ Kennst nicht unseren Wein?"

8. Arendt，“Walter Benjamin：1982—1940，” in Men in Dark Times，p.172.

9. Arendt to Jaspers，29 January 1946，Marbach.

10. From Arendt's 1964 interview with Günther Gaus，“Was bleibt? Es bleibt die Muttersprache，” collected in Gaus，*Zur Person*（Munich：Feder，1964）（herafter cited as Gaus interview）.

11. 阿伦特未发表的接受松宁奖时的演讲，1975 年，国会图书馆。

12. 同上。

13. Arendt to Blumenfeld，1 February 1959，Marbach.

14. Hannah Arendt “Remembering Wystan H.Auden，” *New Yorker*，20 January 1975，p.39.

15. 引自阿伦特未出版的 1948 年在 Rand School 发表的无题演讲，国会图书馆。

16. Jaspers to Arendt，5 March 1960，Marbach.

17. Jaspers to Arendt，11 October 1966，Marbach.

18. Arendt to Jaspers，3 November 1966，Marbach.

19. Arendt，“Rosa Luxemburg：1871—1919，” in Men in Dark Times，p.33.

20. Arendt，“Isak Dinesen：1885—1963，” in Men in Dark Times，p.98.

21. Arendt to Blumenfeld，19 July 1947，Marbach.

22. Martha Cohn Arendt's diary，*Unser Kind*，Library of Congress.

23. Hans Jonas，“Acting，Knowing，Thinking.” *Social Research*，Spring 1977，p.26.

第一部分

1906—1933

在美国生活的那些日子，汉娜·阿伦特很少提到童年。她最后一批亲戚离开东普鲁士(East Prussia)哥尼斯堡——这个城市曾被炮弹摧毁，后来重建成了苏联的加里宁格勒(Kaliningrad)——的家园之前，她就已经多次把她的生活分成“那时”和“现在”。每一次的划分，第一个“那时”——童年，就成了一个更为秘密、私人性的事情。她18岁在马堡大学做神学专业的学生时，以老师海德格尔的诗性语言作了暂时的划分：“不再”与“尚未”。当完成学业和博士论文时，她划分了脱离实践事务的“那时”的理性与“现在”实践中的理性。1933年，这一划分有了政治内容：阿伦特成了一个德国犹太人，“那时”她便成了一个无国籍者，一个犹太难民。

第二次世界大战这一大的划分后提及“那时”的童年，阿伦特把它当“母语”的问题来谈。语言是联结的纽带。正如她在1964年对采访者如是说：“毕竟，并不是德国的语言发了疯。”[1]直到生命的终点，德国都不是她的故园，这可以说是一个政治事实。但把少年时代所学的德语诗歌牢记在心，也是一种方法，由此可以忘却或只是非直接地记起她的童年如何随父亲死于梅毒而分割。那并不只是一次短暂的苦痛；保尔·阿伦特(Paul Arendt)历经了5个难熬的年头后死去，从他女儿两岁到七岁。他的死使阿伦特欢快、多彩的童年慢慢地结束了。

阿伦特很少告诉别人父亲的死，也很少有人——甚至包括她的第一任丈夫——知道她写过诗歌。诗作是她最为私密的生活。阿伦特拒绝她所说的反省，她对精神分析有许多苛刻的批评；正是在诗歌中，正是通过诗歌，她理解了自己。在青春时代的诗作中，她就想知道自己是否会战胜早年的损失、她的独特和陌生的感觉：

我的手，是如此地近
可我依然把它当成另一个事物。
它超出我之外吗？
它有更高的意义吗？[2]

但阿伦特的天分并不是献给诗歌的。诗歌没有给予她因父亲之死而失去的东西——信任感。马丁·海德格尔尽管同时给了她卓越教育的开端以及德国浪漫诗歌传统中的爱情，但并没有修复她的信任感。阿伦特的哲学天分明显可以见于她在海德堡大学师从雅斯贝尔斯时所写的博士论文。然而，她的著作中最让人震动的是她对一种共通感——奥古斯丁称之为“邻人间的爱”——的祈求与洞见。阿伦特享受到这样的爱只是在巴黎，在她的移民“部落”和第二任丈夫之中。但这种思想的基础则存在于青年时代她在德国的时候。在科特·布鲁门菲尔德的协助以及卡尔·雅斯贝尔斯的支持下，她慢慢地从哲学转向政治。她所寻求的东西在一次关于其学术和思想发展的完全公开的谈话中可以看出。1964 年，她对采访者如此谈到雅斯贝尔斯：“你知道，无论在什么地方，雅斯贝尔斯一开口，一切都变得很清楚。他开放而又值得信赖，他的话语中带有一种我在其他人那里从未见过的震撼力……如果我可以这么说——我在没有父亲的环境中长大——我让自己受他的理性来引导。上帝知道，我并不想要他似乎为我负责，但如果说有人曾经成功地使我变得理性，那么这个人就是雅斯贝尔斯。”[3]

当她返回欧洲拜访导师时，无论是对阿伦特还是对雅斯贝尔斯来说，他们战后的讨论都是最好、最深刻、最充满信任的。自那时起，他们两人对哲学有了一个新的、共享的理解。“哲学必须变得具体和实际，时时要观照它的起源”，雅斯贝尔斯在 1946 年的一封信中说。[4]但这种理解，对他们两人来说都开始于 1933 年希特勒在德国上台时，那时他们认识到，“邻人间的爱”同样不得不变得具体和实际。

第一章　我们的孩子(1906—1924)

> 普雷格河畔(Pregel River)的哥尼斯堡这个大市镇,作为地区的中心,拥有政府办公机构和大学,适合海外贸易,适合与邻近而偏僻的具有不同语言和风俗的农村交往——即使没有旅行,这样的市镇也是获得关于人与世界的知识的好地方。
>
> 康德:《实用主义人类学》

哥尼斯堡人

汉娜·阿伦特的祖父母辈,阿伦特家族和柯恩家族,都是在哥尼斯堡养育其家庭的。哥尼斯堡是东普鲁士的首都,这个城市的建立可以追溯到13世纪。最初它是由十字军东征时期的一个军事和宗教组织条顿人团体建立,哥尼斯堡一度是这个组织大统帅的驻地。16世纪时它成了普鲁士公爵的居住地,公爵们的城堡俯瞰着城市中心的一个湖。这个可爱而和平的都市在"一战"期间曾受破坏的威胁,但当俄国人的军队被击退时,它依然未受损害——直到第二次世界大战,先是这里的犹太人,接着是德国人消失了。

在20世纪开始时,约有五千犹太人居住在哥尼斯堡,他们中大多数是俄国人。从敖德萨(Odessa)到哥尼斯堡的那段铁路是俄国南部到波罗的海(Baltic Sea)最短的路线,千千万万的俄国犹太人为摆脱反犹立法与屠杀,通过这条铁路逃跑。大量的逃跑者去了英国和美国——但许多人定居在了哥尼斯堡及其他东部德国有相当数量犹太人口的城市。

雅各布·柯恩(Jacob Cohn),阿伦特的祖父,于1838年出生于现在的立陶宛,1852年移居哥尼斯堡,正好在尼古拉大帝(Czar Nicholas)的统治到他的儿子亚历山大二世(Alexander Ⅱ)的统治交替之前。1851年,尽管有西欧犹太人的抗议,尼古拉还是通过法令把犹太人区分为两个团体:富有的或有技术的"有用的"人以及"无用的"人。"无用的"必须应征入伍,克里米亚战争(Crimean War)时期,许多人便逃离了这个国家。雅各布·柯恩的父亲是一个商人,他也逃了出来,并在哥尼斯堡做起小宗茶叶进口生意。哥尼斯堡一度成了大陆最为重要的茶叶贸易中心,俄罗斯的茶叶由此进入英国人所支配的世界市场。雅各布接过了家里的生意,在他的经营下,它成了J.N.柯恩及他的公司,一家哥尼斯堡最大的公司。

雅各布·柯恩和他的第一任妻子生了三个孩子,又和他的第二任妻子芬妮·斯皮罗(Fanny Spiero)——也是一位俄国移民——生了四个孩子。1906年,雅各布·柯恩去世,他的妻子、七个孩子以及他们的孩子们得到了留下的家族公司及大笔钱财。到第一次世界大战之后通货膨胀来临时,雅各布的12个孙子都过着安逸的生活。汉娜·阿伦特总是愉快地记得,作为一个孩子,去柯恩家的大库房,在空气中感觉她母亲的祖先俄国人的风格,还会得到公司出口的新产品:杏仁蛋白软糖。

18世纪时,柯恩家族和其他许多俄国家族移居的哥尼斯堡,是仅次于柏林的德国犹太人启蒙运动的第二个中心。许多犹太人进入了哥尼斯堡的大学——艾伯丁大学,最多的是去医学系,但也有人常去追随艾伯丁最为杰出的教授——伊曼纽尔·康德。然而,在受过教育的哥尼斯堡犹太人中,摩西·门德尔松(Moses Mendelssohn)的追随者是最为重要的学术力量。追随者中的一个团体,在门德尔松的资助下,在哥尼斯堡创立了一份期刊《聚集者》,致力于提供用希伯来语翻译的非犹太文献。这个团体是所谓“启蒙”运动的一部分，该运动兴起于东部德国犹太人社会，并随着移民向西迁移。门德尔松这样的西部改革者提升了东部的运动，但他们较少强调希伯来语言：门德尔松更感兴趣于用德语向犹太人介绍德国文化。对非传统的德国犹太人来说，门德尔松成了主要的社会和文化——尽管不是政治——解放的榜样，他对汉娜·阿伦特的爷爷马克斯·阿伦特（Max Arendt）来说也是如此，马克斯·阿伦特母亲的家庭在门德尔松时代便从俄国来到了哥尼斯堡。

门德尔松于1786年去世，那是在普鲁士国王召见大臣考虑普鲁士犹太人是否应当作为公民对待之前。否定的决定使那些要求公民权的犹太人沮丧，尽管它对受过教育、德国化的城市犹太人的社会特权地位没有太大影响。门德尔松之后的那代哥尼斯堡人，包括著名的公共知识分子大卫·弗里德兰德（David Friedlander），都皈依了基督教。在《极权主义的起源》中，汉娜·阿伦特指出，像弗里德兰德这样的犹太人有了一种对犹太教的蔑视，这对一个具有门德尔松的信念和真诚的人来说本是不可能的。她认为，门德尔松“知道（某人的）对自己人格的过分尊敬，与对他人过分的轻蔑是并行的。既然门德尔松，不像随后一代的犹太人，并无此种蔑视，他也就不把自己看作一个特例。”[5]他同城的人弗里德兰德，正是阿伦特从来不想成为的那种犹太人——“一个例外犹太人”——的模型。

拿破仑进入柏林，标志着弗里德兰德那代人最为引人注目的社会制度——沙龙开始走向终结，这些沙龙在一些犹太女性家中举行。例如拉尔·瓦恩哈根，正是阿伦特的传记《拉尔·瓦恩哈根：一位犹太女性的生活》中的主人公。拿破仑的征服给普鲁士犹太人提供了许多公民权利，它们刚赋予法国犹太人以及拿破仑莱茵联邦（Rhine）中西部德国各州的犹太人。然而，当这些权利普及时，富有而受过教育的犹太人就不再具有相对于那些较弱的犹太人来说的优越地位了。他们不得不努力证明自己的“独特”。

普鲁士犹太人原希望1815年的维也纳会议将最终带给他们全部的政治权利。但他们发现自己被重新带回到拿破仑胜利前的处境。许多富有的、受过教育的上层犹太人追随弗里德兰德那代人的范例而皈依了基督教，接受了流行的保守的“基督教—德国”或“条顿—德国”国家的观念。这种转变浪潮的后果是，非传统主义者与正统犹太人之间的紧张比门德尔松文化改革时期以来的情况更为严重。许多没有皈依基督教的犹太人把他们的忠诚给了新出现的改革派犹太教，其代表人物是亚伯拉罕·吉格尔(Abraham Geiger)，或历史犹太教——它是美国颇为著名的保守犹太教，代表人物是柴卡里亚·弗兰克尔(Zechariah Frankel)。

正统与非正统犹太人之间的深刻分歧持续存在于犹太人政治解放时期，也贯穿于东部移民时期。汉娜·阿伦特孩提时期，这些分歧依然顽固地存在着。她的祖父和爷爷都是改革派犹太人，都尊敬哥尼斯堡的改革派学者海尔曼·沃格尔斯泰因(Hermann Vogelstein)，他是自由德国犹太人最具影响的领袖之一。沃格尔斯泰因曾经出版大量关于犹太人历史的书，其中包括一本罗马犹太人的标准历史书。和他家族的其他成员一道，他同时提供了文化和政治的典范。他是一个德国犹太人，也是社会民主党的支持者。他的儿子和女儿都是犹太青年运动组织——同志会(the Camaraden)的领袖，阿伦特许多年轻的同学朋友都加入了这个组织。他的姐姐朱丽叶·沃格尔斯泰因·布劳恩(Julie Vogelstein-Braun)，编辑了她的继子奥托·布劳恩(Otto Braun)的作品。奥托·布劳恩是一位年轻的作家，于“一战”期间牺牲，他是丽丽·布劳恩(Lily Braun)这位关于妇女问题著名的社会公众人物的儿子。沃格尔斯泰因拉比和他的姐姐均在“二战”前移民到纽约，并建立了慈善基金，给移民提供经济援助。汉娜·阿伦特在纽约再次遇到他们，但那时她已经花了多年时间为犹太复国主义运动而工作，这是他们原本希望的，并不是受了具体事件的激发。

在汉娜·阿伦特上学的年代，哥尼斯堡有一些犹太复国主义者，尤其是在大学社团中。1904 年，一个犹太学生的俱乐部成立了，许多犹太学生参加。较老的一代人，包括马克斯·阿伦特——他是哥尼斯堡犹太人社会的领导人之一，也是具有犹太信仰的德国公民中心组织的成员——他们并不偏向犹太复国主义者。科特·布鲁门菲尔德，后来的德国犹太复国主义组织的主席，汉娜·阿伦特的朋友和良师，在他是学生犹太复国主义组织的一员时，就曾遇到马克斯·阿伦特，与他就“犹太人问题”有过激烈的交锋。马克斯·阿伦特不愿意听使他的德国人身份受到质疑的争论。他们的差别保持着，但两人成了好朋友，布鲁门菲尔德是阿伦特家中的常客，在那里他总是风趣而健谈，正如他在文集中所回忆的，他喜欢跑上跑下和马克斯·阿伦特幼稚的孙女汉娜做游戏。[6]

汉娜·阿伦特的父亲保尔是马克斯·阿伦特和他的第一任妻子约汉娜(Johanna)唯一的儿子。保尔的姐姐亨利蒂(Henriette)移居柏林，成了一名社会工作者，和一个法国人结了婚。保尔和她与他们父亲的第二任妻子卡拉拉——他们的母亲的妹妹——相处得都不好。卡拉拉·阿伦特(Klara Arendt)是一个不受人喜欢的女人，在家中以武断和吝啬而出名。当她的孙女儿汉娜——以保尔的母亲约汉娜(Johanna)取名——后来尖锐批评犹太财阀和慈善家时，家中与卡拉拉·阿伦特的不耐烦争吵听起来犹在耳边。另一方面，玛萨·阿伦特则是一个质朴、安详的女人芬妮·斯皮罗·柯恩的女儿。芬妮·斯皮罗·柯恩以一种浓重的俄国口音说德语，喜欢穿俄国农民的衣服。柯恩家族的女性大方而富有感情。当母女都失去丈夫后，她们相处融洽，一起去卡罗维发利担水。她们的同情和团结是汉娜·阿伦特的大柯恩家庭中流行模式的一部分，在这个大家庭中，妇女比男士更多，有如此多的女人遭遇了丈夫或孩子死亡的不幸。

与他们的父母相比，保尔和玛萨·阿伦特受到了更多的教育，去过更多的地方，在政治上也更为明显地偏向左派。他们俩在十来岁时就已经是社会主义者，那时社会主义政党在德国还是非法的，这种立场使他们与那些属于德国民主党的同龄人区分开来。保尔在艾尔伯提那大学得到了工程学学位，是一个业余的学者。他的书房里都是希腊和拉丁经典，他的女儿后来充满热情地阅读了这些书。玛萨，像大多数这一阶层和年代的女性一样，在家中接受了教育，然后被送到国外——她在巴黎学了三年法语和音乐。汉娜·阿伦特的父母都不信教，但他们送女儿和阿伦特祖父一起去犹太教堂，他们也与沃格尔斯泰因牧师以及他的家人保持着很好的关系——他们可以作为社会民主党成员与他会面。

汉娜早年与沃格尔斯泰因牧师的关系更为私人：她对他有巨大的征服力。玛萨·阿伦特经常告诉她的朋友们，汉娜已经宣布长大后有意嫁给这个牧师。玛萨回答说，如果汉娜和沃格尔斯泰因结了婚，她就必须不吃猪肉，汉娜便会立刻以她的方式回答："那好，我就嫁给一个吃猪肉的牧师。"当汉娜是一个小学生时，沃格尔斯泰因牧师一周要出现好几次，以给她宗教方面的指导。这样的指导，在汉娜七岁时开始，是她所受的唯一的正式宗教训练——尽管数年后在巴黎，她确实非正式地研究过希伯来文化。基督周日学校是所有幼儿园学生都要去的，她也受到了这一训练以及阿伦特家族中信基督的女仆在家里的实践的足够影响，女仆向沃格尔斯泰因发表意见，毫无疑问，这使他十分惊讶——祈祷是提供给基督的。

这个牧师并不完全受一个漂亮小孩的摆布，然而，在稍后的一个场合，当汉娜宣称她不再相信上帝时，他回答说："谁问你了？"沃格尔斯泰因认为，个人的宗教怀疑和奋斗并不居于犹太身份感的中心，汉娜·阿伦特后来明白了这一点，20 世纪早期德国犹太人意识上表现出一个转变。科特·布鲁门菲尔德在他的文集中，通过引用他的朋友出版商萨尔曼·绍肯（Salman Schocken）在 1914 年所说的话，记录了这种转变："在解放时期，人们会问'你信仰什么？'今天人们只问'你是谁？'"[7] 布鲁门菲尔德感到，阿伦特也同意，对这个新问题的真实答案是：不再考虑你是信什么还是不信什么，你生来就是一个犹太人。

在汉娜·阿伦特的童年时代，反犹主义对于哥尼斯堡已经同化的犹太人并不算什么。犹太商人和职业家族居住在一个叫虎峰（Hufen）的地区，靠近广阔的提尔花园（Tiergarten），那里是中产阶级的乐园。工人阶级的犹太人，还有俄国移民的后裔，东部犹太人，居住在普莱格河的南岸，靠近最古老的东正教教堂，那是一座由红砖建造的雄伟建筑，有着典型的拜占庭式圆顶。中产阶级的犹太人和较低阶层的犹太人很少碰面，也很少有低等阶层的犹太小孩到体育馆去，那里每天只有三到四个犹太人。获得地方或州政府的官职对犹太人来说并不寻常，但犹太人为更大的社会贡献了学校教师和艺术家，同时也贡献了更多的医生和律师。犹太人在大学里拿不到教授头衔，尽管他们有着很荣耀的地位，并被允许讲犹太学。保尔和玛萨·阿伦特的犹太朋友们，不像他们父母的朋友，他们不是商人而是职业人员——医生、律师、教师与音乐家。玛萨·阿伦特与一群女性十分友好，她们开办着幼儿园与小学校，阿伦特所上的学校是斯泰因小姐(Frau Stein)与西兹尼克小姐(Frau Sittznik)所开的，这些女性没有受过大学教育——阿尔贝提那直到1906年才接受女学生——但他们接受过教师的职业训练。自拉尔·瓦恩哈根时代以来，玛萨的那一代是第一批产生大量女性文学家、艺术家和音乐家的世代；在哥尼斯堡，女性在文学圈、议会团体和政治组织中占据主导地位。在玛萨·阿伦特的朋友中，人们认为女儿应当为曾经只有儿子才能得到的职业而进行教育培养。

世俗中产阶级犹太人，像阿伦特一家，他们的同化并不排除在学校或玩耍时听到偶尔混淆的说法，并不排除向他们的孩子介绍他们的犹太特性。汉娜·阿伦特有一天从小学校回来就问妈妈，一个同学所说的是否是真的——她的爷爷谋杀了耶稣。当阿伦特作为一个成人反思此类事件，在1946年的一次电视访谈中说起，她的处理方式是尽量淡化它们的危害，但强调她从中所学到的东西。

> 我来自一个旧时的哥尼斯堡家庭(阿伦特家庭)。但“犹太人”这个词在家中从来没有提过。我第一次接触到它是我们在大街上玩耍时孩子们所说的反犹言论——尽管实际上这几乎不值得一提，从那个时候起，我开窍了……作为一个小孩子——现在则是一个更大点的孩子——我知道，例如，我看起来就是犹太人的样子……也就是说，我看起来和其他人有点不同。但并不是那种使我感到低人一等的感觉——我只是意识到它，就这些。我的妈妈，我的家，也与其他人家有些不同——甚至与其他犹太小孩相比……对我一切都有些不同——但对一个孩子来说很难精确地指出这种不同包含着什么内容……我的母亲也不是那么理论化的……“犹太人问题”与她不相干。当然她

是一个犹太人！她本是不会让我信基督，接受洗礼。如果她有理由相信我否认自己是犹太人，她本会给我一个实在的鼓励。事实是这从来没有成为一个讨论的话题。它并不构成问题……你知道，所有的犹太小孩都会遭遇到反犹主义。许多孩子的灵魂受到了它的毒害。我所处的环境的不同在于这一事实：我的母亲总是勉励我不要自暴自弃。一个人必须保卫自己！当我的老师发出反犹言论时——通常他们不是直接针对我而是对我们其他同学的，尤其是东部犹太人——我被教导立刻站起来，离开课堂回家，余下的人则和学校理论。母亲于是写信给学校，这样，这件事情便告完全结束。我会请一段时间假，当然，那是一件很好的事。但如果那种言论来自其他孩子，我就不允许回家告诉。因为那不值得。一个人必须保护自己对抗来自其他孩子们的言论。这样，这些事情对我而言就没有成为真正的问题。存在着行为的规则，家里的规矩，可以这么说吧，由此我的尊严得到保护，得到绝对的保护。[8]

55年后回首往事，汉娜·阿伦特认为她在哥尼斯堡童年时期所遇到的反犹主义对她并不是一个问题；她感到她已经被保护起来，在母亲的监护下，远离偏见，甚至在长大时也是这样，她后来曾如此告诉她的老师卡尔·雅斯贝尔斯。在她的记忆中颇为突出的是她一生努力坚持的态度，她也试图鼓励其他犹太人采取这一态度，这就是“一个人必须捍卫自己！”

阳光童年遭遇阴影

玛萨·阿伦特教给女儿的课程是一个宏大计划的一部分。阿伦特夫人想引导女儿经历一种她所谓的正常发展。[9]这一理想不是犹太式的，而是德国式的，它来自那种对所有有教养的德国人都义不容辞的阅读，也就是对歌德的全部著作的阅读，在人格塑造方面那是贤明的导师，由此体魄、精神和灵魂得以有意识地被形塑。在德国家庭，孩子们被期望最终成为有教养的精英，于是有了歌德所说的“教育的乐园”等小型预备读物。自我约束、激情的建设性引导、放弃、对他人的责任——这些都是歌德的格言。每个孩子都知道教师的问答教学法。

> 你的责任是什么？勿虚度光阴。

玛萨·阿伦特对女儿的成长作了仔细的记录。从阿伦特出生那天起，阿伦特夫妇的《我们的孩子》的笔记里记满了包括身体的成长、每天的惯例和菜单、不同疾病及其疗法、智力上的成就以及性格形成的标志。让她的父母显然愉快的是，“小女儿”根据正常发展的理想步骤在成长。她健康、机灵而讨人喜欢，是“一个真正的阳光儿童”。

当汉娜·阿伦特于 1906 年 10 月出生时，玛萨和保尔·阿伦特住在汉诺威(Hannover)的郊区林登(Linden)。阿伦特先生在一家电气工程公司工作，能够买得起一座舒服的房子并雇用了一个叫阿达(Ada)的女基督徒做保姆。汉娜出生后的前两个夏天，阿伦特夫妇度假去了——在洛特堡(Lauterberg)停留了一段时间，《我们的孩子》笔记中提到了——哈茨山(Harz Mountains)景点，然后去哥尼斯堡拜访了柯恩和阿伦特祖父母，并与柏林的朋友们进行了联系，在柏林，他们度过了婚姻的第一年。亲朋好友也来到汉诺威做客。到保尔·阿伦特的疾病第一次征兆出现前，这个家庭都充满生机，殷实而幸福：玛萨·阿伦特弹着钢琴，每个人，包括“那个可爱的小孩”，唱着歌儿，享受着讲故事的乐趣。除北部德国冬天最恶劣的天气来临外，阿伦特夫妇都会去附近的公园或汉诺威的中心花园散步以呼吸新鲜空气，这在当时德国人看来对身体健康是极为必要的。

玛萨·阿伦特用种种方法通过悉心照料以塑造女儿的体质。她详细地记录了她的成功和偶尔的退步，从第一天开始记录：“24 小时后，给宝宝吃了奶……但她还不知道怎么吮吸，因此不得不给她吃点茴香茶。第四天时，宝宝终于会吃奶了……在前两周，她丢了分量；第一周结束时体重为七磅四盎司。然后便按照常规开始成长……”玛萨·阿伦特的笔记接着详细地记录了其他问题：喂养计划，细微的疾病和护理的困难，身体特征等。阿伦特夫妇疑惑地注视着他们的孩子:“脾气平静,但十分警觉。我们想,我们早在第四周就发现她能听人说话;在第七周,她有了一般的辨认光之外的视觉。第六周我们看到了她的第一个微笑,并看到一种总体的内在的觉醒。第七周时开始发出声音了……”

玛萨·阿伦特的笔记是一个发现者的笔记,一位母亲和她的第一个孩子,精心呵护有时又显得焦急。她的保护以现在的标准看来似乎过分,但那时是根据最先进的实践而进行的。她把宝宝包在襁褓毯中,她的身体和腿都包着,只留胳膊是自由的。但这种毯子已经是一个大的进步,因为直到 19 世纪末,德国小孩的母亲都还用襁褓带,把婴儿的腿和胳膊都紧紧扎着。阿伦特夫人也阻止她的孩子站着,直到她能安全站立:“我努力限制着她(不让坐),但没有成功,这段时期她十分地不舒服。”但这一限制与把小孩系在床上的早期实践相比较是温和的。

玛萨·阿伦特的观察如此仔细和专业,它折射着德国 19 世纪 80 年代开始的对儿童发展的科学观察的进步。威尔海姆·普莱尔(Wilhelm Preyer)的《孩子的灵魂》于 1881 年出版,普莱尔以自己的孩子为例提出了观察的技术,并在莱比锡(Leipzig)建立了一个实验室,在那里对其他儿童进行观察。好几种关于儿童心理学的杂志也在世纪之交诞生,很快,报纸和妇女杂志中便出现了科学论文的通俗报道。最有影响的观察研究之一,由心理学家威廉和克拉拉·斯特恩(William and Clara Stern)写成,是关于他们的三个孩子的,该书在 1914 年出版。当斯特恩家最大的孩子——君特(Günther),在 1929 年遇到玛萨·阿伦特的女儿汉娜并与之结婚时,有着同样预设的专业和业余的“结果”交会到了一起。

在玛萨·阿伦特的进步派中产阶级朋友中,常被讨论的话题是培养孩子的新方法。那个时代的女性,开办幼儿园和小学校,鼓励女孩子走原来只有男孩子才能走的教育路线,并为妇女的选举权而斗争,她们也在家中悄悄地发起了一场对社会和宗教信仰的反叛,正常的儿童身体的发展依赖于他们的父母。例如,世纪之交给妈妈的育儿指南和手册强调断奶和卫生习惯的重要。玛萨·阿伦特关于这些都做了细致的笔记。

《我们的孩子》前面部分的许多记录主要关注于身体的发展。但玛萨·阿伦特也写了一些关于她女儿精神或智力发展的句子。当她看到女儿智力早熟的征兆时十分高兴，她谨慎地猜测她的孩子可能有“一些真正的天资”。然而，她最为关心的还是正常的社交能力和友谊；她并不在智力上给女儿施加压力，而是试图鼓励她和其他人建立联系，并在她发脾气时管着她。通过劝慰，玛萨·阿伦特发现她的孩子“总体说来很容易受引导”以远离错误的行为。阿伦特夫人的社交能力是她的天赋，所有认识她的人都能认识到这一点，并对此表示欣赏。她对社交的关注，也明显体现在她对女儿精神发展故事的第一批记录中。第六个月时：“小家伙不喜欢独处。”一年后：“除了少数例外，和任何人都十分友好，她喜欢被吵闹包围。”第二年：“大多数时候她十分活跃和开心，但不喜欢自己和自己说话。她脾气暴躁，但很容易受友好的引导而平静下来。一个小孩子原来也是如此地需要被疼爱。”

在汉娜·阿伦特1岁的时候，她已经发展出了对音乐的极大喜好：“她有很好的耳朵，因为她喜爱坐在钢琴旁倾听，以小而尖的嗓音跟着一起唱。”听音乐自然是乐在其中，但同时也是，并一直是汉娜·阿伦特与她母亲联系的重要部分。然而，事实是阿伦特太太对音乐的激情远远超过了女儿的能力，当她在一年以后注意到汉娜“依然有她高而实的嗓音，但不幸的是，现在唱歌走调”时，她很失望。情况并没有得到改善。当汉娜四岁，是“一个结实的大个子女孩，人们认为她是一个已经上了学的女孩”，她的母亲承认失败了。“很有激情，唱了很多，但完全走调。她知道许多乐章，当某人哼曲子时她总能辨认出来。她有节奏感，但不能很好地唱出来。”玛萨十分细心，没有强迫女儿学音乐，但她的失望是明显的。

当阿伦特太太注意到孩子缺乏音乐细胞时，她开始很喜悦地看到女儿智力的早熟。汉娜六岁时，阿伦特太太注意到：“她学东西很容易，明显很有天分，数学尤其是强项。音乐中的任何理论部分对她来说都是小意思，但她的耳朵不能辨别音准。”第一次，汉娜·阿伦特对言语和数字的爱给母亲留下了深刻的印象。汉娜·阿伦特后来如此描述她的妈妈，说她的妈妈“不是什么理论化的人”却生了一个十分理论化的孩子。

当汉娜·阿伦特一岁多时，她开始说话了。阿伦特太太细心地注意到女儿日益丰富的词汇表，她喜欢为自己创造一种“私人语言”，她长期与字母r进行斗争，首先她渴望：“努力模仿每一种声音”。在一岁半时：“说话仍然是尝试性的，大量重复而毫无意义。大多数情况她说着自己的语言，而且很流利。她什么都懂。”

汉娜·阿伦特三岁时，她“在发展方面取得了大的进步”；她能够说“一切事情，尽管对陌生人来说并不总是能听懂。现在她只是很少说自己的语言，她旁若无人，她和布娃娃说话——即使那时她也把所有的单词组合在一起。她对布娃娃说话就按和自己说话的那种方式，通常以相同的威胁性的表达方式：你就等着吧！小心，否则你要挨打！或者：你笑？你哭？打屁股！她从来不发k、l、r的音。特别活泼，总是充满激情；甚至和陌生人也十分友好”。

当保尔·阿伦特的疾病迫使他放弃工作时，阿伦特一家移居到哥尼斯堡。1910年秋后，他的情况使他连邀请孩子们到哥尼斯堡安静、绿树成荫的公园去也不可能了。所幸的是，汉娜·阿伦特开始上幼儿园，这时她和其他孩子们有接触，正如她的妈妈注意到的，“给在家里玩提了许多让人兴奋的建议。”这个小孩把幼儿园的规矩带到了家里，但是以一种十分独特的方式：“她总是老师。”

从阿伦特太太的观察来看，十分清楚的是，女儿上学后已变得越来越渴望做大人角色的模仿者。在上幼儿园的第一年里，玛萨·阿伦特就她四岁时的进步做了更多记录，开列了她的技能清单，它们十分准确地预示着汉娜·阿伦特后来智力的发展：“她看来没有什么艺术家的能力，也没有动手操作能力；但似乎有一些智力上的早熟，而且是某种真正的天分。例如，对地点的感觉，记忆和精确观察的能力。其中尤其有对书本和文字的炽烈的兴趣。现在她已经开始读书……不需要任何引导，读所有的文字和数字，只是通过在街上或在其他什么地方问问题。”这段文字以下面的评论结束：“她的行为和问题完全是孩子式的。”但到上学第二年结束时，汉娜已经像“一个小妈妈”那样对待患病的父亲了，她模仿着幼儿园女老师的角色。

当她上学后，汉娜·阿伦特就完全丧失了对布娃娃的兴趣而专心于图画书和故事："与她的发展相伴随的是家庭中弥漫的悲凉气氛，这也排除了孩子们的来访……她是极其活泼的，听了悲哀的故事就十分感动，但也爱一切快乐的事物。"

保尔·阿伦特年轻时就感染过梅毒。治疗以后，他原以为已经痊愈。那时的治疗包括清热解毒——这先于德国细菌学家保罗·欧立希(Paul Ehrlich)为治疗梅毒研制出砷化合药品。在1902年结婚时，玛萨·柯恩知道他的疾病和治疗状况。当他们冒险生下一个孩子后，没有什么疾病的征兆出现，但汉娜出生的两年半以后，保尔·阿伦特就不得不到哥尼斯堡的诊所去寻求治疗。他的病情严重恶化。到1911年春，疾病已经发展到三期的第一期，机体受损在加剧，身体的功能紊乱，走路都有困难，并伴有局部麻痹和精神失常。1911年夏天，保尔·阿伦特住进了专门的医院。

保尔·阿伦特似乎是家中一个严厉甚至是格格不入的人。他有着学者气质，上过蜡的黑色髭须和夹鼻眼镜后面是他的严肃和冷漠。在妻子的眼中，他是一个没有情感的机器人，有着她在《我们的孩子》中所说的"对生活的主宰"——比玛萨自己较少感性而更多自制力，玛萨则是一个充满激情、热情洋溢的女人。可以理解的是，丈夫的疾病复发时，她特别焦急和谨慎，那时女儿的身体健康也颇成问题。另一方面，保尔·阿伦特则对她的幼女有些不耐烦，正如《我们的孩子》中一个条目里的话所体现的："白天醒着并需要照顾时，她就成了一个累赘。"但他也作了温和的观察，他的笔迹已经颤抖不稳："她的笑容看起来让我们觉得可爱。欢乐的歌曲让她高兴，悲伤的歌曲让她流泪……"他的典型风格如下："十分好奇，倾向于制造更高级的未完成的作品；会抬一阵子头。对声音、大的说话声等极易表现出恐惧的反应。"他的记录风格更加简短、正式，而不如玛萨那样富有感情，但却也不无温情。

汉娜·阿伦特后来无论何时和朋友们谈起父亲，总是把父亲描绘成一个学者式的、和蔼可亲的人。但当她是个孩子时，父亲一定让她困惑甚至感到有些畏惧。甚至在哥尼斯堡公园和他一起散步也是困难的，因为他的平衡能力已经被疾病破坏，常常没有征兆而突然倒下。在《我们的孩子》笔记中，玛萨说她五岁的女儿对父亲很有耐心，尽其所能地帮助他，还和他玩纸牌游戏。但在她显然被自己的不幸所笼罩时，玛萨・阿伦特就没有再提及女儿的反应。这个故事的记录并不在《我们的孩子》笔记中，而是在汉娜・阿伦特少年时的诗歌中。父亲的死给这个阳光儿童带来的阴影比玛萨・阿伦特知道的要严重。

汉娜・阿伦特慈祥的爷爷马克斯・阿伦特讲起故事来绘声绘色，星期天早上他都会照例带着她到附近的公园散步，一边讲着故事。阿伦特去那里度过了许多周末，和爷爷奶奶一起去教堂做礼拜。爷爷朗诵儿歌，讲童话故事。玛萨・阿伦特记得："星期天的早上，爷爷就带着他和麦其（一只狗）去散步，穿越格拉其斯，她叫那里是格拉西斯，在她的爷爷去世后很久，这依然是她记忆中美好的事情。"当汉娜・阿伦特成年时谈起父亲时，她通常不把他看成是散步和听故事的同伴。在自己的父亲患病期间，爷爷就像她父亲一样，讲故事是一种记忆的中介，她把自己令人困惑的父亲变成了她所希望的那样的父亲。

随着书和故事对她变得越来越重要，汉娜・阿伦特对讲故事、扮演某个角色、表演的感情需求增加了。在六岁生日那天，她被带到木偶剧院，并被邀请和她的客人们，她的表兄妹们一起演一个剧目。他们回忆说，她急切地渴望进入一个复杂的戏剧中，她是如此沉浸于她的表演，如此为演出所吸引，以至于几乎不能继续而停了下来，她热泪盈眶。那不是她的故事，但演出着实让她激动不已。

在成年时代，当她在公共场合讲话、参与辩论时，汉娜・阿伦特颇有吸引力，就像女演员登台，正如她的朋友玛丽・麦卡锡所言，她是"一个很不错的舞台上的女主角"。[10]她已经逐步学会了控制——尽管从来没有征服——她在讲台上的胆怯，让她服从于她的故事，服从于她所要讲的内容。终其一生她都尊敬、佩服会讲故事的人——因为他们的故事，但更多的是因为他们各自创造的故事的真正益处。在丹麦短篇小说家伊萨克・迪内森去世后的一年，汉娜・阿伦特与一位朋友谈到那次偶遇的情况，迪内森来到了纽约。阿伦特本来希望阅读迪内森的作品，但是没有："她来了，非常非常的老，虚弱得可怕，衣着美丽；她被带到一个文艺复兴时期风格的椅子边坐下，上了酒，没有一张纸，她开始讲故事（出于《走出非洲》），几乎一字一句，就像打字一样。听众都是十分年轻的人，都陶醉于其中……她像一个下凡的明察秋毫的精灵。讲的甚至比打印的还要清楚。她也是一位伟大的女士。"[11]这位讲故事的伟大女士，给汉娜·阿伦特提供了一句箴言，她用在了《人的境况》"论行动"一章中，它概括了在她离开早年的阴影和自我意识后的故事——后来书的写作——对汉娜·阿伦特所意味的东西："所有的悲痛都能被忍受，如果你把它们编成故事，或讲一个与之相关的故事。"

艰难和悲伤的年代

当玛萨·阿伦特被迫在1911年夏天将保尔·阿伦特送到精神病院之前的几个月写《我们的孩子》的笔记时，女儿身体和智力发展的故事依然是些快乐的事："一切都十分正常，她总是兴高采烈而机敏警觉。"当玛萨·阿伦特再次写时，三年半已经过去了。长长的概括性记录，截至1914年1月，突兀地这样开始：

> 艰难和悲伤的年代在我们身后逝去。孩子看到并经历了完全可怕的转折——她的父亲遭受着疾病的折磨。她对父亲友好而耐心，和他玩纸牌，如此度过了1911年的夏天，她不允许我对他说一句难听的话，但有时又希望父亲不在这个世上。她早晚为他祈祷，我并没有教她这么做。

汉娜·阿伦特经常被带去看望父亲，直到父亲病重得无法认出她为止。阿伦特太太努力使家中的生活尽可能和平常一样。她开始教女儿弹钢琴，鼓励她去拜访亲戚，包括保尔·阿伦特的妹妹弗里达（Frieda），她是汉娜最喜欢的朋友，会带着汉娜在夏天去海边，也分享汉娜在幼儿园所取得的进步，阿伦特在那里给老师的印象是她能够毫无困难地阅读和写字，那时她五岁。孩子的家庭生活是充实的，她很乐于上学，上了小学后她比在幼儿园更加高兴，1913年8月，她开始入小学学习。“她去锡尼克(Szittnick)学校上学，对老师十分尊敬，尤其是扬达小姐(Miss Jander)，她完全为老师所折服；她学习很好，比同龄人领先了一年。她也参加托管的星期日学校，在那里同样怀着巨大的热情去学习。”

但即使在报告持续的正常发展时，玛萨·阿伦特有时也对女儿感到有点困惑；每日的记录中除记录女儿的情况外，同样也揭示了自己的困惑。在1913年3月爷爷马克斯·阿伦特去世以及随后的10月保尔·阿伦特去世时，在对汉娜·阿伦特行为的记录中，她表达了这种困惑。

> 她深爱的爷爷，生病、去世。那时她在床上喃喃自语。爷爷的去世没有让她有大的感触，这够奇怪了。她对美丽的花儿、许多的人以及葬礼十分好奇。她从窗口看着前来的人们，为有这么多人跟着爷爷而感到自豪。在随后的几周，她几乎没有提到曾经深爱的爷爷兼玩伴，我很失望，不知道她想她的爷爷没有。直到有一天她告诉我说我们不该对悲伤的事情想得太多，我们没有理由被它们困扰。这是她典型的对生活的热爱，她总是快乐而满足，把一切不愉快的事情都尽可能地推得远远的。现在她也再次提到她的爷爷了，怀着敬意和温情谈论他；但她是否想他呢？我不这么认为。

在后来的1914年的条目中，玛萨记录了汉娜对保尔·阿伦特去世的反应：

> (1913年)10月，保尔去世。她认为那是一件让我悲哀的事。她自己保持不受影响。为了安慰我，她说：“记住，妈妈，许多女人都会遇到这样的事。”她参加了葬礼和哀悼(她告诉我)“因为那美丽的哀乐”……她似乎从如此多的人对她的注视中获得了某种满足——其他方面，她就是一个心地善良、阳光欢快的孩子。

玛萨·阿伦特注意到七岁的女儿没有太多地受这两次大的变故的打击，她也注意到当她在马克斯·阿伦特死后去巴黎做为期10周的旅行时，汉娜似乎不想她："汉娜和她的奶奶呆在一起，几乎不想我。"让她有些安慰的是，她注意到汉娜确实想她了，那是1914年春，阿伦特和姨奶奶克拉拉·阿伦特在一起，而玛萨则做了第二次长途旅行，去卡尔斯巴(Karlsbad)疗养，并去维也纳和伦敦旅行："当我回来时，她十分高兴。"玛萨·阿伦特似乎期盼着从早熟的女儿那里看到一种成人对死亡与不在的理解，但她也似乎认为汉娜努力表现出的愉快和同情是感觉麻木的体现。在她自己经历着巨大悲痛的那些岁月，孩子欢快阳光的态度让她难以理解；随后，不到一年，当这种欢快消失时，她又希望回到从前。

第一次世界大战爆发的时候，玛萨和汉娜·阿伦特正在波罗的海海岸诺伊库亨(Neukuhren)的柯恩家中。他们"在某种即将到来的恐慌"中回到哥尼斯堡。1914年8月的最后几天是"可怕的日子，听说俄国人接近哥尼斯堡，大家十分忧虑"。在8月23日，由于害怕哥尼斯堡将被来犯的俄国军队占领，他们逃往柏林，玛萨的妹妹玛格丽特·福尔斯特(Margarethe Fuerst)和她三个孩子住在那里。他们坐火车离开哥尼斯堡，正值德国军队刚刚在东线和俄国第一军打完，要转移到东南塔农堡(Tannenberg)附近以和俄国第二军作战。9月，那里爆发了阻止俄国人进军的恶战。离开哥尼斯堡的火车混乱地挤满了士兵和逃跑的东普鲁士人。从俄国人所占领、劫掠的东部各地区来的农民和乡村绅士带着他们剩下的财物，在火车上艰难地找落脚之地。村庄被焚、农场被劫的故事以及可怕的"哥萨克兵来了！"的恐惧叫喊声不绝于耳。阿伦特一家，和上千的其他哥尼斯堡人一样，离开故土，不知何时能够重返！

是年秋天，汉娜·阿伦特在一所女子学校开始上学，学校位于柏林郊区的查洛腾堡(Charlottenburg)，尽管那里的年级比她在哥尼斯堡的要高些，但她仍然表现出色。"这里亲戚和陌生人都给了她许多的爱，宠着她。尽管如此，对回家、回到哥尼斯堡的那种特别的强烈愿望依然保持在她心中。"

当玛萨和汉娜·阿伦特得以在逃离10周后重回哥尼斯堡时，那里已经安定下来；生活，又恢复了平静，尽管战争已经扩展到东西两线。不过，他们个人的麻烦并没有停止。玛萨表现出明显的害怕和担心，她在日记中写道：

> 11月份……我们开始用矫形器帮她矫正牙齿，因为她的下颚不正常，牙齿不齐。对穷人的孩子来说这实在是受罪。1915年3月她病了，就在我们出发去柏林度假的前两天，发高热，咳嗽得厉害。她第二次得了麻疹，并伴有哮喘性咳嗽（尽管后者以温和的形式，没有出现呕吐）。两个耳朵都感染了炎症。费肖德医生再次给她治疗，伯鲁明斯基医生给她的耳道做了麻醉。那是可怕的时光，我很是恐惧和担心。生病大概十个礼拜；自那以后，恢复得很快。在夏天的暑假（1915年）她去游泳，十分高兴，尽管她在学校开始变得不平静，心中有各种各样的恐惧。每次学校有考试，她就打退堂鼓。自己能做的书面作业也不做，她的口头作业，由此，今年也比往年要差。我把她学习成绩的下降归因于她长期生病和较为痛苦的牙齿矫形。因为在她生病期间她受到宠爱，现在她很难对付了，不听话，还要无赖。我常常觉得我没有尽到责任，这给我带来巨大的痛苦。我是否太仁慈了，还是走到了另一个极端，怎么做都是不对的，我现在已经决定管得少一点，看开些，希望这样能好些。她在学校里感到有些紧张，我十分担心。她的内心又特别敏感，对她不得不交往的每个人几乎都是如此。在她身上我看到了自己年轻时的影子，这让我很伤心；谈到某些人，她会如我曾经那般落泪。但我想无人可以分享她的命运。她真是太像她的父亲了！阿伦特家族的人在感情上都是如此地冷漠，也比我们这样的人更能积极地掌握命运。

当阿伦特的欢快感觉凌驾于痛苦时，当这个“阳光小孩”表现得更像她的父亲，更像一个成功的、同化了的、居于主流地位的家族的后裔时，玛萨被女儿搞糊涂了。面对她自己的形象——曾经为了财富和主流地位而奋斗的俄国移民的充满感情的孩子，她失望了。歌德式塑造人的理想看来是毫无希望实现了。

汉娜·阿伦特的病继续了又一个年头，整个1916年，“汉娜是一个真的发着烧的孩子。”发烧，严重的头痛，偶尔的流鼻血以及咽喉感染，一个接一个，多次找医生，一年两次要去接受新出现的先天性梅毒测试。玛萨·阿伦特加了并不必要的其他方法，以消除医药治疗令人担心的后遗症，她决定让女儿参加体操课程，并接受按摩理疗以矫正“轻微的脊柱弯曲”。1916年秋天这些措施就没有再继续，以“让她恢复一些”。

在这些恐惧和病痛的年月，汉娜·阿伦特在学校并没有掉队，这可以说是她的学习能力的明证。1916年和1917年，玛萨带着明显的欣喜发现，尽管屡屡缺课，汉娜是学校里最好的学生之一。“在复活节的假期(1917)她因患白喉休学，注射了一种血清蛋白，很快退了烧，脸色也好起来。与学校隔离了10个星期。我们俩，再次就剩我们俩，有着美好愉快的日子。根据学校的安排，需要照课本学习拉丁文，她学得如此之好，以至于当她返回学校时竟取得了最好的成绩。”然而，玛萨从她十一岁女儿的智力令人满意的发展所得的宽慰，并没有让她的预感平息。1917年她记录道：“难以相处，她开始变得神秘兮兮。”与1916年2月《我们的孩子》中所作的实际观察相比，这个笔记有着十分不同的语气。那时她写道：“现在她长得很快，但非常瘦弱可怜，尽管胃口很好。”但当玛萨描述刚刚进入青春期的女儿“神秘”(玛萨用的词字面意思是“模糊”，比喻性地意味着“不可理解”的意思)时，她所意味的是一种猜测，因为日记到这一条就结束了。

玛萨·阿伦特最后一页日记是在第一次世界大战中写成的。自从战争初期逃到柏林前的一系列死亡事件以来，三年已经过去，在他们回到哥尼斯堡后，疾病又很快地纠缠着他们，但这些年贯穿着日记的每一页。对疾病和死亡的恐惧，对离乡背井的担忧，乃是持续的主题。日记中回荡着阿伦特成年时讲述的一个故事：当她四岁时，在父亲病倒的第一个夏天，她被送去和爷爷奶奶过了好几个星期。当她的妈妈在阿伦特家夏天的住地，波罗的海边的克兰兹(Cranz)附近，将要离开她时，汉娜带着独特的坚定和概括宣布:“小孩不应当被从妈妈那里分开”。她要和妈妈在一起，要在家里——这个愿望却一次又一次地被拒绝。

许多次，阿伦特太太注意到女儿在旅行或假期之前或期间就会生病，他们一起去附近的海滨度假，“那里的任何旅行她都很喜欢”。汉娜·阿伦特已经知道许多人离开家后就客死他乡，再也没有回来。爸爸死在了医院里，妈妈的弟弟拉斐尔在东线战场死于痢疾，就在汉娜和他在海边度过了一周的假期之后——“不久前还见过的叔叔之死让她印象深刻。”玛萨·阿伦特没有将女儿的病和离开家乡的恐惧相连，她确实认识到疾病并不能归因于她所谓的“外部因素”;“1915 年的一天她回到家里，在学校走了很长的路，发着烧。是她玩强盗和国王的游戏太剧烈，还是病后太虚弱而不能应付学校组织的去尤迪滕(Juditten)的外出——发烧不能通过外部因素得到解释……过些日子一切就都过去了，但在她生其他疾病时，我都没有这么担心过。”

在柏林，从哥尼斯堡逃出后，汉娜·阿伦特在她深爱的亲人中受着怀乡病的困扰;她们计划再次去柏林旅行。四个月后，汉娜病倒了，“发高烧，严重的咳嗽”，一系列疾病连着，持续了十个星期。但旅行前患病的模式似乎预示着离开哥尼斯堡的可怕经验。当汉娜六岁:“我们只是刚要去巴伐利亚的阿尔卑斯(Bavarian Alps)，她咽部感染并长薄膜，医院诊断为白喉……旅行被搁浅了……没有注射血清，医生怀疑是白喉初发。”像 1917 年，第二次因白喉而隔离，这使得汉娜离开学校呆在家中和妈妈在一起，平静地学习拉丁语，这次休息后是一次快乐和成功的重返学校。

阿伦特太太对她的孩子在其父亲与爷爷去世后欢快的表现感到十分困惑，并有着深刻的印象，但她没有将家中死亡事件后的混乱年月以及逃往柏林与她的“阳光儿童”的任何较暗的一面相连。但是，阿伦特太太同时也想解释女儿在学校的恐惧是多次缺课以及疼痛矫形的结果，她记录了好几个故事，它们清楚地体现了孩子的困惑，汉娜试图理解它们。“妈妈，你认识你妈妈的父亲吗?”“认识”“你认识你父亲的父亲吗?”“不认识”“你的父亲知道他吗?”“他知道”“你这么说啊。现在如果一个孩子出生到我们中,他将也不知道他的父亲。”这个谈话发生于 1914 年 1 月,在保尔·阿伦特去世后的三个月,随后简短的评论是:“评论德国家庭中的流产时,她说‘为什么上帝送出了一个那样的胖娃娃呢?’”

玛萨·阿伦特很困惑,女儿在父亲死时没有哀悼。玛萨·阿伦特所期望的是大人的哀悼,而她看到的则是孩子气的悼念,它表达在行为中,意味着抗议。一个孩子对她的父母之一去世的抗议在她与尚健在的亲人的关系中当然不寻常;在失去父亲或母亲的孩子中,普遍的是亲密与依赖的增长以及对活着的亲人消极情绪的增长。汉娜与妈妈的亲密从她的话中明显可以看出,她说一个孩子来到“我们”中他将不认识父亲,也可以从她对母亲的需要中看出,那是她的美好时光,正如阿伦特太太所言,“我们再次回到了只有我们俩的时候。”另一方面,玛萨·阿伦特看到她的“阳光儿童”在保尔·阿伦特去世一年后变得难以管教了,不听话还要无赖。保尔·阿伦特的疾病曾极为需要耐心和孩子的自理,汉娜通过表现得“像个小妈妈”作出了回应。她的憎恨和偶尔希望他走的想法得到了控制,她甚至警告母亲不要说不中听的话。憎恨的情绪只是在阿伦特去世后才释放——那时它们被发向了母亲。

可贵的亲密与敌意及拒斥的相互作用,由于玛萨强烈的痛苦和她在马克斯与保尔·阿伦特去世后的长时间离家而恶化。当“小妈妈”将注意力转到安慰自己母亲时,她安慰的话并不是阿伦特太太所期望的。它们听来有些无情。女儿并不是痛苦中的母亲合适的安慰者和同伴,无论是在保尔·阿伦特的葬礼上还是在随后的春天,玛萨离开了家,离开了女儿,到一个温泉去疗养。当旅行归来发现汉娜想她时,玛萨得到了慰藉:终于,女儿的反应正常,是她所期盼的那样。

在汉娜·阿伦特再次表现出机器人式的阿伦特脾气“极像她的父亲”时,许多年已经过去了。长大后,她确实变成了母亲的同伴,并如此被接受。但她的整个青春期,甚至在成年的早期,她还是一种早熟的大人作风与孩子气的混合体。她是妈妈的朋友,但她也——这让她自己的朋友十分惊讶——有时被发现蜷缩在妈妈的胳膊中,像一个孩子,听妈妈讲故事。她是母亲所给予的母性——温柔而富有感情与那种自己的智力天赋与强烈要求独立的愿望所导出的过分自信的混合体。汉娜·阿伦特发现母亲关于正常发展与正常女性的观念是狭隘的,尤其是在开始大学学习生活之后。但她只是在和海因里希·布吕赫结婚后才离开她的母亲,那个时刻带着痛苦来到,丈夫和父亲属于不同的世界,有着完全不同的脾气。当汉娜年轻时,一直是一个十分尽责的女儿,忠于她的妈妈,忠于她妈妈对保尔·阿伦特的深爱。她加入到母亲祭奠保尔·阿伦特的仪式中,玛萨·阿伦特一生都举行这个仪式,甚至在她再婚之后。

例如,当阿伦特太太结婚25周年纪念在1927年来到时,玛萨和她21岁的女儿——那时她是海德堡大学的博士候选人,在一起庆祝,她们来到哥尼斯堡市民法院——阿伦特太太曾在那里进行了婚姻登记——隔壁的餐厅吃了顿奢侈的午餐。这是一个公共事件;在私人方面,汉娜·阿伦特失落的怨愤感还是存在着。在一个传记体的草稿《阴影》中,汉娜·阿伦特说出了她的怨愤——她谈到她的无助,她叛逆的青春,她那没有父亲的青春![12]

青春期初始,由于在学校结交朋友,开始从个人封闭中走出,汉娜·阿伦特的痛苦和神秘感减轻了;正如阿伦特母亲注意到的,她有"许多和朋友的约会,酷爱读书、去剧院,去看木偶戏《潘趣和朱蒂》,早期的戏剧是她的最爱"。但她"特别的心理敏感"从来没有消失。深深的失落与背叛感在记忆中总有位置,当然那是在时光流逝许久之后,那时才可以疗伤。汉娜·阿伦特最为清晰的记忆之一是父亲即将去世在家中度过的两年,那段时间,她目睹了"父亲遭受疾病的整个可怕的转变",夜里躺在床上听她的妈妈弹钢琴,这可使保尔·阿伦特从痛苦中转移注意力。有些时候,成了年的汉娜·阿伦特会和最好的密友讲起这个场景,有时则是无意识地提起。有一次,在她的生命快终结时,在一次关于尼采对疾病的看法的谈话中,一个学生问她,尼采如何在生命的最后十年中控制自己,而他最后可能是死于梅毒,她回答说,尼采通过听妹妹弹钢琴而得到安慰。

狂飙突进

第一次世界大战的那些年月，玛萨和汉娜·阿伦特住在提尔花园大街(Tiergarten strasse)她们的家中。汉娜·阿伦特两个守寡的奶奶仍和往常一样到波罗的海的家中去消暑。哥尼斯堡是一个驻军重镇，但1914年俄国人来后，附近并无战事发生。尽管像大多数德国人一样他们遭遇了食物短缺，雅各布·柯恩留给孩子们的财产足以使他们在发生战争的那些冬天免于饥馑和寒冷。但是，到战争的最后几年时，玛萨·阿伦特的收入已经减少，柯恩家的生意也开始亏损；她开始担心女儿的未来。

一方面补贴家庭收入，一方面也可以找个伴，玛萨决定让出她的一个房间来，一个名叫基特·费舍尔(Kaethe Fischer)的犹太学生住了进来。基特比20岁的汉娜·阿伦特大五岁，聪明且富有挑战精神。两个女孩经常激烈吵闹，但也享受着和平共处的时光。家中多了一个较大的、十分勤奋的女孩，让她兴奋的学习作业——包括希腊语课程的开始，两者都帮助汉娜·阿伦特走出了她的"神秘莫测"和自我中心作风。玛萨·阿伦特的注意力也转移了，从家庭困难转移到了麻烦重重的德国政局。在战争的最后两年以及1918年与1919年的革命中，她的家成了德国社会民主党人的聚会场所。

哥尼斯堡最为主要的政治人物之一卡尔·施密特(Karl Schmidt)有两个杰出的孩子：卡特·科尔维茨(Käthe Kollwitz)，她是艺术家，和康拉德·施密特(Konrad Schmidt)，他编辑社会民主党的官方但十分保守的柏林报纸《前进》。康拉德·施密特的名字与一个"学术社会主义者"的团体联系在一起，该团体由于政治左派立场而著名。在社会民主党的领袖中，只有爱德华·伯恩斯坦(Eduard Bernstein)—罗莎·卢森堡所领导的革命斯巴达克斯党主要的理论对手，能够为这个团体所容忍。伯恩斯坦的改革派观点经常通过一个柏林期刊《社会主义月刊》发表，玛萨·阿伦特和保尔·阿伦特在结婚的第一个四年中曾予以支持，那时他们住在柏林，在移居到汉诺威回到哥尼斯堡后，他们仍继续阅读它。月刊一度曾由他们的一个朋友约瑟夫·布洛赫编辑，他是哥尼斯堡一位十分著名的塔木德(Talmud)研究者的儿子，月刊是玛萨·阿伦特所属的一个哥尼斯堡讨论群体的焦点。[13]

尽管玛萨·阿伦特的圈子反对罗莎·卢森堡集团——斯巴达克党人，当斯巴达克党人的起义在1919年第一周造成总罢工时，玛萨·阿伦特对他们表示支持。汉娜·阿伦特记得她被母亲——罗莎·卢森堡的热情支持者——带着参与到哥尼斯堡对来自柏林——那里起义已经发生——的消息的第一次令人激动的讨论。当他们穿过街道时，玛萨·阿伦特冲女儿喊道："你要注意，这是一个历史性的时刻！"

这个历史时刻悲剧性地短暂。1月15日，罗莎·卢森堡和卡尔·李卜克内西(Karl Liebnecht)被自由党成员抓获杀害。共产党，由斯巴达克党人和一些小团体的合并后组成，他们试图重新制造第一次"斯巴达克星期"的时刻，但失败了。艾伯特总统所领导的政府必须面对的不仅有日益严重的政治民粹化，还有不稳定的经济形势，恶性通货膨胀已经开始。

在革命失败后的那年，玛萨·阿伦特决定再婚。基特·费舍尔搬走了，玛萨准备把她的东西分两批搬到波索德大街(Busoldtstrasse)的马丁·比尔沃尔德(Martin Beerwald)家，她希望在那里找到经济保障，同时也为14岁的女儿找个伴。马丁·比尔沃尔德的妻子海伦·洛温特(Helene Lowenthal)1916年死于糖尿病——五年后胰岛素才被发现，时年47岁，留下两个女儿需要抚养。当阿伦特一家来时，克拉拉·比尔沃尔德(Clara Beerwald)20岁，艾娃是19岁。

比尔沃尔德是一个俄国放债人的儿子，在哥尼斯堡出生并长大。他是一个平和甚至冷漠的商人，在他表弟的钢材公司中是一个温和而富裕的合作者。妻子死后，在战争的后几年里，比尔沃尔德足够富有以维系生计，甚至可以雇用一个保姆照顾他的女儿们。他这个选择是幸运的，因为这个女人在战前曾经受雇用一个乡村贵族家庭，她能够为比尔沃尔德家从那里确保牛奶、黄油和鸡蛋的供应。这些稀罕物补充了日常的食物——卷心菜、胡萝卜、甘蓝和更多的蔬菜，这对一个舒适的中产阶级德国公民来说乃是一个惊喜。比尔沃尔德家两个孩子的阿姨由于不能适应战争年代的匮乏，发了疯并被看管起来，这让他们已经很悲凉的生活雪上加霜。玛萨·阿伦特给这个舒适但缺少感情的比尔沃尔德家庭带来了她的温情和一大帮阿姨、叔叔和侄子，给他们带来了无限乐趣。

玛萨认识比尔沃尔德家人已有数年，因为他们曾经一度住在同一个院子，两家人合住，那时她母亲已经守寡。当玛萨碰到比尔沃尔德的女儿时她十分同情，因为她们明显需要关爱，她们出奇地瘦弱——不是由于食物短缺，而是因为一个医生奇怪的营养理论阻止她们吃黄油、鸡蛋和新鲜面包。汉娜·阿伦特第一次遇到这两个女孩是在1915年的夏天，当时她们三个都忙于学校的节目以庆祝德国军队进驻哥尼斯堡，但她们还没有成为朋友。汉娜比她们小五岁，在脾气上也完全不同。

当比尔沃尔德和阿伦特两家人在1920年2月合在一起时，女孩们之间脾气的差别真是太明显了。对马丁·比尔沃尔德来说，他的继女汉娜完全是一个谜；与他自己文静、待字闺中的女儿相比，汉娜犟头倔脑，聪明得让人可怕，特别地独立。他不能给她提供学习上的指导，也不能提供只有母亲的家庭中所缺少的父亲权威。当比尔沃尔德失落地知道如何和汉娜·阿伦特交往时，他保持淡然，把她留给她妈妈照管。但在汉娜·阿伦特较粗野地出走时，他也忍不住十分担心。例如，在比尔沃尔德家中，在革命的第一年，汉娜曾使他们着实担忧了一整天。

汉娜曾经和一个名叫恩斯特·格鲁马赫(Ernst Grumach)的年轻哥尼斯堡人要好，格鲁马赫比汉娜大五岁，他热情地和她谈论他的女朋友安妮·门德尔松，摩西·门德尔松的同样十分著名的孙子菲利克斯(Felix)的后裔。汉娜决定去见见这个安妮，安妮住在哥尼斯堡西面一个叫斯多尔普(Stolp)的小镇。但比尔沃尔德夫妇不同意这个旅行，因为门德尔松家族名声不好：安妮的父亲，一个时尚俊美的医生，曾被他的一个女病人指控，说他是一个色狼，要求赔偿，门德尔松对两者都拒不承认，并将之归结为反犹主义，最终吃了官司，被判坐两年的牢房。他的医师执照从未被吊销——如果案子确实有充分的证据，那当然要吊销——但蹲监狱的宣判和流言迫使他在释放后离开了这个城市，在其他地方重新建立他的事业。两家相遇时，比尔沃尔德家人对门德尔松家族的怀疑是搁置在一边的，但到汉娜说她要去斯多尔普时，门德尔松医生还在监狱里，怀疑就成了障碍。

然而，汉娜·阿伦特不能容忍愿望被阻拦。一天夜里，在比尔沃尔德家中大家都入睡后，她从卧室的窗户出去，离开了家，坐街上的汽车自己到了斯多尔普，及时到达并通过向安妮的窗子扔小石头叫醒她。当发现汉娜·阿伦特不在后，比尔沃尔德一家简直疯了，不得不等了一天，直到她返回。这次冒险并没有得到很好的接待，但和安妮·门德尔松从此开始的友谊则长久而且亲密，一直持续了五十五年，直到汉娜·阿伦特去世。

这个插曲格外混乱，但即使是在比尔沃尔德家中，日常生活在汉娜·阿伦特他们到来后也不平静。例如，有一天，当客人们要来时，一盘为晚会准备好的三明治放在厨房的桌上。汉娜随意吃了。艾娃发现了这个偷窃行为，暴跳如雷。两人都不高兴。愤怒中，其中一个女孩夺过附近一个钟的钟摆想继续战斗下去。但这个战略的结果只是一声巨响，钟从墙上掉了下来，落到了地上。玛萨来了，她是跑过来的，吵闹结束了，三个女孩都哭了。新妹妹也对社交场合有脾气。她拒绝加入他人的家庭生日聚会和节日。她说，作为一个原则问题，她不认为家庭联系有足够的理由社会化。但在这个原则中或许也有妒忌的因素：新的家庭确实需要玛萨以前没有过的更多注意。

克拉拉，比尔沃尔德的大女儿，要求大量的照料。她是一个极其聪颖的女孩，后来从哥尼斯堡女子学校出来后，除学习语言外，继续在不同的学校学习数学和化学。希望她有很好发展的人们劝说她转向医药学，而不是去攻读化学博士，他们认为这更实际，也更适合女性。当克拉拉准备当一个医药学家时，由于她有相当的音乐能力，她继续钢琴研究，她曾经和柏林著名的钢琴家阿图尔·施纳贝尔（Arthur Schnabel）的一个学生一起学习，经常在私人音乐会上演出。但克拉拉外表不吸引人，这让她十分不快。玛萨·阿伦特试图理解这种不快，十分同情她，伴她经历一系列破裂的爱情事件和不成功的心理治疗，直到克拉拉在30岁时服毒自杀。在汉娜的中学年代，她和克拉拉关系疏远；但后来，在汉娜的大学时代，她们成了亲密的朋友。在克拉拉最终结束自己的生命前，玛萨和汉娜·阿伦特一起劝说她不要自杀，劝了好多年。

与克拉拉相比，艾娃没有那么聪明，也较少音乐天分，尽管她拉小提琴的水平足以加入她的姐姐和父亲的音乐晚会，她父亲会拉大提琴。艾娃没有去上女子学校，但她是作为牙科医生训练的，并最终在许多州的城市开了牙科门诊。1933 年后，她在哥尼斯堡开了一家牙科实验室，并和她年轻时喜欢的玛萨·阿伦特重新建立了亲密联系。玛萨对艾娃很友好，给她提供了思路宽广的智慧；当玛萨·阿伦特告诉她如果她有一个非婚生的孩子不要担心，孩子可以放在比尔沃尔德的家中抚养时，她十分惊讶。艾娃没有孩子——她的朋友卡尔·阿隆(Karl Aron)，汉娜的二表弟，在 1938 年的反犹运动中被杀害，她没有结婚；后来移民英国，现在在伦敦。

当玛萨能够帮助马丁·比尔沃尔德照顾女儿时，马丁也能够在战争后期经济上不安全的沉闷年月给玛萨和她的女儿提供一个安全的家。战后他的钢材生意做得很好，他们的公司在 1922 年和 1923 年德国最严重的通货膨胀时也没有倒闭。汉娜·阿伦特对通货膨胀年月的记忆不是贫困现象，而是帮助那些贫困的人，是她母亲无限制的慷慨。她常记得某个半夜，家人被很响的敲门声惊醒：一个由于恶性通货膨胀而落难乞讨的人向比尔沃尔德家人要咖啡，也得到他连日来的第一顿饱饭。甚至在 20 年代晚期，那时比尔沃尔德的公司已经破产，比尔沃尔德家已经没什么可给时，他们家仍然是一个难民收容所。

比尔沃尔德不能像阿伦特家和柯恩家能够有一个避暑别墅，但他也带他的一家人到农村去远足。工作周期间，公司的驮马被用来拉一车车的铁制产品；但在周日，它们则拉着家里的四轮马车，司机也成了马车夫。加入这些家庭聚会，汉娜没有什么反对意见，她常常带着朋友一起前往。布索尔德街道的比尔沃尔德家中，过去多年来只有沉默寡言的比尔沃尔德的音乐，现今则充满了来访者和谈话。比尔沃尔德从来不直接关心政治，只是有些保守的观点，把自己看作威廉港的爱国者——留着俾斯麦式的胡子，着他那样的早装，他发现自己现在周围都是玛萨的社会民主党朋友以及继女聪明年轻的伙伴，他们是进步一代儿童培养技术的产物。

汉娜·阿伦特是犹太职业家庭的儿女——大多数是儿子——群体中备受关注的中心。这些年轻人中的大多数人，比汉娜大三岁到四岁，他们去西部德国的大学学习，带回他们老师的故事。例如，恩斯特·格鲁马赫参加了马丁·海德格尔1922年在马堡大学任教授后的第一次讲座，他告诉汉娜·阿伦特他的印象，而汉娜在柏林期间就已经听说海德格尔智慧非凡。另一个哥尼斯堡人团体，维克托·格拉耶夫(Victor Grajev)，和格鲁马赫一起去了马堡，而保尔·雅可比(Paul Jacobi)则去了海德堡。格里高·西格尔(Gregor Segall)，比尔沃尔德家中的常客，后来在马丁·比尔沃尔德经济困难时期帮了大忙，是一个很好的朋友，汉娜·阿伦特在西格尔移民巴勒斯坦后依然与他保持联系。安妮·门德尔松去了海德堡，后来又去了汉堡，在那里和恩斯特·卡西尔(Ernst Cassirer)完成了哲学博士的学业。

年轻人对汉娜的学术能力印象深刻，正如安妮·门德尔松所言，她“无所不读”，阅读范围涵盖哲学、诗歌，尤其是歌德，许多许多的浪漫小说，德国的和法国的，还有学校当局所认为的对年轻人不合适的现代小说，包括托马斯·曼(Thomas Mann)的作品。玛萨·阿伦特在汉娜孩童时代所观察到的最好的记忆是汉娜·阿伦特在学校的成就以及她个人学术上的愉悦这个主流。12岁时，汉娜已经开始在记忆中设立了一个小型诗歌库。那时她的母亲十分惊讶：“她心里什么都知道。”母亲也十分高兴地注意到汉娜·阿伦特“有雄心做得比其他学生更好，而她到现在都缺乏这点。”在实现这个雄心上，她一直没有什么困难，但学校的惯例——一周六天的严格规定，十分正式和严格——从来不适合她。

她在路易斯学校(Luiseschule)期间，尽管有更安全的家庭环境和一帮朋友，汉娜·阿伦特仍然有脾气上的问题。与一般的青少年相比，她屈服于歌德所认为的她这个人生与发展阶段典型的暴躁脾气：“年轻人，激情澎湃，必须注意自己，找到自己的方式。”当她开始寻找自己的方式时，汉娜·阿伦特给同学们留下了深刻的印象：当他们游玩，在学校的角落聊天，吃午饭时，她则在学校里散步，双手别在背后，衣服被吹起，深陷于沉思之中。

在家中，她的独立性和意志的展示从来没有停止。她向妈妈宣告要去学习小提琴,即使更早的被迫学习钢琴已经使大家知道她缺乏音乐细胞。她的坚持不是来自对小提琴的爱,而是来自对小提琴老师胡里希小姐的爱。胡里希小姐(Frau Hullisch)是地方议会的成员,玛萨·比尔沃尔德的一个朋友。玛萨在压力面前让步了,于是课程开始。但即使是对胡里希小姐的爱,也不能改变汉娜·阿伦特不灵的耳朵。在胡里希小姐的监督下,音乐仍是比尔沃尔德的两个女孩的领地——而艾娃,足够让人生气了。

玛萨·阿伦特很少挡住女儿的愿望之路,但当这些愿望带来困难时她总是不得不站在她身后。她扮演调停人,弥合破裂的关系,教她忍耐,平息争吵。她支持女儿关于学校的倔强想法;当汉娜·阿伦特宣称人们不应当被要求在早上8点上希腊文课、阅读荷马(Homer)作品时,她的妈妈帮助和校方进行了协调安排。汉娜·阿伦特没有上课,只是按她的方式学习,并参加了一个特别安排的十分严格的考试,阿伦特考得十分出色。这个安排使她形成了一个习惯,她在一生中都保持着——早上她起得十分缓慢,在她准备社会活动前要喝浓咖啡。这使她可以根据她的偏好参加小团体学习而不是大课堂。在比尔沃尔德家她的房间中,15岁的汉娜·阿伦特和一群学校的朋友以及年轻的表弟恩斯特·福尔斯特聚在一起,翻译希腊文本,大学期间他们共同建立了对希腊哲人的理解。

玛萨·阿伦特尽力使她女儿在学校的学习灵活些,但在那个打断汉娜·阿伦特在路易斯学校学业的插曲中,她这个角色并没有成功扮演。学校有一个以轻率出名的年轻老师说了一句话,冒犯了这位十五岁的女生——其中的内容从来没有成为汉娜·阿伦特自己对这个故事讲述的一部分。阿伦特选择强调的是她如何带领她的同学们联合抵制这位老师的课,结果是,她被学校开除。玛萨·阿伦特的调停在这件事上毫无帮助;她站在女儿一边反对学校规章——这不是父母们对违反普鲁士纪律通常的反应——但妥协没有达成。

被开除后,在母亲的安排下,汉娜·阿伦特去了柏林,在柏林大学上了几个学期的课。原来家里的朋友和社会民主党的同人莱文思一家(the

Levins)照顾她，但她住在了一个学生公寓里，钻研自己所选的课程。在希腊文和拉丁文之外，她参加了神学课程——基督教神学——是和罗曼诺·古瓦尔迪尼(Romano Guardini)一起的，此人是当时德国开始兴起的基督教存在主义学派中最有震撼力、最具影响的成员之一。

当他们以前的造反派学生申请参加最终的考试以做一个外来的学生时，路易斯学校放宽了政策。玛萨·比尔沃尔德继续安排她女儿独立的路径：她的朋友阿道尔夫·珀斯特尔曼(Adolf Pestelmann)，男生学校的校长，被请来做汉娜·阿伦特复习考试的辅导老师。珀斯特尔曼在他的学校有一批忠实的追随者，其中包括汉娜·阿伦特的许多朋友以及曼弗莱德·布罗德(Manfred Braude)，这个年轻人后来和她唯一的表妹艾尔斯·阿隆·布罗德(Else Aron Braude)结婚了。珀斯特尔曼除了履行管理职责外，还给学生们开设自然史课程，向他们介绍他的喜好——徒步旅行、观察鸟类、岩石学和天文学。他是汉娜·阿伦特在哥尼斯堡唯一能与她能力的挑战相平衡的老师，其理解力足以引导她到原不准备掌握的领域，例如爱因斯坦(Einstein)的物理学！

保尔·阿伦特的半个姐姐，即艾尔斯·阿隆·布罗德的妈妈——弗里达·阿伦特，并非汉娜·阿伦特的正式老师，但她的影响或许也是值得一提的。在女子准许上大学之前，弗里达·阿伦特是被训练为一名小学教师的。她在德文、法文和英文文献方面广泛涉猎。她给她的侄女提供书籍。她的丈夫恩斯特·阿隆(Ernst Aron)是一个律师，其父系祖先曾经是普鲁士王公居住在哥尼斯堡城堡里的宫廷宝石商，她提供了鼓励和经济上的帮助。1928 年他的妻子去世后，恩斯特叔叔依然资助汉娜·阿伦特的大学学习，阿伦特一生都对他很是感激。正如她曾经对一位朋友说的，她去了弗里达阿姨家，那是她唯一真正喜欢的阿姨。

在珀斯特尔曼的帮助下，在阿隆一家的支持下，在柏林的两学期，整六个月的全天候强化学习，汉娜·阿伦特为高考做准备，以获得定期的大学录取的通行证，她在 1924 年春天通过了考试，比她的同学们还提前了一年。考试曾使她焦虑万分——她曾经和朋友安妮·门德尔松说那是生命中最让人害怕的经历——但她自己保证一定能通过。公开露面以及个性或学术测试时的情况继续让她害怕，但她总是装作很有自信的样子去应付它们。这次考试结束后，虚张声势又来了：她得到了有着普鲁士阿尔贝特一世(Duke Albert I)头像的小金牌——那是给予中学毕业生的，她别着它，得意地去路易斯学校拜访以前的同学和老师，与他们十分清楚地交流她的被开除如何使她领先于全班同学。

在中学的最后一年，当她自己准备高考时，汉娜·阿伦特在其他方面也比他的同学们领先一步。安妮·门德尔松和家人去了阿兰斯坦(Allenstein)，她的男朋友恩斯特·格鲁马赫，成了汉娜·阿伦特的男朋友。汉娜发现了疾病的新用途：在她中学的最后一年里，当格鲁马赫来等她时，她就装头疼以便提早离开学校。她的多次缺课和特殊的学习安排已经使学校的老师不信任她，和一个比她大五岁的年轻小伙子在一起也招来人们持续的非议。但玛萨·阿伦特决定不干预，尽管她也关心此事。她认识到早熟的女儿从和较大的朋友做伴以及如汉娜所希望的来去自由之中获益良多。曾经"瘦弱、苦闷的"汉娜·阿伦特健康状况良好，正如她母亲所希望的，她变得爱社交、友好、放松。当格鲁马赫远去马堡大学而汉娜·阿伦特在柏林学习时，正如玛萨·阿伦特所期望的，和格鲁马赫的友谊让位于她和许多朋友的友谊。

在波索德街道比尔沃尔德家中，阿伦特现在有了自己的房间，那是一个有一张沙发和几把椅子的卧室，在这里，她可以与客人们及她的希腊学会的朋友们畅谈。尽管她经常有同伴，她也花好多时间躺在沙发上自己阅读。在古瓦尔迪尼的课堂上，她被引导到了丹麦哲学家、神学家克尔凯郭尔(Kierkegaard)那里，她是如此喜欢他的著作，以至于她决定把神学定为她作为一个正式录取的学生在大学时研究的主要领域。在那个时候，她就批评各种形式的教条神学——不是因为她是非基督教的，而是因为教条主义是非克尔凯郭尔的。阿伦特在16岁时阅读了康德的《纯粹理性批判》和《单独理性限度内的宗教》，随后就跟上了马丁·海德格尔和卡尔·雅斯贝尔斯所引领的正出现的批判趋势。雅斯贝尔斯的《世界观点中的心理学》1919

年问世，三年后她贪婪地阅读了它。

汉娜·阿伦特独立学习的年月也是她人生发生转折的年月。她开始从童年时期“悲伤和困难的岁月”的阴影中走出来。但她仍然多疑、害羞，对新的社会交往和学术力量不信任。她最好的朋友安妮·门德尔松，她们两人曾度过了如此多热烈、亲密的谈话时光，在分别几个月后，汉娜给她打电话，令人惊讶地害羞地说：“我是汉娜·阿伦特。您还记得我吗?”她甚至称她的朋友以正式的“您”，尽管他们在一起的时候总是用“你”。正是玛萨·阿伦特在《我们的孩子》笔记的最后一页所称的“晦涩和神秘的”女儿，在孤独的疑问中，转向了诗歌，并开始生发出对诗歌的安慰和纪念的感觉，这后来在她的哲学思考中是如此让人惊奇。

在诗歌方面，汉娜·阿伦特在17岁时开始写诗，过去的压力是一个反复出现的主题，这个主题也包含在浪漫派想象和克尔凯郭尔的担心中。在这些诗歌中，存在一种深刻而寻常的忧郁，在一首诗的题目中，她称之为“疲倦”：

夜幕降临——
鸟儿啁啾
我发出一声轻轻的哀叹

浅灰的墙
轰然倒塌。
我的手
又找回了它们自己。

我所爱的
却得不到。
在我周身萦绕

我无法舍弃

黑暗来临时
一切皆淡去
无甚堪胜我——
此即生之道。

这些诗常是如此抽象，朦胧是它们最明显的特点。例如，在这首诗中，“Nichts mich bezwingt”可以意指“根本没有战胜我”或“没有什么能战胜我”。这些是情感的诗歌，无论是消极、失望还是两者都有，其情绪都可以用“黑暗来临”来概括。在黑暗中很少有安慰(trost)。

这一时刻就要来到
那时旧有的伤痛
将长久地被忘记，
不再受侵蚀。

这一天就要来到
那时生命中的平衡，
或者痛苦
都不再算什么。

时间流逝了，
日子过去了。
只有一个成就保存着：
只是那样活着

在一首诗中，像克尔凯郭尔的神圣的“隐蔽的上帝”被拿了出来。

没有言语打破黑暗——
没有神举起手——
无论我看到哪里
大地都在上升
没有形式的毁灭
没有影子的漂移
我仍然听见它在说话：
太晚了，太晚了。

但即使是一首反映汉娜·阿伦特阅读不同领域的诗歌，一首充满浪漫主义的鲜花的爱情诗，也是以抑郁和失落而结束。她以“民歌的形式”写道：

百合花开时，
痴人又逢君。
携手立花前，
止水男儿心。

美酒醉入夜，
鸳梦二度温。
芬芳菩提树，
静看有情人。

落木萧下时，
寒鸦各自飞。
逡巡欲何往？
郁郁无枝栖。

“以民歌的方式”可能是给恩斯特·格鲁马赫准备的，他在开始大学学习后的暑假中回到了哥尼斯堡；但欢快的短节奏后面则是悲伤，欢快中透露着悲伤，在许多诗歌中出现。

汉娜·阿伦特的作品中最为个人而不寻常的是抓住一种感觉，她后来在她写一部类似自传式的传记时，将之赋予了拉尔·瓦恩哈根，她发现那是一种类似的精神。在拉尔·瓦恩哈根的传记中，阿伦特描绘的主人公是一个妇女，既不避免一种无法逃避的痛苦的命运，也不让自己被世界的成功、未来的光明梦想所诱惑。拉尔·瓦恩哈根学会了在现在生活，伴随她的过去和未来，她的最黑暗与最明亮的体验，她懂得了“糊涂”指出了一条永恒的出路，没有什么极端应当被看得太重。拉尔·瓦恩哈根的命运就是她的犹太人身份，她学会了和它一起生活，正如阿伦特所谓的一种“觉醒了的局外人”。生而为一个犹太人，这成了汉娜·阿伦特在后来的生活中关注的问题；但当她开始写诗时，自我意识的局外人是她个人的王国，尽管她给它取了另一个名字：反讽。

脚步在庄严的荣光中漂移
我，我正在跳舞。
从重负中逃逸——
冲进黑暗，
冲进空旷。
充满过去时光的房间
空间被穿过
只留下孤寂，
我们开始跳舞，跳舞。

我，我正在跳舞。
反讽的轻率我并没有忘却。
我知道空旷，

我知道重负。
但我还是跳啊，跳啊
在反讽的荣光中。

汉娜·阿伦特感到她已经留在身后但并没有忘却的，在诗的引申意义上是何种负担或重力，是怎样的反讽的轻率或匆忙让位于反讽的光荣——这首诗并没有告诉我们。它可能是她和恩斯特·格鲁马赫匆匆的关系，它是秘密的忏悔，她的知己安妮·格鲁马赫，和他的表弟恩斯特·福尔斯特，他的妻子意识到那不会是一个爱情时间，而她的表弟艾尔斯·阿隆·布罗德，格鲁马赫的朋友，则十分确定，从格鲁马赫的话来看，情况就是如此。一首题为“再见”的诗中——在截至1923年至1924年冬的诗歌集中最后一首——似乎是追忆初恋，但其实通篇讲的是“流逝的日子”而不是某个人。

在流逝的日子里，
让我伸出我的手
你不可以逃离我，
到空旷或虚无之中，
那是不可能逃离的。

然而，热风是更加陌生的标志
将它环绕在我身边：
我不想
飞进这羞怯时光的空旷中。

哦，你知道我给自己的大笑，
你知道我沉默着，隐藏了多少
躺在草地上，我属于你

但是现在，
从来没有沉默的血液，
召唤我到从未驾驶过的船上。
啊，死亡就在生命中，
我知道，我知道。
因此让我，
在流逝的日子中，
伸出我的手。
你就不会把我丢了。
我在身后留下一个标记，
是给你的，
就是这一页纸和热情。

在“羞怯时光”的过去和“从未驾驶过的船”相连的不确定的未来之间，汉娜·阿伦特发现自己被悬搁着，漂流着。诗歌关注的不仅是人，还有时间：过去的时间，一小时一小时地过去，流逝的日子，做了标记的未来。时间在诗歌中说话——“太晚了，太晚了”，在诗歌中有了实体的出现——“躺在草地上，属于你(时光)。”她所感到的时间，她伸手想抓住的时间，是非世界性的，在世界上空飞逝。她甚至把时间看作这样一种靠不住的精神之家园，正如柏林的地铁一样，它无偏倚地飞驶，经过一站站地：

从黑暗中来，
盘旋着进了光明，
快速而又剧烈，
狭窄而被人的权力所占有，
认真地编制着
以前设定好的路线；
不偏不倚地飞去

匆匆忙忙。
快速，狭窄，被人类的权力所占有
它没有参加，
飞进了黑暗。
知道更高级的事情，
飞着，它扭曲了：
一个黄色的动物。

这些诗作中有着明显的对总体真理的渴求，尽管它们作为诗歌并不怎么好，在风格上也了无新意。在追求概括的努力中，过去和未来被拷问，为了确认：此即生之道。像克尔凯郭尔，阿伦特在她的生活中很早就感觉到存在于时间之中——存在于生活之道——好比一场戏。她也求助于反讽、朦胧，作为一种出路。但“出”意味着进入另一个领域，思维的领域。当她写第一首诗时，阿伦特用空间和时间的形象来表达她的感受，她的飘忽；很快她找到了哲学的概念。她的“反讽的光荣”采取了另一种形式。她可能像克尔凯郭尔说自己时所说的那样：“我已经训练自己……总是能够在思想的活动中跳舞。”[14]

注释

1. Gaus interview.

2. 阿伦特的诗都存放在 Deutsches Literaturarchiv 中。

3. Gaus interview.

4. Jaspers to Arendt，18 september 1946，Marbach.

5. Hannah Arendt，*The Origins of Totalitarianism*（New York：Harcourt Brace Jovanovich，1973），p.58，n.12.（所有的引用如无特殊说明都是根据 1973 年重印的 1966 年新版本。）

6. Kurt Blumenfeld，Erlebte Judenfrage（Stuttgrat Deutsche Verlags-Anstalt，1962），p.45.

7. 同上,93 页。

8. Gaus interview.

9. Martha Arendt's *Unser Kind* diary is in the Arendt Papers, Library of Congress.

10. Mary McCarthy, "Saying Good-bye to Hannah," *New York Review of Books*, 22 January 1976, p.8.

11. Arendt to Richard Wandschneider, 16 July 1964, Library of Congress.

12. Arendt's "Die Schatten" is in the Arendt Papers, Library of Congress.

13. 玛萨·阿伦特的团体在独立社会主义者内还有联系,这个组织后来被从柏林驱逐后将总部搬到了康宁斯柏格。康宁斯柏格的工人们抗议战争和战争在 1917 年给他们带来的沉重负担,被德国军队开枪射击。参见 David Morgen, The Socialist Left and the German Revolution (Ithaca: Cornell University Press, 1975), pp.322—333。

14. 卡尔·雅斯贝尔斯引用的克尔凯郭尔的 *Reason and Existenz*,译文。Willam Earle(New York: Noonday Press, 1955), p.43。

第二章　影子(1924—1929)

如果我们想避开悲哀,欢乐的溪流如何从这里流过?

在几乎没有期盼的地方,痛苦给我们治疗的力量。

海德格尔:《诗性思想家》

激情的思考

汉娜·阿伦特的大学生活时期,从1924年到1929年,实为多灾多难的魏玛共和国最为稳定的年月。到1924年夏,政府经济稳定计划已经暂时遏制了恶性通货膨胀,深受财政问题困扰的法国政府更替,也减轻了德国被报复性的勒索者包围的感觉。但正在此种感觉减轻时,道威斯计划(Dawes Plan)的条款被披露。这个计划提供同盟国的贷款,以促进德国经济复苏的持续以及补偿性支付计划,意在防止德国发生进一步的货币贬值;它也包括同盟国对德国银行和铁路的监管以及对德国工业的特殊安排以便支付补偿性借款。道威斯计划被说成是"第二个凡尔赛条约",尤其是极右政党更是如此认为,甚至在复苏的过程中,政治民粹化的过程最终是这样具有破坏性,以致共和国难以为继。

货币的稳定和道威斯计划的接受是那段国内相对平静的时期最为重要的事；在国际事务上，1926年签订的《洛迦诺条约》(Treaty of Locarno)是关键的。条约包括在德国、法国和比利时之间关于西部领土争端的设定以及和波兰、捷克斯洛伐克的类似仲裁协议。尽管东部协议没有事先哪怕是在法律上消除德国在边界问题上重回战争的可能性，《洛迦诺条约》还是被西方人看作张伯伦(Chamberlain)乐观地所说的"和平年代"的宣言。在德国，该条约和道威斯计划一样为人知晓。

在相对稳定的年代，德国的大臣和部长们面对着一种复杂的社会经济图景。到1927年，生产和外贸都达到了远高于战前的水平。但国家仍然在赤字下运转。出口落后于进口，补偿性借款和资本投资两者很大程度上皆依赖于外国贷款，而从1924年到1929年，工资上涨了20%，失业率十分高。大工业兴起了，这迫使许多小公司破产；到1925年，约超过一半的德国劳工受雇于不到2%的公司。汉娜·阿伦特的继父马丁·比尔沃尔德的命运，就提供了一个这种卡特尔兴起的后果的例子。他的堂兄弟在哥尼斯堡的公司卖给了一个更大的公司，比尔沃尔德也失去了工作。年近60岁，他加入了一个较大的公司，做出差商务人员，但他在火车票上花的费用几乎和挣的钱一样多。他的女儿在工作，艾娃是一个牙科医生，克拉拉是一个药剂师——他们加入了日益增长的女性工作者大军——尽其所能贴补其父亲的家用。汉娜·阿伦特和其他许多人一样，靠零星的钱上大学——她的资费部分由她的叔叔恩斯特·阿隆提供。

20年代中期德国大学人数是战前的两倍，而大学的数目和技术学校数量还保持几乎一样，大概有30个。战后到通货膨胀的1923年，人口曾有大的增长，那时有125 000个学生；到稳定的时期，这个数字已经回落到89 000个。通货膨胀使学生减少了近1/3。[1]

在这些年里，大学生人口的构成发生了很大的变化：绝大多数来自收入较为不稳定的中产阶级家庭，而非上层家庭(工人阶级学生的数量从来没有超过3%到4%)，许多学生，尤其在20年代早期，在他们学习时不得不工作，或在暑假工作以获得足够的生活费。到20年代晚期，学生的零花钱多了点，大学里以及周围的生活条件也有所改善，但许多人，像汉娜·阿伦特，不得不依靠奖学金。

德国学习应急协会是一个专门创立的机构，该组织后来曾资助汉娜·阿伦特毕业后的研究工作。通过这个组织提供的应急资金的帮助，大学本身几乎没有遭受1922年到1923年通货膨胀的打击。通货膨胀应急在大学校园内没有巩固对共和国的支持，那里支持从来就不多；但更具分裂性的是魏玛共和国文化部所作的大学改革建议。任用社会主义者当教授，在非传统的学科中设立教职的尝试，使职业等级民主化的政策，增加工人阶级上大学的途径——所有这些都被当成多数人对学术自主性的威胁来对待。那些全职教授，则坚持他们传统的惯例。

保守主义支配着大学，并在汉娜·阿伦特在马堡开始学习时达到了高峰。海德堡的一个年轻的助理教授，E.J.冈贝尔（E.J. Gumbel），发表了一份关于"黑色国防军"的报道，讲的是德国非法的军队建设最初阶段的情况。教员中的民族主义分子被激怒了，当他继续在公共演讲中说德国在"一战"中的牺牲者没那么光荣时，他们要冈贝尔——一个和平主义者——搬走。尽管像阿伦特未来的导师卡尔·雅斯贝尔斯这样的人努力制止他们，全体教员还是投票取消了冈贝尔教学的权利。"问题是学术自由，"雅斯贝尔斯后来写道，"一旦一个教师的观点要服从于检查，学术自由也就不复存在。"[2]

对汉娜·阿伦特来说，既不是雅斯贝尔斯对政治领域实践理性评论的例子，也不是时代的总体政治问题让她有兴趣。使她后来感到困窘的是，她极其幼稚，十分地"非世界"。但在马堡大学，1924年秋天，她发现自己处在一个极为有趣的非政治革命中，它决定性地影响了她个人与学术的发展。这场革命的年轻领导者，把哲学的旧制度带到了终点，在学生中广为人知，甚至在他一本大作未发表前就已经如此，他就是马丁·海德格尔，海德格尔35岁，正如汉娜·阿伦特所言，他是"统治着思想领域的隐蔽的国王，尽管它完全存在于这个世界，但是如此地隐藏着，以至于人们从来不能十分确定它存在于何处"。她的敬畏和神秘感，在1969年的描述中得到了有取舍的回忆，在1924年则毫无保留。[3]

20世纪20年代，德国哲学界受那些个人和团体的主导，他们在寻找一条道路以稳定哲学的潮流，以一种宏大、确定、整全、无所不包的主义代替各种膨胀的主义庞杂的局面。哲学的异教徒不会正式地受到责难，但正如卡尔·雅斯贝尔斯痛苦发现的那样，他们不容易找到学术教职。“在职业哲学家的圈子中，”雅斯贝尔斯回忆1913年他最终克服巨大的反对力量而赢得哲学教席时，他写道，“我被看成是一个外来人。”20年代，当雅斯贝尔斯不再出版心理学著作，以便准备写作他的半路出家的《哲学》时，他被“认为快完了。事实是许多学生认为我很古怪；它还为我赢得了‘年轻人的骗子’这一头衔”。[4]雅斯贝尔斯从外面、从精神病学来到哲学领域；海德格尔则是一级一级爬上来的。但他们两人都需要战胜巨大的传统力量。

当时社会上有两种主要的哲学潮流。一方面是各种所谓的科学主义：唯物主义、经验主义、心理主义和实证主义；另一方面，是各种新康德主义和形式主义，尤其是巴登和马堡学派的新康德主义。在这些形形色色的学派内外，生发出一种对绝对的价值、对回到系统和确定知识的呼唤——一种形而上学的复兴。[5]有对黑格尔的怀旧，有对一种哲学体系的怀旧，在这一体系中，当时主要阵营的支离破碎局面希冀能得到克服。但当20年代这种雄心勃勃的非原创的综合趋势日益占主导地位时，也存在一股潜流，他们发现学术界对形而上学已经失去的统一性的怀旧不过是自命不凡而且显得沉闷腐朽。在追溯20年前她的大学时代繁荣的各种学派时，汉娜·阿伦特简明地指出：“那时哲学或者是派生性的，或者是哲学家对总体哲学的反叛，对哲学身份的反叛或怀疑。”[6]她既拒绝了派生性的形上学家，也拒绝了那些赞同一种模糊不清的非理性主义而谴责哲学的人，她走的是反叛者的路——怀疑哲学的传统身份。

汉娜·阿伦特在柏林就已经被引上了这条反叛之路，在那里，罗曼诺·古瓦尔迪尼是她的老师，克尔凯郭尔是她的英雄。神学曾是她所选择的主要课程。像大多数德国大学生一样，她准备在好几个不同的大学求学，尝试各种课程和老师，直到发现写作论文的恰当的契合点。在马堡，她原以为她在一个地方已经找到所要的东西：“最为现代和有趣”的哲学趋势，埃得蒙德·胡塞尔(Edmund Husserl)的现象学,以及合适的老师,胡塞尔的助手马丁·海德格尔。海德格尔正在以如此新奇的方向发展胡塞尔的现象学,以至于它的边界受到威胁而没有出路;此人自己也是同样雄心勃勃而喜欢冒险。多年后阿伦特变得和她的老师一样著名后,汉娜·阿伦特慨叹她在马堡与哲学的会面乃是她的"初恋"。[7]哲学是她的初恋;但那是具体化在马丁·海德格尔身上的哲学。

马丁·海德格尔,1889年出生于巴登(Baden)的麦斯科教堂(Messkirch)司事弗里德里希·海德格尔(Friedrich Heidegger)家中,他和他的妻子乔安娜,正如他的学生汉娜·阿伦特一样,都是早慧的人。他在哲学上的兴趣,尤其是对亚里士多德哲学的兴趣,当他在康斯顿(Constance)和弗莱堡(Freiburg)上中学时就已经有了;十八岁时,他阅读了布兰塔诺(Brentano)的《论亚里士多德的"存在"的多种意义》。在弗莱堡大学接受数学和逻辑学训练后,海德格尔转向埃得蒙德·胡塞尔的《逻辑观察》(1900—1901),了解到胡塞尔也曾受布兰塔诺的影响,他继续探索存在的意义这一传统的本体论问题。作为一个神学专业的学生在弗莱堡四个学期后,像阿伦特一样,海德格尔就决定一生完全致力于哲学研究。

海德格尔对胡塞尔的兴趣是在弗莱堡的新康德主义者海因里希·李凯尔特(Heinrich Rickert)的课程中被激发的。李凯尔特批评胡塞尔的现象学,认为它不能将对意识内容的分析与世界或历史事件联系起来——这一批评海德格尔后来也采纳了,尽管不是出于李凯尔特那样的目的。李凯尔特在完全科学的原则上建立一种文化科学以及写一部文化"普遍史"的努力颇有影响。但甚至是李凯尔特的追随者们也批评他试图寻找一个"普遍价值"的严格体系、一种黑格尔式整体理论的企图。

海德格尔在弗莱堡写论文《心理主义中的判断学说》(die Lehre vom Urteil im Psychologismus)时,他是和胡塞尔的《逻辑观察》对话,他通过了考试,李凯尔特是主考老师之一。在海德格尔以一本题为《邓·司各特的范畴与意义学说》(*die Kategorien und Bedeutungslehre des Duns Scotus*)(1916)的著作继续得到他在弗莱堡教书的资格时,埃得蒙德·胡塞尔被任命为李凯尔特的接班人。海德格尔成了胡塞尔的助手，直接从他那里学习现象学方法，也开课，既实践这一方法，也对之提出疑问。胡塞尔通过抽象的大学空气所发出的呼唤，通过许多大厅——那里宏大的体系正在被思考，那是一种平静的革命的呼唤："回到事情本身！"它的意思是关于起源、历史命运甚至世界中事情的事实所有不确定的思考的问题都可以放在一边或"括起来"，而意识中事情的理解则以一种严格的科学方式去研究。从这样的研究中，胡塞尔希望获得一个内在综合的观点，而不陷于康德清楚地描绘的无法解决的形而上学悖论中。

在海德格尔一份对亚里士多德长期思考的解释性提纲得到马堡的老师认可后，他于 1922 年被任命为马堡大学的副教授，之前他一直在弗莱堡。他和他的妻子爱尔弗里德(Elfriede)，他们 1917 年结的婚，以及两个年幼的儿子约尔克(Jorg)和海尔曼(Hermann)，一起移居马堡。

保罗·纳托普(Paul Natorp)，自 1892 年以来就一直是马堡大学的全职教授，他在巩固海德格尔的职位上起了工具性的作用，在海德格尔到达后，他接纳海德格尔参加每周的讨论。在纳托普那里，海德格尔有了一个颇有成效、令人兴奋的回到古希腊的范例——特别是对于柏拉图，纳托普这位康德主义者称柏拉图为"康德之前的康德主义者"。海德格尔自己对希腊哲学的回归并没有产生康德式的希腊人，也没有立刻将他引导到纳托普曾考虑的实践问题，但使他认识到自从希腊以来的本体论历史必须被批判地重新解释，以使希腊的本体论能够被看清楚，并和现在的情况相契合。1927 年的《存在与时间》为海德格尔在哲学界奠定了名望，在该书的第一部分，海德格尔通过勾画现象提出了他的计划，他认为，如果本体论历史的哲学涂抹被清除，"事实本身"就会显现出来。对海德格尔来说，康德的《纯粹理性批判》处于一个"对存在的忘记"的长期过程之末，这为他提供了记忆模式的可能，对存在的基础进行超越性的考察。当他在 20 年代形成他的哲学构想时，海德格尔准备了一系列关于康德的讲座，它们后来成了《存在与时间》第二部分的中心段落。它们在 1925—1926 年他的课堂上出现，最终于 1929 年以《康德和形而上学问题》为题出版。海德格尔不想从康德那里，也不想如纳托普那样从康德之前的任何康德式思想家那里，去寻找科学的逻辑基础。相反他要找到科学的本体论根源，为此他从分析科学理论所致力于探究的存在开始，提出了存在——人，或用海德格尔的术语，此在(Dasein)——的问题。

保罗·纳托普于1924年去世，是年汉娜·阿伦特来到马堡大学。海德格尔那时也有其他的朋友，包括神学家鲁道夫·布尔特曼(Rudolf Bultmann)和哲学家尼可来·哈特曼(Nicolai Hartmann)。布尔特曼和海德格尔有时会参加对方的课程，他们有许多学生是共同的，例如，汉娜·阿伦特。哈特曼参加了一个圈子，希腊学会，海德格尔和马堡大学的其他一些老师也参加，他们阅读希腊语文献，汉娜·阿伦特在哥尼斯堡时也曾经组织过对希腊语文献的专门翻译。

在1923—1924年的冬季学期里，海德格尔在他后来成为《存在与时间》草稿的第一部分的工作中已经取得了大的进步。在汉娜·阿伦特参加的讲座和课程中，这部著作已经成形，因为那年海德格尔提出了对亚里士多德“真理”概念的解释性研究概要(“真理”，海德格尔通常把它翻译成“无遮蔽状态”)，他也引导他的学生们逐行阅读柏拉图的《智者》。《存在与时间》的第一页上赫然写着《智者》中的引文：“你已经清楚地知道当你说‘存在’这个词时你意指什么好久了，但我们，曾经对它也很确信，现在却变得困惑了。”

海德格尔就在那些对存在意义问题困惑的同伴中生活了近15年，在他的课堂和著作中，他努力去廓清之。他的学生都为之着迷——也十分困惑。这些学生常常在课后聚集在一起，看看是否有人已经懂得讲座中的某个词。但海德格尔的努力逼迫着他们去理解。45年后，在1969年他的80岁生日上回顾海德格尔的课堂时，汉娜·阿伦特如此描述了前来参加海德格尔课程的最优秀学生的态度：

> 他们来到弗莱堡，来到这位无薪教师那里，正如后来他们被吸引到马堡的年轻教授那里一样，传闻说那里有一个人实际上正在获得胡塞尔所宣称的“事实”，有一个人知道，这些“事实”不是学术问题，而是

思考着的人的问题——不只是昨天和今天，而是出于无法追忆的时间——这个人，只因为他知道传统被破坏了，他正发现过去是全新的……

关于海德格尔的传闻说来十分简单：思想再次复活了；过去的文化宝藏，曾被认为死去的东西，正被要求说话，在这个过程中，它们把事实以不同于人们熟悉的、过去被视为老生常谈的那样全然展现出来。那里有一个老师；一个人可能学会思考……

人们追随关于海德格尔的传闻是为了学会思考。所经历的也是作为纯粹活动的思考——这意味着既不受渴求知识的强迫，也不受认识冲动的驱使——它成了一种激情，这种激情并不能过多地统治或压迫其他能力和禀赋，它命令它们，弥散于其中。我们是如此习惯于旧有的对立，理性与激情，精神与生活，激情思考——思考和生命融为一体——的理念，把我们吸引住了。[8]

“激情的思考”正是汉娜·阿伦特准备回答的。她对她的祖父赖以生存的犹太人传统的质疑从来没有停止，她不受她母亲政治信条的强制，她不满意于她的中学。她的朋友，一些比她大的朋友已经开始他们的研究，其中好几个，例如恩斯特·格鲁马赫和维克托·格拉耶夫，是海德格尔的学生。她在哥尼斯堡的最后一年，为了高考而学习，相当繁忙，但在学术和情感上都不满意。她把这种不满写进了一首诗中：

光阴似箭，日月如梭。
惟有一个成就保存着：
只是那样活着。

当汉娜·阿伦特遇到海德格尔，一切就变了。海德格尔是来自罗曼司中的一个人物——天资好，有诗意，远离职业思想家和奉承的学生，特别地酷，只是穿着农人的着装，他喜欢教滑雪课，爱好滑雪。吸引汉娜·阿伦特的，远远不止是她在回忆中所说的生命和思想的结合。

从她在海德格尔 80 岁生日上回忆马堡学习生活的公开讲话来看，无人会料到海德格尔曾不仅仅是汉娜·阿伦特的老师，也是她的情人。海德格尔掩盖得甚至更深。在 1923 年到 1928 年的那些时光，当他正在准备《存在与时间》和《康德与形而上学问题》时，他只是公开地说这是他“最为兴奋、最充实、事情最多的时期”。[9]那段时期结束的 20 年后，他向汉娜·阿伦特忏悔说，那段时期阿伦特是他创作的源泉，是他激情思考的动力。但他们把这段忏悔保持在两人之间，并约定细心封存，正如他们在 1925 年保守他们爱情故事的秘密一样。他们的往来情书将保存起来，不能让其他人看到。[10]在未出版的文字中，阿伦特确实把在马堡的那些年写给海德格尔的信保存着。

1925 年夏天，在哥尼斯堡家中，阿伦特写了一个自我肖像《影子》，并将之寄给海德格尔。这个肖像，像她在随后的年月写的诗歌一样，是一个最后的嘱咐。阿伦特试图给她的初恋画上界线，以语言来控制它。她试图通过讲述故事的方式将之归于过去。“如果你将她放进一个故事，或讲述一个关于它们的故事，所有的痛苦都能被容忍。”这一魔咒并不总是成功。在她把自己从马丁·海德格尔的魔力中解放出来时，汉娜·阿伦特不得不讲述其他人的故事，不得不写作《拉尔·瓦恩哈根：一个犹太女性的生活》。

“非同寻常的”与“神奇的”

以保护意义的第三人称单数，充斥着抽象的辞藻和海德格尔式的术语，汉娜·阿伦特的自画像是让人震惊地支离破碎、充满苦恼。像她喜欢阅读的浪漫小说一样，肖像是“以那样概括的语言表达，它体现的只是一种情绪，没有实际的事件”（正如多年后她说施勒格尔（Schlegel）的小说《卢青德》（*Lucinde*）一样）。[11]这种情绪在同一时期的一首题为《陷于自我沉思》的诗中可以看到。

当我看我的手时——

陌生的东西和我在一起——
那时我无地可容，
不是此时，也不是此地，
无所支撑。

那时我感到当对世界嗤之以鼻。
如果它想就让时间走吧
但不要在那里留任何标记。

看，这就是我的手，
我的，近得出奇，
但还是——另一个东西。
它比我还有更多的含义吗?
它有更高的目的吗?

这首诗和自画像都以相同的质问结束：她能战胜已经撤离的、阻隔的、不屑的距离？在《影子》中，阿伦特在一个沉重的、正剧的平衡上掂量其可能性：

或许她的青春将把自己从这种符咒和她的灵魂中解放出来——在一个不同的天空下——经历了表达和释放，战胜了孱弱和失常，学会了耐心、简约和有机成长的自由。但更有可能的是，她将在无聊的试验中，在无规则、无边界的好奇中继续浪费她的生命——知道那个长久而热切希望的终点，让她惊讶，也给这没有必要、没有结果的事情划上一个武断的句号。[12]

阿伦特并没有言明引起这种失望情绪的实际事件。但汉娜·阿伦特确实给她的处境——她称之为 Fremdheit，陌生或疏离——提供了两种不同的解释。第一种，也是更为直接的，是时间分割的事件，它也在诗歌中提及："在青春完全绽放之前，她已经被那非同寻常、神奇的力量冲刷；结果她——以一种事实上后来让她害怕的方式——把她的生命分成此时此地与彼时彼地。”阿伦特和海德格尔的关系，仓促而让人心悸地结束了她的青春，带走了她的纯真。第二种解释是，她把她的陌生感归结为一种特性，经过漫长的时间后，它已经变得习以为常：“她把一些了不起的事情当最为实际平淡的事情来看。甚至当生活中简单共同的事情最深刻地影响她时，她在思想和感情中也从来没有怀疑：发生在她身上的是平淡的、一件每个人都认为理所当然的不值得注意的事，甚至不值得谈论。”

她说，在成长的时候，她曾经意识到第二个习惯，因为她曾经过于“保守，并以自己为中心”。在更年轻时，她的自我中心曾阻碍了她的理解力。她“知道许多——通过经验和仔细的警觉，但一切恰好发生在她身上的事只是沉沦到她灵魂深处，停留在那里，好像被冻结了一般。她的紧张和隐秘不允许她去处理这些事情，只是在暗淡的痛苦或梦幻似的、着了魔的孤独之中”。阿伦特没有忘记她曾经经历或观察过的东西，但事情“从视野中淡去，有些完全消失，有些变得模糊，没有规则或秩序”。

汉娜·阿伦特说，她的习惯性的困惑“或许只是建立在一种无助反叛的青春之上”。它“在这种自我对自我的压抑中表达自己，以这种方式她把自己对自己的看法和了解之途阻碍、隐藏了”。用这种试验性的、复杂的方式，汉娜·阿伦特知道她已经受到了伤害：尽管她没有这么说，看起来可能她正想着父亲的死以及丧父之后那些不高兴的岁月；回首往事时她想知道，她的受伤是如何被隐藏的，正如她的母亲在那“悲哀而困难”的年月所做的那样。她说，她的压抑和困窘的结果是，随着她的成长，她“更为激进、孤傲和盲目”。

如她的母亲所言，汉娜·阿伦特认为她早期的童年是欢乐的，她把自己看作一个“阳光儿童”。她诉说着“她的年轻生命中羞涩与简朴的开端，那时她还没有和自己的试探性的敏感违逆，没有和社会行为——和表达她自己最内在的存在相违逆”。接着，“现实的领域在她的梦想中拉开帷幕，在那些让人困扰与欢乐的梦中——无论是苦是甜——充满了持续生命中的欢乐”。她说，当青春迷梦醒来，对自己采取一种“暴力的、破坏性的暴政”时，这个时期走到了尽头。她总有的敏感和脆弱似乎变成了“几近于怪异”。

在这种状态中，“对现实的恐惧俘获了这个没有保护的生物——在失明的眼睛前，这种没有知觉、没有根基的空洞的恐惧就像一切都不存在，它意味着疯狂、无趣、灾难、灭绝”。这种恐惧，她以海德格尔的方式称之为“对总体存在的焦虑”，就是阿伦特在“暴力、破坏性的暴政”前曾知道的东西，正如同她曾经知道许多事情，它们都沉积到她灵魂的底部；但现在她感到是“它的囚徒”。她的恐惧成了“动物式的”，如此地令人疲惫以至于她不能保护自己，只能站着等待，“带着对某种野蛮的实际的期盼”。她感到，她的“失望的诱惑”太强烈，就她研究艺术、文学、文化或任何兴趣的发展来说，已不能反对或改进；它是那种人的领域中失望的诱惑。

已经发生的是，她再次感到了对生活孩子般的爱，感到“五彩缤纷而陌生的领域，在其中她如同在自己的家中一样”。她感到了渴求和欲望，“但恐惧还是在围绕着她，折磨着她”。她的激进或古怪曾经帮她容忍和熬过了最坏的时候，但“现在发生了这样的改变，一切都消散了，除非她有意去抓住它，一切变得苍白无华，还有那逝去的影子隐蔽的神秘色彩”。

正是在这个黑暗的时刻，她转而掂量自己未来的可能性，质疑她是否能把自己从“这种魔力”或屏障中解放出来。自从少年时期以来，渴望与恐惧就伴随着她，以前，恐惧曾占据了较高的位置；但她又一次陷于恐惧的直接原因乃是她对“不同寻常与神奇”的驱除。她蓦地意识到，她的爱情故事，她的性觉醒，可能被其他人误解了，他们会认为她已经变得“更丑陋，更普通，甚至到了颓废和纵欲的地步”，因此她挣扎着宣称她“在这样的判断和争议上中立”的权利。但她确信它会被马丁·海德格尔这个不同寻常、让人着魔的人理解，《影子》正是为他而作，正是献给他的。

当汉娜·阿伦特遇到海德格尔，并发展出《影子》中所说的“对一个人无限的痴迷”时，汉娜·阿伦特刚刚满十八岁。海德格尔比她要大十七岁，是一个基督教家庭培养出的人，已婚，并有两个儿子。即使他左右着对这位聪明年轻的犹太小姑娘燃烧着的爱情，他生活中的一切和他所追随的习俗都意味着不能完全接受之。他在书信和诗歌中表达了他的专一，他也让浪漫的爱情花朵吐露芬芳;但他不会让这一切改变他生命的进程。到1925年夏天时,汉娜·阿伦特已经认识到他要保持着一个陌生人的身份,无论他们多么密切地联结在一起。在一首诗中,她邀请他参加一个宴会,但不得不问:

你为什么害羞地给我你的手
似乎那是一个秘密?
你是来自那样一个遥远的大陆
竟不知道我们的佳酿?

以一种忧郁但比《影子》要更为平静的笔调,她写了一首充满爱意的"夏日之歌",它表明了她原认为不可能的事情之可能,"表达和释放,战胜了孱弱和失常,学会了耐心、简约和有机成长的自由"的可能显示出来,尽管她有预感。她依然感到陷于一种非法的、不可能的恋爱漩涡中,它永远不会去"拉牧师的手",但她决定使这段恋情带给她的欢愉保持鲜活。

穿越成熟的盛夏
我要走了——滑过我的手,
我痛苦的肢体往下舒展
向那黑暗与浑厚的土地。

庄稼喃喃自语
道路入深林,
一切命令着一片宁静:
尽管我们遇难,我们还是爱过;
我们的给予与获得
可能不会去拉牧师的手;
在明净和高贵的平静中

欢乐再也不会离我们而去

夏日之水流过，
疲劳威胁着要摧毁我们。
我们丧失了生命
如果我们爱着，如果我们活着。

在马堡大学求学的那年结束之后，汉娜·阿伦特去弗莱堡大学度过了一个学期，在那里跟海德格尔的老师埃得蒙德·胡塞尔学习。有了更多的时间，有了一段距离，她可以用更为坚定的力量来反思她“对一个人无限的痴迷”，她确信即使她已经那样，还是深感悲哀，可她不想被摧毁，或失去“有机的成长”。这个时候，阿伦特写了一首诗，这是她的诗歌中最好的诗作之一。

夜色将我包围，
软如鹅绒，重如哀愁。
我不再知道爱是什么感觉
我不再知道田野成了红色，
一切都想逃遁——
只是给我一点平和。

我想到他，想到爱——
似乎那是在一个遥远的大陆；
“来与给”都是外来的；
我不知道何物将我束缚。

夜色已经包围了我，
软如鹅绒，重如哀愁。

反抗无从发起
朝着新的哀伤与欢乐。

那段距离召唤着我，
昨天如此清楚和深刻，
他们不再将我诱惑。
我知道一种水，伟大而奇特
一朵花儿，无人叫得出名字。
现在，什么能摧毁我？
夜色将我包围，
软如鹅绒，重如哀愁。

在这首诗中，汉娜·阿伦特进入了一个领域，那里德国浪漫诗人发现了无以名状的“蓝色的花”和遥远而未知的海洋——一种异国风情和超越的风景。她也以他们的方式，用好几首诗把自己给了美好事物的保护神——夜晚。

令人安慰的夜晚，柔和地斜靠着我的心。
给我，沉寂的夜，从痛苦中解脱。
把你的影子投射在一切太亮的事物上——
给我用尽，遮蔽耀眼的光芒。

留给我你的沉默，你冷酷的呆滞，
让我在你的黑暗中沉醉，一切都是那么邪恶。
当明亮的痛苦带着新的图景
给我继续稳步向前的力量。

在一首不那么华丽而更为动人的诗歌中，阿伦特向朋友倾诉自己的想法。她希望他们不会错误地把她“对一个人无限的痴迷”——那曾经消耗了她的感情能量——看作是对他们的关心,她希望他们知道她的故事背后的故事,不用她去讲。

落泪并非出于轻微的哀愁
那时无家可归者的目光
依然羞涩地向你表达爱意
体会着这最纯粹的故事
如何还把一切都隐藏着。

感觉着最温柔的运动
充满谢意和虔诚。
你将知道:总是这样,
继续的爱将被给予。

朋友们例如安妮·门德尔松,知道汉娜·阿伦特对海德格尔的恋情,她们同情她,并试图理解海德格尔看重他的义务,尤其是对妻子和家庭的义务的决定。但最能深刻理解她的“朋友”则是安妮·门德尔松曾经介绍给汉娜的一位女性:拉尔·瓦恩哈根。正如汉娜·阿伦特多年后所说的,当她在写传记作品《拉尔·瓦恩哈根:一个犹太女性的生活》的草稿时,拉尔·瓦恩哈根是“我最亲密的朋友,尽管她已经作古百余年”。[13]

当安妮·门德尔松通过多卷的瓦恩哈根通信阅读其人生苦旅时,她就激动地谈到过拉尔·瓦恩哈根。这些通信落入安妮之手很偶然:阿尔斯泰因的一个书商在通货膨胀的年代破产,他把所有的书以一卷几便士的价格卖掉。安妮买了所有的瓦恩哈根的书。汉娜·阿伦特一度对安妮的发现毫无兴趣。但当她完成大学学习,准备写一本关于德国浪漫主义的专论时,阿伦特遇到了拉尔·瓦恩哈根,在她那里,发现了一种“原始的、未受损坏的、非传统的聪慧,也交织着一种对人民专注的兴趣和一种真正的激情本性”。[14]安妮的瓦恩哈根作品转手到了汉娜·阿伦特那里。

在拉尔·瓦恩哈根的书信和日记中，汉娜·阿伦特看到一种十分像她自己的敏感和脆弱。她同情拉尔对非犹太人伯爵冯·费肯斯泰因(Gentile Count von Finckenstein)的爱情，一段曾经被缓慢而痛苦地拒绝的爱情。伯爵曾离开拉尔的沙龙，由于他家庭的安全和他所说的自己的处境。但她面临这种失落时，拉尔成了一个特殊的人，正如汉娜·阿伦特感到自己所变成的那样。在这段故事结束后，拉尔不再是一张空白的表格，不再是命运的大纲："她被说服了，她已经经历的生活，一般的生活，正是……经验代替了她的不存在的状态；她现在知道：生活便是这样的。"[15]在拉尔·瓦恩哈根那里，汉娜·阿伦特遇到了其他人，对他们来说真实来自于经验的废墟，对他们来说，甚至最普通的事情都是了不起的。

在《影子》中，汉娜·阿伦特以她具有特色的概括和坚定称自己的经验已经教给她的东西："一切都好，结果是坏的；一切都坏，结果却是好的。很难说哪个更难容忍。因为准确说来，这是最无法容忍的东西——如果人们在无限恐惧中想到它，它将使人窒息，这种恐惧打破了沉默，使个人无法感到如在家中：相遇并了解，时时刻刻都以无所不知和玩世不恭的心态去了解：甚至对最极端的痛苦，一个人也必须心存感激，那确实就是一种劫难，但它是一切事情的要点和报偿。"汉娜·阿伦特总结说，这就是生活之道：充满了相遇，希腊的悲剧作家说这些相遇带来了智慧。她的结论很接近于拉尔·瓦恩哈根所得出的结论："我正在做什么啊？什么也没做。我是让生活的雨点落在身上。"[16]

汉娜·阿伦特从她的一段不可能的爱情经验中得出了一般性的结论：相遇是一切事情的要素和报酬；她感到自己对世界"羞涩的温柔"已经被毁，她已经被剥夺了如在家中的感受。正如她在一首献给朋友的诗中所言，她是一个"无家可归者"。这正是她在拉尔的日记和书信中所发现的东西：当拉尔和冯·费肯斯泰因的恋爱失败后，她以这个世界为家的早期努力就破碎了。但拉尔从失败中赢得了一些东西：她对待世界的年轻人的样式——汉娜·阿伦特称之为内省——让位于一种新的理解。

汉娜·阿伦特对拉尔早期的内省方式的描述，和她在《影子》中对自己年轻时候自我陶醉的描述十分相似："她隐藏自己的观点，阻断通往自己的道路。"在《拉尔·瓦恩哈根》中，这一描述更为细致，而较少即兴发挥，但含义是一样的：

> 如果思想回到它自身，在灵魂内部找到它孤独的对象——也就是说，如果它变成了内省——它就清楚地产生(只要它保持理性)一种貌似无限的力量，通过与世界的隔离，通过停止对世界的兴趣，它在一个"有趣的"目标前面建立起一个堡垒：内心的自我。在内省所成就的孤独中，思想成了无限之事物，因为它不再被任何外在事情所干扰；因为那里不再有行动的要求，而要求行动的后果必然会带来限制，甚至对最自由的精神也是如此……现实不能提供什么新东西；期望已经期望了一切事情。如果每一个不幸都已被前人概括为愚陋的外部世界不可避免的伴随物，甚至命运的波涛也可以通过遁入内心的城堡而逃脱，这样就没有对因某个特定时候的冲击而感到震惊的理由了。[17]

当拉尔失去冯·费肯斯泰因时，她被剥夺了免受震惊的能力——失恋摧毁了她在内在的自我前构筑的堡垒。但她渐渐放弃了内省的模式。汉娜·阿伦特写到她，就好像在对《影子》令人失望的结局作评论，在那里，生活中一件"不必要、没有结果的事情"的直接后果呈现出来，她"既不会屈服于疯狂，也不会屈服于死亡，而是不可逃逸地复活了她不允许自己要的东西，因为她不想忘却"。拉尔不想忘记，而是收割了"失望带来的辉煌收获"，继续向前，她接受了她的不愉快，变得坚强起来，也对世界更为开放，而准备"说出真相"。"她认识到她个人的经验可以无需粉饰而得以概括"。[18]

汉娜·阿伦特自童年起便是一个概括者。但这种概括是非世界性的、斯多葛式的、防止震惊的类型。她曾经让经验"沉积到她灵魂的底层"，在那里它们就不能伤害她："我们不可以对悲哀的事情想得太多"，她在七岁时就能够如此告诉她的妈妈。她，像拉尔，通过面对不能在她曾知道的两种模式——“麻木的哀痛”或“梦幻似的、着了魔的孤独”——内处理的经验，开始学会不带粉饰的概括。但学会讲真情，克服内省的主观性，并不是一件简单的事情。拉尔·瓦恩哈根曾经有一个向导——歌德，他教她“诗歌的概括力量”。拉尔需要诗歌的引导，因为在她失落后，她已经不能讲述她故事背后的故事。人们曾经为她的人格着迷，被她的天资聪慧所吸引，但“明显，拉尔并不要他们被她的魅力所倾倒：相反，她希望有个人问问她的境况如何”。[19]没有人问过拉尔·瓦恩哈根，她也没有说。“一切都将重复，因为尚不存在理解。”拉尔·瓦恩哈根学会在歌德的著作和人格的引导下讲述她的故事之前，确实重复了她不可能的爱情，确实再次陷入了不可能的爱情。

在《拉尔·瓦恩哈根》中，汉娜·阿伦特注意到拉尔认识到诗歌“把它所说的个人事件转化成了一般事件，因为它不仅运用语言作为特定内容的交流手段，还把语言还原到它最原来的内容上”。语言的功能是保存：“它所包含的意思是保持，使之保持得比生命短促的个人更为久远。”[20]但这一段是纯粹海德格尔式的；它概括了海德格尔赞赏诗歌和诗学的观点，汉娜·阿伦特从未抛弃这一观点。她没有立刻遇到一个歌德“给她提供能说的语言”；她继续说海德格尔的语言，在最终找到自己的语言时，她接着以这种语言写了那本书，也就是她的博士论文《论圣·奥古斯丁的“爱”的观念》。像拉尔·瓦恩哈根一样，在能够以自己的语言写作《拉尔·瓦恩哈根：一个犹太女性的生活》前，她也不得不重复她的经历，不得不又一次陷入爱情的深渊。

邻人间的爱

在马堡大学的那年，汉娜·阿伦特在与海德格尔的秘密爱恋中曾处于孤立而不免封闭的状态。但她确实交了新朋友，并继续和她的哥尼斯堡朋友们保持友谊关系。在海德格尔的讨论课上有另一个犹太学生，名叫汉斯·约纳斯，在他们共同度过的对海德格尔的演讲进行思考的时光中，一段友谊开始了，这段友谊持续到汉娜·阿伦特生命的最后时刻。

在慕尼黑——格莱巴赫、杜塞尔多夫附近上完中学后，汉斯·约纳斯就去了弗莱堡大学跟胡塞尔学习哲学。当约纳斯参加了胡塞尔的讲席后，阿伦特被安排到一个初学者的讨论班跟随胡塞尔的助手、编外讲师马丁·海德格尔。在1921年18岁那年，约纳斯断定是在海德格尔的讨论班而不是胡塞尔的讲座中，哲学还是活着的。在这些讨论课中，尽管他懂得很少，他也感觉到那里有种神秘的东西，一种深度，一种新的思想方式的门径。海德格尔激起了他的兴趣，海德格尔优秀的学生同样激起他的兴趣，例如卡尔·洛维特(Karl Löwith)，他以一种缓慢、不时中断的语调读了又长又深奥的学期论文——战争期间他的肺部曾受伤。他的语调使掌握他的意思十分困难。

但约纳斯在中学时代曾经学过希伯来语，他是一个犹太复国主义者，他希望把哲学研究和犹太研究结合起来，因为他希望最终去巴勒斯坦当一名老师。弗莱堡并不是实现这个理想的地方，因此他去了柏林，在那里他进了大学，同时也参加了1872年那里成立的犹太研究协会。约纳斯继续师从爱德沃德·斯布兰格(Eduard Spranger)和恩斯特·迈尔(Ernst Mayer)进行哲学研究，并从冯·威廉维茨(von Williamowitz)和魏尔纳·耶格(Werner Jaeger)那里接受古典学训练。

在斯布兰格的一次讨论课之后，约纳斯被另一个同学赞扬，并在街上被拦住以便谈话。他就是君特·斯特恩(Günther Stern)，一个年轻人，他天才的苗头给约纳斯深刻印象已经好多年了。他们曾一起在弗莱堡参加过胡塞尔的现象学课程，但约纳斯从来没能克服他的害羞去介绍自己。一旦斯特恩向他打招呼，友谊便开始了。两人变得十分亲密，在好几年后，斯特恩希望约纳斯——他曾经追求君特的妹妹艾娃——能加入他们的家庭。但事实是，友谊在另一个方向也扩展到婚姻，这就是六年后君特·斯特恩和约纳斯的朋友汉娜·阿伦特结婚了。

在柏林的日子之后，约纳斯回到弗莱堡上了一个学期的课，然后于1924年春天在马堡跟随海德格尔学习。秋天，他在海德格尔的讨论课上遇到了汉娜·阿伦特。两人有共同点，不仅因为他们都是犹太人，也因为他们对围绕在海德格尔身边的许多阿谀奉承的年轻人都缺乏兴趣。阿伦特与大多数同学疏远，只和约纳斯以及在马堡的哥尼斯堡同学交好，只和海德格尔一个人保持亲密。阿伦特遇到了君特·斯特恩，那时斯特恩已经完成了胡塞尔指导下写的博士论文，来参加 1925 年春的讨论会，以便有机会听海德格尔的课，但阿伦特那时没有刻意去拓展她的熟人圈子。

汉娜·阿伦特的冷漠和她与海德格尔的关系并没有使她和海德格尔的信徒变得亲近，尤其是许多女同学。一个年轻女生十分妒忌汉娜·阿伦特，因为她对海德格尔和恩斯特·格鲁马赫都有自己的想法，两位老师也都喜欢阿伦特那帮人。阿伦特也没有得到海德格尔妻子的优待，海德格尔的妻子憎恶海德格尔和为他着迷的女学生的关系，也不喜欢犹太学生，无论男女。当海德格尔把汉娜·阿伦特从其他人中单独提出来时，爱尔弗里德·海德格尔十分怀疑他们的关系。

阿伦特与正统的海德格尔家人保持距离，努力避免产生闲话，避免强化爱尔弗里德·海德格尔的敌意。她一个人住在大学附近的一个阁楼房间里，在那里接待海德格尔、约纳斯和她的哥尼斯堡朋友们。当她在海德格尔的监护下在学术上起步并发展时，汉娜·阿伦特学术上的过人之处对所有认识她的人来说都变得越来越明显。正如汉斯·约纳斯所言，在马堡，学术上的聪明人并不少见，但在汉娜·阿伦特那里，学生们发现了"一种强度，一种内在的方向，一种独特的品质，一种对本质的洞悉，一种对深度的探查，这使她身上有了一层魔力"。[21] 恩斯特·格鲁马赫尤其佩服她，感激她，因为阿伦特协助他的博士论文写作，助他赢得了古典文献学专业的博士学位。但她的朋友们还是为她的害羞甚至是孩子气而感到惊诧。当他们来访时，他们可以在一个晚上被招待以精彩的哲学讨论，也会看到汉娜·阿伦特把她的小室友——一只老鼠召唤出洞吃她提供的东西时的神奇景象。她告诉约纳斯，这只老鼠很孤独，和她一样。

在同班同学之外，马堡大学的学生并不会引起阿伦特的注意，除了受到侵犯时。反犹主义并不特别激烈，但马堡确实有一个规模不小的反叛运动，在兄弟会和民族社会主义青年团的成员中间，反犹言论也是屡见不鲜。年轻的右派分子有时通过海德格尔的妻子走进他的追随者中间。君特·斯特恩回忆 1925 年春天在托德诺堡（Todtnauberg）别墅中一个家庭聚会上遇到了爱尔弗里德·海德格尔时的情形。吃过晚饭、围着篝火唱歌之后，怀着很愉快的心情，爱尔弗里德·海德格尔问斯特恩——他给她留下了深刻印象——是否愿意加入马堡的民族社会主义青年团。当斯特恩说他是一个犹太人时，她断然走开了。汉娜·阿伦特小心避免这样的情形。

阿伦特保持着警惕，她欣赏她的犹太朋友们的保护性谨慎。汉斯·约纳斯记得她是如何感谢他的帮助的，那是一个晚上，他们在一个学生餐厅吃晚饭。一个穿制服的兄弟会成员来到他们的桌旁，他是被汉娜·阿伦特吸引过来的，他问约纳斯能否加入他们；约纳斯看着他朋友虚幻的眼神而拒绝了。但她也还能够自己处理和非犹太人的关系。当时她想参加鲁道夫·布尔特曼的《新约》讨论课，该课程需要一次和神学家的面试以便得到许可，她以坚定的语气告诉布尔特曼——事实上，她是如此坚定以致每次她和约纳斯回忆这个故事时，都要这么引用——“必须没有反犹言论。”布尔特曼，这位平和而具有绅士风度的人，向她保证不会在讨论课上出现反犹言论，“我们一起阻止这种情况出现”。

在她离开马堡去胡塞尔那里学习之后——与海德格尔保持距离——阿伦特就没有再回来。她无法跟海德格尔写博士论文；这种安排的个人困难除外，他们的联系如被发现，两人都要遭殃。因此，海德格尔推荐她去海德堡（Heidelberg），那里，他的朋友卡尔·雅斯贝尔斯取得了哲学教席。

汉娜·阿伦特跟随马丁·海德格尔开始她的大学学习时，正值海德格尔开始写他的大作《存在与时间》。她到达海德堡大学时，又正好赶上雅斯贝尔斯开始整理笔记和讲义，以起草他的哲学著作，三卷本的《哲学》。阿伦特时常唤起的幸运女神，两次对她都很友好：她不仅和那个时代两位伟大的德国哲学家——他们在两次世界大战之间在哲学上进入了思想的成熟期——学习；她还能够参与到形成两人最精彩著作的课堂和讨论中去。

在她的关于“生活的方式为何”的课程之后，汉娜·阿伦特在海德堡再次受到哲学可能的方式的挑战，受到另一个理性能“命令并弥漫于能力和禀赋”的不寻常的榜样的挑战。在雅斯贝尔斯那里，她遇到了一个人，他人格的高度可以和歌德相媲美。

当雅斯贝尔斯决定离开他业已成功的心理学和神经精神医学的生涯，而“上升到哲学合适的高度”[22]时，他已经快四十岁了。他的《哲学论文集》讲述了他对1919年的大作《世界视野中的心理学》的不满意；说明了他的决定，“等于是重新开始”；也谈到他花多年阅读“少量几部伟大的、原创性的哲学著作”，准备写他的《哲学》(1931年)。但雅斯贝尔斯探求、自我挑战态度的故事是一个生活故事。在年轻时，他曾经是一个实习医生，是海德堡心理卫生医院的研究助理。在精神病理学方面的大量研究和巨著《普通精神病理学》，对该世纪前十年心理学中争论的理论、方法和问题的系统考察与批判，已经为雅斯贝尔斯建立了声望。但他并不满意，他开始考虑一个更为广阔的问题领域：他在1913年到1922年间的讲座，范围广涉经验心理学——通过对历史人物例如尼采(Nietzsche)、斯特林堡(Strindberg)和凡高(Van Gogh)等人的案例研究，以及社会心理学、宗教心理学和道德心理学。《世界视野中的心理学》正是从这些讲座中的一部分脱胎而来。它将雅斯贝尔斯带到哲学那里，它成了“我未来思考的基础”，他回忆说。雅斯贝尔斯进入哲学领域，是以他开阔而深入的研究生涯做准备的；他的人生，正是汉娜·阿伦特所说的“有机成长”的典范。

当汉娜·阿伦特是他学生时，雅斯贝尔斯所开的课程，正如他所说的，是“思考问题的方式”。对他来说，讲课不是提出一个已经完成的教条，而是一种沟通的模式，“沟通”本身是雅斯贝尔斯所讨论的中心概念之一。在汉娜·阿伦特参加的讨论课上，雅斯贝尔斯提出了“哲学本质的问题，以及哲学移动的维度的问题”。特定的思想家例如谢林(Schelling)，也被研究，但讨论课关注的是思维的方式，是思考过程的类型。雅斯贝尔斯慢慢地构建着一种类型学，哲学在里面移动，它不是建立在特定哲学教义的内容之上，而是建立在思维过程之上，各种教义也以此为基础。

在雅斯贝尔斯早期的著作中，埃得蒙德·胡塞尔的方法——“描述心理学”、威廉·狄尔泰(Wilhelm Dilthey)的方法——“理解心理学”居于中心地位。但当雅斯贝尔斯转向哲学时，他从与社会学家马克斯·韦伯(Max Weber)的对话中学来的方法成了他思想方法的支柱。韦伯建立理想类型或模型，来揭示某种人类行为、文化现象或社会单元的特征。雅斯贝尔斯在他的《世界视野的心理学》中广泛使用这一方法，区分了“世界观”的基本类型和每一类型的人类行为的后果。但他不满意于对世界观的类型学划分，因为它们不能说明什么使人们采取某一特定的世界观，什么促使人们去思考，去行为，去选择。雅斯贝尔斯所要探讨的问题，是一个人必须“在他的现实中予以回答，而不是在任何思想观点中去回答”。韦伯的方法继续给他提供框架；他用它来区分哲学的维度、哲学思维过程的类型，但他在世界观或教义体系内容上的兴趣降低了。他的新方向曾以许多不同的方式来概括，但这句话最为经典：“当它在一个给定的时刻遍及一个人的生命时，哲思就是实实在在的。”对汉娜·阿伦特来说，此种具体的方法就是启示；雅斯贝尔斯以哲思为伴就是她的榜样：“可以说，我意识到了他在实践中的理性”，她回忆说。[23]

雅斯贝尔斯对个人如何思考和行动的关注，最后形成了他的《哲学》中“维度”三个部分的框架，该书分三卷。一卷关注于哲学思考如何与世界和世界中的客体相联系，一卷是它如何与人的境况，人的“存在的境况”相联系，一卷是哲学思考如何寻求对世界和人的超越。“哲学的世界方向”“存在的阐明”和“形而上学”是类型，但不是简单的或固定的类型；它们更像克尔凯郭尔所说的“生活之道的阶段”。

雅斯贝尔斯表达了他的“存在哲学”，他关于人如何实现——或者未能实现——人类可能性的讨论，那时马克斯·韦伯已经去世。但他的良师益友却跃然于《哲学》的每一页上，不只是学术影响，还包括人格榜样。雅斯贝尔斯回忆说：“马克斯·韦伯 1920 年去世时，我似乎感到世界已经变了。曾经使我的思想得到依托、激励我思考的伟人，不再和我们在一起了。韦伯的作品是一个权威，它从来不向你鼓吹或卸除责任，而是激励他所获得认可的严格与清晰的人类思想。现在，它似乎已经消失了，这个无法言说的、最值得信赖的理性讨论的指南，这样一个权威，它的深度将带来对现在情况的洞悉以及对行动、意识和事件的判断。”在1969年卡尔·雅斯贝尔斯去世时，汉娜·阿伦特也是如此感受的，她不得不在失去他的情况下写自己的哲学——《心灵生活》。但从她成为他学生的那天起，直到雅斯贝尔斯去世前不久他们讨论《心灵生活》的计划时，她曾经拥有“理性讨论最值得信赖的指南”。

马克斯·韦伯是卡尔·雅斯贝尔斯无可取代的朋友和向导。但在韦伯去世那年，他遇到了马丁·海德格尔，雅斯贝尔斯预期海德格尔在学术上能够激励他，正如韦伯那样。他们在埃得蒙德·胡塞尔1920年的生日上认识，雅斯贝尔斯很快注意到海德格尔在聚会者中卓尔不群，而聚会则有“某种小资情调，某种狭隘的思想弥散在空气中”[24]。当海德格尔访问海德堡时，他们的友谊开始了，随后海德格尔给《世界视野中的心理学》写了书评，其中，他认为雅斯贝尔斯的著作是哲学的新开端，同时也批评它前进得还不够远。不仅限于他的书评，海德格尔关于雅斯贝尔斯著作的谈话也促使雅斯贝尔斯决定“上升到哲学适宜的高度”。在1920年代早期，两人书信往来，也会面交谈，在1926年后又共同承担起培养汉娜·阿伦特的责任。但阿伦特一起认识他们只是在1927年《存在与时间》出版、他们的友谊开始出现问题之后。雅斯贝尔斯发现该书在语气和风格上都很陌生：“通过我们的著作，我们隐藏着的疏远逐渐出现。”到1933年，这种疏远才呈现出无法克服的形式；当海德格尔为民族社会主义的宣传所迷惑以及反犹态度变得明显时，两位哲学家终于分道扬镳。

对雅斯贝尔斯来说，和海德格尔早期的友谊以及他班上的学生例如汉娜·阿伦特的出现是十分重要的。当他阅读大哲学家的作品，构思他的《哲学》——没有发表——他和海德堡占主导地位的新康德主义者——海德格尔以前的老师海因里希·李凯尔特发生了冲突。李凯尔特试图让他的同事们相信雅斯贝尔斯不准备写书，因为他在1919年的著作中已经用尽了他的思想和禀赋；李凯尔特称，雅斯贝尔斯的大学教职是他无能的伪装。

当1931年《哲学》最终问世时，李凯尔特没话说了。但在该书准备期间，雅斯贝尔斯很感激他从海德格尔和他的学生，尤其是他的妻子格尔特鲁德和格尔特鲁德的弟弟恩斯特·迈尔等人那里获得的学术上的支持，他们是他学术上最亲密的合作者。

迈尔一家来自普兰兹洛(Prenzlau)一个虔诚的、正统犹太商人家庭，如汉娜·阿伦特和一个朋友所说的，他们受遗传性精神疾病的困扰。[25]一个姐姐已经住进精神病院，她有“阵发性、迷惑性精神疾病”，几年以后，另一个姐妹也死于白喉。格尔特鲁德·迈尔·雅斯贝尔斯自己也十分苦恼，那时她最亲密的朋友在20岁时死了，随后她的第一任男朋友——诗人瓦尔特·卡勒(Walter Cale)也自杀了。雅斯贝尔斯回忆说，这些是“命运的波涛，格尔特鲁德无法把它与生命无可质疑的延续性统一起来”。尽管如此，她有勇气和卡尔·雅斯贝尔斯结婚，那时他还是一个精神病诊所不出名的副手，并生着一种疾病——支气管炎，其预后十分不好——他被告知只能再活几年。“那确实是个问题，”当阿伦特讲述这个故事时她如此说。

格尔特鲁德和恩斯特·迈尔都深深地卷入了雅斯贝尔斯《哲学》的完成工作。他们一起交谈，恩斯特阅读了该书的每一稿，提出若干建议，他们讨论如何修改。雅斯贝尔斯也乐于和海德堡的教授们交往，他们周日晚上在马克斯·韦伯的遗孀玛丽安娜·韦伯(Marianne Weber)的家里聚会。韦伯去世后，他的妻子继续了韦伯所开创的传统——启蒙时期的那种沙龙生活的传统。韦伯的弟弟，社会学家阿尔弗雷德·韦伯(Alfred Weber)，和他的同事艾米尔·莱德勒(Emil Lederer)，考古学家路德维希·柯提乌斯(Ludwig Curtius)，精神病学家维克托·冯·魏扎克(Wiktor von Weizacker)，印度学家海因里希·齐默尔(Heinrich Zimmer)，德语专家弗里德里希·贡多尔夫(Friedrich Gundolf)，神学家马丁·迪贝里乌斯(Martin Dibelius)和其他学者常参加这些聚会。卡尔·雅斯贝尔斯将这些人的课程都推荐给汉娜·阿伦特去听。马丁·迪贝里乌斯的《新约》讲座和他对希腊文与拉丁文了不起的学问，对汉娜·阿伦特尤其重要，那时她已开始写关于“圣·奥古斯丁的‘爱’的观念”的博士论文。

雅斯贝尔斯得到了他的家庭和朋友们的支持,他的学术朋友圈也给汉娜·阿伦特提供了一种在马堡大学"对一个人的无限痴迷"的年月所未曾知道的学术共同体的感觉。她的同龄人朋友,这些年轻人来到海德堡大学,他们被开放自由的海德堡精神所吸引,全德国都知道这里对创新和试验很宽容。她的朋友汉斯·约纳斯来到海德堡写他的第一本书——《奥古斯丁和保罗的自由问题》。汉娜·阿伦特遇到了三个在哲学和心理学方面受训练的朋友:卡尔·弗兰肯斯泰因(Karl Frankenstein),他后来成了希伯来大学的心理学教授;艾里希·纽曼(Erich Neumann),他后来成了一个荣格式心理分析专家,写了大量的著作,最为著名的可能是《潜意识的发现》;还有欧文·利奥文森(Erwin Loewenson),他后来是一个散文家、表现派作家。这三位朋友都被汉娜·阿伦特所吸引,但只有利奥文森——他比朋友们大了几乎 20 岁——在追求她的过程中获得了成功。

1927 年,阿伦特和利奥文森有一段简短的恋爱经历,随后则是友谊,这种友谊一直持续到 1963 年利奥文森去世时。他们在 1927 年到 1928 年期间相互写的信——那时利奥文森在柏林,汉娜·阿伦特在海德堡,就像战后他们写的信一样——那时利奥文森在巴勒斯坦,阿伦特在纽约,都是在学术研究上鼓励和支持的信。[26]在早期的信中,汉娜·阿伦特讨论他的论文主题,会收到对方提出的问题、建议阅读书目和引文;他们谈论两人都认为最为重要的友谊的因素——忠诚。利奥文森的独立,某种程度上古怪的才华和不凡的文学能力——甚至他的书信也是用复杂而有趣的诗歌风格写成——它们让汉娜·阿伦特很兴奋,她对德国诗歌的爱好曾经在海德格尔出现时达到高峰。利奥文森被阿伦特的魅力深深吸引,阿伦特对他的感觉则不那么强烈。当他们相遇时,利奥文森是以柏林为根据地的表现主义作家中让人感动的力量之一,但他的能力和天资不是理性得以穿过的那种。他贪婪地写下一页页草稿,但很少写完,不断被情绪的不稳定所打断。对汉娜·阿伦特的激励和关系而言,在她于马堡经历了一年的感情风暴后,情绪的不稳定是她所忌讳的。

当她在 1927 年遇到班诺·格奥尔格·利奥普尔德·冯·维泽(Benno

Georg Leopold von Wiese）和凯泽沃德（Kaiserwaldau）时，无论怎么说，汉娜·阿伦特所进入的环境都是不同的。冯·维泽，只比阿伦特大三岁，刚刚完成了他第一次关于弗里德里希·施勒格尔的研究，并和斯布林格在一起将之出版，均属卡尔·雅斯贝尔斯主编的丛书。他的成功近在咫尺。和他聪明年轻的朋友们，像未来的浪漫主义者胡戈·弗里德里希（Hugo Friedrich），冯·维泽曾受到弗里德里希·贡多尔夫（Friedrich Gundolf）的文学史专业训练——贡多尔夫后来成了德国最著名、最有声威的文学教师。

作为一个批评家和诗人，弗里德里希·贡多尔夫曾经是诗人斯特凡·乔治（Stefan George）周围有巨大影响的圈子中一位杰出的成员。贡多尔夫在书中和许多文章中赞美歌德；他也写了一部充满激情的居鲁士大帝的传记，对莎士比亚也有研究和翻译，写过一本关于莎士比亚在德国的传播情况的书。像乔治圈子中的其他成员一样，他对英雄、贵族和古代"圣人"的典范——他们让魏玛共和国的文化野蛮主义感到无地自容——有着无比的崇敬。有一些人通过导致共和国覆灭的事件来反思魏玛，他们经常批评贡多尔夫为"共和国的掘墓人"，[27]但在他有生之年，即使他的精英主义和更为民主的精神有抵触，他依然是一个十分突出的学术人物。1931 年贡多尔夫去世后不久，卡尔·雅斯贝尔斯在一次讨论会上赞美了他的朋友，他说他曾经和贡多尔夫以生动和理性的方式进行过论辩，但还是和他关系密切："当我确实赞同他时，我不能和他说'不赞同'。"[28]雅斯贝尔斯感到，这也是大多数贡多尔夫崇拜者所同意的，贡多尔夫最好的著作，尤其是他的最后一本书《莎士比亚》，是在斯特凡·乔治已经批判他、他已经离开那个圈子——雅斯贝尔斯感到"他们拥有的那种精神类型是无人能从那里获得营养"——后写成的。在他生命走向尾声时，汉娜·阿伦特参加了他的课程，贡多尔夫已不是衰老的、好色的乔治圈子中的人，而是一个优雅、严肃、具有海德堡精神的人。

在班诺·冯·维泽以及他的朋友们的学友圈中，通过参加贡多尔夫的讲座，汉娜·阿伦特和德国浪漫主义的联系以及对犹太人沙龙的兴趣变得越来越浓厚。德国浪漫派人士曾在 18 世纪之交以沙龙的方式聚会。当阿伦特完成博士论文后，她考虑进行关于德国浪漫主义的深入研究，这个计划推动她进行大量的阅读，最终使她对拉尔·瓦恩哈根的柏林沙龙有了独特的兴趣。这个兴趣不是学术性的。正如她的侄子恩斯特·福尔斯特及其妻子所回忆的，在她受过高级教育、有着贵族风格的基督教朋友中间，阿伦特成了犹太人拉尔·瓦恩哈根的现代翻版。和高高瘦瘦的、头发金黄、当了教授的冯·维泽在一起，她气质动人、与众不同——吸着她的金属管的烟斗——正如拉尔·瓦恩哈根曾经和她的第二个情人堂·拉菲尔·德奎约(Don Raphael d'Uquijo)在一起时一样。

不像马堡那样，海德堡自世纪伊始便有沙龙的传统，它的中心是韦伯家。像拉尔·瓦恩哈根时代的柏林沙龙一样，韦伯沙龙也包括了许多杰出的女性，其中一些是犹太人。格尔特鲁德·雅斯贝尔斯是如此热心地投身于她的丈夫的事业并与之努力，以至于她在海德堡小有名气。[29]格尔特鲁德·齐美尔(Gertrud Simmel)也支持她的丈夫——社会学家格奥尔格·齐美尔(Georg Simmel)，一起度过了传统大学对社会学有敌意而不接受他的困难岁月，并在1918年齐美尔去世后继续呆在那里。玛丽安娜·韦伯和艾尔斯·雅菲(她和韦伯的学生埃德加·雅菲(Edgar Jaffe)结了婚，生了艾尔斯·冯·里克托芬)，他们都是对海德堡学术生活和政治意识有重要贡献的人。在韦伯去世后她重建沙龙时，男男女女，犹太人、非犹太人(贡多尔夫是犹太人)来到玛丽安娜·韦伯的家中。

班诺·冯·维泽习惯于大学社交圈。他来自大学贵族的家庭，继承了父亲利奥普尔德——一位著名的社会哲学家——的贵族特性。他很受包括雅斯贝尔斯在内的主要学者的尊敬，雅斯贝尔斯曾希望他和阿伦特能够成对并长期发展下去。但在大概两年后，他们各走各的路了，冯·维泽决定和一个更专注于家庭生活和世俗之爱的人结婚，而非那么幼稚，几乎是超凡脱俗的，"圣·奥古斯丁的'爱'的观念"的海德格尔式的作者。冯·维泽后来和伊尔斯·加维尔(Ilse von Gavel)结了婚。阿伦特则移居柏林，在那里她又继续和君特·斯特恩保持着联系。[30]

和汉娜·阿伦特在海德堡时期有恋爱关系的两个人尽管属于不同的

世代，不同的社会和宗教环境，他们也有共同点，这就是他们都爱好德国文化和文学，都崇尚审美主义。但海德格尔仍然是她深深相恋的德国文化的代表人物。一直到她在海德堡完成博士论文于1929年移居柏林，无论海德格尔何时写信给她，建议和她见面，阿伦特都会丢开工作、朋友和顾虑去见面。到30年代早期，海德格尔对民族社会主义的痴迷成了他们之间的障碍。海德格尔似乎无法认识到，纳粹的民族主义是对德国文化中一切值得尊敬的东西的歪曲。他是如此害怕现代化，醉心于过去的、前工业时期的价值——正如阿伦特后来所言，他是“最后一个德国浪漫主义者”[31]——以至于他能在纳粹对原始德国性的招魂那里发现一种相协调的趋势。德国语言——1935年海德格尔称它“当然是语言中最有力量、最有灵魂的语言”——居于他非世界的、政治上幼稚的文化保守主义的中心位置。[32]因为她能理解海德格尔对纳粹的效忠，甚至后来看到他们的滑稽可笑，阿伦特还是对他保持忠诚，甚至在海德格尔加入纳粹党、她不得不和海德格尔断绝关系时也是如此。大约有17年的时间，她没有和海德格尔联系。但战后再次遇到他时，她能够原谅海德格尔，很大程度上是因为他的诗。谈到他们战后在弗莱堡重逢时的情况，她和朋友描述说，允许她忠诚于他而忽略其愚蠢的纽带之本质是：“我在弗莱堡有公事，在我的旅馆里见了海德格尔。和以往一样，我从他那里得到德国语言，特别地美丽。确实是诗。人只能做他能做的。”[33]

希特勒在德国上台后，汉娜·阿伦特和卡尔·雅斯贝尔斯遇到了纳粹主义直接导致的问题。关于雅斯贝尔斯的德国民族主义意味着什么，他们有许多激烈的讨论。

雅斯贝尔斯曾从马克斯·韦伯——他认为韦伯是“最后一个真正的德国民族主义者”——那里学到了一种民族主义，他感到它可以自由于“为了某人自己帝国的权力意志”，因为它关注的是“通过权力所延续的一个道德、精神的存在”的实现，其中“权力也不会失其本义”。[34]雅斯贝尔斯并不赞同韦伯的“普鲁士式伟大的感觉”或他的“战士精神”，然后，在韦伯去世后，他渐渐认识到，政治民族主义和政治中的军事意识对德国来说极其危险。雅斯贝尔斯的德国主义总是“语言、家园和背景的问题”，他所感到的是从一个很早的年代延续下来的“伟大的知识传统”。汉娜·阿伦特欣赏雅斯贝尔斯的观点，但她毫不犹豫地指出，他未能看到出于对公民的政治成熟予以幼稚信任的民族社会主义的危险。

雅斯贝尔斯受到了汉娜·阿伦特的挑战，阿伦特拒绝接受他以韦伯式的语言所说的“德国人的本质”。[35]她从自己的学习中提出批评意见，她曾受学于一个对德国文化的知识和爱都相当了不起的人，但他不是民族主义者。此人就是科特·布鲁门菲尔德，他是汉娜·阿伦特在海德堡时期除海德格尔和雅斯贝尔斯之外受到她高度评价的又一个人。两位德国哲学家唤醒、培养了汉娜·阿伦特早熟的哲学能力，激发她接着从事他们所从事的哲学事业。然而，是科特·布鲁门菲尔德唤醒、培养了她的犹太身份感，并引导她继承了犹太复国主义者所具有的犹太意识。

科特·布鲁门菲尔德出生于1884年，比雅斯贝尔斯小一岁，比海德格尔大五岁。他的家庭，如他在传记中所说的，是一个有德国文化的犹太人家庭。他父亲曾经是东普鲁士的一个法官，他的母亲，像汉娜·阿伦特的母亲一样，也是一个颇有天分的业余音乐家。布鲁门菲尔德最初追随父亲的职业，但他在哥尼斯堡的中学学习时，对犹太复国主义的兴趣开始支配他在法理学上的兴趣。他帮助建立了一个犹太复国学生俱乐部，开始实践他的游说天分，劝说反对犹太复国主义的哥尼斯堡犹太人社会议事会成员。汉娜·阿伦特的祖父马克斯·阿伦特是老一代同化了的犹太人的一员，他对布鲁门菲尔德的观点以流行的民族主义名言回应：“当我的德国人身份受到攻击时，我就准备决斗。”马克斯·阿伦特放弃了对他的敌意，但他从来不同情犹太复国主义。布鲁门菲尔德在汉娜·阿伦特那里取得了更大的成功。

1909年，布鲁门菲尔德放弃了法律学习，成了德国犹太复国组织的执行秘书和首席发言人。他周游整个德国，发表演说，他的活跃和能力颇为著名。到阿伦特的朋友汉斯·约纳斯邀请科特·布鲁门菲尔德参加海德堡的犹太复国主义学生俱乐部的会议时，他是德国最有影响的犹太复国主义倡导者。但汉娜·阿伦特成为布鲁门菲尔德那个晚上演讲的一个听众，是碍于汉斯·约纳斯面子的结果，而不是出于对犹太复国主义的兴趣。

约纳斯曾给布鲁门菲尔德发了一个书面邀请，然后又打电话到柏林为此事作初步安排。约纳斯总是在电话里没有话说，他的紧张随着长距离以及对电话那端的人的佩服而增加；他说话断断续续，布鲁门菲尔德被迫要求其他人打电话以做最后的安排。约纳斯叫他的朋友汉娜·阿伦特担当此任，她作为俱乐部主持人一起去了讲座。

讲座没有使阿伦特成为犹太复国主义者，但它使阿伦特走向了科特·布鲁门菲尔德。在谈话后，她和约纳斯带布鲁门菲尔德去吃晚饭，她调皮、如同女儿一般，他们吃饭、畅饮，然后散步穿过海德堡的街道到美丽的沿山对城的"哲学家之路"。布鲁门菲尔德和汉娜·阿伦特手挽手，唱着歌，背着诗，谈笑风生——而约纳斯则紧跟在后面。

汉娜·阿伦特敬佩并且一直敬佩布鲁门菲尔德举重若轻的博学、他的精力和没有感情的讽刺幽默。离开海德堡后，他成了阿伦特"政治上的顾问"，但他一直都是阿伦特喜欢的可以在一起玩的人，他喜欢反复引用诗人海因里希·海涅——他和布鲁门菲尔德的精神是一致的——的句子。度过了他们被分开的流离失所的岁月，汉娜·阿伦特把和布鲁门菲尔德在一起的快乐记忆看作宝贵财富。"你还记得吗?"在柏林分别后的 20 年后她问："1933 年，我们是如何相互用麦朴(Mampe)的诗句来说再见，背诵着希腊的短诗呢！"[36]

布鲁门菲尔德一生大部分时间所探讨的"犹太人问题"，在 20 世纪第一个十年里曾受到中欧知识界的争论。1912 年，一篇题为《德国犹太人的帕那瑟斯》的文章出现在一个被广泛阅读的期刊《艺术家》上。激烈而长篇的讨论由这个短文引发，在该文中，作者莫里兹·格尔德斯泰因(Moritz Goldstein)坦率地陈述了德国犹太知识分子的两难困境，该困境促使了犹太人问题的提出。[37]在一个非犹太社会，犹太知识分子有不令人舒服的任务，这个任务就是保存一个认识不到自身权利和能力的民族的知识财富。而且，犹太人，和其同伴在一起的犹太人，正试图做不可能的事情：不承认他们的犹太人特性而保存犹太人。格尔德斯泰因指出，甚至那些拒绝这种尝试的犹太人也面临着另一个困境：作为对承认他的犹太人特性和德国反犹主义的回报，一个犹太人却没有犹太语言和文化；他还是说着德语，生活在德国文化氛围中，还不得不面对与那些希望他们的犹太人特性消失的犹太人的孤立。

对布鲁门菲尔德来说，犹太复国主义是这个问题的唯一答案，但犹太复国主义对他来说也是有问题的。他坚持说犹太复国主义是一个展示的问题，而不是一个体系化教义，他公开承认自己的觉醒。[38]当他年轻时，家里的基督教仆人曾告诉他每周和牧师忏悔对一大堆"决定"的罪过。这个震惊，和他在与一个德国朋友一起对非犹太人有屈尊行为时感到的耻辱，一并促成布鲁门菲尔德发现了他所说的"客观犹太人问题"。无论他们的宗教、文化和政治意识如何，犹太人总是被非犹太人首先而且主要地作为犹太人来看。他说，每个犹太人的目标，应该是直面这个事实，"擦亮眼睛，面对非犹太德国人的无耻"。

当汉娜·阿伦特后来说到并写下犹太人需要拒绝自认为低人一等的文字时，她脑海中有母亲的态度，言辞中也有布鲁门菲尔德激进犹太复国主义的呼声。"犹太复国主义"，她在《极权主义的起源》中说："在第一次世界大战以后的第一个十年里，甚至在之前的十年里，就形成了势力，不是关于政治的观点（它也没有产生政治意识），它是对心理反应和社会学事实的批判性分析。其影响主要是教育性的，远远超过了数目不大的犹太复国主义运动实际成员的范围。"[39]

布鲁门菲尔德承认他的犹太复国主义类型是有问题的，他称之为后同化问题。这意指两件事。首先，它是这样一种犹太人的复国主义，他们不像东部犹太人那样，而是在他们的历史上已经解放和被同化，这样，在既存的宗教或社会团体中，他们就没有反对反犹主义的基础。第二，这些犹太人已经失去与犹太文化的联系，他们想保持和他们生于其中的民族文化的联系。布鲁门菲尔德要把犹太复国主义变成真正的民族运动。他指出，移民到巴勒斯坦应当是每个犹太复国主义者的人生计划，但对他来说，这意味着不得不建立一个犹太共同体，因为还不存在移居锡安山的共同体。他持续地提出质疑，如何建立一个容忍其成员的非犹太文化背景的共同体，在这个共同体中，正如汉娜·阿伦特在论及她后来选择生活的地方——美国时所言，“同化不是公民资格的代价”。[40]

布鲁门菲尔德对同化的批评是为了提醒犹太人在非犹太社会中生活的压力，也警告在一个未来的犹太社会里，如何防止犹太人中间出现不宽容。他想从犹太生活中消除不平等。为了这个目标，他感到其中有必要的一步就是要对“博爱的犹太复国主义”进行严厉的批判。他感到，将慈爱扩展到东部犹太人、受迫害的犹太人、反犹主义的受害者，并不是形成民族意识之道。博爱只是把已经成功的作为“局外人”的犹太人和不能或不愿意摆脱他们的“局外人”处境的犹太人之间的差别暂时封存。

汉娜·阿伦特毫无困难地接受了布鲁门菲尔德关于犹太人对反犹主义的心理学和社会学层面的分析，她特别受惊于布鲁门菲尔德所感受到的危险——如果同化论者的态度得不到克服，德国犹太人所遭遇到的偏见的模式和类型可能在犹太人等级内部重演。但移民到巴勒斯坦从来不是她生活计划的一部分。在1933年前她质疑犹太人问题可能是——如果没有被回答——如何不移民而和这个问题共处。她的拉尔·瓦恩哈根传记是质疑的方式之一；但在她开始之前，她以十分不同的方式提出了问题。她考虑的是圣·奥古斯丁的“邻人间的爱”的观念以及他对社会生活的思考。

汉娜·阿伦特的博士论文是关于圣·奥古斯丁的著作中“爱”的概念的——或者说，是“爱”的诸概念。[41]论文三个部分的每一部分都关注于一种爱的概念：贪爱，作为人与造物主上帝之间的关系的爱，和邻人间的爱。但邻人间的爱的概念是被作为最基本的一个提出来的，它是前两个概念所导向的目标。论文的结构是辩证的：“像爱自己那样爱你的邻人”，是连接并超越其他两个爱的概念的命令。

阿伦特的方法，用她自己的话来说是“系统性的”，但那并不意味着她试图用一个奥古斯丁不知道的连续性来套他，把看似不同类甚至矛盾的话协调起来。她的方法似乎是对雅斯贝尔斯在系统与系统化之间所作的区别的反思:一个人可以无须产生一个体系在哲学上就是系统性的;不存在一个最终的整全秩序以统摄所有的言论和思想轨迹而不留任一散漫目标,一个人也能够发现秩序。当雅斯贝尔斯在1950年代写他对圣・奥古斯丁的研究时,他强调奥古斯丁思想中大的张力。“在奥古斯丁的思想中找到张力,没有什么比这更容易了。我们把它当作他的伟大的特点。没有一种哲学能摆脱矛盾——也没有一个思想家能以矛盾为目标。”[42]雅斯贝尔斯甚至宣称奥古斯丁思想中的矛盾对其丰富性来说具有本质意义:“正是因为,用教会思想的方法来进行,他把许多矛盾最大限度地糅合在一起——甚至和理性相反——他能够在教会的权威内部,不构建一个体系而能如此不寻常地满足其需要。”雅斯贝尔斯的系统与系统化之间的区别在汉娜・阿伦特的博士论文中得到了反思,她对这个区分的应用可能在雅斯贝尔斯后来的研究中被反思。在学生的论文和老师的书之间,对其中方法的学术反对意见30年来几乎未变:阿伦特和雅斯贝尔斯遇到了评论者相同的刁难:他们所勾画的是思想家奥古斯丁,而不是教父奥古斯丁。

阿伦特十分清楚她在做什么,因为她坚持认为奥古斯丁“不是一个神学家”,她告诉雅斯贝尔斯这一直是她的观点,甚至在她是鲁道夫・布尔特曼的学生,听过基督教神学家关于奥古斯丁基督教信仰和它与现代世界的相关性的最新争论时也是如此认为。[43]阿伦特的论文被当时一些主要的期刊——《犹太哲学》、《康德研究》、《箴言》、《德国文学评论》——予以评论,但都不是赞扬的。评论者们认为,她两次出错:一次是忽视了奥古斯丁是个神学家,另一次是忽略了那些将奥古斯丁援为己用的当代神学家。如果雅斯贝尔斯和海德格尔的哲学已经广为人知,海德堡和神学界对一个二十三岁的犹太女生研究基督教会大人物的博士论文的反响可能会是另一个样子,因为阿伦特的论文不是神学研究,而是存在主义哲学著作。但阿伦特由此开始了她的出书生涯,四十多年后才结束——这是作为学者的一次低声发言。[44]

阿伦特把不同的、常常是矛盾的概念语境结合在一起的方法,她的系统化的方法，属于雅斯贝尔斯的模式。奥古斯丁的三种爱的类型也和雅斯贝尔斯所提出的哲学化的三个维度的关键存在概念一起予以考察。阿伦特在奥古斯丁那里发现了一种世界导向的爱（贪爱），一种存在主义的爱（邻人间的爱）和一种超越性的爱（对造物主的爱）。她使用了雅斯贝尔斯和三个维度相联系的概念：欲望、限制、知识；交流、自我实现和思考；起源、得救和虔诚。但阿伦特把雅斯贝尔斯的方向糅合进来的方法以及她表达自己思想的语言，均更多地归功于海德格尔。

阿伦特从海德格尔那里学来的东西并非一目了然，也没有和他著作中对"爱"的概念的任何阐释相联系。"爱"在《存在与时间》中仅被提到一次，还是在一个注释里。甚至汉娜·阿伦特总是将之和爱联系在一起的概念，例如忠诚，在海德格尔那里也是以单数而不是复数的术语出现。他写道："决心构成了对存在本身的忠诚。"[45]然而，尽管没有海德格尔对爱所进行的哲学探讨影响她，阿伦特可能恰好受到海德格尔对这个问题缺乏关注的影响。雅斯贝尔斯曾记录了阿伦特认识到的一点。他以极为私人的语气说，海德格尔的哲学"缺少爱，因此是以一种不可爱的风格写出来的"。[46]在多年后的批评中，阿伦特指出海德格尔早期著作中有一个严重的弱点："这个'自我'最本质的特征是绝对的自我中心主义，它与所有其他同伴完全分离。"[47] 20年前，1927年，在阿伦特的人生中这可能曾经困扰着她。

阿伦特在最深刻的层面受海德格尔思想的影响，这里，海德格尔提出了关于存在与暂时性之间的关系以及人的暂时存在的基本问题。她论文的三个部分把爱当作暂时存在的现象来写。作为贪爱（appetitus）的爱是期望性的、未来导向的；作为与造物主上帝相联系的爱指向终极的过去、创世；邻人间的爱，现时的爱，包括了短暂存在的其他模式和他们所预设的人的能力——希望和记忆。这三种暂时性的模式，过去或"不再"，未来或"尚未"，以及现在，在一定意义上，不是在所有的意义上，它们在阿伦特的论文中是基础性的，正如它们之于《存在与时间》（1927）一样。反过来，《存在与时间》的"时间"，也得益于奥古斯丁的《忏悔录》，正如"存在"大大得益于希腊本体论一样。对这种联系有着非凡的清楚认识，阿伦特所做的远不止于把海德格尔的推进追溯到核心概念的源头；她开始表现出批判的姿态。48

海德格尔著作的重点部分针对死亡的未来经验，阿伦特的著作，尽管建立在海德格尔的时间图景之上，则同等地关心生，她后来称之为“创生性”。她开始意识到，我们基本上是受我们出生的境况所型塑的，是受我们的邻人，我们出生并属于其一部分的群体型塑。写博士论文时，她从生活、阅读中所学习到的是：与生俱来，她就是一个犹太人。

注释

1. Fritz K.Ringer, *The German Inflation of 1923* (Oxford: Oxford University Press, 1962), pp.104ff.

2. Karl Jaspers, "Philosophical Memoir," in P.A.Schlipp, ed., *The Philosophy of Karl Jaspers* (La Salle, Ill: Open Court, 1957), p.50.

3. Hannah Arendt, "Martin Heidegger at Eighty," *New York Review of Books*, 21 October 1971, p.51.

4. Jaspers, "Philosophical Memoir," p.33.

5. 魏玛共和国时期德国大学主要的学术趋势的描述见 Fritz. K.Ringer, *The Decline of the German Mandarins* (Cambrige: Harvard University Press, 1969).

6. Hannah Arendt, "What is Existenz Philosophy?" Partisan Review 13 (Winter 1946): 34.

7. Arendt to Fr. Pierre Riches, 21 August 1974, Library of Congress.

8. Arendt, "Matin Heidegger at Eighty," p.51.

9. 引自 Walter Biemel, Martin Heidegger, An Illustrated Study, 由 J.L.Mchta 翻译(New York: Harcourt Brace Jovanovich, 1976), p.15.海德格尔的自传体文章 My way to Phenomenology 被翻译收在 Joan Stambaugh 编辑的 *On Time and Being* (New York: Harper & Row, 1972)

10. 阿伦特和海德格尔的通信存于 Marbach 的德语文献库中，阿伦特生前授意在其去世后将这些通信送到此处。海德格尔对阿伦特亏欠的忏悔见于阿伦特在 1950 年 2 月 8 日给布吕赫的信：“似乎他生活的激情已经没有了”，国会图书馆。关于 1949 年阿伦特和海德格尔的关系恢复的描述，见于第六章。

11. Hannah Arendt, Rahel Varnhagen: The life of a Jewish Woman, rev. Ed. (New York: Harcourt Brace Jovanovich, 1974), p.21.

12.《影子》收在国会图书馆的阿伦特手稿中。从中的引用将不单独进行注释。翻译是由作者完成的,但是十分感谢安妮玛丽·阿诺尔德(Annemarie Arnold)的帮助。

13. 阿伦特致布吕赫的信,1936 年 7 月 7 日,国会图书馆。阿伦特向包括洛特·科勒博士(Dr.Lotte Kohler)在内的朋友重复了这一叙述,洛特·科勒博士帮助出版了《拉尔·瓦恩哈根》一书。

14. Arendt, *Origins*, p.59.

15. Arendt, *Varnhagen*, p.53.

16. Ibid., p.21.

17. Ibid., p.10.

18. Ibid., p.114.

19. Ibid., p.80.

20. Ibid., p.114.

21. Hans Jonas, "Hannah Arendt: 1906—1975," *Social Research*, Winter 1976, pp.3—5.

22. 这一说法与下文不再单独注释的自传性评论来自雅斯贝尔斯的《哲学的记忆》(Philosophical Memoir)。

23. 高斯的采访。

24. 这一说法与下文关于海德格尔的评论来自雅斯贝尔斯的《哲学的记忆》,但所引自的那章内容并不见于第一版之中。这一章包含在《哲学的记忆》重印版中,参见 Philosophische Autobiographe(Munich: Piper Verbag, 1977), pp.92—111。英文翻译参见 Graduate Faculty Philosophy Journal, Spring 1978, pp.107—128)。

25. Arendt to Blumenfeld, 10 Oct.1954, Marbach. 雅斯贝尔斯对其妻子的家庭的反思见"Philosophical Memoir", also Hans Saner, ed., *Karl Jaspers in Selbstzeugnissen und Bilddokumenten*(Hamburg: Rowohlt, 1970).

26. 汉娜·阿伦特与利奥文森的通信见 Deutsches Literaturarchiv, Marbach。希伯来大学的卡尔·弗莱肯斯坦(Karl Frankenstein)教授给予作者的另外一些信件将放在档案中。

27. Peter Gay, *Weimar Culture*: *The Outsider as Insider*(New York: Harper & Row, 1968), p.48.

28. Hans Saner, ed., *Karl Jaspers in Selbstzeugnissen und Bilddokumenten* (Hamburg: Rowohlt, 1970), p.118.

29. Martin Greene, *The Von Richthofen Sisters* (New York: Basic Books, 1974), pp.29ff.

30. 班诺·冯·维泽(Benno von Wiese)目前正在撰写他的回忆录,在这部回忆录中他将描述他与汉娜·阿伦特的关系。

31. Arendt, "What is Existenz Philosophy?" p.46.

32. Martin Heidegger, *Introduction to Metaphysics*, translated by R.Mannheim, New Haven: Yale University Press, 1959, p.199.阿伦特给盖伦·格雷(J.Glenn Gray)的 1967 年 3 月 25 日的一封信(存放于国会图书馆)中讨论了海德格尔的这一章节:"他可能将判决留下来而用一种隐秘的方式解释他所认为的民族社会主义所指,即全球技术与现代人相遇。就像我说的那样,这一观念是不可信的,但不仅仅是他有这种看法,我在本雅明那里发现了同样的观点。这些人存在的问题是,并且总是,他们不读像《我的奋斗》——太无稽了——而是倾向于读意大利未来主义者(这些人后来变成法西斯支持者)有些疯狂但非常有趣的书。

33. Arendt to Blumenfeld, 1 April 1951, Marbach.

34. 这些说法和下面一些关于马克斯·韦伯的评论来自雅斯贝尔斯的《哲学的记忆》。

35. Jaspers to Arendt, 3 Jan. 1933, Marbach.

36. Arendt to Blumenfeld, 2 March 1953, Marbach.

37. 参见 Hannah Arendt, Walter Benjamin: 1892—1940", in Men in Dark Times, pp.183 ffa.关于科特·布鲁门菲尔德的生涯与著作的简要回顾,见 Shaul Esh, Kurt Blumenfeld on the Modern Jew and Zionism, Jewish Journal of Sociallgy, December 1964, pp.232—42。

38. 下面的故事基于布鲁门菲尔德写的 Erlebte Judenfrage 这本书当中。

39. Arendt, *Origins*, p.79, n.61.

40. 汉娜·阿伦特接受 1975 年 Sonning 奖时的演讲,国会图书馆。

41. 阿伦特博士论文的概要请见附三。

42. 此处及下面的引用来自于 Karl Jaspers, *Plato and Augustine*(New York: Harcourt, Brace & World, 1962), p.111。

43. 阿伦特致雅斯贝尔斯的一封信,1955 年 7 月 13 日。在讨论布尔特曼神学的性质以及大多数不能进行政治思考的神学家当中,阿伦特进行了评论,题为 Augustin War noch kein Theologe。

44. 对阿伦特博士论文的批判性回顾的概述,见 Robert Meyerson, "Hannah Arendt, Romantic in a Totalitarian Age, 1928—1963"(Ph.D.diss, University of Minnesota, 1972).

45. Martin Heidegger, *Being and Time*, edited by Robinson and Macquarrie (New York: Harper & Row, 1962), p.443.海德格尔确实有一个一般的关于人际关系的 Sorge 概念,作为他解释世间存在的基本概念。

46. Karl Jaspers, *Notizen zu Heidegger*, ed. Hans Saner(Munich: Piper Verlag, 1978), p.34, n.9.

47. Arendt, "What is Existenz Philosophy?" p.50.

48. E.B.Ashton 正在准备翻译阿伦特的博士论文,这一博士论文的复印件收在阿伦特手稿中(国会图书馆)。她的博士论文英文版出版工作安排未完成;阿伦特想修改这一著作,并于 1964 年开始着手修改,但是并没有完成这一工作。她在手稿的空白处所作的修改,有她重要的观点,但是这些观点离题太远以至于论文的思路似有中断。为了写一篇前后一致的文章,她本打算重写。

第三章　一个犹太女性的生活(1929—1933)

真实之事物发生时几乎不被人注意，开始时总是孤独的，零星的……我们的年轻人中间，那些三十岁左右的人，正在做这样的事情，他们竭尽所能，正悄悄地把自己和时代联系在一切；还没有被其他人看到时，他们已经通过一种无限的精神自律建立起他们的存在。

雅斯贝尔斯：《现时代的人》(1931)

哲学的保卫者

1929年1月，汉娜·阿伦特参加了柏林的一个化妆舞会，这个巴黎舞会由一群马克思主义者发起，旨在筹集资金以维持一个小型政治杂志的生存。舞会在文化人类学博物馆举行，客人来时都要按各地风俗打扮——汉娜·阿伦特打扮成了一个阿拉伯少女。她和一个年轻的犹太哲学家君特·斯特恩在一起度过了这个晚上。自从阿伦特作为博士后学生参加海德格尔1925年在马堡的讨论课，她还没有见过斯特恩。

一个月后，汉娜·阿伦特、君特·斯特恩开始住到一起，先是在柏林，后来在城外朝波茨坦(Potsdam)方向的一个小镇。夏天，阿伦特从德国科学委员会那里申请经费以资助她关于德国浪漫主义的研究。由于卡尔·雅斯贝尔斯、马丁·海德格尔和马丁·迪布留斯让人印象深刻的推荐信的支持,她的申请在1929年被接受了,此时她刚好完成博士论文的修改工作,准备在斯布林格出版社出版。

她和斯特恩一起修改,努力调整文中最复杂的语言上的转折,并改掉过分的海德格尔风格。卡尔·雅斯贝尔斯写了鼓励性的博导意见,温和而坚定地督促他们在最后阶段要仔细:"校正是十分辛苦的,必须一丝不苟地完成。"[1]他知道他的学生有不耐烦的习惯——终其一生,汉娜·阿伦特都发现很难耐心地写完一本书,把细节处理好,因为她总是被其他事情所困扰。

这本书当然不是财政上的冒险。尽管她在学术上颇有声望,但它给阿伦特带来的微薄月收入不足以让他们两个人找到一个哪怕是稍微舒适的地方居住。后来,在柏林—海伦,汉娜·阿伦特和君特·斯特恩就居住在一个单间工作厅里,白天他们必须出去,那时一楼舞蹈学校的学生会上楼练舞。他们和那些刚学舞的人都要绕着一堆让人讨厌的"镂空的书卷"模型的雕刻才能活动,这些雕刻是房东老太太的儿子鲁道夫·贝林(Rudof Belling,鲍豪斯的助手)存放在那里的。在这个略为拥挤的地方,生活局促、不舒服,有时叫人困窘。当雅斯贝尔斯教授没有提前预约而在一个早上过来叫他们时,阿伦特和斯特恩没有地方接待他,不得不把他支到附近的一家咖啡馆,而他们则清理房间以备舞蹈班使用。

1928年,魏玛共和国相对的经济稳定开始走到它危险的终点。失业增加,到1929年10月纽约股市崩盘,经济形势十分严峻。凡尔赛和约以及让人憎恶的补偿性赔款再次受到广泛的指责,人们说德国受了敌人的奴役。艺术家和知识分子大量涌入德国文化复兴的迷梦中,他们中大多数失业,于是被迫四处谋生,或者希望从朋友那里得到资费和帮助。君特·斯特恩在柏林找工作无望,于是决定推荐自己,争取做大学讲师,这是朝大学教职方向努力的第一步。他在法兰克福准备一个讲座,他希望在那里提交一篇论文,即讲师任命所要求的论文。

1929年9月,在斯特恩着手他的学术申请时,他和汉娜·阿伦特在诺瓦威斯(Nowawes)的市民婚礼仪式堂上结婚了,参加的人只有他们的父母,基特·莱温和两个朋友,叶拉和亨利·洛文菲尔德(Yela and Henry Lowenfeld),他们是证婚人。他们一致认为,在法兰克福作为结了婚的一对出现更舒服。柏林知识分子的道德并不受婚姻机构的关注——许多人把首都这个城市看作罪恶的巢穴,是对他们的侮辱;汉娜·阿伦特的一系列恋爱事件和她九个月与斯特恩的婚前同居生活,是十分典型的。但地方大学委员会则要保守得多。斯特恩的结婚决定有这个习俗层面的考虑,但也有很多把他们联系在一起的其他理由:他们都来自同化的中产阶级犹太家庭;他们受过相似的哲学训练,也共享学术立场,对海德格尔和雅斯贝尔斯所发起的哲学革命都很着迷;两人都被看作头脑聪明、出类拔萃的学生。他们所感到的学术上的一致在共同度过的一起修改阿伦特博士论文的几周中得到证明,当他们一起写卡尔·曼海姆(Karl Mannheim)《意识形态和乌托邦》的书评,以及合作写一篇关于里尔克一首诗的评论性文章时,继续得到了验证。

当多年后那些当时不认识君特·斯特恩的朋友们问汉娜·阿伦特是什么促使他们走到一起时,阿伦特强调他们学术兴趣外的两点。阿伦特告诉他们,他是一个和蔼而有绅士风度的人,由此开始了那些有诸多特性的故事:在他们于柏林相遇后不久,她年轻时期的咽炎犯了,有些轻微疼痛,斯特恩带着一篮柠檬来看她,并以他擅长的幽默来帮助她。她又说,她的妈妈十分喜欢君特·斯特恩,喜欢和他在一起,欣赏他的音乐素养。对玛萨·阿伦特来说,她的女儿和一个有好的家庭、好的前途的年轻人结婚,是她十分希望的"正常发展"的实现。汉娜·阿伦特和她的妈妈也都对君特父母的成就印象深刻。斯特恩夫妇因他们一起在儿童心理学方面的作品在全德国受到尊敬。他们于1914年出版的《早期儿童心理学》,是心理技术历史上的标志,因为它建立在克拉拉·斯特恩长达六年对她三个孩子幼儿生活的深入的观察日记的基础上,它同时考虑儿童发展中遗传和环境因素的重要性,也是十分重要的理论观点。这种观察技术和理论探索成果均在一个年轻瑞士人让·皮亚杰(Jean Piaget)那里继续沿用。对她丈夫的父母，汉娜·阿伦特从来不觉得亲密,也从来不读他们的著作,但她尊敬他们俩，也赞赏克拉拉·斯特恩的慷慨天性。实际上,多年以后,或许是为教育目的而进行某种夸大,汉娜·阿伦特说这种尊敬曾经是她决定结婚的重要因素之一:警告一个朋友的女儿以抵御受到她男朋友母亲的强大影响,她建议她判断那个年轻小伙子的优点和能力。

君特·斯特恩在法兰克福遇到的困难给汉娜·阿伦特十分直接的机会去观察他性格的力量。他正好遇到测试,但他对学术生涯的期望受到了一个打击。出于为他的著作寻求支持,斯特恩给一个十分卓越的群体作了一次预先的讲演,这个群体包括法兰克福学派的两个成员,西奥多·阿多诺(Theodor Adorno)和马克斯·霍克海默(Max Horkheimer),还有他们的朋友心理学家马克斯·韦特海默(Max Wertheimer),以及两个法兰克福最有希望的年轻教授,神学家保罗·蒂利希和社会学家卡尔·曼海姆。他的听众对他有深刻的好印象,他们不仅鼓励斯特恩继续努力争取讲师资格，甚至建议一个课题领域——音乐哲学。鼓励是一个鞭策,但建议却证明极其不幸。

斯特恩有很好的资质来做这个工作——对音乐理论的知识和钢琴、小提琴的演奏技能——这个领域自从叔本华(Schopenhauer)和尼采以来很少受到哲学家的注意。但他的促动者的建议忽略了一个关键的因素:西奥多·阿多诺最近关于音乐社会学的马克思主义著作。当斯特恩一年后提交他的著作的草稿时,只是很自然地,本地的专家阿多诺将是读者之一;斯特恩的作品从一个完全非马克思主义的角度探讨音乐理论的问题,阿多诺看了很不满意,这毫不让人惊讶。汉娜·阿伦特从来就不同情法兰克福学派马克思主义者的学术背景,这个插曲只是一系列使她个人不可能同情他们的事件中的第一件。汉娜·阿伦特对人的看法,无论是肯定的还是否定的,总是强有力的——即使不能总是保持一贯——在君特·斯特恩使阿多诺熟悉他后,当她向斯特恩说“那人是不会到我们家里来的!”这句话时,她很清楚她的意思是什么。

法兰克福学术委员会在1929年没有考虑阿多诺列出的意见。他们也没有考虑变化着的政治环境，在这个环境中，一个犹太人得到大学教职越来越不可能。法兰克福学派的成员，他们中大多数是犹太人，很清楚地意识到周围的形势正在变坏，但他们对这件很快会把他们送上流放之路的事并不比其他人有更多的先见之明。保罗·蒂利希在1931年和斯特恩曾讨论过他的并不成功的音乐哲学著作，蒂利希建议他考虑写另外一个题目，也许可以写关于谢林的著作，在提交论文前也可以再等一年——因为他确信，到那个时候，民族社会主义的浪潮将衰退。当然，这被证明是对潮流的低估，君特·斯特恩被迫寻求另一条谋生道路。

在君特·斯特恩花在这些没有结果、让人泄气的商讨上的两年里，汉娜·阿伦特在进行她的德国浪漫主义研究项目，也第一次涉足记者行业。《法兰克福时报》，德国最有文学性的报纸，发表了她写的题为《奥古斯丁和新教》[2]的短文。她指出，在奥古斯丁逝世1 500周年纪念中，人们认为奥古斯丁在现代新教中只扮演很小的角色。“在意大利、法国、德国，天主教的报纸宣传这件事，也举行了奥古斯丁纪念会议，牧师和学者都谈论到他的著作、地位和影响的意义。然而，在新教徒中，他多半被遗忘了。”了解近年来一些德国的主流学者——他们中有哈耐克（Harnack）、特洛尔奇（Troeltsch）、霍尔（Holl）和西伯格（Seeburg）——对奥古斯丁的专门研究的新教神学家本来会对这样的论断感到惊讶，但这篇在报纸上的文章没有到他们手里。它是用来彰显路德对奥古斯丁的继承，为一般的新教徒而作：“路德加入了他的信仰者的观念，对奥古斯丁来说，其良心直接站在上帝面前。”汉娜·阿伦特所强调的，正是对非制度个人良心的关注这一遗产。

对她来说，文章是她的哲学研究和关于浪漫派研究的桥梁。她说奥古斯丁的《忏悔录》是现代自传体小说的先驱，“以虔信派的方式间接写成”。“随着世俗化的总体运动，在上帝面前的宗教反思丧失了它曾经具有的权威性，仅仅成了对个人生活的反思。它随着莫里兹的《旅行者安东》，以一种再现的方式，第一次发生在德国。莫里兹尽管受虔信派的深刻影响，但他把对生活的‘陶醉式’描述从虔信派宗教的领域中挪了出来。优雅的概念完全屈从于自主的自我转换的概念，个人生活故事最后在歌德那里以‘留下烙印的形式’出现在我们面前，其中‘生活已经改变了’。”这就是拉尔·瓦恩哈根，这位歌德的敬佩者和自传体忏悔录的作者，以她天生的全部激情来回应的发展。当阿伦特写作拉尔·瓦恩哈根传记时，她在博士论文的背景中所阐释的奥古斯丁的维度——忏悔式的、人格化的、孤独的奥古斯丁——出现在他的意识的现代继承者、追随歌德的浪漫派那里。“自主的自我转换”是阿伦特著作的主题，尽管她的问题是：对一个犹太人来说这意味着什么？

正是在海德堡和法兰克福，阿伦特使她的哲学研究领域从奥古斯丁转到了19世纪早期的德国浪漫派。斯特恩在1930年在海德堡开始他的讲师资格论文写作，汉娜·阿伦特，在她工作时，与这个城市的许多熟人重新获得了联系。她经常去雅斯贝尔斯家里，偶尔也去参加玛丽安娜·韦伯家周日下午的聚会。斯特恩夫妇也去参加列奥普尔德·福特瓦格勒（Leopold Furtwängler）母亲家里的音乐会，有一次曾很高兴地在那里听了汉娜继父的女儿克拉拉·比尔沃尔德所演奏的钢琴独奏会，福特瓦格勒曾予以高度赞扬。

当斯特恩写好音乐哲学研究计划的草稿时，他们移居法兰克福，并融入了这个大学的学术生活，那时它正以最有活力、最进步的教育中心之一出现。他们参加卡尔·曼海姆的讨论会，听一位新教神学家——他当然是没有忽略奥古斯丁——保罗·蒂利希的讲座。阿伦特积极参与这些讨论会和讲座，她强大的学术能力、复杂中见清晰以及她有时提出的极难理解的问题和观点，很快成为一种传说。她有幸被法兰克福的学生作为值得在每年的学生嘉年华会上进行调侃的名人挑选出来——这是希特勒上台前在法兰克福举办的最后一次嘉年华会。一个叫理查德·普兰特（Richard Plant）的年轻学生——后来在纽约成了她的朋友，他曾在城市学院教德国文学，他写了一个幽默故事，西奥多·阿多诺、保罗·蒂利希和汉娜·阿伦特及斯特恩的为人和哲学行话在故事里得到详尽的再现。在法兰克福的这段时期，正如斯特恩所记得的那样，它是“一段十分快乐的时光”；他们和新的、政治上更为觉悟的、职业的朋友们玩得很开心，他们也有一个舒适的地方居住，美因河（Main）畔一个寺庙的房舍。

当斯特恩的讲师资格论文写作明显不会取得成功时，他们就搬回了柏林。君特决定找一个记者的工作，起初，他给贝尔托·布莱希特（Bertolt Brecht）带去了他曾在法兰克福所做的“作为哲学家的布莱希特”的广播录音。布莱希特对这个片段有深刻的印象，他受斯特恩之托给他的朋友赫伯特·耶林（Herbert Jhering）打了电话，后者是柏林一家期刊颇有影响的评论家。耶林照办，尽管事实上他对斯特恩自称是一个哲学家表示怀疑：斯特恩断言布莱希特的独立性，但布莱希特认定他自己必定是一个海德格尔主义者，因为他已经作了一个十分感性的预设：任何出于其自由意志，阅读过海德格尔的人必定比一般人更专一。赫伯特·耶林没有遇到阻碍，他雇佣斯特恩做了报纸文化版的职业记者。很快，斯特恩就写出了关于各种论题的文章，从神秘小说到最近关于黑格尔的会议，他在文化版面写得如此之多，以致耶林有些担心。他告诉斯特恩，这个版面不能搞得看起来像个人作品秀，他们不得不秉公做事。考虑到这个要求，他们找到了一个上佳的方式，君特·斯特恩采用了笔名君特·安德斯——在之后整个漫长的记者和作家生涯中，他一直用这个名字。

法兰克福这个时期最具活力的学术挑战是卡尔·曼海姆于1929年出版的《意识形态和乌托邦》。其后多年，这本书广被阅读和讨论，它从正统马克思主义的各部分所拓展的范围被广泛关注，知识社会学热点趋势的意涵也为人们所考虑。在斯特恩夫妇回到柏林后不久，一个具有领导地位的社会主义期刊《社会》，问汉娜·阿伦特是否能给曼海姆的书写书评。编辑鲁道夫·希尔弗丁（Rudolf Hilferding），此人和玛萨·阿伦特在柏林的社会民主党协会十分友好，他需要一篇批判性的书评，因为他感到曼海姆的书对社会主义造成了威胁。汉娜·阿伦特同意写这个书评，但她在书中看到了另一个威胁，于是作为哲学自主性的保卫者写了一篇文章。

曼海姆原是希望鼓励知识分子对他们的思想如何受经济和社会存在的制约进行一种批判性的理解。他指出，以意识形态的形式出现的学术表述，可能服务于一个试图维持其历史上赢得权力的社会经济团体的利益。一个试图带来变革，试图在未来取得权力的团体的利益，则要由以乌托邦形式的学术表述来服务。然而，曼海姆指出，过去导向的意识形态和未来导向的乌托邦，都不得不忽略实际的、现在的形势，一个无法应对变革，另一个把未来的幻象当成了现实。在两种情形中，思想，服务于行动，如此就不是自主的。

一个比阿伦特所从事的哲学化模式更具挑战的图式几乎无法想象。曼海姆使用了过去导向和未来导向这样的术语，它们曾在阿伦特博士论文中居于中心地位，虽然是出于完全不同的目的。当奥古斯丁试图寻求对人的处境的局限性之超越时，他曾看到人的终极未来和他最初的过去——欲求的既非现状之维持，也非世界中的变革。行动对奥古斯丁来说是个人的，它服务于思想或信仰。

阿伦特对曼海姆的批判集中在他宣称的“思想服务于行动”；这是对哲学自主性的挑战。她提了一个逻辑问题：思想如果为社会经济形势所决定，又何以能说它忽略了那种形势？如果思想能忽略实际形势，那么，她指出，它的根源就一定在其他地方；那将意味着思想并不单是行动的仆从。她接着举例支持她的观点，列出奥古斯丁的“邻人间的爱”的观念，作为一种超越性思想的例子，既不受实际形势的决定，也不服从于世界中的行动。她辩论说，邻人间的爱，是一种指导行动的思想；上帝之城既不是曼海姆的意识形态，也不是他的乌托邦。

对阿伦特而言，曼海姆的社会学，和她认为最重要的哲学，即雅斯贝尔斯和海德格尔的哲学，是沿两个相反的方向展开的。

海德格尔对存在的追寻——这种存在是所有存在的基础，人们注定要对它提出疑问，雅斯贝尔斯对有限情境的探索——在这一情境中，人们对他们存在的意义提出问题——两者都预设哲学思考不受一般情境束缚。她认为，曼海姆的观察在一般情境的框架内颇具启迪意义，但是他宣称思想这一不同寻常的活动也是植根于一般情境，将此联结在一起，情况就不是这样了。阿伦特反戈一击指出，什么是曼海姆自己思想的来源呢？它也植根于一个实际的情境——或者是意识形态或者是乌托邦——吗？社会学自身难道还没有提供证明思想如何引导和型塑世界中行动的例子——例如，韦伯的《新教伦理与资本主义精神》——吗？

在这篇有着严谨而细致的论证的书评以及她和君特·斯特恩论里尔克诗作的文章中，汉娜·阿伦特关于思想非世界性和爱是一个超越性原则的阐述达到了顶点。她对曼海姆著作的批评，以及对里尔克诗歌的哲学发微源于同一个立场。里尔克对她来说是现代世俗化世界的奥古斯丁，他的那首诗是"宗教文本的最高形式"。对里尔克来说，正如对奥古斯丁一样，人不是以此世为家的生物，他们奋斗着超越轮回，超越自身的必死。里尔克没有上帝救赎性风格的意象，他在诗歌中所描写的恋人，都试图通过爱而寻求超越，从来不会从他们的努力中停下来。人们从来没有到达里尔克所说的"天使们"的国度。但当他们奋争时，他们通过世间令人震惊的美好事物而上升，变得更加自由于这些美好事物的特殊性，更加自由于他们自身。

> 难道不是在爱的时候，
> 我们把自己从被爱的人那里解放出来，颤抖着，忍受着：
> 正如箭忍受着弦，以便在绷紧时变成某种超越自身的东西？[3]

阿伦特从来没有失去对奥古斯丁的尊敬以及对里尔克——她那一代的诗人，德国浪漫主义最后发言的诗人——的尊敬。但她渐渐质疑作为生活原则的超越性的爱，正如她渐渐质疑哲学的自主性一样。

作为自传的传记

到 1930 年，在移居柏林之前，汉娜·阿伦特决定把她的注意力集中在拉尔·瓦恩哈根那里，而不是探讨整个德国浪漫主义的话题。在柏林，她再次和科特·布鲁门菲尔德以及他的犹太复国主义助手们保持着密切的接触；她把布鲁门菲尔德当作精神教父，她的朋友们则当作支持者。有一帮朋友对阿伦特的工作是十分重要的，因为它缓慢而费劲。阿伦特使用的不仅有已经出版的瓦恩哈根书信——是由拉尔的丈夫选编和校对的——还有普鲁士州立图书馆未出版的材料。拉尔快速的笔迹和无法辨认的拼写使她的书信和笔记很难阅读，但阿伦特发现了一些有趣的能使她的传记增色的书信，也算是对她的辛苦的回报。其中一封拉尔的信由阿伦特在一个流行手册《1932 年德国犹太人年鉴》上发表，是和一篇关于拉尔·瓦恩哈根时代的柏林沙龙的短篇一起发的。1932 年的《年鉴》专门讨论歌德的生活和著作，阿伦特的文章被用来展示歌德的柏林崇拜者的背景和拉尔·瓦恩哈根这样的热心崇拜者的态度。

《拉尔·瓦恩哈根》是一部传记，但它确实不容易归类。它并不那么切题，如其副题所说的"一个犹太女性的生活"——而是一个人思想中某个思想的发展历程。拉尔的思想坦率而简单："我是一个可怜的人，是个犹太女人。"汉娜·阿伦特追溯了拉尔这种想法的轨迹，从她最初孤独的推理——它使拉尔无从把握她犹太人身份的意义，到她最终自我意识的理解以及对它的接受，最后和其他人成为"局外人"犹太人。

如果拉尔是一个 20 世纪的女人，而非生活在 18 世纪，阿伦特的传记可能是一个转向犹太复国主义的故事。实际是，它是一个 20 世纪的女性对 18 世纪的女性追求友谊家园的叙述。阿伦特在 1933 年于《科隆时报》首发、然后又在《犹太人评论》上发表的一篇文章中十分清楚地区分了其间情境的不同：她宣称，随着希特勒攫取权力，德国犹太人历史上的一章——被称作"同化"的一章——翻到了尽头。这个时代曾和拉尔·瓦恩哈根那代人一道开始，他们试图通过皈依基督教和与异教徒联姻以摆脱犹太人特性。当种族主义成为德国的国家政策，并把所有出路关闭时，这个时期就终结了。

阿伦特传记采取了一条复杂且经常是模糊的路线；只有很少的编年或语境的参考材料出自拉尔书信的引文森林以引导读者。汉娜·阿伦特对引文的极大喜爱，闪耀于每一页，在她所有的书中这种喜爱都是明显的。

她多年之后对瓦尔特·本雅明写作方式的描述也适合她写作传记的技术:"著作的主体包括从各自背景中抽出的片段,以一种能够相互呼应的方式进行全新的组织,能够证明处于自由漂流状态中它们的存在之理,似乎它本来就是如此。"[4]《拉尔·瓦恩哈根》中的引文不仅证明各自的存在之理,也说明阿伦特写作传记整体的方法:讲述拉尔的生活故事,犹如她自己可能讲述的那样。传记是一种自由漂流的状态,不受时间和地点的局限,只受阐述"引文"产生的思想进程的限制。英国小说家西贝尔·贝德福德(Sybille Bedford),于1958年写了书评,他准确地抓住了其特质:它是"一本无限抽象的书——缓慢,杂乱,静止,奇怪地让人感到沉闷;阅读它感觉就像在一个没有表的酷热的房间里坐着一样。人们可以感觉到主人公,那个等待着的、几近疯狂的女人;人们可以意识到,几乎是在身体上,她那热烈的女性气质,她的挫折"。[5]

这本书从故事的结束处开始,阿伦特引用了拉尔·瓦恩哈根临终时躺在床上所说的遗言:"我一生中对我来说似乎最感羞耻之事,也是我生活的痛苦和不幸——就是我生来就是一个犹太女人——我现在决不后悔如此。"[6]然而,书中所展开的故事实际上是从对启蒙式理性的描摹开始的,它"带来了从客体及其显示的解放,创造了一个纯粹观念的领域以及一个世界,任何理性的存在无需借助知识或经验都可以进入这个世界"。[7]在她经历诸事之前,拉尔·瓦恩哈根通过这样一种理性与她的犹太人特性保持着距离,当这一理性集中于自我时,就谓之内省。当世界、行动或爱由于它们威胁到个人身份耻辱感的揭示而被拒斥时,内省可以充实生活;对那些还没有学会把追求个人幸福转化为对真理的激情的人,它可以把他们从失望中拯救出来。

对于拉尔·瓦恩哈根所实践的、拉尔的同人及其英雄们所赞赏的内省(introspection),汉娜·阿伦特进行了十分尖锐的批评。"内省成就了两个结果:它消灭了实际存在的情况,将之化为情绪,同时它又给一切主观的东西提供了一种客观性、公开性、极其有趣的光环。在内省中,什么是私密的,什么是公开的,两者间的界限变得模糊;私密被公开,公开的事情也只是在私密的领域中被体验和表达——最终就成了闲谈。”[8]内省的、忏悔式的拉尔·瓦恩哈根——她作为拉尔为德国文人所熟悉，正如卢梭(Jean Jacques Roussoau)作为让·雅克为法国人所熟悉一般——吸引了来自不同阶层的人，他们有不同的教育背景和宗教信仰。但是，因为她生活在保护自身的一般性外壳之中，她在“内心是愚陋的”；她不能指明她实际是谁。

正如前面已经提及的，对内省的批判也暗含于她自己的自传式素描《影子》；它保持汉娜·阿伦特对人的理解的标准部分。后来她认识到，内省的外壳能保护那些人，与拉尔不同，他们热心地拥抱犹太出身，当犹太出身由于那些拉尔·瓦恩哈根做梦也不会想到的事件而变得让人尊敬时，他们便如此行为。例如，在1967年，阿伦特尖锐地写到一位女性小说家，这位小说家曾以在阿伦特看来浅薄的方式支持以色列：“她的党派性是幼稚的、孩子式的，她谈起话来像任何缺少反省的犹太人。颇具典型特征的是她已经几近过分地反思过自己，但她仍然从未反省过自己的犹太女性身份。”[9]阿伦特对内省的批判是一种政治的批判；她关心的是保存私人事务与公共事务间的区别，以展示内省如何蒙蔽政治理解。以汉娜·阿伦特的观点，内省是汉娜·阿伦特年轻时的错误；1931年在柏林时，阿伦特就认识到这个错误迫切需要改正。

把拉尔·瓦恩哈根带出孤立状态的不是政治形势，而是和一个异教徒冯·费肯斯泰因伯爵结婚的不同寻常的幸运前景。拉尔有机会成为一个特别的人，一个在异教徒社会内部被认可的人。伯爵“代表着一切，但不幸的是，不代表他自己，这就没有什么用了”。[10]他提供了一个世界，但是在拉尔的柏林沙龙的世界里，他完全置身于局外。在费肯斯泰因逃回他家庭熟悉的怀抱之后，拉尔进入了她思想之路的一个新阶段。她还是总结着，但她是在经验的基础上去那么做的。对其他人来说，失望的拉尔留给人的是一张严肃、冷酷而淡漠的面孔，她希望这能促使她的崇拜者理解她的不快乐，而不是为她的个性所迷惑。但事实并不是这样；他们在“这个无家可归的人”面前退却了。她最终也撤回到巴黎，到简单事物中去寻找快乐，退回到一个简单的事情，这开始表明她和别人的不同。

当她返回柏林，拉尔——通过另一个危机——进入了又一个阶段。和费肯斯泰因在一起，她曾试图丢掉她卑微出身的不体面，而代之以某种不寻常的东西——一种伟大的爱，和贵族的婚姻——但这次，她试图通过爱“美的东西”，一种独立于现实的神秘艺术而丢掉她的生活。[11]她爱上了西班牙驻柏林的大使秘书，堂·德奎约，一个帅气的外国人，在德奎约眼里，她并不首先且主要地是一个犹太人。德奎约曾经被拉尔的热情所折服，被她沙龙的朋友们所搞混，当他和她分手时，拉尔“看到她的生活从外面看似乎只是个游戏……她看透了这一切，她的生活成了一种叙事”。[12]拉尔曾深深地忏悔，并对自己说过许多话；现在她以一个完全不同的方式讲她的故事，她意识到了她的听众，和其他人团结在一块；她说已经从导师歌德那里学会了文学概括的能力。同时，她学会了历史地讲故事，变得对历史和历史背景感兴趣。“拉尔被费希特(Fichte)的《告德国人民书》改造了。”[13]这些成就——团结、讲述故事和历史意识——是拉尔的概括如何变得丰富的标尺。它们也是拉尔的传记作者以一种十分不同的方式追求的成就。汉娜·阿伦特为团结、为文学的概括——她的《拉尔·瓦恩哈根》是一种如临其境的叙述故事的努力——为历史意识而努力。但既不是同化，也不是民族主义。以费希特、谢林和德国浪漫派，包括拉尔·瓦恩哈根的方式，阿伦特没有同化，而是向犹太复国主义靠拢。

拉尔的思想生活中，她没有经验过的概括似乎要让位于真实，就在这个时刻，阿伦特讲的故事戛然而止，又重新开始。阿伦特的浪漫画卷有另一面，一个夜晚的层面，因为她心中的拉尔实际上没有方向，也没有榜样来引导她的发展。在夜里，拉尔在海上——没有方向，独自一人。阿伦特用一章打断了这个故事，她专门写了拉尔的梦中生活，并表明这种生活如何不可能，“在夜晚才有归宿的希望……继续向前移动，同化，学习历史，在夜里都成了一种滑稽而没有希望的游戏。这样的鸿沟裂开时，只有‘糊涂’指向一条永远的出路，对任何一个极端都不必认真，它导致放弃并带来新的力量，在这种糊涂中两个极端混在了一起”。[14]在她自己的时代，这也是汉娜·阿伦特的答案:既不是同化,也不是犹太复国主义,而是糊涂。

“白天和黑夜”,讲拉尔的梦的一章,没有编年时间的位置。尽管其中充满了忽前忽后的跳跃,该书其他章节是按确定的时期来处理的,它们的标题和颇有帮助的日期结合在一起。但没有日期的“白天和黑夜”描写了拉尔在十五年间所做的梦;它提供了拉尔生活的背景,从遇到冯·费肯斯泰因伯爵时开始,到和奥古斯特·瓦恩哈根结婚后“停止做梦”时为止。这个古怪的一章是阿伦特该书的中心。它的主题——“糊涂指明了唯一的出路”——引导着随后所有的变奏。

汉娜·阿伦特在政治层面支持糊涂,政治层面并非拉尔·瓦恩哈根世界的一部分。但阿伦特也在感情的意义上选用糊涂,它们是非时间的,十分接近拉尔·瓦恩哈根的意义。阿伦特的梦,她年轻时的诗,都充满了模糊的征兆和抽象的失望。但拉尔·瓦恩哈根不断地忏悔,她的梦告诉她,她的犹太人特性是无法根除的,而汉娜·阿伦特则使自己最为私人的世界保持着秘密状态。她在《影子》中描述的“充满了生活的无限欢娱”的童年时的梦,无论它们是苦是甜,都已经被打断了——她的父亲失去了,后来一个几乎和他父亲差不多大的恋人也失去了。她生活中的阴影和她在一起。在海德堡的时候,她告诉朋友她曾经做了一个逼真的梦,一个著名的教授死了。即使每天让她清醒的一杯杯咖啡也不能帮她认识到那是一个梦。那天早上,她把因这个人的去世而带来的痛苦之情告诉了别人,他们得到这个消息后十分震惊,便打电话给那人的家里。当他们从迷惑的教授妻子那里得知他正在安静地阅读时,那是阿伦特十分担心的时刻:那是多么尴尬的一刻!死亡和消失,无家可归——这些景象接连出现在她的梦里;随着现世中的经验越来越让人害怕,1933年后,这些景象更加突出了。在梦中,她过着她在1951年的一首诗中所说的生活:“我的睡梦中色彩斑斓的层次/对我们世界的陡然的空虚感到害怕。”

关于拉尔梦里生活的一章十分精彩,它只关注于拉尔痛苦的犹太人身份。拉尔所记录的梦还有许多其他内容——她的生活中还有作传者忽略的因素,例如她的家庭,她的童年,她不怎么漂亮的容颜,她对年轻男孩的吸引力。阿伦特对内省的反对在政治上是可以理解的，也是富有意义的，但这也解释了她为何不愿意谈起自己家世的记忆、她痛苦的童年和由此带来的害羞、多情、不耐烦、不善沟通。甚至阿伦特的政治结论——“糊涂”指明了出路——也是非自我意识的，因为糊涂，以及它实际的必然结果，拒绝加入有特定程序的团体，也并非没有危险。糊涂可能意味着无根，拒绝加入其他人可能意味着无法行动。在《拉尔·瓦恩哈根》中，阿伦特的态度产生了紧张。

《拉尔·瓦恩哈根》这本书中有好几个断裂，在白天的故事与拉尔的梦之间有最深刻的存在。另一个断裂是拉尔三次婚姻的前景和她生命中出现的三个不同的人的故事，他们不是被作为进入特定的、异教徒世界的入口来爱的，而是作为个人来爱的。这三个人是政府官员弗里德里希·根茨(Friedrich Genz)、贵族和战士亚历山大·冯·德·马维茨(Alexander von der Marwitz)和犹太诗人海涅。根茨给拉尔展示了政治的世界——在这个世界里，他与拉尔拉开了距离，因为他的职业中不需要一个犹太女主人；冯·德·马维茨告诉了拉尔他们时代的实际情况，他以一个贵族和对历史的保守者的傲慢来看待那个时代。这些人皆非无用之辈，尽管他们无从抓住拉尔·瓦恩哈根所感到的失望，拉尔没有通向政治之门路，没有爵位，没有特点或优点。只有海涅，她的旧时的朋友，理解她的劣势地位：“只有同船的奴隶了解彼此。”[15]

当她写作《拉尔·瓦恩哈根》时，阿伦特变得越来越敏感于拉尔时期沙龙思想的形成以及当时知识界如何被扭曲的途径。但这样的过去，这样的政治故事，其中根茨、冯·德·马维茨和海涅扮演着各自的角色，存在于传记背景之中；在前台，则是拉尔和她犹太人身份的斗争以及标志着她奋斗阶段的婚姻的前途。然而，在此书最后两章，平衡转换了，拉尔艰难努力的政治寓意以及不时对她的犹太人特性的模糊的回复提到了前台。这是此书前十一章和其他最后两章之间另一类型的断裂。

在1933年逃离柏林之前，汉娜·阿伦特刚完成前十一章。她在1938年夏天写了最后两章。卡尔·雅斯贝尔斯在1952年首次阅读了全书，他注意到最后的章节与前面的章节语气十分不同，就问其中缘故。

> 我在 1938 年夏天匆忙完成了该书的最后部分，因为(海因里希)布吕赫和(瓦尔特)本雅明非要我完成不可。它完全是以我那时接受的犹太复国主义者对同化的批判词汇来写的，到今天我也没做什么修改……那时作为一个年轻女人我实在是幼稚；我发现所谓的“犹太人问题”让人十分头疼。科特·布鲁门菲尔德让我看到了问题的实质。[16]

科特·布鲁门菲尔德让她看到了问题的实质，而布吕赫和本雅明的政治国际主义则给她更为开阔地看待犹太人命运的途径。在最后的几章，她清楚地提出了同化者最终所处地位的僵局：“在基于对犹太人整体敌意基础上的社会——那种情况出现于犹太人所生活的所有国家，直到 20 世纪——只有通过同化为反犹主义者，才有可能被同化。”[17]这就是拉尔·瓦恩哈根拒绝做的事情：她拒绝做一个反犹分子。她所生活的世界，她曾经试图融入的世界，变得越来越反犹，而不是相反，拉尔更加坦率地接受了她的犹太人身份。汉娜·阿伦特揭示，拉尔作为一个女性意识到反犹主义不是德国或欧洲历史中的一个畸变：“犹太人的命运并不是如此地偶然和不可思议……相反，它准确地描绘了社会的状态，勾画了实际社会结构中丑陋的鸿沟。”[18]这种觉醒成了阿伦特在《极权主义的起源》一书中论反犹主义章节的中心思想：她指出，反犹主义不是一种所有时代的必然产物，也不是现时代的偶然事件：欧洲民族国家和欧洲犹太人的兴衰是同步的。

转向政治

在 1931 年和 1932 年，汉娜·阿伦特的思想着实变得越来越多地关注于政治与历史。她花了许多时间和科特·布鲁门菲尔德以及犹太复国主义朋友们在一起，见了政治学院好几位犹太教授，这个学院是德国最为独立而具有创造性的中心之一，也是少数几个对没有大学学历的学生开放的机构之一。阿尔伯特·所罗门(Albert Salomon)曾经在高中讲授社会学,也定期地给《社会》杂志写稿,他成了阿伦特的朋友,在他加入纽约社会研究新学院的团体后,他是得力的提供推荐信的人。西格蒙特·纽曼(Sigmund Neumann),保存着高中的报纸档案,他后来写了好几篇研究纳粹主义的论文,阿伦特十分欣赏这些文章。纽曼移民美国,在威斯里亚大学取得教职,在那里他于1961年给汉娜·阿伦特提供了一个客座教授的职位。

阿伦特被邀请给《社会》写评论,有一篇是为马克斯·韦伯在其他两位社会学家魏尔纳·桑巴特(Werner Sombart)和艾德加·雅菲的帮助下创办的杂志《社会学与社会政治研究》所撰写。这篇评论是卡尔·雅斯贝尔斯推荐写的,它与阿伦特的德国浪漫主义研究联系得十分紧密。她评论的是汉斯·威尔(Hans Weil)的《德国教育原则的起源》一书,该书勾勒了德国18世纪晚期关于两种教育观念的讨论,“朝一个理想发展”和“内在潜力的开发”,它们与两种传统,即希腊罗马传统与虔信派传统相连。[19]威尔把他的注意力集中于两种观念是如何被赫尔德(Herder)和冯·洪堡(von Humboldt)混合在一起的,并揭示所导致的原则在拉尔·瓦恩哈根的时代如何被“教育精英”所接受。

在她的书评以及一篇题为《启蒙与犹太人问题》的文章中,她从《拉尔·瓦恩哈根》背景中暗含观念的历史出发,赫尔德作为阿伦特的英雄出现。他的哲学观念与拉尔·瓦恩哈根更为私人地表达的观念相近。反对启蒙把“理性真理”提高到“历史真理”之上——这曾出现在莱辛(Lessing)的著作中,为摩西·门德尔松采纳,然后被拉尔那代的犹太人例如大卫·弗里德兰德(David Friedlander)使用,以否定犹太教是“历史的”宗教——赫尔德强调个人与民族历史的重要性。正如他对犹太人放弃如下两种观念——他们的历史存在随着耶路撒冷神庙被摧毁已经终结;犹太教是一种期待与人类的普遍理性同化的“理性的宗教”——提出挑战,他也对德国人允许犹太人作为民族整体进入德国国家提出挑战。赫尔德对市民解放的倡导是和启蒙诉求相伴的观点,没有政治保证,基于人的尊严的普遍主义和宽容,不足以保证不同的个人或不同渊源的民族。赫尔德所关注的个人差异和人类历史发展差异的一面，并不是汉斯·威尔在他关于赫尔德教育原则的讨论中所强调的因素，但阿伦特认为这十分重要。赫尔德确信历史是一个进程，一个多样性展示的过程，由此教育也就是一个进程。教育应当是一个朝和谐的形象或模范(常常是古代的伟大榜样)的持续努力，它应当导致个人的发展、自主同时又意识到他们在“个人的链条”——传统中的位置。

赫尔德的著作同时考虑犹太教传统与个性，这对阿伦特颇具吸引力；这也与她对犹太人同化的批评和对民族社会主义作为一种群众运动的成功日益深刻的理解相随。后来她可能把赫尔德作为她所探讨的一种趋势——把历史引入政治——的先驱人物之一，这一趋势在黑格尔那里达到顶峰。她也意识到，并在她的评论中指出，赫尔德的单一“民族”“有机”发展的概念是作为自主性的否定错误地构建出的，即使人们不被当作“命运车轮上的蚂蚁”，也可能被看作是自己生活发展车轮上的蚂蚁。历史一旦变成了一本书，人们在这本书中寻求真理，像黑格尔这样的思想家就可能把每一个群体的“民族”看作是那本书中的一章，其作者则是一种无所不包的命运。

阿伦特从未放弃的赫尔德思想中的一面是其教育原则。她后来把一个有教养的人界定为“知道在现在和过去的人群、事物和思想中如何选择同伴的人”。[20]赫尔德认为理性是一种“进入世界或现实全新的可能性”，是一种涉及对判断来说必须保持“距离”的能力，在赫尔德的这种观念中，阿伦特后来看到了一条出路，人们可以既不靠绝对的真理，也不靠以绝对真理的恐怖形式——历史主义、相对主义和主观主义等——存在的各种主义之信仰而活着。当她有了这样的观点后，她对莱辛在启蒙中的位置便刮目相看了。她曾经认为莱辛的宽容植根于这样一种意识，不同的观点具有共同来源，这一来源将在历史终点展示出来；她曾经视这种宽容为一种对“历史真理”的拒绝。当她认识到莱辛在自己所处的时代19世纪的历史思想所扮演的重大政治角色时，阿伦特开始以新的眼光来看待启蒙。她认为莱辛的观点十分深刻，在1959年接受莱辛奖时所做的演说中阿伦特解释了为什么。

> 因为莱辛是一个完全的政治人，他坚持认为真理只能存在于通过对话而被人文明化的地方……[对话]领域之外的每一个真理，无论它给人们带来好事或坏事，在言辞的字面意义上皆是不人道的：但不是因为它可能促使人们相互间作对，将人们分开。相反，这是因为它可能导致所有的人会突然在一个单一的意见中联合起来，结果是一种意见将从许多种意见中胜出，似乎不是具有无限多样的人们，而是单一的人、一个种类或一个模型将居住在地球上。如果这样的事发生，只能在各不相同的人们之间的互动空间形成的世界将一起消失。由此，关于真理与人道的关系，可以在莱辛的一句话中找到最深刻的注脚，这句话看似从他所有著作的智慧中所得出的最后论断。这个句子是：
>
> 让每个人说他所认为的真理，
>
> 让真理本身由上帝去说！[21]

阿伦特曾经把莱辛看做是一个历史真理的诋毁者，现在她又回过来，在莱辛那里发现了人的多样性和历史多样性的证明，从这种政治思维，可以看出她已经离她的书评和论文《启蒙和犹太人问题》的立场走了多远。当她了解一些历史真理后，她不再是观念史的支持者了。她停止了对思想家的分类或历史影响、思想谱系的探询。她发展出一种方法，她非正式地名之为：深海采珠。[22]这些珍珠在历史表面下深藏着，它们是她所寻找的大海造就的丰富而新奇的宝藏。

尽管她的书评和文章写的是她很快就抛弃的非世界的观念史，汉娜·阿伦特也受到了周围学术氛围中大变革的影响。雅斯贝尔斯后来在1931年提到了他对大学训练出的作家的幻灭感："我认为一种反学术的情绪——十分地不可理解——在你那里日益增强。"[23]阿伦特开始阅读马克思和托洛茨基(Trotsky),并把注意力集中于当时的事务。在她给《社会》所写的第二篇书评中,她第一次探讨了一个当代政治问题:她的任务是给爱丽丝·鲁尔—格斯泰尔(Alice Rühle-Gerstel)的《当代妇女问题》写书评。[24]

在书评的开头,阿伦特提醒人们注意她那个时代女权运动的成就与劳工妇女处境之间的差异。"尽管她们在法律上是平等的,但在可以比较的职位上,妇女不仅必须接受比男人更低的报酬,而且还要有与她们的新地位不再般配的任务。这些任务部分基于社会的事实,部分基于生理的事实:在她的职业之外,一个女性必须料理家务,照顾小孩。这样,女性自己谋生的自由似乎意味着或者是在家庭中受奴役,或者是家庭的解体。"鲁尔—格斯泰尔,一个阿德勒式的心理学家,把这个困境作为她的出发点,构建了一种过度补偿的女性类型,他们必须处理加在她们头上的社会和生理的限制。妇女已经变成了家庭主妇、女王、女魔;她们具有同情、孩子气、精明和焦虑。阿伦特发现这一类型是该书中最具挑战性的部分(很有可能的是,当她把拉尔·瓦恩哈根描述成一个曾经利用她的丈夫来让自己成为荣耀的"女王"时,阿伦特想的正是这一类型学)。

但是,鲁尔—格斯泰尔著作的政治维度才是阿伦特关注的中心。鲁尔—格斯泰尔建议,妇女在家里没有财产,是他们丈夫的雇员,在市场上往往也总是雇员而不是雇主,她们应该把自己当无产者来看。阿德勒式的精神分析,强调个人征服他们的自卑感、获得力量的途径,是一个对德国工人运动有显著贡献的精神分析学派。尽管阿伦特意识到其贡献,她还是反对鲁尔—格斯泰尔的主张。她认为,太多的强调放在了个人和他们的雇佣—被雇佣关系上,而决定妇女地位的基本单元——家庭,无论是无产者的或者是资产者的,才是直接的问题。阿伦特注意到了这种处境所暗含的两种可能性——在家庭中受奴役或是家庭的解体——但她并没有在她对鲁尔—格斯泰尔所关注的问题批评后,提出一个主张或另一种可能性。

对她未来的著作清楚得多的,也是更有意义的是她对当时女权运动的批评。"女性还没有走到政治的前线,那仍是男人的前线;再者,所有女权运动的前线实际上只是一个单一的前线,'女性'的前线。具有特点的是,女权运动从来没有联合起来以实现实质性的目标(除了在慈善工作领域)。建立女性政党的徒劳尝试展示了这个运动的问题所在:这个问题和青年运动的问题一样,青年运动只是为青年,正如妇女运动只是为妇女一样。两者都一样抽象。”在这一批评中,曼海姆关于意识形态如何在实际情形中使团体看不到变革的讨论,以及阿伦特对科特·布鲁门菲尔德犹太复国主义的讨论,在此皆可以听到回音。一场不进入政治舞台、不把它的意识形态转化成反映实际形势变化的具体目标的运动,只能处于抽象的状态。“职业女性是一个经济事实,另一边是女权运动的意识形态。”女权运动如不准备在政治前线行动以实现具体的目标,它就没有什么结果——过去所有的影响,例如投票权的成就,也是从这样的政治行动中来的。阿伦特批驳把妇女问题从更广阔的政治问题中孤立开来看,正如她后来反对把犹太人问题从民族与国际政治问题中孤立开来看一样。关于青年运动的领袖——他们后来支持巴勒斯坦的犹太农民运动,阿伦特在 1945 年写道:“先锋人员完全满足于他们的小圈子,在那里他们能实现自己的理想;他们对犹太或巴勒斯坦政治鲜有兴趣,实际上他们每每对此厌倦,他们没有意识到他们的人民的总体命运。”[25]

阿伦特以罗莎·卢森堡曾经的方式反对女权运动。卢森堡的朋友克拉拉·捷特金(Clara Zetkin)是一位热情的妇女权利运动分子,她十分喜欢引用恩格斯在《家庭的起源》中的话,这句话让鲁尔—格斯泰尔十分高兴——“他是家庭里的资产者,妇女则代表无产者。”罗莎·卢森堡努力让她的朋友知道,妇女所受的压迫,就像犹太人所受的压迫,只有随真正的社会主义的到来才会结束。阿伦特没有支持社会主义或其他任何主张,她认为妇女问题应当是一个更大的政治斗争的一部分。在这一点上,她从来没有改变想法,总是支持妇女追求具体的政治目标,例如关于平等工作机会的立法,它们可以和其他政治团体的目标结合在一起。在阿伦特对妇女运动的批判中初次出现的是她后来在社会问题与政治问题之间所作的区分——她认为后者应当是行动的中心。

白天和黑夜

当汉娜·阿伦特形成在妇女问题上的观点时，她正在生命中实践着这个问题。她和君特·斯特恩在1932年继续共享着许多学术兴趣，但对同化的犹太复国主义者的批评正改变着阿伦特对日常生活和政治行动的态度，正如日常生活的处境正在飞速改变一样，这给她的婚姻带来了影响。

汉娜·阿伦特变得忙碌起来。安妮·门德尔松·威尔记得1932年的一天在街头遇到了她，听她谈到首次移民的事：她周围反犹主义日益高涨的浪潮正使得留在德国的愿望越来越不合理，她说。安妮十分惊讶，回答说她还没有感到对犹太人敌意的大幅增加。汉娜·阿伦特诧异地看着她的朋友，尖锐地说："你疯了吧！"然后就扬长而去。但安妮·门德尔松当然不是一个人持这种看法。很少有人持阿伦特那样的观点——希特勒通往权力之路实际上是在1929年开始的，那时他从阿尔弗雷德·胡根堡(Alfred Hugenberg)那里得到了资金支持。在1930年的大选运动中，全德国的人都把希特勒当成一个拯救者。玛萨·阿伦特报告说，在哥尼斯堡，镇上的人害怕在波兰危机上的一次入侵即将来临，希特勒被说成是"德国的保卫者"。纳粹党在选举中赢得了107个议席，只比居于统治地位的社会民主党少36个。[26]

随着对犹太复国主义者的批判越来越认同，汉娜·阿伦特对不能理解黑暗政治局势的知识分子越来越不能容忍。列奥·施特劳斯(Leo Strauss)，《斯宾诺莎的宗教批判》——备受推崇的另一种类型的批判——的作者，由于缺乏这种政治意识，在汉娜·阿伦特那里受到了冷遇。施特劳斯是犹太文化协会的助理，他曾在普鲁士州图书馆偶遇阿伦特，并努力向她献殷勤。当阿伦特批判他保守的政治观点，不给他面子时，施特劳斯大为恼火。这种恼火持续了几十年，当二人在60年代加入美国芝加哥大学社会思想委员会时变得更为严重。施特劳斯念念不忘汉娜·阿伦特对他关于民族社会主义的观点进行判定的残酷方式：她指出事实上的悖论，一个政党如果持施特劳斯所欣赏的观点，是不会给像他那样的犹太人留下任何生存空间的。

君特·斯特恩对纳粹日益增长的影响的反应，远不像安妮·门德尔松那样幼稚，也不像列奥·施特劳斯那样学术化，但还不及犹太复国主义者那样强烈。他开始写一部长篇小说。纳粹政党的时事通讯和期刊的摘录为他提供了他所讽刺的“纳粹说谎学派”的原材料(正如许多年以后，从美国出版社的摘要给他提供了另一个讽刺：“参观可爱的越南!”)。斯特恩写小说的那些岁月的熟人圈，大部分是共产党内部或周围的艺术家、记者和知识分子。与此同时，汉娜·阿伦特的圈子则由犹太复国主义分子构成，他们中的许多人——如布鲁门菲尔德、《犹太人评论》的编辑罗伯特·魏尔什(Robert Weltsch)、西格弗里德·摩西(Siegfried Moses)、格奥尔格·兰道(Georg Landauer)和出版商萨尔曼·绍肯(后来在纽约的绍肯图书公司，他雇佣了阿伦特)——是德国犹太复国主义组织的成员。

通过这些朋友，阿伦特认识了其他同情犹太复国主义的人。魏尔德玛·古里安(Waldermar Gurian)，一个在早年皈依天主教的俄国犹太人，曾师从著名学者卡尔·施米特(后来他成了纳粹理论家)学习法理学。当纳粹的影响在柏林变强时，古里安注意到了犹太复国主义者的批评，并把他非凡的学术精力用于研究犹太历史。在他移民去美国在圣母玛丽大学获得教职前后——在那里他创立了《政治学评论》，他一直在写作关于反犹主义史的精彩文章。

那个时候，在犹太复国主义者与共产主义者之间较少有相互间的尊重，尽管事实上犹太复国主义和共产主义都常常持有相似的理由——对伪善或自欺欺人的生活方式的拒绝，对资产者或同化主义者行为的抛弃。犹太复国主义者经常视共产主义者为“红色的同化主义者”，而具有国际意识的共产主义者也经常把犹太复国主义看成是法西斯主义的一个种类。这些意识形态的差别并没有使汉娜·阿伦特与君特·斯特恩公然分开，因为他们对各自阵营的意见均有所保留。但他们的学术圈子是分开的。有好几次，斯特恩参加了阿伦特召集的犹太复国主义者的讨论团体，一次他还就都伯林的小说《柏林的亚历山大广场》发表了演讲，但当阿伦特在布鲁门菲尔德的赞助下，开始到德国各个城市旅行，并发表关于犹太复国主义和德国反犹主义的演讲时，斯特恩没有加入进去。在犹太复国主义的同仁中，和他们的大学朋友们一起，汉娜·阿伦特因为她的学术能力而颇受敬重——通过非犹太复国主义的称号“雅典娜女神”就足以了解这些了。斯特恩没有这样的荣耀，他早期想做哲学家的愿望还没有实现。

和他们的声望及交往圈的区别一样重要的个人方面的情况是，斯特恩从不知道汉娜·阿伦特对所关注的问题和运动的观点的深度。阿伦特常常批评犹太复国主义，甚至试图劝她的朋友卡瑟·莱文(Kathe Levin)(后来成了恩斯特·福尔斯特的妻子)从犹太复国青年运动的成员中退出——很大程度上是因为她在《社会》评论中所说的，布劳·威士的运动只是一个青年运动，为青年而发起的运动，而非参与政治。但她不愿意和斯特恩讨论她忠诚于犹太复国主义者的本质。在他们一起进行她的奥古斯丁博士论文研究时，阿伦特也拒绝说她是否真地坚持超越之爱的原则，当他们一起写作关于里尔克对这一原则的现代理解时，这种沉默还是持续着。同样，当斯特恩从他和贝托尔特·布莱希特以及他的共产主义者朋友的讨论——那里经常讨论各种现代的无神论和虚无主义——回到家的时候，他会报告他们的争论情况，等待她的意见，但她并无什么意见。她在诗歌中所表达的生活的另一面他也不知晓。尽管他们都爱诗歌，她也欣赏斯特恩的作品——甚至记着并背诵他的诗——斯特恩从来不知道阿伦特的笔记本中充满了诗歌与诗歌式的片段。

君特·斯特恩当然不像曾和拉尔·瓦恩哈根结婚的“没有名字、没有历史，也没有……路边的乞丐”。[27] 但是，像奥古斯特·瓦恩哈根(August Varnhagen)，斯特恩一直远离着他妻子内心深处的思想和经验；他是阿伦特白天的同伴，不是她梦幻之夜的同伴。奥古斯特·瓦恩哈根只是拉尔“值得信赖的朋友，在未来和现在他都很理解她，和她为伴”，是一种延续性和令人尊敬的接纳的源泉。对君特·斯特恩，阿伦特只是以这种方式去爱他、需要他，当她描写拉尔与奥古斯特·瓦恩哈根的距离时，她或许也是在写这种需要的局限性：

瓦恩哈根对她理解得越多，拉尔就越是被迫躲着他。一个人只能被作为一个有着特定轮廓的特定的存在，作一个特定的面孔才能被理解。一切使轮廓变得模糊的东西都必须被抑制，否则总体的理解就会被摧毁。那不是拉尔想要的。并不是她对他瞒了什么实质性的东西，而是她没有说出夜晚难以名状的痛苦，白天让人迷糊的光芒，以及她克服精神忧郁每天所付出的痛苦努力……当她白天如此忠于瓦恩哈根，只是为了一次又一次地回到那永远循环、持续而没有休止的夜里的梦。[28]

海德格尔是汉娜·阿伦特展示她的忧郁和诗兴的对象；雅斯贝尔斯则像她的父亲。从君特·斯特恩那里得到的、让她感激的，乃是一种“总的理解”，一种对她白天的自我总体的接受。但当她白天的自我变得对她成问题时，他们便分手了。

当他们白天的社交圈、兴趣和成就的区别，开始与在国内政策上的分歧交织在一起时，阿伦特和斯特恩之间精神上缺乏默契这一事实便浮出水面了。科特·布鲁门菲尔德——在他的朋友中间，汉娜·阿伦特对生活的爱和她的冒险精神，正如她的固执和浪漫主义一样，都是十分出名的——提供了一个展示这种内在不一致的机会。他给汉娜·阿伦特一包黑色的哈瓦那雪茄烟，而君特·斯特恩则认为抽烟是男人的风格，还有污秽的气味。阿伦特不顾斯特恩的抗议，在家、在公开露面时都抽。汉娜·阿伦特抽雪茄，这是她断然不传统的体现，布鲁门菲尔德认可她的这种独立性，并予以赞赏，而斯特恩则以令人敬畏的瓦恩哈根的方式难以接受之。布鲁门菲尔德是汉娜·阿伦特所说的“很男人的”那种人。他是如此自信，是一个对女性颇热情的爱人，他不需要关于女人应当如何行为的老套观念，他令人仰慕，不断地鼓励他人，如父亲一般。在这样的人的周围，汉娜·阿伦特可以很高兴地以自己的方式表现得像个女人。

在这些紧张的中间，家庭悲剧发生了。1932 年 4 月，当两人正在汉堡拜访斯特恩的父母时，汉娜收到了玛萨·阿伦特发来的电报。克拉拉·比尔沃尔德服毒自杀了，她是在最为压抑的时候来到哥尼斯堡接受心理治疗的。汉娜·阿伦特立马离开前往哥尼斯堡。克拉拉·比尔沃尔德的死对玛萨·阿伦特来说是个巨大的打击，她曾努力多年以帮助她的养女；在克拉拉的一个男朋友死于急症，另一个抛弃她后，在她爱上曾经诊治她的精神分裂症的精神分析医生后，玛萨·阿伦特都尽力安慰她。

玛萨·阿伦特总是深深地关心着自己女儿的生活，当阿伦特和君特·斯特恩住在柏林时，她经常过去看他们。玛萨·阿伦特对犹太复国主义感兴趣，尽管不赞同它，对汉娜·阿伦特考虑的移民的必要性也表示同情。当她渐渐意识到她的女儿关于日益恶化的政治局势以及她对婚姻的理解时，她悲伤地接受了这个宣告：这个婚姻将不会有孩子。但是以巧妙的方式，玛萨·阿伦特对女儿婚姻的希望就会表现出来：他们一起拜访一个朋友，在和朋友的尚是婴儿的小女儿玩时，玛萨·阿伦特就会冒出一句“汉娜啊，你们为什么不生个这样的小宝宝呢?”。以她自己的思路，玛萨·阿伦特也不能理解汉娜·阿伦特的忧郁有多深——这种忧郁原本纯粹是私人的，但随着希特勒上台则有了令人害怕的政治语境。

一个犹太复国主义者的反抗

君特·斯特恩在 1933 年 2 月 27 日国会纵火案——一件嫁祸于共产党的纵火案，以作为一系列逮捕的借口——后离开柏林去了巴黎。斯特恩走了，因为他害怕刚刚重组的盖世太保会利用他们从贝托尔特·布莱希特那儿抄来的地址簿对柏林的左派人士进行清洗。尽管已经对移民问题考虑了数月，汉娜·阿伦特还是决定留在柏林；正如她在多年后所说的，她感到“再也不能做一个旁观者”。[29]她和斯特恩对危机反应的不同不是勇气上的程度不同，而是如一个朋友所说的“是个性的不同；她有着倔强的脾气，恰好可以用来反抗”。

斯特恩离开后，阿伦特更多地投身于犹太复国组织的活动，在 1933 年春天的反犹措施期间，他们的活动变得更加迫切。她把在奥匹茨街道(Opitzstrasse)的寓所贡献出来，作为希特勒的政权下逃跑者的中转站，这些逃跑者中大多数是共产党人。为逃跑的政治人物提供帮助，满足了她行动、反抗的需要，也宣布她与当局相反，与她所认识的其他人相反——他们以不同的方式与当局媾和。当然，在奥匹茨街道维持她生活中不让人注意的平常状态是特别重要的。这个寓所——1932 年夏天斯特恩曾经住过——最后成了他们自己的家。[30]雕刻家和舞蹈家的来来去去不必检查。她接待朋友和亲戚：玛萨·阿伦特从哥尼斯堡来，一住就是好几天；爱尔斯·阿隆，保尔·阿伦特的妹妹弗里达 16 岁的女儿，第一次来首都玩。这些来来去去给陌生人提供了保护，这些陌生人往往在深夜或一大早出现。在她被带着去参观柏林的博物馆和城市的文化遗产时，爱尔斯·阿隆被指导何时接电话，如何接电话。当玛萨·阿伦特的社会民主党朋友们来电时，他们会带来关于把逃跑者送到哪里的信息，因为许多受害的左派团体在德国周围建立了一系列边境联络站。

1933 年春，阿伦特在参加这种地下转运活动的几个月中总是很紧张，以压迫者作为代价，也不是没有偶尔让人慰藉的欣喜时刻。安妮·门德尔松，她的姐姐凯瑟琳，和她们的妈妈在寓所隐藏了一个“法外”共产党人好几天。一切都很顺利，直到一个邻居通过洗澡间的窗户发现此人，窗户正对着一个饶舌人家的院子。警察出现了，他们审问看门人，幸运的是，看门人是个共产党人。这个人十分机智、勇敢，足以挽回一切，他唤起了警察对三个一无所有的女性和一个男性来访者男子气概的同情，说：“朋友们，来吧，我们对这个事情大度点吧！”

喜剧性的时刻很少，好久才会有。正如阿伦特所回忆的，许多成功的逮捕都是“恐怖的，(尽管)被后来发生的事件完全掩盖”。[31]尽责的、有思想的人们，他们曾经无以领会正在发生的一切，现在则震惊地认识到，法律已无济于事。在 1 月，那时希特勒已担任德国要职，阿伦特和卡尔·雅斯贝尔斯曾就她所认为的移民很快就变得必要进行过热烈的争论。雅斯贝尔斯不能理解为什么“你作为一个犹太人要把自己从德国分离出去”。[32]阿伦特也试图当面以及在书信中解释给雅斯贝尔斯听，德国对她意味着什么：“对我来说，德国是母语，哲学和诗歌。所有这些我能够、而且必须坚持。”[33]但她感到一切其他事情都很陌生，包括雅斯贝尔斯所说的德国人的本质。"过去辉煌中的德国"，她写道，"是你的过去，而我的过去，我不想说任何一句话。总体来说，（对德国的）每一种解释，无论从犹太复国主义者或同化主义者还是反犹主义者那里，只是说明我们的处境真正出了问题。"[34] 雅斯贝尔斯仍然希望能够把阿伦特与她的德国人身份糅合在一起，在讨论中赢得她的"同意"。他为阿伦特担心："人不能以否定、有问题及含糊的方式单独活着。"[35] 雅斯贝尔斯认为，阿伦特对每个阵营的批评，甚至对犹太复国阵营的批评，使她没有立足的地方，没有进行积极思考的基础；对他来说，含糊是没有出路的。在 4 月的国会纵火案后，当阿伦特最后一次去拜访在海德堡的雅斯贝尔斯时，雅斯贝尔斯没再试图去赢得阿伦特的同意。因为当他们谈话时，纳粹剥夺犹太人的公务员任职及大学教职的立法已经生效。

汉娜·阿伦特把她在柏林所做的救助工作看作是对勇气和智慧的一种考验，在她的一生中她都保持着对那些人的友好，那些人看清当时的局势，并积极努力，而不论对共产主义者的身份的态度如何。例如，法国社会学家雷蒙·阿隆（Raymond Aron）就帮助难民逃往他的祖国，当时他在柏林的法国使馆工作，由于这一点他总是受到阿伦特的高度评价，尽管他们在政治理论方面有深刻的分歧。

然而，尽管汉娜·阿伦特对行动领域的进入——关于此点她后来提出了她的政治理论中最具原创性、最为精彩的一面——是她对逃亡工作的勇敢参与，她却很少说到这一点。她谦虚地意识到，许多和她一样不是共产党员的人也卷入了更大的冒险；但谦虚和她对其他人所做的牺牲的诚实考虑，都不能够解释她的沉默。

在 1963 年一封关于颇有争议的《艾希曼在耶路撒冷》的公开信中，杰舍姆·肖勒姆（Gershorm Scholem）曾把阿伦特当成"来自德国左派的知识分子"中的一员，她反驳说："我不是'来自德国左派的知识分子'中的一位。你不了解这一点，因为我们年轻时相互都不认识。那是我并不特别引以为荣的事实，也是我想强调的——尤其是自从美国的麦卡锡时代以来。我很晚才理解了马克思的重要性，因为年轻时兴趣既不是历史也不是政治。如果我可以说是‘从一个地方来的’，那就是来自德国哲学传统。”[36]阿伦特在年轻时代不关心政治。但她是社会民主党员母亲的女儿，是左派丈夫的妻子；在柏林的时候，她就已经开始阅读马克思、列宁和托洛茨基(依据安妮·门德尔松·威尔的回忆)；在 1933 年春她确实帮助过共产党人。汉娜·阿伦特想要强调的是，尽管那样，在那时以及后来，她的政治意识觉醒和反抗，不是作为一个左派分子，而是作为一个犹太人的觉醒和反抗。其中既有政治的原因，也有个人的原因。

阿伦特作为一个犹太人的行动方式是犹太复国主义者造就的。1933 年春，她受科特·布鲁门菲尔德以及他在德国犹太复国组织中的一个同仁之请，做了一些非法的工作。[37]他们要她到普鲁士国家图书馆收集资料，以反映非政府组织、私人圈子、商业协会和职业团体中反犹的程度。她打算搜集反犹言论材料，这些材料往往没有在德国或外国出版社发表。这个犹太复国主义者所谓的“恐怖宣传”的材料，将被用来证实他们在第 18 届犹太人议事会上犹太复国主义者做的宣言，该会拟于 1933 年夏天在布拉格召开。犹太复国主义者希望传递给德国犹太人以及所有愿意听他们话的人的信息，都包括在了他们委员会的解决方案里：“在犹太复国主义的历史上，犹太复国主义者对总体犹太人问题分析的极其准确，从来没有以这样一种悲惨的、有意识的方式展现。德国发生的事件，已经使那些试图仅仅通过公民解放或有意识的同化去解决犹太人问题的幻想最终破灭——所有否定犹太人团结和共同命运的尝试都失败了。”[38]

布鲁门菲尔德选中阿伦特，因为她与犹太复国主义者没有正式联系，他知道如果一个著名的犹太复国主义者在这一任务中被逮捕，整个组织就会受到威胁。如同阿伦特在多年后对采访者所言，她“十分高兴。首先这件事看起来对我很有意义；第二我有一种感觉，这样我可以实实在在地做点事情。”大约好几个星期，她确实在做事情——她收集了“漂亮的一捆”材料。但是随后，在她和她的母亲去一个午宴的路上，她被捕了，被带到亚历山大广场的警察局。警察也把玛萨·阿伦特带着前往问讯，并去阿伦特家里搜查。警察把玛萨·阿伦特和她的女儿分开，确信她们的故事将相互不符合，但他们从玛萨·阿伦特那里根本盘问不出什么故事。他们问她是否知道女儿在普鲁士国家图书馆干什么，她坚定地回答："不知道，我不知道她在干什么，但无论她做什么，她做的都是对的，我也会做同样的事情。"并不比玛萨·阿伦特的简短陈述更具信息量的，是警察在她家里所搜到的笔记本和手稿：他们返还了这些哲学手稿，但还是花了好多天去辨认一个笔记本上复杂的字母——那是希腊语引文的汇集。

阿伦特被一个最近刚提升到政治部门的"帅气小伙子"逮捕，他不是很明白自己的职责。"他有一些疑虑。但他认为他该做什么呢？他总是说：'一般情况下当我叫一个人到我面前来，我只是不得不按我们的记录核实案件，我知道要做什么。但我该如何处理你呢？'"他所做的实在是不寻常。在去总部的路上，阿伦特抱怨口袋里只有几根烟，说没有烟她就不会回答问题。小伙子十分有礼貌地停了车，为她买了好几包雪茄，并建议她如何偷偷地把烟带进她的房间。翌日，当他在审问时，她抱怨咖啡的质量，于是一杯更好的咖啡就送了上来。

尽管如此友好，她还是对逮捕她的人说了一堆谎话。"自然，我不能暴露组织。我给他讲令人激动的故事，他总是说'我把你带进来，也会把你带出去。不用雇律师！犹太人现在没钱。省点钱。'与此同时，组织已经给我雇了一个律师。自然也是通过协会。但我把律师送走了。因为逮捕我的这个人有一张开明、诚恳的脸，我把信任放在他身上，我认为那样会有更好的机会，而有些律师只知道害怕。"

阿伦特的德国警察信守诺言，8天后，她被释放。但她很清楚地知道，她是不大可能第二次幸运地遇到这样一个朋友了，她准备尽快离开德国。安妮·门德尔松·威尔回忆，他们在一个逃离犹太商人留下的酒馆举行晚会，享受和朋友在一起的喜悦，庆祝她被释放，那是"我们生命中最让人沉醉的一次"。科特·布鲁门菲尔德则以十分幽默的方式，把玛萨·阿伦特拥在怀里，特别高兴地向她宣布："现在，我从你那里知道阿伦特的为人了！"

阿伦特和她的母亲离开了德国，她们没有旅行手续，只能从爱尔茨格伯奇山（Erzgebirge Mountains）密密的森林里取道，逃跑的犹太人和左派分子都知道那是“绿色前线”。她们朝布拉格进发，那里已经成了纳粹德国逃亡者的都城。以布拉格为基地的左派流亡者已经组织了一个边界联络站网络以帮助人们从德国逃跑，帮助时事通讯者和送信者进入德国。阿伦特一家去了卡尔斯巴的联络站，长期以来这是德国最为著名、也是网络中最重要的站点。她们在夜里穿越捷克的边界，避开了关卡。她们的逃跑十分简单：一个有同情心的德国家庭有一座房子，前门在德国，后门在捷克斯洛伐克；他们在白天接待他们的“客人”，给“客人”们提供晚餐，然后在夜幕的掩护下把他们从后门送走。

在布拉格稍作逗留后，阿伦特一家立刻前往日内瓦，玛萨·阿伦特的柏林老朋友、社会主义者、一个名叫玛萨·蒙特（Martha Mundt）的妇女居住在那里，并为国联工作。玛萨·蒙特在国联总部她的部门——国际旅行机构中为汉娜提供了一个临时职位。阿伦特做记录秘书十分成功：她做的记录包括清楚而有力的发言，以致发言者把准确性问题放在一边，而对自己的话印象深刻。这个新发现的天赋在犹太事务机构总部也派上了用场——其间有了一个新的因素：发言用意第绪语。但阿伦特不想留在日内瓦，不想呆在社会民主党的劳动组织者或犹太事务机构领导中间。她想继续前往巴黎，以加入聚集在那里的许多逃亡的犹太复国主义者之中。

在离开德国前的几个月内，阿伦特对她应该做什么的感觉发生了很大的变化。在1964年的高斯访谈中，她说，1933年2月的国会纵火案和紧接那插曲后的非法逮捕的时期已经让她改变了观点。“你知道，它们都以盖世太保的地下室或集中营告终。那对我是个震动，自此我感到需负起责任来。也就是说，我不再感到我可以简单地做一个旁观者。”没有提她为共产党人所做的工作，她说为犹太复国主义者工作对她来说十分满意。“嗯，我想，至少我做了一些事！至少我不是无知者，没有人能因此而指责我。”为犹太复国主义者做事，为此她感到满意，她不是无知者，这导致她再思考如何接受她新形成的责任感。

你知道，我曾经主要投身于学术追求。考虑到这点，1933 年对我有持续的影响——既是消极的，也是积极的。我先告诉你消极的影响，然后说积极的一面。这些天，许多人认为 1933 年犹太人所遇到的打击是希特勒攫取政权的结果。就我和我们那代人而言，这是一个奇怪的误解。那当然是可怕的。但它是政治性的，不是私人性的。上帝知道我们不需要用希特勒攫取政权来证明纳粹是我们的敌人！每个不怎么疯狂的人在 1933 年之前至少四年，就清楚地知道这一点。大量的德国人同情纳粹，我们也十分清楚。因此，1933 年的事件发生时我们并不那么惊讶……(但)只要你的脚踏出家门，一般的政治现实就转化为个人命运。同样，你当然知道什么是合作。合作意思是说你的朋友们与敌人合作。问题，个人的问题，就不是我们的敌人可能在做什么，而是我们的朋友在做什么。这种合作是自愿的，至少不是以恐怖统治中的强迫方式进行的，合作的浪潮使你感到孤立，感到被一片荒凉的空间环绕。我生活在知识界，但我也认识许多圈外人，我慢慢总结出，合作是，就这么说吧，知识分子中的通例，而不是其他人中的通例。我从来没有忘记那个事实。我离开德国，引导我的是'就此作罢'的解决方案——一个十分夸张的说法！我将再也不会与'观念史'有联系。确实，我再也不想与这样的知识圈有任何关联。

阿伦特得出结论，知识分子和他们社会的职业性变节已经使他们有与纳粹合作的嫌疑。

阿伦特告诉雅斯贝尔斯她永远不会离开的德国——母语、哲学和诗歌——纠缠进了她的私人问题。它使得问题极其尖锐。班诺·冯·维泽是她在海德堡时期文学上的朋友，他来到奥匹茨街道的寓所对她说："这些都是伟大的时刻。"马丁·海德格尔在 1933 年春接任弗莱堡大学校长，他的前任是社会民主党人，这位前任因拒绝邮寄所谓的犹太人告示而被开除。海德格尔发表了就职演说，为"民族觉醒的伟大和高贵"唱赞歌。他还去看了一下雅斯贝尔斯，这让雅斯贝尔斯陡然不再幼稚地相信哲人在道德上是善的，因为海德格尔对雅斯贝尔斯的犹太妻子表现出侮辱的行为。[39]

在她最后一次涉足观念史时，在1932年给《科隆时报》的题为“亚当·缪勒（Adam Mueller）的复活？”一文中，阿伦特批评了那些寻找先驱搜集德国文献的民族社会主义的知识分子。[40]她指出，拉尔·瓦恩哈根的熟人亚当·缪勒，不诚实的纳粹给他的画像与他不符合。缪勒是一个天主教徒，阿伦特写道，他有救赎共同体的观点，既不是自由主义、工业化和启蒙的对手，也不是社会有机观的支持者。在她的文章中有着针对如班诺·冯·维泽和马丁·海德格尔之流的暗中警告，因为她认识到这些当代亚当·缪勒们的忠贞将被崇拜大众的纳粹用于他们想要的目的。但这篇文章是她给闭目塞听的知识界传送公开信息的最后尝试。

当犹太人也合作时，阿伦特的个人问题变得极其复杂难解。她告诉雅斯贝尔斯，她的记忆中浮现起多年前的一件事：“[西奥多·阿多诺]在1933年与纳粹合作上不成功的尝试在法兰克福学生报纸《讨论》中被曝光。他以一封不可名状的不快的信作答，这让德国人印象深刻。这件事真正的丑处是，他，[法律上]半个犹太人，不告诉他的朋友就走了这一步。他曾经希望以他母亲的意大利家族的名字蒙混过关，”阿多诺，而不是他父亲更为明显的犹太人名字，维森格伦特。[41]

阿伦特后来修正了她对知识分子的评价，但在那个时候，这确实促成了她的决定；它激发了她1933年印象的积极产出物，促成了她的个人问题向不含糊的政治态度的转型。“那时，我就得出了结论，我一直以一句话来表达它，这句话对我来说含义很清楚：‘当一个人作为犹太人受到攻击时，他就必须作为一个犹太人来保卫自己。’不是作为一个德国人，不是作为一个世界公民，不是作为人权的持有者。”[42]阿伦特总是强调她在柏林的反抗是一个犹太人的反抗，其政治原因正在于此。

> 在我认识到这点后，我明确地试图把自己和[犹太人]问题结合在一起。这是第一次。当然，是和犹太复国主义者结合在一起。他们是唯一准备斗争的一些人。我的意思是说，和同化主义者结合在一起没

什么意义。顺便说一下，我和同化主义者从无联系。我也关心我自己的犹太人问题——我的《拉尔·瓦恩哈根》到我离开德国时已经完成，其中，当然，犹太人问题占相当的一部分。这本著作展示了我想要理解的东西。然而，我在这本书中所讨论的犹太人问题不是我自己的问题。我个人的问题是政治性的，纯粹政治性的！我想要做实际的工作——纯粹是犹太人的工作。在法国，正是这个准则指导着我。

注释

1. Japers to Arendt, 4 August 1929, Marbach.

2. 下面不单独标明注释的引用来自阿伦特写的《奥古斯丁和新教》，*Augustin und Protestantismus*, Frankfurter Zeitung, no.902, 12 April, 1930。

3. Rainer Maria Rilke, *Duino Elegies*, trans. J.B.Leishman and Stephen Spender (New York: Norton & co., 1963), p.23.

4. Hannah Arendt, "Walter Benjamin: 1892—1940" in *Men in Dark Times*, p.202.

5. Sybille Bedford, "Emancipation and Destiny", The Reconstructionist, 12 December 1958, pp.22—26,(对瓦恩哈根时代最好描述的是贝福德(Bedford)的小说《遗嘱》)。

6. Arendt, *Varnhagen*, p.3.

7. Ibid., p.9.

8. Ibid., p.21.

9. Arendt to McCarthy, 7 October 1967(in McCarthy's possession).

10. Arendt, *Varnhagen*, p.58.

11. Ibid., p.88.

12. Ibid., p.104.

13. Ibid., p.127.

14. Ibid., p.143.

15. Ibid., p.227.

16. Arendt to Jaspers, 7 September 1952, Marbach.

17. Arendt, *Varnhagen*, p.224.

18. Ibid., p.183.

19. 下面不单独注释的引文来自汉娜·阿伦特在 *Archiv fur Sozialwissenschaft und Sozialpolitik* 66(1931): 200—225 的评论。关于阿伦特对赫尔德(Herder)以及"教育原则"的反思,参见 *Origins*, pp.57—58。

20. Hannah Arendt, "The Crisis in Culture", in *Between Past and Future*, 2d ed. (New York: Harcourt Brace Jovanovich, 1968), p.226.

21. 阿伦特是在接受 1959 年汉堡市莱辛奖时所作的演讲;这篇演讲收在阿伦特的《黑暗时代的人们》这本书当中。

22. Arendt to Blumenfeld, 21 July 1960, Marbach.

23. Japers to Arendt, 16 Jan. 1931, Marbach.

24. 本文中下面的引用来自汉娜·阿伦特在《社会》(*Die Gesellschaft*, 10(1932): 177—179)上的评论中。

25. Hannah Arendt, "Zionism Reconsidered," Menorah Journal 33 (August 1945), p.169.

26. 这里的"Margrave"有其根源上的意义:"前线保卫者",这一意义是在 Charlemsgne 确定这个词具有这一作用时所形成的。1930 年,纳粹赢得了哥尼斯堡地方政府的多数席位。

27. Arendt, *Varnhagen*, p.147.

28. Ibid., pp.156—57.

29. 高斯的访谈。

30. Arendt to Jaspers, 1 Jan 1933, Marbach.

31. 高斯的访谈。

32. Japers to Arendt, 3 Jan. 1933, Marbach.

33. Arendt to Jaspers, 1 Jan 1933, Marbach.

34. Arendt to Jaspers, 6 Jan 1933, Marbach.

35. Japers to Arendt, 10 Jan. 1933, Marbach.

36. 阿伦特与肖勒姆之间的通信首先是在几家德语杂志上发表的,后来又用英语刊登于 *Encounter*(22 January 1964): 51—56, 这一通信重新收于 R.Feldman ed.,

The Jew as Parish(New York: Grove Press, 1978)。

37. 阿伦特在高斯访谈中描述过这一情节,但是她的说明在这里被充实以笔者访谈所获得的细节。

38. *Central Office of the Zionist Organization*, *Resolutions of the 18th Zionist Congress*(London: 1934), p.11, British Museum, London."解决方案"呈现了对形势的一种理解,而且用一种阿伦特认为是过时的术语:"所有国家对犹太人权利的抑制,在范围上是无可匹敌的,在21世纪也是不可接受的,它代表了一种新的、可怕的、历时几个世纪的犹太人问题的显示,正如犹太复国主义伟大创始人西奥多·赫茨尔所描述的那样。这一问题的解决是犹太复国主义运动的目标及内容。"

39. 在1966年3月9日雅斯贝尔斯给阿伦特的信中,有一段关于海德格尔在1933年行为的描述。雅斯贝尔斯宣称海德格尔并不是反犹主义者,但是他在最后一次拜访雅斯贝尔斯夫妇时,Gertrud(雅斯贝尔斯夫人)的犹太身份并没有让他不安,而她对纳粹所直接和公开表达的观点深深困扰着他。雅斯贝尔斯总结道:"我永远都忘不了他当时对Gertrud的粗鲁态度。"(海德格尔1966年在《明镜》的访谈在他去世后的1976年发表,那个访谈并没有过多地涉及他在1933年的个人态度;见"A Interview with Martin Heidegger", *Graduate Faculty Philosophy Journal* (Winter 1977), pp.5—27)。

40. Hannah Arendt, "An Adam Mueller Renaissance?" *Kolnische Zeitung*, no.501, 13 Sep. 1932, and no.510, 17 Sep. 1932.

41. Arendt to Jaspers, 4 July 1966, Marbach.

42. 此处及下面的引文来自于高斯访谈。

第二部分

1933—1951

汉娜长达十八年都是一个“无国籍者”。但没有政治权利的这段时期——从1933年逃离纳粹德国到她在1951年被接纳为美国公民——却是她在政治上最为活跃的时期。在巴黎,她为一个帮助犹太难民移居巴勒斯坦的组织工作,给反法西斯人士提供法律援助,她大学圈子的非政治的学术则放在了一边。她找到一个团体,那里有艺术家和工人,犹太人和非犹太人,活动家和局外人;德语是他们的语言,但他们都是世界主义者。这个团体里还有阿伦特的第二任丈夫海因里希·布吕赫,正是和这个团体,汉娜·阿伦特探讨在他们认为即将来临的世界危机中犹太政治如何兴起。当这场危机来到他们面前,当第二次世界大战开始时,这个团体被驱散了:一些人被送到法国集中营,一些人逃到未被占领的地区,大家都开始极力寻找签证、新家和安全。

汉娜·阿伦特和海因里希·布吕赫是幸运的。他们拿到了美国紧急护照,可以从法国南部去西班牙,然后去里斯本,在那里他们乘船去纽约。在纽约,她寻找舆论阵地,努力为犹太人政治提供理论基础,使之成为实践中的焦点。在一份名为《建设》的德语报纸上,她倡导建立一支犹太人军队与希特勒斗争。犹太人军队和她曾期望的犹太人政治从来没有出现;在“最后解决”的恐怖岁月里,她继续写关于在巴勒斯坦建立犹太人家园的文章,但是,没有政治团体采纳她的建议。

战争末期,阿伦特一边为犹太文化重建委员会工作,稍晚又做了绍肯图书公司的编辑,一边开始《极权主义的起源》的写作。她写书,写许多短文及书评,但没有参加政治活动。尽管如此,在以色列建国的那年夏天,她参加了一个由犹大·马格内斯领导的旨在寻求新国家中犹太人和阿拉伯人之间和睦相处的组织。在短暂而令人沮丧的努力后,她从政治中退出,她意识到她在脾气和天资方面不适合为之。

汉娜·阿伦特当然不是她所说的“政治动物”。但她从实际活动以及在无国籍者时期成为一个公众人物中学到的东西,为她的政治理论打下了基础。《极权主义的起源》囊括了阿伦特的政治故事和她的巴黎朋友们的故事。她在丈夫的帮助下写作,正如科特·布鲁门菲尔德所言,它涵盖了

“它所题献的人——布吕赫——未写出的政治哲学”。

在汉娜·阿伦特的生命中再也没有什么年月比无国籍者时期更艰辛了。当然,《极权主义的起源》并不是讲述她个人的故事——她婚姻的故事,她对出现或失去的朋友的忠诚,她母亲的去世,她失望与希望的时候。但很明显,这本书的写作伴随着她充满激情的理解的愿望,它意味着一个深刻的锻造过程,一种尼采所说的“或者杀了你,或者使你更强大”的过程。汉娜·阿伦特在年轻时就曾把时间按纯粹个人的时段分为“那时”和“现在”,她以一种完全的、强烈的、政治的关怀结束了她第一本巨著的序言:“所有试图从现在的严峻中进入对一个还没有被污染的过去或是有一个更好未来的期望的宽慰,都是徒然的。”

第四章　无国籍者(1933—1941)

一个人的事情成了众人之事

——克里孟梭(Clemenceau)论德雷福斯事件(Dreyfus Affair)

她的人民

安排好母亲安全返回哥尼斯堡以后，汉娜·阿伦特在 1933 年的秋天去了巴黎，在那里她再次与君特·斯特恩会合。他们住在一起，有共同的朋友和活动，但他们的婚姻再也没有继续。同伴关系和保证食物及住处艰难的实际需要，继续把他们联结在一起；这样的纽带对他们俩都很重要，在“那个老魔术师——世界历史”的手中，人们几乎不知道从今天到明天有什么盼头。汉斯·约纳斯曾在 1934 年斯达维斯基(Stavisky)丑闻后不久拜访过他们。对像他这样的朋友，他们还是作为一对已婚夫妇出现，汉娜·阿伦特在公开活动中也继续用汉娜·斯特恩的名字。直到 1936 年 6 月斯特恩离开巴黎去纽约，他们才最后分开，但他们的婚姻关系——正如阿伦特 1937 年的离婚书中所言——在 1933 年就已经终止。

当她致力于犹太复国主义者的事务和问题时，斯特恩在写他的长篇小说《莫路斯公墓》，这是一次有其自身价值的冒险。部分完成的手稿的备份放在一个柏林出版商那里。1933 年初，办公室被盖世太堡搜查。手稿被没收，但不久便归还到了贝托尔特·布莱希特那里——他曾经为斯特恩将之提交给出版商。盖世太堡的人是从封面来判断此书的，该书封面是一个不可思议的岛屿的地图，那是一个法西斯的乌托邦，小说的故事就发生在那里。小说是讽刺性的，莫路斯是一个不存在的乌托邦，对任何只要读过该书一页的人这都是很明显的。斯特恩从布莱希特那里重新获得了书稿，把它交给安妮·门德尔松妥善保管。安妮用一张满是油污的芝士纸将其包好，挂在阁楼里面，混杂在一堆熏肉中间。当汉娜·阿伦特离开柏林时，她就把这个假的"熏肉"带在身边，带着它去了布拉格，去了日内瓦，最后去了巴黎，在巴黎她把书稿交给了斯特恩。斯特恩又继续从事他的写作，在他每天吃简单的早餐时，他可以闻到书稿的纸张所散发出的奢侈的熏肉香气。这还不算，法西斯主义给君特·斯特恩带来许多不快，他的姐姐艾娃曾在阔别七年后于巴黎和他会面，她十分吃惊地看到他看起来是那么憔悴。在一个充满敌意的环境中，得不到支持和承认，生活让他如此沮丧。

当他们不工作的时候，汉娜就和君特·斯特恩在"拉丁一刻"咖啡店碰面，谈论那些至少能够在道义上给他们支持的朋友和熟人。一天下午，在萨夫洛特路(rue Sufflot)的一个咖啡店(咖啡店位于供奉着并非他们自己的英雄之万神殿旁边)，斯特恩把阿伦特介绍给阿诺尔德·茨威格(Arnold Zweig)和贝托尔特·布莱希特。他们拜访了文学批评家瓦尔特·本雅明，在柏林他们都见过本雅明，但不是很熟悉。本雅明是斯特恩的远房表亲，他在巴黎比大多数逃难的知识分子都要适应。年轻时，他曾经和他的父亲——一位东方古董进口商人——一起去各个城市游历，他能够很自如地说法语、写法语。"十九世纪的首都"很对他的胃口，这给他每天徒步观光开阔的空间。但本雅明也不如意，"因为他在法国没有得到应有的承认"，正如汉娜·阿伦特在一篇关于她的朋友的文章里所写的那样。[1]他很感激为数不多的几个论坛，法国人和移民知识人士在那里见面，例如法西斯主义研究所，1934 年他在那里发表了演讲"作为生产者的作者"，听众里面包括汉娜·阿伦特。

斯特恩和阿伦特的朋友大部分是德国难民，但他们也有一些法国熟人，他们在1933年之前就认识，并且在学术上都关注德国的命运。雷蒙·阿隆从1931年到1933年曾经在柏林的法国研究院教书，1934年，他取得了一个在高等师范学院做社会信息中心秘书的职位。汉娜·阿伦特偶尔会去看他。由于阿隆的介绍，她和斯特恩能够参加亚历山大·科耶夫（Alexandre Kojève）在高级研究所的好几次学术研讨会。这些讨论会是科耶夫的《黑格尔导读》的基础，这是从科耶夫学生的笔记整理出来的，汉娜·阿伦特认为它对任何黑格尔研究都是基础性的。多年后她告诉一个朋友："科耶夫实际上相信，哲学已经随黑格尔（Hegel）终结，并在信仰基础之上行动。他从来没有写一本书，甚至关于黑格尔的书实际上也不是由他写的……他没有变成一个哲学教授……简单说来，他做了大多数人不会去做的事。"[2]对汉娜·阿伦特来说——如同雅斯贝尔斯所言，她曾经"一天天地、可以理解地进入了一种反学术的精神框架"——科耶夫是一个特别让人难忘的人物。

让·保尔·萨特（Jean-Paul Sartre）——斯特恩他们从来没有对他产生过好感，他和亚历山大·科热（Alexandre Koyrè）——后来他成了阿伦特的一个密友，也参加了科耶夫的讨论会。科热把他们介绍给让·威尔（Jean Wahl），那是他的《哲学研究》的合作者，在那里斯特恩可以发表一些书评以及他1930年法兰克福讲座的法文翻译稿《实验方法之解释》。让·威尔是法国最早一批对雅斯贝尔斯的著作有严肃兴趣的人中的一员；其他人——著名的如科耶夫和萨特——已经知道海德格尔的著作好多年并曾详细研究过他的思想。

在其他的时间，这些熟人一定会激起汉娜·阿伦特的兴趣，尤其是如果她有志于提高她的法语水平，她的法语水平使她可以阅读，但不能进行日常交流或哲学讨论。但她的注意力全部放在了犹太人问题上而远离大学圈子，甚至那些与科耶夫一样令人振奋、与众不同的人和局外人般的人。

她的第一份工作，也是她在没有身份证的情况下所能得到的工作，是为一个组织工作，这个组织的总部是香榭里舍大街（Champs Elysées）的农工技艺协会。该组织由法国议员、法国—巴勒斯坦——对巴勒斯坦的发展最有影响的机构之一——组织的领袖约斯汀·哥达特(Justin Godart)领导,它为年轻移民提供农艺和手工业训练,以为他们在巴勒斯坦的未来作准备。这些年轻人在少年活动中心吃饭,晚上课程涉及犹太历史、犹太复国主义和希伯来语。阿伦特任农工技艺协会办公室秘书。

运气和急迫的联结使她获得了这个工作。她曾经在德国犹太人国家救助委员会上推荐自己,讲了一套她只是耳闻、根本谈不上精通的文员技巧。不怎么出众的行为适合不怎么有趣的职位。安妮·门德尔松,她在巴黎成了安妮·威尔——这里没有像纳粹的法律禁止婚姻中的两个人同时被雇佣,她贩卖火柴,做德语家教——报酬之低,与法语教师相差无几,如此度过了几个月令人灰心的时光。安妮想寻找一个更好的工作,汉娜·阿伦特尽力帮助她,答应从科特·布鲁门菲尔德那里弄来推荐信。她从她在圣·雅克路(rue Sainte-Jacques)的房间——那是她主要拥有的许多小旅馆的房间中的第一间——里写信给布鲁门菲尔德,描述了安妮的需要:推荐信必须适合"一个大的美国保险公司……如果在这里找工作不是这么艰难,如果一个人不必欣然接受每一个机会,我是不会向你提出这样荒唐的要求的。"[3]安妮最后得到了高级研究所的一个秘书职位和一个更好的工作——她帮助一个上了年纪的法国公爵夫人完成一篇她在索邦神学院关于恩斯特·卡西尔的论文。夫人十分急于完成她的学业,她告诉她的家庭教师,因为索邦神学院的人正在变成"彻头彻尾的共产主义者"。

成百上千的德国难民辗转于巴黎,从一个旅店到另一个旅店,寻找任何一种工作。许多人陷入了现代难民所熟知的恶性综合征:对他们来说没有适当的证卡就得不到工作,而没有工作这些证卡也就很难办理。随着德国难民被东欧人的逃难浪潮席卷,情况越来越让人绝望。像"法国人的法国"和"打倒外国佬"(A Bas les Meteques)的口号充斥着报纸,街头的情况也证实着这一点——大约超过五十万的法国人与难民一样绝望地处于失业状态。

一旦在农工技艺协会拥有职位,汉娜·阿伦特就有足够的钱供给自己的生活并帮助君特·斯特恩。她也能够给一些游荡着的犹太人提供一些工作。一个是刚从巴勒斯坦来到巴黎的波兰人坎南·克兰伯特(Channan Klenbort),在她后来的人生中他们一直都是朋友。坎南在1934年冬天曾经在他所住的旅馆房间里为一个巴黎工厂做靴子底以度日,同时也用笔名阿亚尔第写短篇小说。他被农工技艺协会录用为意第绪语和希伯来语老师。

当克兰伯特在农工技艺协会见到汉娜·阿伦特时,阿伦特给他的印象十分深刻:首先是因为她邀请克兰伯特到香榭里舍大街咖啡店喝咖啡,这按他的标准来说是一个昂贵的招待,然后是因为她在交谈中显得心灵开放。阿伦特问他是否反对犹太复国主义,因为对帮助移民巴勒斯坦的组织来说雇佣一个反对犹太复国的人是不太正常的,但当克兰伯特说他实际上就是一个反对犹太复国的人(后来他放弃了这一立场),阿伦特还是给他提供了这个工作。工作之余,他们也谈论他们的家庭——阿伦特把她拉第维克的祖父雅各布·柯恩作为他们有共享过去的证据——他们也谈论意第绪语。和许多受过良好教育的、同化了的德国犹太人不一样,阿伦特不鄙视这种语言。那天下午是以坎南·克兰伯特的两次被雇结束的——一次是农工技艺协会,一次是被阿伦特雇佣做她的希伯来语私人教师:"我要了解我的人民,"阿伦特告诉他。

试图去了解她的人民是一件复杂的事情,因为当阿伦特在农工技艺协会工作的时候,很快,变得十分明显的是,每年的犹太人迫害加深了人们之间相互关系的复杂性。她如此描述了在巴黎遇到的情况:"法国犹太人绝对意识到所有从莱茵来的犹太人都是他们所说的波拉克(Polak)——德国犹太人称为东部犹太人。但这些确实从东欧来的犹太人不赞同他们的法国同胞,并称我们[德国犹太人]为雅克(Jaecke)。这些憎恨雅克的人的儿子——第二代人,出生在法国,已经适时地被同化了——他们与法国上流社会有着相同的观念。这样,在同样一个家庭里,你可能被父亲叫作雅克,被儿子叫作波拉克。"[4]汉娜·阿伦特把她从布鲁门菲尔德那里学来的对同化的犹太复国主义式批判尽可能地转化用于新的形势,但这种批判必须修正,因为她所认识的如此多的人是两种或三种不同的同化的老兵。在他们开始成为法国人之前，一些人曾经是德国的爱国者，后来或许是捷克或奥地利的爱国者。她记得有一个德国人一到巴黎安身后，就建立了一个移民社团，“在这个社团中，德国犹太人相互宣称他们已经是法国人。在第一次演说中他说：‘在德国我们曾经是很好的德国人，那么现在，我们就在法国做很好的法国人吧。’公众激动地鼓掌，没有人笑”。[5]她的努力，有时以她的东部犹太人朋友们所说的“一种博士的口吻”，指出这些同化主义者并不是法国人，他们“只是犹太人”，这使她和那些——大多数是犹太复国主义者——批评同化的人十分相似。当她加入一个抗议团体反对法国负责安置波拉克工作的委员会时，她有更多的影响：该委员会最后放弃了要德国难民从原来的雇主——也就是他们的德国老板——那里获取介绍信的要求。

当然，也有许多人不使用与民族起源有关的犹太人贬损性标签，而用他们自己的称呼。在她结束农工技艺协会的工作，开始到另一个犹太人组织“青年阿利亚”工作之间的几个月内，汉娜·阿伦特受雇于法国一位对波拉克没有恶意的女性，格麦因·德·罗斯希尔德男爵夫人（the Baroness Germaine de Rothschild）。阿伦特的任务是协助该夫人对犹太慈善机构的贡献，考察可能的受援组织，然后检查夫人的钱在被选择组织里的使用情况。格麦因·德·罗斯希尔德最喜欢的慈善是儿童之家，阿伦特安排她的巡视。她喜欢穿着罗斯希尔德红丝绸衣服，戴着珠宝出现，还有五光十色的玩具和糖果，这里有特别浪漫的理论，孩子们将感到他们已经被作为一个奇迹挑选出来。[6]正如安妮·门德尔松所回忆的，夫人和她的秘书两人“一接触到孩子，什么都忘了。”

汉娜·阿伦特喜欢格麦因·德·罗斯希尔德，也为她所喜欢。但阿伦特对这一煊赫家族其他成员的态度则不那么友好。罗斯希尔德家族是巴黎犹太人协会——一个本地大的且常常是上流社会的宗教组织——背后的主导性力量。协会负责许多服务于本地和移民犹太人的慈善组织——大批的犹太教堂，超过40所学校，宗教法律机构，犹太人商店和一个研究机构。在20世纪30年代，它先是由爱得蒙德·德·罗斯希尔德（Edmund de

Rothschild)，然后由他的儿子罗伯特领导，它对犹太人的社会和文化生活作出了重大贡献。在讨论有关本地犹太社团或移民犹太人的问题时，法国政府也常常咨询该协会。但协会的领导人一直试图劝说其成员——以及所有巴黎的犹太人——不要加入或全心地去支持政治团体。

在1934年5月27日于协会总部的演说中，罗伯特·德·罗斯希尔德将这一政策表述得十分清楚。他说，移民的涌入对犹太人社会带来了几个严重的危险。[7]第一是有着他们原来国家的着装、习惯和礼貌的移民将加剧法国人的反犹意识和排外心理。第二个危险是移民将继续他们不幸的政治习惯，把自己卷入法国政治，尤其是左派政治。尽管协会依据其原则本当与法国政治斗争保持距离，它的成员确实与1934年2月6日的骚乱中曾经攻击代理内阁的右翼集团建立了联系，希望向他们表示犹太人忠于右翼政党，以消除右派人士的反犹言论。出于同样的理由，协会也给犹太人爱国团体——法以爱国者同盟予以支持。

罗斯希尔德的演讲激起了许多移民的愤怒，他们意识到有必要进行政治活动和抗议。协会支持犹太"贵族"所进行的不引人注目的、幕后操作式的外交政策，这听起来像对一种他们祖国已显示没有希望的不合适策略的呼唤。协会反对汉娜·阿伦特支持的所有活动——如试图抵制德货，抵制反犹国际联盟所做的公布德国反犹法律和活动的努力，支持大卫·弗兰克福特(David Frankfurter)——一个年轻的犹太人，他刺杀了纳粹党瑞士分部的头目——的证据(1936年)。协会甚至在受邀请时拒绝派代表去参加世界犹太人大会。

对汉娜·阿伦特来说，罗斯希尔德家族——姑不论其个人品质和良善意图——是她所说的"攀附者"(parvenus)类型。在她的术语中，犹太人或者是个暴发户，或者是个觉醒的"局外人"(pariah)。在谈话以及后来的著作中，她清楚地表明：她认为只有觉醒的局外人才能发展出一种真正的政治意识，只有一个觉醒的局外人能够确定他或她的犹太人身份，并在政治上为犹太人谋求生存之地，而同时不会丢掉犹太人身份。她把此种理解以理论术语表达了出来，这样的理解植根于她对18世纪犹太启蒙运动的研究，却也是在巴黎的许多个人经验所催生的。使阿伦特大为惊讶的是和她一起工作的如此多的犹太人不能政治地去思考、去认识欧洲乃至世界危机中犹太人团结的必要性:“我记得巴黎有一个大的慈善部门的总管,他无论在何时收到德国犹太知识分子带有博士头衔的名片时,都会高声叫嚷,‘博士先生,博士先生,乞丐先生,乞丐先生!”[8]这个慈善家不能把德国犹太人当成同伴犹太人;他看到的只是一个乞丐,他的观点被德国犹太博士先生称作幸灾乐祸、靠恶意伤害他人而获得快乐。

在政治上觉醒的局外人与社会上有野心的暴发户之间的区分是从科特·布鲁门菲尔德那里来到阿伦特思想中的。但这一区分最初源于法国犹太记者、德雷福斯派的巴纳德·拉扎尔(Bernard Lazare),拉扎尔对他那个时代犹太领导人的敌意在道德明确性上乃是典范。拉扎尔冒诸多风险孤独地站在支持德雷福斯一边;他批评犹太人,甚至批评犹太复国主义者以及那些“试图引导犹太民众,把他们当小孩”[9]的领导者。汉娜·阿伦特思想中所萦绕的关于局外人反抗者与政治上迷糊的暴发户之间的区分,并没有丧失其原来的尖锐性,它最终成了一个更大的考虑中隐含的议题——当对她的人民的威胁比30年代任何人所想象的要更恐怖地出现时,她在写作中探讨了这一问题。战后,她区分了“社会领域”(暴发户的家)与政治领域(局外人的家),并且只把后者看作真正革命的继续。然而是在战前,在一个特别优秀的民族、大革命的民族和发生德雷福斯事件的民族,汉娜·阿伦特变得一方面对犹太复国主义持更加激烈的批评态度,同时更多地倾向一种革命的政治。

暴发户罗斯希尔德家族和他们在协会中的参与成了1936年汉娜·阿伦特和许多理论或实践中的马克思主义学派讨论的话题。这些人继布鲁门菲尔德后成为汉娜·阿伦特的政治偶像。该团体包括瓦尔特·本雅明,有时也有来自法兰克福社会研究所的本雅明的同事;艾里希·科恩—本迪特(Erich Cohn-Bendit),是一个律师;弗里兹·弗朗克尔(Fritz Fränkel),一个精神分析师;卡尔·海登里希(Karl Heidenreich),一个画家;坎南·克兰伯特,这些柏林人中唯一的一个东部犹太人;还有海因里希·布吕赫。这些讨论通常发生在本雅明的寓所，多姆巴塞尔路10号，这些讨论把汉娜·阿伦特和海因里希·布吕赫的朋友召集到了一起；作为第一批朋友，此后35年之久，他们都是阿伦特和布吕赫身边的知识群体。

海因里希·布吕赫

1936年早春，汉娜·阿伦特遇到海因里希·布吕赫。布吕赫，一个共产主义者，1934年从柏林取道布拉格逃了出来。他在匆忙中逃离，没有身份证明，他巴黎的朋友及女主人洛特·塞姆佩尔（Lotte Sempell）说，他是"如此不合法，他不知道他住在哪里"。他和朋友们住各种各样的旅店和公寓，外出时，他就打扮得像自己阶级的敌人：穿西装，戴礼帽，拿着手杖，称自己的名字是"海因里希·拉森"，他把自己伪装成一个资产阶级旅行者。威斯特伐里亚富有工业家的女儿洛特·塞姆佩尔，经常为他提供住处和资金。和布吕赫在一起，她接受了一种政治教育，这和她以前所受的教育十分不同，以前那种教育曾经导致她写下让人称道的论俾斯麦的论文。她帮助布吕赫和马克思主义朋友们，这是她同希特勒进行斗争的方式。当她更进一步希望加入共产党时，布吕赫告诉她，党在流亡状态中不招收新成员，这一编造的假话可能使她免受了比她所遇到的更坏的厄命，免于更多的流亡。

从布吕赫说他在一次公开演讲中遇到汉娜·阿伦特时，洛特·塞姆佩尔就意识到，他的新兴趣就是阿伦特，这种兴趣不会转瞬即逝。但在布吕赫和汉娜·阿伦特再次会面之前，又过了一阵子。阿伦特在谈话中一点也不含蓄，但是她对布吕赫的回应是沉默——尽管她后来喜欢以浪漫的夸张之辞告诉朋友，说他们相互之间产生爱情就在一个晚上。坎南·克兰伯特发现，君特·斯特恩离开去美国后，自己在1936年6月的一个聚会上不过是个陪衬的角色。克兰伯特应邀去阿伦特家里吃晚饭，并在那里见到了伪装着的资产者，汉娜·阿伦特开玩笑地称他为"先生"。晚饭过后，大家用餐后甜点，然后喝咖啡，还有更多的咖啡；每次坎南·克兰伯特想要起身回家，他就被劝说留下来。最后，早上两点，坎南准备丢下女主人和他的朋友不管，发现自己是被和“先生”一起送出的。当克兰伯特在仲夏离开巴黎去西班牙报道巴黎人和波兰意第绪人的内战时，阿伦特的爱情还处于进展之中。但当夏天结束他回来再次被邀请参加晚宴时，汉娜·阿伦特和布吕赫一起接待了他。

甚至对她最亲密的朋友安妮·门德尔松·威尔，汉娜·阿伦特也是十分谨慎地抖露她的新关系的。一天下午，安妮来看阿伦特，谈谈她对一些问题的思考，阿伦特的朋友在做晚饭。安妮注意到他们所做的数量超过了一个人的分量，并被羞怯地告诉：“准备两个人的饭要容易些”，言外之意则要她自己去体会。

安妮·威尔很愉快地得出的结论十分准确，不像塞文德尼（rue Servandoni）路的雅丁·杜·卢森堡（Jardin du Luxembourg）附近一个旅店店员所得的结论那样让人困惑。阿伦特去旅店为自己和她的朋友订房间，仔细地解释她要一个有两个床的房间。店员古怪的神情促使她关于不同的睡眠方案有了一段详细而令人困惑的对话，分开的床有什么卫生的好处，等等，对此店员以高卢人式的爽快很礼貌地回答说：“啊，夫人，当然是这样。但我还是不明白。”

从一开始，这些内部的安排就被设计得便于讨论，讨论是最重要的并且最持久地把他们联结在一起的纽带。知晓他们关系的人理解这样的安排。布吕赫告诉柏林的朋友彼得·胡伯（Peter Huber），此人清楚地知道他喜欢哪种女子，说他终于找到了合适的伴侣：“我们各做各的工作，然后走到一起讨论。”正如安妮·威尔所回忆的，他们早期的关系是“一种激情”，对他们两人来说，学术争论是激情的重要部分。

汉娜·阿伦特曾经在11岁时由妈妈带着去哥尼斯堡参加游行以支持斯巴达克党人。当她步行穿过巴黎的街道、看到1936年支持犹太社会主义者雷恩·布鲁姆（Léon Blum）领导下的人民阵线政府的游行时，她已经30岁了。这期间她形成的大部分政治意识，产生于她与科特·布鲁门菲尔德的关系以及对犹太人问题的关心。以海因里希·布吕赫为师，阿伦特为她对马克思、列宁和托洛茨基的大部分阅读增加了一种“革命实践”的感觉。

布吕赫不是一个大学学者，而是一个无产者；不是一个理论家，而是一个行动者；不是一个犹太人，而是一个把思想当作宗教的人。他成了汉娜·阿伦特的新世界。他们认识的十年后，在回答雅斯贝尔斯对她自己的世界普遍主义和无偏向的政治视野的夸奖之辞时，她概括了布吕赫在学术上对她的影响："我从我丈夫的政治思考和历史观察中学习，如果没有他我就不会做到这样，因为我在历史和政治上被导向了犹太人问题。"[10]

从1936年到1946年，在这十年中，汉娜·阿伦特继续关注犹太人问题，但她从布吕赫那里学的，在第二次世界大战以后，变得集中于政治哲学的研究，如《极权主义的起源》、《人的境况》、《过去与未来之间》、《论革命》、《论暴力》和《共和危机》。然而，这种学习关系不完全是单向的。布吕赫，一个潜心阅读罗莎·卢森堡、托洛茨基和布哈林(Bukharin)的人，一个有觉悟的共产主义者，慢慢地放弃了他的共产主义，变成了教条马克思主义的尖锐批评者。

当汉娜·阿伦特在哥尼斯堡被引入革命政治时，海因里希·布吕赫才20岁，正作为一个名斯巴达克分子在柏林街头进行战斗。他讲述的政治性过去的故事型塑了她的观点。例如，她对反抗和革命的理解以及共和主义理论，既是批评性的，也是建设性的。布吕赫的故事不太容易复述：他很犹豫地讲述这些事，尤其是在他没有得到移民许可文件非法进入美国之后，他曾经是一个共产党员，他讲故事时喜欢夸大或添油加醋。在海因里希·布吕赫那里，谨慎和夸张的联结总是一件让人惊讶的事。阿伦特—布吕赫部落的那些自他年轻时便认识他的人明白他所讲的故事是为了什么——那是一种在乱世中寻求意义的方法。他的专注是无可置疑的，诋毁者则说他是个牛皮大王。实际上，如果他有和他谈话一样的写作天资的话，他可能是一个很好的小说家。

海因里希·弗里德里希·恩斯特·布吕赫(Heinrich Friedrich Ernst Blücher)于1899年1月29日出生于柏林西南部。[11]他的父亲有一个同样长的且有历史渊源的名字：奥古斯特·查尔斯·海因里希·布吕赫(August Charles Heinrich Blücher)，他在其唯一的孩子出生前几个月死于一次工厂事故。克拉拉·爱米莉·瓦尔克·布吕赫(Klara Emilie Wilke Blücher)一人抚养其子。他参加了一个平民学校,并帮人派送东西,以帮助依靠洗衣服谋生的母亲,直到他能够在一个教师预备学校继续他的学习。1917年,第一次世界大战中断了他的学习,而因为煤气中毒在某部队医院住院,又打断了他参加一个军官训练项目的计划。

1918年10月停战协定签署后,19岁的布吕赫返回柏林,参加了一个士兵议事会,这些议事会和工人议事会在1918年11月9日一起举行暴动,德国共和国宣告成立后,暴动才结束。德国军队在康匹根森林(Forest of Compiègne)投降,部队在12月初回到德国。很快,12月16日,工人和士兵议事会的全国会议在柏林召开,并通过了大量令人惊讶的决议,以便从被打败的德国军队中创建一支人民的军队。在随后狂热的日子里,这些要求大部分被忽略了。在平安夜,帝国军队和反叛的海军部门之间的战斗在几千名柏林人的帮助下由斯巴达克分子挑起,战斗的结果是帝国军队撤退。圣诞节那天,斯巴达克分子和另一个大群体接手了社会主义者的报纸《前进》的办公室,利用该报的发行发出号召:"一切权力归工人和士兵!"斯巴达克分子的领袖卡尔·李卜克内西和罗莎·卢森堡同意他们的团体中混合进各种曾经批判新社会主义政府的小团体以及一个叫作"革命商店干事"的劳动团体。这一混合导致了1918年最后一周一个新政党的成立:德国共产党(KPD)。布吕赫曾经加入斯巴达克主义团体,现在也加入了共产党。

在一个特别寒冷的冬天的中间时段,共产党成立。[12]盟军继续封锁德国的港口,食物越来越匮乏。尽管如此,共产党人还是在柏林号召每天的示威,并试图建立左派大联合,罗莎·卢森堡认为这应当在任何群众行动之前完成。尽管她持这一战略,1月5日,局势出现了新的转折:一群左派领导人自称革命委员会,发动了一场总罢工。大多数柏林工厂和商店关门;大约20 000名示威者充斥街道,控制了铁路与报纸。红旗飘扬,从12月以来斯巴达克分子一直收集的枪支闪亮登场。"斯巴达克周"开始。但结果则是政府军队和志愿团体的联合在社会主义者政府战争部的领导下在柏林占了上风,他们粗暴地以重炮兵把起义者从据点轰走。卡尔·李卜克内西与罗莎·卢森堡于1月15日被捕并被杀害。正如汉娜·阿伦特在一篇论罗莎·卢森堡的论文中所言,她的死"成了德国两个时代的分水岭;成了德国左派没有回天之力的转折点"。1月19日举行的选举结束后,社会民主党人获得了多数议席,革命者被迫撤退并重新组织;他们在没有卓越领导的情况下,无法避免阿伦特所说的政党"迅速的道德沦丧和政治上的不团结"。[13]

海因里希·布吕赫先是和斯巴达克分子,然后是和共产党,参加了1919年春天不成功的战斗和罢工。在1919年夏天党的活动处于低潮时,他便返回他的教师训练中,尽管从来没有完成这个项目。从1918年,穿越最坏的通货膨胀的年月,1922年和1923年,他偶尔作为一个记者为共产主义或非共产主义的报纸工作,如此度过了他本该放在自己教育上的时光。

还是一个青少年时,布吕赫就渴望学习——不是为了教学,而是为了学习。只要有钱,他就会买书;无论何时不工作时,他就开始读书。年轻时,他就开始了政治活动。他的政治活动采取了一种十分不寻常的形式:他,一个非犹太人,加入了一个犹太复国主义青年团体,该团体是布劳·威士运动(the Blau Weiss)的一个部分。15岁时,他开始对德国诗歌发生兴趣,并阅读德文本的莎士比亚(Shakespeare)戏剧。在战争期间,他开始涉猎布莱希特所参考的经典:马克思和恩格斯,然后又在托洛茨基的著作中发现了后来成为他自己政治理论中心的观念。当几番革命动荡过去后,他间或参加了柏林不同的研究所办的讲座,这些讲座主题范围十分广泛。在柏林大学,他听到了由汉斯·德尔布吕克(Hans Delbrück)——他是著名的《普鲁士年鉴》的编辑,也是魏玛共和国最为忠诚的重要支持者——所做的军事史讲座。他和科特·布鲁门菲尔德共享这一经验;1941年在纽约会面后,他们都不耐烦地等待着德尔布吕克的名言"德国两线作战便不可能赢得战争"再一次被证明。

1930年政治高等学校成立时,布吕赫参加了一个著名研究所的政治理论讲座,该研究所是德国唯一无须大学学位便可以接收学生的高等学习机构。在柏林辉煌艺术学会,他偶尔也听听艺术史讲座,艺术史是他后来平静生活中最大的爱好之一。

布吕赫随意的、片段式的正式教育，由他广泛的阅读而得以补充，但这对他在共产党中于事无补。作为一个口头讲演者他有卓越的技能，但他得不到李卜克内西和卢森堡牺牲后最后出现的领导的信任。罗莎·卢森堡的丈夫列奥·约基希斯(Leo Jogiches)做过党主席，但 1919 年春天被杀害了。律师保尔·莱维(Paul Levi)，也是卢森堡的一个学生，继任德国共产党领袖，但在 1921 年初被迫下台。莱维的后继者，海因里希·布兰德尔(Heinrich Brandler)和瓦尔特·斯托克(Walter Stocker)，同样继承了罗莎·卢森堡的战略，但他们甚至还不如莱维有能力控制日益增长的党内左派反对派，这些反对派受莫斯科军事力量的大力支持，也无以制止俄国人对德国共产党的支配。在 1921 年的“三月行动”以及 1923 年的“德国的十月”革命——当时布兰德尔是党的领袖——中，党遭到严重的失败。

海因里希·布兰德尔是布吕赫最亲密的朋友，“三月行动”后他曾经在监狱呆过数月，然后又在莫斯科过了一年。

在他回到德国并于 1923 年取得党的领导权后，布兰德尔勉强地准备 1923 年秋的“第二个十月革命”，这是他的俄国支持者所希望的。当时德国问题重重，日益严重的通货膨胀，法国对鲁尔(Ruhr)区的占领，工业资本家与劳工之间日益增加的敌意，一系列罢工，卡诺(Cuno)领导下的政府辞职，斯特莱斯曼(Stresemann)领导的另一个政府接替；在以莫斯科以及柏林为基础的德国左翼反对派成员中间，人们希望这种混乱中能够产生一种革命形势。俄国组织者和建议者在 1923 年初秋来到德国，一些德国共产党员也去俄国接受军事训练。布吕赫的一些朋友——他们直到这一阶段过后才遇到他，他们有印象他可能被送到莫斯科受训；其他人认为不是这样。但大家都同意他在 1923 年共产党中的角色是在德国写作，并散发一系列关于军备和游击战术的小册子。

“德国的十月”未能成为“第二个十月革命”。汉堡(Hamburg)的一次暴力起义被扑灭，德国共产党被禁——一道被禁的还有一个叫民族社会主义党或纳粹的集团，他们曾试图在慕尼黑发起颠覆行动。布兰德尔在莫斯科

(它的光环是与托洛茨基相伴的)遭到严厉的批评,他和同伴们最终被从德国共产党领导集团中排挤出去,鲁斯・费舍尔(Ruth Fischer)领导的左翼反对派接替了领导职务;德国共产党布尔什维克化了。正是在这样一个转变时期,正如汉娜・阿伦特在更为尖刻的话中所说的,"口子开了,涌现出的就是罗莎・卢森堡曾说的'另一个动物种类'"。[14]

如布吕赫所言,德国共产党的衰落和失败为汉娜・阿伦特提供了一个清楚的形象——她从未放弃的观点——任何革命皆不能没有:自发组织的、以地方为基础的议事会,它们既不受现存的政党会议——在这个案例中是社会民主党的机构——的控制,也不受外部的外国组织如莫斯科政党的控制。随着革命的发展,德国革命早期居于关键位置的议事会被丢弃了。到 1923 年秋天,罗莎・卢森堡革命性变革理论的中心教义"革命行动的组织能够而且必须在革命自身中被习得,因为一个人只能在水中学会游泳",已经完全被人们忘记。1923 年,德国和俄国共产党的领导试图"制造"一场革命。并且,当他们如此去做时,他们越来越脱离他们的同志。他们的权力不是从下面产生的,没有根基。作为一个政治理论家,终其一生,汉娜・阿伦特都尖锐批评任何放弃其地方基础——权力的真正来源——的领导。在巴黎以及她在美国的早期岁月,她把对领导的批评集中于犹太领导人,她认为他们缺乏关于犹太人需要团结的意识;后来,她把批评拓展到战后欧洲的领导,以色列的领导,最后是她所居住的国家——美国的领导。

海因里希・布兰德尔给布吕赫和阿伦特提供了一个误入歧途的革命领导者的实例。布兰德尔是一个无产者,1881 年出生于奥匈帝国,是一个瓦匠的儿子,他诚实、质朴,是一名经验丰富的地方工会组织者,但对于全国领导角色则无准备,他在约基希斯去世、莱维被驱逐后被推到领导岗位上。他失去了与他的人民、他的工人的联系,成了领导委员会的一个傀儡。在莫斯科几乎四年的流亡后他回到德国,试图抵制他曾被俘获的布尔什维克化的趋势;但他 1928 年创立的德国共产党(反对组织)没有什么影响。

海因里希・布吕赫参加了布兰德尔的反对者集团 KPO,先是在德国,随后在巴黎,1933 年后"布兰德尔集团"的许多人也去了巴黎,但他和布兰德尔的友谊恶化了。布兰德尔十分惊讶,他1928年从莫斯科返回,发现他的老朋友不再是以前那样。布吕赫试图告诉布兰德尔阔别的五年中他的教育追求和他所结交的朋友,但被回以不信的话:"你疯了!"

从海因里希·布兰德尔的观点来看,海因里希·布吕赫所做的,乃是把自己放到了一大堆知识分子及艺术家式的"无聊之人"那里,那些人几乎都不是无产者子弟。在他的圈子的中心是让·温特菲尔德(Jean Winterfeld)的儿子,一个十分著名并且当时极为富有的戏剧执导、创作及执行人。罗伯特·温特菲尔德(Robert Winterfeld),自称罗伯特·吉尔伯特,曾参加过一次共产党的集会,布吕赫在那里演说并得到尊敬。吉尔伯特在集会结束后找到布吕赫,表示要给他最大的赞誉,说布吕赫是一个天生的政治家。布吕赫冒犯了他并反驳说:"我是一个哲人!"一旦这件事传开,哲人、作曲家、电影制片人以及文化界相关人士,很快成了他的朋友,并保持友谊直到1970年布吕赫去世。靠这种友谊以及他们慷慨的帮助,布吕赫可以自由地探索柏林所有的"疯狂之事"。

布吕赫和吉尔伯特一起参加了一个以诗人阿诺·霍尔茨(Arno Holz)为中心的聚会。阿诺·霍尔茨是所谓的自然主义运动之父,该主义致力于原汁原味地展现"原来的生活",在20年代中期,他已经逃离,并成了表现派作家的领军人物,也是惠特曼式长篇政治韵文诗的创作者。在各个不同档次的表现派画家中,爱米尔·诺尔德(Emile Nolde)和汉斯·霍夫曼(Hans Hofmann)对一个年轻人的影响最大,布吕赫和吉尔伯特都深深佩服此人,他就是卡尔·海登里希。在师从霍夫曼的那些年,海登里希成了一个最为独立的纳粹后来所说的颓废艺术的生产者。在纳粹对艺术家的战争中,卡尔·海登里希的作品很少留存下来,但还是有一些辗转被收到了一个纽约的纪念集中,汉娜·阿伦特和海因里希·布吕赫写了一个目录前言,对他们的朋友罕见的力量和专注进行了记录。他们赞扬了海登里希身上的品质,布吕赫在他的柏林艺术家朋友中第一次见到这样的品质,汉娜·阿伦特在她的作品中以这样的赞誉之词写道:"他能够保持那种热切的内向性的品格,这使他能写出德国最好的诗篇……他理解并知道如何使用胡安·

格里斯(Juan Gris)的名言:‘如果我不占有抽象,我又拿什么来控制具体呢?如果我不占有具体,我又拿什么来控制抽象?’”[15]

卡尔·海登里希在柏林以他暗淡、沉思着的文化名人肖像画而著名,但他也和一个组织一起工作,该组织成了布吕赫和吉尔伯特无穷的兴趣来源,它就是A.G.电影联盟,或称为UFA。这是一个电影公司的联合,它们原由鲁登道夫将军(Gneral Ludendorff)于1917年建立,当时是作为宣传工厂,战后则由当权的社会主义者接管,然后有了独立地位。整个20年代,UFA都是柏林的好莱坞。但在20世纪20年代末期,它遭到美国好莱坞影片涌入德国的冲击,最后被阿道尔夫·希特勒富有的资助商阿尔弗雷德·胡根堡(Alfred Hugenberg)买走,被用于其他宣传目的。海登里希像在柏林的许多最有天分的艺术家一样,被赶进UFA的圈子,在它不受限制、实验性的年代画舞台布景。

布吕赫也一直是一个投入的影迷,他为许多小报写影评。他同时喜爱柏林好莱坞和美国好莱坞的成就,记得各种电影的资料数据,他有演唱电影插曲和流行音乐的激情,这些对汉娜·阿伦特来说都是蛮新奇的。但罗伯特·吉尔伯特在他和布吕赫早期的友谊中所听到的诗歌和歌曲,则是阿伦特广泛收集的德国抒情诗的一部分。“这些诗句”,当战后吉尔伯特的诗集在美国出版后,阿伦特写道,“让人清楚地记起柏林不是帝国,尽管帝国征服并摧毁了柏林。因为它们夺回了方言——那是一种有特定幽默的语言,充满了奇异、间接、内在的言语模式——组成它的精神状态——极端的怀疑主义和对思维的敏锐,与简单的友好和对伤感的无限恐惧交织在一起。”[16]当布吕赫近距离欣赏吉尔伯特许多诗歌的草率时,汉娜·阿伦特更为小心:“他……敢于去碰粗糙作品的底线,并围绕着临界点——面对此却很安全,只有一位真正的诗人才能做到。这种让人赞叹的不经意在德国诗歌中也有伟大的先驱者。吉尔伯特继承了这种不经意,附带着,也有海涅有意识的内在的美善,李利恩克龙(Liliencron)的欢快和庄重以及阿诺·霍尔茨的政治激情和勇气。”

汉娜·阿伦特仔细地给吉尔伯特予以恰当的定位,但她也认识到,正是在他的父亲那里，吉尔伯特得到了“关于节奏和强大的乐感不凡的能力”，他的父亲是许多演出中的音乐人，在赢得流行音乐和戏剧方面的名声和运气之前，吉尔伯特也是一个骑在马背上的马戏表演的指导者。无论是年长者的“孩子，你是我眼中的星星”，还是年轻工作者的忧郁音乐，成功的标尺都是其流行：他们的歌曲在整个柏林被传唱，被哼着。阿伦特尤其敬佩吉尔伯特的一首歌，她称之为“20 世纪的哀乐，失业者的街头歌谣”，它是这样开头的：

口袋里没有一分钱
只有等待领取救济的号码
我的衣服有许多洞
阳光可以照进来。

吉尔伯特有一首抒情诗，阿伦特认为它是“无法被毁灭的，只要我们在孩提时代的好奇感保持着。”真正的诗不仅能够拥有这种好奇感，而且能够歌颂它，“不需要华丽的辞藻，也不需要环境。”吉尔伯特以布莱希特式的冷峻做到了这一点：

其他人在他的家里
他部分是人，部分是耗子
我疑惑地站着
手中永远是门的把手。

阿伦特用英文所说的“carelessness”这个词是 Gleichgultigkeit，指不在意或漫不经心，她也经常在她早期的诗歌中写到它——这是一个主题而不是一种态度！在吉尔伯特和布吕赫那里，她遇到了这种品质的化身。她喜欢讲的一个故事就体现了这样的品质，它与冷漠或消极的中立无关，而与自由密切相连。布吕赫病得厉害，医生已经下了判决：他的病会让他很快死去。布吕赫对他的朋友说了此事，吉尔伯特停顿了一会便说，“这样，如果你不久于人世，为什么我们不去意大利做个首次旅行呢?”于是他们搭了趟车就去。

海因里希·布吕赫给汉娜·阿伦特所讲的关于他的政治活动和他对表现派圈子的涉足，从他们建立关系开始，就是他们在工作以后走到一起讨论的部分。布吕赫个人生活的故事来得更慢。他总是对他的家庭缄口不言，尽管他喜欢以确凿的口吻去讲不确凿的事——他的父辈来自普鲁士将军格伯哈德·雷伯莱希特·冯·布吕赫(Gebhard Leberecht won Blücher)，他是拿破仑一位了不起的军事对手，在他最后的战争滑铁卢之战前不久曾经做过国王。布吕赫喜欢对有关他祖先的问题巧妙回答，以他那个年代十分流行的表现派作家法维斯(Fauves)的语气说:“我生来就是一匹野马!”

布吕赫的母亲住在瓦里茨(Wallitz)郊区，有时会来柏林看他，有时她也被邀请去吉尔伯特家里。这样的拜访不经常，因为布吕赫总是让他的母亲与他的朋友们保持一定距离，一些人认为他这样做对她太无情了，尽管他们明白布吕赫处境的艰难。克拉拉·布吕赫溺爱其子，希望成为他生活的一部分;她要求苛刻，做事没谱，可能精神上有点不正常。布吕赫曾经对一个朋友解释说他害怕有小孩，以免他们有精神病，遗传性的精神病。在1933年从德国逃离后，他就再也没有见过他的母亲，只是在战后他才得知，他的母亲于1943年在瓦里茨去世了。[17]

汉娜·阿伦特慢慢地了解到的布吕赫的大部分关系在她遇到他巴黎的柏林朋友时变得明晰了。布吕赫邀请去他们旅店房间的第一个人是一个以前的布兰德尔的支持者，卡尔·海登里希最亲密的朋友，彼得·胡伯。但她过了好一阵子才知道布吕赫和胡伯是如何认识的。洛特·塞姆佩尔，在和布吕赫做了几个月的朋友后，发现布吕赫和胡伯妻子的妹妹娜塔莎·耶夫若恩(Natash Jefroikyn)结过婚。这个消息后来传到了汉娜·阿伦特耳朵里。但汉娜·阿伦特和洛特·塞姆佩尔直到1937年才知道娜塔莎·耶夫若恩是布吕赫的第二任太太。

洛特·塞姆佩尔是一个非犹太德国公民，可以自由地穿越德国边境，因此成了帮出逃的朋友们给留守德国者送信的人。当布吕赫决定回去离婚时，洛特·塞姆佩尔被请求去收集布吕赫和娜塔莎·耶夫若恩离婚所必需的证件。在他母亲的房子里，她去那里取他的出生和结婚证明，洛特·塞姆佩尔注意到一张结婚照，她认出了布吕赫。布吕赫的妈妈解释说：年轻的妻子是里塞洛特·奥斯特沃尔德(Lieselotte Ostwald)。当洛特·塞姆佩尔返回巴黎，海因里希对她和汉娜·阿伦特简要地解释说：他曾经和里塞洛特·奥斯特沃尔德结婚，那时他太年轻而不知道有更好的，不久他们就离婚了。他也曾和娜塔莎·耶夫若恩在十分不同的情况下结婚。耶夫若恩和她的姐姐，出生在里斯华尼亚，并于1920年移居柏林，都是通过婚姻保持其德国公民身份。在他们于1932年的婚姻后，布吕赫和他的妻子只是偶尔住在一起，1935年秋天——正如布吕赫的法国离婚文书上所记录的——他们的婚姻终止。

耶夫若恩姐妹的弟弟伊斯拉曾经住在巴黎，并成为一个法国公民，他是一个成功的旅行家。1930年代早期，他曾是一位颇受尊敬的法国移民社团联盟的领导，该组织旨在促进巴黎50多个移民互助社团与协会的合作。当耶夫若恩姐妹在1933年后来到巴黎，她们的弟弟介绍她们结识了他的“阿利亚”弟兄，一切都由这些弟兄帮助。伊斯拉·耶夫若恩对布吕赫有深刻的印象，尽管他对布吕赫的巴黎生活知之甚少。实际上，他知道的实在是太少了。阿伦特在犹太复国分子的组织青年阿利亚工作，有一天她曾碰到伊斯拉·耶夫若恩。他告诉阿伦特他多么佩服他姐姐聪明的丈夫，却对这位聪明的男人目前正和汉娜·阿伦特在一起生活毫无概念，此时汉娜·阿伦特自是特别尴尬。

布吕赫丰富的柏林生活的另一个方面表现在与另一个人的交往中，他就是弗里兹·弗兰克，一位阿德勒式的弗洛伊德精神分析师，曾参加过瓦尔特·本雅明的讨论会。在柏林时，布吕赫曾给弗兰克当过一段时间的助手，从这个经验中他引出了一个故事——为汉娜·阿伦特的教育以及后来他在美国所教的大学生们。布吕赫的教学素材是关于一个妇女，她在生完第七个孩子后很快就回到床上，拒绝走动或说话。弗兰克医生用精神分析的“谈话疗法”无法取得进展。因此，作为一种最后的手段，他和助手海因里希·布吕赫，带了一罐煤油，一捆破布来了。破布放在妇女的床边，淋上煤油，把它点着，那个女人便从床上跳起来，尖叫着穿过房间。布吕赫被告知，一种神经症能够被用来战胜自卑感或用来获得其他力量。根据阿德勒(Alder)，当没有什么补偿是成功时或者没有更多的补偿可以得到时，就可以这样来使用它。

布吕赫对弗兰克的惊吓法印象深刻，他发展出了许多不那么激烈的变通方法。他的这种对不可预期之事处理的良好感觉对汉娜·阿伦特来说很明显，那是一个早上，在他们开始住在一起后不久，布吕赫给她提供了她总是能从母亲那里期望得到的事物之反面。从少年时代开始，阿伦特就在忧郁的心情中开始她的生活，白天似乎是夜里噩梦的延伸。只有慢慢地，靠几杯咖啡的帮助，她才能达到一种不那么黑暗的兴奋状态。这天，布吕赫的耐心已经到了极限，他就简单地让阿伦特处于她的情绪之中，回去睡觉了，很快就进入了无烦恼的梦乡。不像君特·斯特恩——或奥古斯特·瓦恩哈根——布吕赫慢慢了解到了妻子心中的“阴影”。但他如此做不是通过给她压力，也不是煞有介事地询问她；她需要回应的只是柏林人“质朴的友好和对伤感的极度担忧”。

布吕赫对自己艰难的家境和缺乏正规教育的回应，不是怨天尤人，而是努力补偿。他的自我教育是随意的，但却广泛而深入。“你和他呆在一起不到5分钟，你就会有所收益，”安妮·威尔回忆说。他的朋友们——吉尔伯特、海因里希、弗兰克和其他许多人——他们忠于他，他也忠于他们——就是一个家庭，或者如他所说，是一个部落。汉娜·阿伦特从来没有给她的丈夫描绘个人肖像，但她把他当作一个男人，她对伴侣的态度一定隐藏在她描写罗莎·卢森堡的同伴列奥·约基希斯的字里行间。她从列奥·约基希斯和罗莎·卢森堡的丰富故事中选出的每一点细节，都可以在布吕赫的人生中找到印证，从中也可看出阿伦特对他的态度：

他是个地道的男人，这对她来说相当重要……他十足是个敢于行动、富有激情的男人，他知道如何去做，如何去经受磨难。很容易让人把他和列宁作比较，他们多少有点相像，除了他隐藏姓名、在幕后出力的激情，以及他对阴谋和危险的爱，这给了他一种附带的性感的魅力。他实在是一个"全能"的列宁式的人，尽管他不能写作。我们永远不知道罗莎·卢森堡有多少政治观念来自约基希斯；在婚姻中，把两个相伴者的思想区分开来总是不那么容易。他失败而列宁成功的地方是环境——他是一个犹太人和波兰人——的影响，而不是才干缺乏的后果。在任何事件上，罗莎·卢森堡都会是最后一个以此反对他的人。波兰革命团体的成员们没有用这样的眼光来判断一个人。约基希斯自己可能会同意奥根·莱文的话，他也是一个俄国犹太人，尽管比他要年轻点："我们是在度假的死人。"这种情绪就是把他与其他人分开的东西；列宁、托洛茨基和罗莎·卢森堡都不会按这样的思路去想问题。[18]

海因里希·布吕赫曾经开玩笑地在他的德国证件上把职业写成"牵线人"，并用这个词作为他在德国共产党中的代用名，他酷爱阴谋和危险，这也给了他一种附带的性感的魅力。在离开柏林后，他"全然"不能写作。作为一个公共演说者，没有党派或公共论坛，这使他的天分受挫，使他成了一个革命者。作为一个政治人物，他的失败也更多由于环境，而较少由于缺乏才干；他英雄无用武之地。他可能没有把自己看做一个"在度假的死人"，但在巴黎以及在纽约的早些时候，他当然是一个处于不想要的假期中的人，有些人认识到生不逢时，那种情况下死亡有许多个人的意义，他对此漠不关心。汉娜·阿伦特热爱觉醒了的局外人，她总是试图不以俗世的成功标准来判断，也很少拿他的"失败"来说他。她也能够感激地忽略很多，因为"在婚姻中，把两个相伴者的思想区分开来是不容易的"。

布吕赫敏捷而武断；在论辩中，正如他的一个朋友指出的，他"就像一个炮兵一样开炮"。但他也有十分冷静的时候，这种冷静深深植根于一种独立性：远离物质的占有，他对物质财富几乎没有兴趣，远离那种灵魂修炼式的义务，远离规定的态度。“悲观者是胆小鬼，乐观者是傻子，”他经常对他的美国学生如是说。这种超然并不意味着缺乏标准或一种不加批判的立场；相反，他是如此地具有批判性以至一些人发现他不可能顺从，一些固执方面的反应被汉娜·阿伦特的美国朋友罗莎丽·柯里描述为：“对于事物的缺陷，他总是如此地具有批判性，如此严厉，有时是如此坚定，以至我被浸泡在一种理想主义之中。很有趣。”[19]

布吕赫的许多柏林朋友进入了他与汉娜·阿伦特共享的生活。他们的朋友圈汇合到了一起；这个“部落”开始成长。在这个部落中，没有民族区别、文化障碍、意识形态交锋或阶级冲突的地盘，如同阿伦特所言，正是种种冲突给周围的欧洲世界“一种斯特林堡家族争吵的肮脏、不可理喻的氛围”。[20]这个部落是一个世界主义和底层人意识的小岛，正如拉尔·瓦恩哈根引歌德所言：“只有同船的奴隶了解彼此。”

洛特·塞姆佩尔，这位曾经把布吕赫丢给了汉娜·阿伦特的人也一起接待了他们。汉娜·阿伦特成了她的哲学导师，也是她在卢森堡公园散步的同伴。在1938年一个意第绪语戏剧的演出上，坎南·克兰伯特做了阿伦特、布吕赫和洛特·塞姆佩尔的解释者。洛特·塞姆佩尔在晚会结束时和克兰伯特在一起，最后是一个德国资产阶级新教徒和一个波兰犹太人的不可思议的结合，他们最后结婚了，还生了两个孩子。洛特·塞姆佩尔把阿伦特和布吕赫介绍给了凯特·赫希(Kaethe Hirsch)小姐，她后来成了塞姆佩尔最亲密的朋友。凯特是一位著名的柏林报社的所有者恩斯特·赫希的女儿，曾经有一个工作是骑自行车为巴黎巴伯林图书馆送书，洛特·塞姆佩尔曾去那里借德文书。里纳和瓦尔特·巴什(Renée and Walter Barth)也加入了这个圈子——这是另一个在德国中产阶级犹太人与一个无产阶级新教徒之间的婚姻；里纳的母亲敏娜(Minna)，一位医生，给这个部落提供了医疗建议以及与她的法国病人之间有益的联系。俄国出生的散文家、小说家妮娜·格芬克尔(Nina Gourfinkel)，后来是一位社会工作者，也是一个对犹太复国主义者早期的《许诺之地》杂志有贡献的人，通过她，汉娜·阿伦特认识了一批在1920年代早期离开祖国的俄国政治难民。她尤其欣赏文学批评者拉尔·拜斯帕洛夫(Rachel Bespaloff)的著作，拜斯帕洛夫后来移民去了美国并在斯密斯大学谋得教职，在那里她创作了一篇论荷马的《伊里亚特》的论文，阿伦特认为此文在同类文章中是最为有趣的一篇。[21]拜斯帕洛夫论《伊里亚特》的著作，建立在希腊的史诗和托尔斯泰(Tolstoy)《战争与和平》的比较之上，展现了围绕在哲学家尼克拉斯·别尔嘉耶夫(Nicolas Berdyaev)和莱夫·舍斯托夫(Lev Shestov)周围的俄国移民圈子的基督教—存在主义氛围。阿伦特和这些俄国人共享对克尔凯郭尔的尊敬，她也佩服别尔嘉耶夫于1937年首次出版的《俄国共产主义的起源》，但她没有介入他们的圈子。她曾被邀请去哲人加伯里乌·马塞尔(Gabriel Marcel)家里举行的一个沙龙，别尔嘉耶夫也在那里；但当她和朋友们讲这次晚会时，记忆中浮现的不是谈话，而是马塞尔家对浴缸的妙用：他们在里面装满了土豆，任何客人如果碰巧缺乏金钱和食物就被邀请拿些土豆带回去。

偶尔，德国移民朋友会遇到和汉娜·阿伦特一起工作的朋友，起先是农工技艺协会的，然后是青年阿里亚的。青年阿里亚像农工技艺协会一样，是一个为巴勒斯坦的年轻移民生活做准备的组织，正是在这个组织的都伦斯路办公室，汉娜·阿伦特碰到了朱丽叶特·斯特恩(Juliette Stern)。朱丽叶特·斯特恩是一个制糖富商的妻子，她曾在1935年旅行去巴勒斯坦，回到巴黎时已是一个坚定的犹太复国主义者。“我感到被这种我曾以为断裂的远距离纽带所体现的集体吸引，”在1935年6月25日，她在给《许诺之地》的文章中说。在一种世俗的、同化的、上层阶级的环境中长大后找到“她的人民”的经验，给汉娜·阿伦特以很深刻的印象。朱丽叶特·斯特恩十分不在乎普通法国人对非法国犹太人的疑虑，她很高兴被介绍给阿伦特的朋友们：克兰伯特一家和威尔一家。

在巴勒斯坦的时候，朱丽叶特·斯特恩结识了亨利特·佐尔德(Henrietta Szold)，她是一个德裔犹太美国人，曾负责过第十八次犹太复国大会，那时是1933年，青年阿里亚组织正在组建。亨利特·佐尔德当时已经七十三岁，她的银行存款已经有了许多许多的成绩——其中最主要的有在巴勒斯坦的医疗服务和培训中心，她的妇女组织哈达萨已创立。尽管年纪那么大，她还是感到无法拒绝领导一个救助儿童的计划。青年阿利亚的组织工作进行得十分艰难缓慢，瑞卡·弗莱尔(Recha Freier)，柏林教士的妻子，这个项目的最初策划者，不得不给犹太领导人施加压力催促此事。[22]到1935年时，亨利特·佐尔德准备从美国的哈达萨那里寻求经济支持；美国的女性通过组织地方和全国的基金筹集的努力，积极予以回应。在巴黎，在汉娜·阿伦特的朋友朱丽叶特·斯特恩的领导下，基金由前巴勒斯坦的卡迪玛汇集给巴黎的办公室。整个基金足够给汉娜·阿伦特的巴黎办公室总秘书处提供一份薪水，它也能支持在法国不能合法工作的布吕赫。

来自全欧洲的难民都来到青年阿利亚，希望能送他们的孩子去巴勒斯坦。汉娜·阿伦特也希望能去巴勒斯坦，去看看她的人民。1935年，机会来了，她被安排去完成一个陪同青年阿利亚的火车转送的陪同任务。她和助手们乘火车在暮春时节由里昂站出发。他们的旅途先到马塞，在那里他们订了一条去海法(Haifa)的船。此船不仅把阿伦特带到巴勒斯坦，也带她第一次去看了看希腊的神庙。在西西里逗留了两天后，她和年轻的同事们一起去了叙拉古，在那里她给他们在犹太教历史中的旅行加了一段对希腊文化的介绍。叙拉古的废墟总是鲜活地保存在她的记忆里，为了多看看它们，她后来回去了好几次，一次是和布吕赫一起去的。

在把要护送的人送到他们的新家青年阿利亚村后，阿伦特很快去拜访了从哥尼斯堡来的表弟恩斯特·福尔斯特以及他的妻子卡瑟，卡瑟只是在几个月前才到达巴勒斯坦，住在耶路撒冷。阿伦特在这个城市游览了一番，并开始了一次艰辛的跨岛屿旅行，去了佩特拉(Petra)，然后从那里去了特兰斯—约旦(Trans-Jordan)。在那里，她第一次看到了罗马神庙，那是一个正面是玫瑰色的美丽建筑，坐落在狭窄河谷的石灰岩岩壁之间，它的上面，散落在佩特拉平原上的，是一个城市的废墟，这里曾经是希腊、埃及和阿拉伯商人的交通要道。

阿伦特的事务是和青年阿利亚的犹太复国组织者们交往。她继续和布鲁门菲尔德的一些助手打交道，例如和亨利特·佐尔德一起工作的格奥尔格·兰多(Georg Landauer)，此人曾经是德国犹太复国主义组织的一名成员，还有汉斯·列维。但当她的任务完成后，她渴望看到的不是锡安山，而是许多古人曾经居住并建城的陆地，那里许多现代人生活着。她是，也一直是对罗马和希腊了解得要比对古代希伯来人了解得多。从实际的政治理由出发，阿伦特是一个犹太复国主义者，因为她知道她的人民需要一个生活的地方，不是因为宗教的理由，也不是因为文化的理由。她对巴勒斯坦给犹太居住者们所提供的社会政治机会十分具有热情，但她反对她后来所称的“巴勒斯坦为中心的犹太复国主义”。

回到巴黎后，汉娜·阿伦特和支持青年阿利亚的巴黎人团体畅谈，并赞叹她所参观的新的社区、工作村和集体农场。在这些社区中，她看到了她所赞赏并支持的“政治实验”。但是，对她的巴黎朋友来说，她表达了一种个人风格的保留意见。许多年以后，在一封追忆巴勒斯坦之行的信中，她以同样的个人风格严肃地说：“我仍然清楚地记得我对集体农场的第一反应。我当时认为：那是一种新的贵族制。那时我甚至知道一个人不能生活在那里。‘被你的邻居所统治着’，那当然是它最终所产生的结果。还有，如果一个人真诚地相信平等，以色列会让人难以忘记。”[23]政治上的尊敬和个人的保留态度，她在第一次巴勒斯坦之行所感受到的喜忧参半的矛盾情感在其人生中一直保持着；但她在同样一封信中也说：“我知道以色列的任何真正灾难都会比其他所有的事情更深刻地影响着我。”

法西斯主义的教训

1936年，汉娜·阿伦特和海因里希·布吕赫重逢并开始他们的团体的讨论，以布吕赫的柏林朋友记者海因茨·波尔(Heinz Pol)之言，这一年是“决定欧洲命运的一年”。[24]洛迦诺条约被废除，希特勒的部队在没有遇到反抗的情况下占领了莱茵地区。西班牙内战开始后不久，雷恩·布鲁姆的人民阵线政府加入了不列颠、德国和意大利以及苏联的互不干涉协定，德国和意大利试图通过支持弗朗哥(Franco)的军队使之无效,而苏俄则支持并试图控制西班牙共和党人。对尚未结盟的法国人和英国人而言,一种绥靖的模式确立下来,它在随后的三年里继续着,直到第二次世界大战爆发。

1936年,法西斯团体在法国曾组织了长期的罢工,那时正是人民阵线政府形成的时候。左派已经取得基本胜利时,法国正在被从内部摧毁。右派的许多人在希特勒之前曾反对德国、不支持战争,此时他们转向了法西斯团体——他们当然不反德,也不反对战争。法西斯团体有多种类型;尽管大多数很小,但汇集在一起它们组成了一股强大的力量。十字勋章兵团在罗科将军(Colonelde la Rocque)的领导之下,不仅包括了十字勋章的佩带者,也包括许多年轻的贵族和富裕的中产阶级成员。1936年6月人民阵线政府取缔了法西斯团体后,十字勋章兵团变成了法国社会党,由雅克·德里厄(Jacques Doriot)领导,他原来是一个共产党人,后以自我的风格改变了立场,其追随者都对他个人效忠。这些政党都同意,法国需要避免与德国的战争,他们讨厌英国人,激烈反对俄国人,愿意和德国在巴黎的办事机构和事务代表一起工作。正如汉娜·阿伦特在《极权主义的起源》里所描述的,他们的立场是"不惜以外国支配的代价换取和平。"[25]

在政治光谱相反的另一端是共产党,自1933年来它也发生了一次转变。"极端的左派已经忘记了传统的和平主义而支持旧的民族主义口号,"阿伦特这样认为。在法西斯分子和共产党人之间,是法国传统多党体系的动荡。这些政党开始分裂,最终,到1938年慕尼黑危机时,这些分裂的团体内部也开始分化。阿伦特写道:"每个政党都有主战派和主和派。"布吕赫和阿伦特所共享的对政党制度的不信任,建立在魏玛德国的失败范例之上,也很容易应用到对法国的态度。

汉娜·阿伦特防范性地把她的政治关注放到了法国右派,在那些人中反犹主义流行,对如青年阿利亚这样的组织来说,它带来一种威胁。布吕赫关注左派,因为他试图找到他站的位置,最终,一系列事件使得共产主义对他来说是不可能了。俄国人对国家政党集团的支配,曾经用来报复德国共产党的诘难,这在西班牙和法国重演。俄国政府第一个签订了互不干涉条约，拒绝帮助弗朗哥的对手，然后又在西班牙共和党中搞破坏。之后不久，它执行了对布尔什维克旧的领袖和红军将领的莫斯科审判。让人醒悟的报道由去过西班牙的朋友们带回巴黎，关于莫斯科审判的报纸报道标志着布吕赫共产主义信仰终结的开始。他慢慢地，心甘情愿地加入了汉娜·阿伦特所说的“原共产主义者”(former Communist)的行列。在1953年的文章中，她如此描述他们：

> 共产主义在他们的生活中扮演着一种决定性的角色。他们主要的责任是投入其中，他们最显著的，只要它持续着，就是政治活动的结果。他们共同的特征是他们很早离开党；他们有足够的政治敏感察觉到革命党发展成一个无所不包的极权运动的阶段，即使他们无法以语言明确表述。他们用自己的标准来判断。事后来看，这些标准可能还不充分。在那时那些已足够了。其间很重要的是政党间民主的废弃，各国共产党独立性的丧失，随后便是莫斯科命令下的全面服从。莫斯科审判在许多方面是这样的全部历史的转折点，它是这个进程的结局。[26]

原共产主义者，以汉娜·阿伦特的理解，是与战后的所谓共产党人完全不同的类型，和他们不一样，他们“既不寻求一种失落信念的替代，也不把他们所有的能力和智慧用在反对共产主义的斗争上。”

当布吕赫成了一个原共产主义者时，他没有转向民主社会主义；他认为罗莎·卢森堡被社会民主党战争部的人员杀害后在德国那样是不可能的。他和汉娜·阿伦特对德国社会主义者的批评也适用于对法国社会主义者和共产主义者的批评。阿伦特在《极权主义的起源》中对此进行了概括。“社会主义者一直暗中保存着一种关于‘民族中的民族’的观念，所有的民族成员都属于人类大家庭，但他们从来没有找到一种途径，由此把这一观念变成在主权国家的世界中可以操作的概念。他们的国际主义，结果便一直是一种由每个人所共享的个人意识，他们对民族主权健康的无兴趣，也转变成了一种十分不现实的对外国政治的中立。”[27]法国社会主义者对法国国内阶级斗争的全神贯注以及对他们自己思想政治后果的忽略使他们不能应对国际事务和国家问题——例如犹太人问题。这种事态在1936年和1937年法国工会运动前所未有的成功时期尤其明显：社会改革是那时的命令，结果是了不起的——很好的工作时间，带薪休假，得到改善的社会服务，如此等等，但这些成功是与对法国日益恶化的国际地位毫不关心相随的。左派的政策尽管反对希特勒，在政治上一样是和平主义的。

当布吕赫看到法国共产党人变节（随后，最终地，当1939年的纳粹—苏联协定签订时，来了个大转弯）时，汉娜·阿伦特对一个最重要的法西斯团体弗兰克斯行动组织保持着警惕。这个基督教团体在德雷福斯时代曾将反动官员的小团体纠集起来，并创办了一个杂志（即《弗兰克斯行动》），瓦尔特·本雅明也是这个杂志有兴趣的订阅者。弗兰克斯行动组织的成员对共济会的人、新教徒和外族人——任何外族人，尤其是犹太人，均怀有敌意。他们给阿伦特提供了一个自德雷福斯事件以来法国反犹主义如何发展的例子，阿伦特曾将之与德国反犹主义进行对比。她开始做笔记，记录引文、新闻条目和数据，用以准备演讲。在德国，她曾对妇女国际犹太复国组织（WIZO）德国分部的人作过好几次关于反犹历史的演讲。到1937年，根据《许诺之地》的简报，她已经有足够的信心以法语在WIZO的会议上面对法国听众发言。和负责德国分部的妇女一起，她和这个团体的法国成员就德国和法国的反犹主义进行了热烈讨论。[28]这些演讲和讨论提供了她在美国发表的第一篇长文《从德雷福斯事件到今日法国》的材料。

在1936年和1937年这段时期内，致力于在法国进行反犹宣传的组织到处涌现，它们大部分处于弗兰克斯行动组织的控制之中。国家宣传部门、法国的反犹会议，宣传文件中心和大陆反犹运动在巴黎均设有总部，尽管它们中的大多数在资金上由德国爱尔福特（Erfurt）的世界反犹斗争中心支持。法文版臭名昭著的《锡安长老草案》在巴黎街头出售，书店则充斥着纳粹作品的译本。广为阅读的周报如《格林戈》（Gringoire）和《坎第》（Candide）通过它们的法西斯观点的文章开始编织反犹之网，它们就像最为火热的反犹期刊《我无处不在》，该期刊是爱尔福特中心主要的法文月刊。来到青年阿利亚训练中心和休息处的孩子被反犹主义包围着，就如同其中许多曾在他们的母国那样。作为青年阿利亚巴黎分部的主任，汉娜·阿伦特不得不把大量的精力放在保护孩子上，使他们免受这样的氛围所导致的心理摧残。根据左派犹太人的周刊《星期六》(Samedi)的报道，她在妇女国际犹太爱国组织社会工作者的会议上曾作了关于“犹太儿童的心理”的演讲，认为社会工作者有责任使孩子们避免受伤并克服沮丧心理。

> 犹太儿童必然不同于非犹太儿童，这缘于外部事件的压力，压力使他们所生活的时代变得黑暗。在这样的国家里，犹太父母影响着孩子，渐渐地，那些曾强加在父母身上的特征也传递到了孩子那里，这便是所遇到的困难。在犹太儿童中间，存在着很少的非犹太友好同伴；他们通常更聪明，但他们在脾气上也更轻信；他们通常有犹太人十分著名的综合能力。如果有可能的话，一个人当力图给孩子们提供融洽而欢乐的氛围。[29]

这是青年阿利亚最重要的工作之一——给要移民的儿童提供一种“融洽而欢乐”的氛围，并帮助他们保护自己，对抗法国的反犹主义和他们的父母所受的影响。青年阿利亚没有给孩子们的住所，像恩斯特·培朋那克(Ernst Papernak)所建立的、他的回忆录《走出火海》中所描述的那样。尽管如此，青年阿利亚的工作人员必须让孩子们在项目中感到舒适，并试图帮助他们面对每天要做的在项目与他们父母的小旅店房间和阁楼之间的艰难辗转。从来得不到足够的护照让孩子们进入巴勒斯坦。随着战争的临近，控制向巴勒斯坦移民的英国政府，也变得更加谨慎：许多青年阿利亚的负责人不得不等待数月，处于一种可怕的不上不下的状态，是否能够到达希望的大陆尚不确定。

在这样反犹日盛、移民团体内恐惧日增的气氛中，巴黎犹太人对一个纳粹政党领导在瑞士达沃斯(Davos)被一个犹太医学院年轻学生大卫·弗兰克福特谋杀的反应,导致了一种震动。在1936年2月的谋杀之后,好几个大的示威团体在巴黎由犹太移民组织起来,犹太共产主义者的小团体发起了抗议,反对对弗兰克福特的控告。但许多组织例如犹太教长老会就劝说巴黎的犹太人不要作证,因为害怕公开抗议会遭到报复。

汉娜·阿伦特热情地参加了国际抵制反犹联合会所领导的行动,为弗兰克福特提供1936年12月审判的法律支援。联合会的律师希望弗兰克福特的辩护能建立在法国律师亨利·托勒斯(Henri Torrès)在1927年10月为夏勒姆·史沃茨巴德(Shalom Schwarzbard)辩护时所形成的原则上。夏勒姆·史沃茨巴德是一个意第绪语诗人,曾枪杀了政客西蒙·佩特鲁拉(Simon Petlyura),此人在1919年冬天曾命令哥萨克军队屠杀了5万乌克兰犹太人。史沃茨巴德然后到法国公安部门自首,并坚持要进行审判以便将他所杀者的罪状公布于众。1927年,犹太人法律委员会在亨利·托勒斯的主持下提供了法律援助,他们花了一年多的时间为史沃茨巴德的辩护收集材料,以便他和律师能够以佩特鲁拉受害者的名义准确而充分地辩论。在办理弗兰克福特的案子时,汉娜·阿伦特采访了史沃茨巴德,并让坎南·克兰伯特翻译了史沃茨巴德的意第绪语传记的一部分,并于1934年出版。

但1927年和1936年所处的是不同的时代。史沃茨巴德被宣告无罪,与他不一样,弗兰克福特被判18年徒刑,作为国际组织反对纳粹的象征甚至都没有取得成效。当国际抵制反犹联合会试图提供一个大纲和一个律师莫罗·加福里(Moro-Giafferi),瑞士法庭拒绝了,法庭坚持说外国人不能参加辩护——尽管允许曾经为瓦尔特·拉泽瑙(Walter Rathenau)的刺客辩护的德国律师帮助社会党没有意义。审判之后,两个瑞士人写了一本名叫《弗兰克福特事件》的书试图鼓动复审,但这本书在1937年作为一本"禁书"公众是读不到的。[30]

整个1937年和1938年,近15 000名在巴黎的难民情绪越来越消沉。人民阵线政府的完结及其支持集团犹太人民阵线的衰落,伴随着联合巴黎犹太人的所有努力付诸东流，使大多数犹太难民得出结论：政治行动不但非法而且无效。当希特勒在1938年3月15日吞并奥地利时，巴黎被一个新的难民潮所湮没，但巴黎的犹太人社会只是勉强地对迫害进行抗议。由于害怕报复，他们的政策也是超政治的。犹太人经常得到这样的教训，抗议带来法国人中反犹主义的新爆发；奥地利危机预示着一场法国人如此失望而不想要的战争，局势变得更加严峻。最大的移民组织，法国犹太社会联合会，决定通过世界犹太人大会诉诸国联反对迫害，但没有在巴黎发表任何公开声明。只有年轻的供稿者，他们中的大多数是移民犹太人的孩子，反纳粹期刊《星期六》——人民阵线期刊《星期五》的犹太人追随者——的供稿者，谴责了法国政府的懦弱。

尽管大多数巴黎犹太人在3月保持沉默，对犹太"好战分子"正在给法国政府加压以卷入战争的指控仍充斥着报纸。这些中伤已经让人够痛苦了，但更糟的是政府在4月和5月发布的反对外族人的法令。这些法令限制犹太人在一些贸易上的数量，禁止犹太人开公司，要求未登记的犹太人回国，没有有效工作许可证的犹太人将被驱逐出境。大约2万犹太人受到一个或多个规定的影响。上千移民被监禁，或者是因为他们没有能力归国，或者是因为根本不可能回国；许多人选择了自杀，而不是出境。犹太人希望在6月召开的关于难民问题的国联会议能够产生一个安置方案，但参会的23个国家找了许多借口，只提供了极少的护照。大不列颠拒绝改变去巴勒斯坦的移民限额。所有的犹太人行动看起来没有成效，对民主国家行动的请求——至少对希特勒屠杀的受害者提供帮助——被大大忽视了。

11月，另外一系列针对侨民的法令发布，它们尤其影响了那些曾经没有正式护照而非法进入法国的难民。这些新法令出台时，德国主要城市的犹太人社会正遭受攻击，起因是德国驻巴黎大使的第三秘书被刺杀。恩斯特·冯·拉特(Ernst von Rath)被一德国出生的年轻波兰犹太人赫尔曼·格林斯潘(Hermann Grynzpan)枪击，在9日死去，那天夜里，打砸抢之夜(Kristallnacht)，戈培尔(Goebbel)出动德国的纳粹冲锋队和党卫军，焚烧了犹太人教堂，砸烂窗子，洗劫了德国犹太人的家，逮捕了上万名犹太人。巴黎的犹太人十分恐惧。犹太人领袖很快对法国人保证说，格林斯潘与巴黎的移民社会没有任何联系，并号召人们冷静，不要抗议打砸抢之夜或法国政府的沉默。再一次地，《星期六》是唯一一个抗议的公共论坛，那里的批评十分尖锐——反对法国人对反犹主义的容忍，反对巴黎犹太人领袖拒绝抗议的做法，因为他们不能认识到法国政府的绥靖政策不合犹太人利益。报纸愤怒地呼吁法国犹太人警惕纳粹德国已经"向犹太人宣战"，向所有的犹太人宣战。

这就是汉娜·阿伦特的确切立场，她如曾经和大卫·弗兰克福特在一起时那样渴望给格林斯潘的辩护提供帮助。两个曾经为史沃茨巴德和弗兰克福特辩护的律师托里斯和摩罗·加弗里接了格林斯潘的案子。但格林斯潘被查出是一个有问题的被告。法国公安找他问话，因为谣传他是个精神病患者，和受害人有分桃断袖之暧昧。阿伦特退出了这个案子，没有和国际抵制反犹联合会继续工作，但她从法律程序和实践所学习到的东西给了她一个考虑复杂法律问题的基础，它见于另一次审判，二十多年以后在耶路撒冷的阿道夫·艾希曼审判，在那里格林斯潘的父亲以一个目击者的身份出现。在她的艾希曼报告中，阿伦特思考了如下问题：假如艾希曼被一个犹太人刺杀了，按照史沃茨巴德审判的模式，一个试图宣告谋杀者无罪的审判，将会是什么情况。

在这种沮丧和恐惧的空气中，许多教士提出重新拥抱传统犹太价值的呼吁，在更多的世俗犹太人中间，这些呼吁变成了"回到犹太人区"的要求，以重建共同体的价值，这些价值曾使东欧犹太人小村的生活如此地具有特色。这样的呼吁有许多形式。实际上，没有人认为重建犹太小村或回到他们原来的——现在受纳粹威胁的——国家，但大多数人同意，一定有某种特定的犹太人的途径来应对已经降临到犹太人社会中的一个又一个危机，这样一种犹太人途径，必定与异教徒的民主自由主义——投降——的途径相区别。回到犹太人区的支持者们想把犹太人与它的敌人分开，与它不连续的、不可靠的结盟者分开；去寻找一个独立的地方，例如巴勒斯坦，以建立一个非同化的传统；或者多少有些强制地确认犹太人的身份。犹太人作为一种特选人民的观念被提出来，不是作为一种宗教原则，而是作为心理防卫的一种手段。

在离瓦尔特·本雅明所在的多姆巴塞尔路(rue Dombasle)上只隔了几家的历史学家艾里亚斯·特里克瓦(Elias Tcherikower)和他的妻子召集了一个讨论会，在那里“回到犹太人区”的建议引起了争论；特里克瓦和布吕赫以前的表弟伊斯拉·耶夫若肯编辑了一个文集《十字路口》，反思这一理念。

对于在1937年和1938年犹太人的希望破灭后盛行的“回到犹太人区”的建议，汉娜·阿伦特持十分的批判态度；她在其中听到了1933年德国的回声，那时“整个德国流行的都是：T'schuwah，回到犹太人特性，认识自己”。她做了一系列演说笔记，把1938年犹太难民的处境与1933年犹太德国人的处境相比较。[31]人们一般认为，犹太人在1933年巨大的经济、政治和意识形态剧变中已经找到了自己的文化和精神生活作为堡垒，尽管如此，她还是指出，1938年的崩溃只是产生了“冷漠”和“再野蛮化”：“也就是‘回到犹太人区’的意思。”[32]在整个世界没有受到纳粹反犹主义感染时，号召“认识自己”和“回到犹太人区”可能是合理的，但现在的环境下，即使是西班牙的战争——那里没有犹太人问题——也是在反犹旗帜下发动的。阿伦特感到，当犹太人的敌人一天天变得越来越强大、越来越有影响时，回到犹太人区——“一种从欧洲文化共同体中的撤离”——乃是错误的反应。它是一种建立在幻想之上的反应，幻想一个民族的历史或传统能够在真空中重构，而缺乏政治的认识，犹太人的重建只能在政治语境中发生，在与带来毁灭的威胁力量的斗争中实现。犹太复国主义作为一个孤立的运动是远不够的；反抗必须升级。汉娜·阿伦特对犹太人撤退的批评和她对社会主义者不关注外国事务的批评根本上是一样的：不谈政治是一种失败的口号，是没有认识到欧洲——不只是单个国家或民族——正受到毁灭威胁的征兆。

尽管汉娜·阿伦特大谈政治行动和“斗争”，但她、犹太复国分子、《星期六》的军事志愿者或犹太共产主义者，都不能发起一场有效的反对运动，更不用说是发动战争了。然而，巴黎的移民社会还是明确地盼望着战争。

1939 年《许诺之地》发出了一个极端保守的宣告："妇女国际犹太复国组织……告诉我们，在伦敦的妇女国际犹太爱国组织中央委员会和青年阿利亚的中央委员会之间已经达成了一项协定，现在法国从 14 到 17 岁的年轻犹太人的移民工作将由妇女国际犹太爱国组织来保证。"这一转变是何原因，无人知晓。但清楚的是青年阿利亚的组织者们，考虑到正在恶化的局势，已经决定把总部移到伦敦，因为他们希望那是一个去巴勒斯坦更安全的出发地。他们和既有的儿童协会及大不列颠的青年阿利亚委员会结合起来，那里君特・斯特恩的妹妹艾娃・麦克丽斯是副主席。汉娜・阿伦特现在没有工作，甚至没有接触反犹主义浪潮的私人途径——帮助移向巴勒斯坦。巴黎的难民等待着。正如保守、克制的瓦尔特・本雅明在 1938 年 12 月给西奥多・阿多诺的信中写道："没有压迫性的焦虑，有时就不可能生活在此世。"[33]

在移民的路上

到 1938 年圣诞节的时候，汉娜・阿伦特已经在犹太人办事处那里找到了差事，给在巴黎的来自奥地利、后来是捷克斯洛伐克的难民以帮助。她和布吕赫在风俗路那边找了一个寓所，因为他们期望阿伦特的母亲能过来和他们一起生活。洛特・塞姆佩尔・克兰伯特在"打砸抢之夜"后不久就去了哥尼斯堡，帮助玛萨・阿伦特・比尔沃尔德安排她去巴黎的行程。洛特曾暂住在一个基督徒开的旅店，那时非犹太人是禁止留在犹太人家中的。她告诉阿伦特和布吕赫，马丁・比尔沃尔德是如何在夜间步行送她到她的旅馆，在门口二人便分别，那里挂着"犹太人禁止入内"的牌子。反犹的规定被察觉到了，但洛特・克兰伯特印象深刻的是在"打砸抢之夜"的恐怖事件后哥尼斯堡人看起来多么地晕眩，似乎暴力和破坏，至少有一时刻已经让他们感到了未来的局势。当一个街头汽车售票员搀扶比尔沃尔德太太的手，帮助她上车时，她和玛萨・比尔沃尔德都感动不已。

玛萨・阿伦特作了艰难的决定，在没有丈夫的陪伴下离开哥尼斯堡。她的婚嫁本来是为了给艾娃和克拉拉・比尔沃尔德以及自己的女儿提供一个家。但是，随着克拉拉的死，汉娜·阿伦特逃到巴黎以及艾娃在1938年移民去了英国，这个目的已经不存在了。保尔·阿伦特的表弟恩斯特·阿隆已经被纳粹杀害，他曾是玛萨和她丈夫的家庭和哥尼斯堡最紧密的纽带。她和比尔沃尔德的纽带不足以让她有栖身之地，在“打砸抢之夜”之后她认识到，德国犹太人生活中的玻璃窗被砸，事态不会就此止步。

艾娃·比尔沃尔德试图安排她的父亲一起去英国和她在一起，但是搞不到护照。马丁·比尔沃尔德，69岁了，不像他的妻子那样具有政治意识，也更为乐观，那时不愿意去巴黎。他在哥尼斯堡有一个姐姐，他感到有责任照顾她；他和她的继女没有很深的联系；他不能说法语，无法想象在巴黎生活。不愿意为了一种未知的生活离开家，比尔沃尔德并不是例外。马丁的姐姐玛格丽特·福尔斯特亦呆在柏林，希望有最好的局面出现，她犹豫是否要去巴勒斯坦和儿子一起生活，结果为此付出了生命的代价：她是在一个集中营中死去的。马丁·比尔沃尔德更加不幸：在失去姐姐后生活了三年，在哥尼斯堡席那戈根大街的犹太养老院死于折磨。

玛萨·比尔沃尔德已经有五年多没有见过女儿，也没有见过海因里希·布吕赫。当“打砸抢之夜”事件使她确信汉娜·阿伦特不会再回到德国，她自己的生活也处于危险之中，玛萨只想去巴黎和女儿在一起，并把她小心积聚的阿伦特家的财产拿去贴补阿伦特—布吕赫拮据的家用。当她在1939年4月离开去巴黎时，玛萨也带来许多金币，她把它们伪装成纽扣。这些“纽扣”卖给了像尤里特·斯特恩的弟弟这样富有的法国熟人，所得收入维持了风俗路的寓所达好几个月。但玛萨·比尔沃尔德的另一个“财产”，她的弟弟拉斐尔在第一次世界大战中服务而于身后获得的十字勋章，则属违禁品。如何最安全地把这个德国军国主义的象征从寓所（法国警察极可能来搜查）送走，在讨论之后，汉娜·阿伦特把它缝进一件旧的衣服，放在了街头角落的垃圾箱里。玛萨·比尔沃尔德很快就认识到，逃难来到的国家不仅反犹，而且反德。

玛萨·比尔沃尔德在巴黎找到了朋友，但她集中关心的是她的女儿，尤其是随着她越来越理解人们所期盼的战争。阿伦特感到母亲管得太多。

当玛萨·比尔沃尔德和海因里希·布吕赫发现他们在许多方面格格不入时，家里出现了紧张。正如在社会背景和政治意识方面一样，他们在脾气上也十分不同。对玛萨·比尔沃尔德来说，布吕赫看起来是一个粗暴甚至有点懒惰的人，而他发现她是资产阶级的风格，情绪化，还不让汉娜·阿伦特独立走自己的路。

玛萨·比尔沃尔德到达巴黎的四个月后，战争宣布开始——尽管只是虚张声势，对峙实际已经开始。尽管没有战役，德国犹太人感到法国很快会失去关键的部分：法国政府决定开始拘留男性德国人和曾经在政治上有问题的难民。布吕赫和成百上千的其他难民，被要求送到一个劳动营中以支持法国军队的斗争。和彼得·胡伯及艾里希·柯恩·本迪特一起，他被送往奥尔良(Orléans)附近的维里马拉(Villemalard)。

当法国政府开始命令难民去营地报到时，除了诗歌，几乎没有什么可以给人安慰。瓦尔特·本雅明曾经在那个夏天去丹麦拜访了他的朋友贝托尔特·布莱希特，并带着一首布莱希特未发表的诗返回。汉娜·阿伦特把它记在心头，布吕赫带着复印本去了维里马拉，在那里他把那首诗当成有着巨大力量的圣物：和他同住的那些人，当他们读了、理解了它之后，都成了潜在的朋友。布莱希特的《关于老子出关途中〈道德经〉起源的传说》就“像一件好事的传闻”，汉娜·阿伦特记得；“它通过口头语言流传——宽慰、耐心和忍耐的源泉——在那里这样的智慧是最为需要的。”[34] 当他出关时，那首诗写道，圣人老子遇到了一个海关官员。对这个淳朴的人，老子年轻的书童传递给他其师平静的智慧：

天下柔弱莫过于水，
而攻坚强者莫之能胜，
以其无以易之！
弱之胜强，柔之胜刚，
天下莫不知。

布吕赫在维里马拉呆了大概两个月。和他一起被拘禁的同伴一起，他被关在农村的牛棚里——20人到30人一间——只有破烂的稻草，又遭遇了一场几乎未停的冷雨。他的同伴之一，理解布莱希特诗歌的人之一，是亨利·佩奇特(Henry Paechter)，一个柏林人，1918年至1919年共产党起义中的退伍军人。佩奇特记得布吕赫对他的同志们有强烈的影响；在他们不理性的时候，布吕赫镇定地花时间读康德的《纯粹理性批判》，与那些"住在同一屋檐下"的人交谈。

布吕赫还试图安慰奥古斯特·泰尔海姆(August Thalheimer)，此人是海因里希·布兰德勒的得力助手和KPD反抗组织的创始人，他被拘禁在维里马拉10里外的地方。[35]布吕赫和亨利·佩奇特搞到了拜访泰尔海姆所在集中营的通行证，他们与卫兵讲了个荒诞的故事：他们两人想参加正统犹太居民的安息日服务。他们步行了10里，发现泰尔海姆处于深深的失望中；泰尔海姆原来认为的所有反抗，当然包括KPD反抗组织的反抗，似乎都没有希望，并且，他发现自己周围全是不值得他同情的难友。正统的犹太人和政客在布吕赫和他的朋友看来是多么陌生的难友啊，他们看到一个被关着的囚徒，此人是德国魏玛时期的官员，他傲慢地穿过犹太安息日服务的场所，在祭祀用的烛台上点燃了他的香烟。

汉娜·阿伦特可以给布吕赫送信，并好几次去拜访他和他们的朋友：胡伯和柯恩·本迪特。当他开始遭受肾结石的痛苦时，她设法通过营地管理者把他放出来，但这种情况需要洛特·克兰伯特(Lotte Klenbort)这样的牵线者，她正好有能起作用的朋友，能够提供帮助。在她12月于兰伯里特医院生下第一个孩子丹尼尔后，洛特·克兰伯特通过让前警察局官员的遗孀做担保人，安排了布吕赫的释放事宜。当她在商议时，唯一一个从营地逃出来的官员给布吕赫提供了一个法国雇佣军的职位：法国对外作战军团中一个五年的服务职位，但不保证有法国国籍。布吕赫叫嚷着拒绝了，他对这位颇为惊讶的法国官员建议，法国干脆把被拘禁者收编到正规军队。这样一个念头来自一时冲动，当然不会被接受；和法国军队一起与希特勒作战的德国人自然就是法国公民，例如安妮·威尔的丈夫艾里克。

布吕赫一回到巴黎,他和汉娜·阿伦特就向巴黎民事法庭提供了一年前就申请到的离婚证书,并得到结婚的许可。婚礼在1940年1月16日举行,两星期后,他们庆祝了布吕赫的41岁生日。这个时机很好,因为在这样的混乱时期,当恐吓战结束后,真正的炸弹开始在法国北部丢下,巴黎的官僚机构就不再给难民提供结婚证明的认证了。那些没有结婚证明的夫妇很快就面临一种困境:最可能得到的签证,美国的"紧急签证"只发给单身的人和结了婚的夫妇。

1940年5月5日,巴黎总督发布的公告在所有报纸出现:所有刚从德国来的17岁到55岁间的人和没有结婚的或已婚但没有孩子的妇女,萨尔人或丹泽人,要去报到以便转送到某收容营。[36]男士要在5月14日出现在巴弗罗广场(Stadio Buffalo),妇女则在5月15日出现在圆顶体育馆(Velodrome d'Hiver),一个巨大的玻璃顶体育馆。可怕的命令还是那样特殊:"敌人阵线"的要带足够两天的食物,他们自己的吃饭用具、衣袋和衣箱,"重量不能超过30公斤"。就这样装备着,难民们就准备变成汉娜·阿伦特讽刺地说的"现代历史所创造出的新人类",那种"被他们的敌人投入集中营,被他们的朋友送进收容营"的人。[37]

把她55岁的母亲留在风俗路的寓所里,汉娜·阿伦特和坎南·克兰伯特一起到了地铁站,以前和平的时候,巴黎人曾从这里去圆顶体育馆看体育演出、音乐会和人民阵线革命文化展览。和弗里茨·弗兰克尔的情人弗兰泽·纽曼以及另外两个妇女,阿伦特被安排在体育馆的石头露天看台上的一个地方,妇女们被分成4人一组,以防止群众抗议行动。

"敌人阵线"的妇女在圆顶体育馆度过的这一个星期,除了精神紧张外平安无事。天气温暖,她们也得到了较好的对待——虽然简单但已经足够的食物,并提供了麻袋以做睡床。除了等待,无事可做。每当有飞机从大厅的玻璃顶上空飞过,这些妇女就害怕是德国的炸弹,一个可怕的"打砸抢之夜",她们处于持续的恐惧状态中,不知道会受到怎样的处理。洛特·克兰伯特的朋友凯特·赫希,所在的小组就挨着阿伦特她们,她的日记中写道:"到周末的时候,集体的紧张已经变得更厉害。外部世界的消息到不了我们这里，但我们相信，我们不会被转交给德国人。每个人都在说：‘我必须总是记着，如果是党卫军而不是这些法国卫兵站在这里，情况会是怎样。’最后发生了一些事：我们被转移了。我们脱离了我们敌人的魔爪。”[38] 5 月 23 日那天，这些妇女被用公共汽车带走，穿过巴黎，沿着塞纳河岸，经过卢浮宫，到了里昂码头；那是一次痛苦之旅，这些人已经生活在巴黎多年，她们希望再也不要看到这样的情况；她们痛苦而恐惧，许多人哭了。

哥尔斯(Gurs)，她们的目的地，是一个营地，1939 年 4 月以来它一直被用作收容西班牙的难民和“国际之旅”的成员。2 364 名从巴黎及其郊区来的妇女加入营地的大军，和从法国其他地方来的团体一样；到 6 月 29 日，那里总共有了 6 356 名被关押者，包括一些儿童在内。[39]

哥尔斯的生活十分单调，周围平原朝各个方向延伸，只是被西部的比利牛斯山(Pyrenees)的影子所分割。哥尔斯营不是一个劳动营。但妇女们做着家务事以抵制失望的情绪。装满稻草的睡袋每天早上被倒空；厕所的马桶每天晚上被倒空；准备装营地咸鱼干的罐子被洗干净，剩下的水总是被她们用来擦洗自己，因为春天的雨水已经使营地到处是泥浆。汉娜·阿伦特一直说她营地的同伴始终保持着最佳的外表，如果周围的环境显得肮脏丑陋，她们的士气就会低落。凯特·赫希记得，最不好的就是“坐下来自悔”的诱惑。

汉娜·阿伦特没有四处乱坐，也没有感到懊悔，但是，当思考世界局势时她确实到了人生中的最低点。在 1952 年 3 月，她在回复来自科特·布鲁门菲尔德泄气的信时告诉他：“总的来说，事情进展顺利；要是世界历史没有这么糟糕，它就会让人活着很开心。但是，无论如何事情就是那样。至少，那是我在哥尔斯的观点，在那里我认真地问自己，并以某种玩笑的方式回答自己。”[40]问题在于是否要自杀。

汉娜·阿伦特严肃地提出了她的问题，她对营地里其他不认真思考的人并不同情——他们在遇到这个严酷的玩笑时就把问题遮掩着。在一次关于移民对自杀的态度的讨论中，她写道：

在哥尔斯集中营里，我有机会度过一段时间，在那里我只有一次听到关于自杀的事，那是一次集体行动的建议，明显是一种为了激怒法国人的抗议。当我们中的一些人建议说我们不管怎样已经被用船运来，不如“既来之，则安之”，整体的情绪突然变成了一种强大的生活勇气。总体意见认为，如果一个人还能把整个事件解释为个人厄运，由此单个地结束他的生命，那么他就必定是反常地自私，对整个事件毫不关心。但同样的人，只要他们回到自己的个人生命，面对那些看起来是个人的问题，就再次转向这种愚蠢的乐观主义，这种乐观主义和失望仅一墙之隔。41

在整个夏天，大约三分之二被羁押的人离开了哥尔斯：一些人能够在6月得到释放文书，那是在德国占领巴黎期间；一些人在他们的丈夫或亲戚提供合适的身份证明后离开了，剩下的后来在夏天到纳粹的“警察委员会”登记以被转运回德国。纳粹委员会只接收“雅利安人”，但即使回国这些人也不总是被这个标签获救免于迫害。汉娜·阿伦特在1962年给《中流》杂志的信中如此描述了自己的逃离情况。

我们到达集中营后的几周……法国被打败，所有的联系中断了。在随后的混乱中我们成功地得到了释放文书，带着它我们得以离开营地。那个时候已经没有法国人在地下存在（法国反抗运动的兴起要晚得多，当德国人决定把法国人赶到德国做苦力时，许多年轻人躲藏起来，并形成了“马奎斯”组织）。我们中没有人能够向还在营地的人“描述”将要发生什么。我们所能做的就是告诉他们我们期盼着发生的事——营地将被转给胜利的德国人。（剩下的7 000人中大概有200名妇女。）这确实发生了，但由于营地后来成了维希法国的，它发生在比我们所预期的多年之后。这一耽误于难民们无助。几天的混乱后，一切又变得十分有序，逃跑就几乎不可能了。我们正确地估计到局面将回到以往。那是唯一的机会，但它意味着一个人除了带把牙刷外空手离开,因为那里没有任何交通工具。[42]

秋天,那些没有离开的人在阿道尔夫·艾希曼的安排及维希政府的合作之下,被并入从巴登和萨尔普法(Saarpfalz)来的曾经偷渡进法国的近六千犹太人。在1942年和1943年,在恶劣的营地条件下存活的大多数的被关押者由德国人转运到了灭绝中心。

与大多数离开营地的妇女相比,汉娜·阿伦特十分幸运。她有个地方可去——洛特·塞姆佩尔·克兰伯特和她的朋友雷尼·巴特在蒙托邦(Montauban)附近租了间房子——步行或搭车都能到达那里。除了她在路上的那些天所遭受的风湿病痛苦外,阿伦特安全到达。许多决定留下来的妇女害怕离开,她们相信在那里她们的丈夫一定能设法找到她们。哥尔斯,至少是一个地址。那些选择离开而没有地方去的人只能四处徘徊。阿都尔·科斯特勒(Arthur Koestler)在他的日记《地球的浮渣》中记录了这个时期的情形,描写了这些逡巡者,他们是逃出来的人中的大多数。1940年6月6日,他"看到好几个以前在哥尔斯集中营的德国移民妇女现在被放了出来,她们不知道去哪里,不知道做什么。在一个咖啡馆里和其中一个人聊天;她说她正在给没有被德国占领的法国集中营发电报,试图找到她的丈夫;祈祷他不在被占领区域。像她这样的上千名妇女在卡斯特诺(Castelnau)、那瓦兰克斯(Navarrenx)、苏斯(Sus)、吉伦斯(Geronce)和其他村庄四处漂泊。人们称她们是哥尔斯流民。农民把房间借给她们居住,或让她们在地里帮着干活。她们看起来营养不良,没有力气,但是人很多。所有人戴着头巾,花帕缠在头上。"[43]

整个南方地区都处在一片混乱中。"两条同时的法令:第一条,来自地方警察局,用针别在那兰罗伊斯、苏斯、苏斯米欧(Susmiou)和卡斯特诺的市政厅里:所有的哥尔斯集中营在外面的异乡人必须在24小时内离开巴瑟—比利牛斯地区,否则将被送往其他营地。第二条,来自政府:异乡人不允许旅行或从他实际的住所离开。"蒙托邦成了全法国从集中营里逃出者的集会地点,因为该市的市长是一个社会主义者,他通过给以前被囚禁者提供住处来表示对维希政府的反对。蒙托邦有许多在大恐慌中腾出的空房，市长将它们给难民居住。每一个没有法国人睡在上面的床垫都被搬进这些房子中的某一间，在那里难民睡觉的条件和他们刚离开的营房并无差别。

汉娜·阿伦特经常从她住的两居室去蒙托邦。她和洛特·克兰伯特，她的小儿子，柯恩—本迪茨的儿子加布里尔，雷尼·巴特和她的小女儿一起生活，家务有适当的分工。她在寻找海因里希·布吕赫的下落。没有消息到来。但是有一天，由于世界历史的幸运诡计之一，他们确实相遇了。在城市的干道上，他们在成堆的货物——大多是床垫——和专心于寻找食物、雪茄和报纸的人群中开心地拥抱。布吕赫已经得了严重的中耳炎，不得不在蒙托邦治疗，其他方面他还很好。德国人到达巴黎时，他所在的集中营就被撤离了出来。法国卫兵开始带着他们朝南走，但当德国的飞机轰炸这个纵队时，卫兵们聪明地决定将他们释放。他们便加入了法国移民的大军，或步行，或驱车，或骑自行车，朝向未被占领的区域。

布吕赫夫妇就住在蒙托邦外，随后在城里一个照相馆楼上找了一小间住处。克兰伯特家里变得更加拥挤了，其家族成员来拜访他们，和其他刚从营地逃出来的朋友一样。彼得·胡伯曾经和布吕赫关在一起，在蒙托邦再次和他在一起。艾里希·柯恩—本迪特来看他的妻子和儿子，洛特·克兰伯特曾把他们从巴黎带到南方。(汉娜许多年后才在美国认识柯恩·本迪特的第二个儿子丹尼尔，他 1945 年出生)弗里兹·弗兰克在他去墨西哥的路上经过蒙托邦。安妮·威尔和她的姐姐凯瑟琳来了。安妮作为一个自然化了的公民，从哥尔斯逃了出来。姐妹俩曾设法在靠近索拉克的一个废弃鸽舍里找到了一个相对安全的家。艾里克·威尔随后作为法国战犯到了德国。

布吕赫夫妇一直保持警惕，关注着维希政府日益严厉的反犹措施的变化，但他们也能在相对和平的环境中阅读、写作，享受那美丽、干爽的夏日天气。布吕赫继续他的康德研究，汉娜·阿伦特则读了一些颇不相同的作家的书：普鲁斯特(Proust)、克劳塞维茨(Clausewitz)和西默农(Simenon)。尽管这三个人的差异极大，但他们都对她从法国到美国所做的研究项目有贡献。她正在思考战争对欧洲意味着什么，随着胜利与和平新欧洲将是什么样子。她对普鲁斯特的阅读被她对反犹主义历史由来已久的兴趣进一步激发：10 年以后在《极权主义的起源》反犹主义那部分中，一幅普鲁斯特小说背景的精彩画像出现了。由于她在第一次世界大战前后均关注欧洲问题，她给艾里希·柯恩—本迪特关于战后少数民族条约写了很长的备忘录。这个备忘录也被大大地扩展并加到了《极权主义的起源》中。

朝向 1940 年夏末，那个时刻对难民来说是"战争最黑暗的时刻——法国沦陷，英国受威胁，还未被撕毁的希特勒—斯大林协议——此协议最让人害怕的结果在那时就是欧洲两个最有力的秘密警察力量的合作"[44]，那时读西默农的《浪漫的警察》，就不只是一种消遣。西默农对法国警察局的结构和工作方法的观察对她很有帮助。汉娜·阿伦特的一些朋友认为阿伦特是一个过于拥抱阴谋论的人，随时准备看官僚无能后面的勾结；1940 年 10 月法国警察局要求所有犹太人到离得最近的警察局去登记，针对这一命令阿伦特发出警告，注意到这一警告的朋友没有人不理解她受西默农激发而产生的对警察的不信任。那些拒绝登记的人沦为无国籍者，但他们没有像许多服从的难民那样，被按照登记表格上填写的地址逮捕。

列宁曾经阅读过克劳塞维茨的《战争论》，那时他考虑到下列可能性——正如阿伦特在她论罗莎·卢森堡的论文中说的——"战争，欧洲民族国家制度的崩溃，会代替马克思所预言的资本主义制度经济上的崩溃。"[45]阿伦特在阅读克劳塞维茨的时候，也在考虑相同的可能性——也很有预见性。她开始从理论上分析民族国家，她的批评成了《极权主义的起源》的重要内容之一。在法国时，这本书还没有成型，但她已经接受它作为她的任务——写一本全面论反犹主义和帝国主义的书，对她那时所称的"种族帝国主义"这一少数民族受到主权国家中支配地位民族压迫最极端的形式进行历史的考察。她开始思考，如果希特勒被打败，战争是否能提供一个非主权国家联合的机会，建立一个欧洲联盟，与她和布吕赫想移民去的美国联邦相当。

10 月，当要犹太人到地方警察局登记的命令签署后，布吕赫夫妇开始申请去美国的护照。玛萨·阿伦特从巴黎长途来到蒙托邦，三个人一起去马赛(Marseilles)——法国的签证中心——好几回。最后,布吕赫夫妇能确定得到一份美国紧急签证,这部分还要归功于在美国的君特·斯特恩的努力。阿伦特和青年阿利亚的关系使她得到了特殊的照顾,布吕赫作为她的丈夫,也被给予一个随行的护照;但玛萨·阿伦特的申请没有在同一时间得到批准。局势十分可怕:在1 137个向美国政府提出的人中,只有238个在1940年8月到12月之间拿到了签证。[46]法国办理移民签证申请的团体紧急安全委员会十分混乱。甚至以前的签证能拿到,维希政府也很少批准放行,而西班牙和葡萄牙政府是否允许移民从里斯本渡海,还不可知。

汉娜·阿伦特和海因里希·布吕赫很幸运地得到签证,但如果他们不使用他们的智慧,签证也就没什么用了。骑自行车,他们非法地去马赛拿文件。一切进展顺利,直到有一个消息送到他们的旅馆:布吕赫要去旅馆前台报告。他们知道警察可能就在后面。布吕赫下了楼,装着若无其事的样子,丢下他的钥匙,在任何人可能挡住他时出了门。阿伦特稍后跟着。当确信布吕赫安全地到了一家咖啡店,她回到旅馆,付了账,并吃了早饭。当旅店的人过来调查她丈夫的情况时,她高声嚷起来,抢先说她的丈夫已经在警察那里,并指责那个人:“你要对他负责。”然后,她就去找布吕赫,并很快离开了马赛。

在匆忙逃跑后,他们不得不为丢下玛萨·阿伦特而先行离开做准备。幸运的是,他们在路上遇到了尼娜·哥芬克尔(Nina Gourfinkel)——汉娜·阿伦特来自巴黎的俄国朋友,她正在蒙托邦附近的难民中帮助分配瑞士食品包和美国联合分配委员会基金。她答应照顾玛萨·阿伦特,直到签证办下来。1941年1月,维希政府大大地放松了出境许可政策,布吕赫夫妇立刻坐火车去了里斯本。在能够用一个犹太移民组织HIAS提供的票证去纽约前,他们在那里等了三个月。5月,玛萨·阿伦特的签证到了,她及时地去了里斯本,在布吕赫他们之后几周乘船到了美国。从各个方面来说,他们的逃亡都是幸运的——因为1941年6月政府再次收紧了出境政策。能够到达美国读者那里的为数不多的对难民情况描写的一篇文章,控诉反法西斯政府的不作为，此文登在 1940 年 8 月 17 日《国家》杂志上，题目恰当地叫作“法国的噩梦”。然而，没有什么措施被采取以帮助那些不如布吕赫夫妇和玛萨·阿伦特幸运的人逃跑。

对远隔重洋的人群来说，事情的核心并不明显，对欧洲在这种情况下的人来说也不总是很明确。汉娜·阿伦特经常讲鲁道尔夫·希尔弗丁(Rudolf Hilferding)和布里特希德博士(Dr. Breitscheid)的故事，她在柏林曾认识希尔弗丁，那时他在编辑《社会》杂志。这两位前德国社会民主党的领导人曾带着以前去美国的签证住在马赛的诺曼底旅馆，得不到法国的出境许可。在 1940 年 8 月，朋友们试图劝说他们用假名字以便能得到出境许可，或抢在德国人让他们引渡前无证穿过比利牛斯山逃跑。在德法停战协定臭名昭著的第 19 段中，法国人被要求向德国人在法的一切要求投降。布里特希德和希尔弗丁决定把他们的信任放在维希政府身上；他们无法相信法国人会允许他们被引渡。但六个月以后，他们被转送到占领区与未占领区的交界处，交给了德国人，并被德国人杀害。当她想列举错误相信别人或拒绝行动的代价的具体例子时，阿伦特就会讲这个故事以及那些没有离开哥尔斯的人的故事。

这两个都是警示故事。但瓦尔特·本雅明在法国噩梦中最后岁月的故事让布吕赫夫妇更为震动。在法国诗人与外交家圣—约翰·珀斯(St.-John Perse)的帮助下，1940 年春天过后，本雅明从巴黎旅行到罗德斯(Lourdes)，然后去了马赛，在那里他和布吕赫夫妇见了面，从布吕赫那里得知他在社会研究学院的纽约同伴已经给他办好一张美国的紧急护照。他试图得到西班牙的中转许可，但缺少法国的出境许可。本雅明决定和一小群人非法地从一条翻越比利牛斯山到波堡(Port Pou)小镇的逃跑路线离开法国，这条路线对马赛的难民来说十分著名。但是，当这群人到达西班牙海关时，他们得知他们的中转手续无效；那天，边境已经关闭。“难民们原想第二天按相同的路线回到法国……就在这天夜里，本雅明自己结束了自己的生命；也就是在这个地方，边境官员在本雅明事件造成的影响下，同意他的同伴们前往葡萄牙。几个星期后，签证的禁令又解除了。如果早一天，本雅明可以毫不困难地通过边境；而晚一天，马赛的人们就会知道那时已不可能从西班牙过境。只有在那一天，灾难才成为可能。”47

本雅明的西班牙边境的卫兵，不像贝托尔特·布莱希特诗歌中那位得到圣人老子智慧的人，他很不友好；本雅明的边境卫兵没有要他在出关的路上写出他的《道德经》。但在战争的第一年里，本雅明曾有时间写好几个片段，其中之一就是对布莱希特诗歌以及它充满希望的信息的评论：

天下柔弱莫过于水，
而攻坚强者莫之能胜，
以其无以易之！
弱之胜强，柔之胜刚，
天下莫不知。

这是圣人出关时留下的消息；但正如瓦尔特·本雅明在他美丽的评论中指出的，圣人的智慧是说出的，随后才写下的，因为圣人被请求说话并写出，其间是一种友好的精神。48

布莱希特的诗讲述了老年老子和他年轻的童儿在他们出关的路上，如何被一个守关官员拦住，问他们有什么话要说。他们没有什么话要说。但小男孩主动说他的老主人“是一个教师”——诗歌写道，那是一个值得说的事情。当官员问老人教什么时，关于水能穿石的消息就由小孩口中说出来了。当旅行者继续走时，那位官员沉思这个消息良久，然后他飞快地去追他们，乞求老人教给他更多东西。他说，他只是一个官员，但是很有兴趣知道“如何征服”。他提供给旅行者晚餐、笔和纸。圣人打量了这个淳朴的人并决定，正如本雅明所指出的，这个人有问问题的职业，也很善于提问题，他是一个朋友。“问问题就需要得到回答”，老人说；小男孩实事求是地插了一句，“天好冷啊，暖和点就好了。”圣人决定给这个官员一些大的帮助，但他做起来举重若轻。他对待“最伟大的事就像它们是最渺小的事一样”。本雅明在圣人的态度中看到了友谊真正的标记：仔细地打量，认真地、有区别地对待；一定的不经意或在伟大事情上拒绝做得太多；一定的距离。“友谊没有消除人们之间的距离，但它使距离变得可以伸缩；在他为守关官员做了一件大事后，圣人没有和他再有更多的联系。”圣人只是写出了《道德经》的八十一章，由他的书童送给了官员。布莱希特说，我们应该感谢这个官员，因为那是他向他们要的。

瓦尔特·本雅明论友谊本质的论文是为回应布莱希特的诗而写的。他自己最后的作品，就像《道德经》，是一种箴言汇编。《历史哲学诸论题》是为回应另一个朋友的作品——杰舍姆·肖勒姆的《犹太神秘主义的主要趋势》而写的。

1939 年到 1940 年间的冬天里，布吕赫和本雅明花了许多小时讨论肖勒姆从巴勒斯坦送给本雅明的论犹太神秘主义的书。在肖勒姆的书中，他们阅读了 17 世纪夜半拜神运动的故事。阿伦特后来称这个运动是“最后的伟大的犹太政治活动”，一个弥赛亚神秘传统的产物，她写道：“它对现实和行动的特别关注似乎是独一无二的……仅犹太神秘主义（在许多神秘主义中间）就能够带来一场伟大的政治运动，并把它转化成实在的人民行动。”[49]阿伦特看到了未来犹太人历史和欧洲历史协调的历史先兆，它是对回到犹太人区理论家们的一种强有力的回应。她能够看到一个超越性原则，它不像奥古斯丁的非世界的爱的观念，而是诉诸这个世界内部邻人间的爱。

本雅明也从肖勒姆的书中学习。他构造了“被现在的出现充盈的时间”这一近乎神秘的概念，并希望这个时间形象能产生一种对过去和未来现实的、行动导向的感觉。写《历史哲学诸论题》是要反对历史主义，反对孤立和重构甚至复兴过去时代、不考虑随后发生什么的企图；也是为了反对历史唯物主义及其“透过同质而空洞的时间……人类历史进步观念”。本雅明既反对历史主义所创造的根据胜利者的价值引导人的对过去的错误认识，也反对历史唯物主义通过沉醉于某种犹太教所禁止的语言来构建对未来的虚假希望。他接受了对预言的禁止，但他按照从肖勒姆的书中所读到的犹太弥赛亚主义的思路去解释之：“然而，这不意味着对犹太人来说，未来变成了同质的、空洞的时间。因为时间的每一秒都可能是一个直接的大门，通过它就有可能进入那个弥赛亚。”[50]

瓦尔特·本雅明看到汉娜·阿伦特和海因里希·布吕赫的最后一次是在马赛，他委托他们细心保管他的一堆手稿，其中包括《历史哲学诸论题》，他希望他们在纽约能把它分发给社会研究学院的朋友。他们很荣幸做他们朋友的信使。

在里斯本等船的时候，布吕赫夫妇相互朗读本雅明的《论题》，也念给聚集在他们周围的难民听。他们讨论辨析他时时刻刻救赎的希望之意义。但是，汉娜·阿伦特以写作回应本雅明最后的友谊之礼物时，两年已经过去。1942 年秋，布吕赫夫妇开始阅读来自欧洲的报纸故事，这再次让他们深切体会到了他们在 1940 年夏天和秋天所知道的、克服的失望。他们读到，德国人已经建了灭绝中心，他们正用毒气杀死犹太人，哥尔斯集中营的所有人已经被船运到奥斯维辛的屠杀中心。欧洲的希望，他们曾经魂牵梦绕的“实在的人民行动”的希望，在这些报道面前破灭了，汉娜·阿伦特为她逝去的朋友写了一首诗，既是道别，也是问候，题目很简单——“W.B.”（瓦尔特·本雅明）。

> 黄昏会在某个时候再次来临。
> 黑夜会从星星中降下幕布。
> 我们将在展开的臂膀上休息
> 相互偎依，相互遥望。
>
> 从黑暗中传来轻柔的
> 微弱的古老的旋律。听，
> 让我们丢掉我们自己，
> 让我们最后打乱队形。
>
> 遥远的声音，附近的悲情。

那些是声音，这些是死去的人
我们曾作为使者送他们前行
让我们长眠。

注释

1. Hannah Arendt, "Walter Benjamin: 1892—1940" in *Men in Dark Times*, p.173.

2. Arendt to William O'Grady, 1 May 1969, Library of Congress.

3. Arendt to Blumenfeld, 1 May 1969, Marbach.

4. Arendt, "We Refugees," Menorah Journal 31(Jan. 1943): 74.

5. Arendt, "We Refugees," Menorah Journal 31(Jan. 1943): 75.

6. 有关罗斯希尔德(Germaine de Rothschild)慈善项目的描述，见 Ernst Papanek, *Out of the Fire*(New York: William Morrow and Co., 1975)。

7. 报道参见 David Weinber, *Les Juifs a Paris de 1933 a 1939*(Paris: Calmann-Levy, 1974)。

8. Arendt, "We Refugees," p.73.

9. Arendt, Introduction to Job's Dungheap, by Bernard Lazare(New York: Schocken Books, 1948).

10. Arendt to Jaspers, 18 Nov. 1945, Marbach.

11. 除了评论之外，几个文件在下面关于布吕赫青年时期的描述中提供了日期与实际的信息：有关布吕赫的赔偿案件以及结婚与离婚证明的文件。这两个文件都收在阿伦特手稿当中(国会图书馆)；一个称之为"Beschreibung Eines Durchschnittlichen Lebens"的自传性手稿以及一个讣闻集，均存于巴德学院；还有一封阿伦特给威顿斯基(P.Witonski)的信，12 January 1971, Library of Congress。

12. 下面关于德国共产党的描述主要来自 Peter Nettl 所写的 *Rosa Luxemburg*(Oxford: Oxford University Press, 1966)和 Ossip K.Flechtheim 所写的 *Die KPD in Der Weimaren Republik*(Frankfurt: Europaische Verlagsanstalt, 1971)。

13. Hannah Arendt, "Rosa Luxemburg: 1871—1919," in Men in Dark Times, p.36.

14. Ibid., p.55.

15. 1971 年前言目录,一个合作的产物,署名"汉娜·阿伦特"(Selected Artists Galleries, 655 Madison Avenue, New York.)。

16. Hannah Arendt, "The Streets of Berlin", *Nation*, 23 March 1946, p.350.下面引用的诗以及评论都来自阿伦特为罗伯特·吉尔伯特写的发表于《前线》的文章 *Mich hat kein Esel im Galopp verloren*(Munich: Piper, 1972)。

17. 布吕赫战后试图联系他的母亲,但是一封日期为 1946 年 4 月的信退还给他,该信告诉他:他母亲死于 1943 年。他在 1963 年第一次回德国时造访了瓦里茨镇(Wallitz)并且写了一篇简要的描述这个小镇的文章。(这两个文件都收藏在国会图书馆。)阿伦特担心他母亲去世的消息会打击他,使他消沉,于是给他写了一封充满鼓励的信。(阿伦特致布吕赫,July 1946, Library of Congress):"如果你那样做,那么你就不得不在 15 岁时决定……成为一个好儿子。并且那样做将会是错误的和不人道的。——因为父母与孩子间的整个事务随着孩子的成长自动变成了这样……相信我,成为一个好儿子是一辈子的事情……我知道我说得太冷酷了,但我是担心你会因为母亲的去世重新陷入抑郁。"

18. Hannah Arendt, "Rosa Luxemburg: 1871—1919," in Men in Dark Times, pp.45—46.

19. Colie to Arendt, 21 May 1965, Library of Congress.

20. Arendt, *Origins*, p.268.

21. Bespaloff 写的 *On the Iliad* 由玛丽·麦卡锡翻译成英文并由 The Bollingen Foundation 于 1947 年出版;阿伦特的朋友赫尔曼·布洛赫写了导言。

22. Recha Freier 讲述的青年阿利亚的故事参见 *Let the Children Come*(London: Weidenfeld and Nicolson, 1961)。关于她和阿伦特的通信,见下面的第八章。

23. Arendt to Mary McCarthy 7 Oct. 1967(in McCarthy's possession).

24. Heinz Pol 写的 *Suicide of Democracy*(New York: Reynal & Hitchcock, 1940)。Pol,现在住在耶路撒冷的摄影师 Ricarda Schwerin,以及其他几个柏林左翼分子于 1933 年在布拉格加入了布吕赫的行列。Pol 定居在纽约,他的第一任妻子、布吕赫的朋友 Charlotte Beradt 也定居在那里。

25. 此处和下文关于法国政治结构的描述来自阿伦特的 *Origins*, pp.263ff。更多背景知识见 Louis Bodin 和 Jean Touchard 写的 *Front Populaire*：*1936*（Paris：Armand Colin，1972)。

26. Arendt，“The Ex-Communists”，Commonweal 57(20 March 1953)：596.

27. Arendt，*Origins*，p.264.

28. 简要的报道在 *La Terre Retrouvee*，15 January 1937，1 February 1937。In 1 March 1937，p.19，“Mme Stern a terine en francais son cours sur les causes historiques de I'antisemitisme allemand”.

29. *Samedi*，March 1937. Trans. By the author.

30. 大卫·温伯格(David Weinberg)在《1933 年到 1939 年的巴黎犹太人》中描述了弗兰克福特事件。同样见爱弥尔·路德维希(Emil Ludwig)发表于 *La Terre Retrouvee*(15 December 1916)的报道，他同样写了一本叫 *The Davos Murder* 的书(New York：Viking Press，1936)。在 Samedi，1937 年 6 月 19 日，Pierre Bloch 和 Didier Meran(Paris：Denoel，1937)对弗兰克福特事件进行了采访。弗兰克福特自己出版了一部自传。

31. 阿伦特关于“回到犹太区”理论家的评论收在阿伦特手稿中(国会图书馆)。

32. 阿伦特的笔记(德文)收在阿伦特手稿中(国会图书馆)。她对“再野蛮化”的理解在 1959 年的莱辛奖演说中表现得非常清楚，在那次演讲中，她首先描述了被放逐者的手足之情，接着描述了他们的伟大责任：“世界的失落是如此严重，我们回应这种局面的机能如此可怕地衰退——这种机能源于一种共通感，我们凭借它把自己导向与他人共同的世界，并把我们导向美感或品味，我们也凭借它爱这世界——以至于在极端的情况中，与世界的疏离持续了好几个世纪，我们能谈到真正的非世界性。啊，非世界性，总是某种形式的野蛮主义。” Men In Dark Times，p.13.

33. 引自一些发表在《新左派评论》上的阿多诺—本雅明通信的英译，New Left Review 81(1973)：46—80。

34. Arendt，“Bertolt Brecht：1898—1956”，Men in Dark Times，p.245.

35. 很有可能的是，布吕赫对阿伦特《极权主义的起源》这本书中“大众社会”(mass society)这一概念的贡献来源于他从前的一个 Brandlerite 同事 August Thalheimer 的 1930 年论文——“Uber Faschismus und Kapitalismus”［这一篇文章收在 W. Abendroth 编的 *Faschismus und Kapitalismus*（Frankfurt：Europaeische Verlagsan-

stalt)]。Thalheimer认识到经典马克思主义解释力的不足,这一不足体现在它将意大利法西斯主义作为资本家的阴谋,他认为,法西斯主义是一种自主的、大众动员式运动。

36. 有关拘留的官方声明复印件参见 Barhara Vormeier'appendices to Hannah Schramm, Menschen in Gurs(Worms: Verlag Georg Heintz, 1977), pp.159—385。

37. Arendt, "We Refugees," p.70.

38. Kaethe Hirsch 的描述参见 Schramm, Menschen in Gurs, pp.332—334。

39. 关于对哥尔斯的描述以及相片,见 Joseph Weill, *Contribution a l'histoire des camps d'internement dans l'Anti-France*(Paris: Editions du Centre, 1946)。

40. Arendt to Blumenfeld, 6 Aug. 1952, Marbach.

41. Arendt, "We Refugees," p.72.

42. Arendt, letter to the editor of *Midstream*, summer 1962, p.87, in response to an article by Bruno Bettelheim.

43. 此处及下文的引文来自于 Arther Koesthler, *Scum of the Earth*(New York: Macmillan Co., 1941), p.275。

44. Hannah Arendt, "Walter Benjamin: 1892—1940" in *Men in Dark Times*, p.153.

45. Hannah Arendt, "Rosa Luxemburg: 1871—1919," in Men in Dark Times, p.171.

46. 更多信息见 Henry Feingold, *The Politics of Rescue: The Roosevelt Administration and the Holocaust, 1938—1945*(New Brunswick, N.J.: Rutgers University Press, 1970)。

47. Hannah Arendt, "Walter Benjamin: 1892—1940" in *Men in Dark Times*, p.53, n.9.

48. 本杰明的评论有英文版:*Walter Benjamin*, *Understanding Brecht*(London: New Left Books, 1973)。下面的引用来自这一译本。

49. Hannah Arendt, "Jewish History, Revised," *Jewish Frontier*, March 1948, p.38.

50. Walter Benjamin, "These on the Philosophy of History," in Hannah Arendt, ed., *Illuminations*(New York: Harcourt, Brace & World, 1968), pp.255—266.

第五章　忠诚是真实的标志(1941—1948)

如果我不是为了我自己，那么谁会为我呢？
如果我只是为了我自己，那么我又是谁？
——希勒尔(Hillel)

方向，义务

1941年5月，布吕赫夫妇到达纽约。用他们所拥有的25美元以及美国犹太复国组织提供的每月70美元，他们在西95街317号租了两间半装修的小房间，并为玛萨·阿伦特的到来做准备。当穆金霍号船在6月21日靠岸时，他们发现玛萨·阿伦特周围是一群来自巴黎附近家庭的逃亡儿童，汉娜·阿伦特曾作为罗斯希尔德夫人的秘书拜访过这些家庭。像孩子们一样，玛萨·阿伦特瘦弱、憔悴，在法国南部躲藏的一年让她心力交瘁，像孩子们一样，被释放时她也十分害怕。

朱丽叶·布朗—沃格尔斯特因是玛萨来自哥尼斯堡的邻居，她送给他们几包食物和衣服。保罗·蒂利希，还是像在法兰克福时那样友好，他引导汉娜·阿伦特到一个叫“难民自救”的组织，在那里她申请和一个美国家庭共同生活两个月。为了生存，维持家计，必须学一些英语，汉娜是布吕赫家中最有可能进行这种学习的成员。

在他们一起在纽约的第一个星期，玛萨·阿伦特有足够的时间休息，她的幽默感又恢复了，她讽刺地提起她的女儿在哥尼斯堡学生时代所做的强硬拒绝：不，倔强的汉娜说，英语老师不站在我这边。但尽管如此，学过希腊语、拉丁语和法语的阿伦特，还是一个很有语言学习天赋的人。7月中旬，当她出发去马萨诸塞进行两个月的旅行时，她能写英语的明信片："我很顺利地到了，一点也不害怕，十分高兴……爱与吻，请给我来信。"[1]

许多信件往返于纽约和马萨诸塞(Massachusetts)的温切斯特(Winchester)之间，都是用德文写的，在这些信中，他们讨论和思考美国及其语言的新奇之处。海因里希·布吕赫，无论是从脾气还是从教育背景来说，都不像他妻子那样乐于学习。直到欧洲的战事让他确认不能回到旧世界，他才接受把这个新世界作为永久的家，才觉得有必要学习新语言。政治上他庆幸自己的逃离，但在社会上他很困窘。他孤僻而不够斯文，很容易被他的岳母挑剌，她发现他不愿意学英语，这又是他懒惰、不适合做她原来想的让他做居家男人的一个证据。汉娜·阿伦特十分理解丈夫的独立和反资产阶级的精神；当她自己走出非政治的青春时代，从母亲那里独立出来时，她也得益于这种精神。但有时她也劝布吕赫学习英语："再问一遍，先生，你学英语了吗?"[2]

阿伦特告诉布吕赫，她在温切斯特发现了"比语言本身更多的有关这个国家的东西"。[3]她以详细的长篇报告和他分享美国生活方式的经验。她的女房东，吉多茨太太(Mrs Giduz)，一个素食主义者，一个热情的反对吸烟的人，一个鸟类保护者，还是一个徒步旅行者。更多的普鲁士风格，更多的移民风格，而不光是移民普鲁士人，阿伦特原以为，提醒她可能到了一个民族社会主义者的家里。但是，正如她所发现的，她充满爱心的"父母"不是亲德分子，而只是和平主义者，他们对任何要美国人站在英国一边加入反对希特勒战争的建议都具有完全的免疫力。

一个月后，家庭生活惯例开始不那么有意思了，尽管他们顺从汉娜·阿伦特的需求——吉多茨先生不得不在花园里吸烟，而她被允许在她房间里吸烟。吉多茨太太试图监督、保护她，把她当成孩子，她从来没有被如此对待过，这让阿伦特很受刺激。吉多茨家的“小城镇”社会生活的一切都不让人舒服，包括他们对黑人的态度以及他们作为第三代移民对待“新”美国人的过分热情。但是，尽管他们的和平主义对一个抵触报上关于希特勒在欧洲获胜的报道的犹太难民来说，在良心上无法接受，阿伦特还是敬佩他们政治上的主动。在吉多茨家里，汉娜·阿伦特有了她后来极力推崇的美国民主精神的第一次体验：她看到吉多茨太太坐下来，给议员写了一封表示愤慨的信，抗议对日裔美国人的收容。在温切斯特，汉娜·阿伦特意识到她能够不喜欢美国的社会生活但同时欣赏美国的政治生活。她形成了一个后来生命中一直持有的观点：“这个国家的根本矛盾是政治自由与社会上的奴隶制之间的矛盾。”[4]

汉娜·阿伦特尽力忍受着她在美国家庭的生活。“我表现得就像一个坚强的小战士一样，”她告诉布吕赫。邮递员给她带来些安慰，那里有来自布吕赫的信。只有他能和她分担在马萨诸塞的几个星期里那些让她感到“孤单、恼怒和焦虑”的事。[5]

到达纽约后的几天，汉娜·阿伦特把装着瓦尔特·本雅明手稿的箱子拿到了西 117 街的办公室，本雅明的朋友西奥多·阿多诺和他的同仁在那里重建了法兰克福社会研究所。爱丽斯·迈尔（Alice Maier），研究所的秘书，后来也是汉娜·阿伦特的朋友，接待了她，并喊来阿多诺，他十分高兴地发现本雅明的手稿没有失散。那些作品，特别是《历史哲学诸问题》，在法兰克福学派的学术发展中扮演了重要的角色。但是，阿多诺对待它们的最初态度却让汉娜·阿伦特十分恼怒。

在温切斯特时，她收到一封信，告诉她手稿中的一份已经丢失。阿伦特不相信，她怀疑手稿“只是被封存了”。[6]这确认了她的印象，法兰克福研究所的人并不打算做她原认为他们道义上一定要做的事——出版本雅明的手稿。她十分恼火，但是不知道做什么好。她想把她做的手稿复印件送给萨尔曼·绍肯，希望他能“以一种尊重的方式”通过耶路撒冷的绍肯书局来出版它们。但这只有到研究所成员试图如何对待这些复印件——他们不会说——清楚后，才可以做。阿伦特最后决定把这个事情放在一边，直到跨洋信件再次被巴勒斯坦那里收到，到了杰舍姆·肖勒姆那里，他或许能影响阿多诺，或者绍肯。“人们是绝对不能光明正大地谈论研究所的成员们对死去朋友的忠诚这样的话题的”，她满腔愤怒地说。[7]

汉娜·阿伦特本来不想把本雅明的手稿给阿多诺，但她受到朋友介绍的诱导。尽管她感激阿多诺安排了本雅明去美国的紧急签证，她清楚地记得本雅明曾担心研究所的人在道德和资金支持上都不可靠。本雅明在1938年12月给阿多诺提交一篇关于波德莱尔(Baudelaire)的文章时就已经意识到这一点了。草稿被退还给他，并叫他做大面积修改。很不情愿地，本雅明照办，之后又被砍掉了一些，并经阿多诺编辑，所余片段在1939年的《社会研究杂志》上发表。正如阿伦特在1968年的一篇文章中对她的朋友所描述的，“本雅明从青年时期以来，在与他不认识的人交往时就一直十分害羞，但他只是害怕他所依靠的人。”本雅明害怕阿多诺，汉娜·阿伦特十分不喜欢这一点。她知道，在她带到纽约的手稿中，本雅明出于害怕已经去掉了一篇，以获得“和平与平静”，这让她更痛苦，因为她认为即使这种牺牲也不足以讨好法兰克福学派，他们认为本雅明是一个糟糕的马克思主义者，一个思想不够辩证的思想家。[8]

一年以后，到巴勒斯坦的邮政服务重新恢复，阿伦特给肖勒姆写了信。因为她还没有描述她代表本雅明最初的努力，肖勒姆，在解释他鼓动阿多诺的努力失败后，只是把事情又带回到它的起点：“或许你”，他建议阿伦特，“能够把这个好人推广出去？”[9]尽管有好几份本雅明手稿的油印稿在流传，但直到1945年，研究所的期刊上才出现他的文章，本雅明的著作1955年才出版。1968年，出于对已故朋友的忠诚，阿伦特编了英文卷《启明》，并为它写了序言。1975年她去世之前的时间，她在编辑第二卷《反思》。1966年，肖勒姆和阿多诺收集了本雅明的信，编成两卷。但汉娜·阿伦特精心为他保存的笔记——那是他写于去世前的夏天的，并没有被收入，因为在她的《艾希曼在耶路撒冷》这本他鄙视的书出版后，肖勒姆就中断了和阿伦特的联系。[10]

瓦尔特·本雅明的作品出版后，围绕他的争论开始了。法兰克福学派的继承人将他拉过来，虽然他不太像一个马克思主义者，同时他也被其犹太复国主义者朋友肖勒姆及其他人称为犹太文学家，虽然他和阿伦特一样都是局外人。他知道，意识形态会阻碍像贝托尔特·布莱希特诗中老子和函谷关守关官员在边境处分享的纯然承认，汉娜·阿伦特也不断地认识到了这一点。

当汉娜·阿伦特从马萨诸塞州漫长的英语课上回到纽约时，她从朋友那里受益良多。她在哥伦比亚大学的办公室拜访了犹太历史学家萨罗·巴隆(Salo Baron)，巴隆是一个非常知名的学者，她在柏林和巴黎的很多朋友都认识他。他们讨论了维希法国的情况，阿伦特提出法国的反犹主义从德雷福斯事件一直持续到贝当。巴隆建议她把这个想法写成一篇文章，在他的鼓励下，阿伦特在她第一封英文信中提交了自己的主题和简历——一份不太熟练却令人印象深刻的文章——寄给了犹太事务机构行政秘书西奥多·赫茨尔·加斯特(Theodor Herzl Gaster)。“我将学习履历装入其中，从中你可以了解我一般的和特殊的资格素质。”[11]她介绍了自己对德国浪漫派的研究、她写的瓦恩哈根传记和在巴黎对反犹主义的研究，接着提到保罗·蒂利希、阿尔伯特·所罗门、科特·布鲁门菲尔德、纳胡姆·古德曼(Nahum Goldmann)和马丁·罗森布鲁斯(Martin Rosenblüth)。于是在加斯特的支持下，她开始写作《德雷福斯及其追随者》。加斯特翻译了这篇文章，萨罗·巴隆将它以《从德雷福斯事件到今日法国》为题发表在他编写的《犹太社会研究》上。阿伦特非常高兴。不到一年的时间她就开始——用巴隆的话说就是——“挤进了学术界”。

但是学术界并不是阿伦特的全部希望。她渴望从事一些实践性的工作，政治性的工作，它们关注未来，通向一个她希望在战争结束后能实现的世界，这种意向在与“青年阿利亚”共事结束后那艰难的三年中并没有消失。当她还在写作德雷福斯文章的时候，阿伦特就开始寻找一份不那么依赖她那蹩脚的英语的工作。说德语的移民社会提供了很多工作机会，但是她非常谨慎地避开某些部门。[12]简要说来，她避开她称之为“流亡中的乌尔斯泰因”的群体，他们是与柏林的乌尔斯泰因出版社合伙的政论家。阿伦特没有耐心和那些自认为是“另一个德国”并希望为德国的敌人找到良心家园的固执者呆在一起；她视他们为投机分子和政治暴发户。阿伦特认为艾米尔·路德维希(Emil Ludwig)、李奥帕德·史瓦西(Leopold Schwarzchild)和F.W.福尔斯特(F.W. Foerster)就是典型的“范西塔特分子”，他们都是“另一个德国”宣传者的追随者，范西塔特曾写过《黑色记录》(1941年)，里面写到好战的德国人如何制造出纳粹，因此需要对纳粹的罪行负全部责任。阿伦特也同样遭到像她的柏林朋友政治学家列奥·施特劳斯等人的反驳。施特劳斯坚持主张，即使到战争结束后，任何犹太人都不应与德国发生关联。阿伦特称这是“一种只关心个人尊严和荣耀的观点，”并认为这“可能适用于少数的学者，但不能应用于更大的公共群体。”在她知道的各种做法中，她反对集体罪责的观点以及任何将德国民族抽离欧洲未来的努力。比这些观点更合适的是提出欧洲联合未来的难民们，比如说名为“新开端”的社会主义者团体，它是众多左翼中批评流放中的社会民主党官员的团体之一。海因里希·布吕赫与他们中的一些人有接触，但阿伦特认为，不论他们对欧洲伟大的希望是否合理，他们都没有注意欧洲犹太人的命运，汉娜·阿伦特想同移民过来的或是本土的美国犹太复国主义者一起做点事。这一机会在1941年11月到来了，并且不像她在巴黎时的工作那样乏味，她被德语报纸《建设》聘为专栏作家。

《建设》创办于1924年，那时德国犹太人俱乐部在纽约成立，并发布公告说将为新移民提供会议场所。随着欧洲犹太人处境日益严峻，俱乐部成员开始较少关心德国文化问题，而是将注意力转向犹太移民。随着他们扩展对美国犹太难民资助的努力，他们需要扩充版面。1937年，它被移交给一个职业编辑。两年后，前柏林日报编辑曼弗雷德·乔治(Manfred George)承担了编辑《建设》的任务，他将之改为能让全世界讲德语的难民都能读到的周刊，并为犹太移民中的知识分子提供一个展现他们政治观点的平台。

德国犹太人俱乐部在战争开始后将名字改为更鼓舞人心的“新世界俱乐部”，俱乐部除了主办《建设》外，还主办了关于时事的系列讨论和讲座。阿伦特与报纸的结识是在1941年9月，那时她去听科特·布鲁门菲尔德的一个讨论，讨论涉及的是一个她在之后一年里一直思考的问题：犹太人应该组建一支军队吗？这个问题有复杂的历史背景，她开始研究这个问题，并将之放进自己对犹太人政治应当如何的理解之中。

曼弗雷德·乔治看了汉娜·阿伦特寄来的“公开信”并了解到她将是一个很好的期刊作家之后，邀请她就此问题提交一篇文章。她的信是针对法国作家朱利丝·鲁梅(Jules Romains)的，他曾热心地回应《建设》上的一篇指责文章，他同许多欧洲知识分子一样，都曾希望通过妥协谈判而避免与希特勒的战争。鲁梅在回应中举出自己反法西斯的证明，并提醒《建设》的读者自己对法国犹太难民的援助，最后以自辩的语气结尾：“我希望法国犹太人没有忘记这些。”[13]

汉娜·阿伦特对鲁梅的傲气进行了犀利的讥讽。她指责说，所有“多余的和不被喜爱的”犹太人应该为伤害了这样一位朋友的感情而向他道歉吗？但是，她在嘲笑中依然很仔细地表述了自己的观点。当在一条战壕中战斗的人们不认为彼此平等的时候，针对一个共同敌人进行战斗所必须的政治团结就破裂了。对感激的渴求将被保护者与保护者分离，这就阻碍了所有反法西斯的联盟者达成彼此之间平等的共识。鲁梅的行为很像阿伦特在巴黎时就开始怀疑的慈善家，就如她在魏玛共和国时不相信的“国际知名”知识分子一样。

政治斗争中平等与团结的必要性也是阿伦特在《建设》发表的第一篇文章《犹太军队——犹太人政治的开端?》的主题。但是在文章中，她强调针对希特勒斗争的均等责任不具有同等的要求。因为他们有两百年的同化历史，他们缺乏民族意识，并且依赖领导层的“显贵”，犹太人民需要一支军队来界定自己的认同并进行抵抗。阿伦特希望政治上的斗争能成为犹太人民政治生活的开端。

曼弗雷德·乔治对她的文章一如对她的信一样印象深刻；他认为两者都显示了“男人般的力量和坚定”。她很快就成为了正式的专栏作家。她的双周评论主张建立一支犹太人军队并号召《建设》的读者采取行动。在“这意味着你”的专栏题目下，阿伦特一遍又一遍地主张犹太人的军队能为犹太人提供一种显示他们理解的希特勒对犹太人宣战的途径;这也就可能用交战的方式作出反击。

汉娜·阿伦特、海因里希·布吕赫和玛萨·阿伦特不得不艰难地维持生计,同时也帮助他们的朋友。阿伦特撰写报纸专栏文章,翌年又在布鲁克林学院获得兼职教师的工作,她赚的钱足够支付他们的房租和食物。他们的屋子有一间是布吕赫夫妇的,还有一间在另一楼层,属于玛萨·阿伦特,他们没有自己的厨房,只有一个所有租客公用的厨房。他们吃得非常简单,很是期待朱莉·布劳恩·沃格尔斯坦每周六带来的蛋糕。后来布吕赫非常喜欢和他的学生解释布莱希特的格言"吃饱了才有伦理学"的含义,把对马克思主义者的讽刺放在一边,他说"先有蛋糕,然后才有切蛋糕的理论"。

1941年,已经67岁的玛萨·阿伦特承担了大部分做饭和清洁的工作。她经常感到孤独。一次偶然的机会,她得到一份在家制作饰带的计件工作,她在与工厂工人一起为提高工资举行的一次罢工中感到极大的满足。在"新世界"中,她有生以来第一次成为一个工人,玛萨·阿伦特终于有机会在市场中实践她的社会主义理论。但是,罢工只是一段非正常的插曲,她大部分时间都孤单地呆在家中。她的身体在美国漂泊期间一直不错,但1935年她遭受的一次轻微中风,使得半边脸麻木,此病随着她变得消瘦和虚弱越来越明显。她的天性很乐观,也很外向;在战争期间,她变得忧郁而又焦虑不安。

布吕赫在美国的第一年里非常混乱。英语学习对他来说非常痛苦而且艰难。他试图找一个家庭教师,未能如愿之后,他开始用笔记本记下他最感兴趣的俚语。他记了许多根本不能帮助一个甚至是说本国语言的人找到工作的短语:"tickled to death(高兴极了)","hit the jackpot(中头彩)","make a mess of it(把事情搞砸了)","nifty chick"(时髦女郎)。[14]最后他找到了一份成天弯着腰干的苦力工作:他黎明时离家然后到晚上才回来,身上带着在新泽西工厂铲了一天化工原料的尘土。他的工资不高,他也很讨厌这份工作;汉娜·阿伦特和母亲不得不在早上叫起他,然后晚上费力脱他的靴子，因为他已经倒在扶椅上，筋疲力尽。

布吕赫的第二份工作就轻松了许多，并且更接近于行动领域，令他感到如在家中。他被国家道德委员会雇为研究助理，这个组织致力于敦促美国参战。帮助他获得这个工作的亨利·皮特策划了一本名为《轴心国的主要战略》的书以促进美国采取行动。当这本书还在策划中时，珍珠港偷袭事件发生了。迫于形势之变，这本书不得不匆忙付印，法勒和莱茵哈特将其出版，但反响并不理想。当布吕赫为这本书工作的时候，国家道德委员会改变了其宗旨：它的新任务是让公众注意到欧洲发生的暴行正在向美国蔓延。还有一种惯性思维必须被打破，那就是很多美国人，由于怀疑"一战"时没有事实根据的恐怖故事的记忆，进而不相信或不接受大屠杀事件的存在。

"他经常长时间工作以至于睁不开眼，"汉娜·阿伦特在给他们的朋友克兰伯特夫妇的信中写道，克兰伯特夫妇曾在乌拉圭建立了一个避难所，一直维持到他们都来到美国。"但这是一个很棒的职位，他和一群优秀的人在一起工作。""直到昨天，"她在一封信中告诉克兰伯特夫妇，"我有半天时间在做他的秘书。但是这种荣幸很快就结束，因为没什么活要干了。……最后的几周非常美妙，他很少在晚上 10 点前回家；我在《建设》的办公室呆半天，然后在剩下的半天疯狂工作，以使我的任何一个熟人或机会都不被丢下。贬值的硬币也不易挣：每个人都努力工作，因为战争在继续，移民的工作更是艰难；人甚至不能为自己真正感到自豪。"[15]

随着战争的扩大，和欧洲朋友的联系越来越难；而帮助人们移民出来几乎是不可能的事。"我们好久没有埃里克·科恩·本迪特的消息了。我们在这里非常沮丧，只有听证会很顺利的时候才会颁发少量签证，而这只有申请人在美国有血缘很近的亲戚才行。……我好几年都没收到威尔家的来信了。只有上帝才知道他们现在如何。同样，朱莉特也没有来信。"[16]在纽约城里，当难民在街头偶遇时，他们之间的信息网络就立即建立了起来。德国犹太难民圈是一个非常封闭而处于惊吓之中的群体。对非犹太人的猜疑非常典型；如阿伦特指出的，反犹主义被假定为美国人中的"共识"。

为犹太人军队的建立

对反犹主义的恐惧使纽约很多难民不愿支持建立犹太人军队的计划。害怕被认为没有爱国心的压力束缚着美国犹太人。1939年战争开始后,以巴勒斯坦为基础的犹太事务局和英国就开始对建立犹太人军队一事进行秘密谈判。但是,英国害怕包含巴勒斯坦犹太人的军队会将枪口指向巴勒斯坦的阿拉伯人或在巴勒斯坦地区的英国军队,于是推迟了谈判,并找了一个折衷的办法:作为平衡而建立两支军队,一支犹太人的,一支阿拉伯人的,但都接受皇室燧发手枪团的肯特郡管辖。当谈判进程于1941年10月最终破裂时,美国支持建立犹太军队的人很不高兴,他们批评了英国的决议以及美国政府对此事的默许。

1941年与1942年间的冬天,汉娜·阿伦特利用《建设》的专栏号召抗议英国和美国反对犹太人军队的权力政治。从目前和长远来看,她都希望犹太人能作为"一个欧洲民族"加入反对希特勒的战斗。从目前看,她希望犹太人能通过战争,而不是依赖别人的军队或只是简单地援助慈善团体的牺牲者在政治上表达自己。从长远来看,她希望犹太人能在未来的和平会议上加入同盟国:"不参与战争就不能参与和平。"[17]她认为行动上与欧洲保持一致将为犹太人提供"民族解放的伟大机遇",即在与希特勒共同的战斗中结束传统中形成的与欧洲人的分离状态。她表达了自己最初在巴黎阐述的希望:未来欧洲的联合将会为犹太人许诺一个祖国。但同时她申明欧洲团结的主张,她攻击了犹太复国主义的立场,那是回到犹太人区的另一个版本,她在巴黎时就对此进行了驳斥:她警告犹太复国主义者不要只把注意力集中在巴勒斯坦,而忽视离散的犹太人从来就不是巴勒斯坦人。阿伦特害怕犹太人政治状况的独特性或犹太民族的独特性观念会把犹太人与其他欧洲人疏远,特别是当这种观念通过国家主义的话语或者使用德国关于民族的"有机体"话语出现的时候。

她号召犹太人作为一个民族去战斗。但当她使用"民族"这个词语时,她是指政治上的民族而不是种族意义上的民族:她看重人民大众而不是犹太领导人。她呼吁犹太人注意自己的政治传统,欣赏摩西或大卫而不要依赖他族人民的华盛顿或拿破仑,但是她很谨慎地提防任何形式的领袖崇拜。[18]虽然阿伦特经常谈及民族自觉,但她不是一个19世纪意义上的民族主义者。她从未将民族和国家等同,也从未将领袖视为民族荣耀的化身。

阿伦特认为,两种现代的误解妨碍了犹太人作为一个民族复兴古老的犹太人反抗和解放传统的行动。第一种是认为犹太人的复兴不是靠政治行动,而是靠慈善家的行动。"二百多年来,我们一直被富豪和慈善家领导着。他们管理着我们,他们在世界上作为我们的代表。"[19]一支犹太人的军队,一支人民的军队能在世界上代表一种新的犹太认同,一种摆脱慈善家和乞讨习性的民族认同。第二种观念就是认为在世俗化和同化的过程中,犹太人的团结只会起负面作用,他们担心会导致反犹主义。她驳斥了下列观点:如果反犹主义从世界上消失,世俗化的犹太人就会失去他们的犹太认同,她引用了苏联犹太人向苏联政府要求武器,向世俗的犹太人社区请求帮助与希特勒战斗的例子支持自己的观点(1942年8月)。她说,苏联的反犹主义已经消失25年,并没有再次抬头,因为苏联在解决多民族政治问题上作了巨大努力。她还用这个观点驳斥了那些接受反犹主义将永远存在观念的人,持这种观点的西奥多·赫茨尔和让·保罗·萨特相信民族是一个针对共同敌人而团结在一起的群体。

阿伦特从1941年秋末到1942年一直在《建设》专栏中呼吁建立一支犹太人军队,美国大众对这个观点的支持让她非常感动。只有在20世纪30年代中期抵制德国物品的时候,她才感受到同样的犹太人民抵抗希特勒可能性的热情和希望。她确信犹太复国主义者基于他们的经验没有准备好采取政治行动去抗议,现在,她希望建立一支犹太人军队的呼吁会引导犹太人民自发地反对希特勒,而这是联合抵制行动失败后所形成的唯一焦点。"一个很不幸的事实是,在历史上,只有犹太人的敌人,而不是其朋友,能理解犹太人问题是一个政治问题。"[20]对她而言,一个群体因为她的缘故而要求大众的支持——犹太军队委员会,其荣誉主席是一个非犹太的英国士兵——就好像是一个朋友的群体,他们懂得,犹太人不关心政治行动的历史必须结束。

虽然阿伦特和乔·梅耶曾和它的组织者一同参加过几次会议,但阿伦特和她在《建设》共事的曼弗雷德·乔治、约瑟夫·梅耶(Joseph Maier)(他负责一个名为"观察家"的专栏)都对这个委员会知之甚少。他们不知道这个委员会是极端的修正主义政党的三个巴勒斯坦犹太人创立的。

犹太军队委员会总部设在纽约,由本·赫特(Ben Hecht)管理。赫特曾为《纽约时报》、新右派报纸《下午》写过专栏,在专栏中,他指责纽约犹太人误入歧途,这些纽约犹太人认为对希特勒继续屠杀欧洲犹太人保持沉默是有爱国心的体现。他的坦率直言让修正主义政党地下组织伊尔根民族军事组织领导人注意到他,并在1941年任命他为无国籍的和巴勒斯坦的犹太人组织的犹太军队委员会的委员。别名为彼得·伯格森的希勒尔·库克(Hillel Kook),是耶路撒冷拉比的儿子,也是巴勒斯坦首席拉比的外甥,他用折磨巴勒斯坦犹太人的背叛与羞辱的故事激发了赫特的共鸣。他让赫特确信哈伊姆·魏茨曼(Chaim Weizmann)和犹太事务局都已无济于事,而引导自己反叛的导师弗拉德·亚博廷斯基(Vladimir Jabotinsky)是巴勒斯坦犹太人真实的声音。不过,赫特虽然支持建立犹太军队的想法,与被称作修正主义者的"趾高气扬的巴勒斯坦民族主义"并无关联。他在那本1954年畅销的自传《世纪的孩童》中,声称在他担任各种委员会委员头衔的工作期间,他的目标一直没变:让"犹太人"这一称呼令人难忘。而这是他与许多支持者非常不一样的地方。

赫特在纽约和好莱坞募集资金,伯格森则在华盛顿活动。一项呼吁建立犹太人军队的决议在参议院提出;国务卿赫尔(Hull)公开表达了自己的支持;海军中的阿德莱·史蒂文森(Adlai Stevenson)将这项计划介绍给了海军秘书长;战争事务副秘书长任命军事专家考虑这项计划。美国犹太复国主义组织领导人史蒂芬·怀斯(Stephen Wise)拉比和国会议员索尔·布鲁姆(Sol Bloom)想把犹太人军队计划纳入美国犹太复国主义组织(ZOA)内,当他们开始进行相反的活动时,华盛顿最初的支持开始逐步减退。其他募集资金和招募志愿军的各项努力都很成功，但也引致了大量公开反对。许多杰出的美国犹太人关心的是，如果他们支持与英国政策相反的行动，或他们因罗斯福总统和国会没有积极地努力争取巴勒斯坦移民的配额而批评他们，或公开指责德国人对欧洲犹太人的大屠杀，他们会被认为不爱国。

反对这个委员会的美国犹太复国主义领导人的立场是非常复杂的。1940 年，美国犹太复国主义组织在匹兹堡举行大会，会上通过了反对英国限制向巴勒斯坦移民和批判魏茨曼政策的一个计划，这次大会之后，美国犹太复国主义者更加支持大卫·本·古里安（David Ben-Gurion），并变得更加“民族主义”。在 1941 年夏天期间，他们因将美国拉向战争而遭到广泛批评。1941 年 12 月 7 日，日本偷袭珍珠港之后，那些指责已不再有效，但是在其位置上出现了另一个组织。由世界犹太复国主义组织在 1939 年创立的犹太复国主义者事务紧急委员会与 ZOA 协作动员犹太人民；随着这些组织更加尖锐地反对英国在巴勒斯坦的政策，他们被指责破坏了同盟国的战争效力。犹太复国主义的领导人在他们声音更大的时候不得不更加小心，特别是在他们的成员远离“不准备接受犹太复国运动权威或政策的人或组织”（这是从犹太复国主义者事务紧急委员会在 1942 年 3 月宣言中摘录的）[21]时尤为谨慎。这样的陈述是为了压制像赫特团体的背教组织，并将决策权保持在犹太复国主义领导层手中。

当阿伦特和约瑟夫·梅耶知道犹太军队委员会持修正主义的态度之后，他们成立了自己的组织“犹太青年团”。[22]团体的第一次会议于 1942 年 3 月 11 日在位于新世界俱乐部 44 号大街的总部召开。后来发表在《建设》上的会议公告，非常简洁地介绍了这个团体的立场和意图。它面向的是“那些认为自己对犹太人的未来负有责任的个体；那些确信原有的意识形态已经破产，并竭尽全力准备为犹太政治提供一种新的理论基础的人；那些知道为自由而进行的斗争不是由‘显贵’也不是由世界革命，而只是由为他们自己同胞去实现它的人领导的人；那些真正准备为他们认为的正义之事负责的人。”

这个团体对行动的呼吁就是对犹太人军队的呼吁。他们的理论讨论更加复杂。阿伦特向“犹太政治新的理论基础”迈出的第一步就是她为第一次会议准备的文章。她在《政治学的基本理论问题》一文中提出了后来成为《极权主义的起源》、《过去与未来之间》和《人的境况》基础的大部分问题,这些著作涉及的问题不仅回应了犹太政治,也适用于一般意义上的政治。

阿伦特和梅耶主持了第一次会议以及以后的几次会议,同时,科特·布鲁门菲尔德也是一个积极的参与者和演说家,同样的还有汉斯·卓奇(Hans Zolki),卓奇是一个律师,后来曾负责布吕赫战后赔偿的案件。阿伦特的公开评论直接针对过去的意识形态提供的伪政治世界观,同时也反对关于未来的观点,因为那种观点预设了有关历史过程的知识:“这些观点都受到了黑格尔世界精神的隐秘影响。”瓦尔特·本雅明的《历史哲学诸问题》似乎回响在她的脑海中,阿伦特拒绝历史唯物主义、历史相对论、自由主义、社会主义甚至是言说未来的犹太复国主义。她断称,自由和正义是政治的原则,任何为自由和正义斗争的人都应该明白自己在历史中的位置,并且不要沾染关于人类的宏大观念。在后来的一次会议上,阿伦特用另外一种方式强调了这个观点,她说,犹太人关于自身是“上帝的选民”这一概念导致了他们的失败,或者说把他们导向了危险的观念,即他们在无论多大的灾难中都能幸存下来。

随着团体在1942年春天的继续讨论,它的立场更加清晰。当团体的成员将自己视为犹太复国主义者时,他们被犹太复国主义者批判。对他们来说,巴勒斯坦是一个“犹太政治的焦点”,而不是犹太人唯一的救赎。在这一点上,阿伦特和布鲁门菲尔德发生了争吵。但是对她阐述的另一观点“所有受压迫的人都被他们的敌人和他们之中的特权阶级压迫着”,大家都没有异议。布鲁门菲尔德对犹太复国主义消除他们内部阶级斗争的能力非常乐观,他比阿伦特更确信建立像美国联合分配委员会这样的组织的实际必要性。但在对热衷慈善工作的暴发户的不信任上,他们很相似。

犹太青年团的聚会一直持续到1942年6月。而它关于犹太人军队讨论的背景更加错综复杂。巴勒斯坦的犹太恐怖分子袭击了英国人和阿拉伯人，他们的领导人替犹太人宣称，约旦河东岸的领土在一份1922年英国白皮书上被许诺给了阿拉伯人。当犹太军队委员会被证明是恐怖分子的领导时，阿伦特在《建设》上对这个组织进行了公开谴责。在1942年3月6日的一篇文章中，她勇敢地称修正主义者是“犹太人中的法西斯分子”，断称他们想成立一支犹太军队的努力只是他们想为自己的目的——控制犹太复国主义组织（ZOA）——而付出努力的一部分。这个估计非常极端，但是，当1942年春ZOA在围绕犹太人军队问题的大讨论中退却时，它变得清晰起来。5月，在比尔特莫酒店召开的一个国际会议显示了犹太复国主义者内风向的转变。

史蒂芬·怀斯拉比以一个非常冠冕的藉口召集了这次会议，即为了“世界上犹太人的自由和在巴勒斯坦自由犹太人社会的成功和平会议下得以最终定居”。[23]哈伊姆·魏茨曼不顾对英国拒绝批准建立犹太人军队的失望，主张犹太人应该在与希特勒的斗争中重视与英国的合作，不要在违背英国政策的情况下催促建立犹太国家。但是，大部分与会代表都响应大卫·本·古里安热情的希望：“一个犹太人的巴勒斯坦将会建立。它将永久地补偿我们所遭受的痛苦，并公平对待我们民族的天才。它将是大离散中每一个犹太人的自豪，并赢得世界上每一个人的尊重。”正是从比尔特莫会议而来的这段宣言认可了这一信念，也支持了本·古里安要求英国放弃对犹太事务局向巴勒斯坦移民的控制。这次会议是美国犹太复国主义历史上的转折点，本·古里安关于一个犹太国家的观点，成为美国犹太复国主义获得新生的催化剂。

汉娜·阿伦特和约瑟夫·梅耶代表《建设》参加了比尔特莫会议，并准备了一份报告。对她个人而言，这次会议是她同犹太复国主义关系的转折点。她和梅耶都被会议异样的气氛和当他们进入大厅时被对待的方式镇住了。安全人员推搡着他们，要求查看他们的身份证明。辩论的结果让他们更加痛苦。阿伦特并不支持哈伊姆·魏茨曼。她不能接受他与英国保持一致的努力，尤其被他在提及“所谓的犹太人军队”时毫不考虑其意味着什么被冒犯。但是她同样也不愿意接受本·古里安在巴勒斯坦建立一个犹太人国家的号召。

汉娜·阿伦特拒绝了比尔特莫会议上出现的两种立场。在那之后很快出现的另外两种立场也没能让她满意。犹太教美国委员会内部的一个改革团体的拉比们全面批判建立犹太国家的号召和所有的"政治犹太复国主义"。阿伦特认为这些"抗议的拉比"只是简单的怀旧。[24]另一方面,她也不能赞成希伯来大学的犹大·马格内斯的立场。马格内斯主张在阿拉伯联盟内部建立一个双民族的巴勒斯坦,并通过在1943年早期建立一个政党以表达自己的立场。

阿伦特在比尔特莫会议之后,继续在《建设》上发表自己关于犹太人军队的观点,她试图阐明自己的局外人立场。她意识到,现有的任何组织都没有认识到这一点,但是她感到必须将之提出来讨论,以期待不随其领导摇摆的美国犹太复国主义者能作出回应。她希望那些生活在"有民主政治传统"的美国犹太复国主义者能理解她关于犹太革命民族运动的观点,因为这个政治传统可能让他们明白,反犹主义是一个"政治的现象,而不是自然的现象"。她向美国革命的继承者们呼吁着。

阿伦特对美国政治传统的理解与期望,鼓舞她赞同初到纽约的那几年发展起来的美国犹太复国主义者的行动。她和许多难民很感激能被布鲁克林学院、哥伦比亚大学和社会研究新学院的项目雇用。他们能赚点钱,并拥有一个讲课的地方。这对那些经历过1933年大学关闭的人来说是一件不可思议的事情。阿伦特给她的美国学生做的第一次系列讲座,是在1942年夏季学期布鲁克林学院开设的现代欧洲历史课程,在课上,阿伦特表达了自己的感激之情,并诉说了自己在共和国中让她吃惊的日常政治生活。[25]一天,她在讲德雷福斯事件时附加了一个注解,其原型是一个报纸上的故事:"几天前,在纽约州的一个小社群中发生了一件很小但是值得注意的事情,这使我想到德雷福斯事件。一所高中的高年级学生们——美国学生占了大多数——推选了他们中唯一的日本人——日裔美国人。这个日本人很木讷,没有人注意他——他完全没有能力获得任命。他当选的唯一原因就是他的日本血统。他的人格与他担任的角色毫无瓜葛(她说,就如德雷福斯的人格与他担任的角色没有任何关系一样。)他只是感到局促不安。但是,他的同学们想向他表明,没有任何个体应该因其属于某个特殊的群体而遭受不幸。他们按照正义的理念行事。”当阿伦特向美国的犹太复国主义者呼吁的时候,她是在呼唤他们的正义理想。

阿伦特在 1942 年 11 月 20 日为《建设》写的文章中详细阐述了自己的立场,她希望这能吸引犹太复国主义者反对比尔特莫宣言;这是一篇题为《犹太复国主义的危机》长文的第三部分。她呼吁持不同意见的犹太复国主义者接受自己的看法,即巴勒斯坦不应是从 1917 年贝尔福宣言划出的英国殖民地,不应是英国殖民帝国的一部分。然后,她要求他们为将巴勒斯坦建为战后英联邦的一部分而不是一个独立国家而努力。她说甘地在印度的工作就提供了一个有益的榜样。其次,她呼吁推进战后欧洲建立联邦的努力,因为她感觉只有这样才能确保巴勒斯坦成为一个“犹太人定居的区域”。最后,她请求一项立法,将反犹主义确定为联邦中的反社会罪行予以惩罚。

阿伦特第三篇文章《犹太复国主义的危机》是她“这意味着你”专栏的最后一篇文章。在本·古里安式的犹太复国主义日渐高涨的氛围下,她的建议没有任何效果,专栏的名字也在新一期的《建设》改名,叫作“犹太复国主义者论坛”。

时代的重负:“最终解决”的岁月

《建设》的每一期都告诉心有余悸的读者,时代越来越黑暗。12 月 18 日的一期上有一个关于哥尔斯集中营放逐日的报道;报道的下面列出了被放逐人长长的名单。包括阿伦特在内的犹太复国主义者正努力想知道犹太人问题在战争结束时怎样解决,消息最终传到美国,结果却是不可想象的、残忍的“最终解决”成了解决欧洲犹太人问题的工具。

《犹太人前线》的编辑哈伊姆·格林伯格(Hayim Greenberg)于 1942 年 11 月一篇将他从世界犹太人委员会得知的令人震惊的消息摘要发表了出来。他在 1 月绝望地编辑着这些报道,标题为《基督教世界必须行动起来》。

本·赫特在1943年2月的《读者文摘》中用了同样的报道，以让更多的读者了解此事。但是，“基督教世界”不愿相信这些报道，更不愿去采取行动，国家出版物仍非常谨慎和节制。

本·赫特同贝托尔特·布莱希特的伙伴、作曲家科特·魏尔(Kurt Weill)、制片人比利·罗斯(Billy Rose)、导演摩斯·哈特(Mos Hart)和一群演员以及音乐家，为麦迪逊广场花园三月开放日策划了一场名为“我们永远不会死去”的露天表演。曾在一年前反对赫特独立活动的史蒂芬·怀斯拉比在麦迪逊广场花园组织了一次独立的“立即制止希特勒”的公共会议，从美国犹太复国主义领导层发出采取行动的号召。在这两个公共事件之前的一个月，阿伦特在一次官方和一次非官方的场合做了演讲，催促犹太复国主义危机的解决。这些演讲显示了阿伦特对周围对欧洲传来的大屠杀报道表示沉默的愤怒，也表明她既不愿支持犹太复国主义领导层的公开宣传的方式，也不同意赫特情绪化的“我们永远不会死去”的方式。她告诉一个纽约的哈达萨会议说：“这是众所周知的事实，自从战争爆发乃至之前反复被强调的，就是对犹太人民受难和牺牲这一事件沉默的共谋。”[26]她没有明确指出有谁牵扯进这种共谋之中，但是，她对犹太复国主义领导层的批评比以往任何时候都要尖锐。她说，犹太事务局奉行着一种绥靖政策，“就好像这些都是其他民族的事情——只是更不成功罢了。”阿伦特使用了很多她后来在《艾希曼在耶路撒冷》中的论断，提出了自己的观点：

> 绥靖政策从1934年犹太事务局与德国政府达成的协议开始。之后事务局作出一系列决议，不让其他国家的犹太人对各自国家与德国的关系施加影响以帮助德国犹太人，对有必要帮助的情况只字不提。在全面战争中绥靖政策自然结束之前，美国和波兰犹太民众的联合抵制运动已经逐渐消失。团结最为忠实的表达在幻灭与欺骗中结束，如果我们的政治家像其他国家那些没有姑息希特勒的政治家一样，他们就能在自己正义的愤怒和本能的反击中让犹太人满意。

阿伦特对犹太复国主义领导层进行了抨击。但是不像多愁善感和缺少理论的赫特，她从未对个人进行人身攻击。她确信“如果明天我们有崭新的班子来负责我们的政治，那事情是否会如原来那样就很值得怀疑。”她反对的是犹太复国主义者继续信赖已经过时的政治概念和信条。

在悲痛、恐惧和愤怒造成的更恶劣的氛围中，阿伦特又一次试图阐明自己对犹太复国主义思想预设和政策的批判。1943 年夏秋之间，她写了一篇名为《犹太—阿拉伯问题能解决吗?》的文章。《建设》在 12 月分两期发表，并附上了一个谨慎的编者按：“虽然不能同意阿伦特女士所有的论点，但是犹太人目前的悲剧和艰难的处境要求一个空间来聆听所有真诚和基于理性的声音。”[27]

曼弗雷德·乔治的编者按暗示了阿伦特的分析和建议是多么强烈地反对每一种观点。她特别反对比尔特莫(Biltmore)会议之后讨论最为热烈的两种建议。第一种是比尔特莫宣言本身：一个犹太人的共和国，一个自治的国家，在这个国家中，占人口多数的巴勒斯坦阿拉伯人将被置于少数民族的地位。这种民族主义的解决方案，如她讽刺性评论所言，“将成为民族国家历史上的新鲜玩意。”更为极端的民族主义方案，就是修正主义政党的计划，包括建议重新安置阿拉伯人口，她断然谴责这种建议，因为这将要求“法西斯组织”来完成。第二种建议在她看来是犹大·马格内斯在比尔特莫会议之后即提出的建议的变种。即呼吁建立一个双民族国家，犹太人在其中是少数民族的地位，与阿拉伯国家联盟合作，并加入模糊的盎格鲁—美国联盟，接受其庇护。

阿伦特拒绝两种建议都是基于同样的理由：两种方案都在政权内部制造了一个多数民族。阿伦特想要的是一个没有多数民族与少数民族区分的巴勒斯坦政治体。曾在 1918 年中东欧国家少数民族条约中失败的多数民族权利的概念，不应再次出现。

她对马格内斯的计划有进一步的反对理由。她认为，阿拉伯国家联盟将“仅仅是一个帝国(Empire)”。对大英帝国领导者来说，这样一个联盟会成为英国影响力的传播工具，传播殖民主义，徒具其名。对阿拉伯统治集团而言，这将意味着一个阿拉伯帝国。“两方面都表明联邦是虚假的。”她诉诸自己理解的美国革命政治传统写道：

> 真正的联邦是由不同而清晰区分的民族的元素和其他政治元素构成的。在这样一个联邦中，民族冲突只有在不可解决的多数—少数问题停止出现时才能予以解决。
>
> 这样的联邦第一次成形就是美利坚合众国。在那种联合中，没有一个州凌驾于另一个州之上，所有的州一起统治国家。以不同的方式，苏联是这样解决民族问题的：摧毁俄罗斯帝国，建立平等民族的联合，不考虑民族人数的多少。英联邦，不同于英帝国，可以被看作是另一个潜在的联邦。[28]

阿伦特建议巴勒斯坦在大英帝国成功转变为英联邦的前提下加入其中。她认为议会和英国民众对英联邦观念的支持以及英国对印度自治的支持都预示着这种转变。

汉娜·阿伦特独立的立场使她与任何行动的可能性切断，在犹太复国主义者中也没有影响。海因里希·布吕赫的立场倒更让人满意。他在国家道德委员会时自己联系到两份教职。他作为在马里兰州里奇训练营的美国军队训练项目的文官顾问，负责为德国战犯讲解德国历史。接着他又被邀请到另一个由迪安·克里斯蒂安·高斯(Dean Christian Gauss)负责的普林斯顿大学的军队项目。他在那里向美国军队中讲德语的官员作了关于法国和德国军队组织结构的讲座。布吕赫在这些活动中显示了自己公开演讲和教学的天赋，也给他第二年在纽约找到一份更好的工作提供了资格证明；他被 NBC 电台的德语新闻广播雇用。广播工作不如以前的工作有意思，并且要求写作，这对布吕赫来说并不是一件美事。但是所有这些工作都准许他发展出他希望的对他和妻子一生主要工作计划有所助益的想法。当汉娜·阿伦特快要结束在《建设》的工作并寻找另一份工作时，他们完成了他们长期思考的一本著作的大纲。

《极权主义的起源》一书是在布吕赫夫妇生活最为艰难的那段时间内构思完成的。1943 年初从欧洲传来的消息令人难以置信，希特勒正在“最终解决”犹太人问题。许多年后，汉娜·阿伦特回忆起这段日子和此种报道的反应时说：

> 最初我们根本不相信。虽然我丈夫经常说我们不应该对纳粹抱有任何幻想，我们仍然不相信，因为这在军事上完全没有必要，并且没有任何理由。我丈夫一度是一个军事史行家，他对此类事情了解一些。他说：“不要听信那些编造的故事，他们没有这么做。”半年过后，当事实证明果然如此之后，我们才最终相信。在那之前，一个人可以自言自语说，我们都有敌人。这很自然。为什么一个民族应该没有敌人呢？但这次完全不同。这好像是掉进了无底洞。因为每个人往往希望所有其他的事在某一天都能在政治上调整过来——每一件事都能恢复正常。这次不可能了。这件事根本就不能被允许发生。我不是说牺牲者的数目，而是指屠杀的方式——就此我毋需再多说什么。这样的事本来永远都不能被允许发生。我们每个人都无法接受所发生的一切。对于我们自己所经历的，我只能说事情偶尔很艰难，我们十分贫穷，我们遭到迫害，必须逃避，有时不得不欺骗自己说事情本来如此。但是我们尚年轻，甚至不时还开开玩笑。我难以用别的方式应付这事。但不是那样，不是那样。那完全不同。就个人而言，其他一切事情都好对付。[29]

他们的生活继续着；他们去工作，奋斗着。但甚至是当他们去河边公园散步稍微放松一下、享受那份平静的时候，他们对欧洲那本来不该发生而正在发生之事的看法都一直伴随着他们。在公园里，阿伦特写了几首诗。下面这首无题诗，写于 1943 年。

> 它们起于过去那静静的河畔——

这许多的记忆
模糊的图像勾勒着四围对我的束缚
并将之引向它们的目标

死者欲何求？你们在冥界也是流浪儿吗？
最终是深渊的平静吗？
水与土、火与气，都是你的仆人
就好像上帝
有力地占有你。并

从死寂的水中、沼泽中、荒野中和池塘中将你唤起
将你收集、捆绑在一起
在黎明的曙光中，你用雾弥漫了活人的领域
嘲笑着黑夜的“不复存在”。

我们继续玩耍、拥抱、大笑并持守
过去时光的梦想。
我们也厌倦了街道、城市和每个人的巨变。

小船儿飘荡，载着船上的恋人，如同
林间池塘中的明珠
我们也静静地混同、消失在
乌云之中，这乌云很快

就将大地、河岸、灌木和树木覆盖
等待濒临的风暴
等待——来自这晨雾、云的城堡和梦眠——
正在兴起、翻滚的风暴

布吕赫夫妇精诚团结，彼此协助。在《哈得逊的公园》中，阿伦特描述了他们许多次散步中有一次的情形，他们思考并谈论着当时发生的事情。这首诗是一首田园诗，但是它的最后一节预示了他们散步时思考撰写的一本书中出现的语汇："我们时代的重负"，这个语汇被《极权主义的起源》的英国出版商用为该书的标题。

垂钓人在河边安闲地钓鱼
钓竿孤单地伸出
司机们盲目赶路
也不休息，往终点驶去
孩子们在玩，母亲在喊着他们。
永恒几乎就在此地。
一对爱人从旁经过
承载着时代的重负。

对于汉娜·阿伦特的人民——犹太人来说，他们的欧洲故乡 1944 年就永远失去了；这个故乡"不复存在"。欧洲未来会怎样，那"还没到来"的事情不可想象。巴勒斯坦的未来会怎样也不得而知。汉娜·阿伦特在犹太复国主义者共同体中没有根基，也就不能为她的人民采取任何实际行动。但正是因为她缺乏那样一个根基，她很庆幸能有机会在没有与任何政治团体结合的情况下勾画未来。她在美国的第一份全职工作是在犹太人关系联合会担任研究室主任。

这个联合会——后来作为犹太社会研究会而广为人知——由美国两个最受尊重的犹太学者萨罗·巴伦和莫里斯·拉斐尔·科恩(Morris Raphael Cohen)在 1933 年 4 月策划成立。联合会官员在 1936 年主办了一次会议，由阿尔伯特·爱因斯坦担任主席，巴伦、科恩、哈罗德·拉斯基(Harold Laski)和亨利·摩根索(Henry Morgenthau)在会议上发言。他们还启动了基金会以支持联合会在 1939 年创办《犹太社会研究》。这个期刊是联合会最初目标中很重要的一部分:针对邪恶的纳粹反犹宣传而为“现代世界中犹太人的立场”进行宣传。

在20世纪40年代初,出版商萨尔曼·绍肯询问萨罗·巴伦他们的组织是否会与希伯来大学在咨询能力项目上合作。这个大学想征求建议,以探讨方法,对欧洲犹太人收集的战争年代幸存的书进行复原。联合会成员通过成立欧洲犹太文化重建委员会对此作出回应,汉娜·阿伦特从1944年开始负责这个委员会的研究工作。她和委员会的第一任负责人乔舒亚·斯塔尔(Joshua Starr)共事,后者策划了四部分的《被占领轴心国犹太文化遗产初步清单》,发表于1946年到1948年的《犹太社会研究》。这个委员会的任务就是判定欧洲犹太人的精神财富怎样恢复并为之找到新的家园。

为了拟制这些名单,阿伦特和同事在欧洲图书馆、学校和博物馆中采访了曾有一定社会地位的犹太难民。他们的一个核心文件是法兰克福市图书馆中保存的私人收藏目录,它是由一个图书馆馆员提供的,纳粹1933年颁布禁止犹太人从事国内工作的法律终止了他的职业后,他一直把这份文件带在身边。另外的难民提供了笔记和回忆录,它们必须与关于纳粹没收和再分配行动可得到的信息相协调。

1940年,阿尔弗雷德·罗森伯格(Alfred Rosenberg)和一个名为罗森伯格—国家突击队的特别纳粹小组在欧洲占领区全面搜查犹太文化机构,以给法兰克福的一个档案馆提供有关犹太人和犹太人问题历史的资料。罗森伯格的行动让著名历史学家沃尔特·弗兰克(Walter Frank)指导下的慕尼黑犹太问题研究所黯然失色,该研究所与德国大学内部中心相关联,并且原先就有。但是,当罗森伯格的收集工作启动时,只有一部分留在了法兰克福。最有价值的物品都运送到了柏林,在那里,阿道尔夫·艾希曼领导的盖世太保机构接收了这些物品。

汉娜·阿伦特一面研究复杂的局势,一面准备那个不确定的名单,后来,她把这些结果用在了《极权主义的起源》中以阐明极权主义统治的一个重要特征,即官僚机构和职位的不断增设。“原有的机构没有被废止,1944

年的情形是这样的：在大学历史系背后站着险恶的也更有权力的慕尼黑研究所，这个研究所的背后是法兰克福的罗森伯格研究所，而在这三个机构背后才是真正的权威中心——帝国研究所，这是盖世太保的一个特别部门。”[30]为准备整理清单而做的研究工作让汉娜·阿伦特第一次看到了极权政体洋葱式的结构。这些清单为欧洲犹太文化重建委员会为幸存的欧洲犹太人恢复他们的文化遗迹提供了谈判的基础。

汉娜·阿伦特在犹太文化重建委员会于1948年建立之后便担任起行政主任，并一直做到1952年。她在1949年和1950年去欧洲逗留了6个月，在其主持下，最终复原了150万件希伯来和犹太文物、成千上万的礼器和艺术品，还有超过一千卷的律法。按照1945年盟军间协议，那些被辨认出国别和出处的物品物归原国，那些属于幸存下来的个人物品物归原主。剩下的物品和文物则被分别安放在以色列、欧洲和其他西半球国家中。

对汉娜·阿伦特来说，与犹太文化重建委员会一起所做的工作是在战争可怕的最后几年中的些许慰藉。但是，为犹太文化载体找到归属并没有减轻她自己的无家可归感。她渴望着那个失去了的世界——欧洲。她在1946年写的一首最简单也是最伤感的诗中化用了里尔克一行著名的诗句：“有家的人儿是幸运的”。

悲痛好似心中乍现的灵光
黑暗是穿过夜晚的光芒
我们需要点燃苍凉的星星之火
以找到回家的路，
犹如漫漫长夜中的阴影
那树丛，那城市，那街道，
树木熠熠发光
没有家的人儿是幸运的；
他还在梦中将其遥望。

慰藉

汉娜·阿伦特在欧洲犹太文化重建委员会做研究工作(1944—1946)以及代表犹太文化重建委员会访问欧洲(1949—1950)期间,还以另一种方式对犹太文化的保存作出自己的贡献。她接替马克斯·施特劳斯(Max Strauss)担任了绍肯书局刚在纽约设立的总部的高级编辑一职,其前任因患严重的心脏病而退职。她在绍肯书局的办公室是一个"交通中心":作家、读者、讲德语的人,最后是美国朋友,都走进了这个办公室。汉娜·阿伦特开始了解战后第一年她周围的移民社会。

萨尔曼·绍肯和汉娜·阿伦特通过科特·布鲁门菲尔德在柏林见面,并在纽约重新恢复了联系。在他雇阿伦特做编辑之前,绍肯就已经同她商量各种计划;阿伦特向他推荐了本雅明未出版的手稿和巴纳德·拉扎尔的一个作品集。拉扎尔是法国的一个犹太复国主义者,阿伦特从他那里学来了局外人(pariah)和暴发户(parvenu)的术语。拉扎尔作品集在 1949 年由阿伦特编辑推介出版,书名是 *Job's Dungheap*。本雅明的著作从未在绍肯书局出版,但是阿伦特有机会出版杰舍姆·肖勒姆的《犹太神秘主义的主要趋势》第二版,这本书是肖勒姆献给本雅明的。她在绍肯书局最耗时也最难的编辑项目就是编辑弗朗兹·卡夫卡(Franz Kafka)的日记。卡夫卡的朋友马克斯·布劳德(Max Brod)曾整理好日记交付出版,但是他的工作太过马虎,每一页都要去核对原文。虽然卡夫卡的作品很难懂,阿伦特还是竭尽全力去做;她多年来都很喜欢卡夫卡,她在《党派评论》发表的第一篇文章就是《弗朗兹·卡夫卡:重新评价》(1944 年秋季号)。

阿伦特对为绍肯书局工作有所保留,这是因为他们在她提议的很多项目上曾产生过争论,但她比为绍肯工作的年轻人更为尊重他。"有钱的老一代,"她告诉布鲁门菲尔德说,"对他们的文化尚有一种责任感,而这是年轻一代确实缺乏的。"[31]绍肯非常艰难。"你必须认识到,"她警告一个潜在的客户说,"虽然他是一个出版商,但是他并不喜欢出版。"[32]但是她对她称之为"犹太俾斯麦"的人发展出一种由衷的尊重,并学会了如何在他身旁见机行事。[33]万神书局的创立者科特·沃尔夫(Kurt Wolff)给她提了很多关于出版商和出版工作的好建议。科特·沃尔夫和他的妻子也成了布吕赫夫妇部落的一部分，并经常采纳汉娜·阿伦特关于出版的建议。

作为萨尔曼·绍肯对待作者的特殊态度的结果，几个令人激动的友谊开始了。阿伦特遇到了T.S.艾略特(T.S.Eliot)，他是过来与绍肯及其儿子进行商务会谈的，阿伦特以秘书的名义受邀参会。当艾略特像一个商贩一样被接待的时候，阿伦特在十分惊骇无助的沉默中坐着。绍肯没有在众多作家中抓住艾略特，只是支吾了几声，然后就匆匆结束了会面，说“我们将考虑此事”，他们的借口是要赶着参加另一个会议。艾略特十分尊敬地起身，将绍肯父子送到门口，并在他们出去时正式地鞠躬道别。然后，艾略特转向窘迫的汉娜·阿伦特说：“好吧，现在你和我可以好好聊聊了。”他们的对话的确很好，阿伦特后来专心于阅读艾略特全部的诗、戏剧和短文——作为对新结识的文学朋友的敬意。

这个不喜欢出版的出版商也错过了一次收集兰德尔·雅热尔翻译的德语诗歌的机会。1946年间，雅热尔住在纽约，代替《民族》的正式书评编辑玛格莉特·马歇尔(Margaret Marshall)。前一年，玛格莉特·马歇尔在《民族》上讨论了阿伦特的《“德国问题”的解决途径》(《党派评论》，1945年冬季号)，赞其为“我看到过的讨论德国和欧洲问题最好的文章之一。”当她请阿伦特为《民族》撰稿时，阿伦特写了一篇文章，评论拉伊萨·马利坦(Raissa Maritain)的《恩典中的冒险》。

这个书评颇具汉娜·阿伦特风格：在全面的长篇讨论中，这本书被简要提及。她的《基督教和革命》考察了法国的新天主教思想，它包括从法兰西行动组织反民主的“法西斯主义热衷者”到像贝玑(Péguy)和贝尔纳诺斯(Bernanos)(在英国有切斯特顿)[34]这样的反资产阶级的民主派宣传者在内的人士。这篇考察文章构造了一个语境，在此语境中，新托马斯主义者马利坦(Jacques Maritain)既不是一个新闻记者，也不是一个宣传家，而是一个特例：“哲学家的事情些许有些不同，让人为难。……马利坦想要的是能引导他走出世界的复杂与混乱的确定性，那种复杂与混乱中，一个人满口真理，亦不知其所云。”阿伦特很钦佩马利坦，并在保罗·蒂利希的介绍下与他有短暂而美好的来往。她将自己为《建设》写的一篇关于他《时间的赎救》的书评和《从德雷福斯事件到今日法国》的副本寄给他，但是她发现他对真理的需求令人困惑，因为在她看来，那是非哲学化的。“关注真理的哲学，过去是，并将一直是非常学术的，因而也必定是极端无知的。”最后这一句可以想象是兰德尔·雅热尔对世间大量不学无术而又自称无所不知的人侵袭的防护。

雅热尔的博学让每一个读过他的诗和评论或是听过他谈话的人都感到惊异。但是对雅热尔来说，这只是无知之海洋中的一叶扁舟。当他遇见汉娜·阿伦特这个他未曾受过的欧洲教育鲜活的样板时，他的扁舟对他而言便更为狭小了，而阿伦特看起来似乎是海岸。当汉娜·阿伦特读他的诗作时，雅热尔完全信任她：“从来没有人比你谈论我的诗让我这么开心，无论你谈了什么，”他对阿伦特说。[35]

当他在《民族》杂志社而阿伦特在绍肯书局时，他们经常一起共进工作午餐。阿伦特在1946年给《民族》写了五篇短文，包括她第一篇对法国存在主义热情的评论和对赫尔曼·布洛赫（Hermann Broch）的《维吉尔之死》以及罗伯特·吉尔伯特的《我的诗，你的诗》的评论。雅热尔采用了这些文章，并将它们“英语化”——用阿伦特的说法。阿伦特也校正雅热尔对德语诗歌的翻译，有时还把自己翻译的散文初稿给他看，并引导他阅读自己最喜爱的诗人——歌德、里尔克、海涅和荷尔德林（Hölderlin）。她本想和“犹太俾斯麦”共同策划出版雅热尔翻译的海涅诗作，但是没能成功。

阿伦特被雅热尔的翻译深深打动，她鼓励他提高德语水平，就像她后来鼓励W.H.奥登那样，都是基于同样的缘由。“唉，”雅热尔抱怨说，“我的德语没有半点提高：如果我翻译，哪有时间来学德语？如果我不翻译，我又会忘记德语。”阿伦特是个好一点的学生。在她离开纽约之后，雅热尔定时拜访布吕赫夫妇，并向汉娜·阿伦特介绍现代英语诗人，后来这些诗人——奥登、艾米莉·狄更生（Emily Dickinson）和叶芝（Yeats）——都成了阿伦特的最爱。他读给阿伦特听，以便阿伦特那还不太灵敏的耳朵能把握英文的节奏和韵律，他们都很欣喜地提到最初见面以来阿伦特英文水平的进步，那时阿伦特听到他的名字时以为他有两个姓，“兰德尔”和“雅热尔”，并为此非常困惑。

阿伦特和雅热尔之间，他们都很珍重的纽带发展起来，它便是共享的品位与良好的判断。在读完他的《诗人的隐晦》之后，阿伦特写信告诉他说“非常赞成他勇于对抗充满敌人的世界”。他回复说：“当我看到你的时候经常会有这种感觉。有人说某些人‘当他活着的时候，我在这个世界上就不孤单’，我对你就有这种感觉。”雅热尔并不孤单，但是他经常搬来搬去，只有在临时居所中写作的时候才能坐下来。“我真的很思念你；这个春天你肯定要来伊利诺伊斯州，不是吗？来把约柜(The Ark of the Covenant)送给开罗(Cairo)的图书馆，伊利诺伊斯州(Illinois)的图书馆，或类似这样的地方。”

但是她没有离开纽约；更具体地说是没有离开她的办公桌——在绍肯或在西95街公寓角落里的小桌子。她在午休期间、晚饭后以及深夜都不停地写东西，完成了她想在《极权主义的起源》一书中使用的文章和几十篇书评。她通过书评和编辑工作开始了另一项文化重建任务：将当时欧洲的文学界和哲学界介绍到美国。一次当《党派评论》一个很受尊敬的成员在聚会上问“弗朗西斯·卡夫卡”是谁的时候，阿伦特为这个未知的世界写了清晰而简洁的介绍性指南。德国语言迫切需要文化大使在面对普遍存在的对德国所有事情皆不信任的情况下，向美国人展示其珍宝。阿伦特很怀疑德国人中继续出现伟大作家的能力，因为在19世纪和20世纪早期推动文学革新的动力——德国犹太人已经被消灭。不管怎样，她希望美国能对剩余的德国人友好。在她为《极权主义的起源》作初步研究时，她将不为人知的犹太人——拉尔·瓦恩哈根、海因里希·海涅、巴纳德·拉扎尔——的成就介绍给她的读者。她帮助为这些局外人的后裔营造一个空间；在那里能对她和卡尔·雅斯贝尔斯所称的“德国的终结”有所慰藉。

汉娜·阿伦特与诗人会面最多的一年是1946年。诗歌曾在战争期间为她提供温暖，诗人则在其后从战争折磨中缓慢恢复的那些年岁中给她以慰藉。她曾在绍肯书局开始工作之前就与诗人和小说家赫尔曼·布洛赫会面，并很快与布洛赫成为至交。在他们开始定期会面之后，阿伦特在

1946 年写给布鲁门菲尔德的信中说，这份新友谊是“在你离开期间发生的最美妙的事情”。[36]

这次幸运的会面是由布洛赫的情人安妮—迈尔·迈耶—格拉芬(Anne-Marie Meier-Gräfe)安排的，汉娜·阿伦特在纽约时就见过她。她的前夫是著名的德国艺术史学家，阿伦特的朋友布奇(Buschi)也认识她，她和布吕赫一样都是柏林市民。她的公寓里灰暗的布置让人想起战前的维也纳，她和布洛赫也正在那里相遇的。公寓里到处是纪念品，汉娜·阿伦特对这些并不熟悉，但她曾在斯蒂芬·茨威格(Stefan Zweig)的自传《昨日的世界》中瞥见过。她在聚会上见到的人并不像茨威格或是她非常热切地收入《安全的黄金时代》中的“卓越的同时代人”那样，虽然茨威格文学上的声名已经达到那个高度。1933 年的事件让不关心政治的茨威格非常吃惊，并如汉娜·阿伦特在 1943 年为茨威格的书写的评论中形容的那样，摧毁了“一个让人曾如此舒适生活”[37]的世界。希特勒上台的那些年“将献身于艺术的行家的‘保留地’夷平。”汉娜·阿伦特在魏玛德国时就厌恶的文学圈子的中坚分子在希特勒上台很久之前就厌恶赫尔曼·布洛赫；他称这个时期的维也纳是“伦理真空的中心”。

汉娜·阿伦特用一篇对布洛赫《维吉尔之死》的评论表明了自己的新友谊。在兰德尔·雅热尔将她的评论从德语式的长句英语“翻译”成美丽的长句英语之后，他鼓励阿伦特写一篇关于布洛赫著作更为完美的文章给他在《凯恩评论》的老师约翰·克罗·兰色姆(John Crowe Ransom)。在布洛赫的《梦游者》于 1948 年用英语出版后，阿伦特按雅热尔的话做了。早先的评论是对阿伦特的友谊和对布洛赫尊重的标记，她将布洛赫写作的领域称为“过去与未来之间”。

> 普鲁斯特是对 19 世纪世界最后的也是最美丽的告别，当辞别和悲伤的情绪淹没我们的时候，我们不断地阅读他那用“不复存在”的笔触写下的作品。与之不同，卡夫卡只是在很小的范围内和我们是同时代的人。他的写作好像站在未来的某个位置上，就如他处在或曾处在

一个“尚未到来”的世界的家中。布洛赫的作品就好像是普鲁斯特和卡夫卡之间缺失的关联，处在我们那不可挽回的过去与还没有到来的未来之间。……这本书试图扩展过去与未来之间虚空的深渊。自从这个深渊成为真实；自它从1914年那重要的一年以来变得更深、更可怕以来，直到死亡工厂在欧洲中心建立起来，并切断了我们两千多年以来系于历史实体的陈朽丝线：自从我们生活在“空洞的空间”之内，面对着任何预想的传统观念和人都不能解释的现实境况——这一珍贵的传统可能还保持在我们的心中——我们必须衷心感激伟大的诗作，它们牢牢地抓住了这个主题。[38]

汉娜·阿伦特很尊敬布洛赫，但是她从未认为自己了解他。有一件事让她印象非常深刻，阿尔弗雷德·诺普夫(Alfred Knopf)为布洛赫提供了一份合同，是将他的《尝试者》一书进行修订，使之成为“优美而活泼的散文”。[39]但是阿伦特很惊讶于布洛赫拒绝了这项任务，因为他认为这部小说完全是多余的。阿伦特能意识到布洛赫内心的挣扎，虽然如此，他的本性仍然困扰着阿伦特，他的道德感使他无私地回应寻求帮助的召唤，这一切让他将文学放到一边，视之为无用，并且是对我们居住的世界一种不充分的、过于主观的回应。在布洛赫去世后阿伦特为他的短文写的介绍中，她概述了布洛赫放弃文学而寻求能为人们提供一种“尘世的独立”的系统哲学的过程，这种系统哲学能引导人们过独立而慷慨的生活。她没有质问也没有批判这一转变，只是提及布洛赫努力创造的这种体系基础中存在的哲学困难，特别是他艺术家式地将行动与制作等同起来的做法。她知道不可能公开质问布洛赫的伦理责任，即使这对他和他的作品影响如此重大。在私下里，阿伦特经常说，在赫尔曼·布洛赫帮助朋友的那些年里，命运女神只有一次对他很友善：曾经有一个秋天他因病住院，这时他才不用到处去提供建议、发放食物及救助移民。

汉娜·阿伦特并不依赖布洛赫的善行与敏感，但是知道这种依靠意味着什么。她在给科特·布鲁门菲尔德写信谈到赫尔曼·布洛赫时害羞地向布鲁门菲尔德承认说："我经常依赖我丈夫的理解力与善良和他完全独立于所有的人和事的风格，并只依赖他。（一个人实在不应该就自己的丈夫说这些话，我'一辈子里'只说这一次。）"[40]她在赫尔曼·布洛赫身上看到自己从海因里希·布吕赫那里获益良多的品质。

布洛赫对女人的爱与他的独立给汉娜·阿伦特留下了同样深刻的印象。他是一个非常讨女性喜欢的男人，英俊、正派、举止文雅并且很有礼貌。汉娜·阿伦特一点都不奇怪他能征服很多女性，但令她困惑的是，布洛赫乐于处在那些不可避免会出现的纠缠不清的窘迫之中。她经常和她与布洛赫共同的朋友——阿尔弗雷德·诺普夫的编辑助理罗伯特·匹克(Robert Pick)，一起谈论布洛赫的这种癖好。不像汉娜·阿伦特，罗伯特·匹克已经习惯了布洛赫的冒险，并非常偶然地也非常不情愿地被这个情场高手作为过客抛弃过。当布洛赫想把汉娜·阿伦特也收入其追随者行列时，汉娜·阿伦特的反应比布洛赫曾经所有的鲁莽行为更让匹克震惊。阿伦特不仅发现了布洛赫的短处，还用她自己的方式巧妙地拒绝了他的建议："赫尔曼，让我成为那个例外。"

汉娜·阿伦特在作出这个委婉的拒绝之前很长一段时间，对布洛赫来说都是一个例外。在布洛赫和罗伯特·匹克与阿伦特共度夜晚之后，他都会摇着头对罗伯特·匹克嘟囔说："一个人不该懂这么多！"汉娜·阿伦特胁迫他，海因里希·布吕赫充满激情的政治辩论让他害怕。"布吕赫经常大喊大叫，"匹克说，布洛赫是一个安静而优雅的维也纳人，而布吕赫则是一个粗犷的柏林人。不过布吕赫夫妇两人都与布洛赫成了亲密的朋友。

布洛赫在1951年去世后，汉娜·阿伦特帮忙整理他遗留下来的大量混乱的文稿；她和安妮—迈尔·迈耶—格拉芬一起在布洛赫于纽黑文(New Haven)的工作室里整理了几天的文稿，并在后来把这些文稿捐给了耶鲁大学。可以发表的著作寄到了瑞士，莱恩凡拉格出版公司承担了编辑其全集出版的任务。阿伦特对他两卷本短文介绍的写作进展缓慢而艰难。她将写好的部分寄给布鲁门菲尔德，并提醒他留神说："你可能会注意到我的介绍是站在一个特定的位置写的。这是友谊的责任。我描绘的，或者说我试图去描绘的他的思想，与我的思想确实非常不同。他知道这一点，但仍信任我的忠诚——这是只有诗人才有的。我尽自己的所能以最好的理解与良知来写这个介绍。但是我防止自己说出真实的意见。”[41]她真实的意见——文学的损失不是哲学的获益——对她较之其友谊来说不那么重要。布洛赫去世后，汉娜·阿伦特通过展示与相配的贡献，表达了对他的巨大尊敬。

通过兰德尔·雅热尔和阿伦特在40年代中期投稿的《党派评论》、《评论》和《犹太人前线》等杂志的负责人，汉娜·阿伦特在纽约的熟人圈子不断扩大。她在绍肯书局的同事——欧文·豪(Irving Howe)、内森·格雷泽(Nathan Glazer)和马丁·格林伯格——将她介绍给他们的朋友。她最终见到了她想见的朋友，像阿尔弗雷德·卡津(Alfred Kazin)，这个名字和阿伦特的名字在1944年曾一起被轻蔑地提及，那时他们俩被打上了“在悲痛与困顿的时代中自责趋势出现”[42]的首要例证的印记。阿伦特因为对史蒂芬·茨威格自传的评论而获得这种批评，在那个评论中，她对犹太精英主义和政治短视提出了自己的看法。战争期间以及战争刚结束时，汉娜·阿伦特很容易找到与她政治立场非常接近并很欣赏她作品的美国犹太知识分子。而1948年以后，氛围开始起变化；她的友谊和忠实在犹太民族主义时代并不走运。

阿伦特在战后开始和一个定义宽泛的组织——纽约文学和泛犹太左翼——的成员一起参加聚会和讨论。她非常兴奋，并有点被这个新环境所陶醉。“有时候我被挫败了，”她告诉布鲁门菲尔德说，“因为我遇到那么多人，他们的名字和面孔在我脑子里搅为一团。”[43]她很快就与她的新朋友达成了政治共识，同时她向她的欧洲朋友们极力赞赏他们的不盲从、拒绝膜拜胜利女神，还有他们致力于一种贴近不同宗教和背景读者的文学语言的努力。但是，除了她对新朋友的敬重，在战争结束那易动感情的年月，误解也很容易产生。这样一种误解，将阿伦特和玛丽·麦卡锡友谊的建立推迟了好几年。

这两位女性第一次见面是在1944年。阿伦特沿袭着阅读自己新结识朋友写的文章的习惯，并在第二年对麦卡锡1942年写的《她的同伴》给予了很高的评价。但是她的赞誉并没有阻止她对玛丽·麦卡锡激烈的批评。那是在罗斯福突然辞世后不久的1945年春《党派评论》的编辑菲利浦·拉夫(Phillip Rahv)举办的一个聚会上。玛丽·麦卡锡正在同很多朋友谈论法国对德国占领巴黎的态度。她说自己为阿道夫·希特勒感到遗憾，他竟然荒谬地想得到受害者对他的友爱。阿伦特爆发了："你怎么能对我——一个受希特勒迫害的人，曾经在集中营中待过的人——说这样一件事！"玛丽·麦卡锡的分辩与解释无济于事。"我溜走了"麦卡锡回忆说；但阿伦特继续抱怨菲利浦·拉夫："作为一个犹太人，你怎么能让这种谈话出现在你家？"

两人的和解是在几年后她俩和另外几个人一起去见戴特·麦克唐那讨论《政治学》这本期刊的发展时才得以实现。阿伦特与麦卡锡在聚会后一起站在空荡的地铁站台上，阿伦特主动说："我俩想到一块儿去了。"玛丽·麦卡锡最终给了阿伦特关于原初的评论的解释，阿伦特也承认她从未进过集中营，只是在俘虏收容所里呆过。之后不久，阿伦特通过寄给麦卡锡她对《绿洲》的赏识确认了自己对她新的认识，阿伦特称那本书为"一块真正的宝石"，这个评价来得恰是时候。[44]这本书引发了很多批评，一个《党派评论》的同行在麦卡锡笔下的角色中看到了自己的影子，并准备以诽谤罪起诉她。麦卡锡和丈夫鲍登·布罗德韦(Bowden Broadwater)那时被邀请到布吕赫夫妇的西95号大街的房间里共进晚餐。

玛丽·麦卡锡后来成为布吕赫夫妇最亲密的朋友之一。她是汉娜·阿伦特对其不感到害羞的为数不多的几个美国人之一，因为阿伦特往往会对那些不是从年轻时就认识或是能唤起她青春时经常引用歌德的德国文化氛围的人害羞。玛丽·麦卡锡有一种超越文化差异的品质，汉娜·阿伦特后来在一封支持麦卡锡1959年申请古根海姆基金会项目的信中对这一品质进行了描述，她称麦卡锡具有"讽刺的天分"，她接着给出了对这种天分根源不那么明显的解释："在这个领域中将她和其他作家区分开来的，是她展示自己发现的视角，那是发现皇帝没穿衣服的小孩的视角与惊异。……

她通常是从相信每个人字面说的意思开始，然后为自己准备最好的、最漂亮的衣服。因此皇帝进来——赤身裸体。这种在期望与现实之间内部的张力……给她的小说赋予了一种杰出的戏剧效果。”[45]它们的“内在张力”非常类似，它们对人和世界的高度期望，它们“单恋”的性格都经常被误解。那些在孩童时从未等待过皇帝的人，或在更成熟一些后从未在自己的期望不再那么高时培植保持内在张力能力的人，很少能在讽刺与反语中发现任何正直的事情。麦卡锡，和兰德尔·雅热尔一样，都给汉娜·阿伦特留下了一个单纯的但是十分入世的孩童印象；她们与阿伦特并不是同一类型的人，但阿伦特与他们在一起会觉得（如她对雅热尔所说的）“勇于对抗充满敌人的世界”。

如果说有一种个人气质胜于所有其他因素吸引着汉娜·阿伦特，那就是一种特殊的单纯：饱经沧桑之后保留下来的单纯。在她于40年代末和50年代初的来往书信中——如她在魏尔德玛·古里安于1954年去世后对他的描述，后来发表在古里安编辑的杂志《政治学评论》上——那些自觉的单纯的人对她的吸引随处可见。她在纪念古里安的文章中说出了她对所有单纯的人的看法：“当他能拆掉所谓的文明社会的屏障时，他就非常开心，因为他在其中看到了人类灵魂的屏障。他愉悦的源泉就是单纯与勇气，这在一个完全被世界规训并因此需要积聚勇气保持自己原初单纯的活力和完整的人那里尤为重要。”[46]勇敢保存下来的单纯，用一种非政治的方法描述着汉娜·阿伦特所说的“自觉的局外人处境”。

在兰德尔·雅热尔那里，单纯与经验的结合非常显著。他拥有阿伦特所说的一种“关于品质和适当的一贯正确的感觉……在所有审美和人类事务中一贯正确的判断，”还有“永远对世界表示惊奇”[47]的单纯。当汉娜·阿伦特遇到雅热尔的时候，她第一次在一个美国人身上发现了只有在难民身上才有的现象。雅热尔对他的语言有一种单纯的热爱，而他从未被剥夺失去这种语言，虽然他对德语的钟情使他与英语的关系变得复杂：

我相信

我确实相信，我确实相信
我最喜欢的就是德语。

雅热尔爱上了德国的语言，这使他成了汉娜·阿伦特的同人，因为阿伦特认为自己不是一个德国人，而只是一个讲德语的人。

与母语保持联系是汉娜·阿伦特保持的单纯的一部分，她所喜爱的单纯的人往往同样如此。对古里安来说，“任何诗和文学——可能除了里尔克晚年的作品——都不能让他如对苏联作家那样喜爱和熟悉。”对瓦尔特·本雅明和马丁·海德格尔来说，母语是唯一能诗意地进行思考的语言。但是雅热尔肯定是第一个通过钟情另一种语言来保存自己纯真的人，并且这种钟情如行吟诗人钟情他那难以接近的姑娘一样没有回报。汉娜·阿伦特曾寄给他一些荷尔德林诗歌“非常简单的”翻译，他非常渴望地感谢她说：“通过这些我希望能了解德语究竟是什么样子。”

从他的信中可以明显看出，雅热尔惊讶于汉娜·阿伦特生动地界定她所观察到的事物的能力，正如阿伦特也对雅热尔有此种感觉一般。所有其他单纯的人都感受到了这一点，并用自己的方式将其表达了出来。玛丽·麦卡锡与阿伦特的通信直到50年代中期才开始，但是她答应为汉娜·阿伦特在40年代中期做的一个公开讲座写介绍：“她让我想起贝纳尔或辉煌的歌剧舞台上的女主角普鲁斯特的厄玛。……汉娜的戏剧天分所涉是一种被理念、激情、预感抓住的自发力量，它通过她的身体像演员那样表现出来。而这种被抓住、被作用的力量往往是以睁大眼睛开始的。‘啊！’（在一幅画面前，在一件建筑作品面前，在一些恶行面前），它像高压电一样把她与剩下的其他人分开。”48

极权主义的起源

汉娜·阿伦特从1945年和1946年开始写作《极权主义的起源》一书的激情来自她保持——四年紧张的努力和五百多页密集而又艰深的文字——面对她分析的恶行那深邃而愤怒地表示惊讶“啊！”的能力。她和布吕赫将这本书视为对欧洲19世纪的前哨式攻击，这个资产阶级的世纪积聚了一系列元素，它们后来在德国结晶为极权主义。她着手写作该书时身边没有欧洲的朋友，也与他们失去了信件联系，可能永远都没了音信，而她完成此书的时候正是她1949年第一次回到欧洲之前。在那些年里，她觉得欧洲的命运悬而未决。阿伦特曾在刚到美国的那几年将精力投入犹太政治。在战争结束时，她转向更为一般的问题：在这样一场大战撼动的世界中，应该以怎样的原则来引导政治呢？新欧洲会出现吗？会出现真正的民族大联合吗？从欧洲传来的消息——雅斯贝尔斯和他的妻子得以幸存，威尔夫妇也重逢了，情况还不错——这给她用英语写作这部艰巨的著作以激励。但正是她自己保存下来的单纯，她心灵的开放，在进一步了解战争期间欧洲发生的事情之后随即改变了著述的主线，使其著述具有了激动人心而又令人愤慨的品质。当她书写过去和未来的时候，她将雅斯贝尔斯的座右铭拿过来作为自己的格言：忠诚是真理的标志。[49]

在1944年秋末或者是在1945年冬初，汉娜·阿伦特将自己计划写作的此书大纲初稿递交给霍顿·米福林出版公司的玛丽·安德伍德（Marry Underwood）。阿伦特给书起名为《耻辱的要素：反犹主义—帝国主义—种族主义》。她还曾以更加生动的名字《地狱的三根支柱》提及此书。有时候她就简单地称之为《极权主义的历史》。直到六年后这本书原稿大调整和扩充之后交付出版的时候，书名才最终确定下来。但是，即使是“极权主义的起源”这个名字，也不尽如人意，因为这本书并不像达尔文《物种的起源》那样研究起源。汉娜·阿伦特想找一个（但从未找到）能反映这本书的方法的名字，因为此书的写作方法截然不同于传统的历史写作。她后来满足于能把握她的写作内容而不是方法的名字，这本书在英国出版时使用的《我们时代的重负》，就不那么容易引起混淆。

书中的几部分是怎么联系到一起的？在玛丽·安德伍德对此问题的一再追问下，阿伦特在1946年9月24日的一封信中解释了自己方法论上的困难。历史学家往往假定他们写作的事件和历史阶段都是一个过程的组成部分，都是关系到现在的演变或发展。但是，阿伦特写道：“我在严格意义上与历史写作保持距离，因为我认为这种连续性只有在作者想保存他的主题，并将之传递下去，让未来世代关心与记忆时才能被证明。这一意义上的历史写作往往是对已发生事情过分的合理化论证。”[50]想要为她关心的三个主题——反犹主义、帝国主义和种族主义——提供合理化论证是不可能的。她认为同样不可能的还有仅仅表示谴责。“仅仅是论辩的方式也要避免。只有当作者能回到传统价值——对这一价值毫无质疑地接受并在此基础上形成自己的判断——的坚定背景中时，才能允许那种方法。……我相信过去的任何传统都不能给我们提供这样一个基础。在我看来，论辩只是简单的犬儒做法，不能让人相信什么。”她不能像论辩家的典范马克思写《路易·波拿巴的雾月十八日》那样进行写作，那本书是以一个攻击者的身份写成的，他用较好的洞察力提供了一个解决现实问题的或新或旧的方案。汉娜·阿伦特将自己视为既存问题的发现者。反犹主义、帝国主义和种族主义这三部分是这一问题的不同表现，或者说是纳粹“结晶”成形并制造出可怕的“解决方案”所展现出来的众多复杂问题之表现。她选择的方法是要“找出纳粹主义的主要元素，追根溯源以发现其后真正的政治问题。……这本书的目标不是给出答案，而是勾画背景”。

在第一本书的基础之上，汉娜·阿伦特为后来的一种答案建立了智识基础。她将这一答案基于议事会制度之中，议事会制度有一百年的历史传统，这一传统如果没有回到那些“毫不怀疑便接受的”价值，就是回到了“判断得以形成的……传统价值基础”。在该书1958年第二版修订的时候，阿伦特回顾了她的第一本书并添加了议事会制度传统具有生命力最近的证据，并对她在《极权主义的起源》中添加论1956年匈牙利革命一章的原因进行了解释：

> 在这一章中存在着一种确定的希望——当然，有许多条件限定——这很难与(《极权主义的起源》最后一章)假定的“到今天为止对目前问题唯一清晰的表达就是极权主义恐怖”相符合。……(匈牙利革命)又一次提出了一种政府形式，虽然这一政府形式从未被真正试

验过，但是很难称其为新的形式，因为它在一百多年的革命历史中不断出现。我说的是议事会制度，苏联的议事会制度在十月革命的最初阶段被废止，中欧，在德国和奥地利国内稳定的政党民主建立起来之前就结束了。……在没有意识到议事会制度在1948年以来所有革命中扮演的角色时，我对它的重新出现不抱任何希望。……匈牙利革命着实给我上了一课。[51]

在匈牙利革命发生前，同时还没有达到她50年代对行动的性质与可能性之思考的时候，汉娜·阿伦特最初只是简单地列出了纳粹主义的元素和这些元素背后的政治问题。

以极权主义形式出现的羽翼丰满的帝国主义是诸特定元素的混合物，这些元素出现在所有的政治境况和我们时代的问题之中。这些元素包括反犹主义、民族国家的衰落、种族主义、为扩张而扩张、资产者与暴民的联合。每一种元素的背后都各隐藏着尚未解决的真问题：反犹主义的背后是犹太人问题；民族国家衰落的背后是尚未解决的新的人民组织形式问题；种族主义背后是尚未解决的关于人的新概念的问题；为扩张而扩张背后，隐藏的是尚未解决的将日益缩小的世界进行组织的问题，在这个世界中，我们必须与历史和传统都处在西方世界之外的人们共存。羽翼丰满的帝国主义（亦即极权主义）最大的吸引力就是建立在下列普遍确信之上的，即人们相信它为这些问题提供了答案，并能应对我们时代的这些任务。

阿伦特从未在《极权主义的起源》手稿中将这些问题和它们的挑战如在给玛丽·安德伍德的备忘录中那样简洁地列出。这本书没有一个导论性的概述，这也是许多读者感觉被淹没在广阔的历史图景中、被具许多离题的细节和看似不相关的事情所困扰的原因之一。这本书同样也没有介绍其方法论，以解释“结晶化”的比喻意味着什么。在该书第一版总结性评论中虽然曾有所说明，但是，关于研究方法最为清楚的陈述，是汉娜·阿伦特1954年在新学院做《极权主义的本质》系列讲座时作出的，这些陈述从未在她的书中出现。她在讲座中说：

> 如果不是把诸起源理解为诸“原因”，我们就可以说极权主义的元素构成了它的诸起源。因果关系，也就是说，决定一系列事件——这一系列事件往往由一个事件引发并能通过另一个事件来解释——的原因在历史学和政治科学的领域可能完全是错误的、虚假的。元素自身可能从未导致任何后果。如果它们，并且当它们结晶为固定而明确的形式时，它们就成了事件的起源。然后，也只有在这之后，我们才能追溯它们的历史暗流。事件昭示了其本身的过去，但是绝不能从过去推导出事件本身。[52]

虽然她在自己著作开始写时对每一部分潜在的问题和原则都很确信，但是汉娜·阿伦特还是几次对整书的总体结构和最后一部分内容进行了修正。她在《地狱的三根支柱》的名下开始了三部分写作计划，计划在“反犹主义”、“帝国主义”和“种族主义”三个标题下写十一章的内容。第二稿的大纲计划写四部分：“犹太人通往政治风暴中心之路”、“民族国家的解体”、“种族的扩张”和“羽翼丰满的帝国主义”，共13章。在这个计划中，只有第十三章“种族—帝国主义—纳粹主义”触及了最终稿第三部分涉及的宏大主题。汉娜·阿伦特最终分三部分写作此书：反犹主义、帝国主义和极权主义，第三部分恰恰是从早先大纲结束的地方开始。阿伦特后来将自己在1946年理解的内涵截然不同的种族—帝国主义称为极权主义。

《极权主义的起源》反犹主义和帝国主义章节的很多内容在1946年之前就已经写好，其中一些已以文章的方式发表出来。第三部分是在1948年和1949年写成的。汉娜·阿伦特将纳粹主义视为反犹主义、帝国主义和种族主义三部分元素结晶化的逻辑产物。她曾将纳粹主义不称为“极权主义”而是称为“种族—帝国主义”[这个词从弗朗茨·诺曼的《比赫莫特》(Behemoth)而来],她也没有注意她后来认为独一无二的另一个极权政体——苏联。1947年秋天,她又改变了自己的计划。关于帝国主义的第二部分本来将在1947年底完成。接着她将着手写第三部分:"我必须从头开始写这部分(而不是在已发表文章的基础上),因为我必须将苏联也纳入进来,我对这一实质性问题越来越明确了。"[53]

战争过后,大量关于纳粹和苏联集中营和奴隶劳动营的材料开始在幸存者的回忆录、日记、小说、诗歌和官方文件中出现。她阅读着这些作品,像欧根·考根(Eugen Kogon)的《党卫军国家》、大卫·鲁塞(David Rousset)的《我的地狱之窗》和关于苏联集中营的匿名论文集《月亮的暗面》,阿伦特得出结论,正是集中营从根本上将极权政体与其他政府形式区分开来。就此种政府形式而言,集中营也是本质性的、独特的。而在"一战"期间和"二战"之前及期间在欧洲和美国出现的帝国主义分子的保护性拘留营和俘虏收容所,则是本质不同的机构。阿伦特通过比较纳粹政体和苏联斯大林政体使用的集中营,开始意识到两者的相似性:"纳粹和苏联的历史证明:没有一个极权政府能够不依赖恐怖而存在,而没有集中营,任何恐怖都不能奏效。"[54]这一卓见是阿伦特在她第一本书中提出的极权主义理论的关键。

当她意识到集中营在极权政体中的重要性之后,阿伦特在1948年12月10日的《犹太社会研究》上发布了一个备忘录,寻求对"集中营研究项目"的支持。这个项目将包括查找关于集中营的文件并准备一个参考书目,采访幸存者,写一部不同于任何战前使用的拘压和俘虏收容营背景的集中营历史,并评估所有收集来的材料。一个类似的建议成为汉娜·阿伦特向《评论》的编辑埃利奥特·科恩(Elliot Cohen)提出的整个项目的一部分。她询问《评论》是否愿意支持一项不仅针对集中营,还包括与世界政治趋势相关的整个战后犹太人问题的调查研究项目。"我们犹太人缺乏有历史感并受长期政治传统教育的知识分子,"她在向科恩介绍自己的项目时说,她希望一个研究机构能为犹太人提供信息,以应付"世界政治发展可能会再次敌视犹太人"[55]的状况。阿伦特对犹太人可能在世界政治中再次成为受敌视对象的害怕,并没有在《极权主义的起源》中直接表达出来。实际上,她本来计划在书中写一章《反思犹太复国主义》，但是，她意识到这样一篇文章将会引起大的争议，于是她修改了计划；她也看到，1948 年战争造成的以色列作为一个政权出现之后，犹太人的情况已发生戏剧性的变化。

汉娜・阿伦特基于自己对集中营的研究，向《犹太社会研究》和《评论》提出了自己的建议，她在 1948 年 7 月为《党派评论》写的文章中进行了总结。这篇名为《集中营》的文章后来收在《极权主义的起源》倒数第二章里。但在《极权主义的起源》第二版中，这篇文章后面紧接了三页有力的论证，阿伦特在论证中的分析路径通向了她的哲学目标："极端的恶"的概念。这些被加进第一版的总结评论中的章节，揭示了阿伦特关于恶之性质的哲学质询，而这也是她到最后一本书《心灵生活》一直努力探寻的主题。

> 集中营是试验如何改变人类本性的实验室。……极权主义政体在证明"一切皆有可能"的努力中，无意中已经发现存在人们既不能惩罚也不能宽恕的罪行。当不可能成为可能的时候，它就成了不可惩罚、不可宽恕的绝对的恶，这种绝对的恶不能再用自私、贪婪、奢欲、怨恨、权力欲和怯懦等邪恶动机来理解和解释；因此它就成为愤怒不能报复、爱不能忍耐、友谊不能宽恕之事了。[56]

没有任何哲学传统能理解这种绝对的恶。只能通过分析形成极权主义的"诸元素"——人口过剩、扩张、经济过剩、社会的无根与政治生活的衰落——才能说明这种绝对的恶。哲学探寻在这本书最后一句话提出的威胁面前止步："极权主义的解决方案会在极权政体崩溃后继续存活，它会以具有强烈诱惑的并以一种貌似对人类有价值的方式，在政治、社会和经济的痛苦看来不可能减轻的任何可能的时候再次出现。"[57]

探寻"人类尊严概念政治的、哲学的意义，以及集中营所含有的对我们社会中活人的威胁"是汉娜・阿伦特向《犹太社会研究》提议的项目的最终任务。这个研究计划从未成形；《犹太社会研究》和《评论》都没有为如此大规模的研究提供资金支持。但是，阿伦特自己继续进行这一研究计划，并将关于集中营的研究并到《极权主义的起源》第三部分之中，还在后来为第二版准备的结语《意识形态与恐怖》中略述了她的整个思考。她还利用她的研究试图去理解战后的政治发展，并将之放在给《犹太社会研究》之建议的导论中。例如，她曾在建议中提出，苏联人在战争末期显示出的强烈敌意——将苏联视为盟友的欧洲人和美国人惊讶地发现了这种敌意——只有在斯大林政体的极权主义本质被全面考虑的情况下才能予以理解。“只是现在人们才开始认识到，让苏联在政策上如此敌视西方世界的，不是国家利益和意识形态对抗之间的冲突，而是一个通过恐怖进行统治的极权政体在一个非极权世界中不可能感到安全这一事实。”[58]这个结论和另外一个比较民主国家和极权国家的结论联系到一起，那个结论与当时马克思主义者的分析不同。阿伦特主张，纳粹和苏联依赖的集中营中制度化的恐怖是它与民主国家最根本的不同。

> 民主国家和极权国家的制度中所有其他的差异都是次要的枝节性问题。这不是社会主义和资本主义，或国家资本主义和自由竞争资本主义，或阶级社会和无阶级社会之间的冲突。这是基于公民自由的政府和基于集中营的政府之间的冲突。希特勒和斯大林政治路线的很多转折都是巨大的，也是令人困惑的；只有一点不能期望有任何妥协或任何改变，那就是对恐怖的使用、集中营的机构和永久地废除公民自由权，因为极权政府的权力主要就建基于此。

《极权主义的起源》的最后一部分阐明了纳粹政体和斯大林政体在本质上一致这一论断，这部分内容是在1948年和1949年春写作的。1948年初，报纸上充满了关于马歇尔计划的国会辩论的报道。自由派和前共产主义团体指责这个计划是针对苏联的，赞同参议员罗伯特·塔夫特（Robert Taft）的保守派则指责这个计划是“全球新政”。两股风暴在2月一个共产主义团体取代捷克斯洛伐克政府时，聚合形成巨大的冲力。全美蔓延的对战争的恐惧只是短时间存在，持续更长时间的是对国内外共产主义的恐惧。整个国家中的果敢勇气逐渐消失。布吕赫这个前共产主义者被美国的狂热行为激怒了;阿伦特尽力去理解反共产主义的言辞、指控和愤怒,但是她也承认这种狂热正制造出一种无法忍受的氛围,“肉体的神经性折磨”。[59]她在书中对苏联侵略式的外交政策和苏联对基础性的权利——每个个体的权利和每个国民的权利——的废除之间作出了清晰的区分,但是这种区分迷失在美国自由派和保守派浮华的言辞之中。“反人类罪已成为极权政体的特性之一。从长远来看,如果我们将这种极端的罪行与这些政体也犯有的其他罪行——比如说不公正和非法征用、剥夺自由权和政治压迫——混为一谈,其害必大于其利。那些其他罪行在所有僭主政体中都存在,它们不能将外国主权的干涉正当化。”[60]阿伦特认为苏联的侵略性外交政策不允许干涉,但是在另一方面,她辩称苏联集中营中“数以千万计的人被剥夺了享受他们自己国家的法律所带来的令人生疑的好处,集中营能,也应该成为无需考虑主权的权利与统治采取干预行动的对象”。[61]虽然她明确地认为应该多国联合而不只是一个国家来行动,但她没有提出这种行动应采取什么样的形式。

到马歇尔计划在4月被国会接受时,美国的气氛已经有所缓和。夏初总统任命大会举行时,杜鲁门(Truman)政府遏止共产主义的政策似乎并不明确,即使是杜鲁门总统本人也不像是政策的指挥者。在杜鲁门意外地、戏剧性地成功竞选期间,阿伦特写了底稿的第三部分,并在讲座报告中分析了世界上出现的“两极”格局。她按其个性避免使用像左和右这样的极端美国化的观念。如她给《犹太社会研究》的提议和自己书中显示出的那样,她坚决反对极权主义。但是她非常关注美国反对极权主义所采取的方式和当时出现的欧洲左翼对美国反对行为的批评,阿伦特认为那些批评都是由于误解造成的。

1948年,阿伦特在社会主义者聚集的兰德学校作了系列讲座,在讲座中,她思考了醒悟的美国社会主义者对“反斯大林主义”[62]一词的使用。“对反斯大林主义一词的偏爱使之区别于反布尔什维克主义或反极权主义,这是意味深长的:没有一个反纳粹的人能称自己是反希特勒主义者,因为那将意味着他曾参与过纳粹内部的斗争，他可能是罗姆(Roehm)或斯特拉瑟(Strasser)的同僚，但不是纳粹主义的敌人。同样，反斯大林主义这一语词，最初是在布尔什维克党内斗争中使用的，在20世纪，一个人可以支持或反对布哈林、季诺维也夫(Zinoviev)、托洛茨基、斯大林。"汉娜·阿伦特担心那些真正的反极权主义的拥护者可能仅仅被当作斯大林的苏联反对者的追随者，并发现自己"和不同类的朋友混在一起反对不同类的敌人"。还有第二点，阿伦特担心，反斯大林主义作为一个模糊的信条，会将其追随者困于陈旧的政治立场之中。"某种意义上说，我们时代整个激烈的运动都被对苏联革命的认同摧毁，被苏联革命篡夺，这已经够糟糕了。当缺乏政治经验并且没有在当今陈词滥调背后悲痛过的年轻一代，开始因任何匮乏出现而采取苏联革命的路径时，这一路径就不再是陈年旧账。"阿伦特这么说是因为，美国的反斯大林主义者无需考虑国内的布尔什维克主义，因为布尔什维克主义只是"由国内间谍协助的可能的外来威胁"，他们几乎把注意力都放到外交政策上面。这种外交政策取向，从根本上将美国的反斯大林主义者与欧洲的反斯大林主义者区分开来。

那些见证了莫斯科指挥的共产主义政党在战前和战争期间贡献的西欧人懂得，"第五纵队的危险远比仅仅间谍的危险要现实得多"。例如，法国的反斯大林主义经常呈现出"鲜明的民族主义色彩"，并将众人引入戴高乐(De Gaulle)运动中，因为"他们不管戴高乐政府确实存在的极权主义潜力和权威主义，相对于外国统治，他们更喜欢本国的专政"。另一方面，法国很多知识分子反对美国式的反斯大林主义，甚至出于这种敌意而倾向于同路人主义(fellow-travelerism)。他们认为，美国的反斯大林主义只是对美国现状的一种头脑简单的附会，更不友好地说，只是对欧洲现状的附会，"特别是因为马歇尔计划不可避免要支持动荡中的政府(比如说法国)"。阿伦特认为，对很多欧洲人而言，"反对全面支配的关于自由的重大政治问题，被对灭绝的恐惧所遮蔽"。美国和苏联将意识形态分别认为是帝国主义(或法西斯主义)和共产主义，都将欧洲人视为敌人。在这种氛围中，即使是"欧洲主义"或欧洲联合的希望都有沙文主义的意味；旧有的民族主义在欧洲民族主义中找到了新的、更大的活动范围。

汉娜·阿伦特的讲座有两个希望:美国的反斯大林主义者能放弃他们与苏联革命内部过去小派别的关联,反对极权主义而不仅仅是斯大林主义;第二个希望就是欧洲的批评者能放弃对美国反斯大林主义的误解。为了第二个目的,她提供了一个对欧洲人误解的解释,这个解释显示了她对已经在其中生活了八年的国家的了解,也显示了她在美国语境中是如何应用自己对社会与政治体的根本区分的。

“欧洲的访客无法明白美国政治的现实,这是因为他们完全被美国社会的表面所遮蔽,美国社会的公共性和公共关系像聚光镜一样将众多社会因素聚集在一起,以至那耀眼的表面就好像是整个现实。”她知道欧洲左派不能理解社会从众分子是如何作为一个具有深刻责任感的公民在政治上保持独立的。欧洲的马克思主义者习惯于认为政治力量是由社会地位决定的,他们无法理解社会和政治力量很少匹配并经常彼此冲突的情况。阿伦特自己很惊异“20 世纪(在某些方面的 19 世纪)社会生存和繁荣稳定的根基是 18 世纪的政治哲学”,它基本未受欧洲“历史崇拜者”的影响。她认为,即使是美国的马克思主义者在审视自己国家的时候,“理论上讲,他们也不敢相信自己的眼睛”。“然而实际上,他们强烈意识到不要去反对这种政府形式,因为这是真正的政治自由得以幸存的不多的政府之一,也是更少数的不怎么考虑社会正义的政府,他们明白若非如此公民身份便不可能。”[63]

汉娜·阿伦特指出,美国反对极权主义的知识分子没有让欧洲人理解到,他们反对的那些美国社会特性,在欧洲人看来似乎就是潜在极权式的:四处蔓延的从众主义、以工作来界定个人身份、专注于成就与业绩、虚幻地夸大公开性。他们没有教会欧洲人,社会批评与支持政治现状是不冲突的。在兰德学校讲座上,她率直地说出了自己的想法,她断言真正的知识分子也会和她共享这一确信,那就是“从知识上讲,(社会的)非从众主义几乎就是成功的不二法门”,她劝说美国知识分子牢守这一确信,就如坚守对美国宪政主义的忠诚一样,而不是坚持反斯大林主义的矫饰辩论。

当她发表这个演讲的时候，汉娜·阿伦特确认了一个她从未丢弃的立场：要反对各种威胁到他们的国内力量——所有19世纪和20世纪政治不自由的力量和大众社会的所有罪恶——时，便诉诸18世纪美国共和的原则。她过去，并且现在仍然既是一个保守主义者，也是一个革命派，她也从未丢失紧迫感，这让她很快就将自己的观点成文发出，虽然她知道她的匆忙草率使自己很容易受到简单的保守派或简单的自由派的批评。

1948年兰德学校讲座中的反思预示了阿伦特正在准备其著作中的第二个主要转变。她的第一个转变是从作为纳粹本质性制度的集中营转到理论总结：集中营（和恐怖）对一般的极权主义是实质性的。而这第二个转变，如所有对这本书的批评者注意到的那样，在《极权主义的起源》一书中制造了一个严重的失衡。纳粹主义讨论得很详细，与纳粹主义相关的反犹主义和帝国主义的背景资料谈得也很多，斯大林治下的苏联则只在最后一部分讨论了一点。阿伦特没有讨论苏联的历史或马克思主义—列宁主义意识形态，这让很多对这本书1951年第一版的批评者产生疑问，即阿伦特关于发展中的极权主义的模式事实上是否太笼统而失去了实际的解释力。而斯大林去世后苏联国内去极权主义的发展趋势，又引致该书1958年版的批评者的另一质疑，即阿伦特关于极权主义政体的发展动力只有通过外部非极权主义国家才能得到制止这一宣称的准确性。当1968年她为自己的著作写一个新的导言时，阿伦特自己创造了“去极权化”（detotalitarianizing）一词来形容俄罗斯的发展。

阿伦特意识到自己的书在内容上确实不平衡。她计划用1952年和1953年做一项专门研究“极权主义的马克思主义元素”来解决这个问题并补上缺少的分析。她关于这本书的计划没有迹象表明她要调整自己的主要观点——集中营是极权主义的本质。她想做的是，利用自己在《极权主义的起源》一书中发展出来的方法描绘19世纪的苏联，并讨论苏联采用的马克思主义，首先是列宁，然后是斯大林。[64]她很强调纳粹主义和布尔什维克主义的重要不同，即自然的意识形态和历史的意识形态的不同，但是，她不认为两种政体的组织或政府形式有什么本质的不同。

阿伦特把处于失衡状态的《极权主义的起源》交付出版的原因，在她在兰德学校的讲座的字里行间交待得也很清楚。她认为，在一种稀里糊涂地反对斯大林而不是反对一般极权主义的氛围中，自己的书迫切需要出版。她在1948年为《党派评论》写的文章中，对此种迫切性作了陈述(这个陈述没有收入《极权主义的起源》)："在我们对集中营恐惧的引导下，对极权统治本质的考察，可能会让我们抛弃所有过时了的从左到右的政治谱系，搁置并超越它们，引向判断我们时代事件最本质的政治标准：它会不会通向极权统治?"[65]阿伦特所关心的判断的政治标准被清晰地表达出来，并盖过了对资料十分充分、谋篇是否一贯等所有的考量。她和她的老师卡尔·雅斯贝尔斯都有她在1946年表达的那种感觉："今天发生之事可能有一天能建立一个世界。"[66]

注释

1. Arendt to Blücher, 18 July 1941, Library of Congress.

2. Arendt to Blücher, undated, ca. July 1941, Library of Congress.

3. Arendt to Blücher, undated, ca. July 1941, Library of Congress.

4. Arendt to Jaspers, 29 January 1946, Marbach.

5. Arendt to Blücher, undated, ca. July 1941, Library of Congress.

6. Arendt to Blücher, undated, ca. July 1941, Library of Congress.

7. Arendt to Blücher, undated, ca. July 1941, Library of Congress.

8. Arendt, "Walter Benjamin: 1892—1940," in *Men in Dark Times*, p.167, n.5.

9. Gershom Scholem to Arendt, 6 February 1942, Library of Congress.

10. Benjumin's notes to Arendt are with Arendt Papers, Library of Congress, as is the original manuscript of the "Theses on the Philosophy of History", which Benjamin wrote in his delicate, small script on several newspaper wrappers of different colors.

11. Arendt to Gaster, 5 October 1941, Marbach.

12. 下面对德国移民的政治组织的看法是基于阿伦特一份未公布的、没有日期的手稿《德国移民》，国会图书馆。

13. Romain 的信登在 1941 年 7 月 2 日的 Aufbau 上，第 5—6 页，阿伦特的回复 Der Dank vom Hause Juda? Oftener Brief an Jules Romain 登在 1941 年 10 月 25 日的 Aufbau 上。

14. 布吕赫的一个笔记本在巴德学院的图书馆中。

15. Arendt to Klenbort, 18 August 1942(in Klenbort's possession).

16. 同上。

17. Hannah Arendt, "Papier und Wirklichkeit", *Aufbau*, 10 April 1942.

18. Hannah Arendt, "Moses oder Washington", *Aufbau*, 27 March 1942.

19. Hannah Arendt, "Mit dem Rucken an der Wand", *Aufbau*, 2 July 1942.

20. Arendt, Origins, p.56. The Zionist Organization of America published appeals for a Jewish army in the *New York Times*, 16 February 1942, p.13; 11 March 1942, p.7; 13 March 1942, p.9. An appeal signed by 1521 prominent individuals appeared on 17 November 1942, p.23.

21. 引自 1942 年 3 月的《犹太人前线》专辑，该专辑讨论了美国紧急委员会对犹太复国事务宣言的看法。

22. 下面引用的关于青年犹太人团体宣言复印件以及说明其立场的文件收在阿伦特手稿中，国会图书馆。

23. 此处及下文的引用，来自 Biltmore 会议的报告，以及 Melvin Urofsky, *American Zionism: From Herzl to the Holocaust* (New York: Doubleday Anchor, 1976), p.399。

24. 此处及下文关于美国犹太复国主义的评论来源于汉娜·阿伦特的《犹太—阿拉伯问题能解决吗?》("Can The Jewish-Arab Question Be Solved", *Aufbau*, 17 December 1943)这篇文章；这篇文章是用英语写成的。

25. 在布鲁克林学院的讲座笔记(英文)收在阿伦特手稿中，国会图书馆。

26. 哈德萨演讲(用的是英语，阿伦特标明了日期)收在阿伦特手稿中，国会图书馆。

27. Hannah Arendt, "Can the Jewish-Arab Question Be Solved?" *Aufbau*, 17 Dec. 1943.

28. Ibid.

29. 高斯访谈。

30. Arendt, *Origins*, p.402.

31. Arendt to Blumenfeld, 2 August 1945, Marbach.

32. Arendt to Michael di Capua, 25 Oct. 1967, Library of Congress.这封信关注雅热尔翻译海涅的诗的情况,然而绍肯书局并没有出版这封信。

33. Japers to Arendt, 19 Sep. 1948, Marbach.

34. Arendt, "Christianity and Revolution", *Nation*, 22 Sep.1945, p.288.

35. 此处及下文的引用来自雅热尔给阿伦特的信,国会图书馆。这些信并没有标明日期,虽然阿伦特在准备写她的论文《兰德尔·雅热尔:1886—1951》(现收于《黑暗时代的人们》,1965 年)时已标明大概时间。这些引用将不单独进行注释。

36. Arendt to Blumenfeld, 17 July 1946, Marbach.

37. 此处及下文的引用来自汉娜·阿伦特的"Portrait of a Period," *Menorah Journal* 31(Fall 1943):308。

38. Hannah Arendt, "No Longer and Not Yet," *Nation*, 14 Sep. 1946, p.300.

39. Hannah Arendt, "Hermann Broch: 1886—1951", in *Men in Dark Times*, p.114.

40. Arendt to Blumenfeld, 19 July 1947, Marbach.

41. Arendt to Blumenfeld, 31 July 1956, Marbach.

42. "Magazine Digest", *Contemporary Jewish Record*, April 1947, p.205.

43. Arendt to Blumenfeld, 19 July 1947, Marbach.

44. See Doris Grumbach, *The Company She Kept* (New York: Coward-McCann, 1967), p.130.

45. Arendt to Henry Allen Moe, Guggenheim Foundation, 22 Feb. 1959(copy in McCarthy's possession).

46. Hannah Arendt, "Waldemar Gurian: 1903—1954", in *Men in Dark Times*, pp.258—59.

47. 这一引用和雅热尔诗集中的几行诗来自阿伦特的《兰德尔·雅热尔:1886—1951》,见《黑暗时代的人们》,第 266 页。

48. Mary McCarthy, "Saying Good-bye to Hannah," *New York Reviews of*

Books, 22 Jan. 1976, pp.8,10.

49. The motto is cited by Arendt in "Karl Jaspers zum Funfundachtzigsten Geburtstag," in K.Piper and H.Saner, eds., *Erinnerugen an Karl Jaspers* (Munich: Piper Verlag, 1974), p.314.

50. 阿伦特致 Underwood 的信, Houghton Mifflin, 24 September 1946。除非另外指出,下面关于 Origins 的讨论都是基于这封信以及收在阿伦特手稿(国会图书馆)中的一些提纲。

51. Hannah Arendt, "Totalitarianism", *Meridian* 2/2(Fall 1958): 1(the Meridian was the newsletter of Meridian Books.).

52. Hannah Arendt, "The Nature of Totalitarianism", unpublished lecture, 1954, Library of Congress.

53. Arendt to Jaspers, 4 Sep. 1947, Marbach.

54. 引自阿伦特 1948 年 9 月 10 日《集中营研究项目备忘录》的草稿,和她手中的一些资料放在一起,国会图书馆。阿伦特给雅斯贝尔斯的信(31 October 1948, Marbach)提到过由萨尔曼·绍肯设想的有关集中营的一个项目。

55. 阿伦特给柯恩的信,没有标明日期,ca.1948,国会图书馆。这封信附有一份上面提到的《集中营研究项目备忘录》。

56. Arendt, *Origins*, pp.458—59.

57. Ibid., p.459.

58. 此处及下面的一段引自阿伦特给《集中营研究项目备忘录》写的导言。见前注。

59. Arendt to Jaspers, 11 Mar. 1949, Marbach.

60. Arendt, *Origins*, 1st ed. 1951, p.440.

61. Ibid.

62. 此处及下文的引用来源于阿伦特未发表的演讲,在这篇演讲稿上她写下了"兰德学校,1948 年"的字样,国会图书馆。

63. 玛丽·麦卡锡在两篇文章中对这一立场进行了详细说明,这两篇文章分别是:"America the Beautiful: The Humanist in the Bathtub"和"Mlle. Gulliver en Amerique", in *Humanist in the Bathtub*(New York: Farrar, Straus & Co., 1951)。

64. 关于对被提议的《极权主义的马克思主义元素》这本书的讨论见下文第6章。

65. Hannah Arendt, "The Concentration Camps," *Partisan Review*, July 1948, p.63.

66. Karl Jaspers, *The European Spirit*, trans. Ronald G. Smith(London: SCM press, 1948), p.30.

第六章　公共生活的私人面(1948—1951)

但是有太多事情要承受
人必须保持真实
我们既不应瞻前也不应顾后
宁可处在摇摆之中
如一叶片舟浮游于海面

荷尔德林

欧洲人

当巴黎解放的消息从收音机中传来时，布吕赫夫妇正在萨罗·贝伦位于康涅狄格州(Connecticut)乡村的家中。1945 年 5 月 8 日，他们畅饮香槟庆祝巴黎解放，并希望法国——这个让身在美国的阿伦特陷入思乡之情的国家——能迎来新生。在战争的最后两年中，来自法国的书信越来越少，阿伦特这时急切地等待着那些失散的家庭重新回到巴黎团聚的好消息。就在这时，在法国抵抗组织工作的安妮传来了一个好消息，艾里克·威尔(Eric Weil)已从德国战俘营中释放，并且回到了巴黎。1945 年夏末，有关德国的好消息也终于传来。

当时，梅尔文·拉斯基(Melvin Lasky)作为《党派评论》的通讯记者和美国盟军一同驻扎在德国，在一次采访中，他询问卡尔·雅斯贝尔斯关于戴特·麦克唐纳政见的看法，交谈的时候，拉斯基提到了汉娜·阿伦特的名字，[1]雅斯贝尔斯听到后非常震惊，因为他上次和阿伦特联系是1938年的事情了。接着，雅斯贝尔斯就询问拉斯基，他和他夫人是否可以通过军方邮政系统和阿伦特通信，就这样，在1945年9月，雅斯贝尔斯寄出了给阿伦特的信。

“这些年里，我们经常怀着悲伤的心情惦念着你的命运，”雅斯贝尔斯用他那缓慢而富有思想的风格写道：“很长一段时间以来，我们都不敢相信你还活着。”[2]让阿伦特颇感欣慰的是，雅斯贝尔斯告诉她，她的同学汉斯·约纳斯在海德堡露面了，并已经成为英国军队中犹太旅的一员。阿伦特这时可以安心地给雅斯贝尔斯回信，同时也向约纳斯问好，她还通过拉斯基给雅斯贝尔斯邮寄了许多装满食物、咖啡和衣服的包裹，因此之故，拉斯基被雅斯贝尔斯戏称为“圣诞老人”。“自从我听说你们两个安全度过了这地狱般的日子，我的思乡之情更为浓烈了。”阿伦特对她以前的老师写道。[3]在战后道德与政治都极为混乱、物资极端紧缺的情况下，阿伦特的信和包裹帮了雅斯贝尔斯的大忙。雅斯贝尔斯这样写道：“生活如在梦中，我每天都告诉自己：耐心点，再耐心点，勿泄气，如果每个人都尽他最大的努力，好日子终会到来。”[4]

对于那些对未来的希望渴求某种征兆的人来说，雅斯贝尔斯这种镇静而又坚定的信心就好像灯塔一样。访问完海德堡之后，拉斯基写道：“来普洛克路66号的访客络绎不绝而又让人疲惫，他们都是向雅斯贝尔斯寻求建议和帮助的——身为犹太女人的雅斯贝尔斯夫人和被视为精神力量的雅斯贝尔斯教授。”[5]人们体会到汉娜·阿伦特后来在1958年发表的一篇《颂辞》中形容的那种感觉：“当一个人不可亵渎、不受诱惑、毫不动摇的时候，他会那样地充满魅力。”[6]

雅斯贝尔斯在纳粹掌权期间一直保持着政治上和学术上的独立性。从他被禁止参与大学管理，接着又被禁止教学，最后在1938年他的作品被禁止出版，而这一切到雅斯贝尔斯夫妇得知自己要在1945年4月14日被驱逐达到顶点。幸好 1945 年 4 月 1 日美军占领了海德堡，救了雅斯贝尔斯夫妇的命，这也使 62 岁的雅斯贝尔斯对那些在纳粹统治 12 年后不得不寻找一种新生活方式的德国人有了一种急切的责任感。他问自己以及他的同胞：“什么让他们的生命值得活下去？他们还是德国人吗，在何种意义上是呢？他们有怎样的使命呢？”[7] 尽管孤独而彷徨，他仍满怀自信地希望，正如阿伦特后来说道：“他不是代表一种私人的观念，而是一种与众不同的、仍然隐藏的公众观点——‘一条小径’，正如康德提出的，‘但是无疑会有人将它拓宽成一条大道。’”[8]

随着他们持续地互相通信，阿伦特和雅斯贝尔斯都高兴地发现他俩的“小径”走到了一起。阿伦特写信告诉科特·布鲁门菲尔德，这段重新开始的友谊让她多么欣喜：“雅斯贝尔斯给我写了一封非常漂亮的信，我就不知为何对我生活的连贯性放心了，或者说，我的感觉是，两件非常重要的事情再一次确认了。第一件事是，我又重新拾起和你在纽约时的思路，恐怕你不能猜到那对我意味着什么，它让我在思想上非常冷静。第二件事情并没有出于我的意料。其实我内心一直都依赖着雅斯贝尔斯，尽管 1933 年以来我没有和他通过信。信任不是空幻的错觉，到最后会发现，唯有它才能确保我们的私人世界不至于像一个地狱。”[9]

汉娜·阿伦特对她犹太人身份的理解是与布鲁门菲尔德和布鲁门菲尔德的犹太复国主义联系在一起的，而她对哲学的认知则是与雅斯贝尔斯和雅斯贝尔斯的哲学信仰联系在一起的。雅斯贝尔斯的来信，就像一封封邀请函，让阿伦特回到她称作的“思考活动的真正冷静”，对此她“已经 12 年未曾耳闻了”。[10] 雅斯贝尔斯非常惊奇阿伦特在那么多年里一直保持着良好的判断力和开放的心灵。“在你的话语中”，他告诉阿伦特说，“我不仅感觉到了个人的忠诚，而且还有不偏不倚的博爱精神，正是这种精神成就了无限的好事。我读你的来信时热泪盈眶，因为我感觉到这是如此珍贵——而我对那些在一起寻找新开端的人实在很失望。”[11] 阿伦特拒绝支持深深触动她的“自动的不信任”，而这就是她看到的很多犹太人向非犹太人所表现出来的态度。

汉娜·阿伦特对雅斯贝尔斯的支持，正如雅斯贝尔斯对阿伦特的支持那样，象征了希特勒之前那段岁月的连续性。那时候雅斯贝尔斯已着手他哲学思想的发展，阿伦特称这是令人惊奇的。这样说是因为雅斯贝尔斯写道，他非常期待有一天，阿伦特能回到海德堡，坐在他办公桌旁，尽管她曾经是他的博士生。阿伦特回道，没有任何事情能比发现自己置身于那么明亮的地方更让人愉快了。在阿伦特于1949年拜访雅斯贝尔斯的四年后，她告诉一个朋友，她当时感觉自己不像一个博士生，而像一个女儿：她走进雅斯贝尔斯在瑞士巴塞尔的新家，感觉就像回到故园一样。

虽然阿伦特和雅斯贝尔斯的关系在他们相遇后如同家人一般，但是彼此之间都非常尊重。阿伦特在信中称呼他为"最敬爱的"，雅斯贝尔斯回信则称"亲爱的朋友"，虽然在1949年阿伦特拜访他之后，他改称为"亲爱的汉娜"。他们互相称呼为"您"，直到阿伦特非常高兴地被邀用"你"。但是一直经过15年的通信和会面，阿伦特才和布吕赫一起拜访了雅斯贝尔斯的家。他们之间的通信包含很多内容，像他们工作和活动进程的记录、政治评论、哲学反思，但是很少有隐私或者私人的评论。阿伦特回答雅斯贝尔斯关于她生活方式的问题，但是她都有所保留。雅斯贝尔斯夫人在1946年问阿伦特，她和布吕赫结婚多久，阿伦特把她和布吕赫同居的三年也加了进去，加上结婚的六年，她回答说是九年。[12]这种尊重对雅斯贝尔斯更多——或者是阿伦特对他们的想象——尽管多年后有所减轻，但是从未消失。对她来说，把雅斯贝尔斯——她和海因里希·布吕赫称他为老师——保持在一个特别的权威位置很重要。但是更重要的是阿伦特想让他感到快乐。"我自然地认为自己非常幸运"，她这样告诉布鲁门菲尔德，"因为他是如此满意和我的交流；这就像一个孩童的梦想实现了一样。"[13]到最后，阿伦特一直想让雅斯贝尔斯成为她的义父。

在1945年他们开始通信后不久，雅斯贝尔斯和阿伦特就成为工作同伴。阿伦特和雅斯贝尔斯持续的私人联系，对她的公共生活、工作以及她文化大使的职位也是至关重要的。在他们彼此分离的那些年中，他们都来到了同样的目标面前："哲学在不遗忘它的起源时刻之外，必须变得具体和实际,”正如雅斯贝尔斯提出的那样。[14]和汉娜·阿伦特在法国的朋友道夫·斯滕贝尔格(Dolf Sternberger)一起,同时与维纳·克劳斯(Werner Krauss)和阿尔弗莱德·韦伯合作,雅斯贝尔斯创办了一份名为《改革》的杂志。他非常想让阿伦特也加入这个卓越的作家团队,创作发表关于1945年到1949年这四年间生活的文章。这些作家有贝托尔特·布莱希特、托马斯·曼、马丁·布伯(Martin Buber)、卡尔·楚克迈耶(Carl Zuckmayer)、埃利奥特、奥登、让—保罗·萨特和阿尔伯特·加缪(Albert Camus)等人。雅斯贝尔斯策划了一期阿伦特文章专刊作为“逡巡者”系列之一:短论六则在1948年由斯伯林格·威拉克公司出版,这是汉娜·阿伦特自1929年出版《论奥古斯丁的“爱”的观念》后的第一本书。同一年,阿伦特也安排将雅斯贝尔斯的《德国罪责问题》由纽约的达尔出版社出版。她自己也在伦德尔·雅热尔帮助她英语的条件下开始翻译雅斯贝尔斯篇幅较短的著作,但很快她意识到还是交给专业的译者来做会更好,于是艾什顿(E.B.Ashton)就成为第一个被雇来翻译雅斯贝尔斯著作的好翻译。

汉娜·阿伦特对卡尔·雅斯贝尔斯的著作有一些私人的质疑,但是阿伦特对他的忠诚以及她意识到雅斯贝尔斯那罕有的神圣品质对公众榜样的重要超越了那些质疑。她认为,雅斯贝尔斯战前的一些韦伯式民族主义和他新教的虔敬,仍然在他“挽救德国人民”的期望中徘徊。海因里希·布吕赫的观点更加苛刻。在给阿伦特的一封信中,他尖锐地指出雅斯贝尔斯仍然没能认识到他清晰思维中包含的冲突;布吕赫引用马克思的话说,在德国存在“保障少数人自由的共和国意志与居于多数的哥萨克—斯拉夫人的地位之间的冲突”。德国可能是一个“共和党人和哥萨克人,或者说是公民与野蛮人内战”的战场,但这不是战争爆发的真正原因。雅斯贝尔斯帮助他的国民反省他们在上帝面前的良心所付出的平静的努力,并没能在政治上说服布吕赫:“现在,在上帝面前我们都是罪人。但是在人类中间却有光荣与委琐、荣耀与耻辱的区别。让我们也说说耻辱,这是一个世界范围的事情,它是众所周知之事,最终只能用鲜血才能冲洗干净。”[15]在阿伦特开始写作《极权主义的起源》时,公民与那些没有真正政治生活的人之间巨大的对立就出现在她的脑海中。作为一个犹太共和主义者，而不是先前研究奥古斯丁的专家，她写了荣耀与耻辱、英勇与卑鄙。虽然如此，她仍策划了雅斯贝尔斯《德国罪责问题》的出版。

阿伦特和雅斯贝尔斯帮助对方著作出版的这些努力，是为国际交流而作的贡献的一部分。《改革》是一本欧洲的而不是德国的期刊，它把欧洲带进了德国。1946 年，雅斯贝尔斯第一次在日内瓦参加国际学术会议，他结识了莫里斯·梅洛—庞蒂(Maurice Merleau-Ponty)、吕西安·戈德曼(Lucien Goldmann)、让·瓦尔(Jean Wahl)、阿尔伯特·加缪和史蒂芬·斯彭德(Stephen Spender)，欧洲精神给他留下了非常深刻的印象。他写信告诉阿伦特说，这次会议让他对新欧洲充满希望。阿伦特回了信，并在信中特别提到加缪是"一个新型人，他非常简单并且是一个没有任何欧洲民族主义的欧洲人"。[16]阿伦特写了两篇文章，一篇是关于法国存在主义的，另一篇题为"什么是存在主义哲学?"。这两篇论文用雅斯贝尔斯的地址提交给日内瓦会议"现代欧洲的精神"，为哲学"具体而实际"[17]的任务出了一点力。他们均在欧洲国家间还存在哲学合作机会的时候写了一些文章，因为他们意识到这种机会很快就会消失。

雅斯贝尔斯和阿伦特非常希望《改革》能成功，但是他们也有所顾虑。"我的精力太有限了，我的知识又太贫乏，"雅斯贝尔斯谦虚地写道。"我告诉自己:好吧，一个人无论做点什么总比什么都不干要好。人们必须不再那么频繁地打扰我，尽管如此，任何有实质意义的事情都是从许多个体和小团体那里开始的。混沌蔓延着。"[18]雅斯贝尔斯致力于寻找一种能涉及最广泛大众的表达方式;他自己也不遗余力地践行着，正如他的一本在英语世界被广泛接受的著作的题目一样《每一个人的哲学》。阿伦特的顾虑与他不同，她认为《改革》的出版是回归德国的一种形式——"写作是一种回归方式"——在她的写作中，她希望自己能被当作犹太人而受到欢迎，"我们(犹太人)都不可能回来……除非我们被当作犹太人而受到欢迎。"[19]

虽然雅斯贝尔斯在法国知名度很高，当然这多亏让·瓦尔和保罗·里克儿(Paul Ricoeur)的努力，但是他战前的著作却很少为英语世界所知，他的著作也没有一本被翻译成英文。阿伦特在她1946年写的《什么是存在主义哲学?》一文中简要而有分量地陈述了雅斯贝尔斯的基本方向和关注点，这篇文章是为《党派评论》写的，后来收在了《短论六则》中。雅斯贝尔斯非常喜欢这篇文章，但这并不是阿伦特最优秀的文章之一，她从未允许将这篇文章收进其英文作品集。阿伦特曾经写过大量关于当时政治事件和政治问题的文章，这些工作很是困难，但是在她离开德国背井离乡的13年中，她从未涉及哲学，当然也未涉及观念史，她也从未试图把她的哲学文章翻译成英文。作为一个哲学传统相对并不显耀之国的大使，她审视了德国哲学传统的发展，从康德到黑格尔，还有在他们光芒照耀下的胡塞尔、雅斯贝尔斯和海德格尔。这种审视虽然是一种勉强的概览，但是这么晦涩的二次陈述对于一般读者来说就已经是很难理解了。

直到写关于海德格尔的评论为止，阿伦特的文字都不怎么顺畅，而对海德格尔的评论文章风格则显得异常紧张而又尖刻。她将自己仅靠传闻得知的一些关于海德格尔的事情，比如海德格尔的纳粹党员身份与他后来的一些活动，放入一个脚注之中："在他担任弗莱堡大学校长期间，他禁止胡塞尔进入系里，只因为胡塞尔是个犹太人，而胡塞尔是他曾经的老师和朋友，并且他自己的教席也是从其手中接任的。最后，据传闻法国占领军当局禁止他授课。"[20]在说完这些活动之后，阿伦特继续用讥讽的口气来表示她极度的失望："考虑到整个发展过程的滑稽，还有德国大学政治思想水平之低，个人是自然地倾向于不扰乱整个故事。另一方面，关键点是这种整体的行为模式非常类似于德国浪漫主义，所以很难让人相信这种一致性是偶然的。海德格尔实际上是最后(我们希望)一个浪漫主义者，他是一个天才的弗里德里希·施勒格尔或亚当·缪勒，他不想承担任何责任，部分是因为天才的错觉，部分是因为绝望。"当然，这最后的评论反映了阿伦特对19世纪早期一代的批评，正是他们终结了拉尔·瓦恩哈根的世界主义者沙龙。这评论也是阿伦特认同拉尔的一种个人表白。第一条评论结合着清白与冷酷，听起来更像是阿伦特和布吕赫的和声。兰德尔·雅热尔曾经在一次允许布吕赫以滑稽的态度看待德国大学和海德格尔的政治思想时，问出了布吕赫的观点:“他无意识地接受所有的人这样一种对人性的判断是非常残酷的,其残酷性可能超过不耐烦地拒绝一切人。(那些拒绝别人的人)对人性还有很大的期待,对任何处在失望之中的人的期待;任何人都可能满足他的期待。而那种如何才能获得这些期待的想法则令人厌恶。”[21]

阿伦特对海德格尔《存在与时间》的解释,强调书中一切都可以被解释为自我中心的、宏大的(“让人成为在早期本体论中的上帝那样”)、富有欺骗性的(“海德格尔的本体论隐藏了一种刻板的实用主义,体现为人类只是不同模式的存在之聚集”)严密体系,最重要的是,这与阿伦特所褒扬的包含在康德和法国大革命早期理想中的自由传统和对人性的关注截然相反。阿伦特针锋相对海德格尔每一个错误的同时,促成了雅斯贝尔斯的成就。在经过全面了解雅斯贝尔斯之后,特别是认识到他对沟通交流的关注、他那谦虚而又不追求体系化的苏格拉底式的探询、明晰而又具有启发性的思想,特别是他对人类自由和“新的人道概念”的关注之后,阿伦特宣告经由雅斯贝尔斯的工作,“存在主义哲学已经摆脱了自身的自我中心主义”。非自我中心主义的存在主义哲学是雅斯贝尔斯和阿伦特都想奋力争取的,这些观念也是他们工作的核心:共同体的观念、友爱的观念、对话的观念和多样性的观念。而这些观念是通过对 19 世纪浪漫的个人主义遗产以及远离世界和他人的孤独式哲学探讨传统外在的反动来阐明的。

当汉娜·阿伦特将她非自我中心主义的存在主义哲学转化为《极权主义的起源》时,她创造了一种马丁·海德格尔式的知识分子肖像。对于海德格尔,阿伦特不再作过多的讽刺,而更多地体现为一种非个人化的表述,因为她将他们视为宏大历史进程的一部分。关于历史部分的著述和阿伦特全景式著作的其他部分都是围绕着一个中心图景编织在一起的:“多余”一词是最好的概括。[22]在书中论反犹主义和帝国主义的部分,阿伦特描绘了原有社会阶级解体的图景,这种解体发生在原有社会阶级与新兴资产阶级同 19 世纪民族国家内部的关系以及这种关系发生转变的过程之中。贵族们尽力想保持他们的社会特权,怨恨政府承认下等阶级和他们在法律上的平等,而身份卑微的资产者则怨恨他们的财产在 19 世纪 70 到 80 年代间由国家发起的对外贸易中遭到巨大损失。这些对国家持愤恨态度的社会阶级，同样愤恨他们认为的秘密操纵国家权力的团体——犹太人，“国际犹太银行业阴谋”。到了这个世纪，这种愤恨和种族主义交织在一起，而颇具悖论意味的是，那时犹太人已经失去他们大部分的金融权力。欧洲殖民主义者的种族主义返销至欧洲。传统社会阶级失去了他们特定的阶级利益而走向崩溃，这一过程的原因是他们自己被卷入了资产阶级的资本主义冒险——为扩张而扩张、为利润而追逐利润、为权力而积聚权力。那些失去社会地位的人不可避免地与所有社会阶级之外的多余人结合而沦为暴民——马克思称之为“流氓无产者”，他们在资产阶级胜利的同时被排挤出局。当落魄的贵族和资产阶级的知识精英与暴民遭遇时，双方发现了他们的共同点：对资产阶级伪善和自命不凡的极度憎恨。《极权主义的起源》中论证最有分量的一部分就包含了对暴民和精英关系的描述：

> 自由主义和人文主义的代言人在他们痛苦失望和对时代一般经验的陌生感中，通常会忽略一种气氛，在此氛围中一切传统价值和主张都化为乌有……某种意义上，它更容易接受明显荒谬的主张，而不是接受已变得虔诚而陈腐的旧真理，这恰恰是因为不能期待任何人认真对待这些谬论。粗俗而又愤世嫉俗地丢掉那些体面标准和那已被接受的公认为最坏并不顾一切的理论，都很容易被误认为是一种有勇气的新生活方式……(那些)一直以来就痛恨资产阶级、自愿离开体面社会的人(在暴民的荒谬理论中)，看到的只是伪善和体面的减少，而不是内容本身。[23]

这样的论述是汉娜·阿伦特对诱惑的确认，这种诱惑通过前工业化时代的简洁、日耳曼种族的坚韧和种族纯洁等荒谬的概念，提供给了像海德格尔这样的政治幼稚者。

在汉娜·阿伦特对阶级解体和国家仇恨描述的背后，作为18世纪主题的欧洲宪政国家秩序现在听起来就像是“似乎曾经是那样的”。现实却与之相反。暴民随着失去社会地位的落魄者的加入不断扩大，直到变成了“资产阶级的黑社会”，而这一状况将一直持续到资产阶级自身的解体。在早期，暴民（mob）与人民（the people）保持着区别，到后期，这个团体不断扩大，将没有阶级自觉的大众（the masses）也合并了进来。在18世纪，人民（le peuple）来自所有的社会阶层，但是到了革命时期，人民则是那些用政治行动关心他们自己的公民。这样，他们就从根本上与那些从来没有基于共同利益或共享世界而结合形成组织的大众区别开来。阿伦特认为，国家的衰落是和所有阶级中存在的共同利益和共享世界的消退交织在一起的。当她写作《什么是存在主义哲学？》时，阿伦特就已经称最后的结局为“自我中心主义”；当她如一个历史学家写作时，她称之为“资产阶级的个人主义”；后来，当她作为一个政治理论家写作时，她用了“与世界的疏离”一语。

阿伦特的分析从描绘国家敌意和阶级瓦解的复杂模式，到讨论存在于泛日耳曼主义和泛斯拉夫主义之中的极权主义意识形态根源，以及与“部落民族主义”意识形态结合的“大陆帝国主义”，而后者正是在过剩的资本和过剩的劳动力被投入国家扩张的时候盛极一时。当大众以一种空前的方式追随把他们集合起来的领袖（例如希特勒），或者从他们自身的阶级之中产生的领袖[例如希姆莱（Himmler）]，成为多余人，帝国主义到极权主义的最终转换完成了。个体第一次在他们所属的阶级中显得孤立，然后随着阶级内部的堕落，他们变得原子化并且丧失人性。在极权机器实行支配和灭绝时，“聚集在一起的市侩”提供了最有效率而又最可鄙的职员。“这些市侩是那些从资产阶级之中分离出来的人，他们是在资产阶级自身瓦解过程中产生的原子化的个体……（他是）正在消亡中的资产者，关心自己的安全甚于一切，并且如果受到哪怕是最轻微的刺激挑衅，他就做好牺牲一切的准备，不管是信仰、荣耀还是尊严。”[24]

像种族主义这样的意识形态正是这些大众所痴迷的。阿伦特反复强调，这些人由于缺乏可分享的社会或政治利益，他们只关心自己的安全，这就使得他们在没有直接的阶级利益或者得到功利上的好处时，特别容易受意识形态的影响。“大众对‘现实主义’的反抗和‘世界的表面可信’（柏克语),是他们在失去原有社会地位同时丧失共通感所能发生作用的一切关系后个体原子化的结果……是任由无政府状态的扩展、全面肆意的败落,还是追随严格的、假装前后一致的意识形态,面对这两种选择,大众一般会选择后者,并准备为之牺牲个人。这不是因为他们愚笨或缺德,而是因为在全面的灾难中,这样逃遁至少可以给他们最低限度的自尊。”[25]选择这种意识形态的人就会认为自己是成功群体的一部分,是优等种族的一员,或者是历史必然进程中的弄潮儿。

这种多余者戏剧的巨大反讽,延续了阿伦特在阅读大量关于集中营资料后于1948年写的书中论及极权主义所揭示出的另一反讽。那就是极权主义者自身变得多余:他们感觉自己只是自然或历史的工具,那些在集中营中的职员只是无生命、无精神的牺牲品:“他们已不能从心理学上被理解”。[26]控制着那些本身就是多余的、不为功利目的服务而又对社会或政治目标有害的机构的人,和他们所屠杀的人一样,都被同样“疯狂而又非现实”的网束缚。“极权主义不为建立专制统治而努力,而是力求建立一种体系,在这一体系中人变得多余”。[27]

汉娜·阿伦特从未宣称,那些像海德格尔那样着迷于暴民的知识分子,可以因他们自己在国家社会主义革命中所担任的角色而开脱责任。但在《极权主义的起源》中,她并不认为欧洲知识分子传统应该为纳粹主义负责。不像很多曾在德国大学受过教育的难民,她并不认为极权主义是哲学非常规发展或人性信念堕落的逻辑产物。在她著作出版的十年之后,阿伦特提供了一份简要分析极权主义历史观念的研究成果:“欧洲的人道主义与纳粹主义根源相去甚远,也没有为纳粹主义或理念和实践中任何形式的极权主义作任何准备。有鉴于此,我们不能依赖它的概念语言或者传统的隐喻……然而,这种情形在它所有的形式中都包含着对人道主义的威胁:它正处于变得不相关这一危险之中。”[28]

这就是汉娜·阿伦特在战后已经恢复与雅斯贝尔斯关系并力图找到一种理解海德格尔的方式的几年中得出的结论。她拒绝了哲学家——这一他们曾经训练她成为的角色,而是如历史学家和政治理论家那样写作。

通过使哲学的任务改道,她慢慢地将哲学自身凸显出来。大约在汉娜·阿伦特写完《人的境况》之前十年,也就是在她完成《极权主义的起源》时产生了这个转向,她用一首短诗来标记此次转向。

思想向我临近
我对之不再陌生
我在其中生长
如同在被犁过的地里[29]

“面向现在”的政治理论

《极权主义的起源》是汉娜·阿伦特与海因里希·布吕赫合作最多的一本书。在该书写作的1945年到1949年间,布吕赫大部分时间没有找到合适的工作。这让玛萨·阿伦特非常担心,因为她知道女儿要负担起全家生计。但是阿伦特坦然接受了这种状况,一方面是因为她理解濒于崩溃的丈夫的想法,正如她对布鲁门菲尔德解释的那样:“他很是忧郁,以致一经过煤气灶就会马上发火”,[30]另一方面阿伦特也深知布吕赫对这本书的贡献是非常必要的——不管对她还是对这本书。那些日子里,布吕赫在纽约公共图书馆看书,与阿伦特在“犹太文化重建”组织以及绍肯书局工作时的朋友交谈,聊以度日。回家后,他们便一起讨论这本书。在那些年里,布吕赫能同朋友们保持友谊关系,阿伦特则通过丈夫与朋友们在一起。但是,当战争结束、欧洲通信恢复后,与欧洲的朋友圈保持友谊关系则都靠阿伦特。

然而,阿伦特关于她书中极权主义部分的通信和工作在1948年春天中止了。世界历史玩了一个险恶的诡计。带着所有对纳粹“最后解决”的恐怖的描述,担负着说明本不该发生之事如何发生的任务,阿伦特非常积极地考虑起巴勒斯坦犹太人的命运问题。“最后解决”的伤痛还深深地留在记忆里,巴勒斯坦的犹太人为战争做着准备。随着英国从其委任统治的地区撤离,犹太人和阿拉伯人之间的冲突不断升级。

在写作《极权主义的起源》的几年中,阿伦特在语言上“回到”德国,同时作为德国哲学和文学大使活动，她几乎没有参与进关于巴勒斯坦未来的争论之中。1946 年，她为西奥多·赫茨尔的《犹太国》发行 50 周年写了一篇评价犹太国态度的文章，《评论》的编辑向她求取对赫茨尔的反思《五十年后的犹太国》一文，也是对他们先前拒绝发表的《犹太复国主义再思考》的修正，但这并不意味着汉娜·阿伦特在 1946 年的观点比以前更有影响。没有一个团体或是党派跟随她的观点；而她自己也如同在《建设》的那些日子一样孤立。

《犹太复国主义再思考》是阿伦特 1944 年提交给《评论》的一篇对犹太政治——从修正主义政党的极端主义到基布兹社会主义——批判最激烈的一篇文章。编辑们当时被这篇文章扰乱，不得不将对文章的决定推迟了几个月。当阿伦特提出抗议时，编辑克莱门特·格林伯格(Clement Greenberg)最后承认他觉得文章中“含有太多的反犹意味，这些意味不是你有意为之，但那些不怀好意的读者会认为是你故意为之”。[31]这样的评价是当时社会潮流一个清晰的迹象，并在 1948 年达到顶点。在很多美国犹太人中，任何关于犹太复国主义在修正主义大旗下行动的意味都被视为反犹。阿伦特越是公开强调她的观点，她就越是被美国犹太人孤立，而正是这些人曾因冷静而被阿伦特所尊重。

阿伦特在 1944 年坦率地说道：“在今天，修正主义者和一般犹太复国主义者之间的唯一区别就是他们对英国的态度，但这并不是一个根本性的政治问题。”[32]这个声明是她反思犹太复国主义的中心，但同时与她通常思考的进路一致，她也审视了过去与未来。阿伦特曾经列出一份清单，列举了犹太民族主义的成长对阿拉伯地区的巴勒斯坦人、犹太人和国际理解造成伤害的重大事件。“半个世纪前，怀着崇高理想而忽略了近东特殊现实和世界的普遍邪恶的社会革命——犹太国家运动已经结束了，它没有逃脱大部分这种运动的命运。这种结局伴随着对民族主义还有沙文主义明确的支持，这种态度并没有反对犹太人的敌人，反而是针对可能的朋友和邻居。”阿伦特十年之中所作出的一系列主张都集中体现在这篇文章中：犹太领导者在 1935 年为平息纳粹，没有抵制反而同意将德国物品运往巴勒斯坦而背叛了犹太人民;犹太事务局在建立犹太军队的谈判中失败,从而越来越依赖外国力量,特别是英国;犹太社会主义者在做他们那绝妙的社会经济学试验——基布兹时无视政治现实。"直到今天",她总结道,"没有新路子,没有新远景,没有任何关于犹太复国主义或者犹太人需求的改善可以展望。因此,只有在过去之光的照耀下,并对当下进行反思,我们才能尽力抓住未来的机会。"

无论何时,只要阿伦特写关于巴勒斯坦的文章,她总是重复自己的预言,即战后世界中的政治组织只可能采用帝国和联邦两者其一,而犹太人只有建立了联邦制才有机会幸存下来。她不顾一切试图说服人民不要建立一个只是外国帝国主义的"势力范围"的国家,而疏忽了与邻邦的友善。在最后终于发表在 1945 年 *Menorah* 的《犹太复国主义再思考》一文中,如她在《建设》上的文章一样断言美国犹太复国主义者因他们生长的政治传统,可能会在向巴勒斯坦移民过程中使欧洲民族主义的苏醒发生转向。她辩称,对巴勒斯坦而言,只有美国还有些许希望。阿伦特持着同样的观点在 1948 年 5 月写了一篇文章,宣告重新进入犹太政治领域,文章题为《拯救犹太人的家园:还有时间》。这时她第一次发现了一个听众。这篇文章赢得了阿伦特在 1943 年批评过的犹大·马格内斯对她的尊重,此时犹大·马格内斯的适应性和诚实使他像灯塔一样照穿了 1948 年黑暗的巴勒斯坦。

在美国度过青年和早期成年时光的犹大·马格内斯一直批判 1917 年贝尔福宣言,他也被大部分犹太人敬为新纪元的开创者。他认为英国没有权利将巴勒斯坦的土地允诺给任何一方,英国承诺的将其归属于犹太人只会导致生活在那里的阿拉伯人的敌视。马格内斯还警告说,依靠英帝国主义最终会将巴勒斯坦的犹太人引入歧途。持此预见的马格内斯并不孤单,但处于非主流状态。历史学家汉斯·科恩(Hans Kohn)早在 1919 年为《犹太人》写的一篇文章中,就批评过巴勒斯坦犹太人对阿拉伯的沙文主义态度,同样的批评也来自《犹太人评论》的编辑罗伯特·魏尔什(Robert Weltsch),这两人后来在阿伦特与马格内斯共事时也成了她的同事。1925 年,持这种观点的人在耶路撒冷成立了一个名为和平同盟的团体,成员不足百人，都不是政治积极分子：许多是教授和作家，一般都有中西欧血统。他们提供了一个方案，在巴勒斯坦建立一个双民族国家，无论是犹太人还是阿拉伯人都不是少数，并且都享有平等的权利。这一建议在当时被大部分犹太复国主义者视为完全不现实，缺乏民族感情，更恶毒的说法认为这是一种阿拉伯政权的伪装方式。和平同盟没能力为其方案征得支持，到1929年阿拉伯人和犹太人爆发巷战之后，这种方案就被忽视了。马格内斯和其他一些人继续为犹太与阿拉伯的友善而努力，但阿拉伯人1936年4月开始了又一轮的反抗，并间歇性地持续到1939年夏天，这之后和平同盟大部分成员消失了。

1942年8月，犹大·马格内斯在巴勒斯坦成立了一个名为"联合党"的政党，他提出许多政策主张，发表在他圈子中的有30年历史的月刊《今日问题》和美国的期刊上。其中《巴勒斯坦朝向和平》一文发表在1943年1月的《外国事务》上，向包括阿伦特在内关注巴勒斯坦的美国人介绍他这个政党的定位，这篇文章激起了美国犹太复国主义者的猛烈抨击甚至是侮辱。

汉娜·阿伦特认识到，马格内斯的方案是对备受尊敬的19世纪民族主义原则的合理反应，这一方案也受到像马丁·布伯、恩斯特·西蒙(Ernst Simon)和"青年阿里亚"负责人亨丽埃塔·佐尔德(Henrietta Szold)这样的优秀知识分子的支持，但是她感到阿拉伯联邦的概念被构想出来的且不明确的英美联盟所束缚是很愚蠢的，并且这与哈伊姆·魏茨曼的前英国政策无二。她感觉到由于马格内斯早期反对任何可被视为对阿拉伯或英国不友好的行为——不只包括建立犹太军队，还有犹太事务局为英国军队的非官方征兵计划，联合党与魏茨曼的连续性明朗化了。

阿伦特和马格内斯的这种不一致本不会使他们在一起共事，但阿伦特从未如此赞成马格内斯对犹太领导人的批评。从1943年开始，马格内斯就想与犹太事务局断绝关系，并为巴勒斯坦和其他地方的犹太人提供多于阿伦特所称的"犹太人受难的可怜声明和'自治'以及'犹太共同体'的空洞要求，说它空洞是因为它背后没有任何现实性，这是在没有考虑英国的反对计划或世界政治走向的情况下空喊口号"。[33]阿伦特很尊重像马格内斯的联合党这样的政党，因为它代表了与犹太事务局的政治对立。当在巴勒斯坦成立众多其他力量的政党时，政治上的反对力量就尤为重要。作为对犹太人中存在的“部族差异”、对新来者的社会歧视和对新来者不太适应的反应，阿伦特对哈达萨移民组织持批判态度，而这个政党大部分由新移居到巴勒斯坦的移民联合组成。“在巴勒斯坦犹太人内部基于差异建立的各个党派对伊休夫（以色列建国前的巴勒斯坦犹太社团，译注）的威胁正如爱尔兰党的建立对美国统一的威胁。”马格内斯（虽然不是他的党派）的方案和哈达萨移民组织的成立，标志着阿伦特所称的“犹太复国主义危机”达到顶点，同时也标志着犹太事务局影响力的终结——这正是她自从事务局关于建立犹太人军队谈判失败后就一直盼望的。

马格内斯 1946 年在美国旅行期间，将他先前的许多熟人朋友聚集起来组成一个支持团体，这个团体包括莫里斯·赫克斯特（Maurice Hexter）、汉斯·科恩、埃里克·弗洛姆（Erich Fromn）、詹姆斯·马歇尔（James Marshall）、埃利奥特·科恩和大卫·里斯曼（David Riesman），它虽然不是联合党的官方机构，却支持联合党的政策。当马格内斯在美国期间，包括哈达萨组织在内的修正主义政党恐怖主义纵队——伊尔根袭击了铁路和石油管道终端，伊尔根还制造了耶路撒冷大卫王宾馆的爆炸事件，包括英国人、犹太人、阿拉伯人在内的共约 100 人丧命。“犹太人的反抗”正在进行。

英国处理不了日益恶化的局势便转向美国，美国于 1947 年夏向巴勒斯坦派遣了一个特别委员会。当听到苏联驻联合国代表葛罗米柯（Gromyko）表示赞同建立双民族国家的方案时，马格内斯非常兴奋，但后来，特别委员会并没有遵从他的建议。委员会的大部分成员都倾向于将巴勒斯坦分割，只有小部分赞同建立一个阿拉伯占多数的双民族国家。1947 年 11 月 29 日，众议院对分割方案表决，马格内斯的联合党受挫，之后，它将精力转向了随着英国准备撤离而在巴勒斯坦出现的不断恶化的混乱局势。马格内斯对在巴勒斯坦爆发的武力冲突无能为力，而他争取美国来强迫使之停火的努力被视为叛国行为。以色列宣布建国后，马格内斯回到美国，努力让他在纽约的支持者影响美国政府，以给中东带来和平。

马格内斯在以色列5月4日建国后接受了这个政权，但他没有放弃他的犹太—阿拉伯国家联盟的梦想。当他读到汉娜·阿伦特发表在1948年5月《评论》上的文章《拯救犹太人的家园：还有时间》时，他意识到自己找到了一个志同道合者。他在5月11日看到这篇文章时已经没有时间为犹太国家提供别的选择了，但是5月14日后，马格内斯求得了汉娜·阿伦特对他的希望的支持，他希望把这个新宣布成立的国家从灭亡的危险中拯救出来。

在发表于《评论》的文章中，阿伦特总结了1947年11月联合国决议以来的复杂进程，并指出了英国委任统治结束后美国犹太人态度的巨大变化。美国犹太人正在加入她在《犹太复国主义再思考》中就已经阐述的朝向修正主义的摇摆之中。

> 犹太左翼知识分子不久前还视犹太复国主义为愚蠢的意识形态，认为建立犹太人国家是无望的努力，并以他们卓越的才智在国家成立之前一直拒绝它；那些对犹太政治有兴趣的犹太商人也被如何使犹太人从报纸头条上消失这一重要问题主导；那些愤恨巴勒斯坦的犹太慈善家则将其视为代价高昂的无底洞，并将自己的心智移向其他更有价值的目标；而犹太出版物的读者们几十年都真诚地——甚至是天真地确信美国就是应许之地。所有这一切，从布朗克斯(Bronx)到派克大街(Park Avenue)再到格林威治镇(Greenwich)、布鲁克林(Brooklyn)，今天他们都确信一个犹太人国家是必需的，美国已经背叛了犹太人民。伊尔根和斯特恩集团的恐怖活动或多或少也被正当化了，施利瓦拉比(Rabbi Silver)、大卫·本·古里安和摩西·夏里特(Moshe Shertok)如果稍微温和一点，就是犹太人民真正的领导人。[34]

一年前存在于巴勒斯坦犹太人中的巨大分歧现在已所剩无几。而在巴勒斯坦反对"修正主义者的沙文主义、多数党中间道路的民族主义，(或)基布兹运动中大部分反国家情绪，特别是'青年守卫者'"的声音，都消失了。

阿伦特感到美国的犹太人和在巴勒斯坦的犹太人一样，都准备好了为战争牺牲自己，并扫除胜利道路上的一切障碍。她写下了一个令人恐怖的短语“伤人的暗箭”。

在阿伦特看来，这种在经历了一个世纪“离心离德”后被大部分人欢迎的全体一致性是有预兆的。“大众的全体一致不是同意的结果，而是狂热和歇斯底里的一种表达。”这种全体一致可能导致各种失算——包括阿伦特十分担心的犹太人对美国的憎恨和对苏联的赞赏。她用挖苦而讽刺的口气谈论对苏联政策的误解，她将她理解的大众对苏联政策的误解说成是“天真的希望”，具体说来就是“没有政治经验的人”期望一个“大哥”能“与犹太人民友好相处，解决他们所有的问题，保护他们不受阿拉伯人的侵犯，为他们提供一个完美的犹太人国家”。英国已经被证明不是一个好大哥，美国也一样，“所以苏联就成了现在剩下的唯一能被那些愚蠢的希望所寄托的大国。然而值得注意的是，苏联是第一个犹太人并不完全信任的大哥。犬儒主义第一次进入犹太人的希望之中。”汉娜·阿伦特认为，这种犬儒主义是对非犹太人反犹主义的反映，她坦率地称之为“种族沙文主义”。再次诉诸她在《极权主义的起源》中提到的具有沉重历史感的术语，阿伦特断言犹太肯定“不会被征服，而是被领导者自己毁了……犹太人的领导者们能为听到他们听众的欢呼而逼大众自杀，可怕而又不负责任的‘或许我们应该走下去’蔓延到所有官方犹太人的表述中，不管它们的发起者激进还是温和。”

汉娜·阿伦特对巴勒斯坦的看法中，包含着解决这些问题的潜在方案，而这个方案曾导致了德国的极权主义，这些问题也是她在书中所要揭示的。从以色列居民点的社会实验中，阿伦特看到了“一种新的所有制，一种新的农民类型，一种新的家庭生活和儿童教育方式，新的解决城乡之间、乡下与工业劳动力之间冲突的方式”。简言之，她看到了解决大众社会和民族国家解体所带来问题的答案。在犹太—阿拉伯合作的可能性中，她瞥见了解决种族主义带来的一系列问题——“人的新概念的问题”、帝国主义带来的问题——的答案：“建立一个不断缩小的世界，在其中我们和具有非西方历史和传统的人民联结在一起共享这个世界”，阿伦特甚至想象阿拉伯—犹太人的合作从议事会这一欧洲革命的遗产开始。“而唯一现实的能从根本上解放巴勒斯坦的方案，就是建立数量尽可能多的、限制在很小范围内的地方自治政府和混合的犹太—阿拉伯地方自治以及乡村议事会。”

在犹太人的故土，汉娜·阿伦特希望看到形成她政治理论基础的所有元素：新的社会形式、地方政治议事会、联邦和国际合作，当她想到自己的人民作为极权政体的受害者，能为世界提供一种防止极权主义以他种方式出现的制度模式时，便非常高兴。同往常一样，她本来满怀的期望再次受挫，她对人民成为英雄的最深切的期望，顿时变成了愤怒与讽刺，但她并不准备放弃，马格内斯的团体给她提供了一个政治基础。

阿伦特在1948年的文章中清楚地声明，她认为杜鲁门总统提出的由联合国临时托管统治的建议，是在建立国家之前抢先行动、防止分割方案并使犹太人与阿拉伯人达成一致建立联邦的唯一希望。而在语言上，它又一次陷入深深的反讽，她辩称“最终的解决方案肯定没有时间实行了，今天，可能而实际的步骤，就是为和解而作出尝试性努力。”而她自己下一步的工作，就是帮助马格内斯和大卫·里斯曼准备一项提议，上交联合国和联合国驻巴勒斯坦的仲裁官贝纳多特伯爵。

阿伦特还为马格内斯准备了一份联合党历史的简要总结，以备他与联合国联系之用。马格内斯想建议联合国，让联合党加入联合国托管统治谈判团之中。汉娜·阿伦特也通过会见联合国秘书长的巴勒斯坦问题特派员等活动来尽自己的一份力，但她不愿意被推选为代表联合党的政治委员会主席。“我缺少好主席所必须具备的许多品质”，她向马格内斯解释说。[35]

阿伦特缺少的最明显的品质之一就是在讨论中不够温和。如那些用讽刺的口气写作的人一样，一旦卷入争论，她的话语便极其尖刻，这就使得讨论从仅仅的陈述升级为讥讽。当阿伦特用她那简单讽刺的方式写作时，她的读者就明显地分为两派：受到伤害的和没有受到伤害的，即那些被她当作靶子的人和没被她批判的人。讥讽可能比任何其他的讨论方式都更能促使那些愤怒的人寻找性格学的解释，它意味着感情冷漠经常归因于某些性格缺陷或个人的伤痛经历。

对阿伦特在《评论》所发表的文章，此种典型的否定回应就是本·哈尔彭(Ben Halpern)在《犹太人前线》1948 年 8 月号发表的文章。哈尔彭列出仅从个人喜好出发去论证的人的"通病"，它们在后来对阿伦特《艾希曼在耶路撒冷》的批评中也可以找到："童言无忌的情结"使她沉溺于在论及犹太"优等种族"沙文主义时"可恶地煽情"。他还附加说，阿伦特潜意识里倾向于不信任"这些传统的却成功的领导人，像赫茨尔·魏茨曼和本·古里安"。哈尔彭谴责了煽情的策略以回应阿伦特，他创造了三个概念——冒险者、叛徒和游击队员——并给阿伦特贴上了叛徒的标签。[36]

本·哈尔彭自称游击队员，他以之为"犹太人区的抵抗者"的典范，希望以色列战士，这些新的犹太人中的抵抗者，能成为世界犹太人的典范。阿伦特在一封回信中强调，试图与英国或阿拉伯合作同试图与像纳粹那样的"反犹政府"合作存在着区别。她坚持自己建议的"合作"，因为这对以色列的未来有实质性意义。她还要求读者不要被军事上的胜利误导，以为犹太人能够或者应当长期用武力对抗"从莫斯科到印度洋的巨大威胁"。[37]

汉娜·阿伦特在回应哈尔彭时正值夏末，当时她正在和朱莉·布劳恩—沃格斯坦在新罕布什尔州(New Hampshire)度假。新英格兰被《建设》的旅游广告称为美国的瑞士，可能是这里的平静使阿伦特可以无视哈尔彭对她性格缺陷的分析，由此只对他的误读以温和的指责。不管怎样，她有更多的建设性计划要执行。

阿伦特继续帮助马格内斯。《评论》的编辑埃利奥特·科恩请马格内斯回应一下以色列驻联合国代表奥布里·埃本(Aubrey Eban)提出的令人鼓舞的建议，即如果以色列被阿拉伯承认，就可以仿照欧洲的比荷卢经济联盟建立犹太—阿拉伯人的联盟。阿伦特给埃本起草了一份回复，对此马格内斯赞赏有加："我对你采用的使我观点变得含蓄的方式非常钦佩。"[38]阿伦特在马格内斯为回信写悲伤的附言时也给了他同样冷静的帮助，这也表明这封信是在贝纳多特(Count Bernadotte)被犹太恐怖分子暗杀之前写的，这一暗杀事件极大地损害了马格内斯刚刚开始向联合国鼓吹的合作精神。

阿伦特建议马格内斯将他想表达的观点变得含蓄些，即纳粹对流亡者的态度与犹太人对巴勒斯坦阿拉伯人的态度两者是明显类似的，因为阿伦特在这之前就已经知道，用这种类比帮不上什么忙。

马格内斯越来越泄气，但是他和纽约的朋友们一直在筹划：他们讨论是否将非犹太人拉进他们的团体，讨论发行英文版的联合党期刊，还考虑出版一本关于“从贝尔福宣言到今天非沙文主义的犹太复国主义位置”[39]的文件和演讲集。他们有关政策决议讨论的一个重要内容就是是否公开建议为流亡的阿拉伯人在以色列提供栖居地，比如在内盖夫（Negev），或者允许他们返回自己的家园。阿伦特在1948年9月提出“巴勒斯坦联合党最紧要的任务，不是支持不那么邪恶的本·古里安，而是在保证忠诚的前提下形成并保持一种反对派立场。”[40]为在美国促成这种忠诚的反对派，汉娜·阿伦特在1948年10月为《新领导人》写了《贝纳多特的使命》。“这是一篇十分及时的文章”，马格内斯在10月7日给她的信中称，“如果任何一个决策制定者用心琢磨并理解这篇文章，就会作出严肃的决定。你好像已经列出了贝纳多特的努力和提案的内在含义……你讲的这个故事是一个悲剧，你呈现了一个伟大而善良的人，他满怀希望地开始，最后却几近绝望地收场……这是一个勇敢的选择，这条路还是那条路。你的文章深深打击了我，我问自己，难道真的没有出路了吗？”[41]阿伦特看到的两个选择是明摆着的：贝纳多特关于联合国托管统治的第二套方案或者按照马格内斯路线实施犹太—阿拉伯联盟。汉娜·阿伦特用可行性理由为第一个选择辩护。

犹大·马格内斯还没能找到出路便在10月27日早晨与世长辞了。对他的支持者而言，尽管他们在一段时期内试图通过犹大·马格内斯的组织来保持他的理念，但是很明显，没有他，工作很难开展下去。汉娜·阿伦特在11月12日写给在史密斯学院教书的马格内斯的老朋友汉斯·科恩的信中说：“此时马格内斯的去世是一个真正的悲剧。没有人拥有他这样的道德权威，而且，我在犹太人世界中没有看到任何其他一个人在犹太人世界如此卓越并有勇气发声，反对当下发生的一些事情。”[42]她所能做的就是加入包括阿尔伯特·爱因斯坦在内的杰出知识分子团体，当犹太恐怖分子梅纳切姆·贝京(Menachem Begin)到美国为他的自由党的修正主义寻求支持时,这个知识分子团体联名向《纽约时报》提交了抗议信,抗议信直接将修正主义分子比作"纳粹与法西斯政党",并批判他们那混合了"极端民族主义、宗教神秘主义和种族优越论"[43]的意识形态。

汉娜·阿伦特支持犹大·马格内斯的组织,但是没有接过它的领导权。阿伦特在马萨诸塞州应汉斯·科恩的要求对一个怀有敌意的听众讲述马格内斯的努力后,明确了自己不是领导者中的一员。"我不能胜任任何直接的政治工作",她在写给埃利奥特·科恩的信中说道,当她的声音被听众压下去的时候,她仍感震惊。"我不能享受直接面对暴民的情形,我太容易厌烦,并对耍花招没有足够的耐心,我也没有足够的智商保持一种特定而必要的疏远。"更进一步,她坚定地声明,"它会扰乱我的写作"。[44]

汉娜·阿伦特不能像犹大·马格内斯那样成为一个行动者,直接的政治工作不是她的特长,她也没有马格内斯那种理解并友好对待来自各个区域的人民并对他们进行道德感化的能力。他的权威是道德上的,而她的则是智识上的,双方都很了解个中差异。在马格内斯去世前不久,汉娜·阿伦特给他写了一封信,表达了她的岁首节问候:"请允许我告诉你,能在去年认识你,我是多么荣幸啊……我们这个世纪的政治几乎让人绝望,我一直以来都尽力远离它。我想您能明白您在防止我陷入失望中所起的榜样作用,这种作用将一直持续下去。"[45]

玛萨·阿伦特的去世

汉娜·阿伦特从雅斯贝尔斯和犹大·马格内斯身上认识到什么是道德权威,他们都是那种敢于进入政治领域并支持不受欢迎的意见的人。犹大·马格内斯平静的自信给她树立了榜样。雅斯贝尔斯和马格内斯都是在看重集体价值的大家庭中成长的,都有非常优秀的爱人,并和爱人有很深的感情。这样的背景在他们腹背受敌时给他们提供了避难所,阿伦特同样也有丈夫的支持。但她从孩童时期就具有的多变性情和脾气使她很不适合公共生活。阿伦特深谙此事,她也悲哀地知道,曾为鼓励她而付出很多的母亲同时也约束着她。

汉娜·阿伦特与马格内斯团体共事的6个月，是她一生中最忙碌的一段日子。她忙碌于发表演讲、撰写文章、起草马格内斯的提案、完成在绍肯书局的编辑项目，并尽力挤出时间完成《极权主义的起源》的第三部分，而此时玛萨·阿伦特和布吕赫却一直不和。在她于1948年6月离开绍肯只身前往新罕布什尔州度假的过程中，大部分时间她在打字机旁度过。她的家庭生活和为犹太文化重建委员会所作的欧洲访问都推迟了《极权主义的起源》一书的完稿。当她宣布该书的延期后，雅斯贝尔斯用一个声明表达了他和布吕赫共同持有的观点："我充分理解你，但是此书须尽快完成，世界局势实在令人沮丧。"[46]

在暑期中间，阿伦特返回纽约帮母亲准备去英国的旅行，探访住在那里的艾娃·比尔沃尔德。他们把玛萨·阿伦特的东西从西95号大街搬到了玛丽皇后号。当汉娜·阿伦特回到新罕布什尔州时，她从艾娃·比尔沃尔德处得知母亲在途中得了严重的哮喘，第二天，她收到一封电报："母亲的哮喘非常厉害，她不能安睡，服药也无济于事。"7月27日，她又收到一封电报："母亲昨晚在睡梦中去世，将按常规安排火葬——亲爱的艾娃。"[47]

在母亲去世的那段时间，汉娜·阿伦特正竭尽全力在那个令人失望的世界中维持着许多项目，所以她对母亲的悲伤虽很强烈但并没有因此被占用过多精力。玛萨·阿伦特在她74岁时决定再次离家，去英国与艾娃·比尔沃尔德呆在一起，并在那里安度晚年。她和女儿、女婿一起在95号大街的公寓里住了7年，那段日子她过得并不开心。汉娜·阿伦特为生计、为使自己被新国家接受而奔波，她与丈夫交流甚多而忽视了自己的母亲。母亲与布吕赫的交流更少，由于布吕赫战后不愿找任何稳定的工作，玛萨·阿伦特确信她女儿的婚姻门不当户不对。在布吕赫工人阶级背景和玛萨·阿伦特中产阶级情感之间存在着巨大的鸿沟，这是汉娜·阿伦特使丈夫举止文雅的努力或减少母亲反对的努力都不能逾越的。玛萨·阿伦特认为她女儿受布吕赫的影响变得自傲而粗俗，她自己便在孤立之中郁郁寡欢。那些在巴黎就认识了玛萨·阿伦特的汉娜·阿伦特的老朋友们觉察到了她母亲情绪的变化，但也帮不上什么忙。当玛萨·阿伦特告诉洛特·克兰伯特说她应该在孩子都年轻的时候享受和他们在一起的时光，因为他们总有一天会变得疏远起来时，洛特·克兰伯特只能表示同情。

汉娜·阿伦特很少谈及母亲的去世或者在美国期间母女俩之间的隔阂。在10月31日给雅斯贝尔斯的信中，阿伦特提到了自己的工作和四天前母亲的去世；她非常简略地提到这件事："母亲去世时，我正在两个月的长假中。"[48]雅斯贝尔斯针对她没有表现出平和地、哲学地认识感情的态度——而非针对她表面的举止——回复说："当然，年老的人终会离我们而去，此为自然之道。但一个人母亲的过世却是重大的变故，它带来的悲痛，即便没有把人击倒，也会使他悲痛万分！"[49]

雅斯贝尔斯发现，只通过在信中询问并不能了解太多阿伦特的私人生活。她从来不主动透露消息。作为对雅斯贝尔斯要求的回应，阿伦特在1947年4月的信中多谈了一些关于她母亲的事情："对于一个没有独立的精神或知识生活的老人来说，搬到别处居住是很困难的，如果我不是被迫这么做，我是不同意她这么做的。"[50]她说，在法国时，她母亲过得很开心，因为她的法语很好，还有很多德国和法国的朋友。"而在这里，我担心她缺少合适的伙伴；我们在一起的时间太少，只有在吃晚饭时才能看到对方。但她还是很有活力，很健康，甚至还能干体力活（虽然几年前她曾经股骨骨折），她在这里也很受欢迎——这也是美国的奇迹之一。"在她母亲过世的前后，汉娜·阿伦特经常表示对母亲的赞美之情。在给雅斯贝尔斯的同一封信中，她强调："我非常感谢她把我拉扯大，并对我没有什么偏见，还给我提供了各种条件。"但有时阿伦特的情感似乎倾向于自她小时候就实践过的一方面，用她当年告诉母亲的话说就是"我们不应该过多地考虑伤心事"。

汉娜·阿伦特只对海因里希·布吕赫完全坦白了自己对母亲的矛盾感情。他们的朋友赞赏玛萨·阿伦特的热心和慷慨，而没有看到她对她唯一的女儿所提出的那些要求。布吕赫非常理解为什么妻子的感情会如此复杂。在接到艾娃的电报后，阿伦特在新罕布什尔州给布吕赫写了一封信：

我当然很悲伤，但同时也感到解脱。或许这是我一生中最糟糕的事情。我无法拒绝她的要求，因为她出于爱和我早已感受到的并深受其影响的坚定而来。自然，我永远无法完全满足她的要求。她的激进足以不费力地摧毁我自身以及我的所有本能。然而，我在整个童年和一半的青年时代都唯命是从，好像达到她所有的要求是世界上最容易最明显也是最自然的事情。这也许是出于软弱，也许是出于同情，但大抵是因为我不知道如何帮助自己。[51]

阿伦特所说的要求很明显的就是，玛萨·阿伦特想继续尽可能近地呆在她女儿身旁，七年来这个要求意味着在同一公寓的同一层一起生活。阿伦特明白这种无法避免的安排——因贫穷、流亡和战争而恶化的一种典型三角关系——一直消耗着她的丈夫，她向布吕赫表示了道歉：

我一想起你便头疼。门德尔松老太太[安妮·威尔的妈妈]曾经说过：如今是爱莫能助。我实在改变不了这一切，我没有故意欺骗你，我曾经暗下决心绝不和母亲住在一起，可偏偏如此，就像吉尔伯特·罗伯特所说的“世界历史”(World-History)。这就是现在的一切，肯定还没完结。[52]

世界历史将他们弄到一块，布吕赫在回复她的信中恳求其放心：“与希特勒和斯大林的所作所为相比，你母亲加诸我们的负担并不算什么。”[53]年轻时曾被自己母亲要求甚多的布吕赫，知道阿伦特正在忍受他已摆脱的义务。

对你所做的一切和你的苦闷，我非常能理解。我想起了我那守寡的母亲，想到她也具有同样的倾向，她的疯狂使我怀疑我得到的是一种病态的母爱，当然这是非常错误的；但这也让我理解你的处境。

布吕赫夫妇都坚决反对精神分析的范畴，但以他们自己的术语，他们理解玛萨·阿伦特"母亲式的关爱"并深切需要得到女儿关注的心理，理解她将自己认为的做女儿应该持有的行为和女性的举止态度强加给阿伦特，这些使阿伦特终生非常头疼。布吕赫一次直言说"她比我们周围任何一个胆小的傻子做得都过分，她头脑简单，想都不想就把你像一个男人一样对待"。玛萨·阿伦特习惯了强壮聪慧的女人，但她并不准备女儿变成那样：在持家的同时还担任编辑，并着手写书（例如《极权主义的起源》），还加入像马格内斯团体这样的政治行动组织。而玛萨·阿伦特对布吕赫的期望给他带来的苦楚和对阿伦特的期望给阿伦特带来的痛苦一样强烈。布吕赫在玛萨·阿伦特去世后，将自己的辛酸都倾吐了出来：

你已经尽了全力，她是永远不会满意的，因为当她对爱的要求就像一块不停吸水的海绵时，它永远都会感到自己太干了……确实，这让我非常恼火，她对你无休止地压榨，并对你取得的惊人成就视而不见……不错，如你所言，在她内心深处曾经有过真实、伟大而清晰的情感，但这些最终化为一种无尽的情绪。

在布吕赫的评价中，玛萨·阿伦特有一个"自私的、中产阶级的外表"。她缺乏布吕赫夫妇那种全身心坚定地投入到政治与政治理论中的能力，也缺乏他们的维持独立的精神存在的能力。

当玛萨·阿伦特还在世时，布吕赫就像一个精神上被束缚的人。在她去世后，他感到非常自由，他摆脱了家庭牢笼的束缚，放弃了他曾经未加鉴别就接受了的美国主义意识形态避难所。在1948年岳母去世后不久，布吕赫经历了一次他称作的——用英语俚语说就是——"头脑风暴"。

布吕赫"惊人的创造力"在"两天一夜"中爆发。新的想法朝他打开："老实说，我曾在听任美国梦想的过程中不断使自己变得狭隘"。他告诉妻子说。如同他俩都轻视的“前共产主义者”，布吕赫曾经用美国这个上帝替代那“已经失败的上帝”。哲学拯救了他。在一封不太连贯的长信中，他向阿伦特揭示了他意识到的“两个巨人”康德和尼采对形而上学的攻击，这已经为哲学以新的方式前进扫清了道路，雅斯贝尔斯继承了两巨人的衣钵，并成为继续前行的领路者，“他（雅斯贝尔斯）的工作只需要略加修饰即可”。布吕赫用一个肯定能使雅斯贝尔斯高兴的隐喻道出了他自己的路子：

> 雅斯贝尔斯用存在本身[即雅斯贝尔斯的“大全”的概念]，将一个巨大的、圆形的、纯净透明的奶酪盘放在事实这个已变质的奶酪之上，这是一个明晰的玻璃盘，我们由此上升一定的高度，如果我们只是为自己而决意打断蛆虫间的经常交流，我们自己的鼻子几乎就要碰到上帝——以持续用头撞击奶酪盘，我们是在独白还是在交流？现在，我将非常尊敬地把奶酪盘放到一边。

当完成宣告形而上学已经结束，以及不再依赖任何“人造的天堂”之后，布吕赫将现代哲学的巨人们抛在后面：“康德是仆人，尼采是主人；马克思是专制君主，克尔凯郭尔是奴隶，而我是一个有理想的公民。”布吕赫在信中并没有提及能使他观点凝聚的“新概念化的整全”的观念，但他心中似乎已形成一项《极权主义的起源》写作完成后同样主导着阿伦特的任务：在没有形而上学奶酪盘的情况下，如何哲学地进入政治。在布吕赫的头脑风暴发生时，他没有公共的平台和论坛，但当他三年后开始教书时，他的学生就成为受惠者了。

布吕赫从长期隐居中出山，这减轻了阿伦特对她母亲和丈夫的愧疚。她又恢复了烦躁的这几年之前的美好回忆，并感到非常快乐，比如说当一个老朋友寄给阿伦特一张她母亲在战前的照片，这也是她拥有的唯一一张母亲的照片。照片是玛萨·阿伦特还年轻貌美的时候拍的，被汉娜·阿伦特放在她的工作桌上，伴随她《极权主义的起源》之后的全部写作。这也是阿伦特用自己的方式满足母亲的许多传统理想。马格内斯的组织在1948

年解散后，汉娜·阿伦特就再也没有扮演任何积极的政治角色。她对那些“下命令”的女人表示怀疑，她怀疑女人是否应成为政治领袖，并坚定反对倡导妇女解放的社会运动。[54]她对年轻妇女母亲的建议在细节上同资产阶级和传统的观点一样，在重要的事情上要心灵开放并保持冷静。她鼓励其他人要独立，但通常有一个限度：对女人而言，她的格言就是“差别万岁”（Viva la petite différence）！

汉娜·阿伦特在1949年为犹太文化重建委员会工作期间到欧洲的旅行在很多方面都巩固了她生活和感情上的连续性，包括对母亲的爱——虽然在纽约她们一起生活时，母亲曾严重打扰了她。当她15年后第一次在伦敦与艾娃见面时第一句话就是：“谁为母亲念的祈祷文？”

在一次关于荷马《奥德赛》的讨论中，阿伦特谈到最让她感动的是讲奥德赛如何只身漂浮在广袤的大海上，紧抓着沉船的残架逃离了卡吕普索（Calypso）的岛屿，自己陷入绝望和沉思之中而任凭海水把他淹没，但当他想到如果他这样失踪了将没有任何埋葬仪式，他和他的事迹也将从人类记忆中消失时，他立马制止了自己。阿伦特是一个不进行犹太教活动的犹太人，但她很理解葬礼的仪式和通常由死者儿子或最亲近家属念的祈祷文中所包含的哀伤，她感觉到，在这平常的仪式中，尊重得以体现，那些仪式就像讲故事一样是对尘世连续性的确认。

多年后，阿伦特用一篇论她母亲心目中的英雄罗莎·卢森堡的文章间接地纪念了她的母亲，其中她插入了一句从她母亲深深的忠诚而不是其社会主义那里学到的话：“这一代人仍然相信爱只有一次”。[55]阿伦特并没有在她的生活中领会到对这“只有一次”的爱的具体教诲，但总体的教诲：不管事情如何进展，对真爱的激情必须超越其他所有的一切，实为母亲给她的最伟大的礼物。在“世界历史”开始重塑她们生活之前的1913年，她们曾一起在保尔·阿伦特的葬礼上听到了祈祷文。

确认

汉娜·阿伦特自她年轻时遇见海德格尔就开始反省忠诚的含义。《拉尔·瓦恩哈根》不是一个关于忠诚的爱的故事，而是关于爱的忠诚的故事。在1948那个紧张、狂热并且公共性十足的年份，阿伦特不仅检验了她母亲的忠实，还检验了布吕赫的忠诚。在她离家呆在新罕布什尔州的两个月中，布吕赫和家族成员呆在一起。克兰伯特夫妇，他来自柏林的朋友——洛特·贝阿德特(Lotte Beradt)，卡尔·海登里希和彼得·胡伯——还有他在纽约认识的画家卡尔·霍帝(Carl Holty)，音乐家科特·阿佩尔巴姆(Kurt Appelbaum)和他的妻子安妮，他们都聚集在布吕赫的周围。但他还与一个有苏联血统的美丽性感的犹太女子亲近。当阿伦特听说他们之间的关系从友谊发展成了私通时，她自己的忠诚受到了检验。

布吕赫经常用他的方式向妻子表明自己的忠诚。汉娜·阿伦特不能轻易接受这种方式，而当她知道此事，包括向她告知此事在内的几个朋友都已经听说了此事后，便非常不高兴。即使是最小范围内的公众注意都会侵害到她。但像大部分家族成员一样，汉娜·阿伦特在社会习俗中是一个魏玛柏林人，她并不将忠诚狭窄地定义为仅仅婚姻上的。她付出并期望——得到——同样的与柏林人的满不在乎交织在一起的忠诚。她在一篇短文中将之描述为"确实，世界上没有永恒的爱，甚至没有普通意义上的忠诚。激情除了瞬时的紧张外一无所有，它甚至比人自己更易腐朽"。[56]布吕赫从没写过自己对柏林信条的看法，但同样的看法却存在于海因里希·海涅的《教条》之中，这首诗与罗伯特·吉尔伯特的诗具有同样的异常的简明性：

击鼓，保持住你的勇气
亲吻售货的女孩！
这就是所有的知识
也是书本最深的课程。[57]

当阿伦特知道丈夫的事情时，她与一个"有色情天才的"——用阿伦特的话说——女人建立友谊，她就是阿伦特朋友保罗·蒂利希的妻子希尔德·弗兰克(Hilde Fränkel)。和阿伦特结识的所有其他人一样,她非常聪慧,并且天真无邪,同时她也非常热心和亲切。她不像其他“保留着天真”的人那样是作家或知识分子,她具有玛萨·阿伦特忠诚慷慨的精神品质,又不像她那么多愁善感。在安妮·门德尔松·威尔不在的时候,希尔德·弗兰克就成了阿伦特最好的朋友。阿伦特对她的赞美之情不绝于耳:“不仅因为我和你在一起体会到了从未有过的和一个女人关系密切所带来的放松,还因为那令人难以忘怀的将我俩拉近的好运气,这运气是最了不起的,因为你不是一个‘知识分子’(一个让人生厌的词)。你是对我自己和我真正的信念的确认。”[58]当阿伦特深陷来自政治生活、工作和个人忠诚各方面压力的时候,她最需要一个像希尔德·弗兰克这样的朋友所能带给她的对自身的确认。

汉娜·阿伦特第一次在法兰克福遇见希尔德·弗兰克那年,她正和君特·斯特恩在一起。在纽约,阿伦特发现她的朋友在“难民自助委员会”当秘书,他们就重新取得联系。保罗·蒂利希同样也是在那里找到了希尔德·弗兰克,并开始了他们之间的风流韵事,一直持续到1950年弗兰克因癌症去世。

作为战后蒂利希在神学协会的秘书,希尔德·弗兰克花大量时间把他们讨论的底稿打印出来。如蒂利希所称的希尔德的汉娜“H.H.”(“Hilde's Hannah”)以区别于自己的妻子Hannah——经常加入他们的讨论。在希尔德·弗兰克娴熟的交际手段帮助下,阿伦特和蒂利希很快就达成共识:如果他们愿意阅读对方的作品,他们的谈话将会更有价值,并会更少误解。在这样互相的讨论中,阿伦特和蒂利希经常发现他们是一致的,但两个人都认为对方著作的观点是不可能的。蒂利希的基督教社会主义在阿伦特看来充满了矛盾,而蒂利希很瞧不上马丁·海德格尔,他认为阿伦特应当克服从他那里获得的存在主义哲学。不过汉娜·阿伦特和保罗·蒂利希在一篇文章中联起手来。1942年,《建设》发表了一篇《驱逐》的发行者艾密尔·鲁特维克(Emil Ludwig)的文章,文章建议讲德语的美国教师团体应准备好回到战后的德国,并教育德国人根除他们权威主义文化中的军国主义根源。蒂利希非常愤怒地将这建议称为是“种族主义的回潮”，他批判了认为存在“民族特性”或文化的观点。当蒂利希被《建设》攻击时，阿伦特加入了蒂利希的行列。她揭露了艾密尔·鲁特维克和帝国主义——两次世界大战期间的泛德意志主义和非洲的意大利帝国主义——的密切关联，并认为鲁特维克是想在战后推动美国的帝国主义扩张（这一判断后来被证明是正确的）。阿伦特对美国人有能力看清在德国发生的事情表示乐观，她援引盖洛普民意测验最近的观点说，大部分美国人因德国的行为谴责希特勒，而不是德国人民。阿伦特和蒂利希之间的互助和联盟在战争结束后阿伦特的《有组织的犯罪》一文中体现出来，在文章中，阿伦特再次阐述了为什么集体罪责的概念不能被接受，把她的批评运用于战后德国局势。[59]

希尔德·弗兰克非常自豪自己和海因里希·布吕赫一样尽可能地远离学者和麻木的知识分子。她是一个本应呆在18世纪沙龙家中的女人。没有拉尔·瓦恩哈根那两件伤心事的压抑：犹太人身份和不怎么漂亮的外貌，希尔德·弗兰克更像是拉尔最好的朋友——路易斯·费迪南国王的夫人保罗·维泽尔（Pauline Wiesel）。拉尔在1816年写给保罗·维泽尔的信中这样形容她：“非常惹人爱怜，因为她是那么美丽和令人惊异地自然。”而这正是阿伦特描述的希尔德·弗兰克。这封信就像是阿伦特给希尔德·弗兰克写的一样。拉尔对保罗说，她不知道“是否有人像我们这样理解自然和世界……对不寻常的事情惊奇并全神贯注于平常之事的神秘；是否有人如我们一样相爱；是否有人如我们这样不能独自承受孤独，离开对方便一事无成；是否有人遇到过和自己用同样的方式看事情的人的好运，尽管其禀赋是如此的不同，但那只会使这一切更有趣”。[60]对阿伦特来说，希尔德·弗兰克那令人惊异的纯真与自然实在迷人并魅力无穷，阿伦特称赞她的朋友和她是如此志同道合。

在阿伦特的整个人生中，私下里，她可以对她朋友的复杂生活与爱情如同对她丈夫一样表示出非传统式的同情。但无论何时，只要受到公众关注的威胁或这秘密被背叛后，她就经常突然地后撤。阿伦特接受了保罗·蒂利希和希尔德·弗兰克的关系，但她宁愿不同那些对此有不同看法甚至不能理解这些的人谈论它。当蒂利希将汉娜·蒂利希留在他们租的别墅里，到布吕赫曾在40年代末的几个夏天呆过的科特角寄宿公寓拜访希尔德·弗兰克时，阿伦特并没有感到不当。但是，任何关于蒂利希和希尔德·弗兰克的闲话都使她窘迫。阿伦特私下可以对布吕赫无话不谈，——"罪恶之地和罪恶之城都非常活跃"，她这样写着——但是在公众场合她便三缄其口。[61]

那个被色情文学吸引，有受虐倾向，并从大量精神分析经验得到的理论来解释自己行为的蒂利希，不是她认识的真实的蒂利希。她意识到公共性总会遮蔽所有的差异。在希尔德·弗兰克去世后阿伦特给朋友的信中，她未指名地提到蒂利希："他的性爱世界与他的想象截然相反，实际上他不只是一个神学家，还是有巨大政治和道德勇气的直率之人……在他已婚并可能使一切复杂化的情况下，他对我朋友[希尔德·弗兰克]所做的一切在道德上都是完美的，这样说是因为，他没有在希尔德·弗兰克躺床上等待死亡时丢弃她，弗兰克认识的大部分'有创造力的人'都丢下她不管；在那段日子里我们关系密切，我每天都能见到他。他给我的印象非常深刻，因为我知道，尽管他有诸多可能的心理上的放纵，我无法理解，但他是一个基督徒，他有基督式爱的能力。就我朋友而言，她根本或实际上就不是一个放纵的人，她是唯一的——这是如此珍贵——有性爱天才的人，她理解所有的事。虽然他通常很乏味，但她保持着她薛拉莎德式的理解，因为她真的很爱他，如同他爱她一样。"[62]希尔德·弗兰克有讲故事的想象力，这很像伊萨克·迪内森——另一个疯狂爱上了勇敢但不完美的男子的女人，保罗·蒂利希则有道德上的想象力。阿伦特总是准备着扩展对那些具有诗人天才者的理解，就像奥登所说的，"其心灵的欲求就像螺丝锥一样弯曲"。[63]

希尔德·弗兰克对人性和世界的理解，都被她融进了充满惊奇与幽默的一个个故事中，它使她和阿伦特成为知己。她对阿伦特说："在我生活中，你是唯一一个我无话不谈的人。"[64]她们的关系不像阿伦特和蒂利希那样是学术上的。希尔德·弗兰克赞赏汉娜·阿伦特只是因为"你本质上是一个女人"。[65]她们互相交流女性及其男人的故事。"所有的男人"，弗兰克在一封谈到布吕赫不怎么勤于回信的事情的信中说道:“不管是丈夫还是像我的情人(蒂利希),都是累赘。我们不应该可总是会苦恼。”[66]“是的”,阿伦特回信说,并表示了她们都坚信的“男人就是沉重的累赘,但没有他们我们又不能很好地生活”。[67]

汉娜·阿伦特在1949年代表犹太文化重建委员会访问欧洲期间,写了很多信回家给希尔德·弗兰克和布吕赫。“除了给你和我先生,我没给任何人写信。我对此很满意,因为我确实没有多余精力。不必念想我的友善,这就是为什么会这样,所以就这样了。(但)我同样会想起布洛赫。”[68]在阿伦特旅行期间,希尔德·弗兰克和布吕赫保持着密切联系,希尔德·弗兰克经常扮演调解员和信使的角色。当阿伦特时间很紧的时候,她便写信给希尔德·弗兰克,并让她把信转给布吕赫;而当阿伦特因布吕赫长时间没回信而担心时,便让希尔德·弗兰克敦促布吕赫回信。同时希尔德·弗兰克也回信给阿伦特,让她对布吕赫的忠诚放心。在阿伦特强烈抱怨布吕赫后,希尔德·弗兰克觉得阿伦特“肯定对他产生了地狱般可怕的担心情绪”,便写了一封安慰信:“昨天,他在电话里告诉我他很烦躁,因为他已经习惯和你在一起生活的日子,他不想再孤单下去了。”[69]

阿伦特的旅行从1948年9月到1950年3月持续了近6个月,有三件事让她心神不宁:思乡的情绪;布吕赫得不到平静的休息;希尔德·弗兰克病情越发严重,她非常担心她去世前两人能否再见。阿伦特为犹太文化重建委员会拼命工作,她乘火车往返穿梭于德国,期间很少休息,只盼早日归家。她因为自己的原因而压抑,正如她看到的德国人因他们的原因而压抑,“德国人正在为自己头昏脑涨地忙碌着”[70]。

当穿过家乡时,她被那腐化与失望惊呆了。她非常震惊于难民可怕的困境,意识到在表面的重建家园和尽最大努力表现出的彬彬有礼背后的不安,阿伦特把她的这种印象写信告诉了希尔德·弗兰克和布吕赫。她计划回去后利用这些信:“关于德国可以写一本书,但是我只写一篇文章。”[71]发表在1950年10月《评论》的《纳粹统治的后果:来自德国的报告》实际是《极权主义的起源》的续篇。阿伦特描述了12年极权统治对德国人的影响,这也确认了她关于极权主义是“比最坏的暴政还要坏的统治”的理论。极权主义毁掉了一个民族政治、社会和私人生活的根基。她对“内部的自救”能重建德国没有什么信心,甚至对解决政治混乱的唯一方案——超越民族主义和过时主权观念的欧洲国家间的联合——不抱希望。她认为,“无论是一个重生的德国,还是一个不悔改的德国,都不能在欧洲联盟中扮演重要的角色”。[72]阿伦特同情地写道,德国人没有能力面对自己家园被摧毁的现实,也没有能力反思带来这空前灾难的事件。但是她轻视了那在缺乏新根基的基础上曾经很不稳定的重建工作,而战后德国的经济奇迹在前面领跑。

阿伦特还写到了她从法国到英国的旅行。她发现巴黎陷入了令人恐怖的混乱,公共设施几近瘫痪,整个城市在遭受“残暴的愤怒与敌对”之苦。只有在像亚历山大·科热(Alexander Koyré)这样最优秀、最感性的人的陪伴下她才能舒一口气——虽然科热和让·瓦尔(Jean Wahl)都急切地邀请她去哲学学院演讲,并准备了很多“娱乐活动”。[73]阔别近十年之后,阿伦特非常高兴地见到了安妮·威尔,但发现她正处在非常困难的家庭景况中;艾里克·威尔和凯瑟林·门德尔松还没有走出战争带来的伤痛经历的阴影:“我[同他们]理解了斯特林堡戏剧的氛围。”[74]直到阿伦特1952年再次回到欧洲时,她和安妮·威尔的深度交流才重新建立。

在阿伦特访问的所有国家中,包括“一切都秩序井然的瑞士”在内,英国是“一个在战争中幸存的精神完整的国家。在那里可以感受到很浓厚的传统气息和全然没有沙文主义的伟大历史”。她非常高兴地见到她异父姊妹艾娃和表亲艾尔斯·阿隆·布劳德,一切都很好。[75]

阿伦特还两次前往巴塞尔(Basel)拜访雅斯贝尔斯夫妇,她非常欣慰地发现他们在1948年搬来的家中安全而舒适地生活着。这两次拜访让阿伦特暂缓“狗一般的工作”,也使她多年来第一次“内心安宁”,“在哲学和私人的意义上说,特别是私人意义上”,她就在自己家中。[76]阿伦特和雅斯贝尔斯关于海因里希·布吕赫的谈话也为她内心平静起到重要作用,她尽可能夸她的丈夫,称他是她“便携的家”,雅斯贝尔斯听后非常高兴,并与布吕赫恢复通信。在她第二次拜访雅斯贝尔斯时，雅斯贝尔斯给阿伦特看了一封布吕赫充满赞誉之情的来信，布吕赫是为数不多的几个在欧洲之外读过雅斯贝尔斯全部作品的人之一，阿伦特也为她"聪慧的丈夫"感到骄傲。

雅斯贝尔斯也给汉娜·阿伦特看了他和马丁·海德格尔的通信。雅斯贝尔斯达观地希望这些通信能修复阿伦特与海德格尔在1933年破裂的友谊，这也促使阿伦特将自己和海德格尔的浪漫故事讲述给雅斯贝尔斯听。"我真诚地向雅斯贝尔斯讲述了海德格尔和我之间的故事"，她在写给布吕赫的信中说，布吕赫回复说："哈，那倒真是让人激动。"对阿伦特来说，这是她对雅斯贝尔斯开阔胸怀的认可，也是雅斯贝尔斯对她信任的肯定："雅斯贝尔斯镇定的反应是很独特的。"[77]雅斯贝尔斯对海德格尔的同情也影响到阿伦特，她几乎难以相信雅斯贝尔斯是那么小心翼翼地探寻公共面孔背后真实的海德格尔。"可怜的海德格尔"，雅斯贝尔斯对她说，"他最好的两个朋友现在一起坐在这里，并看穿了他。"[78]

而阿伦特与马丁·海德格尔的重逢并不平静，因为海德格尔并不隐藏他那傲慢和不可靠的态度。希尔德·弗兰克曾开玩笑地问她，巴塞尔和弗莱堡的访问哪一次更愉快？"我被你的问题逗乐了……要想在弗莱堡愉快，必须具备动物式的冒失才行，而我并不具备。"[79]她去弗莱堡完全是"为了必要的工作，我有什么别的选择吗？我不知道"。[80]用通常定义她和海德格尔关系的"浪漫"的方式，阿伦特用她入住的酒店的信纸写了一张没有署名的便条"我在这里"捎给海德格尔。海德格尔马上赶到酒店，并开始向她讲述"一出悲剧，也许我参加了它的前几幕戏"，海德格尔最初似乎没有意识到他们都知道"过去25年"发生的一切，"他已经17年多没有看到我了"。他为这出悲剧的前两幕戏而不是最后他加入纳粹党感到羞愧，像一只"夹着尾巴的狗"。[81]而当海德格尔最后回到现实中来和她开诚布公地谈话时，阿伦特感到"这是我们一生中第一次这样相互谈话"。[82]

第二天，"荒诞的场景"紧随着那难堪但坦诚的会见而来。"在所有事情上都说了谎的声名狼藉的"海德格尔终于告诉他妻子，汉娜·阿伦特曾经是他"生命的激情"，并激发了他的著作。[83]他妻子忌妒之心立生。"她头脑非常简单”，置妻子的抗议于不顾，海德格尔又一次拜访阿伦特，并给她看自己的信以及手稿的拷贝。他急切期待阿伦特再次来访——并且不是因为公事。他对阿伦特因重病的朋友在等她回去而不能久留表现出的理解，深深触动了阿伦特。海德格尔还给希尔德·弗兰克写了一首诗：《献给我朋友的朋友》，也是给阿伦特作为一个标记："你最亲爱的女朋友如此渴望你回去，你最亲爱的男朋友绝不能耽误你，即便他知道自己将要面临别离。”[84]那个“他”就是阿伦特所爱的海德格尔。

阿伦特对她呆在弗莱堡的两天——如同连续的小说一样——的感受非常复杂。她对布吕赫的忠贞没有被怀疑：她告诉布吕赫，听海德格尔谈话的时候，自己一直想着他，并相信他能“正确地看待这一切”。[85]但她对海德格尔的处境感到压抑，特别是他的婚姻。她想知道，他是如何保持自己的执着，如何拒绝公开对包括雅斯贝尔斯在内各种不同的人发表评论。她视雅斯贝尔斯为“唯一的帮助”，并向其征求意见。但阿伦特最后决定“最起码，我很高兴这一确认，我永远不会忘却”。[86]

汉娜·阿伦特将这种确认视为一个信号，她曾经忠诚地对待一个公共面孔和私人面相截然相反的男人，这种差异就如同保罗·蒂利希的道德想象与他幻想的世界的差异那么大。海德格尔确认了在阿伦特给希尔德·弗兰克的一封信中称的“一个人生活所需要的热情和坦诚的标准”。[87]阿伦特发现她的真正信念蕴含在巴尔扎克(Balzac)的一句格言中，也是她在一篇关于伊萨克·迪内森评论文章的题记写的：伟大的感情，同伟大的著作一样稀少。但当她在60年代后期写关于迪内森的文章时，她可以加上一种歪曲的反思：伊萨克·迪内森被她的情人叫作泰坦尼娅，如同莎士比亚的泰坦尼娅(Titania)一样，在魔力的诅咒下，她爱上了一头驴！阿伦特用一句标记20年后与海德格尔重逢时的格言结束她的文章："智慧是老年人的美德，它似乎只降临到那些年轻时既不聪慧也不审慎的人头上。”[88]

阿伦特1949年的欧洲之旅并与朋友们重聚，是对她在写作《极权主义的起源》的几年中通过信件和记忆维持和朋友们友谊的一种奖赏。自从战争结束，阿伦特就盼望着能有这么一次旅行，并还想象着它将是一个什么样子。她的朋友所在的欧洲，是支撑她努力回顾欧洲过去以为其未来工作的现在及家园。从她个人的欧洲深处产成了一本书，该书题记出自雅斯贝尔斯的《逻辑》："它既不归结于过去，也不归结于未来。它只是走过，一切都存于现在。"

对于海因里希·布吕赫来说，完全地充当现在几乎是不可能的任务。由于没有工作、政治论坛或像他在布兰德莱特那样的朋友圈子，他与世界形势格格不入。在1948年的头脑风暴之前，他奔走于各种令人沮丧的项目之间，他为"人权联盟"起草了一份宣言，提出保护每个公民的"生命、自由和追求创造性工作的权利"，[89]但没有任何团体采纳他的观点。布吕赫对这个国家最为著名的箴言的修改体现了他自己的欲求。虽然他参与了阿伦特《极权主义的起源》的创作，但是，创造性工作仍是他最缺少的幸福。经过了一系列幸运的会面，他的机会终于在1949年到1950年夏天来了，也正是这几个月中，在欧洲的阿伦特对她自身进行了确认。

画家阿尔科珀利(Alcopley)，作为医学博士和科学研究者他叫阿尔弗莱·科珀利(Alfred L.Copley)，来到纽约，将他双重事业的重心转移到绘画上来，汉娜·阿伦特被约瑟夫·迈耶的妻子艾丽丝带领会见了他。他在河畔公寓的一个更像是大壁橱的房间里接待了他的客人，那房间非常适合他自己以及他的画作。房间非常拥挤，但在从一扇面向哈德逊的大窗户照进的阳光下，他们能看清那些画作。汉娜·阿伦特非常高兴，并问阿尔科珀利她是否可以将布吕赫带来看他的作品。

布吕赫在1945年秋第一次拜访了他，那时他搬到了一个更大的房间，并开始了在华盛顿广场纽约大学血液学方面的研究工作。布吕赫非常赞赏他的画作，以致他请求阿尔科珀利将全部精力都转移到绘画上来。作为医生，阿尔科珀利并没有接受布吕赫的建议，但作为画家的他在加入由另外11个画家创立的第八街俱乐部时，确实变得更加出名了。

1948年，一个自称为抽象表现派的艺术家团体——巴齐奥特斯(Baziotes)、海尔(Hare)、莫特维尔(Motherwell)、罗斯科(Rothko)和纽曼——在第八街成立了一个艺术家学校。这个学校在一年后因财政问题而关门，但当第八街顶楼被另一个名为三五工作室的团体接手后，它原来很受欢迎的周五晚系列讲座维持了下去。讲座也成了由12个成员于1949年成立的第八街俱乐部的主要活动内容。这个系列讲座的演讲者中哲学家、批评家多于艺术家，到1949年至1950年冬天为止，它与隔几栋房子的第八街西35号的讲座一样为人熟知。[90]

海因里希·布吕赫在1950年加入这个俱乐部讲座是相当偶然且不情愿的。一天晚上，他来到阿尔科珀利位于格林威治村庄的第三处居所，阿尔科珀利正好要离家去听约瑟夫·弗兰克和迈耶·夏皮罗讨论安德烈·马尔罗（André Malraux）的《艺术心理学》，而布吕赫正好对这本书非常熟悉，就被拉去一起参加。在第八街的顶楼里，他们发现大约有50个听众在等待着演讲者。当得知演讲者被延误而不能准时到达时，阿尔科珀利向包括雕刻家菲利浦·帕维亚（Philip Pavia）在内的同事建议，布吕赫可以代为出场。经过一番好言相劝，布吕赫在没有任何准备、主办方提供极少材料的情况下答应了。在阿尔科珀利介绍完布吕赫之后，布吕赫进行了一番颇有才气的评论和对马尔罗著作的批判。后来他用不太拿得准的英语向阿伦特复述这件事的时候说："他们抓住了我，我包办了整场演讲。"[91]兴奋的俱乐部成员邀请布吕赫又举办了几次演讲，他取得了"更大的成功"。

对布吕赫而言，这些讲座标志着一个转折点。第八街俱乐部给他提供了一个演讲平台，如阿尔科珀利所言，"从这里他找到了自信"。俱乐部成员发现他的观点令人着迷，他那带有很重口音的英语也不难理解。布吕赫甚至还为《星期六文学评论》写了一篇关于两幅作品的美学评论文章，这也是他写的唯一一篇文章。第二年，已经决定回到欧洲的君特·斯特恩安排布吕赫接替了他在社会研究新学院的课程。

布吕赫关于艺术哲学的讲座的目标之一就是"通过对艺术作品负责任的阐释，刺激人们参与文化活动"。这样他就接近了离他心灵最近的政治领域。他宣布现代艺术"是一切暴政的公敌"。布吕赫想象出一种能被"世界范围的人类经验"[92]分享的"世界主义的方式"，同时他非常激动地为他的听众援引像塞尚（Cezanne）、毕加索（Picasso）和卡夫卡创造的"新世界的发现”，汉娜·阿伦特同样高兴地告诉科特·布鲁门菲尔德，说她丈夫正站在他自己新世界的边缘：“如果用美丽的英语表达就是——他成为了他自己。”[93]

布鲁门菲尔德也从巴勒斯坦来信。“当你的信被送到的时候”，汉娜·阿伦特回复说，“我们已经谈论你好几个小时了。唯有你和海因里希是我认识的完全独立于资产者的成功概念，并因此能真正理解人民的人。”她还介绍了布吕赫在新学院课程的成功：“这使他非常高兴，他又能同人民直接接触，过去的那段岁月（一经过煤气灶就会发脾气）已经一去不复返了。人们之间很少能互相帮助，但对我俩而言，失去了对方，似乎任何人都不能活下去。”[94]

未来哲思的基础

当汉娜·阿伦特写这封愉快的信时，《极权主义的起源》刚刚引起热评。多年的工作已完成，当这一切到达终点时，阿伦特已准备着继续前行。但她也不是没有兰德尔·雅热尔所称的“你那‘奥赛罗式的如释重负’的感觉”。[95]

在这之前的一年，也就是 1950 年夏天，他们在马萨诸塞州科特角共同度假。在那里，经历了“希尔德·弗兰克去世所带来的打击”的阿伦特又回到工作中。阿尔弗莱德·卡津和阿伦特的一个美国朋友罗斯·费特尔松（Rose Feitelson）帮助她校对《极权主义的起源》的手稿，阿伦特在美国第一次如此安静地读书。“我正享受着一段令人羡慕的时光，”她写信告诉雅斯贝尔斯，“阅读柏拉图——《政治家》、《法律篇》和《理想国》，我的古希腊语也逐渐恢复。我听了大量的音乐，并拜访朋友。今天，出乎意料的亚历山大·科热来电话，他是个伟大的朋友。”[96]其他的朋友包括蒂利希、理查德·伯兰（Ricard Plant）和经济学家阿道夫·赖安（Adolf Lowe）来访时都谈到了从报纸上看到的另一场战争的消息。

汉娜·阿伦特在准备离开马诺迈特（Manomet）的 6 月 25 日早晨给雅斯贝尔斯写了一封信：“从昨天开始，整个城市都在谈论着战争。我们不相信，但世界历史已经断裂，你永远也不知道将发生什么。”[97]在苏联的全力支持下，北朝鲜的军队开过了三八线。在她寄出信的两天后，世界历史如其自身那样显现：杜鲁门总统宣布美国空军和海军将支援南韩。这种局势强化了阿伦特完成她一项工作的决心，那工作便是她刚刚开始的研究，从马克思主义中的极权主义因素去分析斯大林主义。作为她长期工作的前奏和著作的总结，她准备了一个名为《意识形态与恐怖》的讲座，将在11月的圣母大学宣讲。到夏末，《极权主义的起源》已经完成了“英语化”并准备交给编辑罗伯特·吉鲁（Robert Giroux），他曾经在霍顿·米福林公司之后的哈考特·布瑞斯公司收到该书，并在哈佛历史学家建议下准备将之出版。

在圣母大学，阿伦特的朋友、《政治学评论》的编辑魏尔德玛·古里安接待了她。幸运的是，她夏天的好心情和平静的心态一直持续着，她不得不让古里安在她整个公开的访问中保持放松。“古里安”，她给雅斯贝尔斯的信中写道，“非常害怕并颤栗地带着我四处参观，因为这是第一次，一个女人站在天主教的讲坛上。他在那么冷的天紧张得浑身冒汗，这把我逗乐了，甚至忘记了我通常会有的讲台恐惧症。”[98]

汉娜·阿伦特和魏尔德玛·古里安继续了和耶鲁大学的社会学家、犹大·马格内斯美国组织成员的大卫·里斯曼的讨论。他俩在阅读完《极权主义的起源》底稿第三版后，问阿伦特她这种分析是否意味着极权主义是不可避免的。即便阿伦特本人从来没有想在严格因果关系的意义上揭示极权主义的“起源”，该书题目以及把各部分统合起来的框架似乎仍是要论证某种决定论。魏尔德玛·古里安和其他欧洲人一样，比如说艾里卡·沃格林（Eric Voegelin），都认为政治现象的精神维度至关重要，极权主义是现代世俗主义的逻辑产物。阿伦特的社会政治理论对古里安来说似乎是忽视了精神层面。另一方面，大卫·里斯曼用美国社会科学传统中更为经验主义的方法，质疑阿伦特对一般极权主义的陈述。当该书在1951年出版时，这两种模式在很多批评中是对阿伦特著作最典型的回应；而第三种“修正主义的”模式即马克思主义式的批评在1958年第二版出版后出现，那时麦卡锡时代已经结束。

当大卫·里斯曼阅读阿伦特的《极权主义的起源》底稿时，他正在写一本名为《美国无激情的存在》的书。他想让阿伦特帮助完成一章用历史性的方式处理西方世界中变动的特性结构所带来的问题。这个问题需要对方法论的极大兴趣，而这不是阿伦特所能胜任的，这本书最后的名字叫作《孤独的人群》，由瑞尔·丹尼（Reuel Denney）和纳什·格雷泽（Nathan Glazer）参与合著，阿伦特未参与其中。他们路径之间的差异是非常明显的，而这清楚地体现在里斯曼在她的底稿上所作的细节性评论中，他的质问指向阿伦特关于各个元素结晶为极权主义形式的宽广视野中未曾考虑的灵活性与可能性的证据。他列出了大量问题，其中一些后来出现在他为《评论》写的《极权主义的起源》书评中。里斯曼写道："你倾向于认为斯大林与希特勒都精于算计，我不这么认为……你把复杂精密的制度安排之产出解释成了政策。"而且，"你想假定纳粹从一开始就知道他们最终想要得到什么。难道他们不更像那些沿着梯子往上爬、只看到梯子往上的几步的青年人？难道对于他们来说到达那里不是最重要的事情吗？当他们到达了那里，他们再决定该做什么……再召集合适的专家。"[99]当阿伦特后来在《艾希曼在耶路撒冷》中反思在意识形态的逻辑连贯性中纳粹官员自身的重要性时，她注意到欧洲社会的地方性差异，机会和官僚的野心在实施纳粹计划中的重要角色。但是，在她后来的著作中，就像在《极权主义的起源》中一样，她坚持强调极权主义意识形态巨大的"超感觉"特点和极权主义领导者再造现实、改变人性以"证明"这种"超感觉"的有意识努力。

正是"改变人性"这个短语引来了魏尔德玛·古里安和艾里卡·沃格林的批评。它反映了阿伦特观点的最深层面，存在主义的范畴自始至终贯穿于她的所有著作。她将极权主义视为对自由的空间与时间要求的完全否定。极权主义意识形态将过去和未来一并吞没，它将过去转化为自然或历史的神话，又用千禧年这样的想象消除了未来的不可预期性。集中营中存在的极权恐怖毁灭了一切让人运动和互动的可能性空间。思想自由与行动自由一并消失。阿伦特在论文《意识形态与恐怖》中清楚地表达了这些基本观点。科特·布鲁门菲尔德对她这么清晰准确的抨击大为惊

奇——“它的确是政治分析的大作!”[100]——阿伦特宣告了她的主题:

> 意识形态佯装知道整个历史进程——过去的秘密,当下的错综复杂,未来的不确定——的所有奥秘,因为他们的观念中内在的逻辑……
>
> 通过逼迫人们互相敌对,全面恐怖摧毁了他们之间的空间;对比处在铁腕统治乃至暴政的情境,因其中还有某种空间存在,看来倒还有点自由的保证。[101]

意识形态与恐怖的结合,摧毁了社群性和共通感赖以存在的世界,这个世界在政治上靠法律来保障,在社会上则靠职业差别、财产和个人差异、私人友谊关系以及人们的目标来保障。阿伦特形容这种前所未有的“全面支配”毫无人性可言,因为她特别关注于最深层的攻击。这是极权主义对人类生活存在境况——人在其中思考的当下,人在其中行动的空间——的攻击。

在一篇为《政治学评论》写的对该书富有思想性的评论长文中,政治哲学家艾里卡·沃格林非常诧异阿伦特可以想出例如“人性的改变”这样的可能性。“自然本性”,他告知阿伦特,“不能被改变或者转换;‘人性的改变’是一个自相矛盾的短语;对一物‘自然本性’的改变意味着对该事物的摧毁。构思‘人性的改变’(或者其他事情本性的改变)是西方文明学术崩溃的表征。”阿伦特这样回应了和她一样从德国流亡过来的朋友:

> 极权主义的成功乃是对作为政治现实与人类现实的自由之彻底摧毁,其程度超过了我们曾经看到的任何事情。在这些情况下,就很难仅仅坚持不可改变的人性,然后得出结论说,要么人自己被摧毁了,要么自由不属于人的本质能力。从历史上看,我们知晓人的本质只是因为它有其存在,如果人失去了他本质性的能力,就没有任何永恒本质的领域可以让我们聊以慰藉了。[102]

沃格林说，阿伦特对政治和社会解体的描绘令人信服，但是她没有考虑对这种解体回应的多样性，这种多样性“植根于人性的潜力，而不在情境本身”。他认为，如果如此考虑，阿伦特就会认识到“诺斯替主义的精神疾病是现代大众的特定问题”，并且她会在那里找到极权主义的根源。当他指责阿伦特对“人性的改变”的误解时，他也是在指责她已被这种精神疾病感染。

汉娜·阿伦特关注的是现象——呈现出之事物，而非现象背后假定的真实。当她说“人性的改变”时，她的意思是指人类境况的改变已经极其彻底，以至于使不那么极端的情况下可以看到的能力的演练变得不再可能；她的意思是，那些能力出现的任何可能性都被摧毁了。她认为，为了人性改变的目标得以完全实现，极权主义就不得不是世界范围的——整个世界将不得不是一个集中营。这，而非对人性的看法，才是她想法的唯一来源。沃格林认为阿伦特的观点令人不安地止于世俗，但实际上，它谦恭而非教条地具有宗教性。如她后来在《人的境况》中写到的，她感到像“人性”或者“人的本质”这样的事情，只有上帝才知道；对人来说，能知道事物的本质，但不能知道他们自身的本质，不能“跳出他们的影子”发现他们自己的本质。[103]而对这一跳跃的期望，她说，将卸除人们对现实的真正责任，对人们共享世界之责任。在一封给大卫·里斯曼的信的最后，阿伦特写下了简要的总结：“现实的坚固是相对的。现实需要我们去保护它。如果我们可以毁掉这个世界，那就意味着上帝创造我们作为它的守护人；正是如此，我们是真实的守护者。”[104]

但是，即使阿伦特拒绝用神学观点看待极权主义的目标，当她说“极端的恶(radical evil)”或“绝对的恶(absolute evil)”时，还有她讨论西方传统观念没有任何资源能面对这种恶时，如沃格林所提醒的，她是越来越贴近这条路。在自己的书出版的1951年3月，阿伦特写信给雅斯贝尔斯说：“我不知道什么是极端的恶，但是它与这种现象有关：人作为人而多余。”[105]阿伦特尝试提出，当人们瞄准了将无所不能归因于一神论宗教中制造出人类的上帝时，他们针对的正是使人变得多余的可能性。没有任何一种权力的概念，她力称，无论是尼采的，还是霍布斯的，能为理解这种现象提供足够充分的基础；并且，更糟糕的是，“哲学自身在这件事上并不能逃脱罪责，当然并不是说，希特勒在某种意义上与柏拉图有关联……但西方哲学从来没有一个纯粹的政治概念，也不可能有这样一个概念，因为它总是谈论人而从来没有考虑人的多样性”。这种反思为阿伦特在50年代的哲学任务——《意识形态和恐怖》、《过去与未来之间》中的文章和《人的境况》——埋下了种子。

对她后来的工作同样重要的是另一个“人性”问题，它来自像大卫·里斯曼那样的自由主义者。在一个对阿伦特底稿的评论中，里斯曼指出她关于资产者的论点与她关于“暴民”与“精英”的论点一样尖刻，或者说，她憎恨资产者就好像资产者憎恨犹太人一样。“或许”，他提出，“让你这么做的原因是你对你描述的这么多人的怯懦不满。但在我看来，你不能要求人们都成为英雄，他们只能认识英雄主义，他们知易行难。”[106]这种批评是很多自由主义者在阿伦特的“大众社会”概念中感到忧虑的地方，它后来在关于阿伦特的《艾希曼在耶路撒冷》的争论中又有很多回音。“对阿伦特小姐来说，”社会学家菲利浦·拉夫(Philip Reiff)在《宗教》杂志中写道：“正是资产者，作为一种生活方式和政治武器，变成了极端的恶……它与马克斯·韦伯的中产阶级清教徒形象相反。”[107]这场公共论战在1951年11月28日由美国文化自由委员会安排的会议上延续。大卫·里斯曼在他的论文《极权权力的局限》中提出：“在我们寻找不用战争手段推翻那些[共产主义]政权时，我们能做的就是找到一种更健康的看待人潜力的方式，不仅为了我们已经听得并了解得过多的恶，不仅为了我们已经知道的英雄主义，也为了那些面对制造新人的极权措施只是顽强地保持自身而不进行英勇反抗的人”。[108]阿伦特批评里斯曼，她认为这种“顽强”是腐化，是免费午餐，因为一旦极权主义政体建立，这种冷漠就事关紧要了。

论战的表面之下是阿伦特在她后来著作中提出的一个问题：如何区别她所说的“社会”和她所说的“政治”。在她像一个历史学家那样写作以及写作《我们时代的重负》时，阿伦特对社会领域没抱什么期望。政治领域，而非社会领域，是英雄主义和自由的领域。“一件事困扰着我，”里斯曼在一封1949年的信中写道：“也就是，你似乎一直表示出对资产者和自由主义者的敌意。克里孟梭不是一个自由主义者吗？你不是一个自由主义者吗？”[109]“不，”阿伦特在里斯曼的信中克里孟梭的名字上写道，“一个激进主义者”。她可能同样拒绝说自己是个自由主义者。

阿伦特察觉到克里孟梭与之联系的传统，这是18世纪法国大革命雄心的传统，也是战后世界的唯一希望。她想在过去中看到未来。但她并不是对这一传统没有批判，她也不是一个提倡人权的人。“人权，”她辩称，“已经被定义为‘不可剥夺’，因为它们被假定独立于所有政府之外；但实际情况是，没有自己的政府保护时，人类就几无权利，那时没有权威会保护他们，也没有任何机构愿意保卫他们。”[110]阿伦特列出了那些令人沮丧的人权故事，即使当被国家宪法或者自由国际组织召唤时，人权也从来没有变成“实际的政治问题”，也就是说从来没有发生效力。在战后，局势甚至更为复杂：“看来没有人能界定抽象人权的保障是什么，以别于公民权。虽然每个人看起来都同意无国籍者就失去了人权，但似乎没有人知道他们失去人的权利时到底失去了哪些权利。”

带着这些反思，阿伦特为她以后的政治哲学打下了基础；无国籍——在她写书时生活所处的情况——教给了她政治生活的要素。“对人权根本性的剥夺显然首要发生在世界中的一席之地[政治空间]被剥夺的时候，这个地方是使意见有意义、使行动有效力的前提……只有当千百万人民因为新的全球局势失去了并不能重新获得这些权利时，我们开始意识到拥有权利的权利(这也意味着在一个框架中生活，其中一个人是由他的行动和意见来判定的)和归属于某种有组织的共同体的权利……人，如最终表明的那样，会失去这些所谓的‘人权’而没有丧失他们作为人所具有的本质，他的人类尊严。只有政治体的丧失能将他排除出人类。”当人们失去了政治空间，只有“幸而遇到的友谊和同情”和“伟大而无法估价的爱的光荣”能给他们提供对他们自身和尊严的确认——正如阿伦特和她的流亡同伴们深有感触的那样。

沿着海因里希·布吕赫的人民权利联盟方案的大纲，阿伦特主张拥有权利的权利必须由“人(humanity)自身”来保卫，它不能由“自然”或者“历史”来保护。但是，阿伦特感到他的保证受概念上的缺陷所累，因为它没有提供精神堡垒来对付人本身有“非常民主地”决定消灭一个民族的可能性，并且，令人难以置信的是，“像近期以色列这个国家所证明的，人权的恢复可以只通过恢复民族权利而实现。”阿伦特认为，战后像联合国人权宣言这样的努力“显然未能落实”。纽伦堡(Nuremberg)审判已经明确，需要一个由“民族联合体”来保证的“诸民族之上的法”，阿伦特由此出发，试图考虑这样一个联合体在多大程度上能变成一个现实。

阿伦特关于“诸民族之上的法”可能性的思考集中体现在她1951年出版的著作的结论中。在她于1952年再次访问欧洲的时候，她希望见到能和她分享这个愿景的人。她为《极权主义的起源》找到法国和德国的出版商，在德国大学里发表演讲，并试图考察欧洲知识分子对她自从战争开始以来就支持的欧洲联邦设想的支持程度。她的这次访问还是由犹太文化重建委员会资助的，这就要求阿伦特为它最后阶段的工作服务，当然也包括一个假期。但是，和往常一样，阿伦特度过的这个假期又是一个工作的假期：两本书的写作计划以及六篇文章在她休假期间完成。“哦，亲爱的，”当布吕赫徒劳地劝说阿伦特不要过分工作时，她告诉丈夫，“我停不下来了。”[111]

注释

1. Lasky to Macdonald(and forwarded to Arendt), 31 July 1945, Library of Congress.

2. Japers to Arendt, 10 Oct. 1945, Marbach.

3. Arendt to Jaspers, 18 Nov. 1945, Marbach.

4. Japers to Arendt, 12 Mar. 1946, Marbach.

5. Lasky to Macdonald(and forwarded to Arendt), 31 July 1945, Library of Congress.

6. Arendt, “Karl Jaspers: A laudatio,” in *Men in Dark Times*, pp.76—77.

7. Karl Jaspers, *The Question of German Guilt*(New York: Dial Press, 1947), p.16.

8. Arendt to Blumenfeld, 14 Jan. 1946, Marbach.

9. Arendt to Jaspers, 18 Nov. 1945, Marbach.

10. Japers to Arendt, 2 Dec. 1946, Marbach.

11. Arendt to Gertrud Jaspers, 30 Jan. 1946, Marbach.

12. Arendt to Blumenfeld, 6 Aug. 1952, Marbach.

13. Japers to Arendt, 18 Sep. 1946, Marbach.

14. Blucher to Arendt, undated, ca. July 1946, Library of Gongress.

15. Arendt to Jaspers, 11 Nov. 1946, Marbach.

16. 就像前文第 2 章指出的那样,阿伦特的《什么是存在主义哲学?》发表于 *Partisan Review* 13(Winter 1946);《法国存在主义》发表于 *Nation*, 23, February, 1946。

17. Japers to Arendt, 18 and 22 Nov. 1946, Marbach.

18. Arendt to Jaspers, 29 Jan. 1946, Marbach.

19. 阿伦特私下里对海德格尔更为热情。阿伦特给雅斯贝尔斯的信(9 July 1946, Marbach)提到过有关海德格尔的一个故事,这则故事是海德格尔通过萨特告诉当时在巴黎的阿伦特的,随后,阿伦特在信中指出了海德格尔的"ausgesprochen pathologischer Engschlag(well-known pathological train)"。

20. Randall Jarrell, *Pictures from an Institution*(New York: Alfred A Knopf, 1954), p.169.关于这部小说作为对布吕赫的一个描述的评论,见下面第 7 章。

21. 对阿伦特《极权主义的起源》这本书更加详细的说明,见 Margaret Canovan, *The Political Thought of Hannah Arendt*(New York: Harcourt Brace Jovanovich, 1974),以及 Stephen J.Whitfield, *Into the Dark*: *Hannah Arendt and Totalitarianism*(Philadelphia Temple University Press, 1980)。

22. Arendt, *Origins*, p.334.

23. Ibid., p.338.

24. Ibid., p.352.

25. Ibid., p.441.纳粹在心理学上来说是可以理解的,这一观点体现在阿伦特

《艾希曼在耶路撒冷》一书中。见后文第 8 章。

26. Ibid., p.457.

27. 阿伦特,关于《艾希曼在耶路撒冷》这本书所作演讲的笔记(并未出版)的影印本,国会图书馆。

28. 这首标有 1952 年的短诗,阿伦特完成于住在巴黎期间。(见下面第 7 章)这首诗似乎指向后来形成《人的境况》的一些思想。

29. Arendt to Blumenfeld, 1 April 1951, Marbach,关于该信的语境见第七章。

30. Greenberg to Arendt, 28 Feb. 1944, Library of Congress.

31. 这一陈述以及下面的引用来自"Zionism Reconsidered," *Menorah Journal* 33 (August 1945):137—153。

32. 此处及下文的引用来自阿伦特未发表的 1943 年在哈德萨会议上的演讲《犹太复国主义的危机》(*The Crisis of Zionism*), pp.7, 10, Library of Congress。

33. 此处及下文的引用来自于 Hannah Arendt,"To Save the Jewish Homeland: There Is Still Time," *Commentary*, May 1948, pp.398—406。

34. Arendt to Magnes, 3 Aug. 1948, Library of Congress.

35. Ben Halpern, "The Partisan in Israel", *Jewish Frontier*, August 1948, pp.6—9.

36. 阿伦特给贺尔本的回复刊登在 1948 年《犹太人前线》上面,pp.55—56。它收在 Ronald Feldman 编 *The Jew as Parish* (New York: Grove Press, 1978), pp.237—239。

37. Arendt to Magnes, 1 Sep. 1948, Library of Congress.埃本的文章刊登在《观点》1948 年 9 月这一期上,同时马格内斯的回复(阿伦特作了部分修改)发表在《观点》1948 年 10 月刊上。

38. Arendt to Magnes, 22 Oct. 1948, Library of Congress.

39. Arendt to Magnes, 17 Sep. 1948, Library of Congress.

40. Magnes to Arendt, 7 Oct. 1948, Library of Congress.

41. Arendt to Kohn, 12 Nov. 1948, Library of Congress.

42. Arendt to Magnes, 3 Aug. 1948, Library of Congress.

43. 阿尔伯特·爱因斯坦等人致编辑的信,*New York Times*, 4 December 1948,

p.12(阿伦特可能修改过这封信,因为其中一个签名者——策利希·哈里斯在给她的一封未标明日期的信中为此而感谢她,国会图书馆)。

44. 阿伦特 1948 年 12 月 24 日给柯恩的信,国会图书馆。阿伦特感到只有通过犹太教会的呼吁才能有效地反对修正主义者的恐怖运动:“你知道,我对我接受的制度意义上的犹太教并不虔诚;但是我非常肯定没有其他力量可以动员起来反对迷信骚动和卑贱地野蛮,反对这个仅仅由愚蠢与邪恶组成的混合物。”但是她同样建议将一群受过训练的“粗人”(他们知道怎样说暴民的语言)到处去演说。

45. Arendt to Magnes, 3 Oct. 1948, Library of Congress.

46. Japers to Arendt, 22 May. 1948, Marbach.

47. 这些电报以及其他来自于艾娃·比尔沃尔德的信都收在阿伦特手稿里,国会图书馆。

48. Arendt to Jaspers, 31 Oct. 1948, Marbach.

49. Japers to Arendt, 6 Nov. 1948, Marbach.

50. 此处及下文的引用来自阿伦特 1947 年 7 月 23 日给雅斯贝尔斯的信。

51. Arendt to Blucher, 27 July 1948, Library of Congress.

52. 同上。最后一个句子提到布莱希特的一句话:“这不是全部,而且并不足够”。

53. 此处及下文的引用来自布吕赫 1947 年 7 月 29 日给阿伦特的信。

54. 1972 年,在一次《美国学者》编辑委员会成员举行的讨论妇女解放问题的会议上,阿伦特递给赫尔曼·海登一张纸条,上面写着:“我想问的问题是,如果我们胜利了,我们将失去什么?”她在给他的一封信(1972 年 5 月 5 日,国会图书馆)中说这是一个“经过深思熟虑的俏皮话”。

55. Hannah Arendt, “Rosa Luxemburg: 1871—1919,” in Men in Dark Times, p.45.

56. Arendt, “Bertolt Brecht: 1898—1956”, Men in Dark Times, p.231.

57. Heine's poem is cited in Arendt, “Nachwort”, for Robert Gilbert, Mich hat kein Esel im Galopp verloren(Munich: Piper, 1972).

58. 阿伦特 1950 年 1 月 8 日给弗兰克的信,国会图书馆。这些很不寻常的亲密信件是在希尔德·弗兰克即将去世并且十分需要阿伦特的爱与照顾时写成的。

59. Arendt's letter appeared in *Aufbau* 8/31(1942)：6. Arendt，"Organized Guilt，" Jewish Frontier，January 1945，pp.19—23.

60. Arendt，*Varnhagen*，p.206.

61. 阿伦特1950年7月26日给布吕赫的信，国会图书馆，指的是希尔德·弗兰克去世后的一个夏天。保罗·蒂利希的妻子——汉娜·蒂利希，并非沉默寡言，见她的回忆录 *From Time to Time*(New York：Stein and Day，1973)。另外，蒂利希的传记作者 Wilhelm Pauck 并没有清楚地展现蒂利希的感情经历；见 *Paul Tillich* (New York：Harper & Row，1976)。

62. Arendt to Hella Jaensch，12 June 1965，Library of Congress.

63. 阿伦特在她1965年6月12日给 Hella Jaensch 信中，从另一方面提出这件事情："爱若斯(eros)是一个充满力量的神，并且以多种形式出现；就像索福克勒斯说的那样，在每次战斗中，他总是能够胜出，我也同意这一点。他并不是伟大的奥林匹克选手之一；阿芙若狄忒(性爱神)更伟大。"

64. Frankel to Arendt，undated，ca. New Year's Day 1950，Library of Congress.

65. Frankel to Arendt，14 Feb. 1950，Library of Congress.

66. Frankel to Arendt，23 Jan. 1950，Library of Congress.

67. Arendt to Frankel，4 Feb. 1950，Library of Congress.

68. Arendt to Frankel，27 Dec. 1950，Library of Congress.

69. Frankel to Arendt，7 Dec. 1949，Library of Congress.

70. Arendt to Frankel，20 Dec. 1949，Library of Congress.

71. Arendt to Frankel，4 Feb. 1950，Library of Congress.

72. Arendt，"The Aftermath of Nazi Rule，Report from Germany"，*Commentary* 10(October 1950)：353.

73. Arendt to Frankel，3 Dec. 1949，Library of Congress.

74. Arendt to Frankel，18 Jan. 1950，Library of Congress.阿伦特从来没有和艾里克·威尔成为好朋友，并且她发现安妮·威尔对她不安的丈夫的容忍感到十分反感，以至于当安妮·威尔在布鲁塞尔的公共市场部找到一个工作，从而离开艾里克·威尔很长一段时间时，阿伦特才感到放心。

75. Arendt to Frankel，8 Jan. 1950，Library of Congress.

76. Arendt to Frankel, 20 Dec. 1949, Library of Congress.

77. Arendt to Blucher, 18 Dec. 1949, Library of Congress.

78. Arendt to Blucher, 26 Dec. 1949, Library of Congress.

79. Arendt to Frankel, 2 Mar. 1950, Library of Congress.

80. Arendt to Frankel, 10 Feb. 1950, Library of Congress.

81. Ibid.

82. Arendt to Blucher, 8 Feb. 1950, Library of Congress.

83. Ibid. Arendt to Frankel, 10 Feb. 1950, Library of Congress.

84. Arendt to Frankel, 2 Mar. 1950, Library of Congress.

85. Arendt to Blucher, 8 Feb. 1950, Library of Congress.

86. Arendt to Frankel, 10 Feb. 1950, Library of Congress.

87. Arendt to Frankel, 2 Mar. 1950, Library of Congress.

88. Arendt, "Isak Dinesen," in *Men in Dark Times*, p.109.

89. "人民权利联盟"这一建议的打印稿收在布吕赫文集中,巴德学院图书馆。这一手稿未标明日期,但是它好像在赫尔曼·布洛赫在 1947 年 6 月 9 日写给阿伦特的一封信当中被提及[H.Broch, *Briefe*, ed. Robert Pick(Zurich: Rhein-Verlag, 1957), p.352]。

90. 关于第八街道俱乐部的背景见 Irving Sandler 写的 *The Triumph of American Painting*(New York: Harper & Row, 1970), pp.212ff。

91. Blucher to Arendt, 22 Feb. 1950, Library of Congress. 这一成功重新恢复了布吕赫写作的精力,同时他也受到雅斯贝尔斯来信的极大激励,在这些信中,雅斯贝尔斯曾谈到由阿伦特策划的"伟大哲学家"系列丛书这件事情。

92. 这些课程描述来自于 New School for Social Research catalogue for 1951—1952。Saturday Review 这篇文章发表在 1951 年 4 月 17 日这一期上。

93. Arendt to Blumenfeld, 1 April 1951, Marbach.

94. Ibid.

95. Jarrell to Arendt, undated, ca.1951, Library of Congress.

96. Arendt to Jaspers, 11 July 1950, Marbach.

97. Arendt to Jaspers, 25 June 1950, Marbach.

98. Arendt to Jaspers，25 Dec. 1950，Marbach.

99. Riesman to Arendt，7 June 1948 and 8 June 1949，Library of Congress；Riesman's review of Origins appeared in *Commentary*，April 1951，pp.392—97.

100. Blumenfeld to Arendt，12 May 1953，Marbach.

101. Arendt，“Ideology and Terror，” *Review of Politics*，July 1953，pp.303—27.

102. 艾里克·沃格林的评论以及阿伦特对这一评论的回复发表在 *Review of Politics*，January 1953，pp.68—85。

103. Hannah Arendt，*The Human Condition*（Chicago：University of Chicago Press，1970），p.10.

104. 阿伦特对里斯曼给阿伦特的信件做的手写笔记（1949 年 6 月 8 日，国会图书馆）。

105. 此处及下文的引用来自于阿伦特 1951 年 3 月 4 日给雅斯贝尔斯的信，马尔巴赫。

106. Riesman to Arendt，26 August 1949，Library of Congress.

107. Pilip Reiff，*The Theology of Politics*，*Journal of Religion* 32（1952）：119. 对阿伦特“大众社会”这一概念批评的总结，见 Daniel Bell 写的 *The End of Ideology*（New York：Free Press，1960），chap.1。

108. 见 David Riesman：*Individualism Reconsidered*（Glencoe，Ill：Free Press，1954），pp.409ff. 这本书对这次会议以及里斯曼演讲稿的再版进行了描述。

109. Riesman to Arendt，26 August 1949，Library of Congress，以及阿伦特的笔记。

110. 此处及下文的引用来自阿伦特的 *The Rights of Man：What are They?* *Modern Review* 3/1（Summer 1949）：24—37（这篇文章收在 *Origins* 第一版的总结性评论部分中）。

111. Arendt to Frankel（for Blucher），3 Dec. 1948，Library of Congress.

第三部分

1951—1965

"'世界'和居住在其中的人不是一回事。世界存在于人与人之间。"[1]汉娜·阿伦特写道,构成世界的人们充分意识到一种自然的、没有困扰的和他的同伴的"之间(in-between)"关系,不过,自歌德时代以来,世界便不被看作大思想家的标志,甚至也不被看作他们试图追求的境况。对现代人来说,莱辛笔下天才的典范——"他那非常高雅的品位就是世界的品位"——是不为人知的。即使莱辛本人,他也不能找到一种同世界的直接关联,如同歌德曾经达到的那般。"他对世界的态度既不积极,也不消极,但完全是批判性的",[2]阿伦特说道,这也是她自己的态度。

汉娜·阿伦特是在长时期地反对她所称的"含糊不清"后才具有这种态度的。她的《极权主义的起源》,结束于她对这样一个世界的强烈而不妥协的拒斥,在这个世界中存在着不可理解的、无法惩罚、不能宽恕的恶——极端的恶(radical evil)。她在1950年早期的著作是在更广的范围内和用更哲学化的方式探索研究极权主义极端的恶。欧洲政治传统的每一个观念支柱都被她批判;她拒绝所有已经被接受了的政治哲学的真理,并想挽救传统中"失落的珍宝",这些珍宝在实践中备受忽视,并且几乎从理论中全部失去。不再工于辩论,阿伦特实践着尼采所说的"带着锤子的哲学"。

只有当她看到消极的反面——只有当世界,而不是理论在她面前展示出积极的因素时,汉娜·阿伦特才进行真正激烈的批判。1956年的匈牙利革命让她看到了欧洲革命传统失落的珍宝可能在未来恢复。在《人的境况》中,她探讨了行动;为《极权主义的起源》第二版,她准备了一个关于议事会制度的结尾;她也计划着写《论革命》。

理论上讲,阿伦特用积极的要素去进行她那激烈的批评,她的姿态发生了转换。但是,直到她发现一种调和的措施为止,阿伦特对世界的态度的最核心部分听起来一点都没变。她经历过她称之为的延迟的治疗,它发生在战争和对犹太问题"最后解决"的企图之后。这次治疗的公共标记就是她在《艾希曼在耶路撒冷》中对极端恶的质问,但是,个人的复原先于学术批评。当她的婚姻获得了新的稳定性和她童年缺乏信任的压抑消失时,当她最终感觉如在家中时,汉娜·阿伦特想写一下她对世界的爱。

第七章　在这世界如在家中(1951—1961)

我们身后是坚实的大山

我们身前是坚实的平原

布莱希特:《随感》(1949)

双王制

1952 年春天,汉娜·阿伦特非常愉快地发现巴黎“暖融融的,到处是吐着新绿的树木。”“这个城市比以往更漂亮了,”她写信告诉布吕赫,这激起他对他们在一起的第一个家的怀念。卓越的安东尼·比内(Antoine Pinay)总理正开始推动第四共和国恢复经济秩序,信心感十分明显:“法国人又高兴起来了,与两年前完全不同。”[3]这个城市和她的人民让阿伦特在世界局势暗淡的那一年里得到放松,那一年是她《极权主义的起源》出版的第二年,也是朝鲜战争最激烈的一年。对老朋友的拜访将她的大部分悲伤一扫而空,而这种悲伤从 1951 年灰暗的夏天她到纽黑文帮助整理赫尔曼·布洛赫的遗稿时就一直伴随着她。

阿伦特就像冬眠结束后的动物:她的感觉清醒了,她认真地打量着“世界的奇迹”。她的老朋友们就是一个奇观;她和安妮·威尔多次畅谈,“又一次成为我最好的朋友”。她也享受着和新朋友的交往。她带着“孩子们”参观了卡尔特,“孩子们”就是阿尔弗莱德·卡津和他的朋友安妮·布斯坦(Anne Birstein),他们来自科隆,卡津当时正在科隆教为期一年的书。“哇!真是太美了!最优雅的春姑娘派她的阳光使者从蓝色的窗户降临,让那蓝色显得更蓝。我第一次真正拥有了建筑学家的眼睛。以前,我竟从不知道它是如此神奇。”[4]

布吕赫最钟爱建筑学,阿伦特对建筑学的领悟则带给他们又一个亲密的源泉。阿伦特将印有法国建筑的明信片寄给丈夫,当阿伦特在现实中旅行的时候,布吕赫就在想象中旅行。他们计划了一次去意大利及希腊的旅行,此计划十年之后在布吕赫克服对回到欧洲访问新德国的厌恶后才成行。阿伦特在欧洲的将近五个月内,他们的通信都洋溢着由对方的兴趣和成就所带来的快乐,他们在玛萨·阿伦特去世后,在布吕赫结束被迫从公共生活中隐退之后,找到了生活中新的平衡。

他们看到周围很多旧日朋友的婚姻处于动摇之中,有的甚至破裂,有的是长久的婚姻和偶尔的分手相间,但是他们相信自己的婚姻,因为他们之间平等而独立,所以他们的婚姻很稳固。他俩都有自己的朋友和工作,这也给他们走出家门进入世界提供了稳固的基础。阿伦特写了一首诗形容她感受到的进入世界时的安全感,这首诗的语气和风格不同于她写过的任何一首。布吕赫称这首诗“像[路德维克·]乌兰特(Ludwig Uhland)传来的春之歌”,一首通俗而浪漫的诗:

大地如诗篇,
片片田地由树木分开,
让我们在犁过的田边
踏出我们自己的路,
印到这个世间

花儿在风中欣欣向荣,
绿草茵茵,柔软似床

天空蔚蓝，为我们祝福
阳光洒出柔和的光芒

人们四处信步，无人失落
大地，天空，光线与林木
一起在上帝的戏剧中出演[5]

阿伦特1952年写给家里的信中已经没有了对布吕赫忠诚的忧虑。1949年她在欧洲旅行期间发生的那件事之后，他们达成了一项共识，即他们之间没有秘密。那个牵扯进来的女人也呆在了布吕赫夫妇的生活中，也在他们那个包括其他婚姻出现问题的移居者圈子里。经过数年的颠沛流离，这个群体成员之间的忠诚比传统婚姻习俗的忠诚更可靠。

布吕赫夫妇在他们的信中讨论了嫉妒，表示了对存在于别人身上的嫉妒之痛惜，并希望这不会发生在他们身上。布吕赫同意并促进了阿伦特和海德格尔的关系，而海德格尔的妻子在1952年比在1949年时更嫉妒汉娜·阿伦特了。布吕赫让阿伦特放心："让他们嫉妒去吧，而一个丝毫不嫉妒的丈夫在家里等着你，非但不嫉妒，还用自己的方式爱你。""是的，亲爱的，"她回复说，"我们心心相印，步伐一致。这种和谐不可能被打破，任凭岁月蹉跎。那些傻瓜认为只要他们放弃了自己的实践生活，粘乎在一起合二为一，就是忠诚；他们根本就没有共同的生活，甚至根本就没有生活。如果不是太冒险，我应该在某一天告诉这个世界婚姻到底是什么。"[6]

布吕赫并没有向世界表述"婚姻到底是什么"，但是他在一首用英文写的没有日期的生日诗歌中，向妻子描述了一幅关于他们关系和共同的虔诚信念的有趣景象。

此时，此地此时
你和我就叫作我们
成为我的，你就要成为我

成为你的，我就必须成为你
那么看吧，怎么此时此地，鲜活而真实
他和她就是(我们自己的)奇迹

你比我更像我
我比你更像你
因此我比我更像我
也因此你比你更像你

我们沿着永恒
永久地运动着
这样他们帮助我们；他照料我们

当汉娜·阿伦特1952年在欧洲的时候，“他们”中的一个正在写一个描述布吕赫婚姻的故事。兰德尔·雅热尔写的《学院即景》在1954年发表，呈现了雅热尔在很多次“周末美国诗会”所了解到的布吕赫夫妇。“我希望你将告诉世界，”他定期写信给他的主持人，“就周六和周日而言，你将鼓舞着美国的诗作，并且没有做其他事情的时间了。”[7] 对阿伦特来说，鼓舞美国诗作经常意味着在口头争吵期间退回到厨房做晚餐。海因里希·布吕赫和兰德尔·雅热尔则较量他们的口舌：“当他们两个都想尽力胜过对方特别是相互喊话的时候，他俩的声音都差不多，他们的争吵都是为了——谁更了解如何鉴赏《基姆》，谁是最伟大的诗人，叶芝还是里尔克？(兰德尔肯定支持里尔克，而我丈夫肯定支持叶芝)等内容，经常一争就是几个小时。正如兰德尔在一次争论后写道的那样，这种争论‘经常看到对方比自己更激动，就像世界上第二肥的胖子遇到了最肥的那个一样’。”[8]

《学院即景》中的罗森包姆夫妇并不容易看出是布吕赫夫妇。雅热尔在一封信中向他的朋友解释其中的差异：“虽然罗森包姆夫妇在个性上不是很像你和海因里希，但是我几乎不能也不会让他们与你们毫不相像。我让他们在一些很细小的独特方面和一些非常大的方面与你们很像，但是在大部分普通的事情上，他们就很不一样了……而对于你的历史学家、哲学家的一面，则根本没有涉及。”

在《学院即景》中，雅热尔通过一幅奇特的讽刺画展现了汉娜·阿伦特用自己培养孩子的“理论”来教导他。他用更欧洲化的方式重塑了自己的童年时期，他创造了一个年轻而英俊的人物——康士坦茨，他在罗森包姆夫妇的家里找到了自己需要的教育。虽然用童真的方式，故事的讲述者雅热尔仍然是一个大人。虽然他还为自己创造了一个有所变化的形象——女小说家格特鲁德·约翰逊(Gertrude Johnson)，她非常有智慧，言语辛辣以至于许多评论者推想她是玛丽·麦卡锡。当玛丽·麦卡锡询问雅热尔关于格特鲁德时，他告诉她说：“不，那是我，像福楼拜(Flaubert)，”但是约翰逊太太的确在雅热尔的讽刺文学中不断出现，如她正准备写的《学园小树林》。

罗森包姆夫人是一个更为复杂的人物。“她像一只小鸟一样看待这个世界，思考着；你同样也在思考；但是你不能形成自己的观点，不管她是一只小猛禽，还是只是一只惊慌的外来的燕雀……她有令人恐惧的深眼窝，因此她的眼皮就好像是瓷片；当她看着你的时候，你感到你被压在她的眼皮上，同时被发现有所渴求。她判断的原则是你所不能轻易猜到的，要么不表露自己的判断，要么就是在毫无准备的情况下给出，就好像他们与你没有什么关系；所以你认为正义不会加诸你身上，你等待着，她则像一个小孩一样笑着。那是一个无条件来临的正往外冒的笑容，像泉水一样的笑容：你不能想象的，但是它就是那样。”[9]罗森包姆夫人是一个苏联歌手，罗森包姆先生是一个维也纳作曲家，两个人走到一起。按照雅热尔的想象，他写下了对布吕赫婚姻的完美描述：“当我第一次见到他们时，我注意到他很少抚慰或者安抚她，或者使她避免烦恼或冲动，我认为她是他们家的掌管者，但是过了一段时间，我注意到她对他也如他对她那样：那里是一个双王制。”

在这个双王制家中是“人的作品”，即以“地球上所有语言”写的书。“康士坦茨认为那就是世界的某些方面。康士坦茨和讲述者都进入这个清白的世界，都被吓了一跳。“有时候，拜访朋友像是加蛋烤馒头片或老生常谈的故事:朋友还是他们自己,仍是那样可信,你回到家更宽心、更温和,生活的支柱得以重建。而拜访罗森包姆家则不是这样。”

那些认识双王制王国的人都同意拜访他们不能重建他们生活的支柱。他们互相质问、争论,他们高声讨论彼此的想法。在他的论文集《纽约犹太人》中,阿尔弗莱德·卡津回想起他吃惊地发现“他们夫妇俩在有新的哲学发现时十分激动。在最富激情的讨论中,她都和海因里希面对面争执,共同生活在一起的夫妇如此,我还没见过”。[10]

充满激情的研讨会是私人的事务,被小心地保护着以免受公共事务的侵害。即使在信中,阿伦特也很少谈及她的婚姻,但是她在《人的境况》中谈到了她对婚姻的看法,婚姻必须是一种保持距离的结合才能维持下去。

> 爱因为激情之故摧毁了将我们与别人联系和区隔的中间物。只要爱持续存在,那么唯一能走进两者中间的就只能是孩子,是爱自身的产物。位于中间的孩子与两人都有关系,是他们共有的,也是这个世界中将他们分开的代表;这也预示着他们将在一个现有的世界中插入一个新的世界。通过孩子,两人好像又回到了那个因为他们的爱而曾离开的世界。但是,这种新的世俗生活,爱的可能结果和唯一可能的幸福结局,在某种意义上是爱的终结,它要么必须征服新的伙伴,要么必须被改变成另一种呆在一起的模式。爱就其最本质而言是非世界性的,正是因为这个缘由,而不是因为它的罕见,它才不仅是非政治的,而且还是反政治的,可能是所有反政治的人类力量中最强大的力量。[11]

布吕赫夫妇的爱没有从他们“心灵的孩子”转变成“另一种在一起的模式”。阿伦特将《极权主义的起源》献给海因里希·布吕赫并称它是“我们的书”。布吕赫在对他的偶像苏格拉底的一篇评论中,透露出他认为自己的协作是一种父亲式的。他的评论从历史观点上说未必站得住脚,但它反映了他的角色:“苏格拉底说自己是一个助产士……还说他帮助孩子出世。他真正的意思(没有明说)其实是他是孩子出生的原因。他认为是两个人提出了一种想法,没有交流和沟通,思想便不可能存在。”[12]

布吕赫夫妇因为他们自己的原因没有孩子,正如阿伦特一次向她的朋友汉斯·约纳斯解释说,“当我们年轻可以有孩子的时候,我们没有钱,而当我们有钱时,我们已经太老了。”用布吕赫的话说:“在像这样一个时代,我们决定不要孩子,我们对此很伤心,但是想起对那些可能无罪的受害者的责任感,这又是一件有价值的事情。”[13]当阿伦特写完《极权主义的起源》时,她已经43岁了,布吕赫那年也50岁了,而那一年也就是1949年,是他们有能力考虑从西95号大街的小房子搬出去的第一年。一些其他原因也可能对此有影响。布吕赫担心他母亲的精神疾病是遗传性的,同时他年轻时得的先天性动脉疾病也会影响后代的寿命和健康。阿伦特非常了解自己对工作的热情和对安静环境的苛求会使养小孩的负担过于繁重。但是“像这样的一个时代”是他们不要孩子的最重要的原因;他们圈子的许多朋友要么没有孩子,要么就是在移民后环境安定之后才要孩子。

布吕赫夫妇认识到的最有价值的事情就是他们的平等。在布吕赫年轻的时候,他习惯于一切都由女人说了算,就在男性中寻找知识分子的伙伴。与他知识相当的汉娜·阿伦特由于受到更好的教育,也受过更多的训练,这挑战了他的习惯。渐渐地,一种基于“自由人格”的平衡在磨合中达成。一次,布吕赫和一些未婚的人用世俗的政治术语讨论婚姻的条件。他考察了摩西关于男人可以同他妻子离婚的法律,只要他给妻子一封信然后接受耶稣的命令——“上帝连接在一起的,不会让任何人将之分开”——因为他将这视为一种对男性的特权批判和建立平等的男女关系的努力。“耶稣,”他说,“建立的人类平等,基础是在每个人本质和每个人无穷的可能性中,由此这种平等也就植根于每个人绝对的神圣。他知道为了建立这种平等,他必须首先废止男女之间的不平等,因为其他形式的不平等都是由此衍生的。”[14]

布吕赫夫妇的平等有着哲学的基础和实践的经验,这种平等在1951

年搬家之后更加巩固。他们搬进了在晨畔130号的公寓，在那里，他们一同从事研究工作并接待客人。当阿伦特在欧洲的时候，布吕赫将她的房间提供给玛丽·麦卡锡(那时她已经离开巴勒斯坦，打算到加拿大教书)、汉斯·约纳斯和他最亲密的朋友——画家卡尔·霍尔特，他称和霍尔特的谈话“比休假更能让人放松”。每周日晚，他都在书房中写信，告诉阿伦特他们朋友的事情以及他的工作、课程和学生们的情况。让他们非常高兴的是，巴德学院给他提供了一份教职。

巴德学院的校长詹姆斯·克斯(James Case)以前就从新学院的著名哲学教授霍兰斯·卡伦(Horance Kallen)那里听说过布吕赫的名字，现在他找到布吕赫，请他为巴德学院的新生开一门公共课。克斯觉得自己找布吕赫真是找对了人——他是一个“苏格拉底式的人物”，但巴德学院的老师对此不怎么确定。布吕赫与他们碰面，并成功地让他们相信，他不是“一个反动分子”，而这只是他们在刚听说他的开课计划时对布吕赫的印象，因为他那断断续续的话语很难让人相信能有所改善。[15]当许多美国哲学家准备从政治问题中后撤，开始从事英语世界日渐流行的分析哲学时，没有那么高学历的海因里希·布吕赫开始恢复哲学“科学之王”的地位。他认为，哲学应该担负起复兴一切形式的人类创造活动的责任。虽然他没有为这种19世纪方式的再统一推荐一个体系；但他希望哲学成为一个所有创造性观点和其间相互关系的鉴定所。在他设计的课程中，他向学生介绍创造性能力的源泉，并为这个目的选了一些“伟大的思想家”，他认为是他们发现了前人未知的创造性能力，这个思想家群体包括亚伯拉罕(Abraham)、耶稣、查拉图斯特拉(Zarathustra)、佛陀、老子、荷马、赫拉克利特(Heraclitus)和“自由人格之父”苏格拉底。

汉娜·阿伦特则在家里上这一共同的课程，很明显，她做的笔记对她非常重要。她著作中对许多伟大思想家的参考是来自布吕赫的课程。当她说行动最基本的条件时，她强调了上帝在创世记中用的短语“神就照着自己的形象造人，乃是照着他的形象造男造女。(male and female created He them)”——这句话对理解布吕赫的平等概念十分关键。她评论说：“如果人能够按照一个模式[亚当]不断地复制,那么行动就是一种不必要的奢侈,并且是对普遍行为规则的无常干预……多样性是人类行动的条件,因为我们每一个人都不会和另外一个人完全一样,不管这个人是已经死去的人、活着的人,还是将要出生的人。”[16]

对于古希腊最重要的思想者名单上的荷马、赫拉克利特和苏格拉底,布吕赫夫妇观点还是一致的。但是,阿伦特从没分享布吕赫对亚洲思想家的兴趣,像佛陀和老子,或者波斯的查拉图斯特拉。带着学究气怀疑精神的布吕赫钻进了不同的文本,并用无畏的自学精神面对不同的语言。而阿伦特则呆在她所受的教育为她准备的园地上轻松漫步。在她的书中,布吕赫的睿见表现得更尖锐,更加小心地与历史文本和相反的观点相联系,更加精确地建立在引文之上。同时,布吕赫也把阿伦特的建议带到他的授课之中。他们两人十分高兴地谈着他们熟悉的东西,包括最喜爱的段落,爱情故事,神话与佚闻,他们一起处理他们共同收集的珍宝。

他们的不同风格也体现在教学方式上。海因里希·布吕赫经常即兴宣讲。他很自信地备课,思考授课内容的改进;但是一旦开始讲课,他就不用笔记,天马行空,洋洋洒洒,还为了授课生动而不断调整音调。虽然他鼓励学生对他质疑并与他争论,但是他更像是“权威的声音”,并且,他在公众场合面对诸色人等的心态比他妻子要好得多。布吕赫喜欢在巴德美丽的校园里来回散步,就好像苏格拉底那样;他的学生聚集在他周围,像他们的老师那样优雅地讨论着他的箴言和故事。当学生模仿他那浓厚柏林口音的英语和他的怪癖或者非常自豪地遵循着他最令人难忘的训诫时,一个群体在他周围形成了。“悲观主义者都是懦弱者,而乐观主义者都是愚蠢者,”他告诉学生。

在布吕赫的课上经常有柏林精神分析师弗里茨·弗兰克的震撼式治疗;那些习惯于一种模式或者没有任何模式习惯的人会被给予警告。对一个没有任何根据的年轻叛逆者,他警告说:“你还没有疯,甚至还没有神经质。但是鉴于你的行为,你是一个很好的材料。”对一个花费太多时间谈论自己野心而没有花多少时间坐在课桌前的年轻人,布吕赫引用诺曼·波德霍雷茨(Norman Podhoretz)说:“什么是你真正想要的? 是写作,还是已经成为一个作家?”在他的课堂上,他会对每一个观点的阴暗面进行攻击,正如他的一个学生回忆:“我记得一次关于基督教主题的公开课,课上很多学生是宗教信徒。我还记得课刚开始时充满激情的参加辩论的同学那全神贯注的表情。海因里希照例深深吸了一口烟后,话语开始慢慢地从他口中迸出,和善地瞥了一眼一个偏狭地相信自己的上帝的女孩。‘拿撒勒的耶稣,’他开始说——但他从未说耶稣基督……‘不是一个神’。他轻微地停顿了一下。‘他甚至可能是个白痴。’又吸了一口烟,‘在整个基督教历史中,没有任何奇迹’(对班里的不可知论者来说没有什么值得惊异的)‘除了它已经持续了近两千年’。”[17]

如同任何强人一样,布吕赫招致的敌视和嫉妒与赞美一样多。他在巴德学院的支持者帮助他取得了公共课的成功。但是,许多教员反对这门课程。为了继续在学院供职,布吕赫经常不得不对他们进行说服和笼络。许多学生反对被强迫上一门必修课,但是通常这些反对者在大四的时候都回来旁听这门课。

当布吕赫在1952年8月写信告诉汉娜·阿伦特他在巴德学院的任职时,阿伦特非常高兴。“我为我聪明而智慧的傻瓜由衷感到自豪,他竟然能劝导一个美国大学。他们提供的条件很优厚,亲爱的,你做得真不错。”[18]当“傻瓜”在新学院和巴德学院报告他自己的成就时,他也报告了自己曾经推动阿伦特做出的成果。之后一封来信吸引了阿伦特的注意,她被通知已经获得古根海姆基金,这就意味着她可以在以后的一年里不用全职上班也可继续自己的工作;接着,她又收到邀请去普林斯顿大学做系列讲座,主持“基督教高斯研讨会”。

普林斯顿大学的邀请是对《极权主义的起源》一书给阿伦特带来声名的第一次承认,这也是一次不同寻常的承认,因为她是第一个被邀请主持基督教高斯研讨会的女士。当她在1953年秋发表演讲之后,许多来自大学和高级研究所的男士表达了他们听完一个女人讲座的愉悦。阿伦特严厉地回应了他们,并反感被说成是一个“模范女性”。她向能立马抓住她批判要害的科特·布鲁门菲尔德解释这种情况时说，“在结束典礼上（讲座之后），带着微微的醉意，我向这些高贵的绅士说明了什么是例外的犹太人，同时尽力让他们清楚我必然发现自己在这里是一个例外的女人。”[19]德国犹太人的复杂历史让她拒绝“例外的女人”这一角色；她非常严肃地看待这件事，她在1959年再次被普林斯顿大学邀请授予正教授头衔时，她威胁拒绝这一邀请，因为普林斯顿在《纽约时报》的报道里强调了“第一个女性”。

这个“势利大学”的“尊贵的绅士们”没有经过阿伦特的同意就使用了“女性天才”一词。在德国，从拉尔·瓦恩哈根沙龙一直到魏玛共和国不光彩的结束，“同犹太人的关系从来没有被认可”。领导犹太社会的“著名犹太人”和一般是这些作为名人儿子的犹太知识分子都是“例外的犹太人”，以区别于他们那些仍然贫穷并且没有受过教育的同胞，这样的情况在家庭和宗教领域同样被确认下来。“‘例外的犹太人’好像是犹太人一般命运的例外，实际上是政府认为他们特别有用。受过教育的‘例外犹太人’感觉自己区别于犹太人也同时区别于人类[‘独特的人格’]，并被这个社会这样认为。”[20]在《极权主义的起源》中，阿伦特强调了那些接受了“例外的犹太人”地位的人渐渐发展出“一种扭曲的心理品质”，它是一种“内在的感受和私人的感情”。犹太人群体在德国的兴起所带来的政治问题从来没有被解决，虽然犹太复国主义是一种努力。作为一个女人，阿伦特想要避免的是因自己的才智而被认为是不同于“普通”女人，而这是“奇怪的和令人兴奋的”、非常有趣的不同的独特人格。她作为一个女人想为女性做的是关注那些政治和法律歧视的问题，关注所有有关女性没能获得和其他群体平等的那些政治法律问题。无论何时，她只要看到“妇女问题”独立于其他问题，成为一种政治运动或心理问题的焦点，就会感到心神不安。尽管如此，她对普林斯顿邀请的反应不是政治性的；不再质问为什么这所大学以前从来没有给一个女性授予正教授头衔，她转向强调心理方面。“身为女教授我一点都不感到困扰，”阿伦特告诉一个采访者，“因为我已经很习惯自己的女性身份了。”[21]

布吕赫打开普林斯顿的邀请函时没有考虑“女性问题”，而是立马看到了一次政治机会。他十分直接而欣喜地说，这对阿伦特来说是一个对他们纽约熟人圈日益严重的保守氛围进行公开批评的绝好机会。布吕赫称这个群体为“邦德”(the Band)，他们已经拥有一个公共平台即《评论》杂志。

就在阿伦特准备离身去欧洲之前的4月，《评论》发表了一篇欧文·克里斯托(Irving Kristol)写的令人困扰的文章《公民自由权，1952——混乱中的一个研究》。克里斯托将他自己描述为一个“难民”，说他被麦卡锡主义者和麦卡锡的自由主义批评家所孤立，他称这些自由主义者“缺乏分寸感”，因为他们倡导“每一个人完全的公民自由权”，并没有意识到这样的诉求同要求在美国宽恕共产主义者的阴谋无异。克里斯托认为，自由主义者需要学会在“一件事与另一件事之间作一个明智的区分”，他把华盛顿的国家方针作为区别判断的例子：“任何一个人，只要他加入三个或三个以上公开宣称从事破坏活动的组织，就被认为是一个共产主义者。”这篇文章使编辑收到大量激动的来信，大部分都称赞克里斯托冷静的头脑，只有像亚瑟·施勒辛格(Arthur Schlesinger)等一小部分人表达了他们的愤怒。阿伦特和布吕赫看到文章后非常气愤。她从欧洲写了一封非常生气的抗议信。当普林斯顿大学的邀请函送到的时候，布吕赫认为她应该利用这些讲座，将其作为一个讨论完全公民自由权之价值的平台。

> 普林斯顿真是不错。这会恢复“邦德”(the Band)对你的尊敬……他们将卑躬前来。同时(威廉)菲利浦斯、(马丁和克莱门特)格林伯格和其他一些人会被孤立。他们现在都为一份叫《使者》的杂志写文章，这份杂志从耶鲁往外传播愚蠢的新保守主义。他们还加上了自己愚蠢的傲慢与市侩主义。[22]

阿伦特最后选择了一种不同的方法来表达她的警告。她为《共和国》杂志写了一篇关于惠特克·钱伯斯(Whittaker Chambers)论文集《寒冷的星期五》的长篇评论，题为《原共产主义者》。这篇评论有力地反对了“在严格的意识形态意义上让民主成为‘藉口’”的倾向。她说，用极权主义的方式——像钱伯斯这样的原共产主义者非常善于使用的方式——反对极权主义后果将是灾难性的。阿伦特最后用她对在欧洲存在的行为和制作、行动和劳动之间区别的研究获得的清晰的概念和她那独有的刺耳但尖锐的英文散文体对原共产主义者作了总结：

美国，这个共和国，这个我们处于其中的民主政体，不能如我们想象中的事物那样被预期或归类。它永远都不会达到完美的境地，因为完美的标准在这里并不适用。异议和赞成一样多，都属于这个现存的国度。对异议的限制是宪法和人权法案而不是其他。如果你想"使美国更美国化"或者按照任何一个预期的观念制作一个民主的模式，你只会摧毁它。[23]

阿伦特在1953年3月发表了《原共产主义者》，这个日子也显示了她的勇气。因为三天前，她所居住的这个民主国家的首席检察官宣布一万名公民正因国籍问题而被调查，一万两千名外侨将作为"颠覆分子"被驱逐出境。"在被颠覆运动控制委员会调查的情况下，只有像全美移民保护委员会这样的少数组织，站出来公开指责这种'使美国更加美国化'运动[24]对移民所造成的毁灭性影响"。布吕赫夫妇没有被调查，但是整个一年里他们都生活在担惊受怕之中。海因里希·布吕赫在1952年夏天等待8月7日就能获得公民身份时写信给阿伦特：

最近的外来移民法案（他指的是麦卡伦—沃尔特法案的再次生效）在没有任何反对的情况下通过了，这让这里大部分人都很泄气，以至于那些从未参与进来的左派也目瞪口呆，实际上他们却是这法案出台的帮凶。现在，只要有人举报，定居者就会被赶出国门。美国国籍现在对我来说是世界上最没用的东西。很快，这些"土生土长的美国人"就成为优等种族了。[25]

布吕赫和许多前共产主义者一样，在1941年填写移民登记表上没有写自己过去共产主义者的身份，因为他知道这很容易被人举报。而只有像玛丽·麦卡锡这样的少数美国知识分子能给他安慰。她当时正在寻求资助进入法律学校——布吕赫称作是“把自己交给法律学校奴役”——这样她就能在法庭上为公民自由而战。阿伦特也表示“玛丽让我非常欣喜。”[26]

在美国法庭中，从来没有将布吕赫夫妇关注的剥夺公民身份作为一种惩罚手段。阿伦特在1957年有一次有表达他们看法的机会：担任共和国基金委员会主席的罗伯特·哈群斯(Robert Hutchins)征求阿伦特关于“基础而关键的问题”的看法，这些问题应该成为基金会赞助的科学研究主题。她提供了一份长长的目录，包括她认为首席检察官布朗推动实行的对参与共产主义活动的惩罚等基础性问题，都被她特地提出。带着一个曾经的无国籍者的权威，阿伦特为她对人权的理论反思写了一个实践性的结尾：

> 其中最基本的问题如下：只要人类按民族和地域组织在国家之中，一个无国籍者，不管是土著还是外来人，都不仅仅只是被一个国家驱逐，而是被所有国家驱逐——没有一个国家能接受他，让他获得国籍——这就意味着他被从人类中排除了出去。对公民权剥夺的结果可以被认为是反人类罪，是这个目录列出的最严重的罪恶之一，实际上，并不偶然，这一行为已经通过大规模驱逐开始了……
>
> 看起来很荒谬，但事实是，在这个世纪的政治环境下，需要一个宪法修正案来保证美国人的公民权不被剥夺，无论他们做了什么事情。[27]

各种形态的反共产主义

当反共产主义的争论开始在美国出现的时候，汉娜·阿伦特正在欧洲的图书馆中做一个她称为“马克思主义中的极权主义因素”的研究。这本书大约有九万字，是作为《极权主义的起源》一书的补充而构想的。

《极权主义的起源》一书最大的缺陷就是缺少足够的对布尔什维克主义背景的历史和观念分析。这个忽略是有意为之的。其他所有的那些最终汇聚成极权主义运动和统治的形式的因素,都可以回溯到西方历史的暗流,无论何时,无论何地,只要欧洲传统的社会政治框架崩溃,这种暗流就会浮出水面。种族主义和帝国主义,各种泛运动的部落民族主义和反犹太人主义,与西方伟大的政治和哲学传统没有关系。极权主义令人震惊的原创性,意识形态和统治形式完全史无前例,其后果也不同,以通常的历史术语去理解,如果一个人过多地强调在极权主义背后那受人尊重的传统是唯一的因素的话,此点很容易被低估,并且他的批判性讨论就要求对西方政治哲学的一支——马克思主义进行批判。[28]

阿伦特在 1952 年古根海姆基金会项目的陈述中,揭示了她在《极权主义的起源》一书中得出的结论。她强调极权主义的史无前例,反映了她确信极权主义的因素是“潜存的”,与西方政治和哲学的大传统无关。如果欧洲社会和政治传统框架没有崩溃,这暗流将会继续呆在地下。要对极权主义进行理解,就必须对社会和政治结构进行分析,而不是到伟大的传统中去寻找。

除了谈到对极端的恶从未有认真的反思外,汉娜·阿伦特关于极权主义的这本书并没有谴责西方政治和哲学的大传统。如她告诉艾里卡·沃格林的那样,她思考了“精神的自我理解中的哲学意涵及变动”,但是她一直保持着对历史事件和精神事件的区分。作为伟大传统产物的马克思主义在方法和结论上都对其构成明显的挑战。更深入地说,它挑战了这个形容词“伟大”:这要求她必须在传统的伟大和这伟大所掩盖的错误之间作一个明确的区分。阿伦特既没有放弃她的确信:这种史无前例不能从前例推断出来,也没有放弃她的警告:无论是政治的、哲学的还是宗教的进步论或末世论,皆遮蔽了我们看待我们时代史无前例的事件的视角。但是她的确把注意力转向了马克思主义,结果就是对整个西方传统的激烈批判。她研究马克思主义中极权主义因素的计划，变成了为一种新政治科学建立基础的计划。

在她开始研究马克思主义中的极权主义因素还不到一年时，汉娜·阿伦特发现这个研究项目的设想太狭窄了。她独特的计划将研究分为三部分。第一部分是概念的分析，主要分析马克思对人是“劳动动物”的理解，还有作为人的“天生的新陈代谢”的劳动概念和他人创造的历史的观点之间的关系。阿伦特想首先发掘马克思的政治概念，然后再研究它们和马克思历史概念的关系。在这一导引性的部分之后，是两段历史的分析，第一段是从 1870 年到 1917 年的欧洲马克思主义和社会主义，第二段是在苏联从列宁到斯大林的转变。最后一部分，则揭示“当工人阶级的利益和革命的理想因缺乏对同一意识形态普遍认可，同时在秘密警察和红军的帮助下而被放弃时，马克思主义中的极权主义因素是怎样被完全认识到的。”

一上来，马克思关于人是“制造工具的动物”的概念就让这个计划撤退了。没有任何关于她改变想法的记录，阿伦特这样来形容她的研究工作：“我去年在欧洲呆了一段时间。除了在海德堡大学、图宾根大学和曼彻斯特大学演讲外，我在巴黎花了六周的时间，阅读了大量关于社会主义历史和劳动历史的法语资料。我专心于劳动和制作的区别，在哲学意义上进行考虑。由此我意指作为制作者(homo faber)的人和作为劳动动物(animal laborans)的人之间的区别，手艺人、工匠(在古希腊的意义上)和那些不得不满头大汗挣得每日面包的人的区别。概念上的清晰区分同这方面精确的历史知识，对我来说都很重要。它让我看到，马克思关于劳动是一种在本质上具有创造性的活动的看法，构成了与整个西方传统的决裂。因为在西方传统中，劳动代表的是动物，而不是人，代表的只是人的动物性部分。”[29] 仔细考察马克思关于人是“制造工具的动物”这一看法是非常复杂的：他认为人是一个劳动的动物，但是在他的分析中混合了人是制作者、工作者的因素。

汉娜·阿伦特在工作和劳动之间作出的区分打开了一个巨大的可供探寻的领域。“我认为，一个人只有认识到，自从 18 世纪政治革命和 19 世纪工业革命以来，现代世界已经改变了人类活动的总体平衡，他才能理解马克思主义诞生以来发生的事情，以及为什么被伟大传统滋养出来的马克思的学说能够被极权主义利用。”而这探寻的领域就变成了“人类活动的总体平衡”——在18世纪到19世纪革命之前和之后，皆是如此。这就是实践生活。

《人的境况》一书讨论了人类活动中的劳动、工作和行动，这本书最终就是来自这个思路。但是，汉娜·阿伦特并没有立马转向这方面，她继续研究马克思主义的著作。到她向古根海姆基金会汇报自己的研究进展时，她已经完成了四章。

> 从我提交的章节里你可以看到，首先我解释了理解极权主义制度的特殊困难。从那里开始我进行了对大传统的初步检验，以找到准确的突破口。我在第二章关于马克思的第一次分析中展现了这一点。为了正确地呈现极权政府形式与历史上所有其他政府形式的不同，我继续在第三部分《法律和权力》中分析，对所有传统政府形式的这两根支柱进行考察。这一章以对孟德斯鸠(Montesquieu)的分析收尾，正是孟德斯鸠为我提供了一种把极权政体与其他所有政体乃至暴政相区分的工具。

第四章是《意识形态与恐怖》，最后加进《极权主义的起源》一书作为最后一章。[30]

在第一部分关于马克思主义著作的部分，本来还有两章内容，这样“马克思分析本身”一共就有六章，也是阿伦特准备在1953年秋在普林斯顿大学的基督教高斯研讨会演讲的内容。这两部分可能是几年后发表在《党派评论》(1957年)上的《历史与不朽》与发表在《政治学评论》(1958年)上的《历史的现代观念》。阿伦特关于历史这两篇文章没能及时完成，也没有在普林斯顿的讲座“马克思分析本身”宣讲，她只能把书的前四章命名为《卡尔·马克思和大传统》。“马克思分析本身”没能在普林斯顿按时演讲，但在芝加哥大学实现了。1956年春,汉娜·阿伦特受邀在瓦尔格林基金会讲座上演讲,在那里,她提出了体现在她《人的境况》草稿中对劳动、工作和行动的思考。

阿伦特在1952年到1956年间的写作,最初都是为探讨马克思主义而构思的。但这本书没有写出来。这些关于"大传统"的文章都收在了《过去与未来之间》中,对马克思概念的分析转到了《人的境况》中对劳动、工作和行动的研究。到这些文章完成时,它们不再自然地导向对从1870年到1917年的马克思主义历史和从列宁到斯大林的历史的讨论。她收集的关于马克思主义历史的分析都用在了她另外一本书《论革命》中,这本书1959年在普林斯顿曾以初稿分发,最后在1962年出版。在1958年到1962年间,汉娜·阿伦特出版了三本书:《人的境况》、《过去与未来之间》和《论革命》,所有这些都源于最初的论马克思主义的著作。

这些变化和扩展在学术上激动人心,但是有时是无法抵抗的。在紧张阅读了一年之后,1953年11月,阿伦特写信给布鲁门菲尔德介绍她的工作:

> 我着手做一点关于马克思的研究,但是,一旦抓住马克思,立马就感觉到如果不重新审视整个政治哲学传统就无法研究他。这样的要求使我感到自己好像在抢劫,因为我想在最多不超过两年之内完成这项任务;然后,我走到持另一观念的法官面前受审,得到一个只有上帝才知道多久的服刑期。对我来说,写书实在是像把自己和自己的自由意志投入监狱。我们没有按照自由意志来做!通常,只要我开始写作,事情就变得简短很多,至少在某个意义上。我无论如何也不会再写一本大厚书了;那不适合我。[31]

实际上,论文是阿伦特最好的媒介,她将自己的论文组合成书,有时甚至不管前后文章之间是否很通畅。写文章的过程中,框架就自然出现了,然后再把这些文章结合在一起。除了很少的例外,这些框架一般都是"三副一联”：工作、劳动和行动；私人领域、公共领域和政治领域；判断、思考和意志；所有的这些都包含在过去、现在和未来的范畴之内。判决阿伦特有期徒刑的“马克思研究”是被她以一种不寻常的方式构思出来的：它是以概念分析开头，然后转向了两个历史时段的分析。随着研究的深入，她发现不能这么巧妙地划分。50 年代写的这几本书更为复杂：她对每一个概念都进行了历史的分析，她提到的所有概念都是在宏观的框架下使用的，即它们的历史和过去的含义、现在的内涵以及未来可能的意义。写《极权主义的起源》的那个历史学家，在 50 年代变成了一个政治哲学家。汉娜·阿伦特 1953 年在普林斯顿发表的演讲，展现了她寻找和走过的通向“卡尔·马克思和大传统”的哲学之路。这是对那些已经转向激进反共产主义左翼分子的忠告，但使用的是哲学语言。

当汉娜·阿伦特在普林斯顿的时候，她同时在准备另一个名为“美国和欧洲”的系列讲座，这部分内容使用更通俗易懂的散文体写成。[32] 在这些文章中，她总结了自己 1952 年在欧洲访问期间了解到的欧洲政治情况和欧洲对美国混乱局势的态度。在欧洲，阿伦特的首要工作就是为她的著作寻找出版商，同时极力表明自己关于“国家联盟”必要性的主张以及用国际法来保证“拥有权利的权利”的观点。经过很多次失败的努力后，她最后终于在法兰克福找到一个有着令人鼓舞的名字的小出版公司“欧洲出版社”。这本书在三年后的 1955 年，由她自己翻译完成，稍微有点扩展和润色，雅斯贝尔斯为此还写了一个序言。如果不是很多有地位的朋友和熟人的努力，她在法国完全是失败的。《极权主义的起源》一书的第三部分以“极权制度”的名字由聚为出版社在 1972 年出版，该书的第一部分以《反犹主义》的名字由卡尔曼—莱维在 1973 年出版。而整本书从来没有在法国完整出版过，在阿伦特一生中，只有《艾希曼在耶路撒冷》在法国引起过关注。到达巴黎后，她马上就意识到了为什么很难为《极权主义的起源》找到出版商。在和巴黎的知识分子恢复关系之后，她给布吕赫写了一系列的信，表达了她遭遇到的失望。

我今天晚上要再次和亚历山大·科热见面，他的身体好很多了，但是苍老很多。我不想见萨特等人，那没有任何意义。他们在黑格尔建构的世界中完全伪装起自己的理论。我去了[艾里卡]威尔的黑格尔研讨班；非常无聊，充满了奇谈怪论。

昨天我看到了加缪：他无疑是现在法国最好的人。其他的知识分子就比他差远了。这对雷蒙·阿隆也适用，他对我很热情友好，所以我私下和你说这个。让·瓦尔还是老样子：脸上似乎永远笼罩着诗意的面纱。[33]

黑格尔化的法国左派的气氛，让阿伦特确信她在战争结束时对法国存在主义哲学所抱有的希望是太不成熟了。她开始作一系列的记录，后来形成一篇论文，两年后提交给了美国政治科学协会。在《近期欧洲哲学中的政治关注》(1954年)一文中，她考察了对极权主义带来的恐怖的各种哲学回应。加缪和马尔罗因为他们对“不顾一切挑战无意义的古老德性”的忠诚而被赞赏，但是她全面地批判了萨特和梅洛·庞蒂对相同的无意义处境的反应：

作为哲学家，法国的存在主义者只能导向一点，那就是只有通过革命这一有意识的改变无意义的世界的方式，才能解决附着于人和世界间荒谬关系的无意义，但是它不能显示出任何解决其自身原初问题的路径。……这是因为扎根于其自身哲学的所有解决方案的幻想特性，这也是萨特和梅洛·庞蒂简单采用并强用的马克思主义，虽然他们最初的推动力很难归结到马克思主义上，但他们行动的框架却是马克思主义。当他们用实际的意识形态话语证明自己不是虚无主义时，他们很自然地分道扬镳，在政治情景中各持截然不同的立场；在行动的领域，只要许诺了革命的变化，一切都会变得独行专断。[34]

阿伦特在文章中一直赞赏的是法国知识分子对行动、反抗和革命的关注，这些关注以"哲学家惯有的怀疑"的面目出现。即便在这些文章中，她对萨特也没有丝毫同情。

阿伦特的信只对加缪表达了极大的赞赏，除他之外，她认为法国没有哲学家了。亨利·弗雷内(Henry Frénay)是一个军人，是戴高乐领导的反抗政府组织的一员，也是1952年成立的"欧洲运动"领导人之一。这个机构成立于1947年的巴黎，已经将来自26个国家的将近1 000个有影响的欧洲人召集到1948年海牙(Hague)"欧洲大会"。这个议会成立了欧洲委员会，这是朝向阿伦特所期望的欧洲联合的路上迈出的一小步：这个议会在斯特拉斯堡(Strasbourg)为各国部长提供了一个开会的场所，但是它没有任何权力；它发起了很多重要的协议，比如说《欧洲人权协定》，但是它没有转变成一个欧洲政府的基础。1952年，煤钢共同体成立，欧洲一体化进程加快。但在"冷战"的国际局势下，这个共同体陷入僵局，因为美国的朝鲜战争，一种新的联合——欧洲安全防御联盟被摆上了桌面。

阿伦特写信告诉布吕赫她对亨利·弗雷内的印象(还有对他影响的极高评价)：

> 我今天见到了亨利·弗雷内，他过去是抵抗运动的部长，现在是"欧洲运动"的主席；他将把我的书带给出版商波隆，虽然不太可能出版。他是一个出类拔萃的人，可能是因为上过军校的缘故。他已经看穿了美国(这一点简直让人难以置信)；他是一个很现代的人，并且想要一种真正的政治——与目前凄凉的欧洲联盟的混乱相伴随。[35]

她和弗雷内的谈话帮助了汉娜·阿伦特准备《美国和欧洲》的讲座。他对美国不同寻常的理解和他确信的美国没有让欧洲臣服的帝国主义密谋，这些都是阿伦特希望传达给她的美国听众的。她希望美国人意识到，大部分欧洲人害怕美国的军事技术、它那强烈的反共产主义和在太平洋地区的霸权。她担心，在这样一种氛围中任何形式的欧洲联合都会导致摆脱"美国帝国主义"的解放行动，它将除了"欧洲民族主义"之外一无所是。

汉娜·阿伦特在50年代从历史研究转移到政治哲学研究是因为理论上的原因;但同时,她这么做也是回应她在欧洲观察到的一切。法国人害怕德国复兴并重整军备,而德国人则害怕一个法国主导的欧洲;在她看来,两者都固守着过时的主权观念。她在发表演讲的很多德国大学里,寻找没有此种恐惧情绪的人,但找到的只是哲学家们归式的怀疑。“政治上的确信在那儿没起到任何作用,甚至连明确的关于政治的哲学原则,显然都缺席了。”[36]

阿伦特1952年旅行的第一站是慕尼黑,在那里,听了她年老的老师罗曼诺·古瓦尔迪尼的讲座,“来听古瓦尔迪尼讲座的人有将近1 200人,坐着的,站着的,躺着的,黑压压一片。如往常一样,他讲的是伦理学,在最高层次上它是道德哲学,但是讲得完全不够”。[37]她非常吃惊地看到那么多人来听哲学讲座,当她走回慕尼黑的宾馆后,罗伯特·吉尔伯特的音乐家正在演奏,“演奏得非常好,也很活泼”,她告诉布吕赫说,酒店不如大学受欢迎:“德国现在的情形是,每一个哲学讲座都能比娱乐活动招徕更多的人。”[38]但是,她对自己参加的大部分讲座的感觉不光是完全不够。她写信告诉丈夫说,这些讲座总体上水平很低,再加上研究团体里面的派系斗争与不信任,这种情况就更严重了。她发表《意识形态与恐怖》演讲的海德堡大学,尤其让她苦恼。

> 对我个人来说它是一个成功,但是我也经历了无数的让人深刻理解到邪恶的事情。在讲座后,我参加了一个同学们自己组织的讨论会(自然,系里的人并不信任我)。讨论的水平很高,但是只有最优秀的人参加,整个系来了25个人。到处都有不同的派系……每个人都使自己应势加入某一准政治组织,在那里他们学不到太多哲学。在这种情况下,卡尔·洛维特就非常优秀,因为他知道很多并能很好地讲述。另一方是与[道尔夫·]斯滕贝尔格(Dolf Sternberger)结成同盟的[社会学家亚历山大·]罗斯托(Alexander Ruestow),他宣称“形而上学是多余的”。这个罗斯托可以从他的书中很快就推测他本人,简直愚蠢

透顶。

在马堡我见到了布尔特曼(Bultmann)和克吕格(Krueger),后者对德国的政治局势非常悲观,前者则充满愤恨之感,但他还是和以前一样友好出色……马堡在思想上已经没有丝毫活力,只有从海德堡传过来的伪学术。[39]

阿伦特想知道谁能帮她完成1952年承担的任务,这任务不是为犹太文化重建委员会而是为哲学上的重建:“雅斯贝尔斯吗? 他只会被新老派系之间的斗争摧毁。”[40]只有在年轻人身上,她才看到了哲学复兴的希望。“看起来20岁左右的年轻一代正合适。[在图宾根]我遇到一个19岁的年轻小伙子,我非常惊奇于他所提出的一针见血的问题。”[41]如往常一样,阿伦特指望着“新人”、年轻一代能有所创新,能有“新的开端”。而让她最高兴的事莫过于见到她同学十七岁的儿子,她这个同学赫拉·扬施(Hella Jaensch)来自哥尼斯堡,她不是一个犹太女性,战时曾因帮助犹太难民在监狱中度过。弗里茨·扬施是“一个对《圣经》从头到尾娴熟于胸的真正基督徒,也就是说,是一个名副其实的基督徒,”“要知道他是第一个当面向我证明阿登纳政策合理的德国人”。[42]

德国人民在5月26日表决了一系列联盟协定,第二天,要表决欧洲防御共同体(EDC)。阿伦特对局势的判断是,“这里所有的人都反对和美国行动一致,并且决定拒绝支持这些条约。情况非常混乱”。她确信德国人将拒绝组建一支军队却“没有绝对的主权:人民都是彻底的民族主义者”。她的悲观没有改变,在6月她写道:“除非阿登纳得到三分之二多数票,我们才会和防御共同体说再见。”[43]弗里茨·扬施后来因为对欧洲主义独立的支持而被唐特·汉娜(Tante Hannah)奖赏,唐特·汉娜也曾为他完成在美国大学的教育提供财力支持,但是德国人民做的就没这么好了。出乎阿伦特的意料,他们给防御共同体以勉强的支持,但是,当欧洲防御共同体条约来到法国议会等待批准时,从旧法国来的曾经非常信任希特勒的老人物突然出现阻碍了“欧洲的冒险”。这个词语是从爱德华·达拉第(Edoward

Daladier)那里来的，而他就是策划 1938 年法国投降政策的人。还有很多人随声迎合，像维希法国时期幸存下来的领导人、很多共产主义者和两年前甚至曾经为新欧洲欢呼的戴高乐。非常讽刺的是，康拉德·阿登纳（Konrad Adenauer）的欧洲主义，曾经在他的国家内遭到强烈抵制，但是在 1953 年德国大选中却以压倒性优势获胜。由此情况也被完全扭转过来：德国因它的“经济奇迹”和它对这块大陆的远见而稳步走在前面；而法国却否决了欧洲防御共同体，并表现出特别的民族主义情绪，嘲笑竟然有一种叫作“欧洲”的事物。

到汉娜·阿伦特为 1958 年版的《极权主义的起源》进行修订时，在欧洲防御共同体在法国失败后，阿伦特放弃了关于欧洲统一的计划。她看到欧洲联合的时机已经过去，更乐观一点说，它的时机在遥远的未来，她将自己的精力转向了其他地方。当修订《极权主义的起源》时，她用对“极权主义”部分进行总结的《意识形态与恐怖》取代了第一版中曾经为欧洲国家联合而呼吁的“总结性评论”。这样，她也就从以前的“总结性评论”中对“拥有权利的权利”所必需的国际保证的关注，转移到关注“人权”部分。她这种新的关注包含在了她给第二版加的一个结语——《对匈牙利革命的思考》之中。

虽然将自己的注意力转向了欧洲和美国的革命传统，但阿伦特仍非常关注德国的发展。她对阿登纳的政策非常不信任，以至于她开始希望欧洲统一不要在他在任期间实现。欧洲防御共同体受挫以后，德国开始建立自己的军队，阿伦特认为，阿登纳“做这件事甚至没有丁点儿犹豫，要知道担任领导者身份的官员和将军都曾经为希特勒忠诚地服务过，他们在战争已经明确要失败的时候都没有参加反对希特勒的密谋。”[44] 在阿伦特看来，占领状态的结束和德国国家军队的重建是德国新一轮纳粹化的开始。她认可了阿登纳对“经济奇迹”的贡献，并赞赏他关于“德国最大的希望就是美国人的善意”的看法，但是她不信任阿登纳那愚钝的道德和现实主义政策。

阿伦特看到阿登纳给《华盛顿邮报》写的 1945 年至 1953 年间的自传后，在 1966 年回顾阿登纳的生涯时，又被他的头脑简单打击了一次，并震惊于他对极权主义性质粗俗的反思：

他告诉我们，“我们德国人在纳粹极权主义统治期间的经历和世界因为苏联的极权主义而聚集起来的事实”告诉他“极权主义国家，特别是苏联，不像民主国家那样知道法律和个人自由……（他们知道的）只有一个事实，那就是权力。”如果不考虑后面没有强调说苏联比纳粹德国更坏外，这段话就好像从拙劣的高中教材中抽取的一样。[45]

汉娜·阿伦特在1952年夏末回到美国时认识到，康拉德·阿登纳像杜勒斯（Dulles）一样反对共产主义，他认为德国应该“在基督教世界的欧洲找到自己合适的位置，并为抵御布尔什维克马克思主义泛滥贡献自己的力量”，这些观点是广为流传的习见之变奏。

美国和欧洲：思考革命

阿伦特在1952年末和1953年参加了好几个将马克思主义定义为“世俗宗教”的研讨会。在这些场合里，她表达了对这一观点的反对声音。阿伦特也写了两篇文章阐释自己的观点：一篇是对魏尔德玛·古里安的《布尔什维克主义》的评论，另一篇是为《汇合》杂志写的长文《宗教与政治》，《汇合》是亨利·基辛格（Henry Kissinger）编辑的，他是如此地武断，以致阿伦特曾愤怒地写信抗议他竟试图将文章改写成他满意的内容。在没有基辛格的滋扰下，阿伦特提出了自己的观点：“有人告诉我们说，共产主义是一种对抗自由世界支持的超验‘宗教体系’的新‘世俗宗教’。这种理论有比它表面更多的意涵；它在教会和国家分离之后，又将‘宗教’带回了公共政治事务领域。同样，虽然它的支持者没有意识到这一点，但是它将几乎被人遗忘的宗教与政治关系的问题，重新摆上了政治科学的日程。”[46]在这种情况下，阿伦特并不期望神学家比战后的哲学家更能有所帮助。当她在1953年阅读同时代神学著作时，再一次提出了她留在《极权主义的起源》一书结尾没有解决的问题：“如果我能对恶的问题了解得更多些该有多好呀”，她向雅斯贝尔斯哀叹说。[47]

到1953年夏天的时候，阿伦特因持续三年的公共讨论而已经被迫修正了关于宗教与政治的观点。在1950年一篇名为《宗教与知识分子》的文章中，她提出“宗教复兴”只是“时代思潮的一阵风”，是在沉闷的科学至上的时代中阶段性地在知识分子中刮起的一阵风。她认为非知识分子中“压倒性的多数”已经不再相信“末日审判”，大众“更愿意相信一切都很好。”[48]这些更为重要。她认为，用组织化的宗教“抵抗极权主义或者‘保护文明传统’”的想法是很愚蠢的，她一直没有改变这种观点，但是她的确看到，在反极权主义知识分子中普遍存在的对宗教的召唤是政治科学的一个严肃问题。她在《汇合》的文章中写道：“面对一种充分发展的意识形态，我们最大的危险就是用我们自己的另一种意识形态与它对抗。如果试图用‘宗教激情’来再次激发公共政治生活或者用宗教作为政治界分的手段，结果就很有可能把宗教曲解转化成一种意识形态，并用与自由的本质完全背离的狂热主义，瓦解我们对极权主义的斗争。”

这些谨慎而理性的公共言论，与阿伦特私下表示的对由约瑟夫·麦卡锡（Joseph McCarthy）狂热地反共产主义和对那么多美国知识分子的摇摆带来的日益增长的恐惧的愤慨和警告大为不同。1952年夏末，阿伦特结束欧洲之旅回到美国时，开始寻找能和她分享她关注和理解的“美国和欧洲”的朋友。

阿伦特参加了几次由亚瑟·施勒辛格、戴特·麦克唐纳、理查德·罗维尔（Richard Rovere）和玛丽·麦卡锡组织的小组会议，讨论策划一本杂志。这本杂志命名为《批评》，它被设想成一个提供给既非左派也非右派的平台，这样的定位让阿伦特更为舒服——她一次向布鲁门菲尔德形容说是“在所有的立场之间”。对投稿者唯一的要求就是致力于公民自由。因为缺乏资金支持，这本杂志也从来没走出构想的阶段，但是阿伦特在这个团体里呆得很舒服，并得到不少启发。她对像欧文·克里斯托这样的美国犹太朋友的批评越来越厉害，克里斯托对公民自由的看法沾染了妥协的气息，他的观点也带有宗教的冲动。她在1953年给布鲁门菲尔德的一封信中形容这种情况说：“不久前我见到了几位朋友，一个历史学教授，两个知名的记者和女小说家，他们都不是犹太人，但有很多犹太朋友。他们准备列出一个在争取公民自由的斗争中持有相似目的人的名单。然后一个人告诉我:'犹太人中只有汉娜和我们站在一起,这不是太好笑了吗。'我们的朋友埃利奥特·科恩(《评论》的编辑)扮演着一个格格不入的角色,西德尼·胡克(Sidney Hook)则纯粹让人无法忍受。当然,这些人或多或少的共产党员经历被人熟知,因此他们也有些害怕。但那也无济于事。"[49] 当然,许多犹太人、犹太报纸、犹太复国主义者或非犹太复国主义者都坚决反对麦卡锡法案这样的事情,但是在与阿伦特联系最密切的知识分子圈子中,气氛早已不再明亮了。

阿伦特于1953年5月给雅斯贝尔斯写一份密密麻麻的六页打印版报告时,斯大林刚去世不久,政治局势变得更加恶劣了。参议员乔·麦卡锡(Joe McCarthy)在威斯康星州的改选中顺利当选,同时因为共和党已经胜券在握,而共和党对麦卡锡的反对策略摇摆不定,大部分人认为麦卡锡拥有巨大的权力。在国会中,民主党反对派保持了沉默,因为大部分人害怕对麦卡锡的攻击会让共和党以他为中心重整力量。在这种政党僵局的情况下,麦卡锡就有能力将行政部预算委员会转变为他发动大规模调查的基础。正是在1953年,麦卡锡攻击了美国政府向海外传播自由信息的"美国之音"电台、美国政府出版局和多个政府基金机构。

阿伦特5月给雅斯贝尔斯的信中充满了对魏玛的记忆。"我为你写下了所有的细节,"她告诉雅斯贝尔斯,"尽管我担心你会说我夸大其辞,因为对我来说告知你此事是非常重要的。"她夸张地将麦卡锡的权力和兴登堡(Hindenburg)、艾森豪威尔(Eisenhower)在任时的权力相比:"如果麦卡锡在1956年不能当选总统,我们就会有一个好机会。"[50] 但深知她的担心的雅斯贝尔斯非常谨慎地回信说:"我想到了你在1931年的预言是多么准确,而我当时对此一点都不相信。我确信我们国家的大部分人都如你所知的那样理性而人道。但是,权力政治的诡计和他们面对现实时的恐惧让他们没有任何抵御能力。同样的事情也可能在美国发生,但是目前还没有到那种地步。"[51] 到夏天之前,科恩和谢因(Shine)在麦卡锡的协助下完成了他们对欧洲的美国自由派旋风式的调查,阿伦特再一次评价这一闹剧:"如果把它当作莎士比亚作品来读会更合适，[科恩和谢因]就是格兰兹(Rosenkrantz)和登斯顿(Guildenstern)。”[52]但是她仍然很担心，特别是美国知识分子的混乱——让她回想起魏玛时期精英和暴民的联合。“知识分子在这些事情中的纠缠是非常令人恐怖的，”她在12月告诉雅斯贝尔斯说。“社会学家和心理学家对每个人陷入的概念陷阱负有责任。自然地，它们只是大众社会的一个表征，但仍有特殊的重要意义。”[53]

在新学院和兰德学校，阿伦特参加了许多关于极权主义的讨论，并发表了几次演讲，她宣讲了自己书中关于极权主义部分的总结。1953年3月，在另一个讲德语的移民卡尔·弗里德里希(Carl J.Friedrich)邀请下，她去了波士顿，参加由美国艺术与科学研究会发起的关于极权主义的会议。乔治·凯南(George Kennan)在会议上发表了公开演讲《极权主义和自由》，他那有分寸的报告非常贴近阿伦特的观点："我们越来越倾向于，”凯南说，“采取军事手段，采用我们对手的策略。如果我们跟着他们走得过远，我们就迷失自己了。”[54]

阿伦特在自己提交给会议的文章中没有提出预言；她不想预测被讨论最多的苏联局势的发展或美国的发展趋向。她将自己限定在廓清历史和当代解释的关键要点，最重要的是，她尽量让与会者从政治上来思考极权主义，而不是从社会学和心理学的角度。只有在政治分析中，才能认清极权主义的独特性，而在心理学和社会学的分析中，极权主义的实践可能被看作僭政、专制统治或权威统治的变种。阿伦特强调了她在书中强调的：那些在传统框架下理解极权主义的努力，必将导致误解。同样，她反对用“世俗宗教”的概念界定极权主义意识形态。她认为，在极权主义政体中起作用的不是观念的内容，而是原则的逻辑一致，即再造现实以“证明”一个假定。在她所有的评论中，阿伦特强调了这种清晰区分的重要性和使任何极权政体的“模式”保持变动状态的需要，以便追溯从“运动”到一种政府形式的发展、并在政体内部发生改变的源头。

1953年，苏联政体发生了很多变化，对这些变化很难评价。就在斯大林去世的同一天，3月5日，苏联新闻发布了极权主义大会召开的消息。

复杂的继任者争夺战立马展开了，东欧卫星国领导人和政策的变动也加入进来。在马林科夫(Malenkov)担任总理期间(1953.3—1955.2)，他努力改善苏联国内的生存条件，同时用和平共处的政策缓解国际紧张，这让很多人开始思考苏联"自由化"的限度。伊里亚·格里戈雷维奇(Ilya Ehrenburg)1954年写的小说《解冻》的名字，就是对斯大林去世后那几年情况的描述，但是阿伦特仍然怀疑这种解冻所意味的东西。在她的评论中，她甚至更加怀疑，这种后斯大林时代的发展能否被美国和其他地区接受，因为她担心，将极权主义作为一种世俗宗教变种的反对模式，已经将西方世界的态度僵化了。1953年夏天出现的反对麦卡锡的迹象很是令人鼓舞。但是当她刚刚着手考察麦卡锡在美国参议院建立的大厦的裂缝时，阿伦特就被以色列的事件和另一种形式的"宗教与政治"问题困扰。

1953年秋天，《犹太时事通讯》的编辑威廉·祖克曼(William Zukerman)写信询问阿伦特是否愿意对日益紧张的阿以形势进行评论。自从1948年创办以来，《犹太时事通讯》就是坦言自己不赞同美国犹太人协会的机构之一。祖克曼经常发表社论反对他所称的"植根于希特勒灭绝欧洲犹太人的悲剧之中的部落主义和尚同主义的爆发"。他关心的是"民族主义的上升对犹太人、对我们这个年纪的大部分其他人有同样的影响"。[55]在一篇1953年1月19日的社论中，作为犹大·马格内斯弟子之一的祖克曼引用了汉娜·阿伦特在1948年称赞马格内斯的一段话，暗示了不光他一个人持有对犹太民族主义的批判意见："晚近几年，犹太人的民族特性发生了巨大变化。一个两千年以来一直将正义作为精神基石和共同经验的民族，已经发生了变化，她开始强调对所有此种争论的敌对，好像他们肯定会输掉争论一样。"[56]

1953年2月，在一次爆炸袭击中，三个在特拉维夫(Tel Aviv)的苏联公使馆人员受伤，反苏联的情绪达到顶点，在以色列通常以宗教方式出现的抵抗从1952年末在布拉格反犹太复国主义审判后跳跃式升级。以色列政府拒绝对这件事情负责。苏联撤回了他们的公使，并断绝了外交关系。这只是较早的紧张事态；另一紧张局势更加危险。从1952年到1953年间，数百名被称为“阿拉伯渗透分子”，也就是流亡的阿拉伯人，他们想回到自己的故乡，但他们要么被以色列政府杀掉，要么就被关了起来。阿拉伯人对犹太政府的憎恨，随着非常类似于“美国麦卡锡法案”的国家法在1952年3月通过并逐步升级，这个法律有效地将大约10%居住在以色列境内的阿拉伯人排斥出以色列公民身份。8月，以色列国防部发起了几次对阿拉伯定居点的“报复性袭击”。一次在库比亚(Kybia)的袭击中，52名阿拉伯人丧命，此事还引致一份联合国的谴责决议。祖克曼想让阿伦特写的就是库比亚这一事件。阿伦特感到，无论是反苏联的情绪，还是针对阿拉伯的袭击事件，都表明了本·古里安政府正在走向专政。但是她拒绝为《犹太时事通讯》评论此事，只是在11月1日给祖克曼去了一封短信：“所能做到的最短的评论就是：他们不应当去杀人，更别说是妇女和儿童了。这当然有点太简短。整个事件让人厌恶。我决定我不想再与犹太政治发生关联了。”[57]科特·布鲁门菲尔德也很忧伤地赞同阿伦特的看法，与目前的政治有关的真正宗教式的感情是那么少：“在我看来，我们对这个国家的印象和对世界的印象差不多，”他从耶路撒冷写信给阿伦特时说，“‘十诫’在欧洲，在以色列，在世界的任何一个地方，都已经被遗忘了。”[58]

中东局势和苏联的政策变化继续占据着阿伦特的注意力，虽然直到1956年后她才离开了理论工作而作为极权主义研究专家进行演讲。她坚持着自己不再涉及犹太政治的决心。但是，当她写后来组成《过去与未来之间》的论文和准备关于《人的境况》的讲座时，《极权主义的起源》以两种意外的方式替她说了话。

1951年，一个叫乔治·阿格利(George Agree)的人参加了布吕赫在新学院艺术哲学系列讲座的第一讲，并和其他两个听众罗斯·费特尔松(Rose Feitelson)(阿伦特的英文译者)、阿尔弗莱德·卡津一起参加了讲座后的聚会。阿格利当时正在从自由巴勒斯坦美国联盟(简称ALFP，在1948年以色列建国后解散)转到“促进有效国会国家委员会”(NCEC)工作。阿伦特知道阿格利同ALFP的联系，这个组织是伊尔根华盛顿游说团众多组织之一，但是她没有让过去的敌对记忆影响到现在的交往。

阿格利在 ALFP 的朋友莫里斯·罗森布莱特(Maurice Rosenblatt)在1948 年建立了“促进有效国会国家委员会”,这个组织从事为两党任何一方的国会议员候选人征募选举资金的活动。1952 年后它的价值标准就是要求反对麦卡锡主义。1953 年,这个组织成立了一个关于麦卡锡和麦卡锡主义的票据交换所,为参议员提供信息,当机会出现时则支持参议院对麦卡锡委任和调查的反对动议。在 NCEC 核心周围,慢慢出现了一个反麦卡锡的游说者群体。[59]

许多政治分析是借助阿格利在纽约和罗森布莱特在华盛顿的反麦卡锡的活动和研究努力进行的。而汉娜·阿伦特在《极权主义的起源》中的分析对他们两个都非常重要,因为他们都认为麦卡锡主义大体是一种极权主义现象。大量政界、出版界、商界和学术界的知名人士都被邀请将自己的名字贡献出来列在 NCEC 的信头。阿伦特愉快地接受了,这一状况一直持续到 1966 年罗森布莱特和阿格利的合作中止,阿格利带走了他给 NCEC带来的所有东西。

《极权主义的起源》带来政治影响的第二种方式,连阿伦特本人都不知道。斯蒂芬·J.珀莱克(Stephan J.Pollak)为《耶鲁法律评论》写了一篇关于《1954 年国籍取消法案》的文章,文章中作者大量引用了阿伦特关于无国籍者的讨论。这篇文章被最高法院大法官艾尔·沃伦(Earl Warren)在 1957年一个支持国籍取消法案的案件中表明自己的反对意见时引用。随后,沃伦的观点在 1958 年的一个案件中被引用,将取消国籍作为一种惩罚手段是被第八修正案禁止的。而《极权主义的起源》在 1963 年的一次判决中直接被阿瑟·戈德堡(Arthur Goldberg)法官引用,裁定对战时逃避服役的人剥夺其国籍是非法的。[60]

阿伦特对法院预防极权主义发展能力的态度,要比对政党自愿做此事的态度乐观得多。一直到 60 年代,她才成为政治候选人的积极支持者,作为一个独立的、不向任何一方激情的人投票,虽然她一般会支持民主党。麦卡锡时代让阿伦特联想到 20 年代的德国和 30 年代的法国,政党的官僚曾教条地保护着自己狭隘的利益,不采取任何政治行动,并对人民的声音充耳不闻。不像那些自小就生活在秩序相对较好的两党制国家——像英国和美国——的政治理论家，阿伦特不信任任何政党，因为它们很快就将公民行动的草根民众抛弃。而那些年里，美国政党实质上被从威斯康星州来的议员代表破坏，这更加强了阿伦特的不信任。但是，到 1956 年匈牙利革命后，阿伦特开始公开就政党应该如何保持他们的根基即议事会制度发言。

罗莎·卢森堡的“自发革命”概念影响了阿伦特好几年的思考，直到匈牙利革命将它具体化。阿伦特从马克思主义的研究转向对“新政治科学”基础概念的探索工作要求对哲学和政治理论进行大量阅读。这个工作在她从 1952 年欧洲之旅回国就开始了，然后在古根海姆基金支持下又进行了一年，接着在 1955 年春，她在伯克利第一次全职担任教师，期间她又进行了补充阅读和工作。罗莎·卢森堡对法国社会危机的分析影响了阿伦特早期对德雷福斯事件的评论，《资本的积累》对她思考帝国主义也起到了重要的作用；当她将对马克思主义的批判写进《人的境况》时，她正在读《俄国革命》。

阿伦特 1955 年在伯克利的课程之一就是名为“欧洲政治理论”的研究生研讨课，这是由她 1954 年在美国政治科学协会宣讲的《近期欧洲哲学中的政治关注》扩充而来的。另一个讲座课程是更一般的政治理论史。两个课程的许多内容是她为一个系列讲座《哲学与政治》而写的文章（没有发表），《哲学与政治》的演说在魏尔德玛·古里安的帮助下于 1954 年在圣母大学发表。在伯克利，当她在写《人的境况》和《过去与未来之间》中的文章时，阿伦特一直思考现代世界中政治和哲学的关系到底应该如何并可能会如何。她不断地回顾历史上的政治理论家——马基雅维利（Machiavelli）、霍布斯、卢梭、孟德斯鸠、洛克（John Locke）、托克维尔和马克思——这些人都在自己的时代问过阿伦特所提出的问题。她像罗莎·卢森堡在 1899 年那样贪婪地阅读。在给列奥·约吉谢斯（Leo Jogiches）的信中，卢森堡这样描述她那时的状态：“有东西在我脑子里跳跃并想来到纸面……我深感需要一个词……‘来形容一件伟大的事情’……我非常需要这种写作方式，让人们像感觉雷声一样感觉到我，通过大脑抓住他们——当然不是通过雄辩，而是通过宽广的视野、确信的力量和对他们产生的深刻印象。”[61]

在她第一份教师工作期间，阿伦特吃惊于她给上自己课的学生留下的深刻印象，她把研讨班改到一个能容纳 100 人的教室，她的讲座也成为“公开演出”。最让她吃惊的也最让她开心的，是一个年轻人对她课的评价：“罗莎·卢森堡又回来了。”她带着非常明显的快乐表情向布吕赫重复这句“了不起的评价”，几年后在她开始写作《论革命》[62]这一她当年在伯克利阅读卢森堡的《俄国革命》时就有了写作念头的书时，又回忆起这句评价。她潜心研究欧洲政治理论始末的经历使她比以往更确信，从这个传统中她不可能找到摆脱“哲学家惯有的怀疑”的政治睿见。她认为美国的革命传统可能生长出她一直寻找的，并只在卢森堡《俄国革命》中发现的东西。在预料之中，她开始为以后要看的美国国父们的文献做目录注记。

在伯克利，如同早先在普林斯顿一样，阿伦特感到自己在众多派系中间像一个局外人，如同罗莎·卢森堡在德国社会民主党的众多派别中间的感觉一样。她开始怀疑美国大学是否能够为她的工作或者总体的政治理论提供合适的氛围和平台。她被弥漫着的她所贬损的“贵族气”困扰着。普林斯顿“有着无法名状的势利”，伯克利好一些，但是仍然有如它的“贵族气”一样相当地庸俗。在忙乱了一天之后，她写信给在巴德学院全职教书的布吕赫：“你在一个小学校里教书实在是太幸运了……这里办理所有的事情都必须一式三份……我已经等了两个星期才拿到我工作的办公室钥匙。”[63]她学生中的新富让她非常吃惊，她写信告诉雅斯贝尔斯她感到自己处在一个非常好的位置以“研究一个民主政体多么轻易地转化成暴民统治”[64]，这里，她又一次调用了她先前在分析极权主义运动时提到的暴民与精英的结合。伯克利的教员带着很明显的异议攻击她，称她政治上幼稚：学校里分成了自由派和麦卡锡派，她告诉布吕赫，“但是在他们的位置上表现得都很斯文”。当她被一个退休的学校基金俱乐部主席邀请发表关于极权主义的演讲并被问到她对此是“支持还是反对”——不是因为这与他有关，而是因为这样他可以把她归到自己的规划之中——时，简直不知道是应该笑还是害怕。[65]当她见到没有那么尊贵出身的男人时感到莫大的放松，她也非常享受精力充沛的陪伴，特别是把她带到旧金山码头时："艾里克·豪夫"，她匆忙之中拼错了这个新朋友的名字，"是一个真正的信徒。"[66]除了为她公寓看门的小伙子外，还有一个从澳大利亚来的"乡村少女"，也出现在她的课堂上，艾里克·豪夫（Eric Hoffer）为阿伦特提供了令人愉快的消遣以调节太多的学术工作。

社会方面和政治方面的伯克利颇为独立，但是哲学的氛围真得让人苦恼："哲学，"她告诉雅斯贝尔斯说，"已经沦为了语言学，还是第三流以下的。"[67]几个月之后，阿伦特用孟德斯鸠式的语言抓住一个机会向自己解释了所有这些古怪的地方，她用隐喻的方式说出："在这个充满魔力的花园中……人的身体感觉完全不同，就是说，人在这里总体而言没有什么感觉。非常容易理解这里的人都疯疯癫癫的，与这里的气候极有关系。"[68]

阿伦特对美国大学生活的反思，内容大体是对美国大学具有欧洲人不习惯的大而富有的惊异。在修订《极权主义的起源》期间，她在胡佛研究所阅读大量的重要文献时，她的厌恶情绪上升为烦躁。"每天早上都有三十八个学者聚到一起谈论自己的理想，就是他们的这些垃圾工作都能得到很好的待遇……他们工作的地方就像一个天堂，但实际上却是具有所有舒适条件的现代地狱之一……胡佛先生的精神到处都能感受到，而不只是在图书馆。"[69]

尽管汉娜·阿伦特和在伯克利结识的少数教员和学生的关系都很好，她还是在学期末的时候离开了，她下决心再也不做全职的学校老师，她确实一直坚持着这个决定。她对每一个上她课的人说"我再也不想成为一个教授了。"在她以后的生活中，阿伦特尽力通过各种磋商和特别的安排，像半天工作、访问学者或至少是每一年都留出半年时间自由工作和去欧洲旅行，来确保自己免于那种生活。[70]教学和学院团体的社会生活并不能让阿伦特很好地应付："你真是太对了，"她告诉一直拒绝把家从纽约搬到位于安南达尔—哈得逊巴德学院的布吕赫，"我们不能适应这种生活。这段时间我好像回到了为'青年阿利亚'工作的日子，被形形色色的人搞得疲惫不堪。"

其他人给她带来的麻烦是最主要的:“我实在不能一周之内五次公开露面。”[71]

阿伦特一直坚持着自己的那个决定,但是当她每周不再安排那么多活动并能经常回家时,便对教学有了更多的赞许。她每周日晚上都从伯克利打电话给布吕赫——用她惊讶地告诉雅斯贝尔斯的话来说,就是“穿过整个大陆”——但是这也不能缓解他们的孤立感。在伯克利,阿伦特总会感到有些孤独。布吕赫虽然在巴德工作得很开心,但是他发现,他们纽约知识界的朋友都很沉闷,没有一个女同事的才华能比得上自己的妻子。他给阿伦特写下了孤独而又充满焦虑的信。“你从每一个角落和裂缝处离开,或者说你从我出现的地方离开。上帝啊,周围的大部分人都乏味得要命。我能希望的就是,不要再遇到一个无聊的人。”[72]他读报纸的时候尤其感到不适。如往常一样,当“世界历史”要玩诡计的时候,他们就更加需要对方。布吕赫读到一些苏联的消息,马林科夫被驱逐,赫鲁晓夫(Khrushchev)和布尔加宁(Bulganin)夺权的斗争展开了,他读到一个由马歇尔·科涅夫(Marsals Konev)和朱可夫(Zhukov)为“二战”结束十周年做的报告:这些元帅描述了氢弹核试验能给欧洲和美国带来的危害。“从苏联传来的爆炸声让我非常害怕,我想打电话告诉你在这一突发事件后我们在巴德的会议要点。”

在核试验后还不到一年,也就是1956年2月14日,赫鲁晓夫在苏共二十大上做了关于斯大林叛离列宁路线以及关于斯大林罪恶的控诉报告。许多重大转变以如下路线开始:一些像“向社会主义的和平转变”和“实现社会主义的不同道路”的词语开始在苏联对其社会主义邻邦和现在称作的第三世界国家的政策中出现。许多阅读了赫鲁晓夫秘密报告的西方读者认为这是苏联极权主义的结束。相反,阿伦特在这个报告中看到了解冻的结束,因为她预期随后的“集体领导”时期——正如列宁去世以后那样——将是一个更为残酷暴虐的政体。“世界历史的老阴谋家”宣告了两种预言都太简单,虽然短期看来阿伦特是正确的。

苏联局势的变化以及铁托在莫斯科签署的多方合作协定在东欧引起

反响，在波兰和匈牙利的抗议升级为暴力反抗。波兰的反抗被平息了，波兰人仍在华沙条约组织之中。匈牙利的反抗要求苏联撤出匈牙利，并从华沙条约组织中撤出。在布达佩斯(Budapest)巷战爆发六天之后，以色列军事武装穿过西奈沙漠，点燃了苏伊士运河的战火。法国和英国轰炸了埃及的空军基地。一周之后，华沙条约和西方联盟都动摇了。

汉娜·阿伦特当时刚刚和玛丽·麦卡锡结束在荷兰的旅行，正在进行对巴塞尔的雅斯贝尔斯每年一次的拜访，那时匈牙利人民还在为自由斗争。她非常兴奋地写信给布吕赫："终于，终于，他们不得不展示事实到底如何。"[73]当他们在报纸上读到消息说在游行示威的那几天里，抵抗者已经革命化地组织起来，并成立工会时，她和布吕赫都很吃惊；这是从"一战"结束，也是布吕赫青年期结束之后，第一次由"人民自发的需要和行动"而成立的工会组织。一周后，当苏伊士运河争论升级为一场战争的时候，阿伦特完全茫然了："除了对匈牙利的喜悦之外，一切都黯然失色，这都是被疯狂的以色列事件搞得。你能理解吗?"[74]以色列和埃及之间的战争不光让普通读者感到震惊，即使是正准备为选举拉票而到南部做巡回活动的艾森豪威尔总统，在得知法国和英国军队在萨伊德口岸登陆时，也大吃一惊。

又过了一周，阿伦特由吃惊变成了深深地恐惧。虽然她曾怀疑以色列就是一个"帝国主义的"体制，她还是怀着"非常沉重的心情"在11月5日给布吕赫写信，表达了自己对中东局势的关心：

> 因此，世界历史再一次出乎我们的意料，我们根本没有想到会是这样。我心情沉重，还是不写为好。我不想马上启程回家；那样我会一团糟的……我不希望事态马上尖锐化，我也不认为美国应该置身事外。但是没有人能知道将发生什么，我尽力密切关注。没有你，我步履艰难。[75]

就在第二天11月6日，在美国提出禁运威胁的联合国决议、苏联发射很多远程导弹的情况下，埃及的战争停火了。阿伦特立马松了一口气，到那时她对未来仍感阴暗;她担心的是要准备面对出现最坏的可能。“现在还不会直接导致战争,但那只是因为一切都已经瓦解了,包括西方联盟和联合国。这也意味着第三次世界大战就站在门口;当它爆发时,如果它爆发,它将如现在的事件一样不宣而战。”[76]

当阿伦特度过这些令人恐慌的日子回到美国的时候,她有大量的工作计划要完成。她春天在芝加哥大学演讲过的《人的境况》的手稿摆在她的桌子上,还有在德国人洛特·科勒帮助下准备的要由利奥·拜克学院出版的《拉尔·瓦恩哈根》的底稿,更有许多处于不同阶段的文章要完成。她开始这些工作,但是她也决定要写匈牙利革命。她要向那些在极权政体控制下为“事情显示出其真实”而付出极大努力的人表达自己的敬意。匈牙利革命也给她上了一课:现代世界中极权主义政体唯一的替换物就是议事会制度。“如果曾经有过罗莎·卢森堡所说的‘自发的革命’,”她后来在《反思匈牙利革命》中写道,“受压迫人民为自由而不是其他所发起的突然起义,在整个过程中,没有因为军事失败而带来的混乱[如德国那样]和泄气、没有组织技术、没有阴谋者和组织者紧密联系的工具、没有革命党的宣传,有的是每一个人——不管是保守派还是自由派,激进派还是革命派——作为一个高贵的梦想而做出的事情。我们有幸来见证这一切。”[77]

欧洲的“颂词”

布吕赫夫妇都是如他们朋友所称的“思想上为大屠杀所困扰”的人。在一起的20年里,他们的判断力和观点一直被恐怖的氛围所笼罩。虽然在公共场合,他们既不像胆小鬼那样悲观,也不像小丑那样乐观地表达自己,但当“看到世界的黑暗面”时,如他们的另一个朋友指出的那样,他们就开始反思。但这种思考是在对这个世界充满热爱之心的引导下展开的。阿伦特能在一封信中描述这个美丽的世界,而在下一封信中描述它的沉闷;她的反应如同拉尔·瓦恩哈根的《白天与夜晚》一样多变。阿伦特感情的紧张和她在其中的迅速转换给布吕赫留下深刻的印象,他怜爱地称阿伦特为“流星”。这种爱与怕的经历给了他们古希腊人所称的“惊诧”的能力,惊诧于世界的景象,他们的工作显示了他们与那些远离世界的哲学家的旧式怀疑不同,那些哲学家认为人类事务中既没有美,也没有意义。

卡尔·雅斯贝尔斯同样经常被一些能揭示观念和政策复杂性的特殊事件激发而公开发表一些言论。当汉娜·阿伦特在 1956 年拜访他的时候,他刚发表完一个对苏联核试验反应的演讲。他的书《原子弹和人类的未来》就是他演讲的扩充,其开头如下:

> 原子弹开创了一种全新的处境。要么所有的人都在肉体上毁灭,要么人类的道德—政治境况就会发生变化……尽管我们的日常生活看起来很平静,但是死亡技术的进步现在看来不可抗拒。尖端方面变化很快,但是就总体来看仍然是那样:要么在几年或几十年内突然爆发核战争,要么就是在没有原子弹的情况下建立世界和平……只有政治和法律的运作不能将我们引往这个方向或者达成憎恶原子弹的一致观点。我们要认识到,今天,其实还没有迈出走向世界和平的第一步。我们知道下面要做什么吗?[78]

雅斯贝尔斯的书在 1958 年出版,引起了德国科学家和西方联盟强烈的反对风暴,但是这本书仍然为他赢得了德国图书商会颁发的"和平奖章"。汉娜·阿伦特被邀请为颁奖仪式致辞,她为此写了一篇华美的《卡尔·雅斯贝尔斯:一篇颂词》。这篇致辞是阿伦特写的第二篇有关她老师兼朋友的公开文章。第一篇是在一年前,为卡尔·雅斯贝尔斯哲学的美国卷写的。这几年是他们合作最密切的一段时间。这本关于原子弹的书深深受益于阿伦特的《极权主义的起源》,而《人的境况》中的章节,特别是该书论及现代科学的部分,经常激起雅斯贝尔斯的反思。对从彼此著作中收获的知识,他们在自己的书中从没表示过答谢,但是在公开场合,他们互相感激彼此的友谊。雅斯贝尔斯在《卡尔·雅斯贝尔斯的哲学》的一篇文章《哲学传略》中称赞战后阿伦特在他生活中的重新出现和对他第二个家的持续拜访:

她来看我们这两个老人，并带来她经历的和知道的事情。自从1933年移居国外之后，她凭靠坚强的毅力克服了无数困难，她体会了与祖国分离而带来的所有惊恐，权利被剥夺，并被抛进无国籍者的非人状态。她内在的独立性使她成为一个世界公民；她对美国宪法——它所包含的政治原则上相对而言最好的——的忠心使她成为一名美国公民。从她身上，我学会了如何看待政治自由领域最伟大的试验，另一方面，也学会了如何比以前更好地观察极权主义的结构……我又可以和她争论，这是我在自己一生中一直寻求的……我们彼此的争论让对方获得极度自由并放弃抽象的要求，因为它们会在实际的忠诚中消逝。[79]

阿伦特对是否接受法兰克福和平奖委员会的致辞邀请犹豫不决，她写信给布吕赫征求建议。她用布吕赫给她的爱称写道："'流星'应该怎么做呢?"；[80]"流星"的担忧就如她的性格一样复杂。首先，谦逊地说，她认为这种场合需要一个有极高声誉的演讲者；"我并没有达到如此杰出的程度。"第二，她想在她经常强调的私人友谊和公共展现之间作出清晰的划分，虽然她知道雅斯贝尔斯并不作这样一种"根本的区分"。第三，她是"一个女性，一个非德国的犹太人"，所有这些"都会造成一个非常坏的公众影响"并会引发与这个场合无关的闲言碎语。她也担心会再一次被当作"例外女人"对待。邀请者对她说的"你作为第一个女性站在保罗教堂的台上实在是太棒了"并没有减少她的担心。她半开玩笑地对布吕赫悄悄地说，她脸上的雀斑可能会被公众知道，"这也是另一个考虑"。带着这种女孩子气，她告诉布吕赫第四个非常简单的原因："我害怕"。

阿伦特只有对布吕赫才会写出这样一个清单，并且毫不掩盖自己的害怕。也只有和他，阿伦特才能讨论第五点也是最麻烦的一点。她知道她的演讲将在德国第一次公开她和雅斯贝尔斯在私人关系和政治领域的一致性，由此害怕她对雅斯贝尔斯公开的赞扬会被她的听众和海德格尔本人解读为对海德格尔的批判。她知道，她要称赞的雅斯贝尔斯的一切优点，都是海德格尔不具备的:道德楷模、世界主义者、公共哲学家的榜样。布吕赫权衡了一下阿伦特前四点原因,鼓励她不要有任何疑虑地接受这个邀请。而对最后一点原因,他很简略明了地说:"你应该在那里讲'好欧洲人'的概念。而这是海德格尔这个不成熟的德国人应该听听的。"[81]

在布吕赫的烦恼爆发之前的六年,他一直都保持着耐心而平静的态度,阿伦特在和平奖典礼的致辞实际上带给她一次发泄对海德格尔憎恶的渠道。阿伦特在1949年、1952年和1956年访问欧洲期间,除了完成许多项目计划,一直在努力恢复雅斯贝尔斯和海德格尔的友谊。她的努力没有成功,到1958年时,她就准备放弃这种努力了。

当1949年阿伦特和海德格尔重聚时,海德格尔私人的和哲学上的境况都让阿伦特颇为费神。那一年,他发表了《关于人道主义的书信》,第一次向公众宣布他的哲学思考正在经历一次"反转"。海德格尔发现自己的早期著作《存在与时间》太主体性(subjective)了,太关心人们如何能够找到并回答"存在的意义这个问题",他开始将人视为对存在(Being)的回答。不是出于人自身的自发性,而是出于他对存在的"听",形成他的思考和言语。阿伦特认为,海德格尔的转变与他早期"转向反对人的自作主张"有关,这是他在1933年弗莱堡大学校长就职演讲上反对人的普罗米修斯式的自大。但是,他将人的观念发展为"存在的功能"深深困扰了阿伦特。[82]她认为,海德格尔转向了世界"将人从存在中剥离出来"的神秘主义观点。简而言之,他变得越来越非政治化,尽管他拥有很多阿伦特推崇的历史洞察力。阿伦特和布吕赫在1952年的通信中讨论海德格尔的著作时一致认为,海德格尔最弱的一点就是他的"历史性"(historicity)观念,而这本可使他的思想具有政治的维度。阿伦特思考的结果就是她1954年在美国政治科学协会发表的演讲。因为这份演讲稿从未被公开,所以这里通过大段引用来看阿伦特如何处理海德格尔的著作不无价值。如阿伦特以前写的文章一样清楚,这篇文章展现了阿伦特从海德格尔那里学到的东西以及她发现的海德格尔思想的局限:

在《存在与时间》[1927 年]中，海德格尔用本体论的术语，而不是人类学的术语，形成了“历史性”概念，而最近他已经达到一种新的理解，根据这一新理解，“历史性”意味着被遣送上路[历史(Geschichtlichkeit)]和技术(Geschicklichkeit)在作为被遣送上路和人们愿意承担的“遣送”的意义上是一致的]，因此在他看来，人类历史与在其中得以展现的“存在”的历史相一致。与黑格尔相反的地方是，在本体论历史(Seinsgeschichte)中，没有超越精神和“绝对”得以展现；用海德格尔自己的话说就是：“我们把所有‘绝对’的傲慢抛在了身后”(“Wir haben die Anmassung alles Unbedingten hinter uns gelassen”)。在我们的语境中，这意味着哲学家已经抛弃了这一主张，即他是“英明的”，他知道关于人类城邦易变事务的永恒标准，因为他并不真正属于它，而与“绝对”非常接近。在这个时代的精神和政治危机的语境中，它意味着哲学家和其他所有人一样，在失去了所谓的传统“价值”框架之后，要寻求的既不是重建旧的价值，也不是发现新的“价值”。

哲学家自己通过历史性的概念对“英明的人”这一位置的放弃，在两个方面很是重要：首先，对宣称自己英明的拒斥，开辟了根据整个政治领域自身的基本人类经验来重审整个政治领域的道路，从而也含蓄地抛弃了植根于完全不同种类的经验之中的传统概念和判断。第二，这样一种考察被历史性的概念引导并限定，历史性的概念尽管与政治领域明显相近，但从未到达它的中心——作为一种行动存在的人。在《存在与时间》中，当海德格尔开始用对日常生活——这日常生活不知孤独，却不断被别人迷住——进行广泛的现象学描述来分析人类存在的时候，他自己就朝这条路迈出了决定性的一步。这些分析对同时代的社会学研究产生了特定的影响，即使在人(在最宽泛意义上的公共舆论，大写的“人”)针对自身的对立范畴中，它们仍然有效——在这些分析中，公共现实能隐藏真正的事实并阻止真实的呈现，哲学家对城邦的古老敌意是再明显不过了。然而，更为重要的是其他内在于历史性概念本身的局限。由于它最初源自思想和事件(“事件”在海德格尔最近出版的作品中扮演着越来越重要的角色)的联结,它能对历史而非政治,对事件而非行动,提供更好的解释。这似乎就是哲学中的趋势对时代一般趋势高度敏感的原因,比如对世界的技术化,全球规模的“一个世界”的出现,社会对个人日益增大的压力,以及随之而来的社会的原子化等等,也就是说,对所有可以用历史术语进行理解的现代问题;而政治科学中更为永久的问题,在某种意义上更加明显是哲学的——比如,什么是政治?谁是作为政治存在的人?什么是自由?——似乎已经完全被遗忘了。[83]

阿伦特和布吕赫都带着很大的兴趣阅读海德格尔战后的著作,后来阿伦特还帮了美国翻译和编辑他的著作的人的大忙,特别是在她朋友格伦·格雷(Glenn Gray)开始编辑哈珀与若(Harper and Row)出版社的海德格尔系列之后。她通常认为海德格尔是一个“哲学家的哲学家”,[84]这是她在耶鲁大学工作时的一次演讲中提出的。而她将自己视为一个政治理论家,海德格尔的后期著作成了她的著作的背景。当她回到思考“纯哲学”,即《心灵生活》时,海德格尔后期的著作,特别是他关于思想和语言的反思又回到阿伦特关注的核心。但阿伦特从来不是不加批判便接受。她通常会对海德格尔的思想有所保留,她认为,《存在与时间》——而不是他的后期著作,才是海德格尔最伟大的贡献。

阿伦特不像其他人那样反对海德格尔的哲学术语,而是称赞他为找到一种哲学语言作出的努力。但是当他的语言或风格太复杂、自我意识过强和过于自我指涉的时候,阿伦特就加以反对。她借用海德格尔的思考时,比如在写《心灵生活》时借用《同一与差异》,尽力想将其转化为更为简单易懂的方式。她对海德格尔的错综复杂的不快只在私下交流中表达出来,像阿伦特给科特·布鲁门菲尔德的一封信中写到的,在这之前的年月里,布鲁门菲尔德收到很多阿伦特对德国人的顽疾和德国犹太知识分子的评论。阿伦特诊断这种顽疾的病根是对成就“独特人格”的沉迷:

当我回顾18世纪的时候，在莱辛和哈曼(Hamann)、康德和赫尔德尔身上我没有发现一点(这种顽疾)的踪迹。在歌德身上就有一些，上帝知道那些哲学导师黑格尔、费希特、谢林等无疑都是天才。要理解他们，必须也要具备多多少少的天分，或者受过很高的教育，但是为什么，为什么真正的天才要这样？昨天我在读海德格尔最近的文章《同一与差异》——很有趣——但是他引用他自己并解释他自己，就好像他写了一本《圣经》。我简直无法忍受。他的的确确是一个天才，而不是仅仅受过很高的教育。同样的问题：为什么他要这样？这是种不能名状的令人讨厌的怪癖。[85]

雅斯贝尔斯就没有这种怪癖，他曾经激烈批评对歌德的天才式崇拜，这也曾招致学术圈对他的愤怒。阿伦特设想如果海德格尔能和雅斯贝尔斯中和一下，他就能从自己的缺陷和使这一情况更严重的追随者中走出来。

阿伦特通常不信任哲学学派，她发现海德格尔和他的老师胡塞尔的追随者都很令人讨厌。战后德国大学中的派系和时尚让阿伦特深为不安。

我非常担忧海德格尔的名声。一场“运动”或一种“趋向”只要一开始就有可能随时刮走或改变方向。海德格尔对此心知肚明，但是仍随波逐流——认为情况不会像我提醒他注意的那样。实际上，要非常小心。比如说荣格，两年前每个人都在谈论他，但是现在无人问津，他的书也找不到一本。所以情况在一天之内就会发生变化。对雅斯贝尔斯来说也一样，但长时间来看，现在的情况不能说明什么。这就是目前德国的风气，每个人都转瞬即逝。可能是我错了，但我不这么认为。[86]

阿伦特担心海德格尔另一方面的声名会压倒他，这就是阿尔弗莱德·卡津向她汇报他在德国时的情况：“关于马丁……太悲哀了。我没有别的方式，以后也没有……不过当阿尔弗莱德十分天真地告诉我，海德格尔这个名字在学术界和其他领域已经变成了‘骂人的话’，我很痛苦。我真的没有能力改变这种情况。”[87]阿伦特不能自抑对海德格尔的愧疚感，但是她也无法改变海德格尔曾经在纳粹党中呆过一年和许多人不愿原谅他的事实。甚至雅斯贝尔斯，尽管阿伦特出了力，他还是不愿意原谅海德格尔。在1952年去巴塞尔拜访雅斯贝尔斯以及她与雅斯贝尔斯在圣·莫里斯(St. Moritz)一起度假时，阿伦特表示了自己的感受：“很显然，我所希望的在海德格尔身上发生的一切都没有发生。我已经无能为力了。雅斯贝尔斯只看到伤害那一面而看不到另一面。或者当我在这儿的时候，他看到了另一面。我还能做什么呢？实在是无能为力！”[88]

阿伦特对海德格尔个人处境的同情是一贯的，即使是对他的那帮人的不信任与日俱增，她公开地说那是“另一个[斯泰芬·]乔治—凯瑞斯(Stefan George-Kreis)”：“要不是那帮人都傻乎乎的，我在海德堡看到和听到的海德格尔的影响真是灾难性的。”[89]她感到海德格尔被一群不可靠的颓废人士包围着——“唯一一个真正的人就是他的兄弟”——并且被他妻子过多地控制着。用她解释暴民与精英联手的术语，阿伦特向布吕赫形容海德格尔的婚姻：“这是一个精英和暴民联姻的经典案例……整个故事就是一个悲剧……当我想象他如何在工作一结束就陷入那种环境，简直让我发晕。”[90]海德格尔家庭生活的每一件事都让阿伦特伤心，但是他手稿的混乱和他书房中摆的海德格尔夫人的书最让她生气：“那儿，在他的书架上，全都是格尔特鲁·鲍默(Gertrud Bäumer)的书！”[91](鲍默夫人是德国妇女运动协会的领导人之一，编了一份纳粹认为没有审查价值的杂志)布吕赫对海德格尔婚姻的评论用了本体论的一个短语表达：“一个脑袋空空的妻子能摧毁一切，这是多么独一无二：虚无毁灭一切。”[92]

艾尔弗里德·海德格尔和海德格尔的男性朋友圈子让阿伦特非常忧虑，她不断寻找能让她安心的保证，在她发表法兰克福和平奖的致辞之前的那个春天，一个意外的机会让她放下了心。前绍肯书局的编辑马克斯·施特劳斯的妻子汉娜·施特劳斯(Hannah Strauss)是一个笔迹学(雅斯贝尔斯对此也很感兴趣)专家，她在家里组织了一个研讨会。一天下午，阿伦特带着一些手稿去参加这个研讨会。当汉娜·施特劳斯检查完瓦尔特·本雅明的信后宣称这个人有自杀倾向时,阿伦特非常吃惊。汉娜·阿伦特将样本拿回,不想听到任何其他的,低声说:“是的,他前不久刚结束了自己的生命。”然后她拿出了海德格尔的笔迹,不是信而是一段书稿。“这个男人,”汉娜·施特劳斯说,“非常着迷于语言,着迷于单词和它们的来源,它们的语源学:像鹿特丹的伊拉斯谟(Erasmus),并且笔迹也很相像,这个男人为他承诺的事情犹豫不决,将自己和一个事件连在一起,然后撤回到自己的领域中工作。”阿伦特非常吃惊于这些对海德格尔哲学激情和过去政治的准确断言,她还有一些更私人的问题。“他结婚了吗?”“是的,”汉娜·施特劳斯回答说,“但是婚姻对他并不意味着什么。”“他是同性恋?”“不,但是和男性朋友的交往对他很重要。”施特劳斯太太两句简单的回答帮助汉娜·阿伦特解决了她对海德格尔生活环境两件害怕的事情。[93]但是当焦虑缓解的时候,她失去了自己的耐性。

1958年阿伦特发表对雅斯贝尔斯的“颂辞”之后,她对海德格尔的忠诚就开始逐渐消失了。当她做一些事情以让海德格尔意识到“瞬息万变的德国氛围”和他交往的人的品质时,阿伦特允许自己的学术不被那么赏识。海德格尔对她的著作的兴趣并不大;他非常吃惊于阿伦特的声望之大,竟然被邀请到在德国图书商会讲演,他不满意于公众对她的赞誉。

但是,最让海德格尔吃惊的是,阿伦特决定让他直接知道她有能力写作,就在因为她的大度而被赏识的几年后,她给海德格尔寄去了一本《人的境况》的德文版,名为《实践生活》。结果就是海德格尔和他那帮人的敌意的爆发。“我知道,”阿伦特向雅斯贝尔斯解释说:“他无法忍受我的名字出现在公众视野中,并且我写了书,等等。我一直以来都在对他说谎,在他面前表现的就好像这些都不存在,甚至我连数数都不能数到三——除了他给我他自己思想的解释时;而当看到我能数到三,甚至数到四的时候,他就感到很满足。但是突然我对这种伪装感到厌烦,我也为自己的改变付出了代价。有一段时间,我对他的反应很生气,但是我再也不会这样了。现在我认为我是有责任的,不管对那些谎言还是对突然中止的这个游戏。”[94]雅斯贝尔斯接受了这种坦诚、直白的解释，但是仍然难以相信："你对海德格尔行为的解释太让我惊讶了，要不是从非常了解他的你的口中说出，我简直不敢相信。他肯定很早就知道你的书了，因为所有的报纸都在评论你的书。唯一的新元素就是你直接寄给他，然后就是这种反应！最难以置信的事情变得可能了。"[95]

汉娜·阿伦特没有向雅斯贝尔斯解释，她为什么要通过装作一个不太聪明的女性来取悦海德格尔，或者为什么她突然厌烦了她的伪装。非常显然的是，海德格尔希望将她看成缪斯女神，而不是平等的人，这样他对她的爱就非常浪漫。她顺从了，并且没有发表对海德格尔著作的批判文章。可能她想成为他的妻子所不能承担的妻子角色，或者情人角色，或者两者都是。对她来说，在那个环境中为海德格尔提供一个庇护所比提供学术上的合作更重要；对她来说，也没有什么必要结成学术上的伴侣，因为在家里，她可以和布吕赫在一起；在巴塞尔；她和雅斯贝尔斯在一起。她自己也有一段罗曼史，或者至少是和拉尔·瓦恩哈根在一起，自从年轻时，对海德格尔的爱，就将她带进了阴影之中。

在美国的论战

汉娜·阿伦特很少收回自己的观点，无论是因为私人还是政治原因；任何假话，不论其动机如何高尚都让她感到不适。当她作出警告的时候，往往要接着为其碰壁而付出代价。她忍耐的结束，也是麻烦的开始，她打破自己的沉默，开始在《建设》专栏用"这意味着你"的口气发言。而她最尖刻的评论却被保留着没有发表，因为对她评论的事情，其他人都因她不能接受的理由而保持沉默；无论何时她怀疑这沉默是一种共谋时，就会带着气愤有时是轻蔑的语气写作。

同样的纽约知识分子的"共谋"，在麦卡锡时代也让阿伦特和布吕赫非常生气，这在1957年发生正面冲突，一场激战开始了。汉娜·阿伦特第一次的经历源于她的一篇关于种族融合的文章而引发的公共论战，这篇文章就是《关于小石城事件的思考》。正如小说家拉尔夫·埃利森（Ralph

Ellison) 1963 年记录的那样，这场论战"是日后艾希曼事件争论的隐秘预兆"，[96]《艾希曼在耶路撒冷》论战乃是其继续。在两个事件中，阿伦特都很激动地迎风而上。在这两篇著述中，她明显地不耐烦于对没有任何反抗能力的无辜牺牲者的同情，由此她也被认为没有同情心，甚至是铁石心肠。在这两次写作中，她都舍弃了几年前在《极权主义的起源》中的悲剧性哀伤的笔法。她对南方诸州白人对黑人学校的种族歧视和纳粹迫害犹太牺牲者的评论没有带丝毫同情；她的写作也没有对那些让自己孩子忍受种族斗争压迫的黑人家长和与纳粹合作的犹太领导者的道德愤怒。在她的评论中，阿伦特向自己提出了一个问题：如果换成你，你会怎么做？但是在这两件事中，这个问题的提出和回答都是脱离实际背景的；在写作之前，她尽力站在别人的处境进行换位思考，并估量可能的行动选择；在没有公布这种换位思考的情况下，无疑这种写作本身在很多读者看来就是很刺耳的、不适宜的和傲慢的。

当她的《关于小石城事件的思考》发表的时候，阿伦特写了一个序言，在序言中，她非常例外地，带着对公开展现自己私人经验的局促不安，警告她的读者说："既然我写的可能会伤害到善良的人，会被坏人滥用，那我应当明确的是，作为一个犹太人，我对黑人和所有受压迫者以及穷人想获得认可的心理是有同感的，如果读者是这样的话，也会认可这一点。"[97]论战继续着，阿伦特觉得必须把她换位思考的观点公布出来。在一篇对她的批评者的回应文章中，她又回到促使她得出那些结论的做法上来："如果我是一个黑人母亲，我会怎么做？如果我是一个南部州的白人母亲，我会怎么做？"[98]阿伦特的政治理论经常就来自这种思想实验，她试图通过经验观察找到政治立场、决定和政策的经验基础。但是，在她的《关于小石城事件的思考》和后来的《艾希曼在耶路撒冷》中，这种经验太复杂，并且其中感情非常强烈，以至于她在读者之前首先就质问自己，并保留了很多误解，她让读者看到的不只是她的理论，还有她的彷徨。

阿伦特《关于小石城事件的思考》一文的理论框架，后来在她的《人的境况》中有进一步的发展，直到 1959 年她发表在《异议》上的一篇文章之后，大家才了解到这种理论框架。在文章中，她简要区分了人类活动的三种领域：私人领域、社会领域和政治领域，说明了种族歧视在每个领域中意味着什么。阿伦特提醒她的读者："不是种族隔离的社会习惯违宪，而是它所诉诸的法律强制违宪。"[99]她声辩说，社会中的歧视不应该被法律触及。社会平等也不能强加；平等"源于政治体"，法律的强制只能限定在这一范围内。美国的社会团体和协会组织的基础是"职业、收入和种族出身"，而不是像欧洲国家那样基于"阶级出身、教育和礼貌"，美国的这种方式是基于自然，基于"社会权利"，而不是臣服于法律之前平等这一基本的政治原则。阿伦特甚至走得更远，她将在社会团体中显然存在的社会歧视，看作对抗"大众社会"、对抗一个不存在团体差异和利益消失的社会的重要屏障。"关键问题，"她写道，"不是如何去废止歧视，而是如何将它限制在社会领域之内，在社会领域中它是有合理性的，但要防止它侵入政治和私人领域，因为它在这两个领域将是破坏性的。"或者换种方式说："政府无权干涉社会中的偏见和歧视行为，它不仅没有权利，还有责任确保这些行为不被立法所强制改变。"

没有像《人的境况》中有复杂的历史研究，阿伦特阐发的区分对她的批评者来说很奇怪，不是因为论述本身，而是因为他们从阿伦特那里引申出两个令人震惊的主张。她的第一个主张是，在私人领域立法强制消除种族隔离是强制消除种族隔离中最可恶的一种。因为私人领域中"它的法则既不是[法律面前的]平等，也不是[社会]歧视，而是排他性，"亦即私人的个体选择。阿伦特深知，当纽伦堡法有效时，自己同一个异教徒的婚姻在她的家乡是不会被认可的，所以她认为在1959年首先应该发起的行动是，取消在49个州中有29个州实施的反对种族通婚的法律。"甚至像投票等宪法中列举的几乎所有其他的政治权利，相对于《独立宣言》中提出的'生命、自由和追求幸福'这不可让与的人权来说，都是第二位的；而家庭和婚姻的权利，毋庸置疑地属于这第一位的人权范畴。"阿伦特的建议，即认为黑人应该将取消通婚禁令作为他们首要的政治诉求，在她的读者看来要么是错误的，要么是不实际的。

阿伦特的第二个看法就更像是异端了。她认为，公立学校不适宜成为联邦政府干涉的中心，因为三个领域在这里交叉。学校涉及的有：按家长认为合适的办法培育儿童的私人权利，他们希望和那些人结伴的社会权利，和“为孩子们以后成为有责任的公民而做准备”的政府的政治权利。强制教育会限制家长的私人和社会权利，但这并不表明他们不能决定将自己的孩子送到哪所学校或者学校的社会评价怎么样。阿伦特将像交通这样的公共服务视为采取措施的合适领域，但是，她对强制进行的学校种族融合发出了警告，因为那样将把孩子置入家庭和学校之间的混乱冲突中。这一冲突“是在家庭偏见和学校要求之间的，老师和家长的权威同时丧失了，取而代之的是孩子们自己形成共同看法，而他们是没有能力也没有权利来为他们自己建立一种公共舆论的”。阿伦特认为，让孩子成为种族融合的先锋是家长责任的逃避：“我们现在难道不是到了这样一种地步，孩子们正在被要求改变或提升这个世界？”

这两个主张就已经足以引发一场论战，但阿伦特的第三个论点即只关于政治理论的主张为她赢得了保守主义干将的名声。阿伦特指责自由派的短视——自由派认为，阿伦特对各州权利的诉求，不是别的而只是阻碍种族融合的“南方人的托辞”。“自由派的那些人没能理解权力的本性，如果权力的地方基础破坏了，全国作为一个联合体的权力就将受到损害……在这个国家，各州的权利就蕴含在权力的最真实来源之中，而这不仅仅是为了促进地区的利益和多样性，更多的是为了作为一个整体的共和国。”对阿伦特的许多自由派读者来说，这听起来就像共和党的大会演讲。

但是，阿伦特的《关于小石城事件的思考》，最初由一本犹太杂志《评论》约稿，反映的是她的犹太人特性，而非保守主义。她的“局外人”和“攀附者”的概念主导了她的进路，虽然她从没有提出来。在《生活》杂志一张关于小石城暴力情形的封面照片里，阿伦特看到一个黑人女孩被他父亲的一个白人朋友从种族融合的学校护送回家；在女孩的身后，她看到“一群白人小孩”，他们扮着鬼脸辱骂着，他们的“公共舆论”，几乎就能被听见。在阿伦特看来，很明显，“这个小女孩被要求成为一个英雄，而这既不是她未露面的父亲也不是同样未露面的有色人种协会（NACP）代表想让她做的。”这个“未露面的父亲”做了家长所不应该做的：他让他的孩子去她不喜欢去的学校，让孩子去扮演一个攀附者，他将教育视为社会进步的一种手段。这个孩子的“尊严没有得到绝对的保护”，玛萨·阿伦特曾经很精心地给过她女儿这种保护，阿伦特曾被教导离开她不想要的社会环境，回家。

阿伦特担心的是这个黑人小姑娘身上会出现“犹太人综合症”，对非犹太人的害怕，一种自卑感和夸张的内心的敏感；这就是阿伦特曾向她母亲描述的她在巴黎“青年阿利亚”时的感觉。“从心理学上讲，不想要（一种典型的社会困境）的情况比直接的迫害（一种政治困境）更难以忍受，因为这涉及个人的自豪感。这里说的自豪不是说像为自己是一个黑人或犹太人或盎格鲁—撒克逊新教徒这种事情而自豪，而是对我们偶然的出生（我们的“创生性”的境况）自然认同的感觉。自豪不能比较，无所谓卑微或优越。”[100]阿伦特在黑人为种族融合而作的斗争中看到了所有在犹太人同化过程中出现的两难困境。她所希望的是，黑人应当知道，政治不只是白人的领域；行动，植根于创生性，开启新的东西。阿伦特继续说：“由迫害而导致自豪的丧失，还没有被从一个群体推到另一个群体中丧失得多。如果我是南方的一个黑人母亲，我感到，最高法院的命令，不是有意的，但又不可避免地，把我的孩子放进了比以前更卑微的境地。”[101]她感到这里没有什么新东西，只是对旧式压迫的心理感受，那是攀附者行为的代价。

阿伦特提倡政治行动，但是，她根据对反犹太主义的理解和对德国犹太人历史知识的了解，认为即使政治行动成功，政治平等也是个问题。已经被社会作为“例外”接受的德国“例外的犹太人”知道政治上的解放会夷平社会差异，同时会将这些特殊的人和他们“落后”的同胞共有的无法消除的犹太人特性带到前面。她担心随着黑人推动的每一步的进展，那些将他们区分出来的自然的和身体上的差异会成为白人越来越仇恨的焦点。同时，她也担心靠着“用未来的精神教育孩子”以改变世界这一乌托邦理念，会增加对他们的仇恨，带来“不必要的痛苦”。“意识到未来的麻烦，”她赶忙又说，“并不是说要支持一种相反的趋势，而这一趋势已经持续 15 年了，也于黑人大为有利。但是却要求人们支持政府谨慎而温和的干预，而不是采取急躁、有问题的措施。”

尽管一些研究者像贡纳·缪尔达尔(Gunnar Myrdal)和他的助手们(也是《美国的困境》的作者)表示，在南部白人对通婚的“仇恨度”远远大于在学校实行种族融合，但汉娜·阿伦特并不认为废止关于禁止通婚的法律是不谨慎的。她认为，对黑人来说，“真正的问题”是法律面前一律平等，而通婚的平等权则是最核心的。她认为自由派准备用实际性和可行性来证明白人对通婚的反抗将不可能使法律废止的做法，就如同托马斯·杰斐逊(Thomas Jefferson)面对奴隶制罪恶时召唤实用性的做法。“无论什么形式的歧视和社会上的种族隔离，都没有像关于种族的立法那样在这个国家的历史上造成了永存的原罪。”阿伦特强调像肤色这样身体上的差异会变成仇恨的焦点这一危险的可能性，因为她知道，种族主义是一种系统的伪科学的意识形态，它与简单的种族歧视和她在《极权主义的起源》中提到的“种族思维”是完全不同的事情。阿伦特担心，有缺陷的种族融合计划会激起白人的暴力对抗，这种暴力对抗可能会被一种充分发展的种族主义意识形态正当化。

阿伦特《关于小石城事件的思考》之上的论战，在该文 1959 年冬发表之前一年多就开始了。这篇文章是由《评论》的编辑在 1957 年 10 月委派给她的，在这一个月之前，自重建法案在国会通过以来的第一个公民权利立法通过。当阿伦特写作该文的时候，国家安全人员和第 101 空降师的伞兵正控制着在 9 月爆发暴力冲突的小石城高中。到她在 11 月完成写作的时候，部队就开始撤离了。阿肯色州(Arkansas)州长奥瓦尔·福伯斯(Orval Faubus)也已经开始回撤，准备另一轮在法庭的斗争。

当《评论》的编辑们收到阿伦特的文章后，他们如同又面对着《犹太复国主义再思考》一文那样，不知所措，犹豫不决。得知了在《评论》办公室所引发的争论后，阿伦特提出要撤回自己的文章。但是编辑们拒绝了她在 11 月 23 日提出的要求，并决定同时向悉尼·胡克约一篇此文的回应文章，刊发在同一期中。两篇文章都被排成了长条校样，并把回应文章的复印件寄给阿伦特，征求她的意见。但是这种做法给编辑带来一系列麻烦；他们先是推后了原定于1958年2月发表的计划，然后告诉阿伦特他们对同时发表两篇文章犹豫不决。阿伦特在2月1日愤怒的信中，表示撤回自己的文章，并表达了自己的气愤：她说，你们的拖延让纽约文坛的流言蜚语盛行，阻止了“人们阅读和形成自己的观点”，并剥夺了她作出“任何适当的辩护”的机会。“有争议的问题只有在一种大家的善意超越了怀疑的气氛中才能被讨论，”她总结说，这显然让她怀疑编辑的善意。[102]

在久病之后，埃利奥特·科恩重新掌管《评论》，但他不确信也没有能力断言自己对被阿伦特称为“格林兄弟”（马丁·格林和柯莱门特·格林）的他的编辑同事们的权威。称格林兄弟为“老板”的、科恩年轻的被保护人诺曼·波德霍雷茨（Norman Podhoretz），认为拒绝阿伦特文章的决定是错误的，但是他对抗不过他的长辈。波德霍雷茨在他1967年的论文集《制造》中承认阿伦特的文章被认为“太易引起争议了”，[103]但是这种承认已在悉尼·胡克公开谴责阿伦特撤回她的文章是她自己害怕他的批评的十年之后了，在这期间，《评论》从来没有对此加以否认。

阿伦特撤回她的文章后，决定不再发表它，并希望已经激起的局势就此过去。但是，1958年6月，奥瓦尔·福伯斯的立法斗争开始了：小石城学校委员会试图将联邦要求的种族融合计划推迟两年半。这最后被最高法院否决，但福伯斯利用重开这一论战的机会，安排了关于种族隔离的全州的公民投票，为了控制公民投票，阿肯色州的公立学校被移交给一个私人的组织，以确保维持种族隔离。阿肯色州的黑人学校都关闭了，白人学校也因私人组织的管理不善被破坏。阿伦特对联邦强制的种族融合的怀疑态度并没错，她接受了《异议》的约请，发表了自己的这篇文章。[104]在1959年冬出版的期刊中，与阿伦特文章、她对此准备的一个笔记和两篇批评文章同时发表的还有悉尼·胡克的一封充满愤怒的信。

胡克之所以被激怒，是因为阿伦特在序言的笔记中引用了他对阿伦特文章最初回应的几个词语，他的回应文章其间被修改，并在1958年4月13日的《新领袖》分别发表。他指责阿伦特从《评论》中而不是从《新领袖》的文本中引用。但是这是对他的影响——即汉娜·阿伦特在看到“我的批评文章后”从《评论》撤稿——不太重要的证明。胡克的确提到了他对《评论》“编辑的一些困难”的影响，但是他的目的是通过责难阿伦特让她退缩，并怀疑那个“对美国人的知识水准说三道四”[105]的人的诚实。

与《评论》编辑的交往经历、悉尼·胡克的诋毁以及一篇在《异议》上发表的对她的批判文章，都让阿伦特感到震惊。那篇批判文章是普林斯顿大学教授麦尔文·图明（Melvin Tumin）写的一篇反对“阿伦特小姐”的长篇大论，那文章粗俗不堪。“图明先生，”阿伦特在回信中这样开头，“用他那种辩驳的方式已经将自己排除出讨论和争辩的领域。”[106]对《关于小石城事件的思考》一文充满敌意的态度，让阿伦特肯定了自己的怀疑，即她刚到纽约时曾非常赞赏的美国知识界开放的精神，经过麦卡锡时代已经变得非常稀少。

她被收养的这个国家已经不是以前那样了，然而让阿伦特十分惊讶的是，在美国知识界都持反对和批判态度的同时，她的《关于小石城事件的思考》一文成为年度杰出文章，获得了1959年朗文基金会奖。她写信告诉雅斯贝尔斯自己获得了300美元的奖金，还给他讲了关于另一个不太可能的获奖者的新闻故事，她是一个黑人学生，在小石城事件发生后，她对种族暴力对年轻人造成影响的陈述让人印象深刻。“（我获得的）这个奖，”她大为惊奇，“真是典型的美国特色。纽约的学校布置了一个话题作文给他们的优秀生，思考应该如何惩罚希特勒。对此，一个黑人小姑娘提出：他应该被披上黑色的皮肤并被强迫生活在美国。她因此获得第一名，并获得了大学四年的奖学金！”[107]

虽然阿伦特关于小石城的文章被许多自由派的人攻击，她还是对其中之一拉尔夫·埃利森表示了让步。埃利森在他于1963年回应《异议》的一篇欧文·豪（Irving Howe）写的名为《黑人男孩和土著儿子》的文章时提到阿伦特的文章。埃利森认为，阿伦特的“奥林匹亚权威”使她被孤立；他认识到她的批评者回应的激烈性很大程度都是由于她的语气。[108]但那不是阿伦特回应的批评。在一次和罗伯特·佩恩·沃伦（Robert Penn Warren）为名为《谁为黑人说话?》的集子的采访中,埃利森提供了一种对黑人家长为种族融合斗争观点的解释,对此,阿伦特认为他们是被强迫的。当沃伦要他详细阐述“黑人斗争中基本的英雄主义”时,埃利森说出:“他们必须生活在一个自己不被认同的社会中,没有真正的社会地位,但是他们卷入了社会的理想之中,他们努力前进,试图决定他们真实的位置和在社会中恰当的位置。”[109]

> 这些人比那些有能力获得社会认同的人知道更多的社会本质和社会价值本性。他们可能不能用哲学语言说出,但是他们可以将它实践出来……我相信,与黑人经验的意义联系的一条重要线索,在于理想,在于作出牺牲这一理想。汉娜·阿伦特没能抓住南部黑人的这一理想才导致她在《关于小石城事件的思考》中坠入左派阵地,在那篇文章中,她责难黑人家长在学校种族融合的过程中利用自己的孩子。但是,她对黑人家长送孩子穿过敌对人群时头脑中的想法完全没有概念。他们意识到这一行为实际存在的对孩子的启蒙寓意,那就是揭掉所有的神秘面纱,让他们直面社会生活的恐怖。表面上看,似乎是那些家长(他们希望这些问题不会存在)希望他们的孩子面对恐怖,而这恐怖和愤怒,都是因为他是一个美国黑人。由此他被要求控制由种族局势带来的内心的紧张,如果他受到伤害,他就是另一个牺牲品。这是一个苛刻的要求,但是如果他不能通过这基本的检验,他的生活将会变得更残酷。

阿伦特给埃利森写信承认:“是的,我没有能理解这种牺牲理想。”当她“意识到赤裸裸的暴力中最基本的身体上的恐惧”[110]时,她抛弃了自己先前的判断,不再认为黑人儿童的攀附者社会行为是他们父母要求的。黑人儿童不像阿伦特小时候的犹太儿童,被推入了一个他们不想加入的团体;黑人儿童是被“火的考验”启蒙来面对他们充满暴力的现实环境的。

和所有美国读者和电视观众一样,阿伦特在六年中已经知道太多的美国南部和北部黑人生活中的“赤裸裸的暴力”。在汉娜·阿伦特写信给拉尔夫·埃利森之前的春天，马丁·路德·金(Martin Luther King)领导了著名的蒙哥马利(Montgomery)到塞尔马(Selma)的游行；在之前的一年也就是1964年，北方城市爆发了骚乱；包括1941年为汉娜·阿伦特签署移民文件的犹太法官的儿子在内的三个北方学生，在一次密西西比州(Mississippi)投票人记录活动中被谋杀。

尽管阿伦特同意埃利森的主张并修正了自己的观点，但是她仍然确信教育不应成为唯一的甚至是最重要的社会或政治改变的源头。为了详细阐明理由，她写了《教育的危机》作为她《关于小石城事件的思考》的结束。就像亚里士多德《政治学》第一章一样，这篇文章关注的是成年人之间和成年人与孩子之间的权威问题。阿伦特责难美国的进步主义教育人为地剥夺了孩子们受保护的前政治的时间和空间——学校；摧毁了老师必须位于孩子们之上的天然权威；要求孩子们按照他们的观点像小大人一样行为。她力称，成年人不能放弃他们让孩子作为孩子生活的责任，他们不能拒绝给孩子一个受保护的时期，以让他成熟，让他在世间如在家中。“我们的希望总是依赖于每代人(通过创生性)带来的新事；但正是因为我们把希望寄于此，一旦我们试图控制新一代以让老一代规定他们将会如何时，我们就破坏了一切。为了保存每个孩子身上所带有的新奇和革命性事物，教育必须是保守的。”[111]汉娜·阿伦特对这条原则要求非常严格，她在自己的政治行动中也恪守此原则。一些年之后，当一个结束越战学生动员委员会的分支机构联系她让她捐款时，她起初同意了，但是在读了他们的宣传册子之后，她改变了主意：“当我们在电话中谈的时候，”她告知委员会的基金发起人，“我不知道你把高中生也牵连进去，我很遗憾地告诉你我不会为这捐出一个便士，因为我不能同意动员孩子参加政治事件。”[112]她的经验法则是“从18岁到80岁”，并且她也只有在上限上可以通融。

阿伦特经常是这样，她对保守主义的诉求是一种朝向革命冲动的媒介。然而所谓的革命者，通过教育试图确保革命的持久，产生的是被灌输过的、没有自发性的年轻人：“为新一代准备一个新世界，只会意味着他希望从后来者的手中剥夺他们自己一代的新机会。”[113]教育者应该向孩子们介绍这个世界，交给他们准确而执中地理解世界的工具，以便孩子们能在成熟之后在世界上明智地行动。当她在1969年写《关于暴力的思考》时，阿伦特谴责了黑人小孩没有被教会“数学和写一个正确的句子”就被鼓励去探究他们作为美国黑人的身份认同。虽然她同意拉尔夫·埃利森关于牺牲的理想和英雄主义对那些赤裸裸暴力的牺牲者和无家可归者来说是必要的等观点，但是她认为，这样一种理想和学习斯瓦希里语以及分离主义意识形态的培养是完全不同的。她对其他孩子的希望就是过去对她自己的期望；在犹太问题出现她的生活中之前，在自己作为一个犹太人必须去选择政治之前，必须有一段时间接受良好的教育。

Amor Mundi(对世界的爱)

当汉娜·阿伦特写像《关于小石城事件的思考》和《教育的危机》这样的话题式文章时，她使用了在《人的境况》中详细阐述的复杂的理论框架，但是，她很少停下来对它的主要内容进行重新阐述。她的急躁也为很多误解埋下伏笔，她也经常被认为是一个冷酷而晦涩的思想家，实际上，她专注于一种确定的方法。她称自己的哲学方法为“概念分析”的方法；她的任务是找到“概念从何而来”。用语言学或语言分析的方法，她把政治的概念追溯到提出这些概念的具体历史情境和一般的政治经验。这样她就能判定一个概念在多大程度上偏离了原义，并能知道随时间变化产生的概念之间的混淆，指出语言和概念上的混乱。用另一种方式表述这一方法就是：她实践了一种现象学的方法。

汉娜·阿伦特在《人的境况》中用现象学考察了三个概念：她道出了人的存在、人类活动和这些活动发生的空间的境况。人的存在的境况是：生命本身、创生性与必死性、多样性、世界性和地球。即人出生、活着、死去；他们与别人合作，与别人一同生活，从人的多样性中凸显；他们生活在地球上，生活在这个已经由人类的活动在地球上建立起来的世界之中。所有与人类行动有关的境况成就了实践生活：劳动、制作和行动；特定的境况与特定的活动相对应。生命本身就是与劳动这一活动对应的境况:人身体生物学上的过程——成长,新陈代谢和衰老——都受"劳动控制,劳动控制着人的整个生命过程"。世界性是与工作或制作的活动相对应的境况。人在地球上制造了一个世界,任何加入这个世界的持久存在的物品都变成了人的世界性境况的一部分。多样性是与行动相对应的境况;只有多于一个人存在的时候才会有行动,才有政治生活。最后,

> 所有三种活动和其相符合的境况与人的存在的最一般境况是分不开的:出生和死亡、创生性与必死性。劳动不仅保证了个人的生存,还确保了种族的延续。制作及其产物,人造物品,给终有一死的生命的短暂与人类时间易逝的特征赋予了一个永恒与持久的尺度。而行动,因其致力于创建和维系政治体,为记忆创造了条件。劳动、制作和行动一样都是植根于创生性,因为它们有任务提供和保存世界,预见并考量,以准备新来者——作为陌生人生而进入这个世界——持续地涌入其中。然而,在三者中,行动与人的创生性境况有着最密切的联系;内在于出生的新的开端能在世界中被感觉到,只是因为新来者具有开创新事物的能力,也就是行动的能力。[114]

人可以在单独状态中劳动或工作,但如果他们那样做,他们是不会意识到他们独特的作为人的品质的;他们就好像是劳动的动物或神圣的造物主。另一方面,人不能在单独状态中行动。多样性是行动必不可少的条件。行动依赖于别人的持续出现,它需要公共空间。公共空间与私人空间不同;或者用古希腊的概念来说,城邦区别于家庭,在家庭中,人的物质需要通过劳动和工作得到满足。家庭对于古希腊人来说是必然性支配的领域;相反,城邦的领域,则是自由的领域。

阿伦特分析的三组概念——条件、活动和空间——在人类经验中是持续存在的。但在不同的历史阶段,三组概念的关联是不同的。随着其关联的不同,概念本身也发生了变化。例如,劳动、工作和行动在古希腊和在中

世纪就被不同地看待并分级。古希腊人活动的最高形式就是行动,后来在中世纪该词就不如制作一词重要,而劳动在两个阶段都位于最低层。在现代,劳动的价值超过了制作和行动;制作的动物,在我们的时代让位于劳动的动物。这些变化都与活动空间的变化有关。对于古希腊人和古罗马人非常基础性的公共空间与私人空间的区分,现在几乎荒废了。在两个领域之间,阿伦特所说的"社会"出现,并逐渐征服了其他领域。社会是一种家庭空间,但是它的范围如此大地扩展,最后囊括了整个国家:整个国家就好像由许多个家庭组成的一个庞大的家庭;原来由小家庭负责的社会和经济事务,现在变成了国家官僚机构的事情。家庭的扩展意味着公共空间——自由空间——的缩小。在个体之中"私人的"没有了,就如主观体验或者汉娜·阿伦特说的"亲密性"那样。

人存在的诸条件——生命本身、创生性和必死性、多样性、世界性和大地——在活动和空间的巨大变化中仍然保持着相对的持续性。但是最近,人开始离开大地,开始空间之旅。他们开始将所有的人工制品变成消费品,生活在一个摧毁一切事物世界性的社会中。多样性在大众社会或尚同社会中已经变得越来越不明显;人的独特性已经变成仅仅"私人"或个性的主观感觉。创生性和必死性仍然是人的存在的界限,但是,现代科学已开始对自然采取措施,或者用汉娜·阿伦特的话说,发动了自然的进程。在汉娜·阿伦特写《人的境况》时,"对自然采取行动"是指原子加速器;现在就可以指 DNA 综合、试管婴儿和克隆、精子冷冻、器官移植和人工延长生命。现代世界与以往最不同的就是,阿伦特分析的最稳定的三组概念,即人类存在的条件、自身正在变成人类行动和潜能控制。

《极权主义的起源》不是一部历史著作,更多的是对形成极权主义的要素的历史性评述。《人的境况》也不是一部简单描写人类活动历史的书,而是对构成实践生活的元素的历史性评述。这本书呈现的画面缺少的就是从这些评述中得出的对未来的预见。这本书还有另一个区分:在传统的视野中,实践生活(vita activa)区别于沉思生活(vita contemplativa)。这些生活的层级被呈现出来:沉思的生活曾经被认为更高等、更严肃、更接近神性。

对于古希腊人而言，实践生活中第一位的也是首要的就是政治生活，行动的生活。劳动和工作与生活必然性有关，为人类提供物质供给，而行动或实践建立并维持着城邦。而到了基督教时代，在奥古斯丁之后，实践生活“失去了它特殊的政治含义，并指向了世间万物的各种活动，”行动本身也被认为是“人类世俗生活的必需之一”。唯一的自由领域就是精神沉思的领域；沉思的生活是唯一真正的自由生活方式。基督教的重估与古希腊并没有根本差异；柏拉图和亚里士多德也都看重哲学家从政治活动脱身的自由，但是他们继续保持了传统希腊对实践生活的表达，他们只准许哲学家寻求自由，而不是准许上帝的每一个子民。

这就是汉娜·阿伦特在检验实践生活之前必须思考的两种生活模式中的等级序列：“我的观点很简单，在传统的等级序列中，沉思的分量非常重，并已经模糊了实践生活内部的差异和清晰，尽管如此，它仍没有因为现代与传统的断裂和马克思、尼采对传统等级序列的颠倒而发生本质的改变。其原因恰恰是众所周知的颠倒的哲学体系或当下认同的价值的本质，即在颠倒的过程中，概念框架差不多原封不动地保存了下来。”[115]除了回溯活动和空间与条件关系的巨大变化，阿伦特还探索了实践生活和实践生活在现代的倒转，她得出结论说，即使当实践生活被抬到沉思生活之上，它的充分展现仍是在沉思之中被理解的。

人类活动类型的思辨概念正在远离这些活动所预设的条件以及它们得以发生的空间；这些概念的经验根基已经被丢弃。哲学家将自己从世界中走出，他的概念也因此从世界经验中走出。人类事务的现象不再被当作基于惊讶的沉思，惊讶对阿伦特来说是政治哲学的基本条件。

阿伦特在《人的境况》中对沉思的批判反映了一个时代的质问。她不称自己为一个哲学家，因为她就哲学对政治的态度持批判的态度。但是她像一个改革家一样，哲学地质问沉思的态度。以最简单的形式，阿伦特的问题是：我们应如何严肃对待政治事件和政治领域？术语很简单，但问题却不好回答。阿伦特认为，西方哲学家们从苏格拉底审判和被处死直到19

世纪，都更关心哲学如何能在最少干涉政治的情况下展开。在这个传统中，伟大的思想家无不考虑自己和政治的关系，当然，这种考虑并不说明他们认为，政治是真正的哲学问题得以提出的领域。政治领域应该被一种比实践智慧“更高”的智慧来调节。虽然19世纪的历史哲学家像黑格尔和他的继承者，赋予政治事务一种新的严肃性，但他们坚持个人的行动是普遍历史进程的一部分，而这普遍的历史进程揭示了超越政治领域的真理。这一启示与传统一致要求哲学家：在黑格尔看来，哲学家就是思考关于绝对与超越诸模式的人。

在50年代早期，汉娜·阿伦特就开始构想一种新政治科学，这种新政治科学是为这样一个世界准备的，其中所有的政治事件——世界大战、极权主义、原子弹——都要求哲学家们予以认真的关切。“新的世界需要一门新的政治科学，”托克维尔在《论美国的民主》中写道，在每个时代，这种新科学的必要性和潜在范围都在增加。19世纪创造的不是一种新政治科学，而是一种新历史观，阿伦特认为这到最后只是高高在上地观察政治领域的另一种方式而已。观察历史的代理人在必然性的戏剧中扮演自己的角色，也就错失了人类核心的政治能力：行动，开创不可预期的新事物的能力。“每一次，现时代都有理由期望一种新的政治哲学，但它收到的则是一种历史哲学。”116

阿伦特在19世纪历史哲学中发现的最大的不祥之兆就是历史目标的观念，它不是超越性的，但其自身是政治性的。不是一种绝对精神在创造历史，而是人自己创造历史，按某种理念塑造历史，比如一个无阶级社会。黑格尔体系中的目标—手段范畴转换成为一些政治范畴，这些范畴为本世纪最可怕的实践提供了理论依据。阿伦特解释说，那些认为“要做一盘炒鸡蛋，就不得不打碎鸡蛋”的人没有认识到——正如兰德尔·雅热尔一次说的——没有征求鸡蛋的想法，厨师在做菜。革命不是一盘炒鸡蛋。

在第二次世界大战之前，欧洲哲学就已经开始从黑格尔派移向对黑格尔的19世纪批判的道路上来，比如像尼采。在历史中没有发现绝对精神，反而历史性成为海德格尔在《存在与时间》中关心的问题，他和其他人一起对我们的日常生活进行现象学的研究。但是在汉娜·阿伦特看来,新的政治科学首先要求——也是最重要的——思考行动,行动是不可预料的新事物的开始,它不能由人制造出来,也不能由存在创造出来。当新事物的创造者被认真思考时,接下来的问题就是:什么是政治?什么是政治行动的条件?什么是政治行动的原则?什么是自由?

经过对黑格尔历史观念的批判和对海德格尔历史性观念稍微温和的批评,阿伦特转向了她认为西方传统中黑格尔之前认真地思考政治事件的康德。阿伦特在这思想的冒险中与康德的现代信徒——也是她的老师——雅斯贝尔斯一起协作,雅斯贝尔斯也与她一起关注哲学传统中的盲点。她感到康德的道德哲学本质上就是政治的:康德认为所有的人都是立法家和法官,而不只是政治家和哲人王是立法者和法官。统治者与被统治者间的区分,聪明的少数和无知的大多数这样的区分,是康德不能同意的——这种区分在黑格尔和海德格尔那里都被认为是合理的。康德关心的是人类多样性的条件,面对的事实是我们不是一人而是多人在一起,并且各人与别人都不相同。

这些康德式的概念对汉娜·阿伦特发展她的新政治科学越来越重要。但是最初她写《极权主义的起源》时,康德对政治的关注中给她印象最深刻的,是他直面世界中的恶的努力而不诉诸一种可改善的结构或者与世界的恶调和的观点。在《极权主义的起源》中,她接受了康德的"极端的恶"的概念,并一直到1961年至1963年写《艾希曼在耶路撒冷》时还在用,因为这对她而言是西方传统中认真对待政治恶行的贡献之一。[117]

将人视为一种行动的存在,观察人类行动的条件,同时不忽视行动歪曲为某种制作而带来的恶,成为阿伦特新政治科学的中心任务。在《极权主义的起源》之后的三部著作中——《人的境况》、《过去与未来之间》和《论革命》——她在不同的文本中处理这些工作,但带着同样的想法:古人靠提问的推动发现了哲学的起源,现在提问的目标就直接是人类事务的领域,即实践生活。她对待这种想法的认真程度可从她为手稿取的标题看出,其英文版的题目是《人的境况》,欧洲版的题目是 Vita Activa。阿伦特拒绝了沉思的哲学传统，她想称她的书为 Amor Mundi——对世界的爱。

汉娜·阿伦特在寻找新政治科学作为沉思传统的另一种替代的工作时并不孤单。但是，大部分美国理论家在 20 世纪 50 年代末在用完全不同的方式进行他们的努力。他们在社会学家称为“意识形态的终结”[118]的时候为知识分子寻找新的角色。许多关于知识分子的书在过去和当下出现，都在寻找新身份。启蒙的“人道党”成员、法国和苏联革命者、科学家、左翼作家和各个时期的落魄者，都被那些认为知识分子在美国已经长时间没有权力的人仔细观察。从质疑的动乱中，移民产生了：在约翰·肯尼迪(John Kennedy)的新前线政策的最初几年里，有更多的知识分子到了华盛顿。

在汉娜·阿伦特看来，知识分子的移民对他们和国家而言都不是幸事。“现在教授们是重要人物，而不是什么也不是了，”她在 1960 年初告诉一个采访者。她认为他们更容易受金钱和社会的腐化所影响，更容易受攀附者习气和市侩主义的腐蚀。“我个人认为，真实的贫困和最近的富足对知识分子是同样有害的。他们需要适当的安全感；他们不应该非常贫困，也不应该过于富足，两者都令人不安……知识分子已经形成一个阶级，当然他们已经成了市侩。我当然不是指全部。但是在他们除了知识分子(由他们的功能来界定)一无所是的范围内，他们就是市侩。他们还能成为别的什么样子呢？就像社会其他成员一样，他们也一致行动。”[119]

当亨利·基辛格在 1961 年的一篇著名的文章中提出的“政策制定者和知识分子”之间关系在美国大学里引起争论的时候，汉娜·阿伦特将她的质疑提到了更广泛的范围。当她在 1958 年完成《人的境况》初稿时，她准备写一本《政治学导论》。这本书后来没有动笔。写作计划几乎都被《过去与未来之间》中的论文占满了。阿伦特在一份给洛克菲勒基金会的申请表中表达了自己的意图：

> 它将在《人的境况》结束的地方继续展开。在人类活动方面，全部的关注都放在了行动和思想上。这本书的目的有两个：首先，对主要的传统概念和政治思想的观念框架进行批判性再考察，比如说对目标

与手段、权威、政府、权力、法律、战争，等等。通过批判我并不是为了“揭穿”。我将尽力找出这些概念在它们变得像废旧硬币、变成抽象概念之前是从何而来的。因此，我将考察导致这些政治概念出现的具体的历史与政治经验。因为即使是耳熟能详的概念，背后的经验仍然是有效的，如果我们期望摆脱那些已经被证明是误导的空洞概念，就必须重新抓住这些经验，重新使它们实在化。[120]

《政治学导论》的第二部分被设计为提供一种关于政治领域和其中的人类行动的系统审视。“这里我将主要关注人类多样性和与他们相对应的制度的不同形式。换句话说，我将对政府形式的老问题进行重新的思考，考察它们的原则和人们结合在一起的方式：行动通过和其他人以及和平等的同侪在一起而发生；思考活动因和‘自我’在一起而发生。因此，这本书应以讨论行动和思考的关系或曰政治和哲学的关系结束。”

写《政治学导论》的第二个目的正是《过去和未来之间》所没有涵盖的那部分写作计划。汉娜·阿伦特做的许多演讲本可能为讨论行动和思想的关系或哲学和政治的关系提供基础，但她没有将这些材料一起放进《过去与未来之间》一书中。后来，当她完成《论革命》后，对阿道夫·艾希曼的审判在耶路撒冷开庭了，她的注意力一直关注于具体的历史经验，这也促使她思考“极端的恶”的概念。直到60年代后期，当开始在新学院为社会研究协会上关于政治和哲学关系的课，并且写《思考与道德考量》等的文章时，阿伦特才又拾起思想与行动的关系。同时也直到70年代早期，当她准备她的名为“心灵生活”的吉福德讲座时，人的多样性的“思想”模式才占据了她整个的注意力。她50年代的工作——用她喜欢的话说就是“在她的掌控之中”——形成了三本书。但是，最后的果实用了二十年才成熟。

这些写作计划的历程和对材料的重新安排显示的只是汉娜·阿伦特思考和写作方式的表面——分离关键概念、追溯其起源、组织它们，然后将框架加宽加深，进一步加以区分，廓清，然后再组织。海德格尔曾经宣称，一个伟大的思想家只思考一个想法或只问一个问题。他自己的问题如他在

《存在与时间》扉页写的，就是存在的意义问题。他对这个问题的贡献引出了一个笑话，他从在黑森林的托特挪堡的家出门后就一直守望着“存在”，正如他的民兵同乡曾在那里站岗一样。汉娜·阿伦特则从一个世界性的有利视角，守望着行动。她问的问题是人类行动的意义，她守望着人的言和行。像海德格尔一样，她也意识到她心灵生活的一致、“我有时候想，”她在1972年写给朋友的信中说，“我们在我们的生活中都只有一个真正的想法，我们做的一切事情都是这一主题的扩展或变种。”[121]到写给朋友这封信的时候，她似乎已经放弃过去不愿称自己是哲学家，而称自己是一个政治理论家的做法。在1964年的一次电视采访中，她曾表示：“我不是一个哲学家。我的专业——如果可以这么说的话——是政治理论，我已经向哲学道别了。如你所知，我的确研究哲学，但是这不意味着我被它粘住了。”[122]但是当她开始写《心灵生活》的时候，阿伦特说她正回到她的“初恋”——哲学。她关于行动主题最后的变种是《心灵生活》中提出的三部分：思考、意志和判断。在她对人类多样性的第二种模式的关注中，与人的自我在一起，阿伦特政治思考的起点和终点显示了它们是一致的。将她的思想连在一起的是她逐步理解的将自身和别人联系在一起的爱，对世界的爱（Amor Mundi）。[123]

注释

1. Arendt, “On Humanity in Dark Times: Thoughts about Lessing,” in *Men in Dark Times*, p.12.

2. Ibid., p.15.

3. Arendt to Blucher, 11 April 1952, Library of Congress.

4. Arendt to Blucher, 17 April 1952, Library of Congress.

5. Blucher to Arendt, 10 May. 1952, Library of Congress; the poem is in Arendt to Blucher, 1 May 1952, both in Library of Congress.

6. Blucher to Arendt, 7 June. 1952 and Arendt to Blucher, 13 June 1952, both in Library of Congress. Blucher's poem is also in the Library of Congress.

7. Jarrell's letters, Library of Congress, are undated.

8. Arendt, "Randall Jarrell: 1914—1965", in *Men in Dark Times*, p.265.

9. 此处及下文的引用来自 Randall Jaell, *Pictures from an Institution* (New York: Alfred A.Knopf, 1954)。

10. Alfred Kazin, *New York Jew*(New York: Alfred A.Knopf, 1978), p.198.

11. Arendt, *The Human Condition*, p.242.

12. 来自布吕赫于 1952 年在新学院讲的一节叫"Why and How We Study Philosophy?"课程的笔记。存于巴德学院图书馆。

13. Blucher to his mother, Klara Blucher, April 1946, Library of Congress.

14. 来自布吕赫在巴德学院关于耶稣和亚伯拉罕的授课稿,存于巴德学院图书馆。

15. 巴德学院对布吕赫的邀请和面试见布吕赫 1952 年 7 月 16 日和 8 月 2 日给阿伦特的信,国会图书馆。布吕赫对公共课导论笔记以及他的讲座的手稿收藏于巴德学院图书馆。

16. Arendt, *The Human Condition*, p.8.

17. Martin Self to the Reverend Kline, Bard College president, 14 Dec. 1970, copy in Arendt Papers, Library of Congress.

18. Arendt to Blucher, 7 August 1953, Library of Congress.

19. Arendt to Blumenfeld, 16 Nov 1953, Marbach.

20. Arendt, *Origins*, p.64.

21. Cited in Arendt obituary, *New York Times*, 5 Dec. 1975.

22. 布吕赫 1952 年 5 月 10 日给阿伦特的信,国会图书馆。布吕赫在信中谈到他所听到的纽约小职员之间内部的争斗,并且赞扬了菲利普·若哈(他对克里斯托那篇文章的回应发表在《党派评论》上)。在阿伦特的论文集中并没有表示反对的信件,也没有她有关表示反对的信件发表在《评论》上。

23. Arendt, "The Ex-Communists", *Commonweal* 57(20 March 1953): 599.

24. For a report, see *I.F.Stone's Weekly Reader* (New York: Vintage Press, 1974), pp.34ff.

25. Blucher to Arendt, 5 July. 1952, Library of Congress.

26. Blucher to Arendt, 17 May. 1952, and Arendt to Blucher, 24 May 1952, both in Library of Congress.

27. Arendt to Hutchins, Fund of the Republic, 27 Jan. 1957, Library of Congress.

28. Arendt, "Project: Totalitarian Elements of Marxism," undated, ca. Winter 1952, to Guggenheim Foundation, Library of Congress. The following account is based upon this document.

29. 此处及下文的引用来自阿伦特给亨利·阿伦莫的信,Guggenheim Foundation, 19 January 1953, Library of Congress。

30. 在这四章中,只有"意识形态与恐怖"因为阿伦特一直忙于工作而保持初稿的状态。《意识形态与恐怖》发表于 1953 年 7 月的《政治学评论》,同时,另外一个不同的德文译本在费希特克里夫特出版,因为雅斯贝尔斯把它命名为"坦诚的见识"。最后译文是作为《极权主义的起源》(第二版)的倒数第二章出现的。其他三章作了修改以适合各自的出版,并且与马克思主义著作的框架无关。第一章变成了"理解力与政治",在 1953 年发表在《党派评论》上。第二章变成了"传统与现代"同样于 1954 年发表在《党派评论》上。第三章——关于法律与权利——作了浓缩,并且相应对它进行重名("什么是权威?")以作为卡尔·J.弗里德里希编的关于美国政治社会的法哲学这一章,*Nomos I: Authority*(New York: Bobbs-Merrill, 1958)。

31. Arendt to Blumenfeld, 16 Nov 1953, Marbach.

32. 这三部分的"美国与欧洲"系列发表在 *Commonweal* 60/23, 24, 25(1954 年 9 月)。

33. Arendt to Blucher, 24 April 1952 and 1 May 1952, Library of Congress.

34. 1954 年,《近期欧洲哲学中的政治关注》这一未发表的手稿收在阿伦特手稿中,国会图书馆。

35. Arendt to Blucher, 1 May 1952, Library of Congress.

36. Arendt to Blucher, 18 May 1952, Library of Congress.

37. Ibid.

38. Arendt to Blucher, 20 June 1952, Library of Congress.

39. Arendt to Blucher, 18 July 1952, Library of Congress.

40. Arendt to Blucher, 1 August 1952, Library of Congress.

41. Arendt to Blucher, 13 June 1952, Library of Congress.

42. Arendt to Blucher, 6 June 1952, Library of Congress.

43. Arendt to Blucher, 30 May 1952 and 13 June 1952, Library of Congress.

44. Hannah Arendt, "The Negatives of Positive Thinking: A Measured Look at the Personality, Politics and Influence of Konrad Adenauer," *Book Week*, *Washington Post*, 5 June 1966, p.1.

45. Ibid., p.2.

46. Hannah Arendt, "Religion and Politics," *Confluence*, September 1953, p.105. Arendt to Henry Kissinger, 14 Aug 1953, Library of Congress.

47. Arendt to Jaspers, 13 July 1953, Marbach.

48. Hannah Arendt's contribution to "Religion and Intellectuals, A Symposium," *Partisan Review*, February 1950, p.113.

49. Arendt to Blumenfeld, 2 Feb. 1953, Marbach.

50. Arendt to Jaspers, 13 May 1953, Marbach.

51. Japers to Arendt, 22 May 1953, Marbach.

52. Arendt to Jaspers, 13 July 1953, Marbach.

53. Arendt to Jaspers, 21 Dec. 1953, Marbach.

54. 乔治·凯南,C. J. Friedrich 编的 *Totalitarianism*(New York: Universal Library, 1954, p.34)中有他的《现代世界中的极权主义》,其中有相关讨论。

55. William Zukerman, *Voice of Dissent: Jewish Problems*, 1948—1961(New York: Bookman Associates, 1964),这本书来自 *Jewish Newsletter* 的一部分。

56. 汉娜·阿伦特,*The Conscience of the Jewish People*, *Jewish Newsletter* 14/8(21 April 1958):2。(这一部分是 1958 年为纪念马格内斯逝世 10 周年纪念而写的,其中一部分好像是基于 1948 年阿伦特作的悼文,而这一悼文并没有留下来。)

57. Arendt to Zukerman, 1 Nov. 1953, Library of Congress.

58. Blumenfeld to Arendt, 26 Oct 1953, Marbach.

59. 有效国会促进委员会在 Robert Griffith 写的 *The Politics of Fear*(Rochelle Park, N.J.: Hayden Books, 1970)中有所描述。关于阿伦特,见上书,p.226。

60. Stephen J. Whitfield, *Into the Dark: Hannah Arendt and Totalitarianism*

(Philadelphia: Temple University Press, 1980), pp.110ff.

61. Peter Nettl, *Rosa Luxemburg* (London: Oxford University Press, 1966), p.167.

62. Arendt to Blumenfeld, 31 Jul. 1956, Marbach.

63. Arendt to Blucher, 21 Feb. 1955, Library of Congress.

64. Arendt to Jaspers, 6 Feb. 1955, Library of Congress.

65. Arendt to Blucher, 12 Feb. 1955, Library of Congress.

66. Arendt to Blucher, 19 Feb. 1955, Library of Congress.

67. Arendt to Jaspers, 5 Feb. 1965, Library of Congress.

68. Arendt to Blucher, 12 Feb. and 19 Feb. 1955, Library of Congress.

69. Arendt to Blucher, 21 Feb. and 4 April 1955, Library of Congress.

70. 阿伦特在芝加哥大学(1963—1967)和新学院(1967—1975)获得了两个全职教职,但是它每年只讲一个学期的课。

71. Arendt to Blucher, 8 March and 14 April 1955, Library of Congress.

72. 此处及下文的引用来自布吕赫给阿伦特的信,未标识日期,ca. May 1955, Library of Congress。

73. Arendt to Blucher, 24 Oct. 1956, Library of Congress.

74. Arendt to Blucher, 31 Oct. 1956, Library of Congress.

75. Arendt to Blucher, 5 Nov. 1956, Library of Congress.

76. Ibid., with addendum dated 6 Nov..

77. Hannah Arendt, "Reflections on the Hungarian Revolution," *The Origin of Totalitarianism* (New York: Meridian Books, 1958), p.482.

78. Karl Jaspers, *The Future of Mankind* (Chicago: University of Chicago Press, 1961), p.vii.

79. Karl Jaspers, "Philosophical Memoir," p.66.

80. 此处及随后的应用来自阿伦特 1958 年 5 月 25 日给布吕赫的信,国会图书馆。

81. Blucher to Arendt, 1 June 1958, Library of Congress.

82. 阿伦特在她的 1946 年《什么是存在主义哲学?》中用到过"存在的功能"这一

短语，随后又用到讨论海德格尔战后著作——*The Life of the Mind*（New York：Harcourt Brace Jovanovich，1978），2：172—94。

83.《近期欧洲哲学中的政治关注》的手稿收在阿伦特手稿中，Library of Congress。

84. Leture notes for a 1951 Yale University "Heidegger and Jaspers Seminar," Library of Congress.

85. Arendt to Blumenfeld，16 Dec. 1957，Marbach.

86. 阿伦特 1952 年 7 月 25 日给布吕赫的信，国会图书馆。阿伦特同样写信给 Dolf Sternberger（28 November 1953，Library of Congress），也写给 Hugo Friedrich（7 July 1953，Library of Congress），来解释海德格尔的思想，同时呼吁对海德格尔的理解。

87. Arendt to Blucher，20 June 1952，Library of Congress.

88. Arendt to Blucher，1 Aug. 1952，Library of Congress.

89. Ibid.

90. Arendt to Blucher，6 June and 13 June 1952，Library of Congress.

91. Arendt to Blucher，13 June 1952，Library of Congress.

92. Blucher to Arendt，30 June. 1952，Library of Congress.

93. 施特劳斯太太报告给布鲁门菲尔德的这次会面，在布鲁门菲尔德给阿伦特的信（21 May 1958，Marbach）中有讨论。

94. Arendt to Jaspers，1 Nov. 1961，Library of Congress.

95. Japers to Arendt，11 Nov. 1961，Marbach.

96. Palph Ellison，*Shadow and Act*（New York：Random House，1964），p.108.

97. Hannah Arendt，"Preliminary Remarks" to "Reflection on Little Rock," *Dissent*，Winter 1959，p.46.

98. Hannah Arendt，"A Reply to Critics"，*Dissent*，Spring 1957，p.179.

99. 除非另外指出，这一与下面的引用来自阿伦特的《关于小石城事件的思考》。

100. Arendt，"A Reply to Critics，" p.179.

101. 阿伦特在给马太·利普曼的一封未公开的信（1959 年 3 月 30 日）中对犹太人与黑人进行了比较："人们会把它看成一条法则：政治上的平等总是导致社会歧

视，然而社会认可总是以政治不平等为代价。普鲁士的犹太人在渴望整个事业真诚地开始之前就知道会这样；准确地说，他们感到不能再远离非犹太人社会，被同化的人拼命阻止立法与政治上的解放……社会歧视并没有迫使我们赞同；如果我能过一种局外人的生活并且许多人喜欢这种生活。但是立法并没有强迫我们，因此它是一个政治事件。”

102. Arendt to Editors of Commentary，1 Feb. 1958，Library of Congress.

103. Norman Podhoretz，*Making It*（New York：Random House，1967），p.233.

104.《异议》的编辑决定发表阿伦特的论文，因为“我们信仰言论自由，即使这些观点在我们看来是完全错误的”（就像他们在编者笔记上写的那样）。

105. Sidney Hook，letter to the editors，*Dissent* 6/2（Spring 1959）：203.

106. Arendt，“A Reply to Critics，” p.179.

107. Arendt to Jaspers，3 Jan. 1960，Library of Congress.

108. Palph Ellison，*Shadow and Act*（New York：Random House，1964），p.108.

109. 这一引用与下面的摘录来自 Robert Penn Warren 编的 *Who Speaks for the Negro*?（New York：Random House，1964），pp.342—44。

110. Arendt to Ellison，29 July 1965，Library of Congress.

111. Hannah Arendt，“The Crisis of Education，” in *Between Past and Future*，rev. ed.（New York：Viking Press，1968），pp.192—93.

112. Arendt to Sara Johnston，Student Mobilization Committee to End the War in Vietnam，2 Feb. 1970，Library of Congress.

113. Arendt，“The Crisis of Education，” p.177.

114. Arendt，*The Human Condition*，pp.8—9.

115. Ibid，p.17.

116. Ibid.，p.298，n.62.

117. 阿伦特在她未发表的 1954 年演讲《近期欧洲哲学中的政治关注》中写道：“似乎在这种对恐怖经验以及认真对待它的拒绝中，这些哲学家就继承了拒绝承认人类事务领域的这一传统。惊异（thaumadzein），对作为是其所是的惊异，在柏拉图和亚里士多德看来，是哲学的开端，然而他们却甚至拒绝把它当作政治哲学的初步条件来接受。对人可能做的以及对世界可能成为的样子的无言的恐惧，在许多方面涉及对感激地无言的惊异，从惊异中产生了哲学问题。”

118. See Daniel Bell，*The End of Ideology*(New York：Free Press，1962).

119. Alfred Alcarez，*Writers Under Pressure*(London：Penguin Books，1965)，p.115.

120. 此处及下文的引用来自阿伦特给汤普森的信，Rockefeller Foundation，7 April 1956，Library of Congress。阿伦特有时提到这本书的德文题目 Einleitung in die Politik(《政治学导论》)，或者是 Einfuhrung in die Politik(《政治学导论》)；后一个题目可能暗示她把它看成海德格尔 Einfuhrung in die Metaphysik(《形而上学导论》)的对应。

121. Arendt to Richard Bernstein，31 Oct. 1972，Library of Congress.

122. Gaus interview.

123. Jaspers to Arendt，13 August 1955，Marbach，mentions *Amor Mundi* as a possible book title：*Ein Schoner Titel*.

第八章　延迟的治疗：艾希曼在耶路撒冷(1961—1965)

> 然而，首要的是，我要杀一两个人，只是为了摆脱集中营精神病，摆脱持续低声下气的影响，摆脱无助地看着他人被殴打或屠杀的影响，摆脱所有这些恐怖的影响。然而，我怀疑这将是我一生的伤痛。我不知道我们是否能幸存下来，但是我喜欢想象有一天我们能有勇气将真相告诉这个世界，并给它以合适的名称。
>
> 塔德乌什·博罗夫斯基(Tadeusz Borowski)：
>
> 《奥斯维辛(Auschiwitz)，我们的家》(一封信)

审判的报告者

1960年夏天，汉娜·阿伦特和海因里希·布吕赫在离他们常去的位于纽约帕伦维尔(Palenville)的柴斯特努特罗恩公寓几公里远的卡茨基尔一个瑞士风格的别墅中度假。阿伦特每日伏案工作，也与布吕赫和朋友们一起游泳或下棋，吃晚餐，去当地的酒吧和小店。他们经常谈论到《纽约时报》那篇令人震惊的报道：阿道夫·艾希曼在5月24日被以色列在阿根廷的特工逮捕；以色列和阿根廷正在为把他引渡到以色列交涉；联合国对以色列想在耶路撒冷对艾希曼进行审判一事进行了辩论。在他们等待审判的公告时，阿伦特在和卡尔·雅斯贝尔斯的通信中讨论了复杂的法律问题。接着，在得到艾希曼肯定会在耶路撒冷被审判的消息后，阿伦特决定向《纽约客》的编辑威廉·肖恩(William Shaun)推荐自己作为记者报告此次审判。

肖恩欣然接受了汉娜·阿伦特的请求，非常高兴有一个如此杰出的博学之人做通讯记者，她比曾在1946年因广岛事件的系列报道而给杂志带来崇高声誉的约翰·赫西(John Hersey)这样的"正规军"更适合这一角色。阿伦特联系到科特·布鲁门菲尔德，让他及时将审判日期和以色列媒体关于此事的讨论寄给她。接着，她就开始调整她1961年繁忙的日程。她告诉布鲁门菲尔德"我有一切可能的义务，而必须及时拒绝它们，自然地，我不能拒绝它们然后袖手旁观，像一个东普鲁士人说的那样：'大叔没有来'。"[1]阿伦特不想成为没有露面的大叔，她重新制定计划，1961年1月至2月在西北大学主持为期两个月的讲座，然后到哥伦比亚主持一个柏拉图研讨会；她取消了一个在瓦萨大学的演讲，并经洛克菲勒基金会同意更改了一年的期限。在给洛克菲勒基金会写的信中，她解释了自己的计划："我想您会理解为什么我要报道这次审判；我错过了纽伦堡审判，我从没有亲眼看到这些人，而现在可能是我唯一的机会了。"[2]她给瓦萨大学的信则不像她的风格："我感到，我参加这次审判，是我对我过去的义务。"[3]对阿伦特来说，到耶路撒冷"亲眼"看到艾希曼的这次机会，后来表明比履行某个义务更重要；这是她在一次回忆中说的"一次延迟的治疗"。她对耶路撒冷那个"玻璃隔间里的人"的第一反应就是他"甚至不是一个险恶的人"，[4]不是没人性或无法理解。她非常吃惊。对过去的态度的变化开始了，治疗开始了。

当她在耶路撒冷的时候，阿伦特写信把自己的反应告诉布吕赫，然后将这些信的提要寄给雅斯贝尔斯。布吕赫向阿伦特介绍美国媒体对这次审判的报道，而雅斯贝尔斯就将欧洲媒体的报道告诉她。在耶路撒冷，科特·布鲁门菲尔德为她翻译希伯来报纸的报道，并陪她参加了一系列会议和聚会，在那里她会见了以色列的政治家和大学人士。阿伦特建立的纽约—巴塞尔—耶路撒冷、布吕赫—雅斯贝尔斯—布鲁门菲尔德的三角关系是她快乐和工作获得支持的重要来源。在阿伦特的建议下，布鲁门菲尔德曾在1954年去巴塞尔拜访了雅斯贝尔斯，雅斯贝尔斯在他心中留下了深刻的印象。布鲁门菲尔德向阿伦特报告说："如你告诉我的那样，这个人比他的著作更让人感到伟大。和他在一起讨论比和布伯、肖勒姆或恩斯特·西蒙讨论收获更大，更不用提我们大学的那些教授了。"[5]布鲁门菲尔德的钦佩使他更想听一下雅斯贝尔斯对审判艾希曼的看法，阿伦特向他报告说，她和雅斯贝尔斯在这个问题上已经通了很长时间的信进行讨论。

雅斯贝尔斯认为艾希曼不应由以色列审判，而应交给一个国际审判机构，可能在联合国主持下进行较好。他不仅关心以色列能否"代表所有犹太人"的权利，还关心如果艾希曼被那些敌视以色列的人成功地描述为一个英烈，以色列的审判就可能激发新一波的反犹主义浪潮。阿伦特认为，以色列能代表犹太人，"至少是代表那些牺牲者"，如果不是在法律层面，那就是在"政治意义"上代表犹太人，接着她提醒雅斯贝尔斯，大屠杀后幸存的大部分欧洲犹太人都居住在以色列。她认为不可能将艾希曼塑造成一个英烈，虽然她同意"如果我们有一项针对人类敌人(hostes)的法律，而不仅仅是针对大屠杀和与大屠杀有关的罪行的法律，事情将完全不同"。[6]雅斯贝尔斯在重新阅读纽伦堡审判文件后，赞同了阿伦特的这两个主张，但他问阿伦特"敌人"一词是否合适："'敌人'一词对我而言太实证，敌人往往意味着有那么一个人。"[7]当阿伦特将她对审判的第一次报道告诉雅斯贝尔斯的时候，他感觉艾希曼不是一个人，而是一个怪物。他慢慢放弃了自己的先入之见，并发现了一些能表示艾希曼"个人的残忍"的审判证据。持同样先入之见的布鲁门菲尔德，同样很不情愿地接受了这一点。

与他们不同，布吕赫立刻就理解了阿伦特关于艾希曼的第一次报道。审判开始几天后，阿伦特写了令她很吃惊的艾希曼的性格——他对自我赞美和赏识的需要。"你已经在报纸上读到了，那个人很高兴自己被公开绞死。我对此目瞪口呆。"[8]到艾希曼几个月后走向绞刑架向这个世界告别，阿伦特才意识到他是多么可怜、多么滑稽：他既不相信道成肉身的神，也不相信死后的世界，而是说他死后"永远不会忘记"自己认识并赞赏的东西。

"他实际上很愚蠢,"阿伦特写信告诉雅斯贝尔斯,"但在某些方面又不是。"[9]她仔细考虑这个判断——"某些方面很愚蠢,同时在某些方面又不是"——后来推断他没能力思考。她想知道的就是,究竟是什么让这个人停止了思考?

布吕赫在阅读了几年布莱希特并用罗伯特·吉尔伯特讽刺的观点看世界之后,也接受了讽刺的幽默,他看到这个小男人因其自身而具有的世界—历史的自豪感。阿伦特告诉雅斯贝尔斯,她丈夫经常思考作为"一种表面现象"的恶的可能性,就是这种想法促使阿伦特将她的书命名为《恶的平常》。[10]直到审判结束几年后布吕赫看到布莱希特陈述他自己的观点的文章,布吕赫和汉娜·阿伦特才有坚持自己想法的勇气。布莱希特在为《阿图罗的反抗崛起》的短笺中写道:

> 大政治犯们必须被揭露,尤其要在嘲笑者面前被揭露。他们其实还不是大政治犯,只是允许重大政治罪行产生的人,这两者完全不同。他事业的失败不表示希特勒是个白痴,他事业的规模也没有使他成为一个伟人。如果统治阶级允许一个小流氓成为一个大流氓,那在我们的历史观里面他就没有什么特别的位置。他成为一个大流氓的事实,以及他的所作所为产生了重大后果,并不给他的地位添加什么……人们会说,悲剧与喜剧相比,是在以一种不那么严肃的方式处理人类的灾难。

阿伦特在一次采访中引用了布莱希特"意外的评论",并加上自己的意见。她说,她认为在评价希特勒和他那样的人时,重要的是要记住"无论他做了什么,即使是他杀了无数的人,他仍然只是一个庸人。"[11]布莱希特和布吕赫很容易地接受了这样一种观点,但是阿伦特花了几个月"延迟的治疗"才克服了最初的"我对此目瞪口呆"。

当她在耶路撒冷参加艾希曼审判时,阿伦特非常苦恼于将自己对被告的印象联结到一起。随着审判的拖延,审判也使她非常沮丧:"整个事情非常平淡，不可名状的无聊，没有价值。”[12]阿伦特失望地告诉布吕赫，在辩护律师将纳粹的波兰总督汉斯·弗兰克(Hans Frank)29卷材料拿出来作为证据，并问艾希曼的名字是否在里面什么地方被提及之后，检察官承认“没有”。随着审判的继续，她对法官的印象越来越深刻，当她听到令她惊讶的原告律师请出的证人简单而真实的发言后，她最初对审判的兴趣又苏醒了：“事情又变得很有意思了，有时候令人印象深刻，常常十分恐怖。”[13]但那个检察官基甸·霍斯纳(Gideon Hausner)继续让阿伦特苦恼不安。阿伦特带着比对德国犹太人更多的轻蔑态度向布吕赫形容他：“那个加利西亚犹太人……说话不带标点……就像一个勤奋的小学生想把自己知道的一切都告诉别人……犹太人‘隔都’的思想情况。”[14]她对霍斯纳的印象从未改变，她对艾希曼的律师瑟瓦修(Servatius)的观点也是如此，她对瑟瓦修比对霍斯纳更厌恶，并用一个她留给那些提醒她想起魏玛的词——“格奥尔格·格罗希(Georg Grosz)笔下的人物”[15]来形容他。不只是在法庭上，在法庭外，阿伦特都非常烦躁。“今天，这里有一个我从未见过的规模很大的坦克阅兵式；昨天，我看到几个犹太年轻人围着营火唱着感伤的歌，就像我们年轻时熟悉和讨厌的那样。极为相像，尤其在细节方面。”[16]不只是瑟瓦修让阿伦特想到了魏玛；阿伦特自1948年和犹大·马格内斯一起工作以来就很担忧以色列人军国主义和民族主义意识的复苏。

阿伦特的记者生活非常紧张，甚至没有独处的空间或时间写信，布鲁门菲尔德和她堂姐妹恩斯特·福尔斯特的家成了她的安乐所。福尔斯特夫妇和两个女儿带着汉娜到处参观，布鲁门菲尔德则安排了几次有趣的聚会。她发现布鲁门菲尔德朋友之一的主审法官摩西·兰多(Moshe Laudau)是一个“令人愉快的家伙”，同时她也非常愉快地会见了她老朋友马丁·罗森布鲁斯(Martin Rosenblüth)的兄弟宾哈斯·罗森(Pinhas Rosen)，他当时是以色列的司法部长。她一天晚上与以色列外交部长戈尔达·梅厄(Golda Meir)谈了很久，当时阿伦特刚在法庭里疲惫地呆了一天，谈话时她发现自己处在一个局促不安的地方：“我的问题很简单，就是如何让一个外交官停止说话，然后我上床睡觉。”[17]当她后来回忆起这次谈话时，她想到了另一个更困难的问题:如何理解这个外交官对其人民的态度。戈尔达·梅厄增加了阿伦特对以色列现实状况不妙的预感,她没有在《纽约客》中报告,但这种感觉影响了她的写作。

《艾希曼在耶路撒冷》发表后的那个夏天,阿伦特在回应杰舍姆·肖勒姆的信中调用了与戈尔达·梅厄的谈话内容。肖勒姆指责她"不爱自己的犹太民族"。在与肖勒姆的信一起发表在欧洲报纸和《遭遇》的她的回复中,阿伦特回忆了她和戈尔达·梅厄的会谈——虽然在肖勒姆的请求下,她同意在发表的版本中不提戈尔达·梅厄的名字和相应的阴性代词。"让我告诉你我在以色列的时候和一个杰出的政治家交谈时的内容,他为以色列的政教合一辩护,在我看来这是灾难性的。我记不清具体的话了,他说的大意是:'你会理解的,我作为一个社会主义者,当然不相信上帝,我相信犹太人民。'我听到这个说法后非常震惊,以至于当时没有立即作出回答。我本该回答:这个伟大的民族曾经相信过上帝,并且它对上帝的信任和爱超过了对上帝的畏惧。现在这个民族只相信它自身吗?这样会有什么好结果?——好吧,在这个意义上我不'爱'犹太人,也不'相信'他们;我只在超越争吵和论争的情况下属于他们。"[18]

在她离开耶路撒冷之后,阿伦特在苏黎世与布吕赫会合,为了一件他们俩都向往多年的事情——布吕赫第一次拜访雅斯贝尔斯夫妇。阿伦特非常高兴带她丈夫来到这个被她后来在一封感谢信中称的"对我而言这么长时间以来我欧洲的老家"[19]的屋子。阿伦特和布吕赫都被雅斯贝尔斯要求使用熟人间的"你"相称,这促使阿伦特请求自己被允许坦率表露她的感情,《论革命》一书"献给了雅斯贝尔斯夫妇:以尊敬、友谊、爱之名"。

雅斯贝尔斯和布吕赫尽管年龄、脾气和背景很不同,但是他们达成了深度的、谦恭的理解。雅斯贝尔斯在这次拜访几个月后给纽约的布吕赫去了一封信,这封信他仔细推敲,在信中他强调了这种一致性。他如赞扬阿伦特的著作一样,赞扬布吕赫在巴德学院的公共课计划;在认识到计划中的保守派想保存文化传统的期望后,雅斯贝尔斯敏锐地指出布吕赫根本的平等主义倾向。[20]布吕赫同样以雅斯贝尔斯式的风格讲道:"哲学是为每一个人的。”

在布吕赫自1941年以来第一次返回欧洲的旅程中，他还有另外一个梦想：他和汉娜·阿伦特去意大利和西西里(Sicily)旅行，去参观他自年轻时就没有去过的那里的博物馆和古典城市——靠近那不勒斯(Naples)的柏埃斯图姆(Paestum)和锡拉库扎(Syracuse)。在去意大利南部的路程中，又一次拜访增强了雅斯贝尔斯夫妇给他们的一贯感觉。阿伦特告诉雅斯贝尔斯夫妇在洛迦诺(Locarno)的重聚："在去巴塞尔之后，我见到了海因里希和罗伯特·吉尔伯特，他们之间的友谊就像我和安妮[安妮·威尔]的一样……他俩在1933年之前大部分时间都在一起，我很理解他们年轻时候的亲密关系由此又焕发活力，尽管他的生活缺乏你的生活所具有的纯粹、简洁与明晰。这是一次'友谊的狂欢！'”[21]

阿伦特精神焕发地回到美国。在海涅斯佛斯(Haines Falls)她基本上完成了《论革命》的底稿，并于1961在卫斯理大学的高等研究中心的秋季研讨班上讨论。在卫斯理大学，她非常享受和政治科学家以及一个来自柏林的朋友西格孟德·纽曼的学生在一起的时光，还结识了历史学家罗莎莉·科利(Rosalie Colie)，阿伦特对她充满赞誉之情："她是我认识的最博学的女性之一。”[22]卫斯理大学也让她很开心："很好的氛围，很好的学生，”"学者的天堂”。[23]但是学期刚过了几周，一系列可怕的事情发生了。布吕赫在河畔公寓的家中生了病，大脑的软脑膜动脉扩张。他的老朋友露特·贝拉特(Charoltte Beradt)发现他处于昏迷之中，并被自己的雪茄烧伤，房间里到处都是纷乱的纸张、书和翻倒的家具。阿尔弗莱德·考泊雷医生被叫了过来，在他的帮助下，救护车把布吕赫送到了哥伦比亚长老会的医院急救室。

汉娜·阿伦特从康涅狄格州赶到医院的时候，布吕赫的神经学医师已经确诊。如她后来告诉雅斯贝尔斯的那样，她立马把结果告诉了布吕赫，这样他就知道"他病情的真相"："这种情况下病人的死亡率是50%。”布吕赫用他特有的生活激情回答妻子："你根本不用担心，你忘了还有另外50%呢。”[24]慢慢地，他进入了那幸运的50%。阿伦特返回卫斯理，与从家里赶来替代她上马基雅维利课的玛丽·麦卡锡及其新任丈夫詹姆斯·维斯特

(James West)换班。当阿伦特每周上三天课然后回纽约和布吕赫一起度过周末的时候，未完成的《论革命》就暂时被搁置起来。到12月末的时候，阿伦特告诉雅斯贝尔斯，布吕赫已经基本痊愈，她的《论革命》也基本完毕，她自己正在整理包括以色列法庭刚公布的判决书在内的艾希曼的材料。阿伦特和雅斯贝尔斯都认为这判决书出自一位"杰出并且非常聪明，但并不伟大，也没有哲学头脑的"[25]法官之手。

1962年1月，阿伦特有芝加哥大学讲座的安排，当时她患重感冒，几乎不能完成计划。她从这次重病和抗生素的过敏反应中慢慢恢复过来，她的工作也停止了。她对自己缓慢的康复不耐烦，同时还牵挂着布吕赫的健康状况，她对"猪湾登陆"事件中的政治"静止"感到不安，阿伦特几乎不能碰她收集的关于艾希曼"堆积如山的文档"。接着又来了一次打击。

3月19日，她乘坐一辆出租车穿过中央公园，与一辆卡车相撞。她被送到罗斯福医院后，她的看护医生报告说她浑身是血但还有意识，提供了一个让阿伦特丧失两个月能力的受伤部位的清单：挫伤、脑震荡，特别是头上的伤口和出血、肋骨骨折，还有对阿伦特后来生活最要命的由休克造成的二级心肌损伤。[26]当布吕赫来到医院后，阿伦特已经苏醒。她给布吕赫讲了一个故事，以显示自己的生命活力并安慰他。后来她在信中给玛丽·麦卡锡讲了这个故事：

> 当我在去医院路上的车中醒来并意识到发生了什么的时候，我动了一下四肢，看到我没有瘫痪并且两个眼睛都还完好；然后我尝试着回忆——非常仔细地，十年接着十年，诗歌、希腊语、德语和英语；然后回忆电话号码。一切都很好。关键是有一瞬间，我感觉到让我选择是愿意生还是死。虽然我不认为死是很可怕的，但我还是认为生命是非常美妙的，我更喜欢活着。[27]

那个"瞬间时刻"把阿伦特迷住了。她也把这些告诉雅斯贝尔斯："对我来说好像有一个时刻，我将生命握在自己手里。我非常平静：死亡对我来说很自然,决不是一个悲剧或者事情的颠倒错乱。但是同时,我告诉自己:如果有可能体面地活着,我更愿意选择仍然活在这个世界上。”[28]

这种对生命平静的接受和评价——这种态度与她在哥尔斯集中营时的感觉大为不同,当时她问自己是生还是死时,她“开玩笑”地回答了自己——在她后来的工作中一直回响在她的耳畔。这深深地影响了《艾希曼在耶路撒冷》,而这在一篇关于约翰教皇二十三世的文章中表现得最为明显,教皇的葬礼在罗马举行的1963年夏天,阿伦特当时在艾希曼的书出版后正好到那里休假。她形容这个率直、自豪而又自信的教皇是一个在判断意志和信任自己判断力方面都很出众的人,她发现他的信仰很令人鼓舞。她认为这种信仰在他临终前的话语中表现了出来,“他最伟大的话语”是:“每一天都是出生的好日子,每一天也都是死亡的好日子。”[29]

1962年秋,阿伦特在卫斯理第二个研究班期间认识了哲学家格伦·格雷,并因他那本非凡的著作《战士》而逐渐非常敬重他,格雷非常惊异于阿伦特对《圣彼得椅子上的基督》的描述。阿伦特对教皇最后话语的尊重刺激了他:“我开始想,为什么你思考他这最了不起的洞察力。然后,我意识到这是你(和他)同样具有的对生命坚强的确信,对此我在卫斯理学到很多,并很赞赏之……我猜想,只有具备这种确信的人,才有能力思考存在的意义问题。”[30]格雷确切地指出了使《艾希曼在耶路撒冷》有力量的观点,这个观点是阿伦特经过延迟的治疗才表达出来的。

汉娜·阿伦特对信息的兴趣又回来了,这兴趣能让她即使在表面上的不耐烦时也能保持平静。她在医院里开始变得不怎么安定,且很烦躁,她在一个典型美国式的护士叫她“宝贝”时对其厉声斥责,最后总结道:“这个地方都是在一句箴言之下运转:我们不能不管不顾。”[31]当她康复到能接待来客的时候,她开始能理解护士,并要了一块面纱盖在她变黑的眼睛和缝合的前额上。听说她的焦虑后,卡尔·雅斯贝尔斯用非常谨慎的语言安慰她:“最终,一个人的美丽穿透了所有限制条件。它最终取决于她的举止、外表和言语。”[32]但她的空虚并没有被完全舒缓。甚至在她感觉可以走动的时候,她还是在黑眼睛上戴了眼罩,并蒙了一块手帕在头上。诗人伊丽莎白·斯维尔(Elizabeth Sewell)在一次小型聚会上看到这个杰出的哲学家时,吃惊地发现她"看起来像一个海盗"。[33]

在医生的命令下,她的春季讲座取消了,阿伦特回到帕伦维尔(Palenville)工作。没有分心之虞,她开始整理她收集的艾希曼审判的材料和做的笔记。她原来打算为《纽约客》只写一篇文章,但是可加以利用的如山的文件和她对媒体报道水平之低的评价,让她确信更长时段的工作是非常必要的。"没有一本专业杂志刊登过有价值的东西,"当瑟瓦修的辩护辞发表时,阿伦特对布鲁门菲尔德抱怨说,"对整个事情没有一份单独的系列文章。"[34]

这项工作后来证明比阿伦特设想的更让人兴奋。"我不知何故享受着处理事实和具体事件的乐趣,"她告诉玛丽·麦卡锡:"我在无数的材料中漫游,经常试图找出最生动的引语来。"[35]差不多两年之后,在围绕她发表的报告的论战爆发时,她告诉玛丽·麦卡锡这段时期的写作对她意味着什么——简练地告诉她延迟的治疗意味着什么。"你是唯一能理解我充满愉悦地写这本书的读者。从那时到现在,我对整件事情感到——二十年之后——非常轻松。不要告诉任何人:否则就成了我没'灵魂'的证据了!"[36]

恶的平庸

许多读过她发表在《纽约客》上的五篇系列文章的读者和更多间接听说过这些文章的人都认为汉娜·阿伦特没有灵魂,或者她缺少杰舍姆·肖勒姆说的"同情心"。他们认为,阿伦特对犹太人民的命运没有任何情感牵连。与之相对,阿伦特认为自己终于克服了阻止她作出正确判断的情感羁绊。"艾希曼论战"的很多方面都穿插着关于良好判断力问题深刻的意见差异。但是它们集中在三点上:阿伦特描述的平庸的阿道夫·艾希曼;在长达三百页的《艾希曼在耶路撒冷》中只有十页针对欧洲犹太人事务局和他们在纳粹"最后解决"中扮演角色的评论;还有她在书的第一章和最后一章对审判行为和由此带来的法律问题的评论以及对审判所服务的政治目的的讨论。在论战的过程中,每一个话题都伴随着情感负担的幽灵。与阿伦特描述的平庸的艾希曼相比照的是一些人对艾希曼的描述，正如《纽约时报》一篇极富煽动性的评论《良知未受污染的人》题目所彰显的那样。在公共论战中，关于犹太人求死愿望的评论、犹太人无力反抗、牺牲者和刽子手负有同样责任等观点，自然都被认为是阿伦特关于犹太事务局行动的观点。他们指责阿伦特反对以色列，反对犹太复国主义，是一个自我憎恨的犹太人，一个纯粹法论者，阿伦特对审判的司法程序和国际法问题上的反思则是在康德式的道德家陪同下作出的。

一旦幽灵已经出现在公共领域，任何讨论阿伦特提出的这些话题的人几乎都无法忽视这些问题或者将其解释清楚。即使是那些不接受这种曲解的批评者——有很多这样的批评者，尽管他们的言论经常自相矛盾——也很难在他们自己和这些断言之间保持一定距离。每一种曲解都提出了自身存在的难题，并且，每一种曲解因为已经像所有的流言和谣传一样，围绕着一个事件蔓延开来，而真正成了疑难问题。阿伦特的书也确实比她以往的任何一本书更让人费解：书中的结论是骇人听闻的，同时书中还有很多小的事实失真，经常采用讥讽的写作风格和傲慢的口气，并且一些最有争论的章节特别地显示出她的麻木不仁。参加论战的一个人宣称“阿伦特小姐并不是因为她说了什么而被攻击，而是因为她是怎么说的”。[37]这个观察某种程度上是对的，但是实质问题绝不会是无庸置疑或没有争议的。

阿伦特作出的两个最重要同时也是最有争议的判断非常简单，但是，这两个判断都带来了复杂的挑战。她报告了艾希曼的故事，记下了他官僚政治的心智和他自负声称的“官话是我唯一的语言”，阿伦特判定他没能力辨明是非。因此，她暗示，她确实同意耶路撒冷法庭作出的“有罪”判决，提出了关于像艾希曼所作出的这些行为的动机角色这个一般性的问题。艾希曼有正当的理由依照国家法律的要求去做事，他并不知道法律本身就是错误的。对现代法哲学和法律程序至关重要的“意图”概念从来没有与比国家法律更高的“人性法”充分结合。尽管阿伦特接受也赞同以色列的法律程序，但是，她感到只有用“人性法”，只有用新的法律和道德概念，才能公正而真实地对卷入国家教唆的犯罪或“行政性屠杀”的个体进行审判。其次，阿伦特报告了纳粹极权主义政体的道德腐化如何影响其他国家和社会，包括犹太牺牲者群体，并得出结论说这种腐化对过去和未来的一般性判断会带来不可预期的挑战。她写了关于过去的情况，但是她提出的是她所看到的当下存在的判断力的危机。正如她向雅斯贝尔斯说的那样："在我们这个时代，实际上即使是善良和可敬的人都极端恐惧作出判断。判断的混乱可以与良好且渊博的智识同行，正如良好的判断力可以在才智不怎么出众的人中间找到一样。"[38]无力作出判断以及拒绝作出判断是她在《艾希曼在耶路撒冷》中阐述的主题。

汉娜·阿伦特充分意识到，她提供的报告和她自己的判断都将非常有争议，她自己也会因为在一个蔓延着对作出判断焦虑的时代作出判断而被指责。在她为这本书的公共讨论所做的一系列简略的笔记中，她将自己的意识和自己研究的在过去和现在都存在的这种现象联系了起来；她指出了自己缺少判断焦虑的原因。"出于自己的良心而工作：或者说是非常强烈的虔诚信仰——非常稀罕。或者：自豪，甚至是傲慢。如果你在这样的事情上自问：我要判断的是谁？那你就已经迷失了。"[39]

汉娜·阿伦特在《纽约客》发表的系列文章引发的论战持续了约三年，论战甚至随着由这些文章组成的书被第二十次重印而持续到今天。1963年以来，几乎每篇研究大屠杀的文章都或明或暗地承认了这场论战和论战中的激烈情绪。在60年代早期已经通用的"大屠杀"一词是历史学家重新评估欧洲犹太人的命运和为艾希曼论战所引发的对犹太人抵抗研究提供文献资料的努力的符号。[40]德国历史学家已经着手对论战所提出的德国人对纳粹主义抵抗性质和程度等复杂问题进行研究。[41]心理学家和社会学家都试图探究阿伦特所命名的"恶的平庸"这一现象。法学理论家反思了阿伦特提出的关于审问纳粹战犯的程序问题以及"反人类罪"的法律地位问题。[42]对1969年关于艾希曼事件原始资料的编辑者很难纵览相关的美国、以色列以及欧洲出版物。这场论战颇具盛名，以至于一本德国文选都可以被简单地命名为《论战》。[43]

这场论战持续这么久并如此复杂并不是源于一本书。尽管人们可以这么形容，说这论战是由《艾希曼在耶路撒冷》引起的，但是，如果不考虑周围的媒体，是很难理解这场论战的。阿伦特用结晶式的构想方式思考一系列历史元素是如何联结的，这些复杂的元素是如何相互缠绕成一个复杂体的。这种构想适合这场论战，在论战中，存在着一种在直接的动机和剧烈的反应之间令人吃惊的不平衡，这种不平衡还存在于实质论题与风格问题之间、历史问题和当代关注之间、政治因素与社会或心理因素之间的精微互动。在对阿伦特著作作出的所有批评中，事实与解释之间的分界线是非常模糊的，这一分界线即便在最没有争议的情况下也很难确定。并且，她的著作使自身非常容易误解是因为，从书的扉页开始，"背景信息网络与资料"都被用于制作一部基于审判的戏剧。

阿伦特用对耶路撒冷审判艾希曼法庭的描述开始她的报告，她还描述了那些服务于正义的人和服务于大卫·本·古里安以及服务于以色列政府的人的不同。在前面坐着的是法官，后面则是检察官霍斯纳以及他的助手；本·古里安被描述为这场审判秀的导演。阿伦特指出，起诉人所提出的都是"犹太人经受的灾难，而不是针对艾希曼的所作所为，"[44]而法官却要尽力按正义的要求行事：审判艾希曼的所作所为。接下来是大段大段的引用，内容来自审判前的小册子和报纸上的文章，阿伦特经常用它们来展示本·古里安之前对审判的宣传。在阿伦特之前发表的很多关于审判的报告和研究中，有争议的"背景"信息经常被提及，但是，阿伦特所看到的存在于正义的仆人和以色列的仆人之间的冲突，从未被强调或被如此引人注目地描述出来。许多文章赞赏这次审判——尽管极少的作者如阿伦特那样赞赏法官——但很少有涉及本·古里安审判前的陈述。特别是对于犹太领导者而言，翻开阿伦特的书是令人震惊的：书中展示的是对以色列最受尊敬的领导人的尖锐批评。阿伦特的意图是表扬尊重正义的要求而进行审判的那些以色列正义的公仆；但是在书的前十页，她就提供了一堆能指责自己反以色列、反犹太复国主义、最严重的就是对"犹太人的灾难"没有同情心的靶子。她的许多读者都确信，她事实上认为这次审判是一场虚假的闹剧。

阿伦特对本·古里安公开言论的评论并不夸张。她大段地引用古里安在审判几个月前发表在《纽约时报》上的文章，那篇文章被时报编辑毫不犹豫地称为《本·古里安先生对艾希曼事件的简评》。但是她没有选择那些能更明晰呈现本·古里安平息关于此案辩论的方法的段落。他向犹太人团体传递的信息非常清楚："现在我看到这一事件被犹太人争论着，以色列在司法上有权利审判艾希曼，但是从伦理上讲又不应该这么做，因为艾希曼罪极恶大，其行为是反人类以及反人类道德的，而不仅仅是反对犹太人。只有心怀自卑感的犹太人才会说：只有不将之归因为犹太人的人，才是一个人。"[45]阿伦特忽略这种在论战中经常抛给她的对犹太人的侮辱，正如她忽略在这之后的另一论断一样："为什么艾希曼不应被一个国际法庭审判？因为以色列不需要国际法庭的道德保护。只有心怀自卑的反犹太或反犹太种族的人才会建议那样做。"阿伦特甚至已经通过不引用古里安情绪化的言辞来减弱他花言巧语的程度。古里安声称"我们"审判艾希曼的动机之一是为了教育犹太年轻人："我们想让他们了解发生在我们历史中最悲惨的事件，也是世界历史中最悲惨的事件。"阿伦特引用时略去了"也是在世界历史中最悲惨的事件"，也没有引用接下来的话："我并不介意他们是否想了解这些；他们应当了解。他们应该被教导的是犹太民族不是只会沉睡着被屠杀，而是能够反击——就如在1948年独立战争时那样。"虽然阿伦特反复指出审判中起诉人不停地问一个接一个的证人她称之为"残酷而愚蠢"的问题——"为什么你不反抗？"[46]但她并没有宣称本·古里安将审判视为一次复仇行动并向世界宣布犹太民族不是"沉睡着被屠杀"。

更进一步，阿伦特并没有让自己吐露出她的另一个怀疑，即本·古里安情绪化的公开言论是为了掩盖以色列的另一动机——一己之力不能形成公共社会。正如阿伦特告诉她的一位读者所说的那样，她认为以色列很早就知道艾希曼呆在阿根廷，但却"在德国当局对以色列赔款结束的时候才逮捕他，——你看我的思想比你想象的还要阴暗"。[47]实际上，在《艾希曼在耶路撒冷》面世后，有许多报道说阿登纳和本·古里安做了一个交易：这场审判集中在艾希曼身上，而让许多前纳粹分子的行为不被抖露出来，这就包括阿登纳的顾问也是 1935 年纽伦堡法律解释的作者格洛布克(Globke),格洛布克也就没有被作为证人被法庭传唤。为了这笔交易,西德将为以色列提供军事装备和武器。到阿伦特的报告发表时,很多人已经忘记了本·古里安在 1963 年 6 月 16 日辞去他的总理职务一事,而这一辞呈一部分原因就是他用西德装备配置以色列军队的政策引发广泛的民众不满。[48]

但是,即使在这些例证和整本书中,阿伦特都没有在关于审判背景的讨论中表现出激烈的批评态度,她也同时对像本·古里安表达的和许多其他人认可的情绪需要保持着不那么敏感的态度。她仔细分析了本·古里安言论的政治意涵,但是没有写它们带来的伤害,也没有提从个人偏好出发的防范倾向。很长时间以来,她一直批评犹太人和非犹太人提供的对政治进行心理学解释的努力,但是在她至关紧要的例证中,她没有阐明为什么本·古里安的努力如此危险。在另外两个话题上,即对艾希曼和犹太人社会领导人的描述上,阿伦特的报告与流行的理解,特别是犹太人的理解;相距甚远,它刺眼而具挑衅性。但是阿伦特以一种确定无疑的方式书写这些事件,而对这些事件,她的许多读者已经被诱导以完全不同的方式来理解。

世界犹太人大会广泛地分发一份 1961 年的小册子,小册子试图显示阿道夫·艾希曼是实施"最终解决"的负责人之一,而这个宣称是审判反驳的观点。后来成为论战者之一的尼赫米亚·鲁滨逊(Nehemiah Robinson)提出《艾希曼:纳粹杀人机器的策划者》,他警告说:"艾希曼是谁,他意味着什么以及他做了什么,在今天的研究中以一种简洁却痛苦的方式叙述着。它的目的不是损害现有的发现和法庭的判决,而只是启发公众关注这个对犹太人进行'大规模灭绝'者的动机和行动本身,这样公众就能在跟进审判的过程中处于一个更好的位置。"[49]小册子中的肖像画描述像许多其他在审判前后所做的一样,并没有对那些推测艾希曼没有人性且凶暴的读者构成挑战;正相反,它成了一种对魔鬼的研究。阿伦特严肃地研究并认为,艾希曼的自我理解中没有基本的目的,他只是尽职地完成自己的工作,此时,构成的挑战就非常尖锐了，以至于她本人也承认，这是连审判法官也不能接受的。

> 法官们不能相信他，因为他们都太好了，同时也太在意他们职业的基础而不能承认，一个普通的、正常的人，既未被催眠、灌输，也不是玩世不恭，却不能分辨是非。他们更倾向从偶然的谎言得出结论，说他是一个说谎者，而错过整个案件带来的对道德甚至法律的最大挑战。他们的案件停留在推想被告如同所有“正常人”一样一定意识到自己行为的犯罪性质，而艾希曼确实是正常的，因为他“在纳粹政体里面没有任何特殊”。然而，在第三帝国的情形下，只有“特殊的人”才能被期望“正常地”行动。这一简单的事实为法官们制造了一个他们既不能解决也不能摆脱的困境。[50]

阿伦特关于“简单事实”的观点在她提出对艾希曼的描述之前就已经形成了。后来在书中，她本来要给出自己对人的良心如何“不再有用”的分析；她原本也试图区分谎言和非谎言，她知道这“简单事实”不是很容易就能理解的。但是，将结论置于报道之前，阿伦特给出的印象是，她的观点之得出极为轻率，它忽视了包括法庭在内的所有相反的判断。她未考虑到，特别是对集中营的幸存者和那些失去亲戚朋友的人来说，“官僚杀手”很大程度上可能不是要作恶，而只是“不能分辨对错”，这样的说法无法让人接受。

阿伦特对犹太人社团的陈述更令人愤慨。普遍持有的观点认为汉娜·阿伦特指责她的民族懦怯、缺乏反抗的意志，这是她对犹太领导层特别是犹太人社团成员批评的扭曲。阿伦特从没有批评作为一个整体的犹太人民；“没有任何非犹太团体或民族有过不同的行为表现”，她在她公开的文章中说道。[51]她假定她对犹太领导层的批评会被大部分犹太人所赞同，虽然只是作为内部事务而不是为了公开展示。在简要列出艾希曼与在维也纳及布达佩斯的犹太人社团交易，艾希曼声称他的良心因为“简单的事实，即看不到任何人，没有一个人实际上反对最终解决”而感到心安的证据后，她说道：

> 对一个犹太人而言，犹太领导者在破坏本民族的行动中扮演的角色无疑是整个黑暗故事中最黑暗的部分。此事以前曾被曝光过，但是现在罗尔·希尔伯格(Raul Hilberg)第一次将其悲惨而又肮脏的细节揭露出来，他的代表作就是我以前提到的《欧洲犹太人的毁灭》。在这种合作中，中西欧高度同化的犹太人社会和东部说意第绪语的人们没有任何区别。在阿姆斯特丹就如同在华沙，在柏林如同在布达佩斯，纳粹可以放心地安排犹太官员去编辑犹太人和他们的财产清单，取得流放者的钱财，以支付驱逐以及消灭他们的费用，清点空闲的房子提供给武装警察，来帮助其抓捕犹太人并将他们押上火车，直到最后一步，他们把犹太人社会的财产照章移交出去充公。[52]

对很多犹太人来说，这并不是整个故事最黑暗的章节，它讲述的方式——用不及要害的讽刺性短语“作为一种最后的姿态”——并不可能说服他们相信事实就是如此。阿伦特写“对一个犹太人而言，犹太领导者的这种角色”这样的话，是因为对她来说“自己的民族犯的错误自然比别的民族犯的错误更让我伤心”，[53]她在后来给杰舍姆·肖勒姆的信中指出了这一点。这是一种自傲且是对“我的人民对与错”进行矫正的态度，它很难被广泛分享。作出阿伦特所尊重的判断的人肯定赞同这种态度；比如说她的朋友格伦·格雷反思他作为“二战”中一名美国士兵的感觉：“很明显，敌人是很残暴的，然而它不像我们自己的残暴一样困扰着我。他们的残暴确实使对德国的战斗更加容易，尽管我们意志薄弱且不怎么明智。在战斗中天平一点都不平衡，我对我们自己的责任感远超过对他们的责任感。”[54]但是，当这样一种态度同“错误都是自己人民造成的”这样一种判断结合在一起的时候，很明显它就使得这判断更加刺耳了。很清楚，与纳粹的合作中做了很多错事，不只是像布达佩斯的康斯特纳这样的叛国者，还有很多领导人都做过这类事情。然而，存在大量这种有争议的事件，阿伦特的犹太读者都深知这些事。很多人认为，阿伦特的归纳太彻底了；面对道德困境的同情与对做坏事的坦白认识同等重要。这种同情似乎在阿伦特的评论中付之阙如。

那些指责阿伦特在《艾希曼在耶路撒冷》中缺乏同情心的人往往引用《极权主义的起源》中的一段他们认为能表明有同情心的理解的话。在第一版中她曾写道：

> 极权政府通过使良心的决定完全成问题且含糊不清……消灭了个人道德人格的表达。很难想象，在背叛并杀害自己的朋友或交出自己的妻子儿女……给刽子手，特别是当他的自杀就意味着他自己家庭自动灭亡，在这些选择中他必须做出举动，他会怎么做。这时选择就不再是在善恶之间作出，而是在谋杀与谋杀之间作出。我们从很多报告中了解到集中营中的同伴被卷入了纳粹党卫军留给他们——罪犯、政治犯、犹太人"隔都"和纳粹集中营中的犹太人——实施的实际犯罪行为，他们成为相当数量的行政管理者，这样就把他们置于困境，或者将他们的朋友送上不归路，或者杀害那些他们碰巧不认识的人。[55]

阿伦特并没有改变她的观点，但是她在《艾希曼在耶路撒冷》中写的并不是集中营中的行为，这与《极权主义的起源》中那个段落的主题并不一样。《艾希曼在耶路撒冷》中对纳粹屠杀计划的步骤作出了区分：首先，通过立法犹太人被挑选出来并做上身份标记，例如要求佩戴黄星；然后他们被集中到犹太人"隔都"；然后被驱逐或是"重新安置"；最后被送往灭绝营。阿伦特对犹太人社团的批评是针对被驱逐阶段之前他们的所作所为，这一阶段也是纳粹全面恐怖统治之前，在那时的不合作至少可能减少死亡人数。当不可能做到这些的时候，她并没有提倡反抗或者不合作。阿伦特非常清醒地认识到在每个阶段本可能怎样，尽管如果她突出编年顺序，并加进一段叙述，如她曾私下对一个询问她关于犹太人社团领导的问题时所说的"他们有一个重要的借口：这合作是逐渐进行的，并且事实上很难理解本来不会交叉的线交叉在一起的那一刻”，[56]那么，她的分析就会更加有力。

另一方面，应该说阿伦特关于东欧犹太人“隔都”情况的了解，以及由此而来的她的解释“线是如何交叉”的能力，并不足以支持她进行概括。那些通过第一手资料或者有途径弄到意第绪语或东欧语材料的人，很有说服力地批评阿伦特的例子没有“正确描绘出犹太人社团的行动或犹太人的反抗活动”。[57]艾希曼审判本身给阿伦特提供了很少的信息，这也是她着手写犹太人社团这最黑暗章节的主要原因。阿伦特感到，犹太人社团的话题通过谋划设计而被审判避开。她认为，起诉利用犹太人反抗这一问题作为幕帐，掩盖了犹太人合作的问题。[58]在她的书中，她记录了犹太人社团出现在审判过程中极少的几个时刻，包括一个从匈牙利来的以前的犹太人社团成员出现在证人席上，并被法庭的听众喊叫的时刻。她报告了一些证人关于犹太人社团的证词，但是注意到这些证词提出了一些未问的问题。特莱西恩施塔特集中营的一个证人证实，艾希曼本人曾为一个“运输名单”在集中营同屋者中挑选一些人。H.G.阿德勒写的《特莱西恩施塔特：1941—1945》一书如阿伦特指出的那样写道，这个运输名单不是由艾希曼，而是由集中营的犹太人社团整理出来的。而这并不是审判文件的一部分；被告的辩护甚至没有尝试驳斥证人的证词。

面对她所思考的在证明文件特别完备的审讯中存在的至关重要的裂痕，阿伦特给出了一种解释，并得出了自己关于犹太人社团重要性的结论。在她撰写的最黑暗章节的结尾处，她这样写道：

> 起诉人经常问除了抵抗的战斗者外的每个证人同一个问题“为什么你不反抗?”，这个问题在那些不了解审判实际背景的人听来是非常自然的，但是，这个问题实际上被当作烟雾来使用，以掩盖那没有被提出的问题。因此霍斯纳对证人提出的未回答的问题的所有答案都离“事实，整个事实以及除事实而无他”差得很远。事实是犹太人作为一个整体没有被组织起来，他们没有领土，没有政府和军队，在他们最需要这些的时候，他们在协约国中没有代表自己的政府……他们没有武

> 器储备，没有预备役部队。而整个事实就是在地方和国际层面都存在着组织起来的犹太人社会组织、犹太人政党以及福利组织。无论在何地，居住在那里的犹太人都看到犹太人的领导者，整个领导层，几乎无一例外地因这样或那样的理由，以这样或那样的方式与纳粹合作。整个事实就是，如果犹太民族实际上没有被组织起来或者没有领导者，将会出现混乱和许多不幸，但是最后受害人的数目就不会是在四百五十万到六百万之间……我已经对这一事件进行了详细阐述，耶路撒冷审判没有将世人的目光集中在它真正的维度上面，因为它提供了对纳粹在各个欧洲社会带来的道德全面崩溃最惊人的洞察，这种崩溃不只发生在德国，还发生在几乎所有的国家，不只发生在迫害者之中，还发生在受害者之中。[59]

德国犹太人社团的发言人齐格弗里德·摩西(Siegfried Moses)明确地对阿伦特说，这篇文章如它所是的那样将成为犹太人批评的焦点。“你使用‘整个事实是……’的表达方式完全给人一种这是经过论证过的断言的印象，”摩西愤怒地写道。[60]但是阿伦特无疑认为她的陈述是经过论证的，她有责任道出那些未被道出的话，她的语气也正显示出她对被她视作掩饰的问题的愤怒。

汉娜·阿伦特对审判的评论深深植根于她过去的生活和思考之中，对批评者的反应也带来了她长远的观念和态度上的变化。它扰乱了植根很深的图景，这在诺曼·波德霍雷茨对反对意见总结的评论中被很准确地点明：“她用‘平庸的’纳粹代替了我们心中凶暴的纳粹；她用作为罪恶同谋者的犹太人形象代替了我们心中作为善良烈士的犹太人形象；她用受害者同犯罪分子的‘协作’代替了原来的与罪恶对峙的清白。”[61]汉娜·阿伦特没有使用“协作”一词，也没有对凶暴和烈士这样的概念感到安慰，或是满足于理论上的集体罪恶或集体清白。她在人类群体之间作出区分并尊重这种差异，这并不是因为她是一个像波德霍雷茨在他的评论中指责的现代派似是而非的欣赏者那样“卓越地反常”，而是因为她是一个如海因里希·布吕赫喜欢称呼她的“公正的陌生人”[席勒语],或者是一个她所谓的局外人。追随着自己的思考,她乐于作出艰难的判断,而这从她在耶路撒冷法庭“亲眼”看到艾希曼那一刻就开始了。

艾希曼论战

结晶需要时间。论战的过程也有清晰的阶段,这很大程度上取决于第一次反应的时刻。在阿伦特于3月16日《纽约客》发表最后一篇文章之前,就有迹象显示论战将开展下去。为了德国犹太人社团的利益,一个学者,也是阿伦特在柏林的老熟人(阿伦特曾为他1962年的纪念文集撰稿)齐格弗里德·摩西向阿伦特和她的书宣战。摩西指出,在历史学家罗尔·希尔伯格的《欧洲犹太人的毁灭》和心理学家布鲁诺·贝托罕(Bruno Bettelheim)的《脱离犹太人“隔都”思维的自由》一书中,犹太人社团也为战争做着准备。阿伦特在回信中告诫摩西说希尔伯格的书有局限性,学究气的读者和贝托罕的文章不会使自身处在一个高学术层面讨论;接着她建议他只对她的书进行攻击,而不要在太多战线上开火而把自己的战斗搞乱。[62]

犹太人社团的战争以一个落款为“德国犹太人社会”的谴责性声明即刻展开,在这之后不久,就有一篇在《建设》上的长文。同时圣约之子会(B'nai B'rith)的反诽谤联盟向它各地的办公机构、全国代表团和国家委员会发出一份备忘录,告知他们《纽约客》上的系列文章,并提醒他们注意阿伦特对“犹太人参与纳粹大屠杀”的诽谤,并预言此事可能“在未来的几年里困扰着犹太人”。反诽谤联盟明了地表示出自己主要的担心:“反犹分子无疑会将阿伦特的文章作为犹太人对发生在其六百万教友身上的事情并不比别人有更少罪责的证据。”[63]

当阿伦特在巴塞尔拜访雅斯贝尔斯的时候,她收到了第一份关于论战的急件,是反诽谤联盟出版物的编辑兼阿伦特的老熟人亨利·史瓦西(Henry Schwarzchild)于1963年3月6日发来的。史瓦西惊恐于他这个组织为攻击所做的准备,并意识到他对此不能产生任何影响。[64]事实的确如此,攻击持续进行:反诽谤联盟发表了另一份报告,内容包括《艾希曼在耶路撒冷》的大纲、对其最有争议论点肤浅的总结、德国犹太人社团报告的英文副本和对整个事件最愚蠢的攻击，这个攻击是《佛罗里达犹太人》上的一篇文章提出的，他们将阿伦特的言论奇特地归咎为《纽约客》的指使。反诽谤联盟毫不犹豫地“在书一面世的时候就推荐给书评人和其他人”。并且，似乎许多评论者接受了反诽谤联盟的建议，因为公告的话语不断重复而单调地出现，这种情况直到其被发表在1963年7月圣约之子会另一份期刊《事实》[65]上的文章所取代才告一段落。在那篇文章中，雅各布·罗宾逊准备了六页关于阿伦特所犯的事实性错误的备忘录，接着他着手写作成书交印，后来以《扭曲为直》的名字出版。罗宾逊的书提供了最经常被引用来质疑阿伦特学识的资料，论战战线绵延极长，极其复杂。

当论战在美国逐步开展的时候，齐格弗里德·摩西从以色列飞到瑞士和阿伦特一同参加一个会议。他的目的是问阿伦特是否会停止出版《艾希曼在耶路撒冷》一书以平息这场风暴。她拒绝了。她警告摩西说，她的犹太批评家们正准备将此书弄得满城风雨，这将会比她所说的一切更能损害犹太人社会。几天后，她收到她的朋友汉斯·摩根索的一份报告，证实了她的担心。摩根索出席了一个会议，席间阿伦特的一个拥护者布鲁诺·贝托罕努力去面对愤怒的纽约听众。“犹太人社会已经武装起来了，”摩根索写道。“真实已经被幻想蒙蔽，结果就是心理上的沉重打击。十分钟后，每个人都叫喊起来，称对方是骗子并威胁要以诽谤罪起诉。它是一种群体精神分析。”[66]

在纽约，“群体精神分析”在公共会议、私人讨论圈子、起居室和办公室中持续着。威廉·肖恩在给阿伦特的电报中说“城镇里的人几乎不讨论别的事情”。[67]但是，最戏剧性也是广泛引起公众注意的事件，发生在海盗出版社发行阿伦特的书之前。艾希曼审判中以色列方的起诉人基甸·霍斯纳，飞到纽约参加卑尔根—贝尔森联合会的会议。如《每日新闻》报道的那样，他的目的是“回应汉娜·阿伦特为艾希曼所作的古怪辩护”。霍斯纳是被世界犹太复国组织主席纳胡姆·古德曼邀请来的，而古德曼告诉近一千人，说依据汉娜·阿伦特的指控，正是欧洲犹太人让他们自己被纳粹屠杀并显示出“胆怯且没有反抗意志”。[68]

在1963年春天论战最初的几个阶段，阿伦特决定不回应她的批评者。她在两年紧张地准备《论革命》的底稿和写作《艾希曼在耶路撒冷》工作后需要一个假期。整个3月，她呆在巴塞尔将《论革命》翻译成德语，同时帮助雅斯贝尔斯组织写作他的《大哲学家》一书。接着她和玛丽·麦卡锡、詹姆斯·维斯特、尼克·查拉蒙迪（Nicolò Chiaramonte）和伊格纳洁·西隆内斯一同前往意大利旅行，并在那不勒斯与布吕赫会合。4月，布吕赫夫妇和查洛特·贝拉德一起游历了希腊，大方地花着1962年车祸和生活的保险金，过着如她对雅斯贝尔斯所说的“神仙般的生活”，日子非常安逸。阿伦特开玩笑地回忆起在佩特拉（Patras）的一个晚上出租车发生的事故：他们非常及时地赶到，看见最后一班开往德尔斐（Delphi）的轮渡离开，然后就只能呆坐在行李上守夜。所以阿伦特花了不菲的价钱租了一辆当地出租车在月光下驶往雅典——是对在中央公园那烦人的没完成的路程很好的补偿。在雅典，他们一直呆在卫城和国家博物馆中。布吕赫非常满足于呆在阿提卡（Acropolis），而阿伦特和查洛特·贝拉德去了克里特岛，但是他们都游历了萨拉米斯岛（Salamis）、埃伊那岛（Aegina）和德尔斐。布吕赫从柏林来的老朋友，摄影家理查德·施维林（Ricarda Schwerin）和他们一同游览了伯罗奔尼撒半岛（Pelopennese）、斯巴达、奥林匹亚和在巴塞的宏伟宫殿。

离开希腊，他们回到意大利，阿伦特就是在这里被艾希曼论战抓住。她接受了《新闻周刊》一个记者的采访，那个记者在7月17日的期刊上发表的一整版关于此事的报道更激发了美国的讨论，她还从《纽约客》得知迈克尔·穆斯曼诺（Michael Musmanno）法官在《泰晤士报》发表的评论。[69]赫尔曼·布洛赫的朋友罗伯特·匹克在罗马的一家宾馆中找到布吕赫夫妇并向他们诉说了自己对形势冷静的思考。布吕赫夫妇非常惬意地继续到西西里，然后乘船到达法国南部，最后抵达他们的第一个家——巴黎。

这次长途旅行非常完满，也实现了布吕赫夫妇长期的一个梦想。但正是在希腊——正如雅斯贝尔斯提醒阿伦特的那样，[70]希腊是给了她传达自己在美国的家中学到的政治概念的思想家故乡——呆的那些日子给阿伦特力量去面对河畔公寓那堆积如山的信件，要将那些信分类并回复至少要几个月的时间。

阿伦特在应芝加哥大学社会思想委员会之约赴芝加哥主持第一个研讨班之前有一个半月的暑假。期间她前往哥伦比亚，对哥伦比亚大学教员和出版界人士以及三百多学生发表演讲，之后，她拎着一整箱信件回到帕伦维尔。她非常感激地回信给她的支持者，并对她看重的问题给予详实的回答，但是对那些确信阿伦特"背叛了犹太人"的人提出的不讲道理且过分苛刻的质问，她就置之不理或只是简要回复。阿伦特的许多通信者都提供给她很多有帮助的信息和他们自己经历的故事，她把这些一同给她的批评者们看："当然，这些是特殊的个案，但是你和我一样明白，在这样的事情中，除了个案，别无其他。"[71]一些通信者对她所承受的批评表示同情。一个匈牙利犹太移民提醒她"家丑外扬不是犹太人的缺点"，并说出了自己的，也是阿伦特在私人通信中表达的观点——"以色列建国和战时负责欧洲事务的领导层之间有很深的联系"。[72]

其他来信者针对阿伦特关于自杀的态度、关于"犹太人的心理状态"的观点和她对德国人民的感情问了一些很难回答的问题。一个激动不安的德国犹太人甚至混乱地讲述自己童年被迫害放逐然后哀求阿伦特博士——一本她多次听说但不敢去看的书的作者——说："告诉我，请告诉我，为什么他们想要杀我？"公共论战的所有方面都是在重复，但变得更坦率了，更多地以个人的方式进行。

阿伦特随后在纽约的那个夏天和在芝加哥度过的秋天经常被私人交往打断，这期间，阿伦特和那些不想卷入公共论战的朋友们通过书信交流或面对面来往。一些友谊关系变得紧张起来。汉斯·约纳斯写信给汉娜·阿伦特，而阿伦特没有回复，他便中止了与阿伦特的联系，这种糟糕的状态一直持续了一年多，直到约纳斯的妻子促使他与阿伦特和解才结束。他和阿伦特同意结束他们之间的沉默，除了他们从未讨论过的《艾希曼在耶路撒冷》。

同样的沉默也发生在她和布鲁门菲尔德的朋友罗伯特·魏尔什之间，

还有阿伦特与犹大·马格内斯在阿库德的同事俄斯特·西蒙之间。1963年8月,阿伦特给魏尔什写了一封措辞讲究的长信,解释了她书中的观点,并试图回答他的批评和误解。她希望论战无损于他们的友谊,并在信的最后用一首诗表达了这种愿望:

亲爱的RW,至少我们都同意所有这些都是些令人悲痛的主题。如果我可以用私人的评论来结束——我不知道你在面对我们世纪的幽灵时用什么来安慰自己。我想到这首戈特弗里德·凯勒(Gottfried Keller)的诗:

当某一天,这种痛苦
像冰最后那样裂开
我们将讨论它
如同我们谈论黑死病
孩子们将把稻草人
放在平地上焚烧
快感伴随着痛苦而来
光亮则来自古昔的恐惧

有一件事是确定的:只有当我们都离开人世时一切才会这样。直到那时我们必须只做那些我们认为是正确的事情。

魏尔什和阿伦特又通了一次信后便中止了他们的联系,但是他为1964年2月的《建设》写了一篇文章,说他感到论战双方都已经说得够多了,实际上是太多了,这场讨论应该结束了。[73]

阿伦特在50年代早期认识的艺术批评家哈罗德·罗森伯格去芝加哥拜访了阿伦特,他花了几个小时告诉她对《艾希曼在耶路撒冷》激烈的反对意见,重申了他在1961年《评论》的文章《消失之点的罪责》中的姿态。她没有送诗给罗森伯格;她只是在局促不安的沉默中聆听,没有试图为自己辩护,然后当罗森伯格说完之后,阿伦特邀请他一同去喝饮料,以使他们能像好朋友一样放松一下。他非常吃惊，但是能够理解阿伦特决定不会为了自己的书以及为自己的见解作出的努力而牺牲友谊，阿伦特也希望他能认识到，他们的友谊经受得起意见不合的挑战。阿伦特是在实践她在名为《文化的危机》的文章中称作的真正的人文主义。在那篇文章中，她考察了西塞罗(Cicero)那令人震惊的主张，“我宁可跟柏拉图一起犯错，也不和那帮人一起正确”，阿伦特写道：“人文主义者，因为他不是一个专家，他有一种判断和鉴赏能力，它超越于每种专业加给我们的胁迫。这种罗马人文主义者适用于那些在每个方面都很自由的人，对他们而言，自由以及不被强制是起着决定性作用的——即使在哲学领域，甚至在科学和艺术领域。”她认为西塞罗的意思是：“在我同人和物的交往过程中，我拒绝受真或美的强制。”[74]哈罗德·罗森伯格非常感动；他避免参加公共的论战，还常常说起这个阿伦特的人文主义的故事，既是赞赏她，也是对那些人身攻击的回击。

然而，不能同科特·布鲁门菲尔德达成一致，则是汉娜·阿伦特一生中最大的失望之一。1963 年 5 月初，阿伦特离开希腊之后曾到以色列呆了四天，期间去拜访了布鲁门菲尔德，他那时已重病住院，后来在 1963 年 5 月 21 日因病去世。布鲁门菲尔德没有读过阿伦特发表在《纽约客》上的《艾希曼在耶路撒冷》系列文章，但是，如宾哈斯·罗森后来在信中告诉阿伦特的那样：“他听了来自各个方面的很多报告，非常生气，很是愤怒。他一遍又一遍地问自己是否不该让公众知道他的愤怒，因为他曾经在回忆录中写过与你亲密的关系。”[75]阿伦特确信布鲁门菲尔德听到的那些报告都误传了她的著作，罗森、齐格弗里德·摩西和其他人都是这样，她挚爱的老友离她而去。在她最后一次拜访期间，阿伦特尽力向布鲁门菲尔德解释她的批评者是怎样阅读她的著作的，他也同意《建设》的一个充满敌意的作者是无赖，另一个则是白痴。[76]阿伦特认为如果他亲自阅读这些文章会理解自己的。但是，尽管她认为那些在布鲁门菲尔德最后的日子里看到他的人使他的观点摇摆不定，阿伦特还是非常克制地用很尊重的措辞给摩西和罗森写信，不想使因她著作导致的破裂关系进一步恶化。宾哈斯·罗森(Pinhas Rosen)在布鲁门菲尔德的讣告中提到阿伦特最后的来访,印象是布鲁门菲尔德已经与她决裂;阿伦特非常愤怒,但还是尽力保持忍耐与克制。她写信给马丁·罗森布鲁斯的兄弟,也是布鲁门菲尔德朋友的罗森说:“我看到自己最后一次拜访科特这纯粹的私人和个人事件被公开议论,真是十分悲痛。对于你讣告的目的而言,这完全是多余,我曾想过你会认为这是一个过失。我并不用这个来反对你。因为我知道我对公共和私人的区分与你和其他人都不同。”[77]她让罗森把自己和布鲁门菲尔德的通信都退回到自己手里,以防这些信没有经过她同意又曝光于公共领域,但是,她还是很小心地用对布鲁门菲尔德去世后不久也仙逝的马丁·罗森伯格珍爱的评价作为信的结尾:“我们(我丈夫和我)经常谈起马丁,谈起他的真诚,谈起他的诙谐和同情以及绝对正直的思考方式。”[78]罗森回信中花很长的篇幅说明这种安排是为了布鲁门菲尔德的文字遗产;但是他的信的最后是杰舍姆·肖勒姆质问的回音:“很遗憾,你不爱犹太人,只爱自己的朋友。”[79]

对阿伦特和布吕赫来说,这么多年的友谊以这种方式结束是非常难受的。她在拜访之后感到非常震惊。布吕赫则很愤怒。他们在夏季中途回到纽约后,她的伤心和布吕赫的愤怒还在持续着。阿伦特告诉雅斯贝尔斯说,当自己被攻击时,丈夫经常控制不住自己的情绪,她甚至承认布吕赫“对犹太人的观点不是如人所希望的那样(但这只是玩笑)”。[80]雅斯贝尔斯意识到这种说法不只是开玩笑。“我能理解布吕赫的愤怒,”他说,又用布吕赫表现出的恼怒的护卫心态写道:“你击中了很多人最为敏感的神经末梢——他们生活中的谎言——所以他们仇恨你……真理将被置于死地,就如克尔凯郭尔说苏格拉底和耶稣那样。现在,还没有到此地步,也不会如此。但是你现在被诽谤缠身,这对你是不公平的,非常令人憎恶。长远来看,你的人格品质必然显露出来,光彩照人。”[81]

雅斯贝尔斯一如既往地表示了同情和支持;他们的友谊由于这次论战更加亲密了。当《艾希曼在耶路撒冷》德文版面世的时候,雅斯贝尔斯想写些文章,这对阿伦特是巨大的安慰。那几个月中,阿伦特不停地回信,出席公共场合，尽量控制自己的情绪——“我不能保证自己头脑清醒，我的脑袋简直要爆炸了，”她向玛丽·麦卡锡承认说[82]——雅斯贝尔斯平静而仔细地书写了自己对她著作和她勇气的赏识，并写了准备对阿伦特的书写一本书的计划。她将德文版的序言寄给雅斯贝尔斯，雅斯贝尔斯仔细地提出了指导性的评论和修改建议。她回信说：“我非常非常感激你如此细致的阅读和悉心的建议。我写这个的时候非常不耐烦。也感觉到这将毫无结果——我经常会有这种感觉。”[83]

在阿伦特正要去芝加哥的 9 月，海因里希·布吕赫病倒了，这增添了她的担心：“我们在一起已经 28 年了，没有他的生活将是无法想象的。”[84]她在非常紧张的状态下写信给雅斯贝尔斯说：“现在不是胆量问题甚至不是我对布吕赫健康的担心使我麻痹无力。我没有准备好进入公共领域，因为我厌恶这种压倒一切的景象。”[85]尽管非常急躁和忧虑，她还是前往芝加哥，然后每隔一周的周末便飞回纽约，尽力始终将论战保留在脑海之中：“我正常上课，我有很多学生，我若无其事地工作着。最后，你会相信，我们会相信，真相总有一天会浮现。但这是一种信仰。而我们能否活着看到这一天，与这信仰是分不开的。”[86]

在芝加哥大学，阿伦特非常感激她那热切又怀有浓厚兴趣的学生以及无论她走到哪里都围绕着她的敢于挑战她的朋友。在大学教师俱乐部的餐厅中，一年前阿伦特在这里时，曾邀请过她一同进餐的许多其他系的教员现在却都避着她，汉斯·摩根索同她一起进餐。她对这些人非常感激，像古典学家理查德·麦克基翁(Richard McKeon)非常和蔼地走进她的房间毫不犹豫地祝贺她，还有那些帮助她应付像恩斯特·西蒙“用令人难以置信的谎言和强烈的侵略性”[87]的话语，对一个芝加哥听众言说而给她带来严酷折磨的人。

阿伦特尤其感激玛丽·麦卡锡，她在 11 月时曾去了芝加哥，艾希曼论战的所有困难在那天那个地方成了背景——11 月 22 日，约翰·肯尼迪在达拉斯遇刺。

反响

在肯尼迪死后的那几个月中，阿伦特充满了忧虑。“现在的紧要问题就是共和国的存续，”她在给雅斯贝尔斯的信中说道。[88]阿伦特被她的批评者追打的经历，使她对好比横穿整个国家的地震波一般的政治和种族压力非常敏感。暗杀为她所生活的第一个共和国——魏玛共和国的毁灭铺垫了道路，同许多人一样，她害怕与此类比。但这一类比超出阿伦特的想象，更加直接地从《艾希曼在耶路撒冷》中汲取力量。1964年末，艾希曼论战开始获得直接的政治相关性，到1965年，肯尼迪的继任者林顿·约翰逊(Lyndon Johnson)命令美国导弹部队去越南之后，新左派的反战积极分子从《艾希曼在耶路撒冷》中寻找理论支持，声称一种新形式的法西斯主义在美国大行其道。

在《艾希曼在耶路撒冷》出版的两年之内，由它引发的论战已经远远扩展到犹太人社会之外。但即使当这论战扩展开来并呈现出对美国政治重要性的时候，犹太人中对阿伦特的批评又出现了。

阿伦特知道她的批评者所利用资料的主要来源之一就是1963年7月《事实》杂志的一篇文章，其作者是在耶路撒冷基甸·霍斯纳检察官三个助手之一的雅各布·罗宾逊。罗宾逊6页的《关于平庸之恶的报告》修改后发表在《哈达萨》上，并在翻译后发表在《犹太人世界》上。然而，阿伦特不知道罗宾逊在1963年开始写的书稿很快就交付印刷并呈现给了评论者。莱昂内尔·阿贝尔(Lionel Abel)在《党派评论》的文章中承认自己因引用了他和罗宾逊关于未翻译的意第绪语著作和希伯来人处理犹太人社团的谈话而对罗宾逊有所亏欠。但阿贝尔的评论是对罗宾逊的观点更一般化的重申。他的结论是艾希曼“在她书中比他的受害者更善良”，这与罗宾逊书的初稿题目非常一致：《有美德的罪犯和牺牲者的罪行：艾希曼、阿伦特和犹太历史》。[89]

罗宾逊的文章还被以下这些文章引用：由尼赫米亚·鲁滨逊撰写的世界犹太人大会分发的小册子，玛丽·锡尔金(Marie Syrkin)为《异议》写的文章(虽然锡尔金为《犹太人前线》早先写的一篇文章更有说服力，但罗宾逊并没有明显地引用),诺曼·波德霍雷茨为《评论》写的评论,格特鲁德·艾佐斯基(Gertrud Ezorsky)为《新政治学》写的文章,莫里斯·夏浦斯为《犹太时事》写的三篇连载文章和路易斯·哈拉普(Louis Harap)为《科学与社会》写的文章——只有这些文章很明显引用或承认读过罗宾逊的文章。[90]但是虽然有这么多二手的出版物,罗宾逊的跟随者不能肯定其读者能多到像非犹太人那样与《纽约客》的读者相匹敌。欧文·豪向《评论》的读者报告了他和玛丽·锡尔金的对话:"她在会谈中大声质问,有多少《纽约客》的读者想读大量关于'二战'中犹太人反抗、殉难和幸存的文献?有多少人还想再读有关这些的东西?她继续问,有多少人知道知名犹太历史学家雅各布·罗宾逊博士在那些文章中发现了大量事实错误?"[91]锡尔金的问题源于纽约犹太人社会特别在犹太复国主义者圈子里广泛蔓延的恐惧情绪。康纳德·柯伦(Konrad Kellen)在《中流》上中肯地写道,阿伦特反对者的大声疾呼来自"他们感觉汉娜·阿伦特冤枉了受难者,在他们的伤口上撒盐,为犹太人敌人以后的伤害行为提供了支持"。[92]在罗宾逊对汉娜·阿伦特书的评价中,非常明显地表现出对未来反犹主义的担心和对以色列未来的忧虑,这在他第一版的总结章节中非常清楚地表达了出来:

> 汉娜·阿伦特建议的以悲痛而非愤怒的方式思考过去之后,接着就是要保留对艾希曼的悲哀,这极大地引起了犹太人的愤怒……我们的敌人多年以来一直在尽力粉饰自己的罪恶并谴责受害者。残忍的大屠杀血刃未干,现在正再一次被亵渎者蹂躏。汉娜·阿伦特现在把自己放在了敌人的行列中。[93]

幸好罗宾逊并不经常用这种话语,但他的观点在艾希曼论战中为民族主义维度辩护的人中是非常典型的。瓦尔特·拉科尔(Walter Laqueur)看完罗宾逊为《纽约书评》写的书的最后版本,又回顾了阿伦特在1963年给伦敦《犹太纪年》写的文章,他得出结论说:"《艾希曼在耶路撒冷》那些半真半假的叙述所带来的伤害是无法计数的。"[94]

罗宾逊的追随者用他的材料攻击汉娜·阿伦特，但是他们也似乎意识到他也绝对夸大了他的个案。他的手稿同样面对着其自身就带有偏见的指责，与对汉娜·阿伦特的指责方向正好相反。他对其进行了修改。他第二稿的题目是《艾希曼、阿伦特和灾难》，还有一个笔记“需要提出的话题”。正如他自己在序言中承认的，这一稿仍然有不少问题。但是读者被怂恿着将这辩论升级：“只要我们想到一个掌握着事实的明智读者自己有能力发现阿伦特小姐对语言暴虐式地使用，那她所使用的暗讽、隐秘的攻击、集体犯罪和辛辣的讽刺等问题就可以忽视了。”[95]

到罗宾逊写完第三稿的时候，他已经将书中最可能引发公共辩论的部分去掉，第三稿被命名为《扭曲为直：艾希曼审判，犹太人的灾难和汉娜·阿伦特的叙述》，由麦克米伦和犹太出版协会联合出版。例如，他删除了论及《汉娜·阿伦特、犹太复国主义和以色列》中非常具有沙文主义色彩的一段，并决定不试图给出一般化的结论。他的书最后的样子就是为证明“阿伦特小姐没有传达可靠的信息”而作出的一份努力。汉娜·阿伦特的学者资格和她作为一名历史学家的能力成了罗宾逊攻击的焦点；他含糊地称自己是“从无数一手资料研究这场灾难的学者”并“拒绝她的叙述”。尽管他想质疑阿伦特的学者身份，但罗宾逊放弃了莱昂内尔·阿贝尔那样的批评者所采用的简单方法：“在连载长篇和书之间有 355 处非风格上的不一致”（荒谬的夸大）和“不少于 600 处事实的歪曲。”罗宾逊尽量详实地标明他的每一处质询，他还尽量去掉那些支持检举起诉以色列的材料。[96]

基甸·霍斯纳在 1966 年出版的《正义在耶路撒冷》一书又将艾希曼案件叙述了一遍。他为重述他的案子并维持他所担心的已经“从人们头脑中消退”的“历史章节”而付出的努力比罗宾逊要多许多。但是，这本书也受到犹太历史学家莱昂·波里亚克夫（Léon Poliakov）对罗宾逊书缺陷的同样批评：“他关于纳粹和犹太人对抗的想象完全是摩尼教徒式的。”波里亚克夫向《评论》的读者提供了一个关于霍斯纳论述假定的简要陈述：

虽然《正义在耶路撒冷》作为一种叙事在某种程度上是成功的，但它的缺点是太过简单化，而且缺乏历史学家的见识。霍斯纳先生主要的假定是将反犹主义者的罪恶具体化（因此这与他“最终解决”的执行者身份非常相称）和德国从中世纪以来就是滋生反犹情绪的温床。为了说明第二点，霍斯纳先生将德国一千年的历史压缩在两页纸中予以叙述。[97]

波里亚克夫接着指出了霍斯纳书中的很多条款，它们能佐证阿伦特对艾希曼的描述。但是，即使是莱昂·波里亚克夫这位对罗宾逊和霍斯纳的书最公平也最可靠的评论者的结论也是：“在无尽丰富的历史构造中，这种途径和老生常谈可能会让人厌烦，但还是比（像阿伦特那样）那更精妙隐蔽的立场更接近真理。”

在对霍斯纳书的所有评论中，波里亚克夫是最仔细的，波里亚克夫1952年的《仇恨必读书》曾是最早考察欧洲犹太人社团行动细节的研究之一。举例说来，《纽约时报书评》刊登了历史学家巴巴拉·塔奇曼（Barbara Tuchman）的一篇赞美文章，他曾经公开指责汉娜·阿伦特“有意识地支持艾希曼的辩护”。[98]《纽约时报》没有刊登任何批评文章。西贝尔·莫霍里—纳吉曾向《纽约时报》寄去一封信，但没有被发表，汉娜·阿伦特向他解释说，她听说霍斯纳在访问纽约宣传他的书的时候曾“付出巨大努力去影响《纽约时报》的编辑们”。[99]唯一一封由汉斯·摩根索在6月1日写的批评信在图克曼的评论发表两个月后的7月17日才得以发表。

在关于《艾希曼在耶路撒冷》的论战中，从1963年5月19日《纽约时报》上一篇由起诉者的证人也是前美国在纽伦堡审判中的起诉人迈克尔·穆斯曼诺法官严厉的评论开始，一直到以起诉者的顾问罗宾逊的书和起诉者本人的书面世为标志的论战顶点，评论家的抉择至关重要。论战的学术水平之低很大程度是由于主要的杂志和期刊的编辑政策。

这些编辑政策如果没有其内部争论也不能成形。他们曾努力防止最坏的情形发生。当《纽约时报》杂志收到穆斯曼诺法官的评论后，编辑成员内部有人反对弗朗西斯·布朗编辑的处理。报纸的特辑编辑之一，曾经写过本·古里安传记《哥利亚的斗士》的格特鲁德·塞缪尔(Gertrude Samuels)曾提出异议,但是被驳回。类似的是,戴特·麦克唐那向《党派评论》的编辑威廉·菲利普(William Phillips)提出强烈抗议,但也没有成功。麦克唐那告诉菲利普,莱昂内尔·阿贝尔已经在《新政治学》上发表了一篇名为《虚假的深刻》的文章以反对汉娜·阿伦特。他的中立性因此而大受怀疑。麦克唐那也在1963年7月16日的一封信中向菲利普传达了汉娜·阿伦特对杂志的选择作出的反应(他把这封信拷贝了一份寄给了阿伦特):

> (她说评论显示)"没有把我当作一个人和严肃的作者来尊重,这是到目前最恶劣的情况,比《纽约时报》的评论还要恶劣,毕竟,他们还尊重我。"她也让我告诉你不要打电话或写信给她,她不想与《党派评论》或你或菲利普(拉夫)再有任何瓜葛。[100]

菲利普还是给阿伦特寄了一份阿贝尔评论的副本,标记的时间是7月11日,而信封上邮戳的时间是7月18日,阿伦特很好奇这两个时间,把日期圈了一下。

可能威廉·菲利普利用这段时间准备《党派评论》对汉娜·阿伦特的妥协,对她这本已经"在过去十年激起我们所能想象最多的论战"的"大胆的冒险"著作所作的编辑标记,可被看作一个撰稿者和"杂志所代表的知识分子共同体(该杂志)中杰出的成员的努力"。对书和阿贝尔文章的评论没有被归为评论,而是作为"坦诚的辩论"的形式采用。这些评论文章发表在1964年冬季与春季号上。丹尼尔·贝尔(Daniel Bell)和玛丽·麦卡锡支持阿伦特的文章出现后,阿伦特和玛丽·麦卡锡共同持有的观点就成了论战的中心:"好像《艾希曼在耶路撒冷》需要一副特殊的犹太人眼镜才能看清它'真正的主旨',"玛丽·麦卡锡说。[101]

玛丽·麦卡锡的看法大体上是准确的,但是,在犹太知识界有很多不同的意见。它们中的一些在由《异议》发起的公共论坛中表现得非常明显,而玛丽·锡尔金就在《异议》上发表了对《艾希曼在耶路撒冷》的尖锐批评文章。在会上，犹太人锡尔金和莱昂内尔·阿贝尔与犹太人丹尼尔·贝尔和罗尔·希尔伯格在演讲台上势均力敌(汉娜·阿伦特本人也被邀请参会，但是她拒绝了，同样拒绝出席的还有布鲁诺·贝托罕)。在判定阿伦特的艾希曼描述不合逻辑而拒绝其描述之后，锡尔金试图说明犹太人社团对纳粹的灭绝计划没有实质性影响，阿伦特所声称的“整个事实”完全错误。第二个发言人罗尔·希尔伯格的观点正好相反，他辩称欧洲犹太人拒绝面对灾难即将降临到他们身上这一事实，他们本可以但没有作出有效的回应。希尔伯格演讲过程中，莱昂内尔·阿贝尔愤怒地敲打着演讲者的桌子，引致一片喧闹的嘘声。主持人欧文·豪介绍了阿贝尔，阿贝尔首先对自己曾赞赏希尔伯格的学者气质而感到悲哀，接着对阿伦特的著作进行了粗鲁的攻击，最后以一个古怪的观点收尾，即阿伦特被阿贝尔一个未提名的朋友准确地称为“虚无的罗莎·卢森堡”。丹尼尔·贝尔的评论非常像他在《党派评论》发表的文章，非常克制而恭敬地努力平息争论。虽然欧文·豪强调，即使是残忍的托洛茨基对“人的处境”的理解，也要比某些写过这个主题的哲学家好得多，但后面的公开讨论很大程度上都是在讨伐希尔伯格。直到豪结束了公开的讨论，听众中才有人站出来支持阿伦特，阿尔弗莱德·卡津第一次在公共场合为他的老朋友辩护，却只引来莱昂内尔·阿贝尔的咆哮：“是谁让你到这儿来的？谁问过你的观点了？”

一个年轻的犹太人将这次会议的报告寄给阿伦特，他评论说，《艾希曼在耶路撒冷》好像已经在犹太人群体中激起了代际冲突。[102]当诺曼·伏鲁西特(Norman Fruchter)在《左派研究》上发表《阿伦特的艾希曼和犹太人身份》一文时，这种冲突被公开了。伏鲁西特代表了犹太年轻激进分子的声音，他们在阿伦特的书中发现了对“献祭神话——犹太人倾向用此来代替他们的历史”的反抗和对“在现代国家中公民有责任防止曾蹂躏德国的极权运动的出现”的分析。他写作该文时，新左派中已经流行将20世纪30年代的德国和60年代的美国进行比较——这让老左派非常惊愕。一年前，詹姆斯·温斯坦(James Weinstein)发表了《后高登沃特时代的我们?》(*Nach*

Goldwasser Uns?)一文,在文章中,这种对比很明显:“实际上,今天的美国社会和纳粹统治之前的德国有很多相似之处。”艾希曼成了一个象征:“看看那么多美国的官僚和军人,阿伦特小姐描述的艾希曼是一个有着有限意识形态语言的人。”卡尔·奥格尔斯(Carl Oglesky)比 1965 年 3 月在华盛顿新老左派团体中也发表了类似的演说:“想想现在在越南战场上卖命的人,”奥格尔斯比说,“那些研究地图、发布命令、按下按钮和清点死者的人:班迪(Bundy)、麦克纳马拉(McNamara)、鲁斯克(Rusk)、洛奇(Lodge)、戈德堡和约翰逊总统本人。他们不是没道德的怪物。他们都是可敬的人。他们都是自由主义者。”[103]

年轻犹太人中的激进分子与那些在 30 年代是马克思主义者而到 50 年代都成了反马克思主义者的老一代犹太人之间,产生了巨大的分野;他们在以色列的政策和美国犹太人对其的支持以及美国社会状态等方面不能达成一致。但是,这不是由阿伦特著作所导致的犹太人共同体中唯一的裂缝。犹太复国主义者认为阿伦特是一个反犹太复国主义者,反犹太复国主义者则力图声称她是属于他们阵营的。犹太教美国协会提出要给阿伦特提供保护,并为她提供可以回复其批评者的公共平台。她拒绝了,她是这样回复协会的:

> 你知道我曾是一个犹太复国主义者,而我与犹太复国主义组织决裂的原因与协会反犹太复国主义的立场是有截然差异的:原则上我并不反对以色列,我反对某些重要的以色列政策。我知道,或我相信我知道,那将会给这个犹太人的国家带来灾难,不管是什么原因(即使是因为他们自己的愚蠢),无论我们每一个人现在持有什么观点,这将可能是整个犹太人民最终的灾难。[104]

阿伦特对反犹太复国主义并不感兴趣。但是她很有兴趣“忠诚地”站在犹太复国主义的对立面,当犹太复国主义的读者认识到她的位置后,她会非常感激地回应。她非常欣赏玛丽·锡尔金为《犹太人前线》写的第一篇批判文章——“我只想与她一个人讨论整件事情”——因为锡尔金强烈主张，作为一个犹太复国主义者要充分意识到反对犹太复国主义的两个传统：“犹太教协会的主张社会同化者……和老派的‘激进分子’，他们反对‘忠诚多样化’，提倡‘一种更宏大的国际理想’。”[105] 如锡尔金暗示的那样，汉娜·阿伦特不是一个反犹太复国主义者，而是一个国际主义者。

未回答的问题

阿伦特批评者所代表的无数流行的政治观点都是围绕着阿伦特提出的更大的问题而展开，但没有被回答。这些问题随着越南战争的不断升级在美国政治生活中赫然凸显。阿伦特在卫斯理大学的朋友罗莎莉·科利在一封信的结尾谈到这场战争时请求道：“请写一下你信奉的道德规范。我们需要这个，无论如何我需要。”[106] 对“道德规范”而言，过去一直到今天也非常需要，但是《艾希曼在耶路撒冷》没能提供这些。

许多革新派的犹太人对《艾希曼在耶路撒冷》的反应简要地说就是为什么阿伦特的书不能成为“道德规范”，甚至连它所赞赏的那些都不能。这些革新派的犹太人与犹太复国主义没有明显的联系，也没有对美国老左派或新左派的任何政治义务。阿伦特的一个通信者告诉她说：“我必须承认，在革新派和自由派犹太教的圈子里，无论我走到什么地方都发现对你著作下意识的敌意，这敌意是来自最近你对列奥·贝克(Leo Baeck)的批评被他们认为是诽谤。”[107]

在对列奥·贝克的批判中，她书中最好的和最坏的部分交织在了一起：一方面，她勇敢地提出了最难的问题，同时另一方面，她经常不能清楚地表述她的问题。她对贝克的批判所导致的敌对反应显示了论战最麻烦的一点。一些章节被从文本语境中抽离出来并被伪造成整本书的样子。但阿伦特给出的紊乱的描述也招致了敌对反应。

列奥·贝克拉比是柏林犹太人的领导，也是纳粹控制的“帝国再统一协会”的头脑，该组织前身是在1939年解散的犹太人控制的“帝国再统一协会”。他受到了阿伦特的称赞，也受到她大多数革新派批评者毫无保留的赞誉。阿伦特用审判的证词和罗尔·希尔伯格的书简要描述了他行为中有问题的部分，而忽视了当他有多次机会逃跑的时候英勇地拒绝抛弃他的人民不管这一事实。当他和纳粹称之为“犹太领导者”的其他人在特莱西恩施塔特集中营的时候，贝克在1943年8月得知奥斯维辛是一个死亡集中营，但他作出了他所谓的“重大决定”，不告诉他的狱友这件事情。[108]关于此事，阿伦特写道：

> 没有人逼迫犹太官员发誓保守秘密；他们都是自愿的“秘密保守者”，或是为了像康斯特纳博士的例子那样保证安静和防止惊慌，或是出于“仁慈”的考虑，例如“生活在等待被毒气杀死的日子只会更加艰难，”这就像前柏林犹太人社团列奥·贝克博士的例子。在艾希曼审判中，一个证人指出这种“人道”不幸的结果就是，人们自愿地被从特莱西恩施塔特(Theresienstadt)移送到了奥斯维辛，并公开指责那些试图告诉他们真相的人“不厚道”。[109]

在这段论述之后，阿伦特给出了一个贝克在柏林最后的几个月中行动的例子，描述他怎样答应盖世太保要求的为方便移送犹太人而指定犹太警察抓犹太人：“富有学者气度、性情温和，并受过高等教育的列奥·贝克，相信犹太警察会‘更友善，也更有帮助’，会‘使折磨减轻些’(但事实上，他们更加残忍，更容易腐败，因为他们自己就处于危险境地)。”

当这一段出现在《艾希曼在耶路撒冷》的修订版中时，阿伦特已经删除了曾激怒很多读者的词语：她提到贝克时说他“在犹太人和非犹太人眼中都是‘犹太人的领袖’”。阿伦特的用法可能是从罗尔·希尔伯格那里借来的，后者曾指出艾希曼的助手迪特·威斯里舍尼(Dieter Wisliceny)称贝克为“犹太人的领袖”，但是他并没有暗示这个短语被犹太人或德国人使用过。[110]阿伦特使用这个短语骇人地暗示，一个人不断像“圣人”一样为自己辩护，退一步说这是欠考虑的；这是她用反语激起谴责而不是争论的众多实例之一。

另一方面，贝克的辩护者给不出贝克在柏林或特莱西恩施塔特的行为除了希尔伯格、审判证人和汉娜·阿伦特之外遭到任何人批判的迹象。汉娜·阿伦特在《纽约客》开始发表系列文章后不久，非常吃惊地收到一封来自理查·弗瑞尔(Recha Freier)充满赞誉和支持的长信，她是一个犹太拉比的妻子，曾在1932年成立后来发展为"青年阿利亚"的柏林组织，而阿伦特在巴黎时曾为这个组织工作过。理查·弗瑞尔当时已经移居以色列，她告诉汉娜·阿伦特说她最近正在准备写一本关于"青年阿利亚"的英文书，名为《让孩子们过来》。最初的希伯来文版本包含了理查·弗瑞尔对贝克的批评，但是英语出版者威登菲尔德和尼克尔森告诉她，在他们的版本里，书中的一些段落必须删掉，以防止引致诽谤诉讼。她告诉阿伦特她写书时所使用的材料，包括同帝国再统一协会和贝克的通信，都保存在亚德瓦谢姆(Yad Vashem)的图书馆中；她提出将复制本寄给阿伦特，并真的将她认为比较重要的材料寄给了阿伦特。"美国—德国的犹太人和他们在这里的同伴对我进行了所能想象到的所有诽谤和恐吓，这也是我为什么想起要给你寄这些材料，今后这些可以在你的文章中用到。"理查·弗瑞尔的材料可能从未送到。阿伦特在她的信末写到"以色列有邮件审查机构"。[111]

那些叙述贝克在特莱西恩施塔特行为的人，不像理查·弗瑞尔那样，他们全都致力于为他辩护。在《建设》上对阿伦特猛烈攻击的阿道夫·莱施尼策(Adolf Leschnitzer)为贝克对奥斯维辛保持沉默的决定提供了一种道德上的辩护。为表明贝克曾认为"并不确定所有人都会遇难"，莱施尼策辩称贝克就像一个医生决定不对他的病人讲出真实的病情。雅各布·罗宾逊评论了贝克的政策(这被阿伦特称为是"犯罪")和这种类比后，得出结论："虽然这种政策是有争议的，但不能被全部谴责。"[112]然而没有任何辩护者对政策进行论争。

战后不久，保罗·蒂利希发表了一份陈述，它后来被阿尔伯特·弗雷德兰德的《特莱西恩施塔特的老师》引用："没有人能充分判断集中营里的事情，"蒂利希说。"但是某种程度上，我谴责贝克没有将他知道的最后极少的消息告诉大家。如果他真的知道奥斯维辛意味着必死无疑，他应该说出来。关于存在的全部真相都应该被告知，就像患绝症的病人应该被告知全部的真相。”[113]莱施尼策和罗宾逊简单地守在蒂利希设置好的辩论框架内，虽然他们不想去下判断。他们中没有人考虑阿伦特所引用的证人的证词，那些证词恰好证明了这类比的不适用：医生的病人没有被提供是否去死、是否自愿被移送到死亡集中营的选择。（希尔伯格指明在1945年5月在特莱西恩施塔特有17 320名犹太人还活着）。[114]虽然她那无用的讥讽和错误的引用使这个问题含混不清，阿伦特还是提出了真正的道德问题。她的批评者并没有接招。

另一方面，汉娜·阿伦特深知贝克拉比的声望，她也很敬重他的信仰和坚韧。当他以前的学生阿尔弗莱德·弗雷德兰德在1963年7月邀请阿伦特为哥伦比亚大学的学生作演讲的时候，她公开地表明了自己的这种态度。“在两个多小时的时间里，”弗雷德兰德报告说，“她清晰而有说服力地回答了提问，显示了她的学识和对犹太人以及一般历史的看法。她展示出对犹太人民和他们在希特勒时期悲剧性位置的同情心，还补充了她的书的几个部分（她对列奥·贝克有极高的赞誉）。”[115]但问题依然存在：她没有使自己的写作清晰化。她在书中展示的仍然是旧有的对贝克的批评。战后，她曾写信给布鲁门菲尔德谈到她在纽约遇到的几个集中营的幸存者，包括贝克：“我见到了贝克，并和他交谈，我对他印象深刻，因为他真的是那样无能，那样无动于衷。他说话的方式就好像他还在1932年：希特勒迫害犹太人——为什么？当然是由于他们的天才，犹太人的天才。一个犹太人决不会像其他人一样成为一个普通人。简而言之：那时和现在，惯常的盲目的爱国心填满了同化主义者的头脑。我们（犹太人）又一次成为人类的心脏，等等，等等。”[116]这种旧印象成为她批判那种观点的理由，即犹太警察因为他们是犹太人而会对他们的同胞更温和，她对此予以尖锐的回应，他们“当然”不是这样的。这种旧印象也成为阿伦特过度使用“领袖”一词的理由，通过该词，她给出一个信号，但没有阐明，即她认为贝克拔高他的民族而贬低其他民族，乃是无意识地自我毁灭。

贝克对他的民族的态度即阿伦特认为的道德和政治上的错误与她自

己的位置——“我自己的民族犯的错自然比别的民族犯的错更让我伤心”——之间的差别，在某一方面来说并不是那么大。他们都对他们民族的道德行为评价极高并充满希望。但对贝克来说，道德标准是很复杂的，与“特选民族”联系在一起；对阿伦特来说则不是这样。因此她可以被指责——如她经常遭受的一样——为“犹太人中的自我仇视者”，对她的人民采取“双重标准”。贝克是在宗教传统中演说和行动；阿伦特虽然有很深的宗教信仰，但是从未接受贝克在1940年提供给他的柏林学生的教条化解释：“迫害是所有拥有强烈说教思想的人的命运……以色列是上帝的仆人，以色列的职责是对全人类负有责任。因此它是受难的仆人。”[117]“宗教与哲学之间真正的区别，”阿伦特告诉她的一个学生，“是‘道德’主张陈述的方式不同。宗教式的陈述往往不依赖理性的诫命，要求绝对地毋庸置疑地服从；哲学家的道德命令实际上从不是强制的。即使哲学家想将自己理性的要求强加给那些非理性人的身上——比如说柏拉图。在康德那里涉及的是基本的非宗教性的道德规范，这完全是人类理性的自主。康德的道德规范只是实践理性。在绝对的命令之下的真正命令是：不要自相矛盾。这是思考的基本法则或理性的命令。”[118]汉娜·阿伦特1964年3月在纽约城市学院的希勒尔别墅向前来听她讨论《艾希曼在耶路撒冷》的学生说（根据一位听众的笔记）：“正当行为的理据是不能被证明的。柏拉图认识到这一点，他用未来奖罚的神话作为一种服务于政治目的的谎言——用胡萝卜和大棒将那些不能理解正当行为真正原因的人有秩序地组织起来。基督教会在扮演政治机构角色的时候，使用同样的神话，并出于同样的原因。现在，今天，随着宗教权威的坍塌，问题就是我们是否足够成熟地回到并理解不做错事的真正原因……就像柏拉图在《高尔吉亚》和《理想国》中展示给我们的那样。”[119]在阿伦特的书中，可以非常明显地发现，她关心的是她后来称作的“独裁统治下的个人责任”和对任何人类关于神圣意志解释的不服从，一些她的批评者可能很尊重她的姿态，就像听过她上课的学生做的那样。个人具体判断或行动的责任与潜在的傲慢的对全人类的责任之间，距离是非常大的。

当汉娜·阿伦特着手于她提出的但没有在书中回答的问题时，她在芝加哥大学开设了“基本道德诸命题”的课，接着，她在新学院开设了“论道德”。但是关于她著作的论战使她的工作变得非常艰难。她的精力被分散；公共生活“对我和我的生活方式来说是最烦人的了”。[120]但是那还是论战的初级阶段，几乎所有知识内容的缺席都在最深层面鼓励着阿伦特。她写了一些书评和读书笔记，把时间从政治思考转移到重读圣·奥古斯丁上，她希望自己的《奥古斯丁的“爱”的观念》可以在修改之后用英语出版；但是她因其“政治道德规范”所要求的持续哲学反思的困扰而不能平静。亚瑟·赫兹伯格(Arthur Hertzberg)不适宜地评论了阿伦特的书后，给她写了一封关于雅各布·罗宾逊1966年出版的《扭曲为直》的信，引出了阿伦特自己心里关于这场论战的看法。赫兹伯格写道：

> 我想让你知道，我确信，从长远的反应来看，这本书是很无聊的，我在《报道者》所做的评论也是错误的。我想有一些问题需要讨论，你基本上把这些问题都提了出来，但迄今为止，这讨论并没有与其要探索的重大主题或你严肃的分析相媲美，几乎每一个人当然也包括我的一些文章都以非常不公平的方式对待你严肃的分析。[121]

阿伦特当时还陷在《纽约书评》关于她对瓦尔特·拉科尔的罗宾逊评论的回复的争论之中，她非常感激地给赫兹伯格回信：

> 你所做的事情几乎从来没有人做；在一切都误入歧途之后很难设想这些事情能得以澄清并回到正途……我本希望一场真正的论战，但是你知道取而代之的是些什么事情。如果我因为重大的问题而被攻击我会回答：这不是我的工作，这只是一份报告，它只能部分正确。但是整个的事实是，我写这本书的时候自己也不知道答案。[122]

阿伦特知道她质问的中心就是她的书的题目“恶的平庸”。艾希曼“活生生"地教导她，她过高估计了"意识形态对个体的影响"。她断定对艾希曼来说"灭绝行动比反犹主义或种族主义要重要得多"。[123]对这个人而言，他在运动中找到一个安身之地要比满足感和纳粹的绝对逻辑重要得多，阿伦特拒绝她在《极权主义的起源》中指涉纳粹不可理解的本性——"极端的恶"的概念。随着这样做，她也从长时期的梦魇中走出；她不再认为是怪物和魔鬼策划了对数百万人的大屠杀。恶的平庸，她在书的最后一句话中说，是"令人恐惧的，言语和思想皆受挑战。"但是它的存在不能作为存在于人性之中的原恶的证据，因此不是对人类的控诉。

在她的报告中，阿伦特讲述了艾希曼的良知是如何静寂的；这就意味着她假定艾希曼和任何一个人一样也有良知。用政治术语重写了卢梭的名言"人生来就对同胞受难有厌恶感"，她说艾希曼"生来就对犯罪有厌恶感"。[124]后来她意识到她是在反对——人做恶事是因为他们有罪——这样一种将恶行归因为恶的本性的思考方式。"人可能被诱惑怂恿，"阿伦特在1966年写的一篇对伯恩德·瑙曼(Bernd Naumann)关于法兰克福审判纳粹官僚的报告《奥斯维辛》的评论中说，"对人类恶的本性、原罪和人类天生的'侵略性'等等纵容的宏大叙事，具体来说就是德国人的民族特性……但是在每一事件中，有一件事是确定的，即不敢再相信任何人或事，也就是说在奥斯维辛的每一个人都能自我决定是行善还是积恶……这个决定不依赖于其身份是一个犹太人还是波兰人或是德国人；它甚至也不依赖于是纳粹党卫军的一员。"[125]

法兰克福对纳粹的审判使汉娜·阿伦特确认了在耶路撒冷就意识到的问题；没有什么精神变态或魔鬼，只是一些非常表面的事情，决定了集中营的官僚是否将他们个人的残暴加诸他们要屠杀的大众之上，或他们是否会有一些友善的行为，或者两者都有。

> 尽管客观来看，奥斯维辛中被告行为的首要人为因素是虐待狂，并且主要是性虐待……第二重要的是，就奥斯维辛所考察的人类因素而言，他们是喜怒无常的……这就好像他们易变的脾气吞噬了一切，

> 包括个人身份、行善或作恶、慈爱或残暴、理想主义的白痴或玩世不恭的性变态等稳固的表面。一个受到了最严厉的判决——入狱八年——的人有时会分香肠给孩子们吃；柏那瑞克在将他的犯人蹂躏致死后回到自己的房间开始祈祷，因为那时他心情平和；曾让上万人送命的医药管理官员同样也能将一个在他的母校学习的妇女救下，因此这使他回想起年轻时的事情；鲜花和巧克力可能被送给一个刚生产的母亲，虽然她第二天就会被送进毒气室……在奥斯维辛，死亡是最高的统治者，但与死亡并肩的是偶然性——专断非常随意，并与死亡的仆人易变的性情混合在一起——决定了集中营中人们的命运。

极端之恶的三个特征在汉娜·阿伦特《极权主义的起源》、《人的境况》和《论革命》的讨论中反复出现。在没有任何惩罚是足够的或是相称的意义上说，它是不能被惩罚的；它是不可宽恕的；它植根的动机如此之深以至于超出了人们的理解。最后一个特征是艾希曼审判提出来的。对群体和阶级、对整个极权主义毁灭机器，以及最后对想证明甚至对他们自己也是“一切都被允许，一切都有可能”的极权主义刽子手，汉娜·阿伦特曾用了“多余”(superfluous)一词。在《艾希曼在耶路撒冷》中，她用“多余”来分析目的：当目的成为多余时，恶就是平庸的。

阿伦特不否认人会基于基本的目的行动。她谈到“故意的恶”时将它与平庸或无目的的恶区分开来。当一个邪恶的人告诉自己，就像莎士比亚戏剧中理查德三世那样，“恶就是我的好”，他仍能分清善恶。邪恶之人行动的目的虽然很基本，但不是不可理解，形容词“故意的”表明了这一点。[126]当阿伦特告诉杰舍姆·肖勒姆“罪恶从不是绝对的”时候，她不是否认邪恶；她只是表示即使是邪恶也不是绝对的，邪恶并不植根于一种不可理解的原始错误之中。

> 我确实认为罪恶从不是“绝对的”，它只是过度的恶，它也不蕴含任何深刻的或者是恶魔般的维度。它可以滋生并毁坏整个世界，因为

它就像地面的蘑菇一样蔓延。如我所言,这是“思想的不服从”,因为思想力图去触及它的根源,而关注恶自身则会受阻,因为那里一无所有。那就是它的“平庸”。只有善才有深度,并能成为绝对的。[127]

极端恶的观点唤起了摩尼教或诺斯替教的教义,即善与恶都是原始的,它们是独立的并且是宇宙中和每个人身上所存在的善恶斗争的根源。当汉娜·阿伦特拒绝这个观点时,她转到西方传统重要的转折点上:恶只是善的匮乏;路西弗(Lucifer)是一个堕落的天使,并不是被创造的恶。但是,尽管阿伦特非常赞赏前摩尼教的伟大,但阿伦特不是神学家,甚至也不是一个奥古斯丁主义者,她是以世俗语言解释恶的私人本质的。她不认同柏拉图说的认识到善就会去行善。她主张的是思考是拒绝作恶的条件,而拒绝作恶是因为判断善恶的能力是思考活动的副产品。阿伦特只在她最后的著作《心灵生活》中开始展现不思考如何阻碍我们作出判断,并妨碍我们判定“这是对的”或“这是错的”的能力。

她最敏感也最具有哲学敏锐力的读者之一J.格伦·格雷立马就理解了阿伦特的艾希曼肖像的意义。他在1963年3月23日的信中写道:“你知道我不得不在战争期间和战后审讯数百名这种纳粹官僚,他(艾希曼)看起来很符合他们那种模子。几乎不是一个‘恶人’的浪漫形象。”接着,在更深的反思之后,他继续写道:“那种恶没有形而上的本体,也没有什么深度,这是我见了你提的问题。这比你其他的大部分想法都更不切实际,因而让我感到震惊。虽然在艾希曼事件上你的描述非常符合我的看法,但我想知道,如果是戈培尔站在被告席上,你是不是还会用这样一个题目作为书名。”[128]雅斯贝尔斯也有同样的保留意见:阿伦特从平庸的恶转到一般的恶的观念时转得太快了。他理解阿伦特的立场:“现在,在这里,你曾以明确的话反对诺斯替教。你和康德站在一起,康德[他曾经修改他‘极端的恶’的概念]说:人不能成为魔鬼。我也同意你。”接着,雅斯贝尔斯在另一封信中提出了他的问题:“我认为:这一概念是很有启发的,但是作为书名它就太惹眼了。它意味着:这个人的罪恶是平庸的,而不是说罪恶是平庸的……因它是用来形容艾希曼的，所以‘恶是什么’仍然在这个词语背后隐藏着。实际上，在我看来，你对肖勒姆的回答既是强有力的，又是软弱的。现在，当你来访的时候，我们可以就我们所持的观点进行讨论。”[129]

不幸的是，他们讨论的记录没有留下来。阿伦特没有放弃“恶从来不是极端的”这一主张，但是她在文章中只是进一步提供了平常性的例证，而不是全面的论辩。例如，她从未涉及她反对弗洛伊德概念的哲学难题，在弗洛伊德那里，“主要是性方面”的虐待狂不是极端的，虽然她在《论暴力》中称她相信暴力“既不是野兽般的，也不是非理性的。”[130]很显然，她对自己主张的一般性还有所保留，因为她在一次交谈中向玛丽·麦卡锡承认，自己认为在《艾希曼在耶路撒冷》中提到的“最终解决的真正策划者”莱因哈特·海德里希绝对是邪恶的。但是，阿伦特仍然继续概括她已经触及的问题，她在许多公开的表述中清晰地表达了这一想法：“有一种广为流传的理论，我(在《极权主义的起源》中)也曾对它有所贡献，即认为这些罪行取消了人类判断的可能，并推翻了我们法律制度的框架。”[131]这是她所要战胜的理论。

阿伦特结论的背后是对其他两个“极端的恶”的特征同样进行的长期反思。她没有放弃关于极端的恶无论被认为是绝对的还是平庸的都不可惩罚也不能被宽恕的看法，但是，她在《人的境况》一书最热心的读者之一的诗人 W.H.奥登的帮助下，改变了这个观点的基础。

奥登阅读阿伦特的书时非常吃惊。他打电话给阿伦特为她写的书表示感谢，又写了一篇评论。“无论现在还是那时，”他说，“我看到这本书就有一种它是为我而写的感觉……它正好回答了我曾问自己的那些问题。”[132]尽管如此，《人的境况》也使奥登提出了自己的问题，将这些问题私下里交给了阿伦特，并试图使他们之间的关系由熟人变成朋友。阿伦特接过了这些问题，也接受了他在 1960 年 2 月 14 日信中附随的参加他的生日聚会的邀请。阿伦特非常认真地回了信，可能在看到奥登真的有问题要问后而轻松了一些，因为他的充满溢美之词和没有丝毫质疑的评论让她很不舒服，正如她在读完后向玛丽·麦卡锡承认的：“我现在(比奥登打电话的时候)更加局促不安。我绝对不适合当一个作家,它只是我缺乏合适观点的简单例子。"[133]

在《人的境况》中,阿伦特曾说我们原谅"那些罪行是因为干出这些事的人",奥登发现这个表达是成问题的。"我是错了,"阿伦特承认,"当我说我们原谅那些罪行是因为干出这些事的人,我的意思是说我能宽恕别人,但是不能宽恕罪行。"[134]比如说,阿伦特可能已经宽恕了艾希曼但并没有宽恕他的罪迹,她知道必须清楚地说明为什么拒绝这种可能性。《艾希曼在耶路撒冷》就是以她的回答结尾:

> 为了论辩起见,让我们设想你只是因为不幸而成了大屠杀组织中被自愿利用的一员:事实还有你曾实施并积极参与了大屠杀政策。政治不像在托儿所:在政治中,顺服与支持是一个意思。正是你支持并实施了不愿与犹太人和许多其他民族的人民共享这个世界的政策,虽然你和你的上级有权决定谁应该或不应该生活在这个世界上,但我们发现没有人,人类中没有任何成员能被指望愿意和你共处在这个世界上。这就是你必须被绞死的原因,并且是唯一的原因。[135]

即使这个人可能作为个人被宽恕,即使他以某种方式被证明其"内心生活"是无罪的,但他决定遵守并实施大屠杀政策是不能被宽恕的:因为这个决定,他拒绝和犹太人以及其他民族"分享这个世界"。

阿伦特对阿道夫·艾希曼评论的结语在她的很多批评者看来是很傲慢的;她因为拒绝接受法庭的判决结果并提出了自己的看法而受到指责。实际上,阿伦特深知自己已经接受了法庭的判决,她同任何关注此事的人都有同样的权利提出自己的判断,并只回应了对其结语的另一种批评。一个德国报道者问了一个更狡猾也更让人沮丧的问题:难道她不认为数百万人和阿道夫·艾希曼之流共同生活在这个世界上本来是没有疑虑的吗?阿伦特回答说:"这个观点很难用英语说清楚,我的意思是说,没有一个人能被合乎情理地期望和艾希曼一同生活在这个世界上。很多人不知道这是一个不理性的期待，这并不是对判决的反驳。”[136]

奥登询问阿伦特宽恕的概念，这就将她推向了另一个区分。阿伦特曾经主张“除宽恕外，另一可选择的办法决不是它的对立面，而是惩罚，两者的共同点是，它们都试图中止某些如果没有阻碍将会无穷尽地继续下去的事情。因此这意义就非常重大了，在人类事务领域的结构性因素中，人们不能宽恕那些他们不能惩罚的事情，他们没有能力惩罚的，也就不可宽恕。这就是自康德以来我们称之为极端恶的那些罪过的真实特点。”这段文字驱使奥登提出宽恕和司法赦免之间的区别。“你完全是正确的（而我则完全错误），”阿伦特承认，“惩罚只对司法赦免而言是必要的替代。我在思考纽伦堡法官荒谬的立场，他们面对如此众多的罪行时竟越过了一切可能的惩罚。”[137]对一个你不能宽恕的人将不可能对其充分惩罚，但是，你必须惩罚一个不能获得司法赦免的人——不管这一惩罚是否足够——然后便是反对司法赦免和控诉“你必须被绞死”的论证。即使当司法制度的框架已经因特殊的犯罪行为即“行政屠杀”而扭曲时，不可宽恕而不是不受惩罚才成为争论的主题。阿伦特间接地承认了这一点。当以色列绞死艾希曼的时候，她正在写书，她简洁地告诉玛丽·麦卡锡：“我很高兴他们绞死艾希曼。但那不是问题所在。我感觉如果他们不是将事情推到它唯一的逻辑终点，他们将会使自身彻底变得荒唐可笑。”[138]绞刑是不够的，无论如何，他都是不可宽恕的。

无论从哲学上，还是从法律上，理解“恶的平庸”这一观点都是很难的。但是，在政治上，它是很简单的。一个关于政治的普遍错觉就是恶可能导致某些善，较小的恶某种意义上是一种好或者在不久的未来可能成为善。这是对阿伦特在《论暴力》[139]中提到的“恶只是善的缺失……是仍隐藏在善后面的暂时表现形式”这一论点的另一版本。只有杰出的信念或伟大的自尊，或者可能的两者才能抵制住通过邪恶的途径变成善的引诱。正如阿伦特在写约翰教皇（Pope John）时说：

> 他一直满足于“日复一日地过日子”，甚至“一个小时又一个小

时”，就像田地里的百合花一样。现在他为他的新国度（罗马教皇）设置了“基本行为规范”，“并不关心将来”，而且对此不委任任何圣职，同时“小心翼翼地不向任何人信赖地或随便说起此事。”是信仰而不是理论、神学的或政治的使他提防“任何对邪恶的纵容，以希望这样做他可能对某一些有用。”140

拒绝对邪恶的纵容和拒绝宣称拥有对未来的知识这两者是一致的：这是一种对未来善的想象，经常与历史必然性的理论或对上帝意志的阐释联系在一起，它们正是诱使好人接受邪恶的手段。如果恶是平庸的，就没有缺陷的本性或原罪纠缠在其中；确实，最好就是他们不知道自己做什么，这样有可能为了未来的好而身陷其中。阿伦特在为《瞭望》杂志的采访准备的一组笔记中清楚地表达了自己对这些问题的理解：

“恶的平庸”与“善可以从邪恶中产生”这一观念是相反的；路西弗（Lucifer）被看作堕落的天使，表明最好的也最有可能成为最坏的；例如黑格尔整个哲学建基于“否定的权力”必然导致自由领域；等等。欧洲犹太复国主义者（区别于美国犹太复国主义者）经常认为并说反犹主义的罪恶对犹太人民的善来说是必需的。一个著名的犹太复国主义者在与我讨论原初犹太复国主义观点的信中说：“反犹分子想灭绝犹太人，而犹太国家想接收他们，真是一场完美的竞赛。”我们利用敌人来拯救自己这种观念一直是犹太复国主义的“原罪”。141

汉娜·阿伦特还为《瞭望》的采访准备了一系列被用来解释犹太人社团成员的行为：

（1）“如果你必须死，被你的家属挑选出来更好一些。”——对此我并不同意：因为按此逻辑，如果让纳粹自己去实施大屠杀将好得不知道怎么样了。（2）“牺牲一百人，我们将拯救一千人。”——这在我听来就好像人类献祭的最新版本：挑选七个处女献祭给上帝以抚平上帝的愤怒。这不是我的宗教信仰,这也肯定不是犹太教的信仰。(3)最后,更少恶的理论。结果是:好人干出了最坏的事情。

这三点在《艾希曼在耶路撒冷》中已经有所暗示,但直到这本书出版之后,阿伦特才对其进行反省和思考。私下里,阿伦特坦率地承认知道自己的书中有尚未彻底思考清楚的道德寓意:"这本书对我来说在某种程度上是延迟的治疗。如你所言,这确实是接近'为创建一种新政治道德而做的基础性工作'的途径,虽然我出于谦逊从来没有使用这样一种表达方式。"[142]

利用这些关于"政治道德"的笔记,汉娜·阿伦特开始将她"恶的平庸"的概念与她在《论革命》中形成的两股先前的政治理论结合在一起。首先,她将这一概念与自己对行动的这一理解联系在一起,即如果将行动放在"你不打碎鸡蛋是做不了炒鸡蛋"的框架下理解就误入歧途了;行动不是关于目标和手段的事情。其次,她将这个概念与她对领导者的历史性研究联系起来,那些领导人倾向于在"目标为手段提供依据"的思维方式下工作,因为他们已经脱离了他们的人民,失去了只有在广泛的公开讨论的情况下才会存在的共通感。在对阿伦特著作的批判中,批评者都尽力想证明犹太人社团的清白,这让阿伦特更确信其第二个反思。举例说来,她非常吃惊于雅各布·罗宾逊为犹太人社团开释的努力,并在一封给《纽约书评》的信中表达了这一看法:

> 罗宾逊主要的观点在两句话中表达了出来:首先,"从法律和道义上讲,犹太人社团不能再被指责为纳粹统治者的帮凶,就如不能指责一个商店主在被枪指着的情况下交出自己的店是全副武装的劫匪的帮凶一样。"对犹太人社团所能作出的最严厉的指责就是谴责他们摆布犹太人的生命就好像他们拥有这些生命一样,就我所知,在罗宾逊先生之前没有人敢走得如此之远……(几页之后,我们)听到第二句,无论是谁"接受了犹太人社团的任命……出于责任感将这视为章程去完成,"因此决没有枪口的强逼。罗宾逊先生的第二个论题已成了支

持犹太人建国的作家们的共同财产。[143]

阿伦特自己从来没有质问过像列奥·贝克这样参加了犹太人社团的人的“责任感”;她质问的是,这样一种感情是否伴随着什么是对犹太人民最有益的良好判断。

汉娜·阿伦特的“关于恶的平庸性的报告”成为写出她的政治道德规范的挑战。但是,写作道德教条并不是她的风格。她的目的是政治的判断力批判,如她在1964年一篇演讲《独裁之下的个人责任》中提到的那样,固定的道德法则对理性毫无帮助。阿伦特在她后来的《心灵生活》一书处理的主题中讨论了那些拒绝与纳粹合作的人:

> 那些被大多数人称作不负责任的未参与者,是唯一有能力自己判断的人,他们能这么做,并不是因为他们有更好的价值体系或者旧有的好坏标准仍牢牢扎根于他们的头脑和良知之中,我更倾向于认为,是因为他们的良知没有随波逐流——好像我们有一套习得的或天生的规则,并可将之应用于特殊的事情……我认为他们的标准是复杂的;他们问自己在什么程度内做出那些行为后仍能和他们自己和平相处……这种判断的前提不是很高的智力或道德事务上的睿智,而只是和自己安心生活在一起的习惯,这是在我与自己之间无声的谈话,也就是从苏格拉底和柏拉图以来我们所谓的思考……纳粹当政期间各个社会整体道德的崩溃教导我们,在这样的环境中可靠的人,不是那些珍爱价值并牢牢抓住道德规范和标准的人……更加可靠的人是怀疑者或怀疑论者,不是因为怀疑论好或者怀疑有益,而是因为这些人已经习惯了(反省并自己作决定)。最好的人将是那些人,他们知道无论发生什么,只要我们还活着,就应当和我们自己生活在一起。[144]

当汉娜·阿伦特开始思考“政治道德”的时候,她意识到存在着不只是去行善而是要成为一个好人的诱惑,或者说存在着成为有道德的人的诱惑。那些拥有“高智商”的人或“在道德事务上睿智”的人——包括那些作家和批评家——可能都被道德规范体系诱惑而丧失判断力。1966 年，阿伦特写了一篇关于贝托尔特·布莱希特的例子的文章《做好人的诱惑是可怕的》。她告诉人们，布莱希特——想成为好人，并对被蹂躏的人们有所帮助——是如何将自己与邪恶联系在一起，并为自己错误的判断付出诗歌才能丧失的代价的（“诗人的罪过由诗歌诸神来惩罚”）。阿伦特指出，布莱希特已经知道在斯大林统治下苏联革命正在发生些什么事情，但是，他对革命的希望使他误入歧途。布莱希特对他被误导的怜悯提出了一种惩罚方案：“在死后出版的 *Me-ti* 中……布莱希特建议进行一次对‘好人’误入歧途的审判。‘听着’，他在审判结束后说，‘我们知道你是我们的敌人。因此我们会把你拉到墙边枪决。但是考虑到你的功绩和品德，将会给你准备一面好墙，并且我们会用好枪好子弹对你行刑，我们也会用好铁铲将你埋葬在好土之中。’”[145]

避免误入歧途，要求好人不能只是具有法国大革命参与者及其当代传人的“怜悯的热情”。阿伦特开始寻找那些一直以来都是好人，并且没有力图去成为好人这样的例子。在她生命的晚期，她写了一个关于从她在芝加哥大学最好的学生之一威廉·欧·格兰迪（William O’Grady）那里听到的事情的摘要，那个学生曾给她写了一封信介绍自己为“成为一个非常好的人”而付出的努力。

> 当你说“好”的时候，我完全不知道你是什么意思，但是我知道想成为“好的”这一愿望的诱惑甚至比愿望成为“明智的”要更强烈。而这恰恰是我们所不能达到的。“不要让你的左手知道你的右手在做什么”是支配这整个领域的格言。你可能知道《塔木德》中关于三十六个义人的故事，上帝因为他们而没有摧毁这个世界。没有人知道他们是谁，他们自己也不知道。任何一种方式的自知之明在这里都绝对是毁灭性的。所以如果你试图或不试图反省你自己，“不要相信讲故事的人，相信这个故事。”[146]

当汉娜·阿伦特转向《艾希曼在耶路撒冷》提出的而没有被回答的道德问题时，她开始将自己的延迟治疗和她对判断力的关注明确联系起来。她曾经提到的"对世界的爱"的心态在发现了它所要求的"心灵生活"后更加丰殷。阿伦特意识到思想的内在和谐——如她所言的"在我与自己之间的交谈"——先于判断并为判断提供对象。这样的想法要求从人类事务的世界和人的右手在那个世界所做的事情后退的能力，不是要沉思，而是要寻求意义，讲一个有意义的故事。从宽恕或原谅或不再害怕恶行的意义上看，阿伦特没有与这个世界妥协；但是她意识到，在寻找行为意义的过程中，人们在他们看过去的恶时就获得了他们所有可能之事——判断的特权。在《极权主义的起源》中拒绝与极权主义者妥协的阿伦特，在 1968 年论故事讲述者伊萨克·迪内森时说：

> "如果你把所有的不幸都放进一个故事或者讲一个关于所有不幸的故事，那所有的不幸都能被忍受。"故事揭示了若以别的方式出现仍将无法忍受的发生之事的意义。"沉默的，包含一切赞同的天才"，也是真正信仰的天才——希伯来语祷词，做死亡祷告的最亲密的亲属，只说"圣灵就是他的名"——从故事中提取出来，因为在想象的再现之中，发生的事已经变成了(迪内森)所称的"命运"。……她的整个故事实际上就是"命运的逸闻"，他们一遍又一遍地说我们在终点如何有权判断。[147]

在《极权主义的起源》1951 年的序言中，阿伦特曾试图在她讲的故事中找到一些指引，即便只是消极的：她深思后发现，"极端的恶"的出现将打碎我们对人们不会做某些事的幻想。她试图直面现实，将过去的恶服务于未来的善。在写完《艾希曼在耶路撒冷》之后，阿伦特让记者、历史学家和有诗意幻想的人面对一项不同的任务。"追求历史真相的方法不是起诉人使用的方法，看守事实的人不是利益集团的官员——不管他们的主张多么合法——而是记者、历史学家和诗人。"[148]不管事实如何可怕，都必须被保存下来，不是“防止我们遗忘”，而是这样我们才可以去判断。保存和判断不能证明过去的正当，但是它们揭示了过去的意义。阿伦特(如她一次说奥登那样)“就像古希腊的游吟诗人一样确信诸神将不幸的和邪恶的事情暗示给凡人，这样他们才可以讲故事，才可以歌唱。”[149] 由此他们就是法官。阿伦特经常通过引用奥登关于叶芝的诗来形容她延迟的治疗教给她的关于判断的价值和判断的协调：

跟着，诗人，径直
到达黑夜的根底
用你那自由的声音
仍然劝说我们愉悦；

通过书写诗篇
制造了一个灾祸的葡萄园
歌唱人类的失败
狂喜于他们的忧伤；

在心灵的沙漠中
开启那康复之泉
在阴郁的日子里
教会自由人如何去赞美。[150]

注释

1. Arendt to Blumenfeld，23 Oct. 1960，Marbach.

2. Arendt to Thompson，Rockefeller Foundation，20 Dec. 1960，Library of Congress.

3. Arendt to Vassar College，2 Jan. 1961，Library of Congress.

4. Arendt to Blucher，15 April 1961，Library of Congress.

5. Blumenfeld to Arendt, 6 Sep. 1954, Marbach.

6. 摘自阿伦特1960年12月23日给雅斯贝尔斯的信,以及雅斯贝尔斯1960年12月12日、16日、31日给阿伦特的信,马尔巴赫。雅斯贝尔斯通过与阿伦特的通信来思考在与Francois Bondy的面谈中他关于艾希曼审判所处的立场。

7. 当雅斯贝尔斯在报纸上读到关于艾希曼在匈牙利的所作所为时,他想知道阿伦特对这个人的印象是否准确(雅斯贝尔斯1961年6月8日给阿伦特的信,马尔巴赫):"这次你回到以色列[在访问了巴塞尔后],艾希曼表现出其另一面,同样是个人的残忍性一面。最终,难道这样一个作为官僚主义谋杀者的职员,从个人角度讲,没有人性吗?你可能没有时间来充分地描述这样一个人。"

8. Arendt to Blucher, 20 April 1961, Library of Congress.

9. Arendt to Jaspers, 29 Dec. 1963, Marbach.

10. Arendt to Jaspers, 29 Dec. 1963, Marbach.

11. 布莱希特的《阿图罗不可阻挡的崛起》这本书,在阿伦特与罗格·艾瑞拉(Roger Ererra)的面谈中曾被阿伦特引用过,同时被节选在*New York Review of Books*, 26, October, 1978, p.18。同时她也在*Bertolt Brecht*中引用了布莱希特的评论,见*Men in Dark Times*, p.247。

12. Arendt to Blucher, 20 April 1961, Library of Congress.

13. Arendt to Blucher, 25 April 1961, Library of Congress.

14. Arendt to Blucher, 15 April 1961, Library of Congress.

15. Arendt to Blucher, 25 April 1961, Library of Congress.

16. Arendt to Blucher, 20 April 1961, Library of Congress.

17. Arendt to Blucher, 26 April 1961, Library of Congress.

18. 肖勒姆和阿伦特之间的交流信件发表在*MB*, Tel Aviv, 16 August 1963: 3—4, Neue Zeitung, 19, October, 1963, Aufbau, 20 December 1963, and *Encounter*, January 1964:51—56。德语交流由以赛亚·伯林呈给《遭遇》的编辑(John Mander给阿伦特的信,5, September, 1963, Library of Congress)。关于迈尔作为"社会主义者",见肖勒姆1963年8月6日给阿伦特的信,国会图书馆。

19. Arendt to Jaspers, 6 Aug. 1961, Marbach.

20. Jaspers to Blucher, 31 July 1961, Library of Congress.

21. Arendt to Jaspers, 6 Aug. 1961, Marbach.

22. Arendt to Oxford University, Lady Margaret Hall, 19 Feb. 1967, Library of Congress.

23. 阿伦特 1961 年 11 月 30 日给卫斯理的 Jack Paton 的信,国会图书馆。阿伦特在 1961 年,1962 年秋天安排住在卫斯理,当时西格蒙德·纽曼住在那里;但是纽曼在经历了长病缠身后,在 1962 年秋初去世。

24. Arendt to Jaspers, 1 Nov. 1961, Marbach.

25. Jaspers to Arendt, 5 Jan. 1962, Marbach.

26. Reported by Jack Allen Kapland, M.D., dated 17 July 1963 and filed for insurance claims, Library of Congress.

27. Arendt to McCarthy, 4 April 1967(in McCarthy's possession).

28. Arendt to Jaspers, 31 March 1962, Marbach.

29. Hannah Arendt, "The Christian Pope," *New York Review of Books* 4/10(17 June 1965):5—7(included in *Men in Dark Times*).

30. Gray to Arendt, 12 June 1965, Library of Congress.

31. Arendt to McCarthy, 4 April 1962 (in McCarthy's possession) and Nicola Chiaramonte to Arendt, 10 April 1962, Library of Congress.

32. Jaspers to Arendt, 5 April 1962, Marbach.

33. 斯维尔 1965 年 10 月 20 日给阿伦特的信,国会图书馆,附寄给阿伦特她给《宇宙与王国》写的后记,这本书是专门献给阿伦特的。阿伦特 1965 年 11 月 14 日给斯维尔的信:"没有人能配得上接受这些东西,并且它们总是来得出人意料。"

34. 阿伦特 1961 年 8 月 16 日给布鲁门菲尔德的信,马尔巴赫。雅斯贝尔斯对耶路撒冷法庭的判决的看法同样是一个激励,"因此,这场审判变成了煽情,并非一个真实的事件"。

35. Arendt to McCarthy, 20 May 1962(in McCarthy's possession). Arendt to Jaspers, undated, ca. June 1962, Marbach:"我真的很想暂停我的工作,但是我不能否认,艾希曼的故事让我很兴奋。"

36. Arendt to McCarthy, 23 June 1964(in McCarthy's possession).

37. Walter Laqueur in a letter to the editor of *New York Review of Books*, 3 Feb.

1966, p.24 and in "Re-reading Hannah Arendt," *Encounter* 3, no.3(March 1979): 73—79.

38. Arendt to Jaspers, 1 Dec. 1963, Marbach.

39. 为在卫斯理大学所作演讲的笔记,1962 年 1 月 11 日,也就是在《艾希曼在耶路撒冷》写作之前,国会图书馆。

40. 由这次争论所激发的有关犹太人抵抗的著作的例子:*Reuben Ainsztein, Jewish Resistance in Nazi-Occupied Eastern Europe* (New York: Harper & Row, 1975),这本书谈到阿伦特和布鲁诺·贝特海姆"他们著作中关于纳粹统治下犹太人的行为主题,在很大程度来说与其说是史学家还不如说是心理学家和精神分析学家能力范围之内所能完成的……";Yuri Suhl, ed., *They Fought Back* (New York: Schocken Books, 1975)。同样见 Verena Wahlen, Select Bibliography on Judenräte under Nazi Rule, *Yad Vashem Studier* 10(1974):277—88。

41. 在这章当中没有提到德国人对《艾希曼在耶路撒冷》这本书的反应。关于这一主题:Golo Mann 对《艾希曼在耶路撒冷》的评论发表在 Die Neue Rundschau 4 (Frankfurt am Main, 1963)上;阿伦特就这一评论与 Emil Henk 进行了通信交流, March-April, Library of Congress;雅斯贝尔斯 1963 年 7 月 25 日和 8 月 12 日给阿伦特的信,马尔巴赫,在这封信中,雅斯贝尔斯认为:"Deine Formulierung 'der Widerstand gegen das Regime selbst nie zum Prinzip geworden,' ist, meine ich, eine niche richtige Verallgemeinerung."虽然,雅斯贝尔斯认为阿伦特没有正确概括德国人的抵抗,他对他朋友 Golo Mann 的评论(雅斯贝尔斯 1963 年 12 月 13 日给阿伦特的信,马尔巴赫)非常生气,他发现这一评论"讽刺,冰冷,无情,吹毛求疵……"(对于雅斯贝尔斯的建议,阿伦特在她的新版《艾希曼在耶路撒冷》中添上了新材料以回应德国人的异议。)对阿伦特这本著作的讨论活动是由在柏林的来自希伯来大学的朋友发起的,(见 *Tagsspiegel*, 14 November 1964,《历史的阴影》)这一活动是在这本书的德文版出版并且引起大众讨论后发起的——就像雅斯贝尔斯给阿伦特一封信(1964 年 7 月 27 日,马尔巴赫,*eine grosse Unruhe*.)中说的那样。阿伦特在 1964 年 10 月 28 日应邀去德国和古特·戈武斯作一次访问节目。Cf. Gunther Gaus, *Zur person: Portrists in Frage und Antwort* (Munich: Feder Verlag, 1964)早些时候,在纽约 Thilo Koch 曾于 1964 年 1 月 24 日对阿伦特进行过简短的采访。

42.《艾希曼在耶路撒冷》这本书提到的情况在极端形势下的行为研究中非常多,但是特别见 Stanley Milgram, *Obedience to Authority*(New York: Harper & Row, 1974)。这位心理学家认为:"在目睹了实验中有上百个普通人服从于权威之后,我必须得出以下结论:阿伦特的平庸之恶这一概念比人们能想象的要更加接近事实……这可能是我们研究当中得出的最基本的教训:普通人,做他们的工作,就他们本身而言没有特别的敌意,可是他是可怕的破坏过程的一员。"艾希曼作为一个精神病患者的例子公认是由 Michael Selzer 提出来的,*The Murderous Mind*, New York Times Magazine, 27 November 1977, p.35ff。

43. Randolph L.Braham, *The Eichmann Case: A Source Book*(New York: World Federation of Hungarian Jews, 1969),这本书包含一系列有关文章和对《艾希曼在耶路撒冷》(pp.144—74)的评论,但这即使对 1969 年前的条目而言也并不完全。《论战》由纽木芬伯格在 1964 年于慕尼黑出版。

44. 汉娜·阿伦特,《艾希曼在耶路撒冷》(New York: Viking Press, 1965), p.6。(所有引用都是指这一修订版,以后除非分别指出,均引自 *Eichmann*)。

45. 见 *The Eichmann Case as Seen by Ben-Gurion*, *New York Times Magazine*, 8 December 1960。同样见检察官 Gideon Hausner, *Eichmann: and his Trial*, *Saturday Evening Post*, 2, 10, and 17 November 1962。

46. Arendt, *Eichmann*, p.12.

47. Arendt to Samuel Merlin, 8 May 1965, Library of Congress. See also Arendt to Jaspers, 14 March 1965, Marbach.

48. 关于以色列——德国交易的背景信息:Der Spiegel, 24 February 1965;关于德国的武器海运到以色列,*New York Times Magazine*, 21 January 1965 and 3 May 1966。保护 Globke 的谣言被一再否定:I.Deurschkron, *Bonn and Jerusalem*(Philadelphia: Chilton Books, 1970), pp.139—40。

49. *Eichmann: Master-Mind of The Nazi Murder-Machine* 收在 Yad University Library, Jerusalem。

50. Arendt, *Eichmann*, p.26.

51. Ibid., p.11.

52. Ibid., pp.117—18.

53. 阿伦特给肖勒姆的公开信见《遭遇》。

54. J.Glenn Gray，*The Warriors*(New York：Harcourt Brace Jovanovich，1967)，p.6.

55. Arendt，*Origins*，p.452.

56. 汉娜·阿伦特给犹大·戈尔登的信，Judaic Studies，Yale University，18 July 1963，Library of Congress。在《艾希曼在耶路撒冷》这本书之前，阿伦特在文章中仅讨论过一次犹太人社团。她写道："没有比波利昆先生更能正直与公正地体现对犹太人居住区、Judenrate 或犹太人社团的描述了。他没有指责也没有解释，而是完整和可信地报道现实告诉他的东西——不断增长的对受害者的冷漠，偶然的英雄主义，有关 Judenrate 可怕的困境，他们的失望以及迷茫，他们的共谋和有时差劲而可疑的野心。在著名和非常有影响的德国犹太人的 Reichsvertretung[sic：actually，Reichsvereinigung](它发挥了很好的作用，直到最后一个犹太人被驱逐)中，他看到了波兰犹太人居住区的 Judenrate 的先驱；他阐明：德国犹太人，同样在这方面，在调查怎样帮助他们执行死刑的这一问题上充当了纳粹的几尼猪，充当了实施极权主义全面控制的最后一部分螺丝。"

57. Arthur Donat，"An Empiric Examination，" *Judaism* 12，no.4(Fall 1963) is polemical，but informative.

58. 这是阿伦特在参加审判时的印象，而不只是回顾。她在耶路撒冷写信给雅斯贝尔斯时介绍了她的第一印象，1961 年 4 月 13 日，马尔巴赫："这一审判要持续好几个月，因为检察官所用的方式和整个恐怖事实的实质方面妨碍其自身被公之于众；例如，犹太人合作的事实，整个最后解决的组织和其他相关事件。"

59. Arendt，*Eichmann*，pp.125—26.

60. Moses to Arendt，24 March 1963(from Jerusalem).

61. Norman Podhoretz，"Hannah Arendt on Eichmann，" *Commentary*，Sep. 1963，pp.201—08.

62. Moses to Arendt，7 March 1963(from Jerusalem)；Arendt's reply to the letter，12 March 1963(both in the Library of Congress).

63. 关于来自德国犹太人社团的叙述见《建设》，1963 年 3 月 12 日；《建设》更多的文章发表在 1963 年 3 月 29 日和在 *Nach dem Eichmann Prozess*，Tel Aviv，1963.

3月11日和27日的 ADL *Bulletin* 的拷贝见 Arendt Papers,国会图书馆，许多《建设》的文章都收在 *Die Kontroverse*(Munich：Nymphenburger，1964)中。

64. Schwarzchild to Arendt，6 March 1963，Library of Congress.

65. “A Report on the Evil of Banality：The Arendt Book,” *Facts* 15，no.1(July—August 1963)部分再版于 *Die Konreoverse*，pp.223—32。

66. Morgenthau to Arendt，31 March 1963，Library of Congress.(Permission to quote from the Morgenthau letters courtesy of Suanna and Matthew Morgenthau).

67. Shawn to Arendt(telegram)，8 March 1963，Library of Congress.

68. 关于霍斯纳访问的报道见 *New York Daily News*，20 May 1963 and *New York Times*，20 May 1963。

69. Michael Musmanno，“Man with An Unspotted Conscience,” *New York Times Book Review*，19 May 1963，pp.40—41 and letters to the editor 23 June 1963，pp.4—5，22；14 July 1963，pp.28—30.

70. Jaspers to Arendt，16 May 1963，Marbach.

71. Arendt to Felix Bing，18 July 1963，Library of Congress.

72. Gerschon Weiler to Arendt，1 July 1963，Library of Congress.

73. Arendt to Robert Weltsch，29 Aug. 1963，Library of Congress；Weltsch's “Wenn Grauen zur Statiktik wird ...” in *Aufbau*，7 Feb. 1964.

74. Hannah Arendt，“The Crisis in Culture,” in *Between Past and Future*，pp.224—25.

75. Rosen to Arendt，undated，ca. July 1964，Library of Congress.

76. 阿伦特在1964年6月27日给罗森的信(国会图书馆)中提到过这次会谈。阿伦特的堂兄恩斯特·福尔斯特印象深刻的是:1963年5月,她并没去看住院的布鲁门菲尔德,但实际上是布鲁门菲尔德拒绝她来探望。

77. Arendt to Rosen，30 Aug. 1964，Library of Congress.

78. Ibid.

79. Rosen to Arendt，undated，ca. July 1964，Library of Congress.

80. Arendt to Jaspers，20 July 1963，Marbach.

81. Jaspers to Arendt，25 July 1963，Marbach.

82. Arendt to McCarthy, 16 Sep. 1963(in McCarthy's possession).

83. Arendt to Jaspers, 14 May 1964, Marbach.

84. Arendt to McCarthy, 16 Sep. 1963(in McCarthy's possession).

85. Arendt to Jaspers, 20 Oct. 1963, Marbach.

86. Ibid.

87. 阿伦特给雅斯贝尔斯的信,1963 年 10 月 20 日,马尔巴赫。见 Ernst Simon, "*Hannah Arendt—An Analysis*," *Judaism* 12(1963):387—415。同样见阿伦特给 Shereshewsky 的信,1965 年 7 月 8 日,关于 *NER*;还有阿伦特关于西蒙的文章写给 Steven Schwarzchild 的信,1963 年 9 月 6 日,1963 年 11 月 16 日,国会图书馆。雅斯贝尔斯曾经和恩斯特·西蒙交谈过(雅斯贝尔斯给阿伦特的信,1963 年 11 月 16 日,马尔巴赫),西蒙听过"但避难所不总是会有"。

88. Arendt to Jaspers, 1 Dec. 1963, Marbach.

89. Lionel Abel, *The Aesthetics of Evil*, Partisan Review, Summer 1963, p.219. 罗宾逊的两部手稿收在 Yad Vashem Library, Jerusalem;亚贝尔在一封信中(Partisan Review, Spring 1964, p.275.)提到过罗宾逊的手稿。

90. 关于罗宾逊对全球犹太人社团的报道见下面注 103 引用的福希特的一部分。更多的文章见:Marie Syrkin, *Hannah Arendt: The Clothes of the Empress*, Dissent, Autumn 1963, pp. 201—08; Norman Podhoretz, *Hannah Arendt on Eichmann*, Commentary, September 1963, pp.201—08; Gertrud Ezorsky, *Hannah Arendt Against the Facts*, New Politics, Fall 1963, pp. 53—73(和下一期 Robert Olson 的答复);Morris Schappes, *The Strange World of Hannah Arendt*, *Jewish Currents* 17, nos.7, 8, 9(Fall 1963); Louis Harap, (untitled), *Science and Society*, Spring 1964, pp.223—27.

91. Irving Howe, "The New Yorker and Hannah Arendt", *Commentary*, Oct. 1963, pp.318—19.

92. Konrad Kellen, "Reflections on Eichmann in Jerusalem," *Midstream*, Sep. 1963, pp.25—35.

93. 罗宾逊 1963 年的草稿副本收藏在 Yad Vashem Library, Jerusalem。(这些引用来自 p.245 和 p.247)

94. Walter Laqueur, "The Shortcomings of Hannah Arendt," *Jewish Chronicle* (London), 11 Oct. 1963, p.7.

95. Robinson's untitled second draft, p.ix.

96. Robinson, *The Crooked Shall Be Made Straight*(New York: Macmillan Co., 1965), p.viii.罗宾逊的书有很多题目,但是可以肯定的最反常的是法文题目:*La Tragedie juive sous la croix gammee a la lumiere du process de Jerusalem*(*Le recit de Hannah Arendt et la realite des faits*)。

97. Leon Poliakov, "The Eichmann Trail," Commentary(Jan. 1967).

98. Barbara Tuchman, "The Final Solution," *New York Times Book Review*, 29 May 1966, pp.3, 12.

99. Arendt to Moholy-Nagy, 5 July 1966, Library of Congress.

100. 麦克唐纳给菲利普的信,1963 年 7 月 16 日,阿伦特的复印件在国会图书馆。阿贝尔的"虚假的深刻,"——对阿伦特的《过去与未来之间》这本书的评论——发表在 New Politics, 1/1(Fall 1961):124—31。

101. 玛丽·麦卡锡,"The Hue and Cry," *Partisan Review*, Winter 1964, p.82. 在麦卡锡和阿伦特所知道的朋友圈子里,麦卡锡的判断是正确的。阿伦特在 1962 年 11 月 24 日给雅斯贝尔斯的信中指出:"这是一件非常严肃的事情,现在差不多所有的非犹太人都站在我这一边,并且没有一个犹太人能公开地这么做,即使他是完全为了我。"但是,阿伦特同时在同一封信中指出,她的犹太籍学生也同情她。

102. 哈里斯·丹尼斯弗里寄给阿伦特一份他未发表的文章,1964 年 3 月 25 日,国会图书馆。欧文·豪在 1964 年春的《党派评论》上把《异议》论坛描述为一项更不合时宜的事务。

103. Norman Fruchter, "Arendt's Eichmann and Jewish Identity," *Studies on the Left* 5(1965),对此的回应见于 1965 年秋季号。James Weinstein, "Nach Goldwasser Uns?" *Studies on the left* 4(1964):59—64; Carl Oglesby in Paul Jacobs and Saul Landau, eds., *The New Radicals*(New York: Random House, 1966), p.257ff.同样见 Sol Stern, "My Jewish Problem—and Ours," Ramparts 10/12(August 1971):30—40。

104. Elmer Berger of ACJ to Arendt, 4, June and 13, June 1963 和阿伦特在 1963 年 6 月 11 日对第一封信的回复,国会图书馆。阿伦特在 1963 年 7 月 19 日起草一封

回复 ACJ 第二封信,国会图书馆,但是她并没有寄出去:"我什么也不做,只要有组织的运动在进行……我以为参加这种运动既不明智也不合适。"

105. Marie Syrkin, "Miss Arendt Surveys the Holocaust," *Jewish Frontier*, May 1963.阿伦特对这文章的观点反映在她给赫尔曼・包莫茨的信中,1964 年 1 月 27 日,国会图书馆。

106. Colie to Arendt, undated, letter from Iowa, Library of Congress.

107. 古特・劳伦茨给阿伦特的信,1963 年 7 月 24 日,国会图书馆。劳伦茨同时作为巡回演讲的组织者,汉娜・阿伦特的回复见 1963 年 7 月 24 日,国会图书馆:"我不是做这项活动(巡回演讲)的那类人,我也不想出于引起公众注意(而且我个人认为这是件很无聊的事)而去赚钱。"

108. 关于希尔伯格对贝克的批评,见 *The Destruction of the European Jews* (New York: New Viewpoints, 1973), pp.122—25, 297。关于贝克"勇敢的决定",见 Leonard Baker, *Days of Sorrow and Pain: Leo Baeck and Berlin Jews* (New York: Macmillan Co., 1978), p.311。

109. 此处与下文的引用来自阿伦特的 *Eichmann*, p.119。

110. Hilberg, *Destruction of the Eruopean Jews*, p.292.

111. 弗瑞尔给阿伦特的信,1963 年 3 月 20 日,国会图书馆。阿伦特可能对以色列的检查制度的看法有点夸大,但是她继续有理由去怀疑。在一封 1963 年 10 月 20 日给雅斯贝尔斯的信中她说:"寄给我和我寄出的信都没有通过以色列监察机构的检查……只有寄给那些可信赖的人——比如,希伯来大学——还有我的家人能通过审查。"以色列希伯来大学的沙哈克于 1967 年 3 月 3 日写给她一封信,告诉她他在耶路撒冷没有找到平装本的《艾希曼在耶路撒冷》,更不用说在希伯来大学的图书馆了,国会图书馆。

112. Dr. Adolf Leschnitzer, *Aufbau*, 29 March 1963; Jacob Robinson, *The Crooked Shall Be Made Straight*, p.206.

113. 蒂利希在弗瑞德兰德写的"Teacher of Theresienstadt"这本书中的叙述为巴克所引用,*Days of Sorrow and Pain*, p.311。

114. Hilberg, *Destruction of the Eruopean Jews*, p.284.

115. Albert Friedlander, "The Arendt Report on Eichmann and the Jewish Com-

munity," *Central Conference of American Rabbis Journal* 11/2(Oct. 1963):55.

116. 布鲁门菲尔德对贝克的观点(就像阿伦特对品哈斯·罗森所说的那样,1964年6月7日,国会图书馆):"贝克完全是一个不诚实的家伙,但是他有勇气。"

117. Baker, *Days of Sorrow and Pain*, p.263.

118. Arendt to Auraam-Makis Koen, a University of Chicago student, 3 July 1972, Library of Congress.

119. Notes prepared by George McKenna and annotated by Hannah Arendt, Libray of Congress.

120. 阿伦特与《观察》杂志的访谈笔记,国会图书馆。萨缪尔·格拉芙顿在1963年9月19日写信请求采访阿伦特;阿伦特起初同意,后来当杂志社想派一个犹太人而不是非犹太人记者时,她拒绝了:阿伦特给雅斯贝尔斯的信,20, October, 1963, Marbach。

121. Hertzberg to Arendt, 31 March 1966, Library of Congress.

122. Arendt to Hertzberg, 8 April 1966, Library of Congress.

123. Arendt to McCarthy, 20 Sep. 1963(in McCarthy's possession).

124. Arendt, *Eichmann*, p.93.

125. 这一节与下面的摘录来自汉娜·阿伦特,*Introduction to Auschwitz*, by Bernd Naumann(New York: Frederick A.Praeger, 1966)。

126. For "Calculated wickedness" see Arendt's notes for a lecture at Wellesley College, 16 March 1964, Library of Congress and *The Life of the Mind*(New York: Harcourt Brace Jovanovich, 1978), 1:3—5.

127. See the Arendt-Scholem exchange.

128. Gray to Arendt, 23 March 1963 and 18 April 1964, Library of Congress.

129. Jaspers to Arendt, 10 Oct. and 13 Dec. 1963, Marbach.

130. 汉娜·阿伦特,*On Violence*(New York: Harcourt Brace & World, 1970), p.63.在《文明及其不满》(*Civilization and its Discontents*)这本书中,当然,弗洛伊德认为有一个根本的本能,即死亡的本能,这一本能构成了性虐待狂和受虐待狂的明显地对立行为的基础。

131. 对立法困境的两个清晰描述分别是:Ernst von den Haag, "Crimes Against

Humanity," *National Review*, 27 August 1963, pp. 154—57 和 Ronald Berman, "Hostis Humani Generis," *Kenyon Review*, Summer 1963。阿伦特于 1963 年 9 月 20 日写信给伯曼,表扬他"最有洞察力,并且如果你允许我这么说,并且是最有智慧的评论,"国会图书馆。

132. W. H. Auden, "Thinking What We Are Doing," *Encounter*, June 1959, pp.72—76.

133. Arendt to McCarthy, 11 Nov. 1959(in McCarthy's possession).

134. Arendt to Auden, 14 Feb. 1960, Library of Congress.(Arendt's files do not contain the letter from Auden to which she was replying).

135. Arendt, *Eichmann*, p.279.

136. 阿伦特给 Herr von Kuhnelt-Leddihn 的信,18, July, 1963, Library of Congress:"... was ich meinte und was im Englischen nicht so gut ausdruckbar ist, istdass es ist, apricht nicht gegen den Satz."。

137. Arendt, *The Human Condition*, p.241 and Arendt to Auden, 14 Feb. 1960, Library of Congress.

138. Arendt to McCarthy, 7 June. 1962(in McCarthy's possession).

139. Arendt, *On Violence*, p.56.

140. Hannah Arendt, "A Christian on St. Peter's Chair," in *Men in the Dark Times*, pp.64—65.

141. 为《观察》杂志采访准备的笔记(见上注 120)。关于提到"一个著名的犹太复国主义者,"见罗伯特・威尔士 1963 年 8 月 16 日给阿伦特的信,以及她的回复,国会图书馆。阿伦特在给萨缪尔・莫林 1963 年 12 月 12 日的信(国会图书馆)中讨论过威尔士的信。

142. Arendt to Meier-Cronemeyer, 18 July 1963, Library of Congress: "Das Schreiben war mir damals eine cura posterior. Aber, dass es mir wirklich darauf ankommt, 'die Grundlagen einer neuen politischen Moral zu schaffen,' ist naturlich wahr, wenn ich es auch so aus Bescheidenheit nie formuliert habe."

143. "The Formidable Dr. Robinson," in Feldman, ed., *The Jew as Pariah*(New York: Random House, 1979), p.159.阿伦特认为许多领导人在行政过程中,通常偏

向那些他们认为最杰出的人。1964年3月26日,在Hillel House, CCNY的讨论中说:"对于那些经历过将名字放到黑名单上的人来说,他们自己做出这事,至少他们一直这么做。康斯特纳认为勇于承担可怕的责任比面对死亡要有勇气得多。他将自己、贝克和其他人比作一艘将要沉没的轮船的船长。但是这个类比不正确,因为'妇女与儿童优先'是一个专断的法规,一个人除了遵从别无选择。但是康斯特纳和其他人作出了选择,并且决定犹太籍名人,包括他们的朋友,比非犹太籍名人更有生命权。这些选择权最好留给上帝。"(来自乔治·麦克南准备的笔记,国会图书馆。同样见给吉登·克札泊斯奇未标明日期的信[1963?],国会图书馆。)

144.《独裁之下的个人责任》这篇文章是1964年3月15日在波士顿的演讲稿,并通过太平洋广播播出,BBC广播公司在1964年8月6日的第六频道将之推出,pp.185—87, 205。在英格兰,《艾希曼在耶路撒冷》同样引起了强烈反响。世界犹太人大会美国分会于1963年3月15日在波士顿举行了一次称之为"回应汉娜·阿伦特"的会议,在这次会议上,四个流亡者提供了犹太人社团的证词来反驳阿伦特,同时,在英国的犹太人难民组织在*AJR Information*上刊登了许多报告以及评论。

145. Arendt, "Bertolt Brecht: 1898—1956", Men in Dark Times, p.248.

146. Arendt to O'Grady, 16 July 1975, Library of Congress.

147. Arendt, "Isak Dinesen," in *Men in Dark Times*, p.104.

148. Hannah Arendt, "Truth and Politics," in *Between Past and Future*, p.263.

149. 汉娜·阿伦特为W.H.奥登所作的追忆性演讲发表在《纽约客》(1975年1月20日)上,亦收于史蒂芬·史宾德写的*W.H.Auden: A Tribute* (New York: Macmillan Co., 1975)。

150. W.H.Auden, "In Memory of W.B.Yeats," Collected Shorter Poems, 1927—1957(New York: Random House, 1966).

第四部分

1965—1975

汉娜·阿伦特不得不学会在《艾希曼在耶路撒冷》带给她的声名下生活。通过信函和媒体的赞誉、谴责及诽谤纷至沓来。她在60年代成为一名公众人物，尽管她无意如此，她比以前承担了更多的教学任务，先是在芝加哥大学社会思想委员会，1967年后又在社会研究新学院研究生部授课。在1963年到1971年间，阿伦特更多地是一个时论作家而不是一个专著作者，她发表的文章比她一生中任何一个时期都要时事化——因为她想撰写变动中的美国政治生活，同时也更少理论上的创新——因为她使用已经完成的概念进行探究。

如一个记者指出的，阿伦特作为一个时事评论员和书评者变得"*the eminence grise of the eminences grises*"，[1]为《纽约书评》写作的美国知识分子们走到观念的舞台上，参加各种反对越战的组织，并成立了公共正义委员会。她的观点很少有不经过深度辩论就被接受的，但这些观点经常被人问及。阿伦特到处发表演讲，坐在小组和编辑桌前，参加一个接一个的会议——包括两次关于她的著作的会议——并签署请愿书。

作为公众人物生活的那几年，阿伦特没有使她的私人生活受到侵蚀，相反，她比以往任何时候都更加小心地保护自己的私人生活。布吕赫的身体状况不总是让人放心。虽然在艾希曼论战的那几年曾"出现神经症状的忧郁"，[2]他还是从1961年动脉疾病手术中恢复了过来。阿伦特担心他的健康状况，有时候非常忧虑。布吕赫夫妇将他们共同的社会生活局限在移民圈子成员之内，他们一直保持着对"世界"各自的独立责任。一直到1968年皆在巴德学院教书的布吕赫走着自己的路，阿伦特则只身进入公共领域。60年代晚期发生在美国的骚乱使他们很担忧，在纽约城，随着犯罪率的上升，他们从危险的晨畔高地公寓搬出，在位于斯维泽的帕伦维尔河畔的新公寓找到安静的避难所。

当她找到平静的空隙时，阿伦特便计划着写一本书作为《人的境况》一书的补充；她称之为《心灵生活》。在这本书中，她想思考关于恶的本性以及思考和判断的前提的哲学问题。但她不得不在没有能让她有在家中一般感觉的人陪同下做这件事。当卡尔·雅斯贝尔斯去世的时候，海因里希·

布吕赫还陪着她，但当海因里希·布吕赫在1970年去世的时候，她便只身一人了。

在她生命的最后十年，阿伦特经常在私人领域和公共领域之间坚守的那条线愈加严格。作为一个公众人物，她拥有很多赞誉，奔波在无尽的繁忙中，并经常对美利坚合众国作出有力的评论；在私人生活中，她退身到“思考领域”中，寻求对“与自己在一起”的描述，那时她自己被丢在这个世界上，没有最为要紧的“之间”(in-betweens)，没有那些世界。

第九章　黑暗时代的美国(1965—1970)

有人认为他们很强壮
有人认为他们很聪明
就像蝴蝶一样，他们被分成两半
美国能伤透你的心

奥登

共和国

当汉娜·阿伦特试图思考通向"政治道德"的路径时，收留她的国家进入了战后政治和道德上最混乱的一段时期。许多美国新左派或支持新左派的人认为他们正目睹二次世界大战期间的魏玛共和国或法国衰落的重演。阿伦特不同意这种类比。在 20 世纪 60 年代中期，她认为美国在越南的军事存在仍将是有限度的；她期望军队早日撤退，并设想公众坚定反对战争的明智意见会胜利。1965 年 4 月，她告诉玛丽·麦卡锡说，她自己对战争"不太感兴趣"，后来她向麦卡锡推荐汉斯·摩根索 1965 年 4 月 15 日发表在《纽约时报杂志》上的文章。[3]摩根索是两个用辞职来抗议美国战争政策的高官之一，他指出约翰逊总统已经表示了谈判休战的意向，并主张约翰逊应该让胡志明成为"亚洲的铁托"，并放弃认为北越南在征服南越南的战役中是侵略者的幻觉，就好像越南不是一个国家一样。整个1965年，阿伦特接受了摩根索的立场，并安心地给雅斯贝尔斯写信说这是有说服力的。雅斯贝尔斯则对公共论战的进行没有伴随着煽动行为而松了口气。[4]这种乐观，后来被证明欠妥。

1966年9月，阿伦特填了一份关于越南战争的调查问卷，问卷是由一个英国团队发出的，他们做的这个测验就好像在1937年西班牙内战期间W.H.奥登、斯蒂芬·斯彭德、路易斯·阿拉贡(Louis Aragon)和南希·丘纳德(Nancy Cunard)做的那样。用“对西班牙内战所采取的立场”的模式，塞西尔·伍尔夫和约翰·贝格雷让被调查者回答两个关于“对越南战争所采取的立场”的问题。阿伦特对在1966年发展成为的全面战争而不仅仅是“军事顾问”口中的形势的观点非常扼要，她拒绝了美国政府将越南的战争仅仅描述为内战：“1.我反对美国对越南内战的干涉。2.解决武装冲突的办法都是一样的：停火—停战—和平谈判，希望是和平条约。”[5]

但是在她写下简要的回答后不久，阿伦特读到一篇让她大为不安的文章。《明镜》的编辑鲁道夫·奥格斯泰因(Rudolf Augstein)指责美国的战争政策，并给出印象说没有一个美国人与他持同样观点。这促使阿伦特给这个编辑写了一封特殊的信，她在信中提醒这个德国政府最重要的批评者之一要意识到，许多美国人都在批评政府的政策。

> 我可以向你说说美国出版界的情况。例如像参议员富布赖特(Fulbright)、乔治·凯南、刘易斯·蒙福德(Lewis Mumford)、罗伯特·洛厄尔(Robert Lowell)、瓦尔特·李普曼(Walter Lippmann)——我提他们只是因为我猜想德国人也知道他们——这样的人，你愿意消除他们的存在吗(因为你不能和他们讨论战争问题)？难道你不知道这个国家因为这个问题已经发生了怎样的分化吗？难道你不知道参议院对外关系委员会的辩论已经引起关注吗？难道你手上就没有一本《新共和国》或《纽约书评》吗？难道你不知道有多少影响力巨大的电视新闻报道日复一日地将越南发生的事情呈现在公众面前？难道你没听

说大学里老师和学生都参加了的那些充满愤怒的讨论吗？所有这些美国人，包括我自己，都在发表公共意见。[6]

阿伦特很难相信一项被如此公开、如此广泛抵制的政策能继续执行下去直到悲惨地结束。

像大多数60年代中期的政治分析家一样，汉娜·阿伦特低估了美国政治状况的复杂性和后来她所说的华盛顿“问题”解决者和决策者的不妥协态度。但是，到她收集自己在60年代后期的政治文章独立出书时，她很清楚地知道自己是在目睹并写作“共和的危机”，而越南战争是对美国政治生活和世界秩序都具有重大意义的改变。当她做一生中最后一个公开演讲的时候，即越战正式结束后仅仅一个月的1975年5月，在波士顿市政厅做的一个感情激烈的二百周年演讲，阿伦特确信，她的国家正处在一个令她绝望地想象的边缘。她列出了很多伴随“在东南亚的灾难”而来的事件，并向听众提出为什么他们可能同意“在这个世纪许多史无前例的事件之中，美国权力的急速下降应该被认真考虑。这几乎是空前的。我们可能正好站在历史上具有决定意义的转折点上，将整个时代与其他分离开来。对于目前我们所处的混乱状态，在我们日常生活无情的需求中，当时代的分隔线交叉在一起时，我们就很难看清它；只有当这些线变成一堵墙把人们绊倒的时候，才将过去永远切断”。[7]

这段忧虑的文字与汉娜·阿伦特确信的只要有讲故事的人，过去就有可能挽回，是截然不同的，这也表明了她情绪的变化。在60年代，不只是日常生活无情的需求，还有世纪中叶发生的空前事件，都使人们很难看清世界的情形。曾经史无前例的事件现在成了先例，并以不同方式和不同程度出现。随着50年代“冷战”局势的出现，纳粹时期和斯大林政体被重新看待和梳理以作为理解当前事件的线索。美国正处在“过去与未来之间”。在汉娜·阿伦特的生活和工作中，她很喜欢经常引用福克纳珠宝商见识的例子：“过去从未死去，它甚至就不是过去。”

“现在迫在眉睫的就是共和国的存亡，”阿伦特在1963年12月1日给雅斯贝尔斯的信中说。她和其他美国人一样，都想弄清十天前在达拉斯发生的事情。约翰·肯尼迪的遇刺在她看来是一场大灾难。汉娜·阿伦特、玛丽·麦卡锡和汉斯·摩根索一起在芝加哥观看了肯尼迪的葬礼报道。她对国民的悲痛印象深刻，但是，她在给雅斯贝尔斯的信中强调的是，她担心没有对暗杀的调查，将很难消除共产主义者对北方“黑人运动支持者”的共谋和复仇的推断（她用英语说的这句话让雅斯贝尔斯很难理解）。对共和国的未来而言，她感到面对既存的种族主义和狂热反共产主义这一事实非常紧要。“我猜想，”她在给雅斯贝尔斯的新年贺信中写道，“关于肯尼迪被暗杀一事，你比我们知道得更多。一周前的《新共和国》上有一篇关于整个事件的详细报道，但没有澄清任何事情。”她注意到一些矛盾的证据，并推断“这件事是一个不祥的预兆，并可能永远都不会被彻底清除”。[8]阿伦特和雅斯贝尔斯都曾对掩盖手段如何使“未解决的过去”一直处于未解决状态有过太多的经历，他们都很担心沃伦调查团。在肯尼迪遇刺的几年后，雅斯贝尔斯仍然警告说：“这罪行还没有被处理。从政治上说，这与暗杀本身一样致命。美国人民作为一个整体还没有弄清这件可怕的事情。……最受尊敬的、最让人信赖的也最无懈可击的沃伦大法官正全面负责调查此事。他说整件事情的真相不能完全被当代人所了解，那只意味着结果由于背离国家利益而不能公之于众。……但是美国依旧是美国。这个问题不会被尘封。”[9]

阿伦特个人很忧虑共和国衰落的先兆，但是她的公开陈述则更为谨慎。在1963年《纽约书评》——这本杂志是在《纽约城市》于早先的冬天罢工时出现的——的圣诞节特刊上，阿伦特和其他人评论了暗杀事件以及这一事件可能的后果：

> 这是如BBC一个评论员在被新闻报道震惊之后说的“自萨拉热窝(Sarajevo)以来最响的枪声”吗？这次暗杀是否意味着已逝的总统先生两个月前对全美人民演讲中说到的“相对平静的时刻”和“上升中的希望”将很快结束？我们被迫在这悲剧性事件中看到的历史转折点是

否将会到来？用比较的模式思考和用历史的范畴分析当前的事件是非常诱惑人的，因为预见未来就是逃避残酷的现实和对当前悲剧的赤裸裸的恐怖情绪。这将人引入歧途：未来要依靠我们自己和我们的同时代人，未来是不可预见的，而历史只有当故事已经结束之后才会开始。[10]

阿伦特确定肯尼迪的死将会给美国政治带来风格上的变化。她私下里对雅斯贝尔斯说出了对约翰逊忧虑的方面："政策能力，偏狭，无疑地，"她用自己在疲倦或失望时使用的电报式口气说。[11]但在公开场合，她强调美国的政策应该在美国政治风格改变的情况下保持连续性，这同汉斯·摩根索在《纽约书评》上表达的观点一样。"肯尼迪做一切事情的风格使他的行政部门如此不同，这一不同不只表现在它的表述上或对美国政策的实行上，还表现在对政治的评估上。"对政治才能尊重的肯尼迪"赠与政府一种全新的威望和尊贵。"这已经被那些惊奇地发现自己受华盛顿欢迎的知识分子明显地察觉到；当罗伯特·洛厄尔在肯尼迪遇刺后返回纽约时，他告诉汉娜·阿伦特"美国再度面貌一新"。[12]

汉娜·阿伦特在一个真正的"现代人"、一个行动者身上发现了古代对荣誉和荣耀的尊崇，这使得她克服了自己曾对肯尼迪的许多保留看法，而在他当总统之前，阿伦特曾称他为"这个亨利国王"。当肯尼迪赢得了1960年民主党提名时，阿伦特非常高兴，因为她认为他的唯一对手阿德莱·史蒂文森是一个神经质的人。第一次在电视上看提名大会时，阿伦特认为肯尼迪"做了会上最好的一个演讲，在演讲中他着重指出了几点恰好被之言中的要点：'旧时代正在结束'，'陈旧的口号和错觉'将不再有用，自第二次世界大战结束以来就实行的保持现状的政策将被宣告失效，因为'今天在世界上的任何角落里都已经没有现状了'"。[13]阿伦特当时正在写的《论革命》一书就是致力于这些通则的。

总统大选辩论期间，另一总统候选人理查德·尼克松（Richard Nixon）给汉娜·阿伦特留下的印象，是一个平凡的公民故意做出杜鲁门的样子。

阿伦特对两个候选人都不满意，她认为"（他们）都被细节困扰，不知道如何按照原则清晰地讲出来。"在帕西菲卡广播中，阿伦特认为肯尼迪没有理解应该成为美国政策基础的基本原则，他还接受了阿伦特归之为赫鲁晓夫的基本章程："共存意味着在美苏两国经济之间的竞争。经济增长要以苏联的经济发展来衡量。我认为这是完全错误的。"阿伦特希望苏联人民能获得"物质条件，这是人类尊严的必要条件"，她认为"世界历史上第一个认为贫困和痛苦不是人的境况的一部分"的美国人民，应当祝愿苏联人民得到物质收益，并希望他们能有与增长的人口相适应的经济增长，调整国内的收入不均，为世界一些生产力不发达的地区提供帮助。

阿伦特非常高兴能在1960年投票支持肯尼迪，但是，她认为唯一将"肯尼迪先生的主张清晰地表达出来"的纲要，是另一个共和主义者洛克菲勒提供的。洛克菲勒提出的政纲是"不要意识形态的废话，比如资本主义反对社会主义，反之亦然，要充分意识到至关紧要的问题，并摆脱了保守主义和自由主义那没有希望的陈旧框架。"[14]实际上，这个纲要是两年后出版的《论革命》所表达的原则。

洛克菲勒（Rockefeller）对经济发展的提倡与"政治自由是一项自由的事业，不同于暴政，其间差别，就像拥有两辆汽车的人与那些没有汽车的人一样"这样糟糕的想法无关。正如他曾非常重要地提出一个"对拉丁美洲的马歇尔计划"，并表示他很支持欧洲的、西半球的乃至亚洲和非洲的自由国家之间的联合。对阿伦特来说，这就意味着他不用"欧洲国家体系"的方式思考，因此他也可能持不反对革命的立场。洛克菲勒强调在防御规划中，核威慑能力的联合与"为有限的非核战争而出现的常规性武器"的发展，阿伦特从中看到了一项能带来"核威慑的稳定局势"的政策。她认为这就是在军事谈判中"实质性的共存状态"，也是美国能实质性减少国防支出的正确途径。她也预见到这一计划一旦实现，未来的常规武器将起决定性作用；如她在《论革命》中说的那样，"如果我们不是一起毁灭，那革命而不是战争，将更有可能在可预见的未来与我们相伴"。[15]真正可能爆发全面战争之前很久，克劳塞维茨写了他的《战争论》；而当它变成可能的时候，阿伦特写了《论革命》。

阿伦特在洛克菲勒的政纲中发现了一个重大失误，那也是她以前在她那备受争议的《关于小石城事件的思考》中所阐明的：没有对南部静坐示威者的认可，也没有对人们非暴力行动的认可，这些行动应该按照集会和结社的惯例来对待，以区别于联邦政府针对南部州政府所采取的行动。她比共和党人更是一个共和主义者，这也非常矛盾地使她对民主党的肯尼迪非常同情，她完全支持肯尼迪在 1962 年和 1963 年对示威这一公民权利的认可。

肯尼迪赢得总统大选后，阿伦特极力赞许他，认为他关于“一个时代的结束”的认识将很快带来新的政策。阿伦特基本的假定是，革命是新时代最需要理解的现象；而对革命的害怕将继续成为“战后美国外交政策背后的主题”则是她最深切的忧虑。[16]当让她和海因里希·布吕赫都很高兴的古巴革命给华盛顿带来忧虑的时候，阿伦特感到很失望。在 1962 年《党派评论》的讨论会上，她表达了自己的判断：

我们还没能理解，当一个非常贫困的民族很长时间生活的腐败猖獗的国度突然从他们的农场和家中解放出来，尽情表达自己的不幸，并去了他们从未见过的首都的街道上时这一切意味着什么。对古巴革命的误解不是因为信息不准确，明显是因为不能理解革命的精神。[17]

阿伦特认为，古巴革命“在布尔什维克主义影响下如此轻易地完成”是美国对古巴缺乏了解的代价。她支持肯尼迪在 1962 年古巴导弹危机中的立场，但是对这一危机曾有美国反革命政策的参与而深表遗憾。“对肯尼迪，”她在 1962 年 10 月给雅斯贝尔斯的信中写道，“我们有理由高兴，最重要的是因为，只要有另一种可能性存在，他就非常坚定地拒绝妥协。”[18]她希望美国能在这次危机之后与拉丁美洲改善关系，当事实证明并非如此的时候，她斥责美国 1960 年代后期对拉丁美洲的政策是“帝国主义式的”，并发现这与肯尼迪声称的拒绝美国主导下的和平秩序截然相反。

在公共场合露面

像很多在肯尼迪时期成为“重要人物”，并有时甚至影响到政府政策的教授那样，汉娜·阿伦特经常参加国内的讨论。但是，她不寻求大学背景以外有影响的位置。在1963年秋天，还深陷在艾希曼论战之中的阿伦特参加了联合国教科文组织美国国家委员会第九届半年会，回应关于目前革命的论文，她在芝加哥大学关于“新欧洲”的座谈会上也提交了一篇关于革命的文章。她经常参加美国政治科学委员会的年会。她还尽量参加哥伦比亚大学的研讨班，参加《犹太社会研究》发起的会议以及《美国学者》的编辑会议。

阿伦特很少去华盛顿，但是她在莫里斯·罗森布莱特的邀请下参加了几次在政策研究所的讨论，而莫里斯·罗森布莱特当时是促进有效国会全国委员会的一员。阿伦特和芝加哥大学的约翰·奈(John Nef)、威廉·麦克奈尔(William McNeil)一起前往首都，同科学和技术总统办公室讨论社会思想委员会的重要项目。她参加了由福特基金会负责的国家翻译中心委员会，不时地阅读中心从德文翻译过来的材料；她还担任国家人道捐赠基金会和国家图书奖委员会的顾问。

阿伦特担任的大部分组织工作是她认识的人或朋友的项目。1961年，她接替玛丽·麦卡锡担任西班牙难民援助委员会的主席，这个组织是由阿伦特从1953年就开始资助的南希·麦克唐那操作运行的。戴特·麦克唐那非常感动：“你是多么高贵啊！我非常高兴，我知道你是多么反感这种事情。”[19]阿伦特帮助西班牙难民援助委员会募集资金，撰写关于在法国的西班牙内战难民情况以及在阿尔及利亚境内因法国与阿尔及利亚的冲突再次流离失所的人们的备忘录。她很高兴这个组织可以为西班牙难民中心帕布罗卡萨尔斯提供资金支持，这个中心是在法国小镇蒙托邦创立的，它曾为汉娜·阿伦特和海因里希·布吕赫提供过庇护。

戴特·麦克唐那还请求阿伦特为很多公开信签字。他们和十几个纽约知识分子一起，在1966年向苏联总理柯西金(Kosygin)提交了一封抗议信，抗议两个持不同政见的作家辛业夫斯基(Sinyavsky)和丹尼耶尔(Daniyel)因将手稿寄出苏联而被逮捕的事情。阿伦特在对报纸发表的陈述中说，他们的审判和定罪是一个“不祥的暗示，让人们想起历史上已经过去了的事情。”[20]随着这种希望持续地受阻，阿伦特继续为苏联持不同政见者提供资金和支持，她主要通过各种委员会来操作这些事，其中包括国际特赦组织，还有60年代后期的*PEN*，阿伦特实际上加入了该组织的行政委员会。在她去世前两个月，阿伦特做出了其最后的贡献，即参加“国际萨哈罗夫听证会”。她告诉自由电台委员会的主席：“我相信，在苏联知识分子反对意见中的每一点进展都是很重要的，我认为萨哈罗夫先生可能是这个团体最重要的成员，这不意味着除了我不确信的反斯拉夫主义将起作用这一点外，我对索尔仁尼琴毫无反对。”[21]

阿伦特慷慨地向各种事业和组织捐助，还经常捐给犹太联合募捐协会和以色列应急基金，特别在1967年中东战争期间。但是，她的大部分钱都捐给了个人。她哥尼斯堡的邻居朱莉·布劳恩-沃格斯勒斯坦为纪念她兄弟的慈善基金会就是阿伦特的“前线组织”。她安排沃格斯勒斯坦基金会提供助学金，然后她为基金会提供资金。通过这种间接的支持，她的兼职秘书去新学院读了一个硕士学位，她年轻时的朋友赫拉·扬施的儿子在加利福尼亚的一个学院里读书，她在伯克利遇到的一个年轻的澳大利亚难民收到了大学的学费，她的黑人女仆萨利·戴维斯(Sally Davis)的儿子去了布鲁克林的一家私立学校，摄影家理查德·斯维林在欧洲也收到了对其摄影支出的资助。用“唐特·汉娜”的角色，阿伦特公开地资助汉斯·约纳斯的孩子，直到约纳斯收到德国政府的补贴为止。她还送礼物给克兰伯特的孩子和她亲戚恩斯特·福尔斯特的孩子们。对其他的“孩子”，即她的学生，则给他们安排了奖学金，联系工作面试，并请他们聚餐以庆祝获得学位。

汉娜·阿伦特经常偏爱小范围和私人的活动。她公开演讲并参加各种会议，但在这所有的经历中最让她感到幸福的是在一个只有四个人的团体中讨论。那是一个像她在大学预科时拥有的“希腊圈子”一样的团体。[22]很多年来，她每周都与她在海盗出版社的编辑丹佛·林德利(Denver Lindley)、他的艺术历史朋友弗里德里克·科拉普(Fredrick M.Clapp)——大家叫他“提姆”，他是弗里克陈列馆的创办人，还有中古史专家海伦·维若泽沃斯基(Helen Wieruszowski)见一次。从这些关于翻译和讨论的会议中，阿伦特收集了很多细节使得她著作中的脚注几乎与正文一样有吸引力，但是她最看重的还是他们聚会的私人性质。

阿伦特被美国十二所大学授予荣誉学位，并被国家艺术和文学学会和美国艺术与科学学会接纳为会员，还在1969年被美国学会授予爱默生—梭罗奖章，同时令她惊喜的是获得1967年德国语言和文学学会的西格蒙德·弗洛伊德奖。如果只考虑对西格蒙德·弗洛伊德著作的同情，汉娜·阿伦特本是永远也不会得奖的，但是学会奖励的是德语文章中的精品，没有任何事能更让阿伦特如此高兴了。“你知道，”她告诉学会的常任秘书长，“我在三十年前不得不离开德国。母语是一个人能从其故土带出并一直伴随身边的东西，我付出了巨大努力来尽力保持独特而不可替代的母语完好无损并保持活力。学会的奖励就是对我努力的一种承认。”[23]汉娜·阿伦特无论何时获得美国的奖励，她的同伴都认为她很好地保持了德国人的风格，因为在令人忧烦的获奖演说中她表现得都很德国化。她做的每一次获奖演说的开头都是对个人感情、公众的赏识、命运女神的眷顾以及同伴们的判断之间关系的复杂思考。所有这些都是她在1959年获得莱辛奖用德语做的获奖演说的仿本：

> 我可以完全忽略关于价值的细微问题。在这一方面，荣誉在谦逊方面给了我们一个深刻的教训；因为它意味着，我们判断自己的价值，和我们判断他人的价值和成就是不一样的。在奖赏中，世界在说话，如果我们接受了这个奖赏并对之表示感谢，我们这样做就只能通过忽略自己，同时还要完全在我们对世界的态度——对我们说话和被倾听所处的世界和公众的态度——的框架下行动。但是，荣誉不只提醒我们对世界的感激；同时，它也在一个很高的程度上提出我们必须对世界应尽的义务。[24]

在她最频繁地出现在公众前的那些年，汉娜·阿伦特为自己设定了几项原则。她对所有来自公共关系事务的请求的统一回答是：“我很讨厌公共关系。”而对所有的编辑请她为她不喜欢或会将她卷入刻薄争论的书写评论时，她设下了第二条原则：“我有一个古怪的规则，那就是我决不评论一本我看不上的书。”[25]她还有一条关于《艾希曼在耶路撒冷》讨论的规则：她不允许任何没有读过这本书的人坐在她和读者的桌子旁；所有的旁观者必须坐在这个圈子外面并保持沉默。她只接受她认识的人或她朋友介绍的人的广播采访。她经常拒绝将自己演讲或讨论的录音整理成文，因为她认为那不如她写下来准确，她也拒绝在美国电视上露面，因为她不想“在大街上被人认出来”。

但是她关于电视的原则破了两次例。一次是在她去世前不久，她同意和耶鲁大学做一个关于教育的电视节目，条件是从背后对她摄影，这原则只是被打破了一半。但另外一次就是完全破例了。她在1964年3月15日参加了一个年轻的瑞士作家，《代理人》的作者罗尔夫·霍赫胡特（Rolf Hochhuth），关于“第三摄影频道”的电视采访。这次破例是为了帮助一个处于和艾希曼论战后的阿伦特一样处境的人。当卡尔·雅斯贝尔斯在1963年秋天给她寄了霍赫胡特戏剧的复印本，并告诉她这戏剧在欧洲所引发的论战时，他很直接地做了类比：“你们两个好像生活在你们向世界展示的一面的背后。”[26]雅斯贝尔斯曾和霍赫胡特一起在瑞士参加过一个广播采访，力图为他的同胞消除误解，并回答《代理人》提出的真正问题，他后来也公开为阿伦特做了同样的事情。汉娜·阿伦特为1964年2月13日《纽约先驱论坛报》写了一篇文章以尽自己的一份力，并同意了电视采访。

阿伦特总结霍赫胡特戏剧的主题是“教皇庇护十二世就‘二战’时期屠杀欧洲犹太人这一事件做出明确交待的错误，以及罗马教廷政策与第三帝国的牵连。”[27]教皇的沉默意味着犹太人和天主教徒走进毒气室，如霍赫胡特写的：“被所有人抛弃，甚至被教皇抛弃。”明确的交待与教皇曾经的行径之间的实际区别，在过去和现在都是一种推测；霍赫胡特的问题是：为什么教皇一直保持沉默？自最初厄文·皮斯卡托（Erwin Piscator）导演的《代理人》在德国引起震动后，这个问题在欧洲所有的剧院里回响。成千上万的文章充满了欧洲的报纸，而这出戏在纽约公演后，美国人的反应也十分强烈。“这几乎是戏剧史上由一部戏剧所引起的最大的风暴，”艾里克·本特利(Eric Bentley)在为关于此剧的回应文选《代理人风暴》的导言中写道。

对霍赫胡特戏剧最大的误解与对汉娜·阿伦特《艾希曼在耶路撒冷》最大的误解很是类似：他被指责的原因是认为教皇应该为“最终解决”负责，这就像阿伦特因持有犹太人应该为他们自己的毁灭负责的观点而被指责一样。在纽约，承认没有读过霍赫胡特剧本的枢机主教史培曼向出版社发表了一份声明，指出这剧本“认为庇护十二世应该为纳粹的罪行负责”。[28]汉娜·阿伦特非常敏锐地意识到这种类比，对那些通过“传道总会的谎言”“试图混淆问题的人”的两种误解进行了谴责。她告诉一个记者说：“你发现在我的《艾希曼在耶路撒冷》一书中散布着传道总会同样的谎言。一些利益集团说霍赫胡特的戏剧呈现的教皇要对犹太人的灾难负责，他们说我描写的犹太人应该为他们自己的遇害负责。如果霍赫胡特或我曾说过这样的话，那我们肯定是精神病了。但是人们通过这些谎言创造了一个很容易就可以驳倒的‘形象’，因为那全是瞎话。”[29]阿伦特可能夸大了利益集团在两场论战中的作用，低估了当他们自己深深地卷进去时人们在没有机构化宣传情况下产生误解的容易程度。但是，她还是有理由怀疑，例如她曾发现由犹太反诽谤联盟的成员写的一个全国天主教福利组织具有煽动性的小册子。阿伦特怀疑正在发挥作用的规则是“一只手洗另一只手，这样所有的手就都干净了”。[30]但是她没有充足的理由推断可以卸除犹太人或罗马教廷的责任，这当然不是指他们对“最终解决”，而是指他们的所作所为以及没有将“最终解决”告知他们的追随者负有责任。

阿伦特看到在艾希曼论战和《代理人》风暴的一个重要不同：“罗尔夫·霍赫胡特的好运是，相当一部分有学问的天主教徒和公众意见都是站在他那一边的。”这些意见的分量使得“对所有的抗议，忍受成了最好的策略，因为这能带来更少的麻烦，或者霍赫胡特揭露的真相来得不是时候，没有任何益处”。阿伦特肯定希望这些支持者能认识到她关于欧洲犹太人社团领导层“全部真相”的看法，她引用了澳大利亚天主教学者弗里德里希对《代理人》的评论：“只有真相才能让我们安心。整个的真相，它往往是可怕的。”[31]

汉娜·阿伦特对霍赫胡特的剧本也不是一个不加批判的仰慕者;她认为剧本从戏剧上讲很难处理,并在教皇庇护十二世的性格上面着墨过多。霍赫胡特暗示如果一个更好的人会作出更好的决定,而她认为教皇做了“在那种情形下虽不是全部,却也是大多数世俗统治者做的事情”。雅斯贝尔斯也认为“教会和教皇作为人间机构不比其他所有的政治权威们做得好或差”。[32]阿伦特和雅斯贝尔斯都说出了《艾希曼在耶路撒冷》主要的、也是最让人误解的一个主题。她用自己书中的话指出:“罗马教廷和教皇很明显地认为,在欧洲整个道德和精神结构崩塌之后,断绝与已不复存在的常态的紧密联系是明智的。”阿伦特认为,在这种情况下,好人能干出最坏的事,或者肯定不是最好的事;作小恶并没有意识到它不会生出善来。

汉娜·阿伦特一次又一次地声张这个主题。这也是她在1964年在很多大学里并在英国BBC和美国的帕西菲卡广播中演讲的题为《独裁之下的个人责任》一文的核心。她在约翰·肯尼迪遇刺后的那一年发表了这个演讲,她还清晰地记得肯尼迪在1960年清楚表达的“现状不再存在”。她知道美苏之间“冷战”的局势在1964年没有出现,但是她没有看到美国在越南“镇压暴乱”的行动成为新世界局势的开端。她的注意力不是“过去与未来之间”,而只是关注过去。

在1964年到1966年间,阿伦特第一次从1946年来没有写任何书。她不断地旅行、演讲和教书,但对她而言,这是一个转折点,正是她自从告诉雅斯贝尔斯要准备《艾希曼在耶路撒冷》和《论革命》两部要同时完成的手稿后所盼望的。“你曾经说过,”她提醒雅斯贝尔斯,“没有人真正使自己劳作过度,我每天都重复这句话作为我的警句。”[33]

这个转折点给了阿伦特从事她已酝酿四年的项目的机会。1961年在西北大学的时候,也就是在去耶路撒冷之前,阿伦特准备了一个关于贝托尔特·布莱希特的研讨班。她的朋友兼文学批评家艾里希·海勒(Erich Heller)与她在布莱希特对斯大林的态度——她称他的“做好人的诱惑”——这个复杂问题上发生了争论,她也在海勒西北大学的研讨班上提出了自己的观点。她告诉在《纽约客》上发表她关于布莱希特文章的威廉·肖恩说:“我写这篇文章最初是出于对一个朋友的气愤,他认为他能将布莱希特扔出窗外。正因为这‘过错’,他非常大度地让我给他的学生讲布莱希特。我不得不抓紧时间并尽量从记忆中引用,然后再重新修改。”[34]

海勒并没有信服。几年后他描述这一场景时说:“这是汉娜·阿伦特将她极大的热情投入错误判断之中的例子之一;此事发生时,她不仅错了,而且陷入了更大的谬误,还伴随着愤怒的情绪。”[35]他们之间确实是有分歧,但是紧随汉娜·阿伦特文章而来的冲突则不怎么友好了。她关于贝托尔特·布莱希特事件的思考让悉尼·胡克——一位过去曾在汉娜·阿伦特事件上发作多次的人——很生气。胡克曾是汉娜·阿伦特批评的对象之一,因为他认为布莱希特在30年代是坚定的斯大林主义者,并引用布莱希特在莫斯科审判中为自己辩护的令人震惊的评论作为证据:“他们越是无辜,他们就越应该去死。”阿伦特认为“狡猾的”贝托尔特·布莱希特的意思是说,那些没有反对斯大林的人承担着一些罪责,虽然这些人确实与他所指责的罪行无干;“不正义中存在着某种正义,”她说。在一封给德国发表阿伦特文章的《水星》杂志的信中,胡克声称会谈是在1935年举行的,这在莫斯科审判之前,布莱希特被作为斯大林的政治反对派成员而被提及。“只有一个词能形容汉娜·阿伦特抹掉布莱希特言论的努力,并用它作为布莱希特反斯大林主义者情绪的线索:无耻。”阿伦特指出,胡克还没理解布莱希特脑子里想的——哪些是辩护,他指责什么,他还用一个句子将自己的个人经历用“加分”的方式强加到布莱希特身上,这与“思考没有任何关系。”[36]

对贝托尔特·布莱希特事件持另一种态度的是布莱希特英文文集的编辑约翰·维利特(John Willet),他准备证明布莱希特没有歌颂斯大林。阿伦特的文章在《纽约客》发表后,维利特写信要她从布莱希特文集中引用材料。他关于布莱希特对斯大林称颂的质询和阿伦特声称的有“对斯大林的颂歌”都没有被回答,而当阿伦特的文章在《黑暗时代的人们》[37]中再次出现时,他又提出了这个问题。没有满意的维利特给《泰晤士报》文学副刊写一封公开信。《纽约时报》对这一公开信进行了报道,并采访汉娜·阿伦特以期得到她的回应，而她的回应就是她“很满意于”自己的学识没有谬误或虚假。她同时非常确定仅有学者资格无助于作出判断。[38]

汉娜·阿伦特曾对布莱希特的独立性和能力或意志提出疑问，布莱希特能否从政治领域后撤并“说出事实”，“接受事物的本来”？如她在关于布莱希特文章之后写的《真理与政治》一文中说到的“出于这种接受，也可以被称作是坦诚，才有判断能力的出现。”对政治事务、道德事务和审美事务的判断力都预设了不偏不倚的能力和康德称作的“扩大的见地”，在自己的构想中还要考虑其他人的立场。阿伦特不认为一个诗人能抛弃真实而自己不被诗歌女神缪斯抛弃。胡克和维利特都没有思考这一立场问题，这也是为什么阿伦特怒气冲冲地对胡克的辩论和对维利特在“布莱希特俱乐部”的成员身份进行评论的原因。只有海勒提出，布莱希特丧失做诗的能力，可能不是因为没有缪斯女神的眷顾，而是别的原因，“明显的可能性有老化或专注于别的事情（例如经营剧院和训练演员）或酗酒或吸毒。”海勒的看法在阿伦特看来“太心理学化”了，如他所言：“不，这必与伦理学相关，她的道德决心十分可爱，也让人钦佩。”[39]

1965年，阿伦特开始写作《真理与政治》一文；这是她对艾希曼论战的回答，也断言了“对真理毫无偏见的追求”对政治的重要性。她在埃默里大学、东密歇根大学、安纳波利斯（Annapolis）的圣约翰学院和卫斯理公会大学宣讲了这篇文章。在演讲途中的每一次停留，她都收集对艾希曼论战的反应，她将自己的思考汇集为她著作第二版的结尾和德文版的前言，最终就是《真理与政治》一文。阿伦特在1965年秋天康奈尔大学的研讨班期间完成了这篇文章，后来在美国政治科学协会大会上宣讲了该文章的最后修订版。直到论战最后一次高峰即雅各布·罗宾逊的《扭曲为直》和她通过《纽约书评》对此的回应消退之后，她才将这篇文章发表。

1966年春天，阿伦特在回复了几篇寄给《纽约书评》的信后告诉雅斯贝尔斯：“现在论战已经如愿结束了。有趣的是在我公开讲出我的观点之后，我被来自所有犹太组织甚至曾攻击过我的组织邀请去演讲、出席大会等的信件淹没。同样，《艾希曼在耶路撒冷》的希伯来文版本也在以色列面世。

我想我和犹太人之间的战争结束了。”[40]这个判断下得有些过早，1966 年格里玛出版社发行《艾希曼在耶路撒冷》法文版后，法国出现了强烈的反应。在这之前的一年，一个为纪念巴黎不知名的犹太遇难者的大型展览的组织者，指出他们的展览“不是故意驳斥阿伦特博士，虽然有这个意思。”在开幕典礼上，纳胡姆·古德曼(Nahum Goldmann)宣称，阿伦特和其他作家歪曲了“犹太人与希特勒主义的斗争”这一展览所真正展示的史实。[41]当《艾希曼在耶路撒冷》的法文版发行后，为驳斥而付出的努力范围缩小了，但是更加强烈。在美国，艾希曼论战于 1966 年逐渐消退，并随着 1967 年的中东战争而结束。当然，这些问题仍然存在，它们在不同的情境中出现，像小说(索尔·贝娄(Saul Bellow)的《塞穆勒先生的行星》)、戏剧[罗伯特·肖(Robert Shaw)的《玻璃隔间中的人》]、关于大屠杀的会议和大学课程。阿伦特从这个领域回撤。当在 1969 年两大卷关于纳粹时期的回顾摆到阿伦特面前时，她非常简单地回复说：“我感觉我已经为理解这个时代作出了自己的努力，并与整个时代妥协了。现在该轮到别人试试了。”[42]

论革命

1966 年夏天，阿伦特在帕伦维尔呆了两个月，在那里，她游泳、散步、拜访同伴。这期间她一直很放松，除了几次被布吕赫的身体吓坏了，一次因为他脸色苍白而没有继续周日的驱车旅行。她更喜欢待在“栗子草坪”别墅里，免于任何旅途焦虑，陶醉于轻松的小说，她阅读阿加莎·克里斯蒂(Agatha Christie)和西默农(Simenon)，而布吕赫走访于他最喜爱的六个西部人之间。阿伦特还读了《纽约书评》的罗伯特·施利夫(Robert Silvers)建议她看的彼得·奈特尔(Peter Nettl)写的两卷本的罗莎·卢森堡精彩传记。

在阅读过程中，阿伦特做了标记和评注，并标出罗莎·卢森堡的通信和奈特尔的论述中令人惊奇的段落，沉浸于更好地认识一个与自己类似的心灵。奈特尔说“奇怪的是，她的作品很大程度上摆脱了口号式语言，”阿伦特在页边生气地写下了一个“确实”来为罗莎·卢森堡的严肃辩护。在其简单地记录道“关于工会，罗莎·卢森堡又一次使用了经典马克思主义者关于限定他们角色的概念”的地方，阿伦特添加了自己的判断：“这是错误的。”她向奈特尔指出卢森堡的主题有多少是“反马克思主义者的”，特别是她认为，资本主义的再生产不能在一个封闭的经济体系中进行，必须将资本主义伸向不发达的、前资本主义的经济体。在他声称罗莎·卢森堡只是一个批评家而不是一个有别于社会主义视角的政治理论家时，阿伦特严厉批评了他的“持续抱怨”。在页边，阿伦特标记出了她对自己和卢森堡都持有的关于信仰和方法观察的认可：“（她）对畸形的革命比不成功的革命更加害怕”；“她自始至终都关心革命的伦理”；“她通常以历史分析开头”。奈特尔提供的罗莎·卢森堡“波兰贵族群体”的细节，即波兰社会民主党“在成为一个政治性政党之前曾是一个知识贵族团体”吸引了阿伦特，对卢森堡的同伴列奥·约吉谢斯的描述同样令阿伦特着迷，他是“一个也是唯一一个能与卢森堡完全接触的人，卢森堡对他肯定毫无隐瞒”。[43]

阿伦特决定评论这本传记，她花了夏天最后的一段时间写了“一本不算小的书，谢天谢地”。[44]布吕赫对这本书的贡献是巨大的；这本书的一部分是对1918—1919年德国革命，也是他年轻时候的革命的叙述，布吕赫对阿伦特的支柱作用就相当于列奥·约吉谢斯对罗莎·卢森堡的作用。但是，最有争议的部分是对罗莎·卢森堡政治观点和他们容忍的价值的讨论。

阿伦特思考了罗莎·卢森堡许多有争议的观点，这些观点被许多马克思主义者称为是“错误”，包括她关于“国内问题”的立场、革命主义者和改良主义者的论战和“大规模罢工”策略。这些讨论通向了“共和问题”，这将卢森堡与其他人截然分开：“她完全是孤独的，虽然不像她强调在所有情形下个人自由和公共自由的绝对必需时那样明显。”[45]罗莎·卢森堡从1905年俄国革命和期间活跃的工会中了解到了“自发”的价值和“好组织不是先于行动而是行动的产物。”列宁实践了卢森堡没有下的结论，就是在未工业化国家中革命可以被一个组织紧密的小组织有效领导，一场战争可以创造革命的条件，并因此在短时间内被广泛欢迎。罗莎·卢森堡永远都不会接受战争的功用，她在第一次世界大战期间与列宁的观点进行辩论：她“不相信一场大多数人民无份、没有声音的胜利。”

事实难道没有证明她的正确吗？苏联的历史不就是“畸形革命”带来的可怕危险的例证吗？虽然她没有预见到列宁继承者的罪行，但她所预见的“道德崩溃”不是比“每一次不顾历史条件而坚决对抗上级武力的失败”更能严重地危害革命目标吗？她说列宁采用的恐怖方法，牺牲“大众自身最没有节制、最广泛的民主和公众意见”，这种恐怖让每一个人“不道德”，而且摧毁了一切，在这一意义上，列宁“完全错误”，她这么说难道不对吗？

这些也是汉娜·阿伦特在写《论革命》时给自己提出的问题，《论革命》最后以对共和主义和共和国内部自发自愿的结社的热情呼吁结束。

阿伦特认为共和主义是罗莎·卢森堡政治理念的核心，但是她也很小心地陈述了卢森堡关于帝国主义的不可避免性这一非马克思主义理论的一些细节：“从此，资本主义不是一个封闭的系统，在其内部产生矛盾并‘孕育革命’；它要依靠外部因素（前资本主义国家）生存，它的自动崩溃也可能发生，但那只有当整个地球表面都被征服和毁灭时才会出现。”如阿伦特在奈特尔讨论《资本的积累》旁边标注的那样，“第三个因素摧毁了辩证法路径。”阿伦特曾将罗莎·卢森堡的这个理论用到《极权主义的起源》中“帝国主义”部分，她在1966年仍持有这个观点，她认为，不断升级中的美国在越南的行动和美国对拉丁美洲的政策，与这个国家“以往的反殖民主义观点”截然相反，这就是帝国主义。[46]

彼得·奈特尔非常困惑于罗莎·卢森堡没有将资本主义的经济分析与它导致的帝国主义在她的政治规划中联系起来。他说在这种情况下，如卢森堡早先对修正主义论战的文稿那样，“在政治和经济中间有方法论上和分析上的断裂”。克服这种断裂的方式之一就是将她的经济规则置换到政治领域；这项工作由那些怀有敌意的批评家完成，他们制造了一种学说——卢森堡主义，在这种学说中，“自发性”意味着革命政党在自发的过程中没有什么实际的角色，是“每个人都有自己的党”的无政府主义。奈特尔指出，卢森堡主义是对布尔什维克主义的歪曲，他拒绝承认罗莎·卢森堡是一个理论家。但是,他找不到另一条能使她的政治规划与经济分析协调一致的路径。汉娜·阿伦特没有思考这个难题,虽然她说列宁对帝国主义理论的断言"从根本上是错误的"并不足以驳倒"他们对事物本来面目卓越而忠实的描述"。

奈特尔看到的难题在汉娜·阿伦特那里并没出现,这源于她理解罗莎·卢森堡思想时所作的假设。她认为卢森堡已经放弃了马克思主义的"危机理论",她与马克思主义的决裂是在经济和政治两方面的,"她对革命的承诺首先是道德事务。"这就意味着,阿伦特说,"她仍然热情地投入公共生活和公民事务,投入世界的命运。她卷入欧洲政治之中,不是因为工人阶级的利益,她完全超越了所有马克思主义者的视域,此点最清楚地体现于她为德国和苏联政党反复坚持的'共和国方案'。"阿伦特看到了卢森堡的政治规划——共和主义——是她拒绝马克思主义的经济辩证法和资产阶级与无产阶级截然对立观点的必然结果。以汉娜·阿伦特自己的术语言之,共和主义是一种政治理想,它胜过所有关于资本主义或社会主义的马克思主义愿景。

罗莎·卢森堡指出,资本主义不是一个从早期资产阶级独特的剥夺开始然后一直到必然灭亡的过程,在此基础上,阿伦特强调那种剥夺一次又一次的出现。只有一种办法能中止它:

> 不同于理论和意识形态,我们所有的经验皆告诉我们,剥夺的过程从资本主义的兴起就开始了,它并不在生产手段的剥夺后停止;只有独立于经济力量和它们的自动力量之外的法律和政治制度能控制并制约这一过程固有的残暴的可能性……保护自由要靠政府权力和经济权力的分离,或者用马克思主义的语言说就是,国家及其宪法事实上并不是上层建筑。[47]

阿伦特总结道,保护自由的是一个宪政共和国。她在《论革命》中对此进行了论述,在1969年的采访中也暗示了这一点,"理性的、非意识形态化的经济发展"是可能的，共和国必须做到这一点并将其维持下去。[48]

阿伦特对奈特尔传记的评论成了《论革命》的尾声，它在1966年发表，该文一面世就成为政治科学学术界和美国政策辩论中关于革命理论和实践讨论的中心话题之一。在20世纪60年代后期，《论革命》自己找到新的听众。

在《纽约客》发表《艾希曼在耶路撒冷》后不久，在1963年春出版的《论革命》一书是一本更重要的著作。但是它最重要的观点没有被评论者抓住。历史学家汉斯·科恩是犹大·马格内斯的支持者，他对民族主义的批评与阿伦特很类似，他在《纽约书评》上这样总结这本书的观点："今天世界的较量不是关于经济制度，而是关于自由和权威主义。阿伦特博士将此阐述得非常详尽。"[49]然而，很少有评论者愿意接受这种说法，甚至只有更少的人认为这种说法是建立在有说服力的政治和历史分析之上的。"不必说，《论革命》几乎被所有的专家忽视，"阿伦特告诉诺曼·雅各布森说，后者是伯克利大学的政治科学家，他对约翰·亚当斯(John Adams)很感兴趣并在阿伦特1955年开始考虑写书时给她大量启发和建议。[50]

许多专家同意E.J.霍布斯鲍姆(E.J.Hobsbawm)的观点，即历史学家或社会学家"在看到作者缺乏对事实的兴趣而偏爱形而上的构建或对现实诗性的感悟时将会很生气"。[51]这本书的许多部分引致了批判：如阿伦特声称的美国革命实际上是一场至少自托克维尔以来就争辩不休的革命，也是一次理想的革命；她对卢梭和法国革命理论家的解释；她对马克思主义范畴的忽视；她没能讨论美国建国中的宗教因素，甚至没有提到阶级的存在。那些将事实问题集中到汉斯·科恩总结的问题的人认为，阿伦特对经济事务和政治事务作的区分，或者是理论上的误导，或者是为实践的目的，是非常保守的。"阿伦特好像是在用她那渊博的知识和深刻的洞察力工作，朝向柏克式的托利主义，怀念自由土地拥有者的等级社会和充满讨论的乡镇大会，"爱批评的批评家乔治·斯坦纳(George Steiner)写道。[52]

阿伦特读者中很少有人思考为什么她在如此有问题的历史基础上提出了看起来非常奇怪的进步和保守的结合。只有伦敦大学的巴纳德·克里克(Bernard Crick)认为她是“现代政治思想家中最有原创性的思想家”,不仅承认阿伦特对建国之父们的赞誉给他带来的想法,还提供了一种解释:“每一个德裔美国人都很感激。”[53]《论革命》就是这样一种感恩行动。阿伦特对建国之父的描述按字面意思来说是神话般的,但是她的神话是非常特殊的政治神话。政治科学家默尔·芬索德(Merle Fainsod)是少数几个认识到阿伦特对“美国革命历史的背景、导火线和发展过程”缺乏关注是故意为之,她关心的是他称之为的“有意义的革命”,对当下和未来都有意义。用阿伦特的话说:“我们想了解什么是革命——它作为政治存在的人的一般意涵,它对我们生活的世界的政治意义和它在现代历史中的角色。”[54]

雅斯贝尔斯曾向阿伦特承认,如果他不是德国人,他更愿意成为一个美国人,他经常在精神上向往美国,阅读她写的这个国家过去的政治故事。在与她的文本搏斗——他叹息说“英语啊”——之后,雅斯贝尔斯写了他对这本书的回应,他称这本书“也是盖特尔德和我的书”——因为该书是献给雅斯贝尔斯夫妇的:“我抓住了你意图的主要方面。在我看来,这本书在政治信念上是非常深刻的,非常接近甚至超过了你关于极权主义的著作。……整体来看,你展示的最后是一个悲剧,但也不是没留下一丝希望。”[55]布吕赫的判断与此类似,他在给妻子寄去的修改了很多遍的底稿校样中写道:“这本书现在看起来好多了,也确实如此,正如阿尔弗莱德·卡津所说,这是你最好的书。观点清晰,表达明确,良好的政治判断。如果它会产生影响,那必将是意义深远的影响。”[56]雅斯贝尔斯和布吕赫看到《论革命》是一个警告和警戒的故事,是保存革命“丢失的珍宝”——政治领域和议事会制度的努力。

《论革命》在后来的确产生了影响,但这影响很复杂也很模糊。在60年代中后期,对政治理论感兴趣的学生都在阅读这本书。在伯克利,在自由演讲运动的前几天,阿伦特的书和阿尔伯特·加缪的《造反》成为必读的推荐书。学生们响应阿伦特提倡的美国学生促进民主社会协会称作的“参与式民主”和德国社会主义学生联合会(SDS)的鲁迪·多茨克(Rudi Dutschke)称作的“基层民主(Demorcracy at the bottom)”——各地的人民议事会,讨论问题并作出决定。这本书也在学生出版物及和平运动期刊比如《和平新闻》中讨论。但是,像曾在1964年《乡村之音》上评论过《论革命》的社会学家迈克尔·哈林顿(Michael Harrington)一样,很多人接受了这本书的最后章节"革命传统与它失落的珍宝",但拒绝接受第一部分,即对社会革命者对"社会问题"的关注高于一切的批判。"阿伦特,对;阿伦特,错,"哈林顿总结道,很多人也同意这种看法。[57]

阿伦特的一些读者在60年代后期组织起来,用她的著作来指导他们的工作。一个在布鲁克林工作的纽约团队创立了一本名为《公共生活》的杂志,并将其来源归为两个美国政治理论家的贡献:托马斯·杰斐逊和汉娜·阿伦特。这个团队的成员之一沃尔特·卡普(Walter Karp)继续撰写关于美国政党体制的政治性分析文章《不可缺少的敌人》,其基础就是阿伦特关于议事会制度的讨论。她反过来向她的仰慕者推荐在作了大量政治经验调查后得出理论性结论的著作,比如说米尔顿·考特(Milton Kotler),他在1969年写的《邻里政府》极大地超前于它的时代。

《论革命》在学界的政治理论家中被广泛阅读,但是也招致很多批评。在理论界而不是政治组织者眼中,《论革命》的问题在于它的方法。汉娜·阿伦特使用了一种现象学的方法,虽然她很少使用这一术语,并通常感到少谈论方法为好。"我是一个现象学家,"她曾经对一个学生说,"但是,不是以黑格尔或胡塞尔的方式。"当她研究政治现象比如革命等,她假定每一种现象都有本质特性,而对这些本质特性的理解是可能的。为了这一理解,研究语词是很好的开始,这并不是因为概念化语言以某种直截了当的方式揭示了现象本身,而是因为如海德格尔认为的那样,语词不管真实与否,也不管是启示还是歪曲,都承载了过去对其理解的记录。因此,阿伦特指出,"革命"最初的含义是复原,但在18世纪的进程中,"革命"一词获得了它最终的意涵:新的开始。她假定如果不同的语词因现象而存在,现象就是彼此不同的。但是她也假定如果形容不同现象的语词被在同一意义上使用,那肯定有某种原因,那就是某一最重要的概念已包摄了不同的语词。例如她指出"权力"(power)、"力量"(strength)、"强力"(force)、"权威"(authority)

和“暴力”(violence)等概念已经失去了其清晰性,这是因为一种认识,即“最为核心的政治问题是,也经常是,谁统治谁的问题”。不同的语词显示出“人统治人的不同方式;它们被当作同义词使用是因为它们有同样的功用”。[58]

20 世纪 60 年代的学术批评往往将阿伦特的方法称为“本质主义”(essentialism),他们对阿伦特方法论的批评,与更为经验主义的批评者以及“德国式”形而上学的反对者们曾经批评马克斯·韦伯构建理想类型的方法时差不多。她关于革命的概念被认为是未被验证的概括,它忽视了现象之间的重要区别。她宣称的革命本质特性是起义,然后是所谓的为保存自由而建立政治组织的行动,她的观点被称为是理想主义的、形而上学的、反社会主义的、反进步主义的、反马克思主义的。

这里只举一个代表性的例子:查尔姆斯·约翰逊(Chalmers Johnson)批评“阿伦特界定革命所使用的自由概念极不严密且很狭窄。”他认为“在外围建构的定义是不严密的,并经常是不同印象的简单平衡。”在他 1966 年出版的《革命性变革》一书以及其他地方,约翰逊建构了一种标准的革命,包括阴谋家的政变、暴民的起义、千禧年反抗(由救世主领导的乌托邦式的反抗)、反动分子的叛乱或复辟、罕见的“雅各宾共产主义革命”和 20 世纪新的革命类型——“由游击队精英领导的军事叛乱”。在阿伦特思维框架下,革命的目标当然对这些类型而言不是必要的;但是“谁统治谁?”则是一个普遍存在的问题,无论革命所处的历史阶段如何。约翰逊认为,所有的革命都含有“不妥协的精英”被推翻这一内容,也就是说在所有的革命中都会有统治的变更。像很多理论家一样,约翰逊接受了一个前提,即阿伦特拒绝将政治定义为“为权力而斗争”,在这种政治里面“权力的最后形式就是暴力,”如 C.赖特·米尔斯(C.Wright Mills)在《权力精英》中写的那样。[59]

汉娜·阿伦特讨论革命不是为了列出革命的历史或区分出它们的类型,而是为了给实践提供一种理念。她反对将政治看成权力斗争,同样也反对许多年轻人都有的一种观点,即反对权力政治而寻求一种更私人化的方式。她一方面和专业的社会科学批判家争论,另一方面与“新人”辩论。在改一个芝加哥大学学生的文章时,阿伦特清晰地表达了自己的态度:“在你文章的最后，你给出了自己关于政治的定义，你说政治是一种‘自我表达的模式’。我并不怀疑很多人同意这种定义，特别是在年轻人中间；当然，我不这么看。”[60]

再评极权主义

当《论革命》在历史学家和社会科学家中反应冷淡的时候，阿伦特第一次实践用自己的方法写成的《极权主义的起源》一书重新被政治科学家们拿了出来，他们认为阿伦特的概念因为同样的原因而存在着问题。两本书都被那些草率的描述、追随者和批评者批判为修正主义的。后一本书中有问题的概念是“革命”，早先那本中则是“极权主义”。

在整个 20 世纪 50 年代，讨论最为广泛的战后研究著作就是阿伦特的书及卡尔·J.弗里德里希和布热津斯基(Zbigniew K.Brzezinski)写的《极权专政与独裁》。特别是在麦卡锡时代，最热门的话题就是纳粹主义和布尔什维克主义在政府形式上有多大的相似度。到 60 年代初，很多人都拒绝接受通常的极权主义概念，因为它含混不清，同时善辩的反共产主义者也拒绝这一概念。拒绝的原因在 20 世纪 50 年代就已经被说了出来，但是，随着“冷战”达到顶点，那些拒绝者的声音更大，也更有影响了。到 1968 年，《社会科学百科全书》的第二版被赫伯特·J.斯皮若(Herbert J.Spiro)增加了一条“极权主义”，他大胆地预言说“《社会科学百科全书》的第三版会像 1935 年的第一版一样不会列出‘极权主义’条目了。”[61]

当它出版的时候，阿伦特的《极权主义的起源》因宣称“到现在为止我们只知道两种真正的极权支配方式：1938 年后民族社会主义的独裁与 1930 年以来的布尔什维克主义的独裁”而备受左派和自由派的批判。说民族社会主义是极权主义，这不存在问题；而斯大林主义的性质则备受争议。历史学家 H.斯图亚特·休斯(H.Stuart Hughes)非常赞赏阿伦特这本书，但还是怀疑阿伦特对苏联经济史的了解程度：“如果她参考一些专业的经济分析，她可能就不会那么拒绝说第一个五年计划(1928—1933)‘癫狂’。”[62]阿伦特实际上曾参考过能用到的最详尽的文本研究，即达林(Dalin)和尼可拉夫斯基(Nicolaevsky)的《苏俄的强迫劳动》。在为《政治学评论》写的该书的书评中,阿伦特写道,在自己的书中"对极权主义政体最难把握的,莫过于利益动机从经济事务中脱离和经济事务的非功利目的。"[63]对后来那些恼人的修正主义批评者,包括H.斯图亚特·休斯当时说阿伦特的书很业余,"过分做作,极其庞杂,对材料解释过度"。[64]阿伦特在1968年版中用新的证据重申了自己的观点。"最终,"她在1968年版的序言中写道,"对目前理论——依照这一理论,晚近二三十年来的恐怖是工业化和经济发展所付出的'巨大代价'——真实性的这些所有怀疑,已经被事情的真实状况和在特定地区发生的事件的进展消除了。"[65]阿伦特看完1949年到1968年间出现的文献与研究成果后,她确信"纳粹和布尔什维克的体制比以前更加像是同一模式的变种。"

当阿伦特将她的论证建基于苏联经济政策的时候,她的批评者不是分析政策的细节,而是试图将她的断言归为休斯形容的"冷战"的歇斯底里。收录在《巨变》中的休斯的攻击文章是20世纪60年代写的文章简要而集中的总结。休斯对阿德勒和帕特森的一篇名为《红色法西斯主义:美国关于极权主义想象中的纳粹德国与苏联的合并,20世纪30—50年代》的煽动性文章作了如下解释:"在20世纪40年代后期和50年代早期,极权主义一词是为了减轻美国人、英国人或流亡者情绪的重新调整所带来的振动,他们刚刚打败了敌人,现在被他们的政府号召起来面对另一个敌人。如果能证明纳粹主义和共产主义很大程度上是一回事,那针对晚近同盟国的'冷战'就可以被修辞正当化,这修辞已经因非常有效地对抗了晚近的敌人而证明有效。"[66]阿伦特对1968年文献的评论和她争论的理由(在假定的"情绪重新调整带来的振动"很久以后)即纳粹和布尔什维克的体制是同一模式的不同变种,都没有在休斯的争论中提及。

在所有攻击罗伯特·巴洛兹(Robert Burrowes)称之为"单一极权主义(unitotalitarianism)"的文章中,涌动着一股烦人的辩护式的意识形态批判。[67]阿德勒和帕特森在他们的《红色法西斯主义》一文中总结说:"阿伦特小姐……避免在一种声称是人道主义的意识形态但没有实现其理想图景的制度和另一种实践反人道主义和破坏性的意识形态的制度之间作出区分。”[68]这可能就是修正主义者指责阿伦特的症结所在，她没能看到布尔什维克的苏联马克思主义已经陷入混乱，好的意识形态堕落了。将“极权主义”一词塑造为美国对“冷战”观点的特有名词，舒缓了作为意识形态的马克思主义被诅咒的危险。但是阿伦特的关注点是在另一层面的：当一个民族的手段压倒了结果的时候，如同当好人在采用了一种“不太坏”的方法做了最坏的事情时，结果而不是动机才是问题所在。她的那些修正主义的批评者都没有意识到这一点。

20世纪60年代还出现了一种不那么政治化的指责观点，那是由政治科学家迈克尔·科迪厄斯(Michael Curtius)提出的“从极权主义撤退”。科迪厄斯和其他人对“极权主义”一词的责难不在于它妨碍了欣赏作为一种意识形态的马克思主义，而是当这个词第一次被使用的时候不足以描述现实，在斯大林死后，就根本不能描述现实了。这个概念的缺点向这些批评家发出了社会科学正遭遇方法论危机的信号。

科迪厄斯的文章和另一篇本雅明·巴伯(Benjamin Barber)的文章都被收在一本叫作《极权主义透析：三种观点》[69]的文集中。第三种观点是文集的编辑卡尔·J.弗里德里希提供的，他在序言中称这些文章是在1967年美国政治科学协会会议期间举办的座谈会上征集的。巴伯的文章提出了问题：“一个理论家将极权主义理解为只是自由放任的反义词，另一个(指阿伦特)则说‘它演化的最后阶段’将伴随着‘绝对的恶’。还有第三个，想将这个概念应用于一种发展理论，他抱怨‘它适用于太多的情形了，实质上对传达任何特殊的含义已没有任何意义。’”巴伯使用了在60年代早期通用的政治理论术语，他区分了对极权主义“现象学的”和“本质主义的”不同定义，这也就是在那些关注叫作“表现出的有限特征”或可测量的行为和制度特征的人与那些关注“相对抽象的和政权不可测量的部分”比如说意识形态的人之间做出区分。巴伯还提出了其他区分不同定义的因素：它们是强调极权主义的新颖还是将其视为历史在现时代的印记，它们是强调社会和经济状况还是强调政治状况，它们是集中在一个因素上还是多个因素上，它们是倾向于"集中理论"(所有形式的复杂社会都在朝向中央集权和官僚控制发展)或与此相反,如此等等。巴伯的劝告是把"极权主义"从政治理论词典中"根除",这就是在鼓励对概念的"理论意涵"进行客观的分析发掘。这样才是将政治理论从"分析的荒野"中带出之坦途。科迪厄斯在他的文章中形成了类似的结论,但是弗里德里希辩称,如果像"极权主义"这样的概念被小心地使用,被当作"一种相对的而不是绝对的概念"来理解,那它就应该保留下来。

之所以争论是否该抛弃"极权主义"一词,是因为该词很含糊,同时用它来做宣传之用太过敏感,这一批评如同准马克思主义者的批评,它要求克服"冷战"简单化的局限,但它主要的矛头所指,是政治科学在政策制定中扮演的角色。为寻找更纯粹,也更客观的政治理论,免除不可测量的因素,许多理论家从极权主义的概念后撤的意义完全不同于科迪厄斯的意指:他们不再询问任何数学"模型"或"博弈论"方案不能回答的问题。另外一些寻求解除历史歪曲的负担的人转向关于极权主义的马克思主义理论家比如像弗朗茨·诺曼这样的学者,以求获得历史见识;或者转向新马克思主义诸派以获得对未来的预测。阿伦特的著作对进行定量研究的经验主义者和新马克思主义者都没有什么用处。[70]

在60年代后期,汉娜·阿伦特有许多机会讨论她在《论革命》和《极权主义的起源》中提出的观点。最有趣的一次是在哈佛大学举办的苏联1917年革命五十周年研讨会。她的受邀被广泛称赞,因为她是唯一一个外行,其他与会者都是苏联问题专家和历史学家。(要指出的是,她向雅斯贝尔斯说这件事的时候只是说她是唯一一个外行,而没有说她是唯一的女性。)[71]会议安排阿伦特评论哈佛大学政府系的教授亚当·乌兰(Adam Ulam)的论文《革命的用处》。她的回应中包含了好些二十多年来将她和其他研究苏联革命和布尔什维克政权的学者区分开来的观点。她提到了曾经在她的同事之间发生的关于革命连续性的辩论:

当我旁听这场辩论的时候,我非常吃惊于参与者都相信从1917

年10月到斯大林去世为止苏联的历史是一直连续的。换句话说，他们都或多或少赞成列宁革命也适用于斯大林政权，这样，那些指责斯大林极权主义的人认为，列宁不仅要对斯大林的极权主义负责，而且列宁与斯大林是同一路途，斯大林是列宁的一个必然结果。这种暗含的舆论在我看来非常具有对此事"西方思想主流"的特征，并且很显著的是，它与新近苏联的声音(指责所有正当化斯大林的努力，将他视为共产主义的叛徒)正相反。[72]

阿伦特认为，斯大林的经济政策——他对"农民阶级的清算"——和他对苏联和外国共产主义政党机构以及红军军官的攻击与列宁的理论和实践是不连续的；只有斯大林的政体可以被称作极权政体。理论上讲，阿伦特反对的是连续性的假定，她在论列宁的继承人时对那些历史学家说："法国大革命的教训已经成为今天对意识形态化思维的自愿接受的主要动因……(革命者们)知道革命必会吞没自己的孩子，正如他们知道革命过程中将有一系列的革命，或在公开敌人后面紧跟着'嫌疑犯'面具背后的暗地里的敌人，或革命将分裂为极端的两派……(并被)中间派的人'拯救'……"[73]连续性的理论应用到实践就将可能发生的偶然事件或新的开端最小化或消除了。

阿伦特最后一次在学术会议上谈论斯大林问题是在1972年哥伦比亚大学的研讨会上，她比以往都更确信这种不连续性，不是因为发现了某些新材料，而是因为自战争以来居住在苏联的作家写的书第一次在西方出现。她说麦迪维夫(Medvedev)的《让历史裁决》、娜杰日达·曼德尔施塔姆(Nadezhda Mandelstam)的《一线生机》和索尔仁尼琴(Solzhenitsyn)的小说《第一圈》虽然没有增加任何理论卓识，但是"改变了"西方历史学家对这一阶段的"整个感受"：

[他们]废除了一大堆关于斯大林的理论，具体如下：(1)斯大林对统一整个国家是必要的；(2)斯大林对统一逐渐走向分裂的共产党是

必要的；(3)斯大林进行工业化是必要的；(4)斯大林(还有斯大林主义)是革命的(必然产物)；(5)斯大林主义是列宁主义的产物。阿伦特教授强调，包括个人崇拜在内的所有这些谜思，都以某种方式否认了整个政体的集体犯罪。……集体犯罪被用作组织的一个原则……作为一种原则的罪与国家理性是非常不同的……这样，我们面临的问题不是"什么是恶?"，而是"什么是恶的组织原则?"……当我们知道这个过程(人们在其中支持恶行并走向自我毁灭)的一些要素时，比如原子化个人和散播不信任的必要，有许多我们不理解的方面。作为总结，阿伦特教授提出在一个大众社会中值得政治理论家去思考探询的问题：为什么人们做一些违背自己利益的事情，而这正是在斯大林的案例中他们所做出的。[74]

在1972年的这次会议上，阿伦特清楚地讲述了《艾希曼在耶路撒冷》一书的框架，即研究恶是怎样被组织起来，同时人们又是如何被组织吸收的。她也清楚地理解了当时犯罪行为侵入美国政府和社会的程度。她在4月26日发表了演讲，这是在民主党总部发生水门事件之前两个月，但却是在她看了五角大楼的文件之后。阿伦特坚持在苏联所处的历史阶段和她强调的美国所处的历史阶段之间作出区分：必然发展和连续演进的观念是现代知识分子的工具，与所有其他观念相比，它们首先模糊了行动的不可预期，同时卸除了做判断的责任。阿伦特号召人们作出判断，希望这能防止人们支持恶行。在1967年的讨论和1972年的讨论之间的这几年，阿伦特反复提出这个观点，并赞扬那些她认为向自己提出这个问题的人。

1968年的《论暴力》

我只想说两件事：第一，我非常确定你的父母，特别是你的父亲如果现在还活着将会对你非常满意；第二，你可能陷入麻烦之中，也有可能缺钱，我们和坎南·克兰伯特将一直会尽我们的全力帮助你。[75]

1968年6月27日，汉娜·阿伦特将这封信寄给了她老朋友年纪较小的儿子丹尼尔·可因-本迪特(Daniel Cohn-Bendit)。在法国的保守派和共产主义者将他作为“犹太人”、“德国人”和“不受欢迎的人”进行惩治之后，法国政府不允许他呆在这个他父母曾避难也是他在1945年出生的蒙托邦。可因—本迪特回到自1958年以来赋予他公民身份的德国，并和他的哥哥写了《极左派：医治共产主义老年病之药方》(Le Gauchisme: remede a la maladie senile du communisme)一书。

可因·本迪特在1968年春天事件之后离开了法国，这一事件自他和他在南泰尔的其他同学抗议大学的教育和社会规则开始。在警察将他们从一座占用的建筑中驱逐出去之后，他们在巴黎大学避难；巴黎大学的警察行动造成拉丁区的暴乱。整个5月，拉丁区的大街上充满了示威的人群。路障四处竖立，空气中弥漫着催泪瓦斯。首先在巴黎，接着全法国，大学都关闭了，成千上万的工人和公务员继续战斗。戴高乐宣布他想继续掌权并赢得选举的压倒性胜利之前，很多人已经鲜血淋淋——虽然没有人开枪，也没有人丧命。

在巴黎的墙上，汉娜·阿伦特在人民阵线活跃的那些日子看到的口号又出现了：同志们团结起来；继续战斗。一张画有可因—本迪特的海报上有对政府自豪的回应，并使用了克里孟梭对德雷福斯讲话的精神“一个人的事就是所有人的事”：尽管我们是“不受欢迎的”。法国大革命当然还有回声：年轻的叛乱者被称为“狂热者”，他们的派别离“衰老的”共产主义如同最初的“狂热者”离“宽容者”那样远。

汉娜·阿伦特和海因里希·布吕赫从电视和报纸密切关注事态的发展。“我们最近见证了，”她在回顾中写道，“它怎样没能采取一种更为无害的方式，实际上，学生的非暴力反抗显示了法国政治体系的弱点，这一体系在年轻反抗者惊讶的眼神面前迅速瓦解了。不知不觉地，他们已经测试了它；他们只想挑战僵化的大学体制，然后政府体制和庞大的政党官僚机构的权力压了下来……这只是一场教科书上的革命事件，不会变成现实，因为没有人参加，且最不可能发生的是学生准备去夺取权力和与权力相伴的责任。除了戴高乐,没有人想这样。”[76] 戴高乐不是罗伯斯庇尔(Robespierre),而更多是中间人、救世主。

汉娜·阿伦特对法国人称这一事件“本质上非暴力”印象深刻。她曾在美国公开为非暴力行动的效力辩论,试图(但不怎么成功)指出美国新左派宣言中对“权力”和“暴力”的混淆。1967 年 12 月 7 日,阿伦特参加了一个关于“暴力的合法性”的讨论,讨论是由《纽约书评》的罗伯特·施利夫主持的,与会的还有诺姆·乔姆斯基(Noam Chomsky)、柯诺·克鲁斯·奥伯林(Conor Cruise O'Brien)和罗伯特·洛厄尔。这次讨论是在 21 街阁楼内进行的,这个地方也是思想的剧场,是 1961 年以来纽约知识分子聚会的地方。

阿伦特在权力和暴力之间作出区分,这种区分也是《论革命》的核心,她接着谈到要从教训中引以为鉴:

> 通常来讲,暴力往往从无能中产生。这是那些没有权力(没有来自人民的同意与支持)的人寻找替代权力的东西,我认为这种希望是徒然的。同样,用暴力武器库来衡量一个国家的权力的做法是一种危险的错觉。认为充足的暴力资源是对共同体权力特别是对共和国最大的威胁之一,这一观点是政治科学最古老的观点之一了。例如,坚持认为一个国家因为它拥有最大规模的杀伤性武器,所以就是地球上最强的国家,便陷入了通常的也是错误的将权力与暴力等同的做法。[77]

她将矛头指向了三种对暴力的正当性证明:马克思宣称暴力是社会革命出生的阵痛所必需的一部分;索列尔(Sorel)声称的暴力本质上是有创造性的,因此对社会的生产者——工人阶级来说是反对社会的消费者的合适模式;萨特声称暴力对人的创造至关重要,是“人的自我消遣”。阿伦特详细叙述了她在《人的境况》中作出的区分,拒绝了马克思将行动和如生育或劳动这样的自然过程混淆,索列尔混淆了行动与制作,萨特对马克思立场的延伸是说不是劳动而是暴力创造了人。

阿伦特的评论非常地抽象和理论化,这和其他参加讨论的人一样,当苏珊·桑塔格(Susan Sontag)从听众席上质问他们:“我很难理解1967年12月在纽约的讨论突然转向在这个房间中的我们和我们认识的人是否会参加暴力活动这个问题”的时候,阿伦特一点都不惊讶。“我很高兴你能提出这个问题,”阿伦特说,“因为这理所当然地主导着我们的思想。”[78]她接着同意诺姆·乔姆斯基认为的非暴力对和平运动是必须的,这是从策略的原因去考虑,因为政府军事的强力能让抗议“自取灭亡”,也是因为“暴力对抗的是不承担义务的行为”。她认为美国官员会练习英国面对甘地的非暴力运动时所采取的控制措施,这项运动“用一个帝国主义官员的提议,本可以用行政屠杀解决”。她认为,美国人会意识到,行政暴力直接对抗公民的非暴力运动,将是“共和的终结”。另一方面,阿伦特全面谴责了那些想使用暴力抗议作为托辞,从而试图将共和国推向毁灭之路的人:“在合法的策略与非法的策略之间必须严格地划线。”

与会者在非暴力策略的重要性上达成了共识。但是在1967年夏天暴乱中曾担任SDS团体组织者,来自新泽西纽华克的汤姆·海登(Tom Hayden)不耐烦了。“在我看来,直到你能够开始不是用语言,也不是用理论,而是用行动来展示时,你才能中止越战,中止美国的种族主义,你不能谴责那些不能等待你的人们的暴力行为。”[79]海登主张在和平运动——“我想称之为反抗运动更好一点”中存在或很快就将存在暴力的活动空间,纽华克(Newwark)的暴乱也证明了非暴力的活动形式试图发生作用的失败。阿伦特没有被说服:“至于暴乱帮助社会改变这一点,我们知道在整个历史进程中都充满了暴力行为,但并没有导向任何事端;没有什么事能这么快一扫而净,不留下一点痕迹。”她提醒海登,在判断国内面对和平运动的挑战时要谨慎小心:“在这方面,欧洲人可以给美国人好好地上上课。直到今天,这里都没有折磨,没有集中营存在,也没有恐怖。”

汉娜·阿伦特在与汤姆·海登争论的时候牢牢地蹲守自己的阵地,但是她在反省了奥林夫提出的意见后稍微改变了自己的立场,他在一次示威中受到警察的暴力袭击,参会时还没有完全缓过来。柯诺·克鲁斯·奥伯林引用了他的一位爱尔兰同胞的评论:有时“暴力是保证节制被接纳的唯一途径”。当阿伦特在1969年写《反思暴力》的时候，她赞许地引用了这个评论：“暴力不能促进事业发展，无论是历史还是革命都不行，但是它可以用于将苦难戏剧化以引起公众的注意。”[80]她承认犹太人“隔都”的暴力可能做到这一点。但是她很谨慎地提出“与暴力提倡者想告诉我们的相反，它更多的是改革而不是革命的武器。”法国的学生暴乱促成了大学体制的改革，她写道，哥伦比亚大学的暴乱只促成了一项对大学政策的研究。

1968年4月哥伦比亚大学的示威活动在刚开始时受到汉娜·阿伦特非常兴奋的支持。她对学生要大学摆脱与防御分析委员会的联系的决心印象深刻，这个机构与战争有关研究有牵连，虽然她并不确定我们呼吁大学要对周边的哈莱姆社区负有更大的责任意味着什么，这个社区当时充满了对4月4日马丁·路德·金遇刺的悲恸气氛。学生占领建筑物的第一天，坎南·克兰伯特在阿伦特河畔公寓和哥伦比亚大学正门之间百老汇的宾馆里与阿伦特见面。“学生们正在示威，”她高兴地说道，“我们站在他们这一边。”远比阿伦特——当她愤怒的时候，她会说他和海因里希·布吕赫都是老“共产主义者”——谨慎的克兰伯特提醒她实际上正在饭店里吃晚餐，不要出去参加示威。汉娜·阿伦特没有成为一个示威者。群众和人民会议使她很不安，她很小心地对待自己选择的旁观者角色。当她的一些已经六十岁的同伴去华盛顿参加反战示威时，她拒绝了。

几天之后，阿伦特就对哥伦比亚事件的发展失望了。两年前，在芝加哥大学，她曾支持过学生阻止大学行政部门向义务兵役部报告学生的阶层的努力，因为阶层高的人可以享受免征兵役的待遇。学生感觉越南战争是留给穷学生打的，不是留给“特殊学生”的。在狠狠批判了任何接受特殊的社会或政治地位的人之后，汉娜·阿伦特和她的一个学生米歇尔·迪南尼(Michael Denneny)一起走进了一栋在芝加哥大学里占领的建筑物，并同时从梯子爬到了学生总部——“作为一个女性太让人兴奋了”迪南尼回忆时说——和他们讨论他们的想法与计划。她给学生讲了一个在《艾希曼在耶路撒冷》中曾经讲过的故事：当法国犹太人中的“一战”老兵免于被纳粹驱逐的时候，他们发布了一项声明。“我们庄严地宣布我们放弃任何作为退役军人可能得到的好处。”[81]她的学生都很感动，在三年后的《论暴力》一文中，阿伦特表扬了一般的学生运动：“学生反抗几乎都是因对这个世纪整个无法预料的事件的道德反思之激发而产生的。”[82]她在芝加哥大学的学生对她印象深刻；她开设的《基本道德的诸命题》是学生从他们表决抵制的课程中保留的唯一课程。

但是，对哥伦比亚的接管走向了阿伦特不能接受的方向。她认为哥伦比亚的学生已经失去对自己目标的洞识，并不能联合起来进行合法抗议以对抗国防部研究计划。阿伦特多次主张，大学和法院一样，必须进行机构分立，进行“权力制衡”。“非常不受欢迎的真理已经从大学里萌生，”她在《真理与政治》中写道，“法院一次又一次非常不受欢迎的判决；这些机构像其他真理的避难所一样，依然暴露在社会和政治权力中出现的所有危险面前。在公众面前揭示真理的机会当然仅仅因这种机会的存在，以及独立的、无私的学者们联合在一起的组织的出现。”[83]阿伦特非常清楚地表示，她认为，是大学的行政机构，而不是学生，应对大学的堕落、将大学与商业和政府事务勾连负责。但是她认为，学生想把大学交付给“人民”是简单地要求另一种所有权，而不是独立；那些想因大学的堕落而将其关闭的人，不仅威胁到追求真理的独立立场，还威胁到他们自己行动“唯一可能的基础”。阿伦特不反对占领建筑物——“在里面坐着并占领建筑物不同于纵火或武装起义，其间差异不是一点点的问题”[84]——因为她认为大学是学生的“所有物”，也是教工和行政人员的；但是当由哈莱姆社区提供武器的黑人学生占领哥伦比亚汉密尔顿会堂时，她对武装暴乱的迹象予以坚决反对。

在大学的主体以及它们对少数团体的责任上，汉娜·阿伦特是而且一直是一个“保守派”。当城市学院制定公开入学的政策或任何其他地方号召这么做的时候，她都持反对意见。她认为“严重的暴力伴随着黑人权力(the Black Power)运动”进入了美国大学校园，“黑人学生中的大多数入学时不需要任何学术资格，他们作为一个利益团体自我定位，并组织起来作为黑人团体的代表。他们的影响就是降低了学校的标准。他们比白人叛乱者更谨慎，但是从一开始(甚至在康奈尔大学和纽约的城市大学发生的事件还要早）自他们那里而来的暴力行为就不是一个理论或修辞的问题。……在黑人学生口头和实际的暴力行为背后，站着庞大的作为少数民族的黑人群体”。[85]阿伦特认为，同意公开入学和黑人研究课程的要求是对学校标准的威胁，同时也是对不需要“非洲文学和其他不存在的科目”而是需要读、写和算术基本技巧训练的黑人学生的伤害。她害怕黑人会“在五年或十年中”发现黑人研究是“白人阻止黑人获得足够教育权的另一个圈套”。[86]

汉娜·阿伦特从来没有像思考犹太人问题那样思考她所称的“黑人问题”，她对此问题的思考也从没站在自由派或保守派的立场。她认为，20世纪60年代末发生的事情是她十年前在《关于小石城事件的反思》中就指出的那一情况的结果。她在给玛丽·麦卡锡的一封信中解释道：

> 我非常确信对我们的自由派造成突然袭击的黑人权力和反种族融合的新趋势是之前种族融合的直接结果。只要融合是我们所称作的表面文章，或者实际上只有较少部分的黑人融进来，而未对纳入的正常标准产生严重威胁，这时候，一切都进展顺利。对普遍公民权的热情导致更大规模的黑人联合起来，他们身受限制，对他们处于一种无法忍受的竞争状况当然比其他有良好意愿的人理解得更快。今天这种状况非常清晰：黑人要求自己的课程，不受白人社会标准约束，同时，要求按照他们在总人口中所占的比例入学，置标准于不顾。换言之，他们实际上是想接管并按照自己的水平来调整标准。这对我们高等教育机构的威胁比学生暴乱要大得多。……新左派和老自由派存在的问题并不新鲜——根本不愿面对事实，抽象地讨论，常常很势利，又几乎看不到别人的利益。……这种伪善确实是很严重的。种族融合的住宅区当然是可能的，在特定的收入和教育水平上也完全无害，这也是纽约昂贵住宅区中的既成事实。然而问题从低收入阶层中产生，这个问题也非常现实。换言之，那些鼓吹种族融合的人是既不可能、也不愿意付出代价的人。然后他们傲慢并充满“歧视”地打量他们

贫穷愚昧的同胞。[87]

这不是实例性的谈话，同样是抽象的。阿伦特的概括是在城市学院的事件基础上形成的，对黑人群体的整体"利益"没有很多经验。她引用了黑人公民权利领袖贝阿德·拉斯廷(Bayard Rustin)对"补救训练"而不是对"核心课程"的要求，但是她认为他的声音很是孤独，没人响应。她同其他人一样也不能提供一种一体化的教育方式将基础课程和为少数学生特殊的需要而设计的课程结合起来。但是在十年后，如她所预言的那样，像受人尊敬的杰西·杰克逊(Jesse Jackson)这样的黑人领袖开始为她所赞成的地方性项目工作；通过像"奋力争取卓越"这样的组织为公立学校、家长和学生提出要求回顾检查他们承诺的学术成果。

阿伦特对社区学校或公立大学以及他们之间的冲突知之甚少，但是她至少有一次机会观察到20世纪60年代末期的复杂形势是如何影响了普通黑人。1968年10月的一天晚上，她和其他《美国学者》编辑部的成员听到了并非常震惊于拉尔夫·埃利森(Ralph Ellison)发的两个小时的脾气。编辑海勒姆·海顿(Hiram Haydn)在他的自传《言辞与面孔》中回忆埃利森如何反对编辑决定，埃利森说文章在被接受之前必须经过他过目："然后他陷入暴怒，不能正常地审查文章。他下了很多彻底的一般性结论，言语过激、跑题很远以至于很难跟上他的话。并且很难让他平静下来。"几个编辑部成员想让他安静下来，却没有成功；"汉娜·阿伦特在道了晚安之后离开了，告诉我说她太心烦，不能再呆下去。"十五个人中没有人知道是什么事刺激了拉尔夫·埃利森，海顿甘冒不韪"这是中间代一些黑人孤独地承担着重任的一种宣泄。被新的好战分子拒绝，对黑人保守派又太自由化，经常意识到一个区别，这些思想和精神贵族在我们的社会中取得巨大成功，但实际上，除了同类的小群体之外，他们没有任何归属。这种孤立的感觉最终使任何一个人不胜重负，我相信，10月份那天晚上的事情就是负担太重而导致的一种发泄"。[88]

"观念剧场"(Theatre for Ideas)关于1968年暴力和暴乱的讨论促使汉

娜·阿伦特详细阐述了她对权力和暴力的区分以及人们联合行动的能力与使用工具的能力之间的区别，而使用工具是团体或个人的特权。“如果不是这一讨论让我意识到我们在这个事情上的混乱，我永远也不会写关于暴力的论文。”[89]她在完成社会研究新学院第一年的教学任务后，开始在1968年夏天写作这篇文章。她的时间安排也让她有条件来完成七年来一直想做的事情——不再一次性地离开丈夫几个星期去芝加哥大学讲课。出于对布吕赫的尊重，她在新学院开设的第一个研讨班就是《20世纪的政治经验》，这个课程设计的用意是追溯一个虚构的人——实际上是布吕赫——出生在世纪转折点上并生活在“黑暗时代”的经历。

阿伦特写《论革命》时经常反思她生活的变动不居的氛围。她告诉玛丽·麦卡锡说，“我第一次见到中年本土美国人(非常值得尊重的同事)考虑要移民。”[90]这种氛围在1968年秋“观念剧场”讨论的主题上得到很好的反应：“民主还有前途吗？”阿伦特认为民主肯定是有前途的，当然民主在目前也存在，但是她发现日常生活日益艰难。赫伯特·马尔库塞(Herbert Marcuse)则在讨论中表示“民主在美国已不复存在，美国社会已渐变疯狂”。[91]阿伦特和布吕赫并不打算移民，但是他们的确考虑过到帕伦维尔或到瑞士住一段时间等方案：“我们年纪都大了，也希望不要像在这里这样多地受外界影响。在别的地方也比在大城市生活得更舒服。”[92]布吕赫的身体不太好，1968年春犯了几次轻微的心脏病，整个6月基本都在住院，这正好错过了接受他获得的唯一一个学术奖励——巴德学院颁发给他的荣誉博士头衔。当布吕赫恢复了一些之后，巴德学院的一个代表来到河畔公寓，布吕赫接待了他并接受了这个学位；然后布吕赫夫妇到帕伦维尔呆了两个月，并一直待到来年夏天，然后去瑞士南部的洛迦诺呆了一段时间。

《论革命》就是在那个夏天起草的，但阿伦特同时开始写作另一本书，她在给玛丽·麦卡锡的信中提到这本书时说，“这本书是《人的境况》的第二卷，”那就是《心灵生活》。[93]她在新学院开课和在芝加哥大学逗留期间就一直在做笔记，在芝加哥大学时她还做了几个讲座，并继续辅导她的博士生。尽管她很欣赏她的学生——“现在唯一的快乐就是这些学生带给我的”，[94]

但是教学所需的准备还是让她很疲惫。阴郁的世界局势扰乱了她的注意力:“我感觉自己做的每一件事都徒劳无益。和现在的危险局势相比,任何事都无关紧要。我知道当我自己进入过去和未来的鸿沟之间——即目前思想恰当的立足点时,这种感觉就会消失。而当我教学的时候不能做到这一点。我必须全身心投入。”[95]

和大多数反对越战并害怕国内法律与秩序强力的美国人一样,阿伦特也认为1968年的大选是灾难性的。她本来对尤金·麦卡锡的总统竞选抱有很高的希望,并如同她投票支持参选参议员的乔治·麦戈文(George McGoven)和弗兰克·丘奇(Frank Church)一样为他投票。她本来会支持她认为是真正爱国者的麦卡锡或如果能活着获得党派提名的罗伯特·肯尼迪。如果纳尔逊·洛克菲勒与民主党候选人休伯特·汉弗莱(Hubert Humphrey)竞争的话,没有党派立场的阿伦特将会对他怀有好感。而在汉弗莱和理查德·尼克松之间选择,她没有任何积极性地把票投给了汉弗莱,这个选择比以往任何一次都更使她确认了自己对政党体系一贯的不信任。“在人们如此明确地表达了自己的观点之后,”她在“观念剧场”另外一次讨论中说,“两党都不选择自己党中最有吸引力的人,而是选择了党内最有权势的人。我已得出结论,正是政党机器让我们软弱无能。”[96]

头脑中带着这个结论,阿伦特抱着很高的期望观察了1969年的反战运动,认为运动的成功可能会使政党机器受挫。在1969年华盛顿示威后,她非常的乐观:

> 我又一次看到了在麦卡锡竞选期间怀抱的那些希望。但是这次希望更大,因为它绕开了整个政党体系,并将落脚点置于人们集会和请愿的宪法权利上面。因此容易得出结论,宪法依然充满活力,而政党体系虽然没有灭亡但已经成为令人讨厌的东西了……主权在民……整个运动都是由新一代组织的,他们现在可能真正成为他们自己,甩开极端分子空虚的花言巧语,并可能重新发现共和国,发现公共事物。[97]

阿伦特的乐观来自她对民主党无能的断定，这种无能表现在它在芝加哥大会期间使用武力对抗示威者。但是，她的乐观并没有持续太长时间，政党机构的“讨厌”被政府机构的危险处境所遮蔽，阿伦特在她的下一篇政论文章《政治中的谎言：对五角大楼报告的思考》中讨论了此事。

告别雅斯贝尔斯

尼克松总统宣布从越南第一轮撤军的那一年，即1969年，是国内相对比较平静的一年。虽然夏天发生了一些骚乱和黑豹党与警察之间的枪战，这让人们想起令人焦虑的充满暗杀、警察暴力和学生反抗的1968年，但1969年似乎是风暴过后的平静，也有人认为是另一场风暴的前夜。而对汉娜·阿伦特来说，这是悲痛的一年。

当开始在新学院讲授“哲学和政治”的课程时，她写了一封给86岁高龄的卡尔·雅斯贝尔斯的祝寿信，并为不能和他一起庆祝寿诞而表示遗憾。在雅斯贝尔斯生日三天之后，已经重病了几周的雅斯贝尔斯与世长辞。那天正是格特鲁德·雅斯贝尔斯的90岁生日，2月26日，格特鲁德·雅斯贝尔斯给他们的朋友发去了一封短信：“今天我的生活伴侣雅斯贝尔斯去世了。”[98]

汉娜·阿伦特按她和她的欧洲同伴的习惯身着黑装奔赴巴塞尔，雅斯贝尔斯的葬礼于3月4日在那里举行。阿伦特几个月一直穿着黑色的衣服，但同时也系了一条鲜艳的丝巾，这是因为格特鲁德·雅斯贝尔斯在葬礼上告诉她的一件事情。在雅斯贝尔斯去世前的几天，雅斯贝尔斯和妻子讨论她应该穿什么参加他的葬礼；出于习俗的考虑，他们都认为黑色女服是最好的，但他们也都认为她应该搭配一个白色的衣领——因为他得以善终。雅斯贝尔斯还提前为葬礼后一天举行的纪念仪式留了一封信。他口述并留下一份简短的遗嘱，表达了自己对朋友的感谢，感激他们的宽宏与支持，感谢他的父母和那些教育过他的人，感谢妻子、朋友和那些在纳粹时期之前、期间和之后和他一起生活的人。他谈及自己时使用的是过去时和第三人称，并带着他通常做公众演讲的那种缓慢的语调和标准的尊贵。

政治上的祖国的丧失把他置于一种无根的境况，他和他的妻子必须在这种情况下通过与德国和分散在世界上的心爱之人的友谊，通过共同的世界公民身份的梦想，来探究通常的人性。

在巴塞尔的欧洲传统中，在其自由之中，他作为一名客人找到了平静的庇护之地，这是给他的最后祝福。他的全部精力都用于完成那些未完成的哲学工作，在那些更多的是探寻而不是确切知道如何去完成的没有止息的工作中，他探求时代的难题：寻求一条脱离欧洲哲学的终结从而通向未来的世界哲学之路。[99]

雅斯贝尔斯的其他两个学生——一个是战后收的珍妮·赫尔施(Jeanne Hersch)，一个是他最后几年中收的他的研究助理汉斯·萨那尔(Hans Saner)——和阿伦特一起作为演讲者参加了在巴塞尔大学举行的纪念仪式。阿伦特谈到了雅斯贝尔斯的生活和写作，谈到作为一名哲学家和一名公民——他晚年通过演讲投入政治行动中——的雅斯贝尔斯。接着她谈到了生死，用她作为一个思想者惯常的立场“在过去与未来之间”。

我们不知道当一个人去世时，到底发生了什么。我们只知道他已经离开我们。我们依靠他的著作，但是我们知道这些著作并不需要我们。它们是一个死去的人留给这个世界的，世界在他来临之前就已经存在，在他去世之后将继续存在下去。那将成为它们依靠世界的方式。但是简单的事实就是，这些书曾经是鲜活的生命，这一事实并没有直接进入世界或免于被遗忘。他的言语和独特的行动是最短暂、同时也可能是最伟大的，这些伴随他而去，却又使得我们怀念他。它将我们与死者联系起来，有关死者的话题也由此产生，并又重新出现在这个世界上。我们必须学会与死者交往，为了开始这种交往，我们怀着巨大的悲痛走到了一起。[100]

“与死者交往”对汉娜·阿伦特来说实在是很难学会。她因雅斯贝尔斯的去世而悲痛了好几年。当雅斯贝尔斯在1965年重病期间,阿伦特看望了他,并在之后给玛丽·麦卡锡写了一封信:“我总是想,这可能是见他的最后一面了,虽然我对此很怀疑,但这是我第一次如此持续地产生了这种想法。同时在那里也比以往有一种更强烈的在家的感觉。好像死亡让一切事情都更简单:还有什么顾虑,是值得的?”[101]保罗·蒂利希在那年去世,这让阿伦特很担心雅斯贝尔斯和海德格尔。雅斯贝尔斯察觉到阿伦特的忧虑,不断安慰她,尽管他信中坦直而详细地描述了自己日益恶化的健康状况,他认为自己情况的不确定性不能不提。1966年,雅斯贝尔斯在注意到阿伦特“有一种不同于以往的焦虑的告别情绪”后写信给她,让她放心。他告诉阿伦特,自己多么盼望在来年看到她,如果可能的话还有布吕赫,最后加了一句:“我们常常说再会,永无再会了。”为了不让阿伦特忧虑,雅斯贝尔斯将妻子对他们状况的想法寄给了她:“我们曾希望白头偕老,现在我们必须忍受它。”另外,他经常对阿伦特的许多活动表示支持并鼓励她,1968年他颤抖着手用父亲的口吻写道:“你有时间的时候,记得将新的报告寄给我们。”[102]

直到1967年,雅斯贝尔斯还在写作——躺在沙发上,通常是通过口述——并回答对他最后一本书的批评,这本书是用英文出版的,名为《德国的未来》,汉娜·阿伦特为它写了序言。[103]这本书是他告别政治并希望能够回到自己另一个故园——哲学的一本书。但是这要求汉娜·阿伦特将他从一个愿望中解脱出来,这本书有一部分是关于《艾希曼在耶路撒冷》的,他感觉已经力不从心。阿伦特当然同意,雅斯贝尔斯对她感谢说:“我不仅摆脱了一本书(那只是表面的,虽然是一个非常重要的结果)也摆脱了囚禁,最重要的是摆脱了政治及其传统。现在我处于自由空气之中,我可以回到作为我的反题的哲学,因此我状态很好。”[104]

雅斯贝尔斯去世的时候,汉娜·阿伦特试图重新获得哲学的“自由空气”——心灵生活,但是政治将她紧紧束缚住了。她完成《论革命》的写作后,便开始将其翻译为德文《权力与暴力》(*Macht und Gewalt*)。她的文章在《纽约书评》上发表后,罗伯特·施利弗写了封信询问她有关问题,这些必须回复。纽约大学的哲学家拉吉尔·亚贝尔逊(Raziel Abelson)也对她提出了质疑:“阿伦特小姐从来没有明确支持或反对什么事情。她好像只支持智识的清晰。”亚贝尔逊教授最后猜想她肯定曾用权威界定权力来“讴歌创制”,而这实际上是阿伦特极力想详细区分的两个概念。[105]阿伦特努力去理清亚贝尔逊教授的误读,最后无助地发现他根本不相信应该在其间作出区分。汉斯·摩根索在读完这些论争之后,给阿伦特写了一封表示同情的信:“我读了你对那些批评家的回应后,感觉你太不值了。那些推测你写作时肯定支持一个立场的人太傻啊!我们都是学术中的巷战者:我们或支持或反对此事或彼事。所以如果我们不明确我们站在衔垒哪一边,我们就已经输了。”[106]

阿伦特知道在“黑暗时代”里“仅仅”澄明的价值。雅斯贝尔斯是他那一代人和阿伦特生活的伟大的澄明者。当阿伦特想说服爱德华·利瓦伊(Edward Levi)支持巴塞尔大学提出的推荐雅斯贝尔斯为诺贝尔和平奖候选人的建议时,她向他描述了自己非常怀念的雅斯贝尔斯:

> 雅斯贝尔斯在很多方面都是一个独一无二的人;他是当前欧洲唯一一个不受任何特殊的党派或立场左右而谈论政治问题的人。他的政治观点是其哲学的自然结果,并且,这些观点都是围绕着自由和理性展开的。这也是他哲学思考的两个核心。授予他诺贝尔和平奖将会有双重意义:它意味着承认哲学对政治的重要意义,同时也意味着将和平奖颁给一个反对20世纪和19世纪晚期德国的德国人。雅斯贝尔斯很忧虑联邦共和国的发展……这种姿态几乎必定会迫使人们注意他关于德国政治形势所说的东西,这与一般的公众明显地不同,它彰显着他的伟大。[107]

道德和政治行动

对卡尔·雅斯贝尔斯来说,汉娜·阿伦特是他作为一个教授的职业生活的确认。阿伦特自己作为老师与雅斯贝尔斯非常不一样,因为她不像雅斯贝尔斯那样主要是一个老师。另外，她的学生都是美国人，文化上的差异造成的距离是她与雅斯贝尔斯因年龄差异而带来的距离的两倍还要多。但在20世纪60年代后期，当她和她的学生都很忧虑地看着美国的政治局势时，她让自己更私人化地融入“年轻人”中。欧洲人的超然态度消失了，而这以往只有当学生成为同事之后才会被克服。她为那些在新学院挑选出来予以特别关心的学生和芝加哥大学的学生将家里布置得更加亲切。雅斯贝尔斯去世的时候，她也没有在年轻人面前掩饰自己的悲恸；她给学生讲她老师的事情，鼓励一个博士生以雅斯贝尔斯的著作为研究对象，并在她深刻而艰深的讲座中引用雅斯贝尔斯的观点。

阿伦特对那些向她征求意见的人介绍了自己关于雅斯贝尔斯独立思想的看法。但是她也高深莫测。她的一个学生告诉她一个组织逃兵役者和美国军队逃亡者偷渡出美国去往加拿大或瑞典的网络，并解释说参加这个网络就意味着逃课。阿伦特第一个反应是用非常典型的犹太祖母的语气说：“但是你会被逮捕的！并且上帝呀，我不想读到你的狱中回忆录。”接着她平静下来，低声问了许多关于这个组织的问题，最后明显洋洋得意地说：“也许你在我课上学到了一些知识，它能帮助你写一部好的狱中回忆录。”

她对学生的鼓励非常慷慨，对学生的批评也很适度，如果比较尖刻的话，那她肯定是认为那个学生如不能接受就不该继续受她教导了。一次，她快速而仔细地阅读一个博士生几近完成的论文底稿，她给出了自己可怕的意见：“好吧，亲爱的，如果这是正确的话，那它就将是革命性的，但我担心它是错误的。”她对学生们的政治行动的评论就更加尖刻：“行动不像读书；你不能独自完成，但当你和别人一起行动的时候，那就意味着将所有的理论都搁置一边，睁大眼睛。”对那些在学术或政治上不上路的人，她就用康德在无知和愚蠢之间作的区分来说事：“对待愚蠢，没有任何办法。”阿伦特身上的家长式关心与不讲人情的风格并存，时常会使她的学生茫然，这也是无比的学术自信和紧张的混杂——她有时在公众场合甚至在教室里都会怯场。很难理解她的脆弱和羞怯，这部分是因为她对别人的缺点没有耐心;当她面对危险或自己不能也不愿理解的紧张时,她就会突然撤退。

阿伦特一直都很忧虑在公众场合露面,但是在越战期间当被叫去参加讨论时,她则很快地表示同意。惊恐于法律和命令的强力——特别是副总统斯皮罗·阿格纽(Spiro Agnew)——对越战抗议者和议会的宪法权利进行的口头上的攻击,"观念剧场"筹划了一个关于"第一修正案和对抗的政治"的会议。阿伦特加入了司法部长拉姆齐·克拉克(Ramsey Clark)和若·杨(Ron Young)——此人1969年11月15日在华盛顿组织过"反对死亡游行"——晚上的讨论小组。在那之前,她刚结束在芝加哥为期两周的演讲,在间歇期间,她"非常慵懒,阅读柏罗丁(Plotinus)和谢林等"——她告诉玛丽·麦卡锡说。[108]这次休息让她比以往都更加放松,但布吕赫的健康再次让她担心,这次是因为静脉炎。

她在"观念剧场"的讨论中非常活跃,通常留给学生的才智现在展现在了听众面前。如·杨坚持认为是人民集会的权利而不是宪法使得11月的和平游行成行,她对杨说:

> 你完全是对的。没有人民去执行它,整个大厦就将崩溃了。但如果没有宪法第一修正案,政府就会很简单也很轻易地阻止整个事情。宪法上的那几行字站在我们和暴政之间。……总而言之,在我看来你似乎低估了以奇幻方式出现的局势的严重性。我关心的是你的幻想。我关心的是,你确实不知道你必须尽快将此事紧紧地与第一修正案联系在一起。将它不断地告诉给政府和人民,一遍又一遍。你能多次大叫狼来了,却在它真从角落里跑过来的时候对之视而不见?[109]

听众听到这句话都笑了,但杨主张说,捍卫第一修正案最好的方式就是"与越战进行有力而危险的斗争。"阿伦特继续说:"但是你进行斗争的权利是由第一修正案保证的。没有它,你就必须依赖政府的良好意愿。如果我是你,我不会这么做。我更想有法律的支持。"若·杨并不是孤军奋战,为《壁垒》和其他杂志撰稿的年轻人琼·西蒙(Joan Simon)问道:"如果你能谋杀的话，如同他们在梅莱做的那样，自由言论又意味着什么呢？”

汉娜·阿伦特认为，那些极度痛苦的年轻人提倡的“对抗的政治”完全是幻想。她提出马丁·路德·金的行动曾“使美国人民共同面对宪法、法律和实际的法令以及南部州的法律和实践之间的鸿沟和矛盾。……那才是真正的对抗。也有效。”她认为，这种对抗完全不同于公民不服从，因为不服从是基于“根据自己的良心作决定”而产生的。阿伦特在“观念剧场”道出了两者的区别，而在进一步思考之后，她认为自己错了。

阿伦特在“观念剧场”的讨论和她 1970 年 5 月 1 日在纽约大学参加的一次会议，均推动她进一步思考有关问题。那个会议的主题是“法律死亡了吗？”，主题非常阴郁，但是阿伦特从会议推荐的题目中选择的话题并不阴郁；她的话题是“契约社会中公民道德与法律的联系”。

1970 年夏，阿伦特将她的发言稿修改成文，并命名为《公民不服从》。[110] 她在文章中主张，在公民的不服从与严正地反对之间是有区别的。两者都牵扯个人抉择，但是只有不服从的公民——而不是严正的反对者——仍依赖于别人作出的抉择；不服从的公民是共同认同一个观点的团体中的一员。

考虑到实践，这种对“好人”与“好公民”、道德态度与政治联系所作的理论上的区分，对阿伦特来说非常重要，因为她知道，抗议行动必须由集体行动才能实现，也因为她认为共和国容许公民不服从的能力与“美国法律的精神”一致。与她在“观念剧场”引用的例子不同，公民权利运动和反越战示威瞄准的是联邦宪法，而不是针对各州的法律和实践，比如说，战争的合宪性就成了一个问题。阿伦特承认不可能期望任何法律体系将对法律的侵犯正当化，但是她认为“政治路径”能“在我们政府的机构框架中厘清公民不服从”的难题。她比较了公民不服从与自愿联合在一起的成员整体，指出压力集团和特殊利益的游说者被认为是和“公民不服从的少数群体”相同的。阿伦特意识到第一修正案“既没有在言辞中，也没有在精神上包含在这个国家中践行着的结社的权利，”所以她建议：“如果有什么事情迫切地需要新的宪法修正案，值得费一切心事去做，当然就是这一点。”

汉娜·阿伦特上一次建议要增加宪法修正案是在1949年，她提议要增补一条修正案，以保证公民国籍和身份不被剥夺，但这次她没有详细说明保证"结社权利"的修正案该以什么样的形式出现。她并非没有意识到基于共同的利益联结起来的团体比由政治信念联合起来的团体具有更多潜在的危险性，但是她的目的是保证所有的社团都能被接受为游说团体。"事实是压力集团仍然是自愿的联合组织，它们在华盛顿获得认可，在那里它们的影响力巨大，甚至可以称作'协助政府。'……这种公共的认可不是件小事情，因为在宪法中看不出这种'协助'的迹象，并且也不是第一修正案中的结社自由已经成为某种形式的政治行动了。"宪法对结社无区分地批准使得利益团体对政府的"协助"更加麻烦，但在原则上，阿伦特努力"将被认为是不正义或无效的法律带进法庭或带到公众意见栏前"，为利益集团创造一个空间以尊重"美国法律的精神"。最高法院不能借助任何政治问题教条，来拒绝审查立法机关和行政机关的行为，她主张，"在我们的政治制度内部确认政治不服从，是应对这种司法审查最终失败的最有可能的方法"。

当阿伦特在"法律死亡了吗?"的会议上提出自己的建议时，大家并没有接受。会议的召集人尤金·V.罗斯托(Eugene V.Rostow)坦率地说："为实现政治目的而采用非法手段，不能得到合法性证明。"哥伦比亚大学的罗伯特·保罗·瓦尔夫(Robert Paul Wolff)并不关心公民不服从有关的制度；他为无政府主义辩护说"没有人，甚至没有一个真正民主政体下的公民有义务去遵守法律。"罗纳德·德沃金(Ronald Dworkin)认为政府的政策与"法律的精神"无涉，这个观点大多时间都没有被重视，只是在一个时刻变得相当重要。这一时刻对阿伦特的观点而言还不成熟。"副总统阿格纽将公民和非公民的不服从混在一起是错误的，"布林茅尔学院的哈里斯·沃福德(Harris Wofford)说，"他正在危险地使我们的政治分裂。"这种分裂在会议上表现得尤为明显。《纽约时报》记下了尤金·罗斯托的观点："罗斯托先生在指出'大众歇斯底里的示威'可能在这个周末的耶鲁进行后说：'可能我们都太狂热、太入世了，已不能很好地分析看待个人自由了。'"[111]

那个周末，耶鲁大学没有发生大众的歇斯底里。即将进行的对黑豹组织领导人博比·西尔(Bobby Seale)的审判召集的会议也很平静。阿伦特被会议所鼓舞,但是对会议的氛围很气馁。讨论非常平静,但是情绪非常不好。“法律可能没有死,”一个听众提出,“但它确实是休眠了。”

在小事情上,法律没有死亡。比如,当阿伦特用法律来威胁会议的发起者——纽约的律师协会不要发表她的演讲时,她发现法律还在起作用。她没有诉诸专业律师就达到了自己的目的,然后便去平静安宁的瑞士,在那里她对《公民不服从》进行了修改和扩充。[112]

她在文章中对道德抉择和政治行动所作的详细阐述得到来自台格纳(Tegna)读者的另一个评论。台格纳在洛迦诺之上,阿伦特在那里从卡萨·巴贝特(Casa Barbete)望去,看到阿尔卑斯山的草地,感觉更加接近“哲学的自由空气”。她在那个夏天写了《思想与道德考量》一文,这是一篇对个人道德抉择和如何抉择的深入反思。她思考了公民的不服从以及对抗法律的政治行动,并将它与“不只是非政治的良心的建议”区分开来,后者“往往以纯个人的陈述来表达。当苏格拉底说‘忍受错事比干错事要好’时,他的意思是说这对他个人来说更好。……与之相反,政治上的关键是已经做了错事;作为结果谁——做错事者还是被冤枉者——感受更好一点与法律无关。”[113] 1970 年夏天,阿伦特给了苏格拉底和关于良心的主观陈述应得的评析。她迈出了《心灵生活》写作的第一步,她的这篇文章也收录在《思考》卷中。

布吕赫

那年夏天,汉娜·阿伦特心情非常愉快。布吕赫虽然经常容易疲惫,一个耳朵有些聋,对自己的健康不无担心,但身体状况整体还不错。玛丽·麦卡锡和安妮·威尔也来拜访了她。他们都沉醉于小公寓的安静和如画的小镇惬意的午餐与静谧的街道。布吕赫夫妇有时去洛迦诺拜访罗伯特·吉尔伯特,乘坐一辆小火车去到山腰,阿伦特戏称那小火车是“叮叮—当当”。阿伦特喜欢“长时间与很多书在一起,不用教学,没有需求,没有家务。最好有一点无聊,少许的无聊是非常好的”。[114]

但是教学、各种需求和家务在9月又重新开始了。阿伦特做了一个《康德的判断力批判》的讲座和研讨班，这是为了她进一步思考已经在《思考与道德考量》一文中写到的主题。阿伦特将康德“利害无涉”(disinterestedness)或“不偏不倚”(impartiality)和“扩大的见地”(enlarged mentality)的概念添加到将思考视作一种“我与自身的对话”的柏拉图式描述之中。她在寻找一条能将道德和政治、“好人”与“好公民”、“思考与道德考量”主题与“公民的不服从”重新组合的路径。

10月30日，星期五，阿伦特在新学院举办的“现象学和存在主义哲学”学会会议上宣读了《思考与道德考量》。那天晚上，阿伦特和布吕赫在家里招待了J.格伦·格雷。布吕赫不顾当天早些时候胸口的疼痛，喝了自己储藏的烈酒，并谈论着他平时的嗜好。但是第二天午餐的时候，布吕赫突然感觉不好，几乎不能走到沙发上，心脏病又一次来袭。阿伦特惊恐地叫来了救护车。布吕赫非常镇静，握着妻子的手平静地说，“就是这样了”。

布吕赫那天晚上在锡奈山医院去世，享年71岁。阿伦特打电话把彼得·胡伯叫来给她和布吕赫在床边拍照。洛特·科勒把她送回家，在那儿她给亲密的朋友发去电报：“海因里希周六因心脏病去世。汉娜。”

布吕赫留给他的同事或学生以及那些在他年轻或老年认识他的人的印象是：好辩、充满激情，站在理性边缘甚至超越理性坚持某个观念。布吕赫去世后，朋友的吊唁信不断送到阿伦特手中，如阿伦特说的，来自过去的各个阶层的这些信并没有显示出不同的人对他不同的印象，而是不同记忆中的同一个人。布吕赫的美国朋友德怀特·麦克唐纳对他的描述非常形象，把握得非常准确：

> 他的心灵以及脾气都是一个真正的、绝望的无政府主义者。他总是在准备着回应外部的刺激(或者是或好或坏的观点)，他的回应方式是无所顾忌而全心投入的，但是，除了有时表象显现出来的无所顾忌外，他不会错离靶子。他的观点和目标令我等益加钦佩，因为他并不是如禅宗大师那样行事，而是理性地让其随意飘动，如果了解他之前

> 的经历就会知道，这其实压根儿就不是随便的。此时，他可能不是很有意识地将之前的经验都放在这一对象上——我看到的情况是，他的箭大多数情况直中靶心……我在现场目睹或参与的一些讨论中，他低沉的嗓音和伴随着灵动眼神的叫喊（当他感到自己进入了争论的角落，在那儿他看到存在性出口通过游戏规则否定他的时候，他的阐释是多么的精细！）是其对很多争论的人文责任，其结果是比海因里希更高的学术平台，或者更为遵守规则。但是如果你过后再回想起来，会发现你的想象和常识都逊他一筹。我也喜欢他和你共有的一项品质：将自己热忱地投入在一个位置上，拒绝分心。[115]

布吕赫是一个演说家而不是一个作家。他受过的教育未能让他很好地进行专业写作，他的做法和他的才智也不需要这个。一些朋友认为他有写作障碍，另一些认为他不写作是因为他遵从苏格拉底的原则；整体来看，最有可能的是他既不想写作，也不太会写作，两方面因素都影响到他。在他生命晚期，他试图写下一些箴言；如果他有时间练习的话，他做这事可能就像退休的伐木工使用锯子一样轻车熟路了。

布吕赫喜欢在小圈子里面辩论，喜欢给别人灌输行动的观念，并且喜欢密谋和秘密工作。他在进行社交活动的同时又有享受孤独的能力。汉娜·阿伦特对局外人的钦佩虽然已经很伟大，但是与布吕赫比起来还是要差些；布吕赫和他妻子一样都对独立人格表现出极大的关心。他告诉他的学生们："我们不能随性行事。我们必须看到别人眼中的自己……听任自己肯定会让我们失去自己。我们在寻找自己的过程中会迷失在迷宫之中，并被弥诺陶洛斯（Minotaur）吃掉。"[116]但当汉娜·阿伦特强调"我们在别人身上的反映"的政治维度的时候，布吕赫则强调个体的路径，由此获得真正的自我意识。阿伦特赞赏古希腊的城邦，布吕赫则赞赏城邦中的人，赞赏那些古希腊雕像中的"自由站立的人"。"对于一个人的创造力来说，形成自己的心志是基础性的。这样之后，每一个个体开始塑造自己的自由人格。"布吕赫比阿伦特更果断地断言艺术创造力是人的基本创造力，而阿伦特则认为，如艺术作品一样造就人格，这一观念乃是一个浪漫主义误解。一个自我塑造的人把自决置于其思想的中心，这一点都不让人觉得奇怪，但是，如果这种自决不是自我中心主义，那才了不起，换言之，从那个中心流出的，当是利他主义。布吕赫并不将自由站立的人看成是自我中心主义者的一种可能，他认为，只有那些实践他称之为“友谊”的人才可能成为自由站立的人。他说，有两种关切对于哲学来说是核心的：“友谊和政治”。他在1967年说：“如果它们两者如在我们这个时代这样彼此毫不相关，被完全分开，我们就必须把它们以某种形式重新整合成人类的伦理责任。……我们已经忽视了我们首要的职责：也就是关心只有在人们都成为自由人之后才会产生的人类（例如，政治的）关系。”

布吕赫思考的这种友谊是爱欲的一部分，对他来说，这友爱也是政治行动的基础；这一点他追随了亚里士多德，亚里士多德认为是philia（意为友谊，译者注）将一起行动的人联结起来。他阐述了每个人都具有的关系层级，它们就好像一系列同心圆从中心向外扩散。“用爱从内心接受人类整体；藉友谊从外在接受整个人格；依政治关系接受独立的人；将个体当作社会的一员来接受；将陌生人作为同事接受。”这些圆圈在人的生活中从最核心的对爱的经验往外衍生。他最后一个讲座是在1968年举行的，在讲座中，他多次用不提名的方式举自己和阿伦特的例子。“友谊意味着没有爱欲（eros）的爱。爱欲已被超越。它只是开端，但是它已被超越，不再有价值。真正有价值的是两个人格相互之间的观照；他们能对彼此说‘我向你保证你人格的提升，同时你也向我保证我人格的提升。’这是所有实际的共同体思考的基础，这样一个共同体只能从朋友开始，从老人与年轻人的关系中开始。”

布吕赫想让他的学生体验的，就是这种老一辈和年轻一辈友好的关系，这是为政治关系做的准备，也是为政治而进行的教育。他想把生活教给他的东西以及他认为他教给妻子的东西，教给他的学生们。“我生于1899年，”他经常带着浓重的柏林口音告诉学生，“年岁同20世纪一样。当我和你们谈论希腊的时候，我实际上讲的是20世纪。”布吕赫带着对19世纪后期以及20世纪他所看到的事情的愤恨，向学生提供了他认为他们缺少的东西——榜样。他告诉学生自由站立的希腊人和他们后来的传人。

布吕赫实际上一直都没有克服对欧洲资产者文明的憎恶之情，当然不包括德国特殊路径的那种。但是在晚年，他对中产阶级的感情的确温和了许多。这体现在他的家具风格上，体现在他喜欢的服饰上，他开始品酒赏菜，甚至穿着柏帛丽大衣在巴德学院散步，并非常喜爱这种高雅的生活。但是他仍然对他喜欢的和不喜欢的东西区分得非常严格，他的观点并不复杂："他看事情很简单，"阿伦特的朋友罗莎莉·科利说，"在他的观念和本性中都是这样。"[117]当布吕赫不赞成他的学生纵容自己沉湎于"奢侈的社会"时，他会毫不犹豫地指出。他认为资产者社会提供了很多"反哲学"的诱惑，而吸毒就是其中最坏的一个："摧毁了自己的感知，然后说你想追求真理：你疯了吗？你并不能表达自己所拥有的经验。它们不是能用人类言辞表达的，那是一些幻象……"一些人很认同这一判断，而有些人则不以为然。"我决定学习法律，"他的一个学生回忆道，"去向他征求意见。'我认为我们的社会正在发生剧变，'我说，'我认为法律在未来很长时间内不能保持稳定。接受法律训练有什么用呢？'他说：'用处就是你将是记得法律曾经是什么样的人之一。'"[118]

1970年11月4日，布吕赫过去各阶层的朋友和学生都来到河畔教堂参加他的葬礼。葬礼非常简单，大家在葬礼上交流着对布吕赫的回忆与悼念。曾帮助过布吕赫的霍兰斯·卡伦（Horace Kallen）与巴德学院的代表；布吕赫的同事、诗人特德·维斯（Ted Weiss）和厄玛·布兰德斯（Irma Brandeis）；布吕赫的两个学生；还有从巴黎赶来的玛丽·麦卡锡，都追忆了自己记忆中的布吕赫。

虽然葬礼不是按汉娜·阿伦特最初设想的那样进行的，她对葬礼还是非常满意。她曾提出让她的朋友惊讶的想法，想为丈夫举行犹太教的葬礼，并唱颂犹太教的葬辞珈底什。这是她孩童时期就有的一个想法。她回忆起父亲的去世以及母亲和祖母如何承受她们的丈夫的病疾及过世。甚至在布吕赫去世一年之后，她还是用过去的框架思考着。"有时候我梦想着去一个温泉地，我认为在我老年的时候我应该像我母亲和祖母在我这个年纪做的那样，让自己得到疗养休息。我对这非常期望，虽然我并不确知我该怎样来让自己排遣悲伤。”[119]

对阿伦特孤独的唯一疗养就是友谊了。她的伙伴们经常来到河畔公寓看望她。布吕赫去世后的那个冬天，安妮·威尔从法国赶来，呆了很长一段时间。她帮助汉娜·阿伦特维持着原有的社会活动——为她在新学院开设康德的《判断力批判》讨论课上的学生举办新年聚会。在阿伦特兼职女仆萨利·戴维斯的协助下，安妮·威尔承担了购物和做饭的任务，最重要的是，她能用她和阿伦特年轻时就使用的带有东普鲁士口音的德语进行交流。生活继续着，如安妮·威尔所言，“汉娜只是把一只脚放在另一只脚前面。”但也有摔倒的时候。

一天晚上，安妮·威尔从商店回来，用布吕赫的钥匙开了门。这时正在起居室与一个学生交谈的汉娜·阿伦特听到熟悉的声音，就习惯地说——“海因里希，把你的套鞋脱在门边。”当安妮·威尔走进起居室的时候，阿伦特叹着气坐回她的椅子，一句话也没说。

她很少谈及自己的感受。但是她曾在参加完巴德学院11月为布吕赫举行的葬礼回家之后告诉过玛丽·麦卡锡，在不必担心，丈夫的日子里，她是怎样过活的。

> 事实上，我完全被掏空，如果你能理解那种深层的心劳。我并不劳累或者说并没有非常劳累，只是被掏空了。我现在已经好多了，但是我知道哪怕是最小的灾祸都能使我失衡。我不相信十年来我一直害怕的这不期而至的死亡果真发生了。这种害怕经常让我陷入惊慌。而这害怕与惊慌所在处现在纯然空虚。有时候我想，如果没有我这种内在的负重，我将不能前行。真的，我感觉到自己漂浮了起来。我如果想到过去的两个月，立马就会眩晕。我现在坐在海因里希的房间中，用着他的打字机。这能给我一些东西，让我有所依靠。奇异的是，我在任何时候都能控制住自己。[120]

她控制着自己的情绪，完成了那个学期的教学。她带着疲倦与紧张的情绪用她自己对康德和马克思对法国大革命态度的反思结束了学期的课程。她在最后一节课中用讽刺的口气说："马克思从不允许无法预知的事情发生。"

汉娜·阿伦特在1971年2月受之前在芝加哥的一个学生克里索斯托·金教父（Father Chrysostom Kim）之邀，在圣约翰修道院呆了两个星期。安宁的装饰和深冬让阿伦特冷静下来；而来年春天与玛丽·麦卡锡和詹姆斯·维斯特一起去西西里几个星期的旅行计划，也使她有所期盼。阿伦特完成了《思考与道德考量》的最后修改，准备发表在《社会研究》上。她把这篇文章献给了W.H.奥登。她还让金神父给他发出一个邀请以来年相聚。这是阿伦特拒绝奥登求婚后为安慰他所做的众多事情中的两件。

布吕赫去世后还不到一个月，奥登来到阿伦特的寓所向她求婚，提出他们两个单身的人能彼此照顾。他曾经常与阿伦特和布吕赫在下午聚谈，并经常同进晚餐，但是他对阿伦特来说并不是密友，阿伦特也不了解他在外面的生活。阿伦特只去过他的东部村庄公寓一次，那是T.S.艾略特和奥登的年轻朋友一起参加的一个晚餐聚会。那个晚上非常混乱，特别是奥登只有一个咖啡勺，然后大家围坐在桌子旁边轮流使用一个勺子。阿伦特曾经像妈妈一样照料过他——有一次带他去萨克斯百货，强迫他买了一套二手西服——但是她肯定不愿意经常这么做的。

她被奥登的求婚和他的处境震住了。他被守门人带进公寓的时候"看起来非常像是一个流浪汉"。他说"他回到纽约就是为了我"，她告诉玛丽·麦卡锡说，"还有我对他很重要，他非常爱我之类……我必须拒绝他……我在想这件事情的时候几乎发狂……我憎恨且害怕同情，总是避之甚远，我想我从没认识任何一个人能唤起我的同情达到此种地步。"[121]

三年之后，在布吕赫去世三周年之前的一个月，阿伦特参加了在圣·约翰大教堂举行的W.H.奥登的葬礼。奥登于1973年9月28日在他位于奥地利的夏季寓所中去世。在葬礼上，阿伦特拿出铅笔写下了两行她想起来的奥登的诗，给她自己，也给奥登：

在痛苦的凝视之中

为人类的失败而歌唱。

注释

1. Philip Nobile, "A Review of the New York Review of Books," *Esquire*, April 1972, p.121.

2. Arendt to Jaspers, 1 Dec. 1963, Marbach.

3. Arendt to McCarthy, 7 Oct. 1967(in McCarthy's possession).布吕赫最初并不反对美国对越南的干涉,直到1965年他才肯在反战请愿书上签字。

4. Arendt to Jaspers, undated, ca. April 1965, and Jaspers to Arendt, 28 May 1965, Marbach.

5. Arendt to Woolf and Bagguley, 14 Sep. 1966, Library of Congress.

6. Augstein's editiorial, "Die Moral des Schreckens," appeared in *Der Spiegel*, 12 Sep. 1966, p.18; Arendt's letter appeared 17 Oct. 1966, pp.12—13.

7. Hannah Arendt, "Home to Roost," *New York Review of Books*, 26 June 1975, p.5.

8. Arendt(in a postscript) to Jaspers, 29 Dec. 1963, Marbach.

9. Jaspers, The Future of Germany, trans. E.B.Ashton(Chicago: University of Chicago Press, 1967), p.144.

10. Hannah Arendt, untitled, *New York Review of Books*, 26 Dec. 1963, p.10.

11. Arendt to Jaspers, 24 Nov. 1963, Marbach.

12. As reported in Arendt to Jaspers, 5 Feb. 1961, Marbach.

13. 这一与下面关于总统提名大会的评论来自阿伦特的"Reflections on the National Conventions, 1960," with addenda, broadcast over Station KPFA, Berkley, California, on 28, September, 1960,国会图书馆的副本,同时来自阿伦特给洛瓦德的信,关于广播报道的具体阐述,1960年9月28日,国会图书馆。

14. Arendt to Jaspers, 22 Aug. 1960, Marbach,她对洛克菲勒印象很好,但是她会投票支持肯尼迪。

15. 汉娜·阿伦特,*On Revolution*, rev. 2d ed.(New York: Viking Press, 1965),

p.8.后面都是指这一版,此后均引自 *On Revolution*。

16. Arendt, *On Revolution*, p.219.

17. Hannah Arendt, "The Cold War and the West," *Partisan Review*, Winter 1962, p.19.

18. Arendt to Jaspers, 29 Oct. 1962, Marbach.

19. Macdonald to Arendt, 22 Oct 1960, Library of Congress.

20. Noted in *Facts on File* for 10—16 February 1966, p.55. Report on the letter of protest, *Facts on File*, 30 December 1965-5 January 1966, "Soviet Union".

21. Arendt to Valerio, Radio Liberty Committee, 14 Oct. 1975, Library of Congress.

22. 希腊圈子在"Talk of the Town"(*New Yorker*, 22, December, 1975, p.21.)当中有所描述。

23. Arendt to Johann, General Secretary, German Academy, 6 July 1967, Library of Congress.

24. Hannah Arendt, "On Humanity in Dark Times: Thoughts about Lessing," in *Men In Dark Times*, p.3.

25. 阿伦特给伯尔曼的信,*Kenyon Review*, 15 October 1964, Library of Congress。阿伦特有一个工作准则,但她打破过几次,令她后悔:她拒绝访谈。在一次让步后,那次采访被写成一篇文章,在这篇文章中她被误解。(Phillip Nobile, "*A Review of the New York Review of Books*" Esquire, April 1972),她写信给丹尼斯·朗(5, April, 1972, Library of Congress)说:"事实是如果你碰巧是个'公众人物',你就是一个法外之人……你将受到各种诽谤或误解……如果他告诉我他为《绅士》写作,我是不会让这家伙进我房间的。"

26. Jaspers to Arendt, 25 Oct. 1963, Marbach.

27. 阿伦特的 *Herald Tribune* 这篇文章收在 Eric Bentley 编的 *The Storm Over "The Deputy"*(New York: Grove Press, 1964), p.94。

28. 红衣主教的叙述在 Bentley, *The Storm Over "The Deputy*," p.37。

29. Arendt to J.Maguire, University of Colorado student, 30 Oct. 1964, Library of Congress.

30. Arendt to Renate Rubinstein(her Dutch translator for *Eichmann in Jerusalem*), 24 Jan. 1966, Library of Congress.

31. Arendt's article in Bentley, *Storm Over "The Deputy,"* p.100.

32. Karl Jaspers, "*On the Deputy*" in Bentley, *Storm Over "The Deputy,"* p.100.

33. Arendt to Jaspers, 7 Jan. 1963, Marbach.

34. 阿伦特给肖恩的信,1965 年 4 月 14 日,国会图书馆。阿伦特有点夸张:她这篇文章的大部分来自她论布莱希特的片断(她是为 *Kenyon Review* 而写的,Spring 1948, pp.304—12.)。下面的引用来自阿伦特的"Bertolt Brecht", *in Men in Dark Times*。

35. Erich Heller, "Hannah Arendt as a Critic of Literature," *Social Research*, Spring 1977, pp.147—59.

36. 阿伦特与胡克之间的交流信件刊登在 Merkur, 23/259(1969):1082—84。胡克在《遭遇》(March 1970, p.93)再次声明他的情况。

37. John Willett, "The Story of Brecht's Odes to Stalin," *Times Literary Supplement*, 26 March 1970.

38. *New York Times*(28, March, 1970)上的两则报道。阿伦特给其中一个记者——亨利·瑞莫特写了信。1970 年 3 月 30 日,国会图书馆。她作了进一步修正及论述。

39. Heller, "Arendt as a Critic", p.154.

40. Arendt to Jaspers, 26 Mar. 1966, Marbach.

41. *New York Times*, 7, February, 1965, p.20. *Le Nouvel Observateur* 节选出版了阿伦特的《艾希曼在耶路撒冷》(1966 年 10 月 5 日和 12 日)以及出版了阿伦特给编者的信(1966 年 10 月 26 日)。

42. Arendt to Silvers of the *New York Review of Books*, 14 Dec. 1969, Library of Congress.

43. 上面所有引文都来自阿伦特在她对彼得·奈特尔著作[*Rosa Luxemburg* (Oxford University Press, 1966)]做的旁注,此书现在在巴德学院图书馆。

44. Arendt to Silvers, undated, ca. Aug. 1966, Library of Congress.

45. 这一与下面的引用来自阿伦特的"Rosa Luxemburg, in *Men in Dark Times*,

pp.33—56。

46. Hannah Arendt, "Lying in Politics: Reflections on the Pentagon Papers," *Crises of the Republic*(New York: Harcourt Brace Jovanovich, 1972), p.41.

47. Hannah Arendt, "Thoughts on Politics and Revolutions", *Crises of the Republic*, p.173.

48. Arendt, *On Revolution*, p.60.

49. Hans Kohn, "The Search for Freedom Is Not Enough," *New York Review of Books*, 14 April 1963.

50. Arendt to Jacobson, 13 Nov. 1964, Library of Congress.

51. E.J.Hobsbawm, untitled review, *History and Theory* 4/2(1965):pp.42—43.

52. George Steiner, "Lafayette, Where Are We?" *Reporter*, 9 May 1963, pp.42—3.

53. Bernard Crick, "Revolution vs. Freedom," *London Observer*, 23 Feb. 1964.

54. Merle Fainsod, "For Spaces of Freedom," *American Scholar*, Spring 1963, pp.316—17; Arendt, *On Revolution*, p.37.

55. Jaspers to Arendt, 5 May 1963, Marbach.

56. Blucher to Arendt, 3 April 1963, Library of Congress.

57. Harrington, untitled review, *Voice Books*, 9 May 1963, p.11.

58. Arendt, *On Violence*, p.43.

59. See Chalmers Johnson, *Revolutionary Change*(Boston: Little, Brown, 1966) and C.Wright Mills, *The Power Elite*(New York: Oxford University Press, 1956).

60. 阿伦特1970年3月13日给马克·可甘(Marc Cogan)的信,国会图书馆。1968年2月19日阿伦特写给同一个学生的信,国会图书馆:"[你接受]陈旧的,老掉牙的激情与理性的对立。但是这样说你有些不公平,因为理性深植于盎格鲁—撒克逊传统以及你被教的事物之中。"

61. Herbert Spiro, "Totalitarianism," *International Encyclopedia of the Social Sciences*, vol.16(New York: Macmillan Co., 1968.)

62. H.Stuart Hughes, "Historical Sources of Totalitarianism," *Nation*, 24 March 1951, p.281.

63. Hannah Arendt, "Totalitarian Terror," *Review of Politics*, Jan. 1949, p.112.

64. H. Stuart Hughes, *The Sea Change: The Migration of Social Thought, 1930—1965*(New York: McGraw-Hill Paperbacks, 1977), p.123.

65. Arendt, *Origins*, p.xxxi.

66. Hughes, *Sea Change*, p.120.

67. Robert Burrowes, "Totalitarianism: The Revised Standard Version," *World Politics*, January 1969, p.276.

68. Les K. Adler and Thomas G. Paterson, "Red Fascism: The Merger of Nazi Germany and Soviet Russia in the American Image of Totalitarianism, 1930s—1950s," *American Historical Review*, April 1970, p.1049.

69. 下面的引用来自 Carl J. Friedrich, Michael Curtius,以及 Benjamin Barber, *Totalitarianism in Perspective: Three Views*(New York: Praeger Pubilshers, 1969).

70. 对战后极权主义研究批评的考察,见 Elisabeth Young-Bruehl, "The Use and Abuse of 'Totalitarianism'"。

71. Arendt to Jaspers, 13 April 1967, Marbach.

72. Hannah Arendt, "Comments," in Richard Pipes, ed., *Revolutionary Russia* (Cambridge: Harvard University Press, 1968), p.245.

73. Arendt, *On Revolution*, p.51.

74. From the minutes for the Columbia University Seminar on Stalinism, typescript(Columbia University, New York City, April 1972) in Library of Congress.

75. Arendt to Cohn-Bendit, 27 June 1968, Library of Congress.

76. Arendt, *On Violence*, pp.49—50.

77. 来自观念剧场一些讨论的手稿见于亚历山大・克莱因编的 *Dissent, Power, and Confrontation*(New York: McGraw-Hill, 1971);这一引用,p.99。

78. Ibid., p.123, and report in *New York Times*, 17 Dec. 1967, p.16.

79. 同上书,p.131,这一以及下面的引用。(海顿被称为"听众中的人",虽然他的身份在时代杂志的报道中被确认。)

80. Arendt, *On Violence*, p.79.

81. Arendt, *Eichmann*, p.132.

82. Arendt, *On Violence*, p.23.

83. Arendt, “Truth and Politics,” in *Between Past and Future*, p.261.

84. 见阿伦特,“Thoughts on Politics and Revolution,” in *Crises of the Republic*, p.170。当1970年新学院的研究生院被学生占领的时候,阿伦特坚决反对警察来维持秩序。阿伦特对其中一个支持警察“打击”学生的同事说:“你忘记了,他们不是罪犯,他们是我们的孩子。”

85. Arendt, *On Violence*, pp.18—19.

86. Ibid., p.96.

87. Arendt to McCarthy, 21 Dec. 1968(in McCarthy's possession).

88. Hiram Haydn, *Words and Faces* (New York: Harcourt Brace Jovanovich, 1974), p.19.

89. Arendt to Shirley Broughton, organizer of the Theatre for Ideas, 10 July 1969, Library of Congress.

90. Arendt to McCarthy, 9 Feb. 1968(in McCarthy's possession).

91. Klein, *Dissent, Power, and Confrountation*, pp.33ff. and New York Times, 9 Oct, 1968.

92. Arendt to McCarthy, 21 Dec. 1968(in McCarthy's possession).

93. Arendt to McCarthy, 9 Feb. 1968(in McCarthy's possession).

94. Cited in J.Glenn Gray to Arendt, 7 Oct. 1975, Library of Congress.

95. Arendt to McCarthy, 9 Feb. 1968(in McCarthy's possession).

96. *New York Times*, 25 May 1969.

97. Arendt to McCarthy, 17 Oct. 1969(in McCarthy's possession).

98. Hans Saner, *Karl Jaspers in Selbstzeugnissen und Bilddokumenten* (Hamburg: Rowolt, 1970), p.67.

99. *Gedenkfeier fur Karl Jaspers*, Basler Universitatsreden, vol. 60 (Basel: Helbing & Lichtenhahn, 1969), p.4.

100. Ibid., p.20.

101. Arendt to McCarthy, 20 Oct. 1965(in McCarthy's possession).

102. Jaspers to Arendt, 11 Oct. 1966 and 17 June 1965, Marbach.

103. Karl Jaspers, *Wohin treibt die Bundesrepublik*? (Munich: Piper, 1966) and *Antwort. Zur Kritik meiner schrift "Wohin treibt die Bundesrepublik"* (Munich: Piper, 1967).

104. Jaspers to Arendt, 11 Oct. 1968, Marbach.

105. Letters about "Reflection on Violence," *New York Review of Books*, 19 June 1969, p.38.

106. Morgenthau to Arendt, 5 June 1969, Library of Congress.

107. Arendt to Levi, 2 May 1966, Library of Congress.

108. Arendt to McCarthy, 4 Feb. 1970(in McCarthy's possession).

109. 这一个和下面的引用来自克莱因编,*Dissent, Power, and Confrontation*, pp.17—20。

110. 阿伦特的"Civil Disobedience"发表在 *New Yorker*(12 September 1970)上面,随后收在 *Crises of the Republic*。下面的引用取自后者,pp.43—82。

111. 这一报告是基于 *New York Times*, 1, May, 1970, p.37。

112. Arendt to McCarthy, 30 June 1970(in McCarthy's possession).

113. Hannah Arendt, "Thinking and Moral Considerations," *Social Research*, Fall 1971, p.440. And see "Civil Disobedience," in *Crises of the Republic*, p.51.

114. Arendt to McCarthy, 2 Nov. 1970(in McCarthy's possession).

115. Macdonald to Arendt, 18 Nov 1970(Xerox copy in Mary McCarthy's possession).

116. 贯穿于这一部分的这一和下面对布吕赫的引用来自于他的讲课笔记,见巴德学院图书馆。

117. Colie to Arendt, undated, ca. Nov. 1970, Library of Congress.

118. Martin Self to the Reverend Kline of Bard College, 14 Dec. 1970, copy in the Library of Congress.

119. Arendt to Johannes Zilkens, 23 Oct. 1971, Library of Congress.

120. Arendt to McCarthy, 22 Nov. 1970(in McCarthy's possession).

121. Ibid.

第十章 “不再”与“尚未”：心灵生活(1970—1975)

我们每个人都思考、理解人必然会是什么；我们梦想着，迷醉于，他们偶然而无法理解地是什么。

兰德尔·雅热尔：《学院即景》

哲学的慰藉

从海因里希·布吕赫亡故到阿伦特辞世的五年间，汉娜·阿伦特从未丧失对政治领域的巨大热情。布吕赫去世后的那个夏天，阿伦特撰写了关于五角大楼的长篇分析《政治中的谎言》；她生命中的最后一个夏天，她密切关注着发生在葡萄牙的革命，这种关注的强烈程度并不亚于她在20年前对匈牙利革命的关注。但是，较之从前，她的心境已有所不同：她渴望和平与安宁。她经常引用在海因里希·布吕赫纪念典礼上说得非常适当的话：“我们必须出发了，我走向死亡，你继续生活，但是哪一种更好，只有上帝才知道”，这是苏格拉底在《申辩篇》里告别的忧郁文字。汉娜·阿伦特的孤独对于熟悉她的人来说是显而易见的。当阿伦特的朋友们在布吕赫亡故的日子里在她的公寓里聚会时，阿伦特问“部落”里的朋友：“我现在该怎么活呢？”

那个夜晚，她没有得到任何答案，但是不久之后，她在西方传统的一角找到了答案，这比波爱修斯所写的《哲学的慰藉》还要早几百年。阿伦特并不愿意用斯多葛派的方式来思考这个世界，也不愿意用一种自身与世界相脱离的方式来看待自己；她并没有要求哲学"弥补政治的失落，更广泛地说，弥补生活的衰颓"，如她在《心灵生活》中描述的波爱修斯的需求那样。但和卡尔·雅斯贝尔斯一样，她渴望哲学的"自由空气"。"在过去的一个月里，我经常想象着自己像空中的一片树叶那样自由。一直以来，我也想：不要做任何事情来破坏这种状态，就让它这样吧，不要让任何'武断意志'干涉它。"[1]

在海因里希·布吕赫去世六个月之后，汉娜·阿伦特向玛丽·麦卡锡描述了自己孤独的自由。但是她对她的隐喻进行了更深的思考，并收回自己的话，她坐在河沿公寓中，拒绝放弃，因为布吕赫的缺席"就在那里，充满了每一时刻和每一角落"：

> 当然这只对了一半。因为另一方面是过去的所有重量。这就是荷尔德林在优美的诗句中说的：
>
> 你的肩上
>
> 许多记忆的负担
>
> 要承受和保持。

当她写下这些思考的时候，阿伦特就处在她惯常的位置上——过去与未来之间、记忆与前面的未知之间。但是，她因一个人的丧失比以往任何时候都要忧虑，也比以往任何时候都更少地倾向于窥视未来。出于自己的感觉，她找到了"思考"这一概念来涵盖过去，并在其中找到一个意味深长的故事，同时找到的还有免于独断的"意志"这一概念。

当她开始写《心灵生活》的"意志"部分时，汉娜·阿伦特想在众多文献中寻找一个将意志构想为非独断、非指挥式能力的典范。她在邓·司各脱(Dun Scotus)的著作里找到了她在寻找的东西："今天下午我参加了一个关于邓·司各脱的研讨会，我很尊重这位先生，我完全被吓住了。所以，我不再备课或只是害怕(到目前为止最好的准备),我坐到打字机前。”[2]她开始给玛丽·麦卡锡写一个关于1972年春高棉爆炸事件的报告,而信写到一半的时候,乔治·华莱士(George Wallace)被杀的消息传到她耳边。“谁将得到他的选票?”她想知道,而她对邓·司各脱的思考还没有成熟。

整个20世纪70年代早期,汉娜·阿伦特都在为摆脱政治新闻获得一点自由而努力。但是她遁入“思考的空间”,只是为了被现实事件的恐怖压力召回作准备。阿伦特试图构想出心灵如何能从世界中后撤而又不贬损它。在《心灵生活》中,她比较了波爱修斯、斯多葛寻求宽恕世界罪恶的模式和黑格尔的模式。黑格尔不是从世界中后撤,而是将其纳入自己关于心灵的概念——精神(*Geist*)。这种将世界分解到思想里的和解模式与斯多葛的模式都不怎么能吸引阿伦特。但是,她的确将和解作为思考的礼物之一。在20世纪50年代,当阿伦特在《极权主义的起源》中处理历史著作的哲学基础时,她尽力拒绝和解,并将和解视为对待世界和人类行动不严肃的态度。但是在艾希曼著作延迟的治疗之后,和解又作为一种可能性出现在汉娜·阿伦特的思想中:“人作为有思想的、理性之存在的和解”,她在1972年说,“这就是世间所发生的事情。”[3]思考让我们对世界——甚至对世间出现的最可怕的事情——作出判断而做好准备,思考也成为阿伦特70年代的主题。

对雅斯贝尔斯和阿伦特来说,哲思是一种孤独的活动,但这种孤独并不意味着远离朋友。在汉娜·阿伦特生命的最后几年,她比以往任何时候都依赖她的朋友,与朋友的交往也比以往更为持续、舒适与和谐。1973年秋天,她的朋友奥登去世几个月后,另一个朋友菲利浦·拉夫也去世了。阿伦特写信给玛丽·麦卡锡说:

> 我必须承认,我怨恨这种落叶一样的规律。虽然变老并不意味着如歌德所言:“从出现开始就逐步走向灭亡。”——我对此并不介意——但是这个充满熟人的世界(不管熟人是朋友还是敌人)逐渐(或突然)变成了一片全是陌生人的沙漠,这实在让人难以接受。换句话

说，不是我退出了，而是世界解体了——这是完全不同的两回事。[4]

随着她的森林日益稀疏，阿伦特在纽约的大部分时间都和她“部落”的同伴在一起。可能的时候，就和住得更远的玛丽·麦卡锡和J.格伦·格雷呆在一起。这两个朋友也是阿伦特在“自由的空气”中写作《心灵生活》时的主要伙伴。玛丽·麦卡锡阅读了这本书的几部分，在讲座中也听到这本书的一些内容，并最终在阿伦特去世后将这本书编辑出版。而J.格伦·格雷承担起先后去世的雅斯贝尔斯和布吕赫曾担当的角色：他通过信件和电话鼓励汉娜·阿伦特，共同讨论她的书，并亲自给她支持。

当汉娜·阿伦特将J.格伦·格雷与雅斯贝尔斯相比时，格雷非常开心。因为他和阿伦特不是在年轻时结识的，所以格雷认为自己并不是阿伦特的密友；但阿伦特认为格雷与雅斯贝尔斯的思考方式一样，这就使格雷在私人关系与哲学思考上都与自己很贴近。当1961年她在卫斯理大学遇见格雷时，阿伦特就感觉到格雷是那种——如她形容的——和他在一起可以“让我无拘无束”[5]的人。格雷安逸、谦逊、睿智而谨慎，给人留下深刻印象。他对阿伦特私密空间的尊重经常给阿伦特留下深刻的印象；当阿伦特去科罗拉多(Colorado)州他家拜访的时候，他非常细心地接待阿伦特，严格坚持阿伦特提出的要求——保持低调，不安排演讲，没有公众活动——只与格雷和他的科罗拉多同事进行友好的交谈。她并不很吃惊地发现格雷的德国妻子乌丝拉(Ursula，格雷在给美国占领军工作时认识)的陪伴对格雷来说，就像格特鲁德·雅斯贝尔斯对雅斯贝尔斯一样。

格雷的思想像雅斯贝尔斯一样清晰而又简单，这植根于他的经历。他反思战争中人的著作《战士》，在他从欧洲回到美国后酝酿了将近十五年，他在哥伦比亚取得哲学博士学位的同一年，即1941年，便参军成为一名战士，奔赴欧洲战场。阿伦特在《战士》第二版的序言中写道：“需要许多时间去学习纯朴，去消除‘抽象思维的简化’，在‘具体’的思想和感情的艺术和语言中变得流畅。”阿伦特感到格雷在他学习和忘却之后，已经能够“理解抽象的观念与情感不仅能够歪曲事实，而且还可以恶意勾结，抽象的思维可与抽象情感的残暴、集体的爱与恨——特别是战争期间'我的人民'还有敌人，或最后以一种幻觉的模式，对'无疑和民族一样都是倾向于不正义人类全体'或憎恨或盲目效忠——相比拟。"[6]汉娜·阿伦特在与敌视德国的情绪作斗争的同时，也反对要热爱犹太人或者为了抽象的"人类"而行动的主张，就像雅斯贝尔斯反对自己在战前提出的观念，即存在一种"德国人特性"。在他们的家庭生活中，都有亲人来帮助他们超越这些抽象观念。阿伦特有非犹太血统的德国丈夫，雅斯贝尔斯有他犹太血统的德国妻子，而格雷有他的德国妻子，他也将自己的书献给妻子——"给乌丝拉，一位从前的'敌人'"。

格雷很重视家庭、朋友和他在科罗拉多大学的学生，就像布吕赫去世后阿伦特重视她的伙伴和学生一样。70 年代早期，他们的情绪经常趋于一致。格雷写信给阿伦特说："就像你一样，我与学生们相处得很好，仅次于我的家人，我发现，随着年纪的增长，我不得不与不愿意和别人交往的性格作斗争。如果我不拥有他们以及一些像你这样的朋友(到目前为止你没有让我失望)，我将会像康德一样在老年时抱怨——有良好意志的人发现自己出于日益增长的对人类的失望而避免与人接触。能够坚持希望的人实在是太少了。"[7]格雷对汉娜·阿伦特的感激之情非常之深，这也对他坚持希望起到了非常大的作用。阿伦特给《战士》所写的序言使这本书赢得比第一版更广泛的读者，在阿伦特寄给格雷这篇序言之后，他回信说："汉娜，你似乎比我更了解自己……你已经给了我朋友所能作出的最大帮助。"[8]当然，格雷所说的帮助不仅是指这篇序言本身，更是指这篇序言所包含的理解与交流。当格雷在 70 年代给汉娜·阿伦特的长信中对《心灵生活》提出谨慎而有思想的评论时，他借以回报了阿伦特的帮助。同样对汉娜·阿伦特书写最为困难的一章——包含评价及批评马丁·海德格尔的"意志"部分——也给予了同样的帮助。

格雷曾在 1967 年呆在弗莱堡，与海德格尔合作完成一项汉娜·阿伦特催促他的工作——编辑哈珀·劳出版公司海德格尔著作的英文系列。格雷在 1965 年接受了这一编辑职位，条件是汉娜·阿伦特将核对并批准译稿。他们一起用理解补偿了海德格尔，并将这视为对哲学忠诚的标记。这项工作同样也将阿伦特个人忠诚的恢复带给海德格尔，对此，J.格伦·格雷就成了中保人。

在1961年海德格尔对汉娜·阿伦特寄给他的德文版《人的境况》作出强烈反应之后，汉娜·阿伦特就离开了弗莱堡。格雷在1967年夏初给阿伦特安排了一个机会，让她回到弗莱堡大学做了一次演讲，他让阿伦特确信海德格尔稳健多了，并且远离了她所厌恶的大学中的拉帮结伙、明争暗斗。阿伦特此行的一个成果就是与海德格尔建立了一种新的默契。在阿伦特这一面，表现为同意为海德格尔80岁生日纪念文集写稿，并首次带海因里希·布吕赫去见了海德格尔。在海德格尔这一面，则表现为第二年布吕赫去世时，海德格尔给阿伦特寄来了一首悼亡诗。

阿伦特确实对她1969年的纪念文集的文章中没有涉及的海德格尔的性格和观点有所怀疑。她提出，许多退出俗世、进入单纯的“思考的空间”、沉醉于宁静而感到欣喜的人，都不了解政治的实质，还会提出愚蠢的观点。阿伦特认为，好的判断预设了从世界中后撤进入思考的领域，但并不是说从世界后撤之后都能产生好的判断。与纪念文集的文章[9]中对海德格尔宽厚的态度相比，阿伦特在与J.格伦·格雷的私人书信中就坦率多了。格雷询问了很多在战前就认识海德格尔的人，以了解海德格尔的纳粹主义，甚至考虑写一本关于他政治历史的书。汉娜·阿伦特提醒他，海德格尔的疑心很重，不要问他过多的问题。接着，阿伦特解释了海德格尔为什么在战后出版的《形而上学导论》前言中写下令人愤怒的赞扬民族社会主义的句子(她这样做的时候并不知道，这个句子在海德格尔和其德国出版商的建议下译成英语在美国出版时被删除了)。“他可能写下这句话是为了从一个隐秘的角度说明，他认为民族社会主义是全球技术和现代人类遭遇后形成的。就像我所说的那样，这种想法是十分荒谬的，但是海德格尔并不是唯一持有这种想法的人。在本雅明的书中，我发现了相同的论调。这些先生的麻烦是，无疑一直以来都是，他们并没有读过《我的奋斗》这样的书——很吓人——他们喜欢读那些后来转变成法西斯的意大利狂热分子所写的有些疯狂却非常有意思的书。”[10]阿伦特告诉格雷说，她认为海德格尔的纳粹主义非常复杂;海德格尔1933年担任弗莱堡大学校长时的演讲“并不是纳粹的……(但是)是民族主义非常令人不快的产物”。[11]他们都认为,海德格尔缺乏政治判断力和对人民的洞察力,而对阿伦特年轻时与海德格尔的关系一无所知的格雷,承认自己对海德格尔的个人尊敬有时候混杂着困惑。[12]

在弗莱堡的日子里,格雷试图理解海德格尔人格和哲学的矛盾。他发现海德格尔晚期的著作非常复杂,认为它们显示了“哲学概念的翱翔”和几乎成为自动强力的语言的偶像化。[13]但是,他感受到海德格尔为反思作为哲学基础的西方传统所作出的巨大而独立的努力。而海德格尔自己、格雷和阿伦特都以为这个西方传统已经终结。让格雷吃惊的是,像海德格尔这样一个天才,居然会与如此低劣的思想意识有如此盲目的关联,他不知道谁该为海德格尔的行为负责。“如果德国人不是对他如此膜拜的话,他们可能会有更好的结果。正因为这样,他远远不是我曾遇到的可与交谈的人。我在研讨会上意识到他与众不同,学生们对他如此恭敬,他也很愿意扮演这一角色。”[14]格雷发现弗莱堡哲学家是一群令人气馁的家伙,离他在《智慧的允诺》一书中所提出的教育理想相距甚远,他曾经在科罗拉多州大学自己教授的班级中努力实践这种教育理念。他被海德格尔的海德堡同事的学术政治活动和知识上的自命不凡搞晕了。[15]在这样一种环境中,格雷认为,海德格尔的兄弟是唯一和他站在一起的人,他很欣喜地告诉汉娜·阿伦特弗里茨·海德格尔对其兄长的评价:马丁年轻时和其他普通人一样,他喜欢运动、女孩子、喝酒,但接着他发现了胡塞尔的现象学方法,在那之后,他就像一只围着热玉米糊转圈的猫一样围绕着“存在”做文章。[16]阿伦特对晚期海德格尔的评价更加学术化;她告诉玛丽·麦卡锡说她确信“所谓的晚年海德格尔”受到德国神秘主义者埃克哈特大师(Meister Eckhatt)的全面影响,她深知大学不能帮助神秘主义者从其“哲学概念的翱翔”中返回地面。[17]

当汉娜·阿伦特开始在《心灵生活》中写马丁·海德格尔的哲学时,她强调了他早期和晚期著作的差异,通过他在纳粹时期使用的“转向”一词,阿伦特描述了他主要的概念。阿伦特写这本书的时候见过海德格尔，但是会面很不让人满意；海德格尔的妻子不让他们单独讨论。J.格伦·格雷很理解她的愤怒，因为他和海德格尔的谈话也因海德格尔妻子的在场而受限制。[18]格雷也支持阿伦特的决定，即直接批判海德格尔的著作并"让碎片随意散落"。他向阿伦特强烈主张通过引用海德格尔来批判："海德格尔在某处说过一句对黑格尔精彩的评价，'他的理性主义不能被充分地赞扬或是指责'。"[19]

阿伦特将自己对海德格尔的批判集中到"意志"的概念上，她将这个概念用独裁统治或权力意志解释，并与技术的破坏性支配联系在一起。海德格尔拒绝了技术模式和意志，转向了思考。海德格尔认为意志和思考的冲突是必要的，这正是阿伦特想批评的观点之一，她力图拒绝海德格尔批评的意志有利于思考和他主张的思考本身就是一种行动这些观点。阿伦特认为，海德格尔曾几乎消除了让她十分讨厌的对意志的批判；他那值得称许但最终失败的努力，出现在战争结束后，在"阿登纳德国的现实"摧毁海德格尔——和雅斯贝尔斯——对一个新德国和新欧洲的希望之前。她在片刻之中感到，海德格尔已经从对存在的关注转向了关注存在物和历史——甚至是政治，同时转向了人们在特别的过渡时代"留意所注定的事情"的可能性。而这一时刻过去后，海德格尔继续批判意志，这用阿伦特的话说意味着拒绝政治、拒绝开创新事物的行动的可能性。[20]

海德格尔曾经转向的可能性就是汉娜·阿伦特想在《心灵生活》中考察的事物。她在工作的那段时间，完全没有海德格尔在战争刚结束时所拥有的那种希望。70年代初的美国和整个世界在阿伦特眼中是非常黯淡的；在这黯淡之中，她从玛丽·麦卡锡那里得到宽慰。

海因里希·布吕赫去世后的那个春天，阿伦特和玛丽·麦卡锡及她丈夫詹姆斯·维斯特一起前往西西里。在离开美国之前，她就和新学院的研究生部谈好了教学计划、薪水和退休金，这让她能拒绝纽约大学提供的一份报酬不菲的工作。除了一个认为她是"新闻记者而不是哲学家"的教授外，她的新同事都很高兴。唯一的遗憾就是和他们中的大多数一样，她临近退休了。前面“流放中的大学”情况很不稳定，因为随着曾给这个研究所带来声名的流亡一代的辞世和退休，其名气逐渐减弱。新学院并非唯一受其主要人员年老问题困扰的学校。阿伦特在春季去华盛顿参加“有效国会国家委员会”庆典，遇到了在50年代反对参议员约瑟夫·麦卡锡并在罗伯特·格里菲斯(Robert Griffith)的著作《恐惧的政治》中赢得赞誉的那些国会议员。这些人，像福布赖特(Fulbright)、赛明顿(Symington)、欧文(Ervin)等人都到了阿伦特的年纪，临近退休，她想知道谁能代替他们。在两年之内，随着水门事件的曝光，她发现他们还不需要这么快被取代。当她思考参议员萨姆·欧文(Sam Ervin)在水门事件中扮演的角色时，她告诉其出版商威廉·乔瓦诺威希(William Jovanovich)："我产生了一种对参议员欧文迷恋的感情……晚年万岁。老年人，如果他们不太敏感，他们几乎不可能——他们的事业就在身后，他们将很快辞世——在特定环境下产生一种非常美好而令人欣慰的想法。"[21]

这种美好而令人欣慰的想法在70年代初经常向阿伦特袭来，但不是在西西里旅行期间产生的。那次旅行非常愉快，并帮助她恢复了精力，阿伦特决定做一些以前只和雅斯贝尔斯夫妇——在他们家里长期留宿——做过的事情。她在纽黑文接受耶鲁大学授予的荣誉学位之后，同意和维斯特夫妇一起在他们位于缅因州(Maine)卡斯尔角(Castine)的夏季公寓中呆一个月。玛丽·麦卡锡在车库上面腾出了一个小房间，在那里，阿伦特写了《政治中的谎言——五角大楼文件反思》。在那里感觉很好，因为阿伦特不想回到她和布吕赫共度上个夏季的台格纳。

在《政治中的谎言》一文中，正如在她结束西西里旅行接受阿达尔伯特·瑞夫(Adalbert Reif)采访时一样，阿伦特采用了蔑视的、无所畏惧的语气，丝毫不考虑听众是否高兴。她将批评指向了右派和左派，指出了所有政治谱系中"无思想"的形式。她集中关注于"问题解决者"的思想方式，华盛顿那些决策者"很明显不受意识形态原罪的困扰"，但是将假设视为真实，视为基于现实的理论。她指出普遍存在的"不能与不愿诉诸经验并从现实中学习"那些人从不考虑他们行动和命令的结果。在瑞夫访谈中，如同在早先《论暴力》中一样，阿伦特将矛头指向美国和德国新左派学生中普遍存在的意识形态原罪。那些想成为革命派的年轻人“那么喜欢散漫、理论化的讨论，”阿伦特说，他们“钻入主要从19世纪衍生出来的那些陈腐的、无意义的概念和范畴之中”，从不停下来分析现实境况。[22]

她在华盛顿的地区和国际事务委员会发表完《政治中的谎言》演讲并将之发表在《纽约书评》上之后，阿伦特收到了来自全国各地的讲座邀请。甚至原先被她对新左派的批判困扰的年轻人都很欢迎《政治中的谎言》，并将之视为美国黑暗时代一块明智的绿洲。她在1971年到1972年的那个冬天去了很多大学，发表演讲并参加讨论。她在国内往来奔波，她在哈弗福德和卡勒顿、圣母和哈佛演讲。她的反思在各种论坛中被讨论，像由《党派评论》举办的论坛，论坛上汉斯·摩根索和诺姆·乔姆斯基（Noam Chomsky）主持了关于五角大楼文件的会议。就在阿伦特想为写作《心灵生活》寻找平静和安宁的时候，她被包围起来。她接受了声名给她带来的代价，但很不耐烦。

那年秋天，阿伦特在新学院开设了“意志的历史”课程，开始写作《意志》。但是，讲座邀请使她不能集中工作。她参加了一个在新学院举行的“魏玛共和国时期的知识与政治现象”会议、在陶乐西·诺尔曼（Dorothy Norman）家里为印度总理甘地举行的晚餐会、丹佛斯基金会关于大学政治化的非正式讨论、美国历史学会12月大会、1月在现代艺术馆召开的关于“后技术社会的制度”的会议。这个日程表比起阿伦特许多学术研讨班来说要沉重得多，也让阿伦特非常疲惫。而阿伦特没有听从医生的建议，这使得她的疲惫更加严重，她的医生在1971年10月告诉她说她已患有心绞痛。她把这件事告诉了玛丽·麦卡锡：

> 同时我的心绞痛确诊了；我的医生是这么说的。情况还不是太糟糕，但是平时说话要放慢速度，不能再吸烟，等等。自从我决定不为健康而生活的时候，我就按照自己想的去做——不让任何能使我不快的事情出现，那不快是指我不得不面对混乱的局面。如果不会影响我或

是阻止我写作，我会减少吸烟甚至是戒烟。如果那是不可能的话，就不去理它。[23]

汉娜·阿伦特真的自以为是地去做了，那意味着她没有戒烟，也没有取消任何要参与的活动。但是当她申请的德国政府赔偿金被德国最高法院的一项裁决——这是所有在1933年纳粹接管时被中断职业的教授提出的申请先例——通过的时候，她做了一个明智的决定。她用其中的一部分钱来改善她的日常生活：她雇用了秘书来打出她的英语和德语通信，并将自己的大部分招待从公寓中移到酒店里。当她在家里招待客人的时候，她雇用了一个侍从帮助她的女仆，并举办对布吕赫来说太过高雅的聚会。最后，她在1972年夏天为自己留出了一个长假，呆在台格纳的卡萨·巴贝特。

阿伦特回到台格纳的决定是她筋疲力尽的一个标志；她不能再像布吕赫刚去世时那样哀悼他。她在1971年1月告诉玛丽·麦卡锡说，她一点都不吃惊米丽亚姆·查拉蒙迪(Miriam Chiaramonte)那么哀悼她卓越的丈夫，也是麦卡锡密友之一的尼克洛："米丽亚姆是用犹太人的方式哀悼……(犹太人)善于表达，感情外露，并知道如何哀悼。哀悼(我可能不再能做到了)是因为我们继续活着所产生的对死者的亏欠。"[24]阿伦特在每一个布吕赫的忌日都会去巴德学院，坐在他墓碑前的石椅上。但是她不再哀悼。她就是静静地坐在那里，思索着，做着她说的思想家做的事情，"让缺席者在场"。

思考事务

在她外出避暑之前，阿伦特收到很多出乎意料的让她愉快的信件。达特茅斯大学、福德汉姆大学和普林斯顿大学来信邀请授予她荣誉学位。接着，苏格兰阿伯丁大学的爱德华·赖特(Edward Wright)写信，询问她能否主持1973年春的吉福德讲座(the Gifford Lectures)。赖特的来信是非常典型的英国式的模糊陈述，汉娜·阿伦特不得不派她在新学院的研究助理跑到图书馆查一下吉福德讲座是什么。当她纵览了曾在阿伯丁开办讲座的学者名单之后，她大为惊异，非常高兴，这个讲座最初从1888年的德国东方学家马克斯·缪勒(Max Müller)开始，其后还有像罗伊斯(Royce)、詹姆斯、柏格森(Bergson)、怀特海(Whitehead)、杜威(Dewey)、吉尔松(Gilson)和马赛尔(Marcel)在内的哲学家发表过演讲。但是她用克制的陈述作了回应，她接受了邀请并称之为“令人激动的建议”。[25]

知道自己将不得不在至少一年后完成“思考”部分的写作，阿伦特在7月动身前往欧洲。她进行了她的回家之旅——去巴塞尔拜访了格特鲁德·雅斯贝尔斯，然后在以色列呆了一周，拜访福尔斯特夫妇——又拜访了海德格尔。然后她到台格纳的卡萨·巴贝特在旅馆主人珍妮夫人的看护下工作。8月，阿伦特在台格纳呆了三个星期后，前往科摩湖(Lake Como)畔同样美丽宁静的塞尔贝罗尼别墅，这是洛克菲勒基金会国际研讨班的驻地。阿伦特后来感谢洛克菲勒基金会的好客，同意加入保罗·弗罗因德(Paul Freund)、欧文·克里斯托尔和汉斯·摩根索他们的讨论，以开启基金会新的人文项目。后来被《纽约时报》报道的她在讨论中的评论，非常清晰地揭示了她在《心灵生活》中的态度。她通过演说阅读和教授西方文学与哲学伟大作品的方式来表达美国的“价值危机”。“回顾过去，是为了找到类似的事情，以解决我们当下的问题，这在我看来是一个近乎神话的错误。如果你不能心怀爱意和纯洁的动机来阅读这些伟大的著作，只是因为你喜爱精神生活——人的生活——这对你和学生都不会有任何助益。”[26]

阿伦特《心灵生活》的“思考”章节最初发表在《纽约客》上，后来成书，许多阅读过这一部分的读者发现，这部分相对于她从20世纪50年代到60年代写的书而言，显得不可思议的非政治化。这无疑反映，阿伦特确信的思考，意味着带着爱意与“纯洁的动机”无目的地从世界后撤。阿伦特认为，思考非常不同于认识(knowing)。认识——科学的认识——有一个对象和目标，而思考是没有对象的，并且是自我指示的。简言之，她认为，认识的结果——真理，十分不同于思考的“结果”——是意义或一个有意义的故事。

阿伦特关于这种自我指示的思考过程的关键问题之一，就是它如何与自己在世界上的显示方式——语言联系起来。确实，通过《心灵生活》，她不得不处理如何用奇妙的语言形容不可见的问题：思考、意志和判断此等精神活动。阿伦特在书中经常遇到形成自己观点的困难：在《人的境况》中，她曾尽力不采用传统的看法，不从 vita contemplativa（沉思生活）的观点来书写 vita activa（实践生活）；在《心灵生活》中，她不得不从某处来书写 vita contemplativa。但是从什么地方呢？这个话题间接地在 1972 年 4 月普林斯顿出现，当时，汉娜·阿伦特和伊丽莎白·哈德威克（Elizabeth Hardwick）一起去听法国小说家娜塔丽·萨洛特（Natalie Sarraute）主持的克里斯蒂安·高斯讲座。萨洛特是玛丽·麦卡锡的密友。阿伦特非常欣赏萨洛特，阿伦特在她的作品中发现了与玛丽·麦卡锡的作品同样的正义与诚实。在 1964 年写的萨洛特《金色果实》的书评中，阿伦特引用了《卡拉马佐夫兄弟》中佐西玛教父（Father Zossima）给阿廖沙（Alyosha）的建议："先生，我要获得永恒的生命，必须做什么呢？""首先，不要自欺欺人。"[27] 在她评论《金色果实》一书的那一年，阿伦特自己就采纳这个建议来对抗萨洛特所讽刺的以及阿伦特所痛绝的虚伪的知识界，那时她刚经历"艾希曼论战"带来的伤害。萨洛特在她的作品中使用她的魔法，将不可见的心理世界呈现出来，使之成为语言描述的"表层世界"的一部分。阿伦特在普林斯顿萨洛特讲座之后的提问时间就自己想知道的这种魔法问萨洛特说："当你处理这不可见的事情并用言辞表达出来时，那就是属于'现象'领域了，不是吗？"如伊丽莎白·哈德威克回忆所言，萨洛特夫人带着"羞涩的微笑"[28] 回答说"不怎么确切"。

当汉娜·阿伦特想用比喻去形容"思考的空间"时，她最后也不得不带着羞涩的微笑来做此事。她使用了"无时间性的现在"这一空间的比喻，它处在过去和未来之间，她自己称这个比喻是一个"完美的比喻"。她承认，这在语言表达上确实是自相矛盾的；现象确切地讲就不是精神的，而比喻就是要在精神和现象或世俗事务之间的鸿沟上架桥铺路。比喻并不仅仅属于精神的领域。汉娜·阿伦特从没有解决关于思考的难题，也从没表明自己在描述精神领域时究竟站在什么位置。而她的批评者则因为其他原因而发现了她那有问题且不清晰的观点。

阿伦特在 1972 年秋写作"思考"的工作并不轻松。为思考而从世界中后撤是非常困难的，她为此而付出的努力也经常带来问题。在由多伦多社会和政治思想研究会在多伦多组织的十月会议之后，一系列挑战迅速袭来。阿伦特在芝加哥大学的学生梅尔文·希尔(Melvyn Hill)担任约克大学的教授，该校召开了一个"汉娜·阿伦特著作研讨会"，会议共有四篇文章，其中两篇分别是由阿伦特认识并很敬重的政治理论家哈弗福德学院的理查德·伯恩斯坦(Richard Bernstein)和科隆大学与新学院的厄斯特·福尔拉特(Ernst Vollrath)写的，此外会议中还进行了许多讨论。阿伦特在讨论中一直为自己辩护，而她的对话者则想知道，为什么她作为政治理论家既不想如一个教师一样影响别人，也不想去付诸行动。她从一个让与会者非常困扰的立场说：

> 我不认为我们(政治理论家)有，或者能有你所说的意义上的影响力。那样一种义务许诺将把你拖入一个你不能再思考的境地。确实有你必须采取行动的某些极端情况。但是这些情况是极端状态下的。……并且我想……理论家告诉他的学生思考什么以及怎么去做……我的天！他们是成年人！我们不是在托儿所。[29]

年轻的行动主义分子非常困惑，同样困惑的还有像汉斯·摩根索这样的老朋友，他问了阿伦特一个她的许多读者很多年前问的一个问题：

> 摩根索：你是哪一派的？你是一个保守主义者吗？你是一个自由主义者吗？现代政治思想派别中，你的位置在哪里？
>
> 阿伦特：我不知道。我确实不知道，从来就不知道。我想我没有任何这种定位。你知道，左派认为我保守，而保守主义者有时候又认为我是一个左派，或许我是一个持独立见解的人，或许上帝知道我是哪一派的。但我必须说我丝毫不关心这个问题。我认为对这个世纪真正问题的理解并不能通过这类说法而得到任何启发。

参加会议的阿伦特的朋友们对她的姿态或者说没有姿态并不惊奇。摩根索本人、玛丽·麦卡锡、威廉·乔瓦诺威希和《纽约客》"小镇话语"政治评论专栏作家乔纳森·谢尔(Jonathan Schell)、威廉·肖恩多年以来就知道,他们的朋友不想被贴上任何标签。但是,他们都能理解阿伦特的年轻对话者所感受到的那种紧迫感。

1972年秋天是阿伦特履行许诺的一段时间。她在去多伦多之前,参加了一个由公共正义委员会发起的集会,也为这个组织捐了款。在集会上,大家讨论了1973年5月在纽约大学法学院实行关于"政府机密"的项目计划。委员会的成员知道在1973年1月对水门窃听者的审判将成为公众讨论政府机密潜在的爆炸性事件。但是他们不知道,到他们5月的会议开始那会,埃尔斯伯格—罗素审判已经结束,并且参议院水门事件听证会即将开始;他们也不知道,1972年10月关于美军在越南停火的协议会被在北越的城市和柬埔寨的爆炸事件阻碍。正如《纽约时报》的安东尼·刘易斯在他为五月会议的公开报告做的开场白指出的那样:"越南和水门……那两个重大的系列事件——我们最好称它们是地震——改变了亿万美国人对他们制度的感情。"[30]

汉娜·阿伦特没能参加1973年5月的会议,她当时按计划于4月21日在阿伯丁主持吉福德讲座。但在动身之前,她向不同的反战组织进行了捐赠,包括在《纽约时报》发广告"议会结束战争"的调解会社。这次捐助非常及时,但其私人化程度比不上一年前她给调解会社"为和平拍卖"的捐赠。那时她把她父亲书房中留下的为数不多的几本书中的一本送交拍卖:这就是1795年康德《论永久和平》的第一版。

汉娜·阿伦特在她去阿伯丁主持吉福德讲座之前,很少谈论她关于"思考"的著述。在多伦多会议和在1973年1月另一个为她的著作举行的会议上,阿伦特简要地陈述了她正努力弄清"思考这一事情"。在由美国基督教伦理协会主办的第二次会议上,她简要陈述了自己主要的观点,作为对两篇关于她著作的文章和它与教会中"危机的激进性"相关性的回应。她告诉听众,"思考为我们重新面对我们在日常生活中必须面对的事情做了准备”。

> 所以我认为，我过去和现在写作的——苏格拉底意义上的思考——“思考”，起着助产的作用，是助产术。那就是说，你说出你所有的观点、偏见；同时你知道，在柏拉图的对话中，苏格拉底从没有发现一个没有心灵的孩童。在思考之后，你就处于空无一物的状态……一旦你心中空无一物，接着你用一种难以表达的方式准备作出判断。那就是在没有任何你能将特殊事件归入其中的法则情况下，你开始说“这是好的”，“这是坏的”，“这是对的”，“这是错的”，“这是美的”和“这是丑的”。我如此相信康德的《判断力批判》，并不是因为我对美学感兴趣，而是因为我相信我们说“这是对的，那是错的”与我们说“这是美的，那是丑的”在方式上并没有太大区别。现在，我们就准备面对这一现象，可以说是正面面对，摆脱一切预存的体系，包括摆脱我自己的体系。[31]

阿伦特在阿伯丁发表了一系列密实且很艰深的讲演，但是主题如大纲一样直接：她倡导“无凭借地思考”。[32]汉娜·阿伦特一直感觉很难说出思考是如何为我们的判断作准备的，但是，她在通过清晰地表达“判断”来做一项陈述工作，而“判断”也是《心灵生活》的第三部分，这将把她哲学的思考与政治领域联系起来。她认为，“判断”是心灵真正的政治活动。

当阿伦特结束吉福德第一系列的讲座离开苏格兰后，她回到台格纳。她像所有美国人一样，判断力被水门事件听证会严峻地考验着。她非常焦虑。“我有一种感觉，就是尼克松将会伪装为将国家从水门事件中拯救出来的救世主而以胜利者的姿态出现，该受谴责的不是他，也不是白宫，而是国会，”她居住在一个德语地区时用闲聊的英语式语句告诉玛丽·麦卡锡。[33]但是，随着 1973 年夏天的过去，她松了一口气：“我刚读了尼克松演讲的摘要和有关评论，我终于安心了。他好像又是在辩解，并不回答任何细节——当然这无论如何他也不能说——在我看来，整件事都表明他很害怕。”她很理解美国国内普遍存在的弹劾总统将可能带来混乱的忧惧：“尼克松实际上就像一个僭主，他的下台就像一场革命。我同样也感觉到结果不可预料，很有可能影响巨大。”[34]阿伦特非常愤怒民主党没有在选举中采取进一步的主动措施：“他们认为共和党自寻死路，不能再有所作为。这就犯了一个大错。”她怀疑水门事件听证会将搅乱美国局势，虽然他们清晰地表示：“无数丑闻以弄巧成拙的方式被曝光。每个人都或多或少地做了尼克松做的事情，而说所有人都有罪，实际上就没有人有罪。”[35]阿伦特预感这种绝望将很快转变成“所有的政治家都被腐蚀了”的看法。

虽然阿伦特有一个夏天可以休息，还在罗德斯岛上和汉斯·摩根索有一个舒适的两周假期，但是她没能平静地写作“意志”部分。而摩根索让阿伦特颇为不安。他们多年以来都很好地享受着彼此的合作，布吕赫去世后，摩根索经常带阿伦特去他们最喜欢的纽约饭店进晚餐。阿伦特非常感激他的陪伴和关于政治的谈话，但是，当摩根索提出要把友谊转变为婚姻关系时，阿伦特拒绝了。摩根索并没有对她的拒绝表示遗憾，但是，在那以后的几年中，当摩根索遭受一系列疾病折磨的时候，阿伦特非常关注摩根索的身体，经常打电话给他，并和他的女儿苏珊娜交谈。在罗德斯岛的日子之后，他们再也没有在一起度假，但摩根索继续扮演着护卫者的角色。阿伦特经常表示对摩根索的赞美之情，可她认为摩根索不具有布吕赫所具备的“对人民的真正理解”。[36]

当阿伦特从罗德斯回到台格纳的时候，她关于“意志”的写作工作进展得非常缓慢。她不是在她熟悉的思考领域，在那里她可以“只凭自己的本能与个人经验”。她于1972年在芝加哥大学主持的研讨班和1971年在新学院秋季课程班期间收集了大量的笔记和材料，其中包括“意志历史著作选读”讲座和“意志的历史”研讨班。但是她收集的材料没有清晰的顺序，也没有明确的方向。迷失在对奥古斯丁、阿奎那(Aquinas)和邓·司各脱解释的森林之中的阿伦特看不到树木本身，特别是对她和J.格伦·格雷有巨大争议的19世纪更是迷不识途，她的路上还站着黑格尔。

阿伦特估计，随着在1973年秋着手处理黑格尔的政治著作，她会分散注意力。她在新学院有两门关于希腊政治理论的课要主持，还有许多关于补充因现象学家古尔维奇（Aron Gurwitch）去世而空出的哲学系教席的复杂谈判，另外她还要和律师商量购买她的河沿公寓。她料到“水门事件”将会占用她很多精力，她也知道自己要参加一个公共正义协会关于“作为象征的水门”的会议。10月中，她安排了一周接受法国电视台的采访，她对电视台采访的抵制并没有延续到欧洲，因为她不再害怕在大街上会被人认出来。但是她没有预料到那个秋天对她打击最大的私人事件与政治事件——W.H.奥登去世和中东十月战争。

9月28日奥登去世，其后一周，阿伦特如往常一样上课，但是她非常憔悴。自布吕赫去世才看到阿伦特的学生们非常吃惊地发现，她失去了以前所呼吁的公众场合的沉着；当一个学生提出要陪她参加在圣·约翰大教堂举行的奥登葬礼时，阿伦特当场哭了起来。在葬礼上，阿伦特身着黑装，听着诗人们在一起诵读奥登的诗作，听他们诵唱新教圣歌诗篇130节以及本杰明·布里顿（Benjamin Britten）的“奉献赞美诗”，阿伦特默诵着奥登精美的诗作，沉浸在莫大的悲痛之中。她对玛丽·麦卡锡袒露了自己的痛苦："我仍然想着威斯坦，回想他悲惨的生活，当他来找我寻求一个庇护所的时候，我当时拒绝照顾他。"[37]

当她坐下来书写对奥登的怀念作为美国艺术与科学学术委员会在11月14日的一个纪念会议的准备时，阿伦特试图向自己解释为什么奥登在他最后的几年中极力想装作“很走运”的样子。她注意到奥登洞察“人类失败”的全部弱点的能力以及：

在悲惨的狂喜中
歌唱人类的失败

当然，阿伦特没有说明自己的认知过程，她说：“现在，带着悲伤的回忆，我将他视为在不求回报之爱的无限变体中的专家。”[38]

De Senectute(论老年)

在1967年中东战争期间，汉娜·阿伦特对以色列的胜利非常高兴。正如她的一个朋友谈到的，通常挑剔以色列政策的她，这回表现得"就像一个战时新娘"(战时新娘盼望战争胜利丈夫凯旋归来。译者注)。阿伦特非常明晰地区分侵略和防卫的军事行动，她认为1967年的战争是合理的，而1956年的那场战争则是愚蠢的。她在写给玛丽·麦卡锡的信中这样思考1967年10月的六日战争："任何在以色列发生的真实灾难，都会比任何其他事情更能触动我。"[39] 1973年埃及和叙利亚在犹太人赎罪日入侵以色列领土，大灾难似乎一触即发，阿伦特非常害怕以色列在这个时刻被摧毁。战争从10月6日开始，那一天，阿伦特与罗杰·埃若拉(Roger Ererra)为法国电视台开始了为期一周的采访，这次采访反映了她当时的关注。"以色列的犹太人没有团结起来，"她说，并不带任何批评，她对此进一步解释，犹太教是一个民族性宗教。[40]她和西班牙裔犹太人也是巴黎卡尔曼—李维出版社"犹太人的离散"丛书编辑罗杰·埃若拉一起参加了在哥伦比亚大学法学院举行的一个会议，会上讨论了各种援助以色列的建议。阿伦特如她在1967年所做的那样，为犹太联合捐募协会捐了款，并安排能在战争危及她在特拉维夫的亲戚安全时尽快地提供财政资助。她试图重新拾起"意志"的手稿："我有一些困难而不能回去工作，这当然主要是因为这一无法预料的'历史'断裂，"她在写给玛丽·麦卡锡的信中写道。[41]

汉娜·阿伦特给玛丽·麦卡锡的信是用反讽的方式写的，回响着她长期忽视的对黑格尔的批判，她的主要观点是，黑格尔的历史观排除了不可预期性。而像犹太赎罪日入侵这样的事件，为阿伦特的观点提供了支持，即黑格尔的历史哲学远远偏离了常识，现在需要一种"新政治科学"。黑格尔坚持未来的首要性，他将历史看成是承载精神的"否定"来呈现事件的过程；当下除了作为将在未来显现的整体所未实现的形式之外，一无所是。汉娜·阿伦特将黑格尔的精神(Geist)解释为一种意志，与通过记忆利用过去影像的思考相对立。她在《心灵生活》中的"意志"部分想分析思考和意志、"思考的空间"和政治空间敌对的历史，而在政治空间中，偶然性和不可预期性经常在她的分析中以一种令人瞩目的方式呈现。她希望通过她的思考在思考和意志之间提出一种和平约定，一种可以相互契合的模式。为了做到这一点，她不得不揭示黑格尔的批评者尼采和海德格尔的不足，他们通过将思考本身视为一种行动而将冲突避开了。阿伦特想保持思考和意志能力之间的区别，而不是在生活或心灵中竞争性的支配关系上作区分。她批评尼采和海德格尔的“放弃意志的意志”(“willing-not-to-will”)，视“行动的人”为朝向未来合适态度的典范，那种态度是一种欢迎新奇的态度。

汉娜·阿伦特考虑思考和意志的关系是在她观看水门事件听证会，并注意它们在美国可能产生的后果的时候。她一次又一次地被“老人们”在危机中扮演的角色打动。在听证会期间，她很欣赏参议员萨姆·欧文的耿直与引用《圣经》的风格。当尼克松解雇水门事件特别起诉人阿奇博尔德·考克斯(Archibald Cox)、想利用行政特权不让白宫将对话录音带对外公布时，阿伦特认为最高法院的“老人们”救了场。她在 1973 年 11 月一份由政治科学家们为弹劾总统起草的请愿信上签了名，她希望国会的“老人们”能推动弹劾进程。

1974 年 2 月，在哥伦比亚大学“人道与公共政策问题会议”上，汉娜·阿伦特指出共和国的衰退造成了这样一种情况，即“公民作为一个公民唯一还发挥影响的地方就是陪审团。”[42] 在大会之前不久，阿伦特在纽约做了大约一周的陪审团成员，她对陪审团伙伴们正直与公正的印象非常深刻。与曾和她共事过的陪审员一样，最高法院法官们将他们的偏见与政治忠诚都放到一边，而给出共和国司法传统所召唤的公正的反应。阿伦特确信自己能够看到她在《心灵生活》最后一卷试图思考的“判断”。她质问判断在多大程度上与剩下的两个精神能力——意志和思考相关，阿伦特转向了西塞罗的《论老年》，她想知道，他的这篇文章是否给出了老年人精神能力和谐的描述。

在西塞罗的文章中，老加图告诉他的朋友说：“伟大的功绩不是凭借力量或速度或体格作出的；它们都是思想和性格以及判断的产物。这些品质随着年龄的增长不是逐步缩小而是日益增长。”阿伦特对此表示同意，当她阅读这篇文章时，她认为自己可以为《心灵生活》写一个结局，一个现代版的《论老年》，不只是反对那时年轻人诋毁老年人的倾向，或者像西蒙·德·波伏娃(Simone de Beauvoir)的《老年的到来》此类书中对老年的哀悼，更要指出老加图那样的镇定能激发任何年龄层群体的判断。

阿伦特在《心灵生活》中指出，晚年，从意志的角度看，意味着未来的丧失。没有未来不必成为苦恼的缘由；它可以成为检查和反思而放弃过去生命的过程。对“思考着的自我”(thinking ego)的转身一瞥引出了过去的意义，将过去形塑为一生的故事。从思考的观点来看，晚年是沉思的一个时期，因为晚年能从自私的喧闹和党派偏见的扭曲中解脱出来。但是阿伦特感到，任何不再颂扬未来并割断与进步教条紧密联系的人，都能为自己赢得在记忆中思考的快乐和思考意味深长的“结果”——一个连贯的故事。晚年能带来一种生命就如“风中树叶一样自由”的感觉，但是人也同样可以决定——比如教皇约翰二十三世那样——“一天又一天”地生活。判断预设了人已经为了思考而从世界中后撤，它没必要与意志对抗，但是，如果意志在心灵三位一体的结构中占主导地位，它就会受损害。

汉娜·阿伦特的《心灵生活》提出的问题非常简单，就是精神的善治。阿伦特通过一系列复杂的思考和分析，试图展现三种精神能力的形象，它们之间如政府的三种权力一样彼此制衡。没有任何一种能力能够支配另外两种；每一种能力都要存在，并保持自由。这种精神和谐的前提是三种能力各自内在的自由。每一种能力都与自我相联，这种内在的二元性不能变成一种支配关系。任何一部分都不能在思考的对话中保持沉默或拒绝听取其他部分；“我欲”或者“我不想”都不能专断地要求另一部分无条件地服从。在判断能力中，一个旁观者的“我”或者其他人将想象带入心灵中的观点都不应流行；判断是自我与想象中分享自我世界的其他人之间的精神互动。在《心灵生活》的原稿中，判断能力内部的自由之展现非常清楚、彻底。但是，诸能力间关系的形象则不那么完整；汉娜·阿伦特在世时并没能完成“判断”部分的写作，所以这种判断力与思考和意志的关系没有被展示出来。这个理想——善治，诸能力间的平等——是非常明确的，但精神共和国的宪法没有被绘制出来。

"意志"的底稿本是为1974年5月第一周的吉福德讲座的第二系列准备的。从1月到4月,阿伦特将自己的差事压到最少。就在她起身前往苏格兰之前,她飞到密尔沃基(Milwaukee)发表了一个预先约好的演讲,接着在纽约接待了来访的玛丽·麦卡锡。就是到那时,她还在准备她的系列讲座。她早先已经提交给吉福德讲座委员会的大纲显示,这些讲座就是按照发表的底稿组织的,只是第四部分和最后一部分不同,阿伦特在其中讨论了尼采、海德格尔和"行动的人"的典范——美国的建国之父们。阿伦特后来决定重构并扩展这个部分。她打算花一章篇幅完整地讨论海德格尔的作品,这是基于下面两点认识:首先,依据她的理解,在苏格兰,如果要对海德格尔进行全面批判,就不得不为《心灵生活》做这项工作;第二,她推断在1975年已经85岁的海德格尔耳聋眼花,状况越来越差,未必能活着看到她的批评,也不会被她的批判伤害。

阿伦特的第一个考虑就是她呆在苏格兰期间的作品。在"意志"讲座的中间,阿伦特结束到伦敦亲戚家的拜访以及到阿伯丁的旅行,还没缓过劲来便突发了一次几乎致命的心脏病。在讲座现场的威廉·乔瓦诺威希冲向她,拿出为自己心脏准备的药物给阿伦特服下。随后,阿伦特被送往最近的医院并被精心地看护着。

洛特·科勒从纽约飞到苏格兰,接替从巴黎赶过来的玛丽·麦卡锡陪伴阿伦特。所有人都对阿伦特身为一个病人却十分固执印象深刻。她恢复得很好,但是,氧气瓶刚从房间中移出去,她就开始抽烟,也不注意合理膳食,还如往常一样喝大量的咖啡,并故意表示出对所有使她平静下来努力的暴躁。她还瞧不上那些为了健康而活着的人,她出院后住到一个旅馆,在医生认为她可以安全旅行之前,便不耐烦地想去台格纳。当她最后在5月27日被允许启程的时候,玛丽·麦卡锡陪她一起去了伦敦,埃尔克·吉尔伯特(Elke Gilbert)在那里和她集合,一起到台格纳旅行。

汉娜·阿伦特在卡萨·巴贝特平安生活期间,平静了许多。她得到较好的休息,并且很高兴地与许多惦记着她的朋友见面——罗伯特·吉尔伯特、她两个哥尼斯堡的朋友赫拉·扬施和安妮·威尔、汉斯·约纳斯及其妻子利奥诺、汉斯·摩根索。但是在平静的一个月之后,她坚持要去弗莱堡见海德格尔。这次拜访没有成功,因为艾尔弗里德·海德格尔还是不让她丈夫单独与阿伦特呆在一起,阿伦特非常沮丧,颇为不快地回到台格纳。但整个8月的放松已足以让她把失望抛在脑后。她开始严肃思考对海德格尔作品的批判。

阿伦特从心脏病的重创中恢复过来的那个夏天过后,她缩减了自己的工作计划,并催促朋友们来拜访她。她悉心恢复自己在写作《心灵生活》的忙碌期间与老朋友们疏远的关系,修复在《艾希曼在耶路撒冷》论战中受到损害的友谊。她首先和格伦·格雷一起在纽约观光了好几天。几乎每个晚上,在她完成白天的工作之后,阿伦特都要安排同一两个朋友或几个朋友去电影院、剧院或音乐会。洛特·科勒经常来访,并经常和她通电话交换消息。克兰伯特夫妇、洛特·贝阿德特(Lotte Beradt)、罗斯·费特尔松(Rose Feitelson)、奥考波雷、汉斯·摩根索、约纳斯夫妇、巴隆夫妇、胡伯夫妇还有其他人都经常过来;大部分参加了由罗斯·费特尔松举办的传统新年聚会。阿伦特和罗伯特·匹克一起吃饭,匹克的身体状况已经不允许他来看阿伦特,他们一起回忆他们的老朋友赫尔曼·布洛赫。年轻的新朋友——小说家勒那特·阿德勒(Renata Adler)和哲学教授琼·斯坦博格(Joan Stambaugh),还有一大帮学生——如阿伦特称呼他们的"孩子们"——被她带到纽约不同的饭店进晚餐。从1974年秋天到1975年初,阿伦特参加的最为愉快的社会活动就是在犹太神学院院长路易斯·芬可斯坦(Louis Finkelstein)家里过的逾越节。包括芬可斯坦自己和他的许多同事在内的参加逾越节聚会的很多人,自《艾希曼在耶路撒冷》出版后,就没见过阿伦特在公共场合露面。阿伦特非常高兴被邀请参加这个聚会,她和朋友们一起聆听哈加达,一起唱传统的逾越节歌曲。

最后一年

1975年春,命运女神向汉娜·阿伦特的晚年露出了笑容,对她作为研究极权主义的历史学家和政治理论家写的著作给予了肯定。她被邀请到哥本哈根接受丹麦政府授予松宁奖，该奖感谢她对欧洲文明所作的贡献。这个奖带给她 35 000 美元的奖金以及作为第一个美国公民和第一个女性接受这一荣誉的声望，这个奖以前曾给过温斯顿·丘吉尔（Winston Churchill）、阿尔伯特·施韦策（Albert Schweitzer）、伯兰德·罗素（Bertrand Russell）、卡尔·巴特（Karl Barth）、亚瑟·凯斯特勒（Arthur Koestler）、尼尔斯·波尔（Niels Bohr）和劳伦斯·奥利维尔（Laurence Olivier）。在丹麦大使于 3 月 11 日在华盛顿设的招待晚宴上，阿伦特和丹麦大使讨论了哥本哈根典礼的计划，然后又匆忙地准备起她的获奖演讲。

阿伦特每次接受命运女神的奖励都意味着她要走进公共领域，公众的赏识也需要她的出场。她认为，很有必要告诉丹麦东道主，承担这种个人的声名让她多么不安。“我们必须接受世界安排给我们的面具或角色，如果我们想参与到世界舞台上，就必须获得这种面具，而这些面具和角色都是可交换的；他们并非不可让与……许多人相信良心的召唤是人类灵魂内部中稳定不变的东西，在此意义上，它们对我们的内在自我而言，并不是持久稳固的。”[43]阿伦特长期以来一直视公众的承认为一种诱惑，然而她很少公开说为什么是这样。但当她接受对欧洲文化突出贡献奖时，她想说明自己的理由：她提醒她的听众注意，曾经在战争期间存在过的欧洲“名人联谊会”曾沉醉于斯蒂芬·茨威格所称的“声名的光鲜权力”之中，但是他们比那些“不著名的大众”更不能理解 20 世纪 30 年代的政治灾难。这些“群星”被剥夺了声名之后，许多人完全失去了立足之地。“世界上没有比成功带来的声名更短暂、脆弱、易变；没有什么事比湮灭来得更快，也更容易。”

汉娜·阿伦特在 30 年代对欧洲精英持有一种非常讨厌的情绪，他们与普通群众的距离使他们变得盲目，有时还屈服于压迫者并与之合作。从那时候起，她就下定决心避免如此，想成为一个“例外”。她的性情很不适合公共生活，她自己也深知这一点，她也需要独处来思考：“思考没有与别人沟通的急切要求和冲动。”这些想法也成了阿伦特离开德国之后整个一生的持守。到她的晚年，阿伦特又加上一点，这就是在接受松宁奖演讲中提到的，我们作出判断的能力依赖于我们远离诱惑和公共领域喧闹之虚荣的能力，同时又不是"反公共"或只渴求"私密与匿名"。人必须同时保持公共角色与内在自我；内在自我通过公共角色表明自身是"完全独立的，不能被定义同时仍能被清晰地确认，这样我们就不会因角色的突然变更而困扰不安。"

在区分完角色与内在自我之后，阿伦特给她的丹麦听众写了一封告别信：

> 当角色设计的这些事情结束，我也就不再通过面具使用甚至滥用我个人的权利，事情都会如往常一样；我非常尊敬也非常感谢这个时刻，我将不仅自由地在世界这出大戏中交换角色和面具，甚至能自由地穿过它，进入我毫无掩饰的"此处"(thisness)，可以界定，我希望，但不是被一些我们根本上所不是的身份的诱惑界定或诱导。

汉娜·阿伦特在这里使用的是《心灵生活》中的理论术语，即判断能力的"自反性"(reflexivity)。她使用了她的"判断"概念，她将之视为感到快乐(或不快乐)的能力与对之赞许或不赞许的反思能力之间的联结物。作为一件"纯私人的、个体爱好"的事情，汉娜·阿伦特对别人的赞誉并不喜欢，但是反省之后，她并不赞成自己的不喜欢；她将其视为应该被克服的事情。为了向她的丹麦东道主说明为什么她对他们的尊重感到不安，阿伦特引用了 W.H.奥登的诗：

> 公共领域中的私人面孔
> 比私人领域中的公共面孔
> 更为英明和美好

但是，阿伦特也清晰地表示，她的判断与贤能这一"精巧的问题"无关。她"贤能"与否是由丹麦东道主来判定的。"我们自己不好评判自己及我们的成绩，”她说，因为没有人能判断她或他在别人眼中是怎样的。自己评判与被人评判当然是两回事。但是，任何人都不应忽视，对自己的评判关乎他们是否在公共角色与内在自我之间保持区分，这样才能使内在自我作出只有在自由的情况下才能作出的判断。

尽管阿伦特克服了对公共性的厌恶之情，她仍需要鼓励才能准备好去哥本哈根的旅行。由威廉·乔瓦诺威希陪同的玛丽·麦卡锡是阿伦特颁奖典礼上的嘉宾，她坚持让汉娜·阿伦特买一套新衣服。“我买好衣服了，”她急躁地回复说。接着她说《纽约时报》公布了松宁奖的消息，这让她收到许多向她表示祝贺的电话和信件，让她很难安心打出自己的演讲。“玛丽，相信我，整个事情实在让人厌烦。”[44]她对出席这次活动感到非常紧张，以至于让医生开了少量的镇定药片在旅行中备用。

曾经是汉娜·阿伦特与君特·斯特恩婚姻见证人的叶拉·劳恩菲尔德(Yela Lowenfeld)也写信表达了自己的祝贺。在信中，她让阿伦特想起一次在柏林阿伦特害羞地说，她希望有一天能实现父亲对她的期望，成为一名著名学者。当阿伦特在对她表示感谢的回信中说她已经忘却了这分雄心时，叶拉·劳恩菲尔德非常吃惊。[45]令汉娜·阿伦特自己同样惊讶的还有她的姑姑，76岁的夏洛特·阿伦特从柏林的家中赶到哥本哈根典礼上，告诉她如果她父亲还在世，一定会为他唯一的孩子感到无比自豪。如果这些回忆还不够，那从德国汉诺威市市长寄来的表达对“本国人”尊敬的信，则足以让汉娜·阿伦特在演讲时颤抖。

丹麦报纸对松宁奖典礼的报道没有透露汉娜·阿伦特对公众赏识的复杂态度和她的紧张情绪。他们详述了阿伦特在演讲中对丹麦人民在战争期间表现出勇气的高度褒扬。丹麦人民曾拒绝纳粹放逐犹太难民的要求，反而将许多犹太人隐秘地送到安全的瑞典。在丹麦的纳粹官员如阿伦特指出的“被他们最轻蔑的言辞、自由与公开言论所降服。这种情况从未在别处出现过。”

言辞、自由与公开言论的力量在1975年春让阿伦特非常担心。她刚从4月18日松宁奖典礼上回来，就不得不准备另一次在波士顿市政厅的公开露面。为了这次活动，汉娜·阿伦特“非常匆忙同时很激愤地”写下了一通关于美利坚合众国的话。[46]

阿伦特在波士顿市长凯文·怀特(Kevin White)的邀请下，于1975年5月20日前往波士顿，并于美国独立日二百周年的典礼上发表演讲。全国各地的美国人还处在由一系列“如历史的尼亚加拉瀑布”般事件带来的惊讶之中。尼克松总统在1974年8月辞职，接着美军被迫从越南撤军，后来就是福特总统接任，并通过赦免尼克松给整个国家以恢复的时间。1975年元旦，对约翰·N.米切尔(John N.Mitchell)、约翰·亚列舒曼(John D.Ehrlichman)和H.R.哈德曼(H.R.Haldeman)的法律诉讼宣判；前总统只得到了一个其回忆录的合同。到汉娜·阿伦特在波士顿演讲时，很少有听众怀疑她所认为的美国共和国的权力经过最近“失常的年份”而衰落到自“二战”以来的最低点这一判断。

在发表完“自食其果”的演讲后，阿伦特回答了听众和在帕克曼别墅举行的研讨会参与者的提问。她的演讲在五天后的国家公共电台播出，演讲受到由汤姆·维克(Tom Wicker)在《纽约时报》写的社论的好评，并在《纽约书评》上发表。到年底《泰晤士报》在其“一年要闻”中引用这个演讲为止，阿伦特的思想已广为人知，她也收到来自全国各地读者的来信。[47]

汉娜·阿伦特从波士顿回去后不久便动身前往欧洲。她先到了位于德国马尔巴赫的德意志图书馆，在那里，她安排将她和雅斯贝尔斯、科特·布鲁门菲尔德和她柏林的于1963年去世的老朋友欧文·洛文森的通信寄放在那里。她在马堡呆了四周，以完成她作为雅斯贝尔斯遗产执行者的义务，将他的通信分类整理，以待最后的出版。

在马尔巴赫的那个月让阿伦特疲惫不堪。阿伦特每周都泡在文件之中，只是在与导演、诗人和评论家路易维格·格列弗(Ludwig Greve)一起吃午饭的时候才休息一会儿。格列弗的好客和友好谈话让阿伦特非常舒适。阿伦特非常不习惯在图书馆中工作，自从1955年在胡佛研究所那几周以来，她就从没在图书馆中工作过，同时，她也很不习惯远离朋友们，特别是不习惯晚上没有朋友们的陪伴。她独自一人在镇上的一个餐厅吃晚饭。路易维格·格列弗曾带她去斯图加特拜访了她们年轻时在柏林认识的一对年老夫妇，但是，大部分时间，阿伦特都是在独自阅读雅斯贝尔斯的信件，并追忆由此想起的往事。当玛丽·麦卡锡在月底的几天也赶过来时，她发现阿伦特非常紧张，反应迟缓，并处于一种经常较真的情绪之中——甚至对席勒霍夫公园里树木的名称也是如此。

阿伦特不顾1974年拜访海德格尔的不快，决定在去台格纳的路上再次去弗莱堡拜访海德格尔。她发现海德格尔状况非常不好。艾尔弗里德·海德格尔很关心丈夫，很热情地招待了汉娜·阿伦特，两个女人经过相当长时间之后终于和解了。但是阿伦特非常沮丧地离开了弗莱堡。"我非常沮丧地回到家，"她从台格纳写信给玛丽·麦卡锡。"海德格尔现在突然变得很老，与上一年很不一样，耳聋得厉害，过着退隐的生活，非常不易接近，我从没见过他这样。几个星期以来，我一直被一些突然变得很老的老人包围着。"[48]

安妮·威尔从她靠近莱克斯山的夏季寓所到台格纳旅行，她在上一年突发心脏病后苍老了许多。她和阿伦特的友谊经历50年的风雨仍然亲密无间——她们又诉说了在安妮·威尔心脏病发作后阿伦特如何从纽约打电话给尼斯的故事，不知何故，她在长途电话中就感觉出事了——但是他们的拜访被对健康的焦虑蒙上了阴影。她们俩人如彼此熟知的那样直爽地达成约定，彼此都不参加对方的葬礼，这也是不到六个月后安妮·威尔很尊重的约定。罗伯特·吉尔伯特也在1975年夏天老了许多，身体也衰弱得厉害。但是从苏黎世的家乡前来的埃尔克·吉尔伯特虽然比汉娜·阿伦特年长，却不可思议地显得很年轻。阿伦特和埃尔克·吉尔伯特一起带着童真乐趣乘坐她称之为叮叮—当当("Bimmel-Bammel")的小火车从山腰下到洛迦诺城，去看电影和马戏表演。在更年轻的法兰克福学者和他妻子以及阿伦特的两个新学院学生，以阿尔布莱希特·维尔默(Albrecht Wellmer)的形式，让卡萨·巴贝特充满生机之后，阿伦特感觉已经恢复了体力并开始工作，阅读康德去世后出版的著作。

阿伦特每年都来的卡萨·巴贝特的房间简单而舒适，房间的桌子面对着一个深谷,其上则是常年积雪的阿尔卑斯山顶,阿伦特在这里继续批判海德格尔的工作,她想将之归入“意志”卷中,同时为“判断”卷准备着关于康德的一系列笔记。她并没有被催赶,因为她将中断的吉福德讲座推迟到1976年春,同时,她确信自己不会面对马丁·海德格尔对自己批评文章的不满。“这里很暖和,”她写信告诉路易维格·格列弗,思念着他的陪伴,“但是并不热,不时下场雨,许多小猫踱来踱去,每天早晨,都有两只知更鸟飞到我的阳台上来吃面包屑。简言之,这里就像天堂般美丽……我异常快乐地阅读着‘善良的老年康德’的作品,没有外人打扰我,这让我很开心。”[49]她感觉“异常的慵懒”,在一顿闲适的早餐后,她开始工作,直到午后。傍晚小憩之后,她和其他卡萨·巴贝特的游客或者过来看她的朋友一起共进晚餐,然后就读着德国和法国的多种报纸,了解葡萄牙革命,上床就寝。她对葡萄牙革命的感觉和热情就好像阅读“善良的老年康德”一样,康德曾为自己记了很多关于现代革命根源——法国革命——的笔记。

汉娜·阿伦特在台格纳一直很安详地呆着,直到9月27日她参加在巴黎附近的约恩·约萨斯由人文科学国际基金会主办的国际学术会议为止。阿伦特很仓促地离开了她的天堂:会议的名字很不吉利,叫作“2000年的恐怖”,她要点评的论文是科隆的乌拉瑞奇·马兹(Ulrich Matz)的《政治恐怖》,这是一篇关于恐怖主义未来的探索性思考。但是当时在纽约出现的恐怖事件最让汉娜·阿伦特震惊。当她回到河沿公寓后,她不愿独自出门;邻居都变得很危险,特别是老年人都生活在行凶抢劫的惧怕之中。她曾在1971年洛特·科勒的公寓电梯中经历过行凶抢劫,她不想以虚弱的身体再次面对危险。

汉娜·阿伦特大部分时间呆在家里,继续着她的写作。她邀请客人晚上前来的习惯保持了下来,她几乎是不顾一切地延续着这个习惯。如果一个晚上没有人来的话,她就打电话让一个朋友过来;如果大家都没空,她就通过电话与朋友们聊天——这是她以前所不愿意做的事情。她每隔一个周日便给在巴黎的玛丽·麦卡锡打电话;当工作陷入僵局的时候,她就给在科罗拉多州的J.格伦·格雷打电话征求他的意见,或讨论他在信中对她的书稿冗长的批评。

在平静而阴冷的秋天，汉娜·阿伦特的69岁生日聚会热闹开办。朋友们都尽力赶到，一些像乔和艾利斯·迈耶这样分别了几年的老朋友也从外地赶来。接着，阿伦特和洛特·科勒一起在约纳斯家里欢度了感恩节。但是阿伦特对继续呆在家里感到心神不安，当她宣布接受邀请在斯密学院度过一学期的决定时，所有人都大吃了一惊。她的朋友们劝她说马萨诸塞州的北汉普顿(Northhampton)冬天很难熬，但是阿伦特决定从新学院退休后的大部分时间都不在纽约度过，1976年秋季退休后，她每月会有1 000美元的退休金。

让汉娜·阿伦特下定决心离开纽约找到一个庇护所的不是可能发生的入室抢劫或是行凶抢劫，而是一次摔倒。感恩节后的那天，当她从出租车下来走回公寓的时候，阿伦特被路上的坑洞绊了一下，然后跌倒在大街上。人们聚集过来，看门人走过来要去叫警察，阿伦特缓了缓劲，检查自己，发现没有骨折。在警察到来之前，她爬了起来，尽力走出人群，回到自己的公寓。

她的个性不想让人们忙乱——她对这些事情的座右铭就是"不要怜悯"——阿伦特没有叫部落的任何朋友过来。当洛特·科勒两天后打电话过来的时候，阿伦特提及了这次跌倒，但是说自己并不十分疼痛，不需要看医生。实际上，她在第二天也就是周一预约了医生，但是那天下暴雨，她也就没有去。洛特·科勒在星期二过来与阿伦特共进晚餐，发现阿伦特正忙于为"判断"的写作整理笔记，她打算在第二天就开始把它们打出来。

在确认了那次摔倒没有伤害到自己之后，阿伦特在12月4日(星期二)招待萨罗与珍妮特·巴隆一起吃晚饭。她离开打字机，"判断"底稿的第一页还卷在打字机中，阿伦特起身迎接他们。[50]晚饭后，他们到起居室讨论巴隆夫妇为犹太文化重建委员会所做的计划，这个计划自1957年以来一直未落实。阿伦特在珍妮特·巴隆在任期间重新加入了《犹太社会研究》的董事会，同时也要考虑一些编辑事务。巴隆夫妇编辑的期刊将策划一卷菲利浦·弗里德曼(Phillip Friedman)文集。弗里德曼是犹太裔的历史学家，于

1960年去世时留下大量未整理的文章，阿伦特非常赞同这个策划。她称弗里德曼是那个时代最好的犹太裔历史学家，并高兴地谈论着他的作品，他的许多著作在她撰写《极权主义的起源》时对她有帮助。

阿伦特起身去厨房准备饭后咖啡时，突然一阵咳嗽，之后便倒在起居室的椅子上，不省人事，巴隆夫妇当场惊呆了。在一个药瓶上，巴隆夫妇找到了阿伦特的医生的名字，医生立马赶到。他们通知了洛特・科勒。但是，在洛特・科勒赶来之前，汉娜・阿伦特已经因心脏病突发而与世长辞。

理解的工作

汉娜・阿伦特的葬礼1975年12月8日在阿姆斯特丹大街和76街的滨河大道殡仪馆举行。如她身前要求的，她的葬礼和布吕赫的葬礼一样。在同样的地方，阿伦特的遗体安放在由白玫瑰覆盖的同样简朴的松木棺材之中，葬礼也是朋友们追忆她的一个仪式。

汉斯・约纳斯和玛丽・麦卡锡代表移民和她在美国的朋友们在葬礼上发言。约纳斯回忆起他在马丁・海德格尔研讨班上遇到的年轻女子："我是怎样记住这位新来者的呢？她害羞，离群，举止非常美丽，眼神孤独，她出乎意料地以一种独特且难以描述的方式站出来。在那里，有才学的聪慧并不罕见，但它在她身上体现得特别强烈，此外还伴有一种内在的指引、追求品质的本能、对本质的把握和对奥秘的探查。"[51]玛丽・麦卡锡同样想让她的朋友再现："当她谈话时，就好像看到她心灵的活动，它外化为行动与姿势，她动着嘴角，皱着眉头，托着下巴在沉思。"[52]

阿伦特在社会研究新学院最后一个研究助理杰罗姆・科恩代表她的学生发言，他讲出了他们的感受："她是我们这个时代最伟大的老师之一。她知识渊博，毫不吝啬地给我们以教诲。"阿伦特的出版商威廉・乔瓦诺威希描述了她作为公众人物的形象："她充满激情，相信正义能实现，坚信仁慈须维持。……她沿着严肃探寻给她指明的路，如果她因此而有敌人，也决不畏惧。"乔瓦诺威希哽咽住，他的声音颤抖着，眼含泪水，他告诉哀悼者说："就我而言，我非常爱她。"[53]

在拥挤的房间中有约三百个哀悼者，有许多人曾讨厌过汉娜·阿伦特；但是，他们中鲜有记着过去的愤怒、伤害或为难的，他们的感觉如约纳斯指出的那样，“世界没有你的温暖会变得冷许多”。她对于那些爱她的人来说就是“世界”的一部分，而不仅仅是他们从前所认识的家庭、朋友和同事圈子的一部分。他们发现葬礼上有很多陌生人，阿伦特的读者，甚至还有一队全部穿着农场工作服的人。这些就是从“世界”而来的。对那些爱着她的人来说，过去很难、现在依然很难将他们的汉娜·阿伦特予以定位，因为汉娜·阿伦特的公共声名与私人生活皆有多个层面。她的朋友们，有的赞其热情诚挚，有的赞其充满活力，有的赞其情真意切。在葬礼之前的那个晚上，她的朋友们和家族成员争论是否应该让犹太祈祷者为她祷告——正如她曾为是否应该为她的非犹太人丈夫祷告争论一样！争论的结果是彼此妥协：阿伦特的以色列侄女用希伯来文读一首诗篇，然后再由克兰伯特夫妇的儿子丹尼尔用英语读一遍。

这样一场争论的发生并不意外；在“世界”之中有很多世界，汉娜·阿伦特居住在诸多世界之中。不同的哀悼者希望按照自己与她的关系来哀悼她。随着时间的流逝，她的朋友和家族成员——彼此之间不断熟识，同时读她的书，听她演讲——为他们的记忆形成了新的背景。在1976年4月新学院举行的纪念仪式上，如在1975年到1976年之间冬天的很多讣告一样，汉娜·阿伦特生活和工作的一些故事、能显示其重要性的一些总结或标志物被找了出来。当1976年5月她的骨灰在巴德学院被安葬的时候，朋友们又聚在一起，聆听了汉斯·约纳斯、J.格伦·格雷和芝加哥的伦那德·克吕格继续着“理解的工作”。从那时起，在各种论文中，在三本美国文集和一本法国文集中，在两篇成书的批判性研究中，在会议上，在研讨会上，在晚餐桌上，对她的理解继续着，他们有的认识阿伦特，有的不认识。[54]

玛丽·麦卡锡承担起将她那错综复杂的吉福德讲座手稿编辑为《心灵生活》并将之出版的艰巨任务。麦卡锡很明智地没有修补不完整的底稿，它们缺乏过渡、总结和清晰的要点，但是她的确将之编辑成一本可读且几近精确的书。只有在玛丽·麦卡锡觉得不太重要的枝节方面，她才不完全忠于原稿，它们反映了麦卡锡心中的阿伦特形象。玩扑克人的用语“赌注已下”并不适合玛丽·麦卡锡心目中的阿伦特形象——虽然阿伦特著作中曾使用此语并喜欢在研讨会上使用它——所以她作了一个改变：“我可以看到她（拿着烟）凝视着赌桌或纸牌，所以‘赌注在桌子上’更合适，更符合她的性格。”[55]这样很好，虽然阿伦特的学生都笑了；他们记得阿伦特经常说这话并极为强调，“赌注已下，你必须作出某些选择。”她越是兴奋地掌握这些“赌注”，她就越依赖美国俚语和街头俗语来将其分类。如兰德尔·雅热尔在他的《学院即景》中对德语学习者说的，“如果不知道俚语的绝妙，就不会那么快乐。”

玛丽·麦卡锡工作完成之后，她和威廉·肖恩为《纽约客》准备一个关于“思考”的版本。威廉·乔瓦诺威希在1978年将两卷书稿用美观的盒装出版。《心灵生活》的出版并没有使理解汉娜·阿伦特的全部著作这项任务变得简单。就像马丁·海德格尔的《存在与时间》这部可被视作标记欧洲哲学一个时代终结的作品一样，阿伦特的“纯哲学”（她如此戏称此书）著作缺少最后的第三部分。但是，海德格尔在那本书面世后活了将近50年，他写了许多著作来扩展在自己著作中已经铺好的路。阿伦特的著作必须保持粗糙的原样，甚至没能修改在最初两卷中因仓促而没能更好地表达她的意思的内容。（阿伦特曾告诉坎南·克兰伯特，说她本可以用两页纸来说她用两卷说的内容，所以有两卷留了下来就很幸运了。）玛丽·麦卡锡决定在第二卷中加入阿伦特在新学院的康德政治哲学课上讲授的内容，这些内容指示了未完成的“判断”的部分内容。

“判断”是政治理论家、政治评论家汉娜·阿伦特在一生的写作中投入最多的一部分。她对于她的活动说明得最清晰的线索就在她写作别人——罗莎·卢森堡、贝托尔特·布莱希特、卡尔·雅斯贝尔斯和《黑暗时代的人们》中所有的人——作出判断的文章中。阿伦特像这些人一样，她也因自己在各种情况下作出的判断而被评判。在她去世前很久，同时代评判者的阵营就形成了；在她去世后，各种评判就从他们那里涌过来。

他们之中的政治右派指责她对美国制度的批判太过严厉，并且太不关心美国外交政策中基本要考虑的要素——与共产主义作战的需要。而他们之中的政治左派则与之相反:她太过保守,精英主义,"冷战"的好战分子,钟情于阶级区分。纳坦·格雷泽在《评论》发表的《汉娜·阿伦特的美国》代表了前一种观点,H.斯图亚特·休斯的《巨变》代表了后一种观点。[56]两派中间,在精神上与阿伦特接近的政治理论家像理查德·伯恩斯坦、诺曼·雅各布森(Norman Jacobson)、乔治·凯特伯、汉娜·皮特金、朱迪丝·施克拉尔(Judith Shklar)和谢尔顿·沃林(Sheldon Wolin),虽然曾同阿伦特在理论和实践的问题上争论过,但是都很尊敬阿伦特,没有恶意。在德国,阿伦特最有影响的仰慕者和批评者就是法兰克福学派的于尔根·哈贝马斯(Jurgen Habermas),他曾于1968年在新学院与阿伦特见过面,他多次表示他得益于阿伦特——最近的一次是在新学院1980年的毕业典礼上。虽然她的作品不怎么经常被引用,但是她的著作在法国年轻的哲学爱好者中也被广泛阅读;《精神》期刊的一个专号使她的著作更加广为人知。

在哲学家中间,英吉利海峡比大西洋还要宽。那些偏向欧陆传统的哲学家比受英国或盎格鲁—撒克逊哲学训练的哲学家更有可能尊重阿伦特的著作,特别是《心灵生活》。牛津大学的斯图亚特·汉普谢尔(Stuart Hampshire)曾公开说自己不理解为什么美国人很认真地将阿伦特视为一名"政治理论家和公共哲学家"。"在我看来,她的论辩并不精确,使用典故从不仔细探究文本,"他曾这样说过。《心灵生活》对汉普谢尔来说就是一本充满"形而上学迷雾"的著作。[57]在历史学家阵营中,对阿伦特的著作同样有不同的观点,这种分化在政治路线中和不那么确切的思辨主义和经验主义路线中同时存在,而经验主义者又包括为现在书写过去的人、为未来书写过去的人和只为记录而书写过去的人。

关于阿伦特争论最为激烈的就是《艾希曼在耶路撒冷》出版后所带来的分歧。阿伦特去世后几乎没有受到犹太社会惯有的承认性评论。1978年,阿伦特的一个年轻的犹太学生将她关于犹太人问题的文章编辑成一个文集,其中包括两篇从艾希曼论战中摘选的文章,文集面世后,旧有的观念上的分歧再一次爆发。荣·费尔德曼(Ron Feldman)发表了自己编辑的《作为局外人的犹太人》,他确信艾希曼论战"长期以来一直遮蔽了阿伦特对理解现代犹太人经验的贡献。”他希望把阿伦特从“被犹太社会驱逐出去的现代形式”[58]中找寻回来。在1979年对《作为局外人的犹太人》的评论中，历史学家瓦尔特·拉科尔重复了他在1965年的观点：“汉娜·阿伦特不是因为她说了什么而是因为她说的方式才被攻击。”但是他的主张一直还有一个更深层次的预设：

> 大屠杀是必须用谦卑的精神来面对的主题；不管阿伦特女士有多少美德，但是绝对没有谦卑。“不作判断，别人也就不会去判断你”——但是汉娜·阿伦特喜欢作判断，这易激起道德情感，并且这是她在文科导师的角色下让人印象最深刻的事情。因此，她冲向了明智的男女都不敢涉足的领域，写一些她生活中从未经历过的极端情况，率性的知识分子往往会把事情夸张，特别是在处理抽象事务时最擅长如此，而在处理特定的情境下人们的真实问题时则极为脆弱无力。[59]

大屠杀的历史按照这种模式就成了庄严的禁区，那些没有经历过其极端状况的人——当然还有那些非犹太人——因与禁区精神气质和幸存者特权的不一致而作出判断被指责。拉科尔说阿伦特写的文章“是作为局外人写的，缺乏认同感。”令人伤心的是，许多犹太社会内部的人仍然接受这种观点。但是其他人认同费尔德曼的希望，即有一天在聪慧的人们中间，局外人的意见会有更多的空间。

经典是那些在每一代人中都会获得新生的著作。《极权主义的起源》到今天已经过去30年了，它有时间显示两代人在这条路上的步伐。革命主义历史学家一代标出了其在60年代的局限，他们还有现代传人；“越战”后的一代读者则在新的世界局势下阅读此书。没有一个想研究极权主义的人能忽视这本书。1975年，《人的境况》一书因其“卓越的成就”和它“出版至少15年”的重要意义而获得美国政治科学协会颁发的列品科特奖。作为一名政治理论家，这是阿伦特引发最多讨论的一本书。虽然威廉·道格拉斯(William O.Douglas)法官在1962年预言《论革命》将实际上被认为是“经典论著”，[60]《论革命》仍然在等待着当代读者向那个方向迈进。《艾希曼在耶路撒冷》曾引起论战，且自出版之日起就强迫阿伦特作出解释，没有迹象显示它失去了令人兴奋的动力。然而，它没有为哲学思考而获得新生——除了汉娜·阿伦特在《心灵生活》中所做的。

像《过去与未来之间》、《黑暗时代的人们》和《共和的危机》等论文集，不具备被长篇研究的分量或是资历。阿伦特的短文面对着不同的读者，并且仍被作为论文集而不断地重印。阿伦特自己曾说《过去与未来之间》是她最好的一本书。她相信其形式：正如书的副标题显示的，它包含了“政治思想的操练”，它也因此不是一本成体系的书。

阿伦特对体系化的迫切要求使《心灵生活》成了一本难懂而烦扰的书。阿伦特经常说马丁·海德格尔“摧毁”了西方哲学传统，然后没能形成新的体系。她这么说的时候并不带贬义，因为她并不企望一种新的哲学，她敏锐地意识到自由的生活要求坚韧，不要求多于碎片的东西去支撑废墟，只靠路标来指路前行。如果她“判断”的部分写完——那是说如果阿伦特能够写完“判断”——她就会成体系地说出精神能力是如何相互关联，甚至它们之间是如何相互关联的。但是，这是与阿伦特精神不相符的一个问题。她是希腊语 κριτής 原初意义上的批评者，一个能作出区分的法官或解释者，能将众多事情分开，并赋予其意义。她不是一个哲学或政治的空想者。在她的作品中，从来没有乌托邦的冲动，虽然她从议事会的存在及革命的自发出现中获取政治希望。“世界因为那些反对它的人而往前走，”老年歌德如是说。

在她生命的最后几天，汉娜·阿伦特的思想远离了此世的不朽，这种不朽是一些世界的批评者为自己赢得的，或者是随着他们的故事被讲述和再复述而被赋予的。与此相反，阿伦特为《心灵生活》的倒数第二卷“意志”写了一个附录。在那一章里，她批判性地讨论了马丁·海德格尔的“不想欲求的意志”（“will-not-to-will”）。她很明确地反对他的如下观点：关于永恒变化着的存在概念在行动者思想中有一个显示的过程，“所以思考和行动就一致了”。阿伦特认为，海德格尔得出这个看法是从对 1946 年写的对《阿那克西曼德残篇》的评论中一个完全不同看法的抛弃之后开始的。

她回想起“二战”刚刚结束的那几年，她的老师海德格尔和雅斯贝尔斯都希望新的时代会到来。“我们的生活就好像在叩响那仍被锁着的门，”雅斯贝尔斯在日内瓦著名的1946年哲学研讨会上说。“今天发生的事情可能在某一天建立一个世界。”充满希望的时刻很快就过去了；开始的时代不是和平与世界秩序的时代。那一刻，雅斯贝尔斯致力于“每一个人的哲学”，海德格尔则预想生活在一起的人们有共同的命运，在两个不在——生前和死后——之间的时间之中存在，在历史打开的空间中生活。用这种观点，存在不是永远变动的；它是没有历史的隐藏的实体，只有当人们从历史领域——“错误的领域”中隐退到思考时，他们才能触及隐藏的存在。然后，他们面对着自我保存的意志，那是历史中所有无序的根源。

海德格尔拥有的这种“短暂时刻”概念是历史的观念——人类历史，不是“存在”的历史——阿伦特发现这是海德格尔哲学中所缺乏的。她从未称历史为“错误”，她认为，这个词说明海德格尔的概念只是“纯然的变更”，与他基本的确信没有任何真正的区别。但是她很明显受到在两个不在之间逗留这一思考方式的影响，用她自己的话说就是在“创生性”和“必死性”之间。那些认为自己是“片刻逗留”的人和与别人有同样命运的人，既不以别的方式意愿，也不把生命当成最高的善，不惜一切地保存自己。用政治话语来说，这些人具有作出良好判断的勇气和不偏不倚。

海德格尔在对《阿那克西曼德残篇》的解释中宣告了汉娜·阿伦特曾说在她的“纯哲学”完成之后将会转向的工作的基本主题。西塞罗的《论老年》将是她的模板。她在那个文本中也发现了自己在生命的最后几天中探索的主题。“随着我接近死亡，”加图(Cato)说，“我感觉好像一个人在长期出海之后靠近港口；我似乎看到了陆地。”

注释

1. 此处及随后的引用来自阿伦特1971年5月28日给麦卡锡的信(这封信归麦卡锡所有)。引用的这首荷尔德林的诗是“Reif sind in Feuer geraucht...”(见第六章的

题词）

2. Arendt to McCarthy，15 May 1972(in McCarthy's possession).

3. 来自阿伦特对在关于她的作品会议上提出的问题的回应，刊登在 Melvyn Hill 编的 *Hannah Arendt*：*The Recovery of the Public World*（New York：St. Martin's Press，1979），p.303。

4. Arendt to McCarthy，23 Dec. 1973(in McCarthy's possession).

5. 1961 年，阿伦特在卫斯理过得非常舒适、安宁。约翰·卡格住在他称之为“西格的汽车旅馆”(这个中心由西格蒙德·纽曼经营)里，他和中心成员们玩游戏，这些游戏包括捉迷藏。汉娜·阿伦特那天藏在放扫帚的柜子里面，大获全胜。

6. Hannah Arendt，introduction to *The Warriors*：*Reflections on Men in Battle* by Glenn Gray(New York：Harper & Row，1966)，p.xiii.

7. Gray to Arendt，7 Oct. 1975，Library of Congress.

8. Gray to Arendt，8 Feb. 1966，Library of Congress.

9. 阿伦特不愿意在美国发表海德格尔纪念文集中的这篇文章，过了两年以后，她才将之发表(*New York Review of* Books，21，October，1971)。她知道自己有原谅海德格尔为纳粹党服务了好几年的意愿，但是这一意愿不会被接受。有很多文章介绍海德格尔的政治观点；这些问题由 George Romoser 提出并且进行了公正的评论，“Heidegger and Political Philosophy，” Review of Politics，April 1967，pp.261—68；在精神上与阿伦特观点接近的是 Willliam Barrett，“Homeless in the World，” March 1976，pp. 34—43。阿伦特对 Jean-Michel Palmier 的 *Les Ecrits politiques de Heidegger*(Paris：Editions de l'Herne，1968)这本书评价并不高(阿伦特 1971 年 6 月 28 日给一个学生贝克的信：“一本非常糟糕的书。同时，它也不准确。”)

10. 阿伦特 1967 年 3 月 25 日给格雷的信，国会图书馆。阿伦特并没有意识到，海德格尔，受到德文出版商的鼓动，曾建议这个句子应该从英文译本中剔除。耶鲁大学出版社决定保留这个句子。

11. Ibid.

12. Gray to Arendt，1 March 1967，Library of Congress.

13. Gray to Arendt，19 Feb. 1975，Library of Congress.

14. Gray to Arendt，25 Jan. 1967，Library of Congress.

15. Gray to Arendt, 2 April 1967, Library of Congress.

16. Gray to Arendt, 25 Jan. 1967, Library of Congress.

17. 阿伦特1974年2月25日给麦卡锡的信,(这封信归麦卡锡所有)。阿伦特的判断可能受到Reiner Schurmann的影响,Reiner Schurmann, Meister Eckhart: Mystic and Philosopher(Bloomington: Indiana University Press, 1978; original French edition, 1972)。

18. Gray to Arendt, 28 July 1974, Library of Congress.

19. Gray to Arendt, 21 Jan. 1975, Library of Congress.

20. 阿伦特对海德格尔的讨论是在两卷本的*The Life of the Mind*(New York: Harcourt Brace Jovanovich, 1978), pp.172—93。阿伦特对她评价海德格尔的观点——"恐怕我是对的,"这一观点在格雷写给阿伦特的信(1975年3月9日,国会图书馆)中被引用过。

21. Arendt to Jovanovich, 18 July 1973, Library of Congress.

22. Hannah Arendt, "Lying in Politics," collected in *Crises of the Republic*, pp.9—42, and "Thoughts on Politics and Revolution" in the same volume, pp.164—92.

23. Arendt to McCarthy, 8 Dec. 1971(in McCarthy's possession).

24. Arendt to McCarthy, 22 Jan. 1972(in McCarthy's possession).

25. Wright to Arendt, ca.June 1972, and Arendt to Wright, 20 June 1972; both in the Library of Congress.

26. *New York Times*, 1 April 1975, p.31.

27. Hannah Arendt, "Nathalie Sarraute," *New York Review of Books*, 5 March 1964, p.5.

28. Hardwick to McCarthy, 9 April 1972(in McCarthy's possession).

29. 这一与下面的引用来自希尔,*Hannah Arendt*, pp.333—34。

30. Anthony Lewis, introduction to *None of Your Business: Government Secrecy in America*, Norman Dorsen and Stephen Gillers, eds. (New York: Viking Press, 1974), p.4.

31. 阿伦特关于美国社会对基督教伦理的看法的手稿,Richmond, Va., 21, Jan-

uary, 1973, Library of Congress。

32. Hill, *Hannah Arendt*, p.314.

33. Arendt to McCarthy, 17 Aug. 1973(in McCarthy's possession).

34. Ibid.

35. Ibid.

36. 阿伦特在1951年4月1日给布鲁门菲尔德的信中写到布吕赫。阿伦特对摩根索的态度被汉斯·约纳斯很好地捕捉到,汉斯·约纳斯反思了她的"女人式的敏感":"当有时我反对她经常对一个人,一项议案,一种形势作过快的判断时,我说我需要证据,她经常和我的妻子交换一些共同的看法,这些看法通常混有恼怒,同情甚至可能是心软的成分,然后说,"啊,汉斯!"只是最近,在这种情况下我感动了并问她,"汉娜,请告诉我,你是否发现我很笨?""不"她回答我说,同时伴有一种恐怖的眼神——接着她说:"我只是认为你是一个男人。"(Hans Jonas, "Acting, Knowing, Thinking," *Social Research*, Spring 1977, p.26.)

37. Arendt to McCarthy, 30 Sep. 1973(in McCarthy's possession).

38. 阿伦特对奥登的悼文刊登在 New Yorker, 20, January, 1975, pp.39—40。

39. Arendt to McCarthy, 21 Dec. 1968(in McCarthy's possession).

40. 艾瑞拉对阿伦特的采访的节选发表在 *New York Review of Books*, 26, October, 1978, p.18。全部手稿归法国电视台所有。

41. Arendt to McCarthy, 16 Oct. 1973(in McCarthy's possession).

42. Hannah Arendt, "Public Rights and Private Interests," in Mooney and Stuber, eds., *Small Comforts for Hard Times: Humanists on Public Policy* (New York: Columbia University Press, 1977).

43. 此处及下文的引用来自阿伦特松宁奖演讲的打印稿,国会图书馆。

44. Arendt to McCarthy, 10 March 1975(in McCarthy's possession).

45. Arendt to Lowenfeld(in Lowenfeld's possession).

46. Arendt to John Silber, president of Boston University, 2 Oct. 1975, Library of Congress.

47. Hannah Arendt, "Home to Roost," *New York Review of Books*, 26 June 1975, pp.3—6; Tom Wicker's column, New York Times, 25 May 1975; "Abstract for

the Year," *New York Times*, 26 Dec. 1975, p.3.

48. Arendt to McCarthy, 22 Aug. 1975(in McCarthy's possession).

49. Arendt to Greve, 20 July 1975(in Greve's possession).

50. 实际上,只有两段关于"判断"的手稿被打印出来。第一段是 Victrix causa diis placuit, sed victa Catoni,这是西塞罗的格言,而且阿伦特经常将西塞罗的格言与德国政治家弗里德里希·根茨联系起来。第二段来自歌德的《浮士德》,2(第五幕)的一节,下面引用的是乔治·麦迪逊·普瑞斯特的翻译(New York: Alfred A. Knopf, 1941):

Konnt ich Magie von meinen Pfad entfernen,

Die Zauberspruche ganz und gar verlernen,

Stund'ich Natur vor Dir, ein Mann allein,

Da war's der Muhe wert Mensch zu sein.

[Could I all magic from my pathway banish, Could quite unlearn its spells and bid it vanish, Nature, could I face thee, in thy great plan, Then were it worth the pain to be a man.]

51. Hans Jonas, "Hannah Arendt: 1906—1975," *Social Research*, Winter 1976, pp.3—5.

52. Mary McCarthy, "Saying Goodbye to Hannah," *New York Review of Books*, 22 Jan. 1976, p.8.

53. 科恩和乔瓦诺威希的评论见 New York Times, 9, December, 1975, p.32。

54. 文集:Social Research, Spring 1977; Melvyn Hill, ed., *Hannah Arendt*: The Recovery of the Public World (New York: St. Martin's Press, 1979); *Response*, Summer 1980; and Esprit, June 1980. The books: Margaret Canovan, *The Political Thought of Hannah Arendt* (New York: Harcourt Brace Jovanovich, 1974) and Stephen J.Whitefield, *Into the Dark*: *Hannah Arendt and Totalitarianism* (Philadelphia: Temple University Press, 1980).温特菲尔德的笔记以及书目指的是阿伦特的英文版大部分作品。

55. Mary McCarthy, postface to *The Life of the Mind* by Hannah Arendt(Printed in both volumes).

56. Nathan Glazer, "Hannah Arendt's America," *Commentary*, Sep. 1975, pp.61—67; H.Stuart Hughes, *The Sea Change: The Migration of Social Thought, 1930—1965* (New York: McGraw-Hill Paperbacks, 1977).

57. Stuart Hampshire, "Metaphysical Mists," *London Observer*, 30 July 1978, p.26.

58. Ronald Feldman, introduction to *The Jew as Pariah*, by Hannah Arendt (New York: Grove Press, 1978), p.48.

59. Walter Laqueur, "Re-reading Hannah Arendt," *Encounter*, March 1979, p.77.

60. William O.Douglas, *San Francisco Chronicle*, 21 Jan. 1962.

附录

阿伦特博士论文概要

汉娜·阿伦特的博士论文《奥古斯丁的"爱"的观念》并不好读,这篇论文是用哥特体印刷的,文中有很多拉丁和希腊引文,写作风格则是海德格尔式的。阿什顿(E.B.Ashton)在20世纪60年代早期草译了一遍,但阿伦特并不想将该译稿修改出版。她想增加一些新的材料,以便使之前的讨论更加清晰。1965年她放弃了这一计划,因为她手头还有无数别的事情和任务要完成。

接下来,我会在对这篇论文的概要中完成三项任务:展示论文基本的框架和内容;指出阿伦特从她的老师海德格尔和雅斯贝尔斯那里学到的思考方法是如何体现在论文中的;指明这篇论文与阿伦特后来的哲学和政治关怀是如何联系在一起的。此外,我无疑要批评或评价阿伦特对奥古斯丁研究的贡献。

雅斯贝尔斯和他的学生是从空间追踪开始对现象或概念的探究的。他们询问现象或概念在科学探索世界中的位置;他们询问那决定了现象或概念以及被现象和概念决定的存在的境况;他们询问那未知的、超验的、在根本上是神秘的领域是如何与可接近的现象或概念联结在一起的。

海德格尔和他的学生则是从时间追踪开始对现象或概念的探究。他们不仅询问现象和概念的历史发展以及过往，而且还询问更为根本性的问题，即对时间和在时间之中的经验，这是现象和概念的根源。作为经验而非“时态”的过去、现在和未来，型构了阿伦特的所有著作，直到最后一本《心灵生活》，这本书关注的是未来导向的意志、过去导向的判断和作为对“现在”的经验的思考。

在阿伦特对奥古斯丁“爱”的概念的研究中，雅斯贝尔斯式的空间系统化与海德格尔式的时间性框架错综复杂地交织在一起，但是，这一著作开始的前提是非常简单的。作为 *Appetitus*（欲望）或欲望的爱与已知的确定对象有关，这一对象因其自身而被寻求。因为我们因其自身而寻求它，而不是因为它与别的什么事物的关系，或是获得别的事物的手段，所以这一事物本身就是一种善，是 *bonum*（好）。一旦欲望得到满足，这一欲望也就结束了——除非它交织着对某些恶或 *malum*（坏）的恐惧而处于亏损的威胁之下。善使得人们幸福，正是对幸福的意志指引着人们扬善避恶。不同的人可能对什么是善与恶有着不同的看法，但是他们都愿意过幸福的生活。生命本身对所有人都是好的；所有人都害怕失去生命。如果人们不会失去自己的生命，人就会很幸福；如果死亡威胁不到人们，人就能无所畏惧地生活。无所畏惧地生活，*metu carere*，是爱作为 *appetitus* 的终极目标。

阿伦特论文揭示的奥古斯丁思想中的第一个张力就已经存在于这一系列预设之中：解脱于死亡的生命，或者任何一个能不带畏惧来预期未来的现在，都是不存在的。人在世上欲求各种事情，并希望能安全地保有这些事物，但是，无论人还是这个世界上的事物都是可朽的，所以人也注定是要失望的。没有可怖未来的“现在”本身就是最高的善，即永恒。作为欲望的爱必须避开所有可变的事物，这些都只是相对的善。阿伦特认为，奥古斯丁将爱作为欲望的概念使他进入了一个悖论：永恒被作为未来的目标来欲求。但是奥古斯丁认为永恒是“现在”，是新柏拉图主义式的 *nunc stans*，过去和未来在“现在”这里相遇并消失，现在也就成了永恒的现在。

正确的欲望目标，即对永生的欲望被奥古斯丁称为 *caritas*，而对可朽事物的错误欲求被称为 *cupiditas*。但是 *caritas* 是有问题的，因为它使得世界和世俗事物成为人的荒漠;他们必须为了正确的欲望和自由舍弃“在世界的家中”。像斯多葛派一样,奥古斯丁认为自由是自足,独立于可朽的事物。奥古斯丁思想中再次流动着希腊元素——这次是斯多葛而非新柏拉图主义。实际上,汉娜·阿伦特认为奥古斯丁明确拒绝了普罗提诺关于自由是欲望的中止这一观念,按照这一观念,只有心智(*nous*)是自由的,因为心智只与自身有关,与外界所有事物都无关。

奥古斯丁对 *cupiditas* 和 *caritas* 所作的区分以及对 *caritas* 及其自由的提升导致了另一个困难。自由或自足在此世并不能够获得;但是更进一步,当人从世界上后撤回到自身的时候,他肯定是不自足的。他对他自身成了一个问题。他对“我是什么”这一问题的回答就是:只可能是神赐的。

自我质疑与自爱将人带向神,让人知道他不是什么,知道人作为有朽的存在缺失的东西:永恒的实体。正确的自爱——作为 *caritas* 之一种的自爱——指向的不是现在和变动中的自我,而是那个将会永生的自我。如果人想要将真正的自我引向绝对的未来,他就必须取消现世的自我。

通过将对未来的欲望植入当下的生活,人预期了一个永恒的持存的现在。奥古斯丁接纳了罗马人对时间的理解,将未来构思为进入到现在,“向后”跑入过去;时间运动的影像是与“过程”一词相伴的线性影像相反的。当未来闯入时,现在的自我就被取消了,世界也被遗忘了。阿伦特认为,对奥古斯丁来说,时间性(Temporality)与存在(Being)是对立的:人必须克服时间性才能存在(to be)。这一张力在奥古斯丁和海德格尔的思想中都是根本性的。

奥古斯丁曾力图将人理解为自由的和自足的;但是为了实现这一点,并坚持认为爱是欲望,他不得不陷入这一想法所导致的困境之中,自我必须被转换,时间性的自我必须被遗忘。换言之:当人试图通过 *caritas* 利用这个世界来获得对超时间性的享用时,他打断了自己与事物和人以及上帝造物的联系。这一隔绝使得另外一种爱,邻人之爱,变得非常复杂。

将爱界定为欲望引出了两组范畴:利用(*uti*)和享用(*frui*)——或者简单地说就是手段和目的。世界被用来实现享用,最终是对上帝的享用。与这一享用相关的是我们爱最高的善 *supra nos*，它与 *iuxta nos*（我们自己及邻人）相对，也与 *infra nos*（我们之下的身体）相对，由此构成两组更进一步的范畴。我们自己，我们的邻人和我们的身体是为最高的善而被爱；但这意味着为了邻人而只顾爱他们是不可能的，以及我们在正确欲求的时候，邻人是被利用（而非享用）的。作为欲望之爱的目标在未来，这使得"爱邻人如已"这一命令变得毫无意义。

阿伦特博士论文的第一部分在这一困境中结束。当可欲的"幸福生活"被投入绝对的未来，现在自身仅被视为实现幸福生活的手段，并需要被克服的时候，将爱理解为欲望就不能成立了。所以汉娜·阿伦特再次开始从头考察。她重新质疑了任何一种欲望都与某一确定的对象相关联这一前提。幸福生活如果是欲望的对象，它就必须被知道；但是，如果这一点成立，那知识肯定先于欲望，知识必须提供出欲望的对象。换言之：过去的知识是向未来投射的基础。欲望超越了现在，朝向未来，它之所以能做到这一点，只是因为记忆超越了现在，守护着过去。更进一步说，我们对可感知的知识拥有"有形的影像"和世俗经验，与这类知识不同，关于"幸福生活"的知识意味着与可感知的记忆不同类型的记忆。奥古斯丁在对一般记忆的机理分析基础上，构建了超世记忆的可能性。

比如说，当我们伤心的时候，我们抱有希望地记着快乐的时光，正如我们高兴的时候惊颤地记得伤心日。过去作为现在的过去被记住——可以说是被激励。随着过去成为现在，它就被转换为未来的可能性；过去的事情可能会再次发生。对幸福生活的欲望涉及对这一问题的回答："神圣灵魂幸福的根源是什么?"这一问题最终是问"谁制造了我?"。如奥古斯丁所言，在"记忆的营地和广阔地域"，造物找到了他的造物主；他发现自己之中的造物主是其存在的主宰者，是其生存的理由。

随着她的解释发生的这一转向，一个后来成为汉娜·阿伦特后期著作的根本性对立得以揭示，这一对立后来构成了《人的境况》最有力的概念框架。在多年的反复思考之后，这一对立日益清晰，1963 年阿伦特在对博士论文修改的笔记中说出了这一对立："一方面，决定人成为有意识的记忆性存在的决定性事实的是出生或创生性，即我们通过出生来到这个世界；另一方面，决定人作为欲求的存在的决定性事实的是死亡或可朽性，即我们将在死亡时离开这个世界。对死亡的恐惧和生命的不完备是欲望的源泉，而相反的是，对生命所获得一切恩赐——即便在悲惨境地仍抱有希望——的感恩则是回忆的源泉。最终使对死亡的恐惧平缓下来的，不是希望或欲望，而是回忆和感恩：'对于你想要成为你现在这个样子要心存感激，因为你可能被安排成不想成为的那个人。因为你既愿意又不愿意成为悲惨之人。'"[1]

在汉娜·阿伦特后期的政治思想中，创生性和必死性成为行动的根源，这行动包括创新行动和竭力追求不朽的言行。行动更新着人的生命，并赋予人作为必死存在所能拥有的不朽性：他们在人们的记忆中继续存在。她将重点从这些存在论决定因素的神学面相——这在奥古斯丁论文的背景下是主导性的——转向了政治面相。或者，换种说法，她认为我们应该感激政治生活。

在阿伦特论文中，爱从欲望(*appetitus*)转向了对我们之为上帝造物这一本质的记忆，这一转向在阿伦特后来的著作中还有另外一个重要回音。很多读者困惑于阿伦特在《人的境况》中关于行动的表述，她说行动与制造不同，不是手段和目的的事情。这一宣称似乎是在暗示行动并不涉及计划和政策制定。但是我认为，阿伦特的意思是说，如果行动只是被理解为计划是不充分的，就如同爱只被理解为欲望一样。"目的—手段"的范畴如同"利用—享用"的范畴一样，会导致忽视——为了未来——现在与别人共在或邻人之爱。回忆过去或行动的源泉或爱——创生性或造物性——为人的定位赋予原则而非结果。我们行动，所以行动是可能的，这就意味着自由是行动的原则。计划并没有被排除出去，但是没有实现其目标的行动仍然可以是有意义的或者是伟大的("伟大"是《人的境况》中阿伦特的标准)。另一方面，行动如果只是为了某一目标，就可能不择手段或滥用人际关系来使他们成为手段(如同人为了享用上帝而成为利用的对象)。

在《人的境况》中，阿伦特将人的本性这一问题的奥古斯丁式或神学维度放置到一边——她认识到，当人的本性或实体被质疑的时候，神学的构建就会不可避免地出现，因为只有通过“外部”的视角，人才能思考人的本性——并将注意力转向了人类生存的境况，生命自身、创生性和必死性、世界性、多样性和世界。她给了神学路径应有的位置，同时，她也认识到人类生存的这些境况永远不能“……‘解释’我们是什么或回答我们是谁这样的问题，原因很简单，它们永远不能绝对决定我们。”[2]汉娜·阿伦特并不认为人具有可为人知的本性，她也不认为人或自然能够被科学地解释，或者被缩减为一堆在很大程度上决定了人之本性的境况。哲学寻求中庸之道，去思考人而不是寻求从超人的视角或通过对人类语境的考察来试图认识人。海德格尔和雅斯贝尔斯都在思考与认识，哲学与哲学之间所做的这一区分。

汉娜·阿伦特对创生性的关切等同于，并常常超出对必死性的关切，这一对创生性的关切是从她对圣奥古斯丁的研究中产生出来的，后来她的政治经验将这一关切突然带到其思想的核心位置。在很容易导致绝望的政治局势中，开启新的事情，即行动是能为人类提供一丝希望的可能性。“将世界，人类事务的领域从其正常的、‘自然’败坏拯救出来的奇迹，最终是要靠创生性这一事实，行动的官能本体上植根于创生性之中。换言之，新人、新开端和行动是人凭靠出生而拥有的能力。只有完全经验到此种能力，才能赋予人类事务以信念和希望，这两项人类生存的本质特征是被希腊古代社会所忽视的，他们认为信守承诺是很普通的并不十分重要的德性，而希望在他们看来则是潘多拉盒子中众多邪恶的幻象之一。对世界的信与望可能是最富有荣耀而简洁的表达，福音书正是通过这几个词来宣布它们的‘福音’：‘有一婴儿为我们而生’。”[3]对阿伦特来说，人不是要克服时间性，而是要把时间性作为他行动之为可能的源泉，正是在行动中，他的存在得以加强。仿佛她是引用了她最喜爱的品达的话“成为你所是”给奥古斯丁（和海德格尔）听——非常感激地认识到出生这一事实所赋予你的一切。

汉娜·阿伦特在其后来的著作中将“创生性”一词带到了概念考察之

中，恢复了其哲学的重要性。从这一点上，她与海德格尔的分歧开始出现：对海德格尔来说，必死性而非创生性是最重要的生存境况。海德格尔并不关心自己的行动或更一般的政治领域。汉娜·阿伦特受《存在与时间》中对日常生活的描述影响巨大，但是她认为那些描述走得还不够远。海德格尔展示了人被抛向死亡，匆忙冲向他而来的未来，但是他没有展示过去，即开端之所在的力量。

创生性与必死性之间的对立在阿伦特的博士论文中，出现在她从认为爱是欲望转向爱是与上帝的关系之时。在“记忆的营地和广阔地域”中，造物找到了其造物主和“谁创造了我”这一问题的答案。对奥古斯丁来说，造物主既是人的终极来源，也是人的最终目的。上帝在这双层含义上是外在于人的；但是人可以通过回忆过往与期待未来将这“外在”收束于自我之中；他能够战胜时间和自己对时间的臣服。*Caritas* 就是这样一种超世界性的正确欲求。但是，当 *caritas* 实现了——这需要上帝的恩赐——人就抛开了他的个体性，他自己的过去。一个卑微的人有意愿但没有能力克服他与自我和世界的联系，上帝通过帮助他来展现自己对人的爱。上帝再造了他，使他成为一个新的造物。接受上帝的爱，造物如上帝那样去爱——这就意味着他不是作为个体，而是作为上帝的造物在爱世人。他爱其邻人，但既不是为了邻人也不是为了自己；他孤独地爱着，拒绝爱自己和其他的本我。人爱的是自己和别人身上的不朽，这样一来，所有人都被平等地爱着，或者说，都具有爱的同等机会。

在这种情况下，一个问题自然就产生了：如果邻人之爱只是一种世俗关系，那为什么邻人之爱在奥古斯丁思想中扮演着这么重要的角色？是什么让人们成为邻人的，是什么将人们与一位神联系在一起，并且这位神平等地爱着一切人？汉娜·阿伦特通过引入奥古斯丁思想的另一条线来处理奥古斯丁著作中的这一张力。奥古斯丁认为所有的人都是亲近的，因为他们都是从亚当而来；同时，对于所有的人来说，某些社会关系由新亚当“基督的律令”所规定。人的历史起源是第一人，他通过世代与自己的过去联系在一起。当人与自己的过去而非造物主自己发生关联时，人就意识到爱应属于一切人，因为人们是他世上的亲人，因为人有共同的本性和原罪。更进一步说，新亚当——耶稣基督的出现为所有的人提供了救赎，所有的人都平等地分有罪，而不是因人而异。共有的血统和共有的救恩将人们联系到一起。基督徒的生命在世界上体现为与过去和原初亲缘关系的持续关联，对原罪的均有解释了死亡。（死亡不再简单的是不可避免的；死亡作为罪的代价也是必需的。）但是在世上的疏离可以通过 *caritas* 来产生新的聚合，一个与基于历史血缘组成的团体无关且超越那一团体的新团体：上帝之城。人们分有同样的危险和死亡，在知晓这一危险的情况下彼此相爱。但即便是在这爱的一体之中也存在着距离或间隙：每个信仰者都是独自面对自己的死亡，没有任何人能拯救他。通过邻人之爱，人们爱他们的拯救者基督而彼此相爱；邻人之爱是在世上的非尘世的超验之爱，而非对尘世之爱。

阿伦特的论文以对双重关系的简要陈述收尾，这双重关系是与别人在尘世的共同生存以及超世俗的自我与世界弃绝。先来看第一种关系，阿伦特宣称我们遇到作为人类同族的他者，但我们每个人只有在建立与神的孤立关系之后，才会变成邻人。当个体从自然的人类聚居所形成的依赖关系中抽离出来时，他与别人的关系是服从于与他们原初亲缘关系的明晰责任的。再来看第二种关系，阿伦特宣称，孤立的可能性也是人类历史的事实。孤立因此变成了历史的自我——即便是孤立才让我们得以将自己从人类历史和连续的世代中解脱出来。只有在这双重的关系中，我们才能理解邻人的相关性。在个体的孤立中，我们意识到他者作为人类的成员而成为我们的邻人。当我们意识到我们在人类的原初是由上帝之爱所补足的，我们的出生是通过救赎的重生补足的，相信同一个上帝的信徒的共存就变成了共同的信仰以及所有信徒的团契。

汉娜·阿伦特对其论文只修订到第二部分的开头，即与造物和造物主过去导向的关系。第三个部分处理的是邻人之爱，是最为扼要和最难的部分，这部分本需要最为清晰的分析——正如刚刚总结的一系列复杂思考所显示的那样。第三部分的关切在稍后一些的《人的境况》中得到更为充分和清晰的重述。扫一眼后来的表述就会看到汉娜·阿伦特最终批判性立场的另外一种表达:“早期基督教哲学的主要政治任务是找到人与人之间强有力的纽带,并以之取代世界,奥古斯丁提出不仅将基督徒的兄弟关系而且是全人类的关系都建基于仁爱之上……人与人之间仁爱的纽带虽然不能建立一个独立的公共领域,但是对于非世界性的基督教主要原则是足够的,并且非常适合将世界上本来非世界性的人们聚到一起……只要认为世界自身是注定要消失的,所有的行动都有一个限制条件,即‘只要世界还存在’。”[4]她在博士论文中关注的只是基督教非世界性的原则如何能足以将世界上非世界性的人聚到一起,以及对仁爱的非世界经验如何能将人团结起来。她后来关注的公共领域的构建并非植根于任何基督教哲学,而是植根于希腊和罗马思想之中。“因为不同于基督徒理解的公共善——所有人都关心自己灵魂的拯救——共同的世界是这样一个世界,我们出生时进入,死后则将之留在身后……但这样一个共同的世界只有在它公共地出现时,它才能历代而不衰。正是公共领域的公共性能够在数个世纪中吸收并放出光亮,让人想从时间的自然腐朽影响中挽救的东西重新闪光。”[5]只要人们关心并有能力拯救这一共同的世界——在人们之间存在的世界,这一世界就会持存下去。比如说,只要有人在讲述行动(deeds)的故事,这行动就会持续下去。行动通过开创、开始新的事情反映了人的创生性,行动通过对逝去的行动者在人记忆中留有的印记而超越了人类的有朽性。汉娜·阿伦特对共同世界的完全非基督教式的理解赋予她一个尺度,通过这一尺度,她评判现代世界中公共领域的缺失:“现代世界中,公共领域缺失最为明确的证据就是真正不朽的完全缺失。”[6]对真正的尘世不朽或声名的追求被认为是虚荣,是私人的恶习。她开始理解现代的“黑暗时代”是一个公共领域萎缩了的时代,公共性非但没有促使人们努力,而是将他们平庸化了,如海德格尔指出的那样,“公共之光掩盖了一切”。

在阿伦特的博士论文中,她的批判性立场以及她从中得出的结论还看不太出来。她遵守了自己在导言中的承诺,即这一研究将是“自始至终分析性的”。阿伦特将其研究方式描述为“纯哲学的”,意思是说她并不打算思考奥古斯丁对圣经“教条的奉承”和其教会权威。在阿伦特看来，奥古斯丁皈依基督教只是他关于爱的思想从前神学转向了神学，在前神学阶段，他理解的爱是欲望，在后一阶段，奥古斯丁将爱理解为造物与造物主的一种关系。阿伦特的博士论文，不但没有讨论奥古斯丁思想的教条内容，也没有讨论奥古斯丁生活的任何事件，所以这篇论文是非政治和非神学的、纯粹抽象的思辨型论文。

汉娜·阿伦特修订她博士论文的时候，一定感觉到论文的抽象是个弱点，因为她为奥古斯丁的生活加了几个注释，并将这些注释搬到正文之中。她增加了奥古斯丁《忏悔录》中的一些段落，包括描述他失去自己好友；他对死亡的恐惧，它“把他从肉体的快乐中召回”并为他的皈依做好准备；还有他对圣保罗著作的依赖（“在其漫长一生中，奥古斯丁越是成为一个基督徒，他也就越像保罗”）。阿伦特还把很多在脚注和附录中出现的对奥古斯丁著作的引用放入第一章，这使得文本更加饱满和完备，且不那么抽象。所有这些修订都反映了同一根本性的视野：她曾经沿用的“纯哲学”方式能够避免教条式讨论，并获得存在经验和时间性经验，哲学思想就是从这些经验中生发的；但是它只能一般性地做到这一点，即非历史的和非个人性的。阿伦特曾寻找过人与人之间普遍的联系、本体论的基础和超验的原则，以指引在世界上但并非归属世界之人。她不断地找寻这样一个普遍的或超验的原则，并卫护哲学的自主性，直到有一天她的经验告诉她纯哲学如果无视历史和政治领域，将会很危险；直到她与犹太复国主义的交往教会了她在政治领域中质疑“邻人之爱”的基础。

汉娜·阿伦特对马丁·海德格尔有过一段“特别的、美好的”经验，这经验似乎将时间区分为“那时”和“现在”——这一经验是对 *appetitus* 恐惧和受挫的经验。她在奥古斯丁以及后来的诗人里尔克那里找到超越这一分裂的形象，那种类型的爱转换成了超验的爱。但是，将汉娜·阿伦特置入政治行动的那些历史事件提出的问题，是不会满意于这样一种“纯哲学”回答的。

注释

1. 对阿伦特笔记的这个和接下来的引用取自她在 Ashton 翻译稿的页边注，国会图书馆。

2. Arendt，*The Human Condition*，p.11.

3. Ibid.，p.247.

4. Ibid.，p.53.

5. Ibid.，p.55.

6. Ibid.，p.55.

部分译名对照

A form of government 一种政府形式
absolute evil 绝对的恶
act in concert 联合行动

action 行动
Alliance between capital and mob 资本与暴民的联合
Amor Mundi 对世界的爱
animal laborans 劳动动物
antipolitical 反政治
Anti-Semitism 反犹主义
Anti-Stalinism 反斯大林主义
activity 活动
apolitical 非政治
Appetitus 贪爱
authoritarianism 权威主义
Change in human nature 人性的改变
Crime against humanity 反人类罪

Crystallize 结晶

concentration camp 集中营

Conformism 尚同主义

confrontational politics 对抗的政治

Continental imperialism 大陆帝国主义

Decay of the national state 民族国家的衰落

Detotalitarianizing 去极权化

Dual Monarchy 双王制

Enlarged mentality 扩大的见地

essentialism 本质主义

Exception Jews 例外犹太人

Expansion for expansion's sake 为扩张而扩张

Ghetto 犹太人区/"隔都"

Gnosticism 诺斯替主义

heroism 英雄主义

homo faber 制作者

Imperialism 帝国主义

Jewishness 犹太人特性

Jewish question 犹太人问题

judging 判断

Kibbutzim socialism 基布兹社会主义

Kristallnacht 打砸抢之夜

labor 劳动

masses 大众

mob 暴民

mortality 必死性

natality 创生性

Pan-Germanism 泛日耳曼主义

Pan-Slavism 泛斯拉夫主义

Pariah 局外人

Parvenu 暴发户

participatory democracy 参与式民主

phenomenology 现象学

Philistine 市侩

Philistinism 市侩主义

plurality 多样性

Political space 政治空间

Racism 种族主义

racist chauvinism 种族沙文主义

radical evil 极端的恶

Reality 现实

Revisionism 修正主义

self-conscious pariahdom 自觉的局外人

Social conformist 社会从众分子

Social nonconformism 社会的非从众主义

slave-labor camp 奴隶劳动营

stateless 无国籍

superfluous 多余

The Balfour Declaration 贝尔福宣言

The Banality of Evil 恶的平庸

the body politic 政治体

The Burden of Our Time 我们时代的重负

The council system 议事会制度

the elements of totalitarianism 极权主义的元素

The Ex-Communists 原共产主义者

The Life of the Mind 心灵生活

The lost treasure 丢失的珍宝

the politcal 政治

the social 社会

The Three Pillars of Hell 地狱的三根支柱

Theatre for Ideas 观念剧场

thinking 思考

thinking without a bannister 无凭借地思考

totalitarian regime 极权政体

tribal nationalism 部落民族主义

Truth 真实

unworldly 非世界性的

vita activa 实践生活

vita contemplativa 沉思生活

willing 意志

work/making 制作

world alienation 与世界的疏离

world 世界

worldliness 世界性

Zionism 犹太复国主义

Adam Mueller 亚当·缪勒

Adam Ulam 亚当·乌兰

Albert Camus 阿尔伯特·加缪

Alcopley 阿尔科珀利

Alexander Koyve 亚历山大·科耶夫

Alexander Ruestow 亚历山大·罗斯托

Alfred Kazin 阿尔弗雷德·卡津

Alfred Weber 阿尔弗莱德·韦伯

Anne Mendelssohn Weil 安妮·门德尔松·威尔

Ben Halpern 本·哈尔彭

Benjamin Barber 本雅明·巴伯

Benno von Wiese 班诺·冯·维泽

Bernard Crick 伯纳德·克里克

Bernard Lazare 巴纳德·拉扎尔

Bertolt Brecht 贝托尔特·布莱希特

Bruno Bettelheim 布鲁诺·贝托罕

C.Wright Mills C. 赖特·米尔斯

Carl J.Friedrich 卡尔·J.弗里德里希

Carl Oglesby 卡尔·奥格尔斯比

Carl Schmitt 卡尔·施米特

Carl Zuckmayer 卡尔·楚克迈耶

Chaim Weizmann 哈伊姆·魏茨曼

Chalmers Johnson 查尔姆斯·约翰逊

Clara Beerwald 克拉拉·比尔沃尔德

Daniel Bell 丹尼尔·贝尔

David Ben-Gurion 大卫·本·古里安

David Riesman 大卫·里斯曼

Denver Lindley 丹佛·林德利

Dolf Sternberger 道夫·斯滕贝尔格

Duns Scotus 邓·司各脱

Dwight Macdonald 戴特·麦克唐纳

E.J.Hobsbawm E.J. 霍布斯鲍姆

Edmund Husserl 埃得蒙德·胡塞尔

Edward Wright 爱德华·赖特

Elfriede Heidegger 艾尔弗里德·海德格尔

Elliot Cohen 埃利奥特·科恩

Emil Ludwig 艾密尔·鲁特维克

Emily Dickinson 艾米莉·狄更生

Erich Fromm 埃里克·弗洛姆

Erich Heller 艾里希·海勒

Eric Voegelin 埃里克·沃格林

Ernst Cassirer 恩斯特·卡西尔

Ernst Fuerst 恩斯特·福尔斯特

Ernst Grumach 恩斯特·格鲁马赫

Ernst Vollraht 厄斯特·福尔拉特

Eva Beerwald 艾娃·比尔沃尔德

Eugene V.Rostow 尤金·V.罗斯托

Franz Kafka 弗朗兹·卡夫卡

Franz Neumann 弗朗茨·诺曼

Fredrick M.Clapp 弗里德里克·科拉普

Friedrich Schlegel 弗里德里希·施勒格尔

George Agree 乔治·阿格利

George Kateb 乔治·凯特伯

George Kennan 乔治·凯南

George Steiner 乔治·斯坦纳

Gabriel Marcel 加伯里尔·马塞尔

Gershom Scholem 杰舍姆·肖勒姆

Gertrud Baumer 格尔特鲁德·鲍默

Gertrud Jaspers 格尔特鲁德·雅斯贝尔斯

Gideon Hausner 基甸·霍斯纳

Golda Meir 戈尔达·梅厄

Gunther Stern 君特·斯特恩

H.Stuart Hughes H. 斯图亚特·休斯

Hannah Arendt 汉娜·阿伦特

Hannah Pitkin 汉娜・皮特金

Hans Jonas 汉斯・约纳斯

Hans Kohn 汉斯・科恩

Hans Morgenthau 汉斯・摩根索

Hans Zolki 汉斯・卓奇

Harold Laski 哈罗德・拉斯基

Harold Rosenberg 哈罗德・罗森伯格

Heinrich Blücher 海因里希・布吕赫

Heinrich Heine 海因里希・海涅

Heinrich Rickert 海因里希・李凯尔特

Helene Wieruszowski 海伦・维若泽沃斯基

Henri Frenay 亨利・弗雷内

Henry Kissinger 亨利・基辛格

Henry Morgenthau 亨利・摩根索

Henry Schwarzchild 亨利・史瓦西

Hermann Broch 赫尔曼・布洛赫

Herbert Jhering 赫伯特・耶林

Herbert Marcuse 赫伯特・马尔库塞

Hilde Frankel 希尔德・弗兰克

Holderlin 荷尔德林

Isak Dinesen 伊萨克・迪内森

Irving Kristol 欧文・克里斯托

J.Glenn Gray J.格伦・格雷

Jacob Cohn 雅各布・柯恩

Jacob Robinson 雅各布・罗宾逊

James Case 詹姆斯・克斯

James Marshall 詹姆斯・马歇尔

James Weinstein 詹姆斯・温斯坦

Jean-Paul Sartre 让-保罗・萨特

Jerome Kohn 杰罗姆・科恩

Joan Stambaugh 琼・斯坦博

Joe McCarthy 乔・麦卡锡

John Willet 约翰・维利特

Joseph Maier 约瑟夫・梅耶

Joseph McCarthy 约瑟夫・麦卡锡

Judah Magnes 犹大・马格内斯

Judith Shklar 朱迪丝・施克拉尔

Jurgen Habermas 于尔根・哈贝马斯

Karl Jaspers 卡尔・雅斯贝尔斯

Karl Lowith 卡尔・洛维特

Karl Mannheim 卡尔・曼海姆

Kathe Levin 卡瑟・莱文

Kurt Blumenfeld 科特・布鲁门菲尔德

Leo Baeck 列奥・贝克

Leo Jogiches 列奥・约吉谢斯

Leo Strauss 列奥・施特劳斯

Lionel Abel 莱昂内尔・阿贝尔

Lotte Klenbort 洛特・克兰伯特

Lotte Kohler 洛特・科勒

Louis Aragon 路易斯・阿拉贡

Louis Finkelstin 路易斯・芬可斯坦

Marianne Weber 玛丽安娜・韦伯

Martha Arendt 玛萨・阿伦特

Martin Beerwald 马丁・比尔沃尔德

Martin Buber 马丁・布伯

Martin Heidegger 马丁・海德格尔

Martin Rosenbluth 马丁·罗森布鲁斯

Mary McCarhty 玛丽·麦卡锡

Mary Underwood 玛丽·安德伍德

Max Horkheimer 马克斯·霍克海默

Max Strauss 马克斯·施特劳斯

Max Weber 马克斯·韦伯

Max Wertheimer 马克斯·韦特海默

Maurice Hexter 莫里斯·赫克斯特

Maurice Rosenblatt 莫里斯·罗森布莱特

Meister Eckhart 埃克哈特大师

Melvin Lasky 梅尔文·拉斯基

Melvin Tumin 麦尔文·图明

Merleau-Ponty 梅洛·庞蒂

Merle Fainsod 默尔·芬索德

Melvyn Hill 梅尔文·希尔

Michael Curtius 迈克尔·科迪厄斯

Michael Harrington 迈克尔·哈林顿

Michael Musmanno 迈克尔·穆斯曼诺

Milton Kotler 米尔顿·考特

Moshe Landau 摩西·兰多

Moses Mendelssohn 摩西·门德尔松

Nancy Cunard 南希·丘纳德

Nehemiah Robinson 尼赫米亚·鲁滨逊

Norm Chomsky 诺姆·乔姆斯基

Norman Fruchter 诺曼·伏鲁西特

Norman Jacobson 诺曼·雅各布森

Norman Podhoretz 诺曼·波德霍雷茨

Paul Arendt 保尔·阿伦特

Paul Tillich 保罗 · 蒂利希

Peter Nettl 彼得 · 奈特尔

Philip Reiff 菲利浦 · 雷夫

Pinhas Rosen 宾哈斯 · 罗森

Rahl Varnhagen 拉尔 · 瓦恩哈根

Raissa Maritain 拉伊萨 · 马利坦

Ralph Ellison 拉尔夫 · 埃利森

Raul Hilberg 罗尔 · 希尔伯格

Randall Jarrell 兰德尔 · 雅热尔

Raymond Aron 雷蒙 · 阿隆

Recha Freier 理查 · 弗瑞尔

Renata Adler 勒那特 · 阿德勒

Richard Bernstein 理查德 · 伯恩斯坦

Reinhardt Heydrich 莱因哈特 · 海德里希

Richard McKeon 理查德 · 麦克基翁

Robert Burrowes 罗伯特 · 巴洛兹

Robert Gilbert 罗伯特 · 吉尔伯特

Robert Lowell 罗伯特 · 洛厄尔

Robert Paul Wolff 罗伯特 · 保罗 · 瓦尔夫

Robert Penn Warren 罗伯特 · 佩恩 · 沃伦

Robert Pick 罗伯特 · 匹克

Robert Weltsch 罗伯特 · 魏尔什

Rolf Hochhuth 罗尔夫 · 霍赫胡特

Romano Guardini 罗曼诺 · 古瓦尔迪尼

Ron Young 若 · 杨

Ronald Dworkin 罗纳德 · 德沃金

Rosa Luxemburg 罗莎 · 卢森堡

Rose Feitelson 罗斯 · 费特尔松

Rosalie Colie 罗莎莉·科利
Rudolf Augstein 鲁道夫·奥格斯泰因
Rudolf Hilferding 鲁道夫·希尔弗丁
Salman Schocken 萨尔曼·绍肯
Salo Baron 萨罗·巴隆
Servatius 瑟瓦修
Sheldon Wolin 谢尔顿·沃林
Sidney Hook 西德尼·胡克
Siegfried Moses 齐格弗里德·摩西
Sigmund Neumann 西格孟德·纽曼
Soren Kierkegaard 克尔凯郭尔
Stefan Zweig 斯蒂芬·茨威格
Stephen Spender 斯蒂芬·斯彭德
Stuart Hampshire 斯图亚特·汉普谢尔
Tante Hannah 唐特·汉娜
Theodor Adorno 西奥多·阿多诺
Theodore Herzl 西奥多·赫茨尔
Thomas Mann 托马斯·曼
Tom Hayden 汤姆·海登
T.S.Eliot T.S.艾略特
W.H.Auden 奥登
Waldermar Gurian 魏尔德玛·古里安
Walter Benjamin 瓦尔特·本雅明
Walter Karp 沃尔特·卡普
Wilhelm Preyer 威尔海姆·普莱尔
William Jovanovich 威廉·乔瓦诺威希
William Shawn 威廉·肖恩
William Zukerman 威廉·祖克曼

Yeats 叶芝

Agriculture et Artisanat 农工技艺协会

Aliyah Hadasha 哈达沙移民组织

Anti-Defamation League 反诽谤联盟

Behemoth 比赫莫特

Brit Shalom 和平同盟

Jewish Agency 犹太事务局

League for the Rights of Peoples 民族权利联盟

Munich-based Institut zur Erforschung der Judenfrage 慕尼黑犹太问题研究所

National Committee for an Effective Congress 有效国会国家委员会

Palenville 帕伦维尔

Schocken Books 绍肯书局

the American Committee for Cultural Freedom 美国文化自由委员会

The Ark of the Covenant 约柜(该柜象征犹太神之存在)

The Commission on European Jewish Cultural Reconstruction 欧洲犹太文化重建委员会

The Conference on Jewish Relations 犹太人关系联合会

The Conference on Jewish Social Studies 犹太社会研究会

The Irgun 伊尔根

The Jewish council 犹太人社团

The Rand School 兰德学校

Youth Aliyah 青年阿里亚

The Origins of Totalitarianism《极权主义的起源》

Rahel Varnhagen: The Life of a Jewess《拉尔·瓦恩哈根:一个犹太女性的生活》

The Human Condition《人的境况》

Eichmann in Jerusalem《艾希曼在耶路撒冷》

On Revolution《论革命》

Between Past and Future《过去与未来之间》

Men in Dark Times《黑暗时代的人们》

On Violence《论暴力》

Crises of the Republic《共和的危机》

The Life of the Mind《心灵生活》

Organized Guilt《有组织的犯罪》

Reflections on Little Rock《关于小石城事件的思考》

Thinking and Moral Considerations《思考与道德考量》

Civil Disobedience《公民的不服从》

The Virtuous Criminal and the Victim's Crimes：Eichmann，Arendt and Jewish History《有美德的罪犯和牺牲者的罪行：艾希曼、阿伦特和犹太历史》

Introduction to Politics《政治学导论》

Review of Politics《政治学评论》

Partisan Review《党派评论》

Aufbau《建设》

Vorwarts《前进》

Dissent《异议》

Samedi《星期六》

Vendredi《星期五》

La Terre Retrouvee《许诺之地》

Commentary《评论》

Life《生活》

New Yorker《纽约客》

Look《瞭望》

Village Voice《乡村之音》

New York Times Magazine《纽约时报杂志》

The Lonely Crowd《孤独的人群》

Pictures from an Institution《学院即景》

The Groves of Academe《学园小树林》

Making It《制造》

Neighborhood Government《邻里政府》

译后记

《爱这个世界:汉娜·阿伦特传》是西方学界最早、最权威的一部阿伦特传记性著作。本书作者伊丽莎白·扬—布鲁尔,是当代优秀的阿伦特研究专家,她是阿伦特的学生,与阿伦特有很密切的交往,曾在阿伦特的指导下攻读博士学位,博士论文研究的是阿伦特的老师雅斯贝尔斯。

本书所用资料丰富,不仅包括大量阿伦特手稿、书信、笔记,还包括作者与阿伦特的亲朋好友访谈而获得的资料。在内容上,本书涵盖阿伦特的一生,为我们讲述了一个十分完整的阿伦特故事,其中既有对阿伦特学术生涯、政治活动的生动描述,也有对阿伦特的人格魅力、情感世界、生活境遇的细致刻画。作者作为阿伦特弟子,虽为恩师作传,却力求不偏不倚,绝不妄加揣测,随意褒贬,亦无所谓“为贤者讳”,只以翔实、准确的材料说话,此种态度,甚为可贵。

阿伦特堪称20世纪最具原创性的伟大政治思想家之一。她忠于真理,珍惜友谊,热爱生活,关注现实,爱这个世界。她深刻检讨极权主义灾难,反思“我们时代的重负”,探究“恶”与“思”的关系,为政治正名,为人的自由讴歌,捍卫人与人组成的自由而文明的世界,呼吁人们勇敢地承担起建设家园的公共责任。阿伦特曾把乱世中杰出人物的言行比作黑暗时代的薪火,此种薪火冲破黑暗,给无助的人们以希望,它们愈是稀少,愈是可贵。

这一比喻同样适用于阿伦特自己。阿伦特，正是那样一位黑暗时代的伟人，她的作品之光至今仍照亮着我们的世界。她的读者来自世界各国。在中国，阿伦特也正日益引起多个领域学者的研读兴趣。本书不仅适合意欲提高人文素养的社会公众阅读，对于从事阿伦特研究的专业学者来说，也具有独特的参考价值。它为我们理解阿伦特政治思想展开的语境、把握阿伦特政治著述的真正意图、走进阿伦特的内心世界提供了一个重要的读本。

本书翻译工作始于十四年前，它是笔者主持翻译的第一本有关阿伦特的著作。大约十一年前，本书译稿即已完成，然而由于各种原因，它的出版被一推再推。如今经多方面的努力，此书终于与读者见面，实为来之不易。我们恭奉给读者的，是一幅封存多年的阿伦特思想与生活画卷，是一份迟来的“对世界的爱”。此次出版之前，笔者又对译稿进行了校读修订。

本书翻译分工如下：前言、第一、二、三、四、五章由陈伟译出，第二版序言、第六、七、八、九、十章和附录由张新刚译出。最后，全书由陈伟进行了审校、统稿。上海人民出版社的屠玮涓编辑为本书付出了辛苦的劳动。我的学生赵晨、熊道宏、王宁对译文修订亦有贡献，在此一并致谢。

由于译者水平有限，错误之处在所难免，恳请广大读者朋友不吝指正。

陈　伟

2016 年 11 月 6 日于中国人民大学

图书在版编目(CIP)数据

爱这个世界:汉娜·阿伦特传:第二版/(美)伊丽莎白·扬-布鲁尔著;陈伟,张新刚译. —上海:上海人民出版社,2017
(走近大思想家)
书名原文:Hannah Arendt: for love of the world, 2E
ISBN 978-7-208-14330-2

Ⅰ.①爱… Ⅱ.①伊… ②陈… ③张… Ⅲ.①阿伦特(Arendt, Hannah 1906-1975)-人物研究 Ⅳ.①B712.59

中国版本图书馆 CIP 数据核字(2017)第 029368 号

责任编辑 赵 伟 屠玮涓
装帧设计 消食片儿

走近大思想家
爱这个世界:汉娜·阿伦特传(第二版)
[美]伊丽莎白·扬-布鲁尔 著
陈 伟 张新刚 译

出 版 上海人民出版社
(201101 上海市闵行区号景路 159 弄 C 座)
发 行 上海人民出版社发行中心
印 刷 江阴市机关印刷服务有限公司
开 本 635×965 1/16
印 张 38
插 页 5
字 数 522,000
版 次 2017 年 1 月第 1 版
印 次 2024 年 12 月第 6 次印刷
ISBN 978-7-208-14330-2/K·2589
定 价 128.00 元